国家社科基金一般项目
"全民终身学习视野下的国家在线教育体系发展研究"
（20BSH053）

国家在线教育体系
发展研究

钱小龙　黄蓓蓓　刘　敏　等著

中国社会科学出版社

图书在版编目（CIP）数据

国家在线教育体系发展研究／钱小龙等著. —北京：中国社会科学出版社，2024.2

ISBN 978-7-5227-2964-0

Ⅰ.①国⋯　Ⅱ.①钱⋯　Ⅲ.①网络教育—发展—研究—中国　Ⅳ.①G434

中国国家版本馆 CIP 数据核字（2024）第 035372 号

出 版 人	赵剑英	
责任编辑	孔继萍	
责任校对	冯英爽	
责任印制	郝美娜	

出　　版	中国社会科学出版社
社　　址	北京鼓楼西大街甲 158 号
邮　　编	100720
网　　址	http://www.csspw.cn
发 行 部	010-84083685
门 市 部	010-84029450
经　　销	新华书店及其他书店
印　　刷	北京君升印刷有限公司
装　　订	廊坊市广阳区广增装订厂
版　　次	2024 年 2 月第 1 版
印　　次	2024 年 2 月第 1 次印刷
开　　本	710×1000　1/16
印　　张	34
字　　数	540 千字
定　　价	188.00 元

凡购买中国社会科学出版社图书，如有质量问题请与本社营销中心联系调换
电话：010-84083683
版权所有　侵权必究

目　录

第一章　理论基础与核心思想 …………………………………（1）
　第一节　背景分析 …………………………………………………（1）
　第二节　终身学习与在线教育的逻辑关系 ………………………（3）
　第三节　面向终身学习的在线教育实施路径 ……………………（11）
　第四节　面向终身学习的在线教育发展愿景 ……………………（24）
　第五节　本章小结 …………………………………………………（28）

第二章　国家在线教育体系的发展概况 ……………………（30）
　第一节　背景分析 …………………………………………………（30）
　第二节　国家在线教育体系的发展历史 …………………………（32）
　第三节　国家在线教育体系的发展现状 …………………………（37）
　第四节　国家在线教育体系的发展目标 …………………………（40）
　第五节　国家在线教育体系的发展策略 …………………………（44）
　第六节　本章小结 …………………………………………………（53）

第三章　我国在线教育体系的现状分析 ……………………（54）
　第一节　我国在线教育体系的类型划分 …………………………（54）
　第二节　我国在线教育体系的政策制定 …………………………（60）
　第三节　我国在线教育体系的课程设计 …………………………（67）
　第四节　我国在线教育体系的技术支撑 …………………………（72）
　第五节　我国在线教育体系的管理机制 …………………………（76）
　第六节　本章小结 …………………………………………………（81）

第四章　在线教育质量影响的调查研究 (83)
第一节　研究背景 (83)
第二节　文献综述 (86)
第三节　研究设计与研究过程 (94)
第四节　数据分析与研究结果 (101)
第五节　研究总结与策略建议 (115)
第六节　本章小结 (119)

第五章　在线教育环境影响的调查研究 (121)
第一节　研究背景 (121)
第二节　文献综述 (123)
第三节　研究假设与理论模型 (130)
第四节　研究设计与数据清洗 (136)
第五节　数据分析与调查结果 (140)
第六节　研究总结与策略建议 (149)
第七节　本章小结 (153)

第六章　在线课程学习体验影响的调查研究 (155)
第一节　研究背景 (155)
第二节　文献综述 (156)
第三节　研究设计与研究过程 (164)
第四节　调查结果与数据分析 (173)
第五节　研究总结与策略建议 (185)
第六节　本章小结 (190)

第七章　我国在线教育体系的模型建构 (192)
第一节　背景分析 (192)
第二节　我国在线教育体系的内涵解读 (193)
第三节　基于解释结构模型的在线教育体系建构 (197)
第四节　我国在线教育体系的模型阐释 (204)
第五节　在线教育体系构建的启示与展望 (209)

第八章　国家在线教育体系的扎根研究 (215)

第一节　背景分析 (215)

第二节　文献综述 (217)

第三节　研究设计 (222)

第四节　研究过程 (224)

第五节　结果分析：模型阐述 (244)

第六节　结论与讨论 (255)

第七节　本章小结 (258)

第九章　澳大利亚在线教育体系的发展研究 (260)

第一节　背景分析 (260)

第二节　澳大利亚在线教育体系的历史考察 (262)

第三节　澳大利亚在线教育体系的基本架构 (269)

第四节　澳大利亚在线教育体系的主要特征 (276)

第五节　澳大利亚在线教育体系的总结启示 (280)

第六节　本章小结 (284)

第十章　韩国在线教育体系的发展研究 (285)

第一节　背景分析 (285)

第二节　韩国在线教育体系的历史考察 (286)

第三节　韩国在线教育体系的基本架构 (292)

第四节　韩国在线教育体系的主要特征 (303)

第五节　韩国在线教育体系的总结启示 (305)

第六节　本章小结 (311)

第十一章　英国在线教育体系的发展研究 (312)

第一节　背景分析 (312)

第二节　英国在线教育体系的历史考察 (314)

第三节　英国在线教育体系的基本架构 (318)

第四节　英国在线教育体系的主要特征 (325)

第五节　英国在线教育体系的总结启示 (328)

第六节　本章小结 …………………………………………（337）

第十二章　美国在线教育体系的发展研究 ……………………（339）
　　第一节　背景分析 …………………………………………（339）
　　第二节　美国在线教育体系的历史考察 …………………（341）
　　第三节　美国在线教育体系的基本架构 …………………（347）
　　第四节　美国在线教育体系的主要特征 …………………（354）
　　第五节　美国在线教育体系的总结启示 …………………（358）
　　第六节　本章小结 …………………………………………（367）

第十三章　新加坡在线教育体系的发展研究 …………………（369）
　　第一节　背景分析 …………………………………………（369）
　　第二节　新加坡在线教育体系的历史考察 ………………（371）
　　第三节　新加坡在线教育体系的基本架构 ………………（379）
　　第四节　新加坡在线教育体系的主要特征 ………………（391）
　　第五节　新加坡在线教育体系的总结启示 ………………（396）
　　第六节　本章小结 …………………………………………（402）

第十四章　法国在线教育体系的发展研究 ……………………（403）
　　第一节　背景分析 …………………………………………（403）
　　第二节　法国在线教育体系的历史考察 …………………（405）
　　第三节　法国在线教育体系的基本架构 …………………（413）
　　第四节　法国在线教育体系的主要特征 …………………（424）
　　第五节　法国在线教育体系的总结启示 …………………（429）
　　第六节　本章小结 …………………………………………（436）

第十五章　德国在线教育体系的发展研究 ……………………（438）
　　第一节　背景分析 …………………………………………（438）
　　第二节　德国在线教育体系的历史考察 …………………（439）
　　第三节　德国在线教育体系的基本架构 …………………（444）
　　第四节　德国在线教育体系的主要特征 …………………（454）

第五节　德国在线教育体系的总结启示 …………………… (459)
第六节　本章小结 ……………………………………………… (466)

第十六章　意大利在线教育体系的发展研究 ……………………… (468)
第一节　背景分析 ……………………………………………… (468)
第二节　意大利在线教育体系的历史考察 …………………… (470)
第三节　意大利在线教育体系的基本架构 …………………… (475)
第四节　意大利在线教育体系的主要特征 …………………… (484)
第五节　意大利在线教育体系的总结启示 …………………… (489)
第六节　本章小结 ……………………………………………… (492)

第十七章　国家在线教育体系的发展透视 ………………………… (494)
第一节　背景分析 ……………………………………………… (494)
第二节　国家在线教育体系的发展导向 ……………………… (496)
第三节　国家在线教育体系的发展特征 ……………………… (500)
第四节　国家在线教育体系的发展挑战 ……………………… (503)
第五节　国家在线教育体系的发展愿景 ……………………… (507)
第六节　本章小结 ……………………………………………… (511)

参考文献 ………………………………………………………………… (513)

后　记 …………………………………………………………………… (536)

第 一 章

理论基础与核心思想

党的十九届四中全会提出构建服务全民终身学习的教育体系，这是完善教育制度的总体目标，为推进教育现代化指明了方向。党的二十大报告进一步强调"推进教育数字化，建设全民终身学习的学习型社会、学习型大国"[①]。当前，教育供给存在不足，教育公平有待增强，在满足广大人民群众教育需求方面还存在不少问题。作为传统教育体系的重要补充和数字化形式，在线教育体系能够在复杂环境下满足人民群众日益增长的教育需求。因此，面向全民终身学习，发展完备的国家在线教育体系迫在眉睫。"全民"，就是教育要面向全体人民，体现公平性。"终身学习"，就是教育要覆盖人的整个生命周期，体现持续性。为了实现这一目标，必须与时俱进，依托现代信息技术手段打造全新的国家级在线教育体系，进一步彰显教育的公平性和可持续性。

第一节 背景分析

步入 21 世纪，无论是日常学习，还是正规教育都不再仅仅针对青少年群体。正如哈佛大学继续教育学院院长亨特·兰伯特（Hunt Lambert）所言，学习可能是我们在青少年时期就开始认真追求的东西，但在我们整个职业生涯甚至退休期间，学习将越来越多。不过，无论采用何种方式来说明学习习惯的变化，都有一件事很明确，即终身学习正在成为一

---

① 习近平：《高举中国特色社会主义伟大旗帜　为全面建设社会主义现代化国家而团结奋斗》，《人民日报》2022 年 10 月 26 日第 1 版。

种常态和规范。终身学习是一种针对个人发展的自主学习形式，通常是指在正规教育机构（例如中小学、大学或公司培训）之外进行的学习。不过，终身学习不一定非要局限于非正式学习，实际上可以描述为以实现个人成就感（personal fulfillment）为目标而自主开展的非正式或正式学习[①]。终身学习已成为西方发达国家教育和培训政策的重要话题，还得到了众多国际组织的认可，包括经济合作与发展组织（OECD）、欧洲委员会（EC）、联合国教科文组织（UNESCO）、世界银行（World Bank）和国际劳工组织（ILO）等[②]。根据皮尤研究中心（Pew Research Center）的一项新调查，当代社会正在不断发展成为一种学习型社会：73%的成年人认为自己是终身学习者；74%的成年人认为自己是个人学习者，即在过去一年中参加了至少一种活动以增进他们对个人感兴趣的知识的了解，这些活动包括阅读、课程学习、参加会议，以及其他社会活动；63%的职场人士（或36%的成年人）认为自己是专业学习者，即在过去一年中参加了职业课程或接受了额外的职业培训，以提高他们的职业技能和丰富与职业发展相关的专业知识[③]。作为在实现中国"两个一百年"奋斗目标历史交汇点召开的重要会议，党的十九届四中全会提出了"坚持和完善统筹城乡的民生保障制度，满足人民日益增长的美好生活需要"的工作要求，其中明确指出要"构建服务全民终身学习的教育体系"[④]。党的二十大报告指出"推进教育数字化，建设全民终身学习的学习型社会、学习型大国"[⑤]，为新时代教育的发展指明了方向。面对人民群众不断增强的终身学习需求和国家建设服务终身学习的教育体系的需要，伴随互联网技术飞速发展和广泛应用而出现的在线教育开始进入人们的视野。作为一种基于网络的远程教育模式，在线教育能够在任何时间、任何地

---

① Andy Green, "Lifelong Learning, Equality and Social Cohesion", *European Journal of Education*, 2011 (2).

② Michael Schemmann, "CONFINTEA V from the World Polity Perspective", *View from Latin America*, 2007 (3-4).

③ Pew Research Center, "Lifelong Learning and Technology", Winter 2016, https://www.pew researc h.org/internet/2016/03/22/lifelong-learning-and-technology/.

④ 宋晨、闫妍：《中共十九届四中全会在京举行》，《人民日报》2019年11月1日第1版。

⑤ 习近平：《高举中国特色社会主义伟大旗帜 为全面建设社会主义现代化国家而团结奋斗》，《人民日报》2022年10月26日第1版。

点，为任何人提供海量的优质教学资源，在很大程度上弥补传统教育的缺陷和不足，有助于满足全民终身学习的需求[1]。既然在线教育具有如此显著的价值，那么两者到底是一种什么关系？如何才能实现两者的协同发展？能否提供现实的实施路径？为此，需要进行深入的研究和探讨。

第二节 终身学习与在线教育的逻辑关系

一 终身学习的核心理念

（一）终身学习是每个公民都具备的基本权利，有利于个人和社会的发展

终身学习开拓了一种教育和培训的新视野，在这种视野中，学习将真正有益于生命，因为它有益于个人和社会。从个人角度来看，终身学习是一项公民基本权利，是追求个人兴趣和爱好，激发个人动机和潜能，以及提升自信心和自身能力的重要方式。从社会角度来看，终身学习有助于发展公民对于社会的责任感，增强其应对经济、文化和社会变革的能力，并促进公民在社会中的和谐共处和创造性的参与。总而言之，终身学习有利于普罗大众能够掌握自己和社会的命运，以面对未来的挑战。

（二）终身学习是促进职业发展的必要途径，有利于带来更好的就业前景

在知识经济社会中，无论是通过正规的，还是非正规手段继续学习，都是获得就业和稳定收入的关键。事实证明，受过良好教育和训练有素的个人获得较高收入的主要原因是他们具有较高的知识和技能水平，也就是说，较高的学历可以作为拥有更多技能的证明。尽管终身学习超出了正规教育和培训的范围，却是正在寻求工作或在职的个人继续学习并获得影响就业和收入的技能和能力的重要方式[2]。满足所有人的学习需求

---

[1] 方佳明、史志慧、刘璐：《基于5C技术的在线教育平台学习者迁移行为影响机制》，《现代远程教育研究》2019年第6期。

[2] Colin Power, "Addressing the UN Millennium Development Goals", *Comparative Perspectives*, 2011（1）.

是全民终身教育的一项关键目标,也是具备职业发展能力的有效保证,涉及识字能力、计算能力和一般能力(例如解决问题、团队合作、生活技能),以及特定于情境的技能(例如生计、健康、市场营销)和职业技能,这些技能通常是在更正式的环境中获得的。

(三)终身学习是学习型组织构成的关键元素,有利于提高人力资本和劳动生产率

作为机构的管理者,终身学习一直都是在组织内寻求的一种行为,换言之,终身学习是学习型组织不可或缺的组成部分,而构建学习型组织是推进终身学习的重要途径。出于可持续发展的需要,员工必须不断进行个人学习,以使组织适应社会环境和灵活地保持竞争力,而正规的教育证书不是承认和培养人才的唯一方法,构建面向终身学习的学习型组织可能是理想的选择。相关研究表明,人力资本是经济发展的主要驱动力,在发展人力资本上投入最多的国家是那些经济增长最快、持续最持久、生活质量最高的国家[1]。机构管理者已经意识到,得益于当今知识经济的快速发展,组织将终身学习视为员工发展的核心组成部分,甚至视为每个员工应尽的责任,而不是可有可无的,只是为他们提供所需的资源、支持和培训。通过构建学习型组织,有助于让所有员工成为终身学习的践行者,成为富有创造力的问题解决者,成为不断更新知识和专业知识的人,还能够思考如何掌握本行业的前沿知识和可以采取哪些措施来提高生产力。

(四)终身学习是实现教育均衡发展的重要手段,有利于减轻贫困和可持续发展

许多教育和发展政策都基于这样的假设,即扫盲和初等教育在减少贫困方面起着关键作用,而高等教育对于全球知识社会的经济发展至关重要。虽然两者都是正确的,但也有越来越多的证据表明,所有水平的教育和培训类型(正规和非正规)都可以对两者有贡献,也就是说,终身学习可以成为减轻贫困和可持续发展的重要手段。当正规教育机构利用其专业知识与贫困社区合作并担任倡导者时,终身学习可以在消除贫

---

[1] Adama Ouane, *The Routledge International Handbook of Lifelong Learning*, New York: Routledge, 2009, pp. 302-311.

困、提高儿童和成人的基本技能水平、提高农作物产量以及提高健康和营养水平方面取得进展①。通过非正规职业技能培训，有许多举措可以帮助贫困的青年和成年人，但这些举措往往是基于当地的、短暂的、资金不足的项目，而不是减轻贫困和促进可持续发展的全面国家战略的一部分。只有打造完整的终身学习体系，在有关于落后地区的确认、学习需求的掌握、学习计划的制订、课程内容的设计、学习持续时间的规划，以及成本效益的计算进行全面科学的安排之后，终身学习才能转化为宏观层面的政策和战略，发挥促进教育均衡发展的作用，进而有利于减轻贫困和可持续发展。

二 终身学习作为在线教育发展的理论指引和实践目标

（一）终身学习理念明确了在线教育的服务对象是全体民众

1997年7月，由联合国教科文组织主办的第五届成人教育国际会议（CONFINTEA V）在德国汉堡举行。这次会议的焦点是发布了《汉堡成人教育宣言》（Hamburg Declaration on Adult Learning），其旨在为21世纪构建一种公平和正义的公民社会与成人学习之间的关系框架。《成人学习宣言》提出了一种教育和培训的新视野，在这种视野中，终身学习将真正有益于每一个公民。具体而言，终身学习将有助于发展民众和社区的自主权和责任感；有助于增强应对经济、文化和社会变革的能力；有助于促进公民在社区中的共存、宽容和知情以及创造性的参与；有助于使民众和社区能够控制自己的命运和社会，以面对未来的挑战②。由此，如果在线教育接受终身学习的原则意味着服务对象是全体民众，即每一个公民可以期望从在线教育中获得支持，以获取和更新对他们的日常生活和工作至关重要的最新知识和技能，这不仅促进了公民的个人发展，而且提高了他们的就业能力、社会流动性和有效参与，旨在改善社区生活质量的活动的能力。既然在线教育面对全体民众提供服务，那么需要具

---

① Stephan Klasen, "Does Gender Inequality Reduce Growth and Development? Evidence from Cross-Country Regressions", *World Bank Economic Review*, 2002 (7).

② UNESCO, "Adult Learning and the Challenges of the 21st Century", Spring 1999, https://unesdoc.unesco.org/ark:/48223/pf0000115957_eng.

备以下三项条件。第一，在线教育必须彰显经济优势，能够让普通民众和弱势群体以较低的成本，甚至完全免费的形式获取所需要的学习资源；第二，在线教育必须降低技术门槛，能够让普通民众和弱势群体以便捷高效的方式开展相关学习活动；第三，在线教育必须丰富资源类型，能够让不同地区、民族、文化和需求的公民都能很大程度地找到适合自己的数字化学习资源。从目前在线教育的发展状况来看，要具备这三项条件并非易事，但只要在终身学习理念的指引下，在全社会的大力支持下，依靠在线教育本身的优势，是完全可以实现的。

（二）终身学习理念明确了在线教育的服务内容是包罗万象

对于终身学习的探讨由来已久，杜威（1966）对此进行了广泛的理论研究，特别关注的是终身学习概念出现的缘由，似乎是因为学校学习过多，而在其他地方和其他时间的学习太少[①]。如果从极简主义的视角来看，"终身学习"一词已被用作所有与义务教育无关的教育领域的总称，即进一步的、更高的、循环的、成人的、继续的教育。尽管义务教育在人的发展中扮演至关重要的角色，但相比而言，义务教育之外的终身学习将伴随人的一生，所涉及的内容也更加纷繁复杂，只是要真正满足对于内容丰富程度的要求并非易事。伴随着互联网技术的飞速发展，在线教育逐渐推广应用，其主要优势是对于资源的占用已经超越历史上任何一种教育形态，这为落实终身学习理念奠定了坚实的物质基础。不过，在线教育虽然有在技术层面提供海量资源的可能，但在实践中要实现这一功能并非易事，必须在人员配备、基础设施、经费投入等方面具备相应的条件，因而只有在一定的理念驱动、政策指引和经济支持的作用之下，在线教育的潜在功能才有可能变为现实。在终身学习理念的指引下，在线教育发展找到了明确的方向，也形成了发展驱动力，可以根据用户类型、学科划分、职业分类、兴趣爱好等来收集、筛选、整理和加工海量资源，提供满足多样化需求的丰富多彩的高质量数字资源。与此同时，在线教育在落实终身学习理念和满足多样化需求的过程中，可以获得国家政策的支持、普通民众的欢迎，乃至社会组织的资助，从而赢得更加广阔的发展空间。

---

① John Dewey, *Democracy and Education*, New York: Free Press, 1966, pp. 49 - 62.

（三）终身学习理念明确了在线教育的运作机制是灵活多变

终身学习所倡导的是满足全体民众基于自身的需求和爱好所开展的持续性学习活动，既可以是在传统教育机构（如中小学、大学等）内开展的正式学习，也可以是在商业培训机构或社会环境中开展的非正式学习，学习的主体、内容和类型是存在显著差异的。与传统的教育形式不同，在线教育适应性强，可扩展且价格合理或免费，是满足当今不断变化的终身学习需求的理想方式。针对在传统教育机构，尤其是义务教育阶段的中小学所开展的学习，在线教育更多地倾向于以免费或低成本的方式提供服务。针对在商业培训机构开展的学习，在线教育显然会采用营利性方式来运作，提供相应的商业服务。当然，营利性和非营利性的在线教育运作机制很多时候是共存的，两者并不矛盾。以风靡全球的大规模在线开放课程——慕课为例，其面向大学生用户的基本学习需求时，倾向于采用的是免费服务方式，但如果有更高的学习需求（更加详尽和完整的内容）和服务要求（如认证服务）时则采用收费的方式。同时，慕课除了满足大学生用户的需求，还能满足普通民众的学习需求，甚至其用户数量超过大学生，此时就更适合采用纯粹的商业运作机制。根据哥伦比亚大学师范学院（Teachers College, Columbia University）的研究人员发布的一项研究，大多数慕课学习者都是受过大学教育的，大多为年龄在30—44岁的受雇人员。该研究还发现，大多数学习者都注册了在线课程，以提高他们的工作表现[1]。由此，终身学习理念已经逐渐成为全体民众，包括在校学生和职场人士的共识，为了满足这种大范围的、千差万别的学习需求，在线教育必须形成灵活多变的运作机制，以便于更好地实现服务与需求的有效对接，助力终身学习的推广普及。

（四）终身学习理念明确了在线教育的存在形式是超越时空

由于20世纪60年代人文关怀的社会正义政策已转向经济理性主义，终身学习理解为使人们具备在全球化的、瞬息万变的社会环境中竞争所需的技能。由此，终身学习具备了一些关键性特征，如高度自主性学习行为、自我激励或自我启动、经常以非正式（自学或辅导）的形态出现

---

[1] Fiona Hollands and Aasiya Kazi, "Benefits and Costs of MOOC-Based Alternative Credentials", Autumn 2018, https://docs.wixstatic.com/ugd/cc7beb_5803e625ebee463ebc6f4796027366f1.pdf.

等，最为显著的特征是学习的发生不会受到时间和地点的限制。换言之，出于适应新时代复杂环境和职业生涯发展的需要，终身学习随时随地都可以发生，否则个人生存将面临严峻的挑战。尽管这种认识有其功利性的一面，但即使从非功利性的一面来看，出于兴趣爱好和个体成长的需要，终身学习仍然需要具备高度的灵活性和便捷性。只是要落实终身学习的理念和追求，传统的教育形态是根本不可能实现的，而在线教育则完全能够将其付诸实践。一方面，面对终身学习需求的持续性，依靠互联网技术建设虚拟网络环境的在线教育摆脱了时间限制，能够按照终身学习理念在任意时间提供适合的教育服务。另一方面，面对终身学习需求的随机性，拥有海量优质教育资源的在线教育摆脱了空间限制，不会受到学习环境或场所的束缚，能够按照终身学习理念在任意地点提供适合的教育服务。尽管从技术层面来看，在线教育天生就具备超越时空限制的能力，但从经济层面和系统维护的复杂性来看，在线教育并非一定提供超越时空限制的学习服务，只有在终身学习理念的指引和推动下，在线教育才能真正发挥其强大的功能和应有的作用。

三 在线教育是推进终身学习的有效载体和重要途径

当前，尽管对于终身学习的角色和地位已经基本形成共识，人们在不知不觉中已经将终身学习作为一种常态，但是融入终身学习大潮的程度仍然受到多方面因素的影响。无论是受教育水平、认知习惯，还是场所限制、社会支持程度，乃至于成本的考量和贫富差距，都成为阻碍全面推进终身学习的绊脚石。不过，在线教育的普及推广为终身学习带来了新的希望，甚至已经成为推进终身学习的重要原动力。

（一）在线教育所秉持的发展理念促进终身学习的普及化

随着第四次工业革命的持续推进，科学技术广泛应用到社会经济生活的各个领域，也在深刻地改变着教育的面貌，而在线教育作为前沿技术教育领域的最大受益者，逐渐形成稳定的、符合时代潮流的发展理念，有助于推进终身学习的普及化。尽管基于各种技术平台的在线教育存在一定的差异，但都具备方便快捷、超越时空、成本低廉、类型丰富等显著的特征，对于提高终身学习的大众化与社会化程度都有巨大的促进作用。首先，在线教育可以满足不同地域、文化和族群的学习者的需要。

伴随着互联网技术的不断进步，在线教育已经迅速摆脱地域和国界的限制，即使在人迹罕至的边远地区，如今的学习者也能依靠发达的网络系统获得所需要的教育服务。同时，随着参与在线教育的人群规模日益扩大，大量不同语言版本的在线教育资源和服务相继出现，这为突破地域限制提供强大助力，可以有效地满足不同文化和族群的学习者的需要。其次，在线教育可以最大限度满足不同经济水平的学习者的需要。在线教育类型丰富，既有价格低廉，甚至免费的在线教育资源和服务，如慕课、视频公开课等；也有按照市场机制运作的商业化在线教育平台，如腾讯课堂、百度传课等。不同经济水平的学习者可以根据自身实际情况选择适合的在线教育类型，这有助于很大程度满足大众学习者的需求，促进终身学习的社会化进程。最后，在线教育可以在任何时间满足多样化的学习者的需要。依托强大的互联网技术和软件开发技术，在线教育领域已经形成海量的数字化教育资源和服务。尽管并非所有的资源和服务都能确保质量，但依靠量的优势和来自市场的优胜劣汰筛选机制，完全可以打造丰富多彩的高质量在线教育资源和服务。因此，无论是在理论和政策层面，还是在实践和策略层面，都是完全可以实现的，且对最大限度满足普通大众的多样化学习需要也是非常重要和关键的。

（二）在线教育所依托的前沿技术提高终身学习的实效性

从技术层面来看，在线教育是以互联网技术为依托，并融合了云计算、大数据、虚拟现实、人工智能、区块链等各种可能的前沿技术，服务于所有存在学习需求的用户。终身学习的群体是普通大众，他们的学习条件、社会环境和收入水平不一定都能达到开展正规教育的要求，而在线教育依靠前沿技术可以在很大程度上不受限制，提供高质量的数字教育资源和服务，从而将全民终身学习真正落到实处。首先，在线教育显示出高度的敏捷性，这种敏捷性确保能够迅速响应学习者不断变化的需求。以 Coursera 为例，当这家 MOOC 提供商推出时，其目标市场和服务对象尚不完全清楚。自 2012 年以来，该公司根据自己的研究结果不断做出调整，当发现其客户群体主要由受过良好教育的专业人士组成时，很快就明确自身的职责，即与全球知名大学合作，提供针对性课程，以帮助专业人士提高技能和获取在线学位。其次，在线教育体现出智能化的趋势。依靠大数据、人工智能和学习分析等前沿技术，相关在线教育平台可以进行大规模的数据采集、处理和分析，以智能化的手段掌握在线教育的特征和规律，进而不断优化不同学习者的学习体验。尽管我们不能完全依靠机器来代替教师开展在线教育，但至少可以运用某种形式的人工智能或机器学习来强化学习效果和学习体验，为采用在线形式开展终身学习提供强有力的支持。最后，在线教育具有高度的可扩展性。无论是在线学习者的数量，还是在线课程资源的规模，都摆脱了场地和空间的限制，能够根据实际需求进行最大限度的扩展。终身学习本身就是面向全体大众的，因而不仅学习者众多，而且学习需求也千差万别，只有在线教育能够摆脱传统教育体系的束缚，满足这种大规模的差异性需求。需要补充说明的是，这种高度的可扩展性是建立在低成本或无成本的基础上。这就是为什么在线教育不仅成为有着固定收入人群继续学习的最佳途径，而且也是无收入或低收入人群获取优质教育资源的一条捷径。

（三）在线教育所采用的运作机制改善终身学习的生存环境

与传统教育由政府教育部门主导不同，在线教育的参与机构呈现出越来越多元化的趋势，既有来自政府统一建设和管理的在线教育平台，也有大量由商业机构负责运营管理的在线教育企业，还有来自社会组织协调管理的在线教育联盟，更有大量私人，尤其是在线教育爱好者提供的丰富多彩的开放教育资源。因此，在线教育的运作机制更加灵活多元，商业模式的引入也已经成为常态，这为终身学习的推进和发展提供了良好的生存环境。第一，政府主导的在线教育运作机制满足了终身学习的基本条件。政府主导的在线教育并不以营利为目的，所以并不采用商业运作机制，除了在规范性和科学性上具有显著优势之外，最大的特点是价格可控，甚至以完全免费的方式提供给公众，因而能够确保全民终身学习的实施。尽管政府主导的方式并不能满足所有公众的终身学习需求，但依靠其"保底"的机制，可以满足公众的基本学习需求，符合全民终身学习的理念。第二，企业主导的在线教育运作机制满足了终身学习的差异化需求。虽然政府主导的在线教育能够提供比较正规且廉价的在线教育资源和服务，但在丰富度和灵活性上是比较欠缺的。企业主导的在线教育完全是以营利为目的，以市场为导向，面向用户的需求来开发相关的产品和服务，因而能很大程度满足公众的差异化需求。当然，其最大的缺点是采用商业运作机制，根据在线教育资源和服务的质量收取费用，因而低收入人群显然很难从中获取所需的资源和服务。第三，政企合作的在线教育运作机制改善了开展终身学习的实际效果。为了平衡在线教育质量和公众收入水平的矛盾，政企合作的在线教育运作机制应运而生。这种机制一方面需要充分考虑到普通公众的终身学习需求和实际收入水平，另一方面又要考虑普通公众的多元化终身学习需求和在线教育质量。为此，比较可行的方式是将在线教育建设与实施交给商业机构，采用市场化运作机制，而政府部门采用集中采购和竞标的方式获取高质量的资源和服务，免费提供给普通公众。这种方式有利于提高在线教育的质量，又能降低政府的经费支出，是比较科学的运作机制。不过，如何协调政企关系，避免权力寻租，将真正高质量的在线教育资源和服务提供给普通公众，还需要进行科学和深入的考察研究。第四，社会组织和私人机构主导的在线教育运作机制拓展了终身学习的发展空间。作为上述三种方式的补充，社会组织和私人机构主导的在线教育具有更强的灵活性，所采用的机制比较宽松自由，所提供的资源和服务虽然不够丰富和多元，但具有一定的组织或个人特色，且价格低廉，甚至完全免费。在我国，这种运作机制虽然还不是主流，但随着社会文明程度的提高，会有更多的组织和个人参与到这种公益活动中来，从而为终身学习的推进开辟更加广阔的发展空间。

第三节　面向终身学习的在线教育实施路径

终身学习的最终目标是促进每个人的自我实现，将导致知识、技能和态度的系统获得更新、提升和完善，这是回应现代生活不断变化的状况所必需的。终身学习需要与时代保持同步，与经济和社会要求相关，并且有赖于学习者的自我导向、教育提供者的积极参与，以及信息技术的广泛应用。在线教育是伴随着时代发展和经济与社会变革而涌现出来的崭新学习形态，它能依靠自主学习理念、海量学习资源和前沿学习形态，运用多元化的实施路径来最大限度地服务于全民终身学习需求。

一 面向学历获取的在线教育实践

一直以来,以学历获取为目标的教育主要由正规学校系统来实施,且通常是在学校环境中开展相关教育活动的。不过,随着教育发展水平的提高和普通民众教育需求的增加,也涌现了诸如函授教育、广播电视教育、网上远程教育等教育形态。尽管实施的主体仍然是正规学校机构,如广播电视大学、继续教育学院等,但学生与学校和教师在空间或时间上是分离的,且学历的社会认可度也并不高。随着在线教育的蓬勃发展,原有的教育生态正在被打破。根据前瞻产业研究院《2019中国在线教育行业市场前瞻分析报告》的分析,中国在线教育用户规模的发展速度将保持15%左右,预计到2024年将突破4亿人。在线教育俨然已经成为面向全民终身学习的重要教育形态,而满足学历获取的需求也很快提上了议事日程。作为在线教育领域的主力军,慕课已经逐渐成为备受推崇的学历获取途径。慕课是免费的在线个人课程和模块,通常由著名大学提供课程资源和相关的教学服务,但很少获得正式的学历认可。不过,近几年来,Coursera、edX、Udacity和FutureLearn等大型慕课平台纷纷开始涉足慕课学位项目,一些知名研究型大学相应地开发了一系列的专业证书和学分制课程,提供诸如纳米学位(Nano Degrees)和微硕士(MicroMasters)等形式的学位项目[1]。

当主要的慕课平台都在为寻求可持续商业模式而努力时,Udacity公司率先做出了改变。2014年,该公司与佐治亚理工学院合作开发了第一个慕课学位项目——计算机科学在线理学硕士(online master of science in computer science, OMS CS)。该学位项目在五年中已收到超过25000份申请,并招收了10000多名学生[2]。这些线上学生都朝着与在校学生相同的方向努力,并且来源广泛,既有与在校学生处于同一年龄段的学生,也有比在校学生年龄稍小的大学生和高中生,还有处于职业生涯的职场人

---

[1] Derek Newton, "What On Earth Is A MOOC-Based Degree Path", Autumn 2018, https://www.forbes.com/sites/dereknewton/2018/07/25/what-on-earth-is-a-mooc-based-degree-path/#3b0934d74bb8.

[2] Laura Childs, "The Rise of MOOC-based Master's Degrees at Elite Universities", Autumn 2019, https://www.onlineeducation.com/features/rise-of-mooc-based-masters-degrees.

士。因此，这种新的高等教育模式正在为完全不同类型的学生提供服务，而事实证明这对慕课的商业运作大有裨益。如今，一些世界一流大学纷纷在 Coursera、Udacity 和 edX 等慕课平台上广泛开设慕课学位课程。例如，宾夕法尼亚大学在 Coursera 上提供了大量的工程学位课程和项目。宾大在提供在线课程方面有着悠久的历史，是首先在 Coursera 上提供计算机科学硕士学位项目的常春藤盟校。在此之前，该校在 Coursera 上开设了机器人专业化课程，并在 edX 上开设了微机器人硕士课程，两者均由世界著名的宾大 GRASP 机器人实验室提供。该学校还由三位计算机科学系教授在 edX 上开发了软件开发专业，这些课程吸引了成千上万的学习者。在线学习的成功尝试鼓励宾大采取下一步，那就是提供完全在线的学位课程。2018 年 7 月，宾大在 Coursera 上推出了计算机和信息技术硕士学位项目（master of computer and information technology，MCIT）。与此同时，斯坦福大学、密歇根大学、亚利桑那州立大学也纷纷加入进来，成为最早在该平台上提供学位课程项目的学校[1]。尽管基于 MOOC 的硕士学位课程已被证明对大学和 MOOC 平台有用，但其好处可能并不吸引所有类型的学生。

从全民终身学习的角度来看，慕课学位项目具有三个重要的优势。第一，价格低廉，可以满足规模化的学习需求。由于慕课采用了独特的商业模式，因此与传统的学校教育相比价格要低廉得多。例如，佐治亚理工学院的在线计算机科学硕士（Online MS in Computer Science）总共只向学生收取 7000 美元的学费，是最昂贵的竞争对手的八分之一[2]。第二，方式灵活，可以满足个性化的学习需求。慕课学位项目采用的是以学生为中心的学习方式，所有课程都是异步的，并且可以自行调整进度，学习者可以根据自己的日程安排学习。同时，大多数大学都提供加速授课和非全日制招生，以容纳各种成人学习者和在职专业人员。第三，过程科学，可以满足延续性的学习需求。慕课学位项目实际上是建立在一系

---

[1] IBL News，"MOOCs Are Dead, Welcome MOOC-Based Degrees"，Winter 2018，https://iblnews.org/moocs-are-dead-welcome-mooc-based-degrees/.

[2] IBL News，"45 MOOC-Based Master's Degrees Worldwide"，Spring 2019，https://iblnews.org/mooc-based-degrees-online-master/.

列慕课课程基础之上的，并形成了比较科学规范的课程学习流程，以确保学习者能够很大程度顺利地完成学习任务以获得学历证书。不过，由于采用的是一种可堆叠的（Stackable）课程体系，学习者即使无法完成系列课程，出于各种原因决定中途停下来，他们仍可能会获得完成某些课程的证书[1]。换言之，即使中途中断学业，后续仍然可以在修完相关课程后获得学位。除此以外，慕课学位项目旨在更大范围地运作，具有显著的开放性，因而入学要求比较低，申请过程并不复杂，这也有利于满足更多学习者的需求。

二　面向课后服务的在线教育实践

课后服务一直是作为正规教育的补充形态而存在，在欧美国家也被称为"影子教育"（Shadow education）。在经济发展的初期，课后服务并不受重视，因为常规的校内课堂教学已经能够满足基本的学习需求。不过，随着经济的飞速发展，人们对于教育的重视程度也在不断提高，开始追求更高品质和更多类型的教育，课后服务逐渐进入普通民众的视野。课后服务主要面向中小学生和大学生，一般涵盖，甚至超越学校所开设的科目，目的也不仅仅是完成学校教育任务，而是期望学习者获得更加全面或个性化的发展，所需要支付的费用也高低不一，但对于普通家庭会造成一定的经济压力[2]。尽管课后服务在教育公平、价值导向、经济负担、教育规律等方面备受质疑，但仍然得到越来越多家庭的推崇。那么，既然课后服务已经存在，最好的方式不是"堵"，而是采用有效的方式来"疏"，尽量弥补存在的问题，让更多的家庭和孩子享受到课后服务带来的益处。对于希望在教育领域保持领先地位的普通家庭，新的互联网技术提供了一种不受地理限制的简单、实用和有效的在线学习解决方案。如今，越来越多的家庭开始逐渐认可在线形式的课后服务，而大规模疫情的暴发更是将在线教育推到了课后服务的最前沿，以一种强迫性的方

---

[1] Dhawal Shah, "5 Ways MOOC-Based Degrees Are Different From Other Online Degrees", Winter 2018, https：//www.edsurge.com/news/2018-10-10-5-ways-mooc-based-degrees-are-different-from-other-online-degrees.

[2] Comparative Education Research Centre, "Shadow Education", Winter 2018, https：//cerc.edu.hku.hk/spe-cial-interest-groups/about-shadow-education/.

式使面向课后服务的在线教育走向千家万户。不过，如果要实现可持续发展，还需要进行正确的引导、有效的规范和科学的设计。

对于大多数学生而言，在学校生涯中的某个时候都或多或少地面临着学业困难问题，如果能够及时提供针对性的课后服务，将有助于提升学业成绩，乃至改善学生的学习态度和心理状况。在互联网时代，智能手机和平板电脑已经成为日常用品，大多数学生可以通过在线辅导网站寻找到课后服务的解决方案。作为最古老且值得信赖的在线辅导网站之一，Tutor.com 于 1998 年在纽约成立。截至 2019 年底，Tutor.com 已为学生提供了超过 1800 万个一对一的在线辅导和家庭作业帮助课程。每天都有成千上万的初中生、高中生、大学生及其他类型的学生通过访问 Tutor.com 以获得各种主题的帮助。该公司的 3000 多名经过审查合格的补习教师提供了 24/7 全天候的学习帮助，科目涵盖各种学科[1]。除了 Tutor.com 为学生提供的在线辅导之外，该公司还向教育工作者和管理员提供有关他们学生的具体学习需求和知识差距的专业反馈。该公司的 Predictive Insights 数据分析服务可针对学生的学术挑战（例如缺乏先决知识或对内容的掌握程度）提供详细的警报，以便于采取相应的干预措施来提高学校课程的通过率。在 2019 年使用 Tutor.com 服务的 K—12 年级学生中，最受关注的科目是数学和英语写作，而在使用 Tutor.com 服务的大学生中，最受关注的科目是大学论文写作、数学和统计学。从学生的课后调查来看，Tutor.com 所提供的课后服务是合格的，96% 的学生认为 Tutor.com 帮助他们完成了任务，97% 的学生表示会将 Tutor.com 推荐给自己的朋友。与此同时，在灵活性、教师质量、可用性、便利性以及支持性等方面的综合评估中，Tutor.com 也在众多在线补习平台中脱颖而出。除了 Tutor.com[2]，还有很多在在线课后服务领域声名卓著的平台：Wyzant 提供最适合的私人一对一课程，并采用高度灵活的定价结构和收费方式；Skooli 的收费昂贵，但提供高素质的教师和出色的学习工具，包

---

[1] The Princeton Review, "Tutor.com, One of the Largest Online Tutoring Companies in the U.S., Has Deli-vered More Than 18 Million Online Sessions", Winter 2019, https：//www.tutor.com/press/press-releases-2019/ 20191210.

[2] The Princeton Review, "About Tutor.com", Summer 2020, https：//www.princetonreview.com/corporate/about-us.

括数字教室、视频教程、强大的聊天软件（可过滤不良信息）和虚拟白板；TutorMe提供具有丰富教学经验的高素质教师、丰富的课程，以及24/7全天候学习支持[①]。国内的在线课后服务平台也很多。

从全民终身学习的角度来看，在线课后服务具有显著的优势。第一，课程定制让学习更加个性化。在线课后服务的最大优势之一是可以轻松定制适合每个学生的课程。在学校里，学生可能处于不利地位，例如，与其他学生的学习节奏不同，或者需要将更多的注意力集中在特定领域，那么在线课后服务可以很大程度上充分利用海量资源和信息化手段来解决这些问题[②]。在线课后服务将根据学生的要求和能力来调整课程的进度、重点和目标，以确保很大程度地提高学习效率。第二，超越时空限制让学习更加便捷。在线课后服务消除师生之间的时空限制，一方面可以节省通行时间和运输成本，有助于环境保护，另一方面能让师生可以在世界任何地方找到最适合的彼此，而不受居住地区的限制[③]。便捷的学习让任何人可以在全球任何地点以更灵活的时间进行课程学习，所需要的只是一台计算机或平板电脑之类的设备，以及可以连接互联网的设备，而这正是全民终身学习的要义所在。第三，富媒体技术让学习更为智能。借助富媒体技术，在线课后服务有助于推进学习的智能化：通过云存储共享文件夹进行有效的资源共享，包括教学大纲、教学内容、案例资料、过往论文、练习题、阅读材料等；通过社交软件可以高效地发送图表、文章、注释、案例研究等的链接；通过计算机辅助软件，如虚拟仿真软件、流媒体软件等，可以更加直观形象地掌握知识点；通过在线白板和屏幕共享可以增加师生、生生之间的互动，提高学习的有效性[④]。富媒体技术为在线课后服务插上腾飞的翅膀，让更多的学生愿意接近枯燥的学习，在真正轻松的环境中感受学习的乐趣。

[①] Edu Reviewer, "TOP Online Tutoring Websites, Services & Companies", Spring 2020, https：//edureviewer.com/top-online-tutoring-websites/.

[②] HB Tutoring, "Online tuition is growing for private tuition", Spring 2020, https：//hbtutoring.com/online-tuition-is-growing-for-private-tuition/.

[③] Tavistock Tutors, "13 Advantages of Online Tutoring", Winter 2019, https：//tavistocktutors.com/blog/13-advantages-of-online-tutoring.

[④] ATUTOR, "6 Advantages of Online Tutoring", Autumn 2022, https：//atutor.ca/online-tutoring/.

三　面向职业发展的在线教育实践

人们普遍认为，终身学习应留给一定年龄的人，他们需要学习新技能以保持工作的稳定性。这实际上是一种误解，因为终身学习要使所有人受益。如果你对职业发展感兴趣，尤其如此。不过，许多职场人士发现，尽管他们想继续接受教育，但他们的日程安排繁忙且缺乏资源，这使他们无法投资于终身学习。如果遇到此问题，则应考虑与雇主交谈，因为终身学习不仅会使员工受益，也可以使企业和雇主受益。在线教育网站 Pluralsight 总裁兼首席执行官亚伦·斯科纳德（Aaron Skonnard）表示，鼓励您的员工继续接受教育可以帮助您的员工表现更好，这就是为什么老板更愿意进行这项投资[①]。成人学习者是追求终身学习的人口中增长最快的部分。这一趋势背后的原因是，许多专业人士开始意识到，要在瞬息万变的商业环境中保持竞争力，他们需要保持最新状态。市场和经济正在快速变化，这意味着对职业发展感兴趣的任何人都必须能够跟上。这一点尤其重要，因为新毕业生将不断威胁已就业者的职位，因为他们将随着行业的变化而更新。对于即将毕业的学生而言，要获得满意的工作岗位，必须拥有具备显著优势的职业技能，除了有赖于学校教育之外，参与职业发展培训也是非常必要的。终身学习的作用不仅仅是获取职场竞争优势，不断涌入的新信息应用到工作中的过程就可以刺激大脑，有助于个体保持积极上进和轻松愉快的工作心态，进而提高工作效率和寻找到职业中的人生价值。不过，面向职业发展的终身学习也面临一些挑战，如经济压力问题、时间成本问题、人际关系处理问题。在线教育的出现在一定程度上可以解决这些问题，使致力于终身学习的学习者能够打消疑虑，寻找属于自己的职业发展之路。

自从 2012 年慕课问世以来，面向职业发展的在线教育已经走了很长一段路，涌现了各种形式和规模的，具有不同水平交互性、教师参与度和承诺性的职业发展慕课，且通常是免费和允许无限次注册的。如果要寻找到满意的面向职业发展的在线教育平台，一般会从二个方面来考量：

---

① Mariliza Karrera, "4 Benefits of Lifelong Learning for Your Career", Spring 2021, https://www.career addict.com/benefits-lifelong-learning-your-career.

平台的权威性，这与课程提供机构或课程教师的水平密切相关；平台的广泛性，这与课程资源的覆盖面和丰富度有关；平台的功能性，如认证功能、交互功能、学习分析功能等。从整体上而言，Coursera、领英学习（LinkedIn Learning）、Skillshare 三个平台具有显著的优势。

第一，Coursera 是种类繁多的高质量职业发展慕课平台。如果有志于发展各种技能，Coursera 会在不影响质量的前提下为您提供广泛的选择。扎根于斯坦福大学计算机科学系，其早期产品专注于 STEM（科学、技术、工程和数学）。Coursera 现在在几乎可以想象的任何领域提供 2700 多种课程[1]。如果您想获得课程证书，通常需要以测验的形式完成课程分配。如果只是想学习一些新知识来发展自己的技能，而无须向未来的雇主证明您已经这样做了，则可以免费审核大多数课程，无须参加即可查看所有的课程材料。如果有需求，平台能够提供应用项目管理、创新管理和创业精神方面的专业证书，这些证书面向具有一定经验的知识工作者。每门课程都隶属大学、公司或其他组织，并且教师的资历也明确列出。在许多情况下，学习者正在向特定领域中最受尊敬的教授学习。平台的许多课程可以免费获取，一些课程的单价为 29—99 美元不等，而专项系列课程需要按月支付 39—79 美元不等的费用[2]。

第二，领英学习是进行日常技能培训的最佳在线职业发展平台。领英学习成立于 1995 年，主要提供一些短小精悍型课程，可以帮助学习者快速入门和掌握特定主题的内容。例如，有一门 35 分钟的课程讲授委派的软技能，以及一门 90 分钟的数字营销课程。尽管此类课程无法与 Coursera 提供的长达二三十小时课程相提并论，但领英学习的课程并不是为了进行深入探讨，而是为了让学习者在最短的时间内了解基础知识和

---

[1] Avatar Karina Luzia, "Professional learning and teaching courses open for enrolment on Coursera", Autumn 2020, https://teche.mq.edu.au/2020/07/professional-learning-and-teaching-courses-open-for-enrolment-on-coursera/.

[2] India Education Diary Bureau Admin, "Check Point Partners with Coursera to Deliver Free Online Courses, Helping Cyber-Security Professionals Develop Their Skills", Summer 2020, https://indiaeducationdiary.in/check-point-partners-with-coursera-to-deliver-free-online-courses-helping-cyber-security-professionals-develop-their-ski-lls/.

掌握进行某个主题的交流所需的关键词汇，这显然是足够了①。此外，领英学习还开设了将近 1000 门有关商务软件和工具的课程，对于寻求快速但全面的应用程序教程的视觉学习者来说，这是一个不错的起点。由于领英学习属于领英这个全球最大的职场社交网站，因而该平台在希望提供专业发展作为工作福利的雇主中广受欢迎。领英学习提供免费试用一个月的服务，期满后的订阅费用为每月 29.99 美元，可无限量学习课程②。

第三，Skillshare 是创意领域的最佳在线职业发展平台。Skillshare 是一个在线学习社区，针对创意和好奇心人士提供 25000 多种课程，其主题包括插图、设计、摄影、视频、自由职业等。这些课程由专业人士创建，希望帮助职场人士学习新技能，激发并扩大能够促进表达、学习和应用的创造性探索。Skillshare 的特征主要体现在：内容广泛，注重创意类型的技能培训；可自由选择作业，注重基于社区的互动学习；课程由社区成员提供，允许任何人设计和教授自己擅长的课程；运用科学规范的管理流程，确保良好的质量控制③。尽管 Skillshare 是类似于一个大杂烩的课程平台，但其主要专注于创造性类型的技能上，提供了一系列教育内容，可以使自身的职业受益，沉迷于个人的爱好，或者只是帮助完成新的灵感。Skillshare 具有免费版本和高级会员版本（19 美元/月或 99 美元/年）。免费版本嵌入广告，允许访问选定的视频类别及其相关内容。高级会员版本可删除广告，解锁整个课程目录，并允许下载课程以供离线观看④。

在线教育大大拓宽了职业发展的视野、空间和途径，让可持续和便捷高效的职业发展成为可能。第一，低廉的价格让更多人可以承受职业发展的费用支出。在线教育可以提供的职业发展资源非常丰富，不少网站甚至提供完全免费的在线职业培训课程。尽管高品质的职业课程大多

---

① LinkedIn, "Connect Employees to Relevant, Applicable Skills", Spring 2020, https://learning.linked-in.com.

② Career Sidekick, "Is LinkedIn Learning Worth It? LinkedIn Learning Review, Costs and More", Autumn 2018, https://careersidekick.com/linkedin-learning-review/.

③ Skillshare, "About Skillshare", Spring 2020, https://www.skillshare.com/about.

④ Jill Duffy, "Skillshare Review", Autumn 2019, https://www.pcmag.com/reviews/skillshare.

需要收费，特别是大型慕课平台提供的系列职业课程，但从企业的角度来看，通过批量购买的方式可以大大降低价格，况且这对于企业的长远发展也是非常有益的①。此外，将原来由企业人力资源部门所负责的员工培训移至线上，不仅可以省时省力，而且还可以有效降低运营成本。第二，海量的资源让更多人找到属于自己的发展道路。对于职场人士而言，在线教育所能提供的学习资源超越任何教育形态，尤其是具有完整体系的职业课程成为改变职业生涯的理想方法，所掌握的技能、知识和信心将使自己在职场中处于优势地位，有助于发现更多的工作机会和获得更高的薪水。对于即将走上职场的学生而言，丰富多彩的在线教育资源开阔了自身的知识体系和专业视野，有助于培养早期的职业意识，做好科学的职业生涯规划，有效控制自己的职业道路，并在梦想的职业中获得卓越的表现。第三，开放的网络让更多人可以获得广阔的职业发展空间。在线教育不仅能提供海量的学习资源，还能提供丰富的社交资源，尤其是社交媒体所发挥的中介作用。作为在线教育的重要沟通工具，社交媒体不仅是保持自己与教师和同学之间联系的方式，而且也是重要的职业发展工具。运用微博、微信、LinkedIn、Facebook 等社交媒体，可以找工作、展示技巧、与同事交流、接触潜在的导师、与当前和潜在的客户联系。社交媒体的有效运用可以让自身拥有良好的在线形象和人脉关系，从而获得更加多元的职业发展机会，甚至吸引潜在的雇主并支持职业发展。此外，在线教育的方便快捷让繁忙的职场人士或在校学生可以充分利用各种零碎、空闲的时间，在不影响工作或学业的情况下获得自己急需的职业发展资源，这对于全民终身学习的落实显然是大有助益的。

四 面向休闲爱好的在线教育实践

作为贯彻落实终身学习理念的重要体现，面向休闲爱好的教育是利用闲暇时间来缓解工作压力、改善生活质量、追求自我实现、满足个人需求，进而发展个人的知识、技能和价值观的教育，其教育内容涉及文化、体育、社交以及娱乐等活动。面向休闲爱好的教育由来已久，但一

---

① Susan M. Heathfield, "5 Tips to Improve Your Career Development", Autumn 2012, https://www.thebalancecareers.com/improving-career-development-4058289.

直以来，其所服务的对象和范围受到很大的限制，这取决于人们的经济基础、文化水平和生活态度。随着经济的飞速发展和人们生活水平的提高，人们花在工作上的时间在稳步减少，而预期寿命也同样稳定地增长，结果人们发现自己有更多的空闲时间，但并不总是能够以最佳方式使用它，于是面向休闲爱好的教育体现出重要的存在价值，而在线教育的推波助澜为其带来新的发展契机。尽管在线教育有别于传统教育，但无论是学历获取，还是课后服务，抑或是职业发展，都具有显著的目标导向，并且都或多或少带有一定强制性。换言之，诸如此类的在线教育形态都有比较明确的目标、规范的流程、严格的考评以及来自外部的各种限制性措施。不过，实际上还存在一种超越各种限制、追求个人目标和自我实现的在线教育形态，即面向休闲爱好的在线教育。面向休闲爱好的在线教育与日常生活经验密切相关，可以发生在同伴群体、家庭生活、社区环境以及社会活动中，可能涉及书法、绘画、钢琴、舞蹈、高尔夫球、象棋、烹饪、盆栽、钓鱼等各种主题。作为一种非正式学习，面向休闲爱好的在线教育并不意味着没有设计或杂乱无章，这只是与设定指导原则或固定流程无关。它可以发生在任何地方、任何时间和不同背景下，这不是在预先传达学习结果，而是要在清晰的学习路径与非正式性之间取得平衡。与一般的教育形态不同，在面向休闲爱好的在线教育中，学习者总是有动力、更专心和渴望学习技能。由于学习者是在沉浸式环境和经验中学习，因此他们不仅对获取更深的知识感兴趣，而且对所讨论的主题可以有更好的理解。

随着互联网技术的推广应用，面向休闲爱好的在线教育已经成为生活的一部分，越来越丰富的休闲爱好课程可供人们选择。以风靡全球的手工制作教学平台 Craftsy 为例，该平台提供 1300 余门有关针织、缝纫、雕塑、烘烤等领域的在线课程，拥有超过 200 万的活跃用户。技术简报中心（Technology Briefing Centers）总裁杰克·冯德·海德（Jack Vonder Heide）表示，手工制作课程是非正式在线学习总趋势的一部分，人们开始接受在教室外学习的想法[1]。如同大学在线教学一样，手工制作在线教

---

[1] Kelli B. Grant, "Well-crafted: Hands-on hobbies learned online", Autumn 2013, https://www.cnbc.c-om/2013/09/14/online-classes-teach-crafts-and-hobbies.html.

学使学生可以利用本地没有的教师资源和课程资源，并且可以在任何时间下开展相关的学习活动。高质量、价格低廉的视频设备使在线教师同步实时授课，清楚地展示手工制作的步骤，让学习者易于理解和模仿，而更快的 Internet 连接使学生可以顺畅地观看而不会出现故障。当然，平台也从在线服务中受益，在超过 7 天的免费试用之后，订阅服务收取 14.99 美元/月或 120 美元/年的费用①。

当一个人无所事事地待在家里时，值得尝试一些新的爱好来打发时间。当然，在这些不寻常的时刻，可能无法进行需要出门（例如远足）或购买其他材料（例如编织品）的爱好，而学习一种新语言是不错的选择。学习语言是刺激大脑的一种方式，也是提高个人整体素质的重要途径。互联网上充斥着丰富的资源，任何一个人都可以在其中免费学习语言，但值得一提的是 Duolingo。Duolingo 是一款在线应用程序，支持多种语言，它甚至涵盖了一些"濒危语言"，每月完成练习数 70 亿次，总用户超过 3 亿人②。当启动 Duolingo 并选择一种语言时，学习者可以从头开始，也可以进行简短的能力测试以查看流利程度。无论哪种方式，一旦开始，学习者都将获得大量的课程。使 Duolingo 与众不同的是其生活系统。学习者有五个生命，它们每五小时再生一次。每次在课程中犯错，都会丧命。不过，在失去生命后，可以使用移动应用程序进行重新学习来获得重生的机会，或者支付费用来补充能量和继续学习计划。除了学习语言之外，学习者还可以通过平台使用所学语言撰写博客文章，而母语者为该语言的其他学习者帮助纠正。

与此同时，作为当前最热门的在线教育平台，各大慕课平台拥有 800 所不同大学列出的 10000 多种在线课程，涉及休闲娱乐教育的方方面面。最重要的是，许多课程都是免费的，不少还是自定进度的，这使学习者可以在自己方便的时候上课，这意味着重返校园从未如此简单。以来自 edX 平台的《吉萨金字塔：古埃及艺术与考古》为例，该课程由哈佛大学埃及学教授曼努利安（Peter Manuelian）主讲，深入挖掘古埃及最著名

---

① So Sew Easy, "To Subscribe or Not To Subscribe, That Is the Question: Craftsy Unlimited", Spring 2018, https://so-sew-easy.com/subscribe-craftsy-unlimited/.

② Duolingo, "About Us", Spring 2019, h ttps://www.duolingo.com/approach.

的考古遗址：吉萨高原。该遗址是狮身人面像和三座具有纪念意义的金字塔的所在地，其中包括吉萨大金字塔，这是古代世界七大奇观中最古老的一座。该遗址为讨论埃及旧王国的文化和历史提供了一个起点。讲座将探讨坟墓中象形文字的重要性，培养对这一时期埃及艺术的欣赏，并考虑3D建模等新技术如何塑造埃及学的未来。课程持续时间为8周，每周2—4小时[①]。再以来自Coursera平台的《摄影基础与提高：从智能手机到单反相机》为例，该专项课程由密歇根州立大学教授格伦丁（Peter Glendinning）主讲。这个由四门子课程组成的专项课程将指导学习者掌握数码摄影的来龙去脉，并为他们提供一套基本的技能训练。第一门子课程"相机、曝光和摄影"向学生介绍了他们拍摄第一张照片时各种数码相机的基本功能。后面的课程讨论构图、后期制作、照明等。这是对摄影知识的详尽介绍，但是时间投入似乎令人生畏，该课程完成时间大约为6个月，建议每周4小时[②]。作为中国影响力最大的慕课平台，中国大学MOOC平台专门设置了农林园艺、体育运动、音乐与舞蹈和养生保健等课程分类，开设了大量与休闲娱乐相关的课程，如《茶韵茶魂——安溪铁观音》《刘伟教你打乒乓》《陕北民歌》《中医养生与健康》等课程都获得了学习者的广泛关注。

　　无论是从灵活性、丰富性，还是从便捷性、可及性等角度来审视，在线教育与休闲爱好教育都有诸多的共通之处，使得面向休闲爱好的在线教育对于推进全民终身学习具有显著的优势。一方面，面向休闲爱好的在线教育不设任何门槛。不设任何门槛意味着任何年龄层级（从儿童到老年人）、任何收入水平（从贫困人口到高收入人群）、任何时间空间（不受时间和空间的束缚），都可以参与面向休闲爱好的在线教育。其一，每个年龄的人都有休闲爱好的需求，而在线教育可以通过海量的数字资源满足所有人的需求；其二，休闲爱好通常是有闲阶层的选择，而在线教育将用户群体拓展至最大，可以让任何有休闲娱乐需求的人以低廉的

[①] Harvard University, "Pyramids of Giza: Ancient Egyptian Art and Archaeology", Summer 2020, https://www.edx.org/course/pyramids-of-giza-ancient-egyptian-art-and-archaeol.

[②] Michigan State University：《摄影基础与提高：从智能手机到单反相机》, https://www.coursera.org/specializations/photography-basics.

成本，甚至完全免费地享受高质量的数字资源；其三，在线教育所创造的虚拟学习环境摆脱了场地和时间的限制，以最便捷和适合自己的方式满足参与休闲爱好教育的需求。另一方面，面向休闲爱好的在线教育不设强制要求。与面向学历获取和职业发展的在线教育相比，面向休闲爱好的在线教育没有强制性的要求，也没有任何功利性的目的，完全遵循学习者个人的喜好和愿望。这种回顾本真的教育形态一直都是素质教育的理想，只是在互联网时代让理想的实现更接近可能。其一，丰富多彩的数字化教育资源有助于满足不同喜好学习者的需求，让个性化的目标追求成为可能；其二，成本低廉的优质教育资源有助于满足不同阶层学习者的需求，让面向全民的社会性学习成为可能；其三，超越时空的虚拟学习环境带来了巨大的便捷性，有助于很大程度地摆脱学习者在时间、地点、自身实际（如生理、心理障碍）等方面的限制[①]。由此，面向休闲爱好的在线教育既没有门槛，也没有要求，人们几乎只要有意愿参与学习，就能达到目的。不过，软硬件设施上的配套支持仍是开展全民在线教育的基础性条件。

第四节 面向终身学习的在线教育发展愿景

无论是从理论的角度来分析，还是从现实的角度来实施，面向终身学习的在线教育已经成为一种趋势，但未必能正确定位和发挥关键性作用。因此，面向未来，仍然需要从人类发展各个阶段必须满足的终身学习要求和需求入手，提供一些面向终身学习的在线教育推进策略和建议。

第一，面向终身学习的在线教育要为学前教育阶段的幼儿构筑未来发展的基础。幼儿在学前教育阶段的学习是终身学习的起点。《世界全民教育宣言》（*World Declaration on Education for All*）指出要扩大幼儿保育

---

① Jerzy Smorawinski, "Education for Leisure Activities", Autumn 2005, http：//www.assembly.coe.int/n w/xml/ XRef/X2H-Xref-ViewHTML.asp？FileID =10971&lang = EN.

和发展活动[1]，特别强调要保障女童、贫困儿童和残疾儿童的终身学习机会。2015 年，教科文组织发布《教育 2030 行动框架》（Education 2030 Framework for Action），勾勒了未来教育发展的七大目标，其中目标二为"到 2030 年，确保所有儿童获得优质的早期儿童发展、保育和学前教育，从而为接受初等教育做好准备"[2]。如今，发展公平、高质量的儿童学前教育成为推动全民终身学习的重点内容。一方面，在线教育要进一步普及信息化基础设施和软件应用，可采用非营利性的运作模式，汇聚优质的教育资源，实施家校协同的组织模式，保障所有幼儿都能平等地获得学习的机会，确保所有的幼儿获得良好的发展起点。另一方面，在线教育要关注幼儿的身心特征，充分挖掘技术的赋能作用，通过增强互动、增添趣味、增加体验等对幼儿进行思维启蒙。例如，人工智能少儿编程、寻宝游戏、幼儿趣味拼图等。

第二，面向终身学习的在线教育要帮助义务教育阶段的学习者实现素质的全面提高和积极学习态度的养成。根据经合组织发布的《2021 技能展望：终身学习》（Skills Outlook 2021：Learning for Life），义务教育阶段的学习者要"培养强大的基础技能和积极的学习态度"[3]。其中，学习态度是基础技能的前提。首先，在线教育要与义务教育深度融合，帮助学习者尽早树立终身学习意识。可通过游戏化设计、具象化呈现、交互性优化等方式激发学习者的学习兴趣，通过增加在线学习机会来提高学习者的自主性，最终激发其终身学习的内在动力。其次，在线教育要从学科培训扩展到课后服务，从课堂延伸到课外，从智育走向"五育融合"，创新教育内容和组织形式，既为学习者夯实数学、阅读、科学等知识与技能基础，又帮助学习者实现全面发展与自我提高，充分满足学习者的终身学习需求。最后，在封闭式管理和远程学习环境下，在线教育需要格外关注小学生和初中生的学习投入与学习参与、情感孤

---

[1] UNESCO, "World Declaration on Education for All", Spring 1990, https://www.humanium.org/en/world-declaration-on-education-for-all/.

[2] UNESCO, "Education 2030 Framework for Action", Winter 2015, https://world-education-blog.org/2015/11/04/education-2030-framework-for-action-lets-get-started/.

[3] OECD, "Skills Outlook 2021：Learning for Life", Summer 2021, https://www.oecd.org/education/oecd-skills-outlook-e11c1c2d-en.htm.

独、在线学习策略不够、自我调节能力不足等问题。具体而言，可以通过优化在线教学设计、实施线上线下融合教学、提供学习指导等方式加以消解。

第三，面向终身学习的在线教育要促使高中教育阶段的学习者提高未来学习与生活的核心素养。处于高中阶段的青少年有着提高学科知识、获得课外服务、寻求高等教育、学会社会生存、向成人转变等多样化的选择与需求。2013 年，联合国教科文组织发布《走向普及学习：每个孩子都应该学什么》（*Toward Universal Learning：What Every Child Should Learn*）①，提出基础教育阶段学生的七大核心素养，其中高中生要侧重在社交和情感、学习方法与认知、算数与数学、科学与技术这四个维度实现提高②。洞察高中生的终身学习需求和其终身学习要求，两者共同指向了未来学习与生活的核心素养。一方面，在线教育要为学习者构建动态的自适应乃至智适应的学习路径，提高其自主学习能力，帮助其实现个性化发展。另一方面，在线教育要聚焦素养本位，与 STEM 跨学科学习、数字素养、移情与同理心等相结合。例如，Book Creator 创意写作应用程序。总之，在线教育要进一步完善自适应学习机制，以此为抓手，与核心素养提高为核心内容，根据学习者的实际学习情况，动态生成学习路径、智能推荐学习资源、全面评价学习效果，提高其应对未来学习和生活的能力。

第四，面向终身学习的在线教育要为高等教育阶段的学习者提供多元化的学习机会并提高其适应社会变化的能力。高等教育是连接基础教育与社会生活的桥梁与纽带，是青年到成年的重要过渡。在 2022 年 5 月的第三届"世界高等教育大会"（WHEC 2022）上，联合国教科文组织强调高等教育要满足个体不同的终身学习需求③。联合国教科文组织终身学

---

① UNESCO,"Toward Universal Learning：What Every Child should Learn", Spring 2013, http：//uis. un esco. org/sites/default/files/documents/towards-universal-learning-what-every-child-should-learn-2013-en. pdf.

② 乔鹤、徐晓丽：《国际组织全球教育治理的路径比较研究——基于核心素养框架的分析》，《比较教育研究》2019 年第 8 期。

③ UNESCO,"Beyond Limits：New Ways to Reinvent Higher Education", Summer 2022, https：//cdn. ev entscase. com/www. whec2022. org/uploads/users/699058/uploads/69c2df623079c3845e236c56ba2d7a8aa21b3d75489e28c7910226f24f7989aec7aae05a23f31fae4587aeb4be088f99dccd. 6282b2a95281d. pdf.

习研究所（UIL）又进一步提出，高等教育机构是促进终身学习的重要参与者，将高等教育机构转变为终身学习机构是实现联合国可持续发展目标4（SDG 4）"确保全纳、公平、有质量的教育，增进全民终身学习机会"的关键[①]。一方面，在线教育要进一步放大跨越时空、汇聚资源、增强体验的能力，推动在线高等教育的发展，彰显教育的包容性、多样性、公平性、优质性，为学习者提供适切的终身学习机会。为此，在线教育要探索构建并完善开放化的资源供给机制、可持续的融资机制、严格的质量保障机制、有效力的在线学习成果认证机制等。另一方面，在线教育要促进高等教育的数字化转型，为学习者的发展塑造全方位的智慧学习环境，助推在线教育教学模式创新，帮助学习者提高适应社会变化的核心能力、实现可持续发展。例如，融合扩展现实、数字孪生和5G技术，打造支持深度交互、多人协作、多模态学习分析的在线学习空间，提高学习者的高阶思维能力。此外，在线教育可以通过虚拟研讨会的形式加强学习者与社区的互动，增强学习者的社会参与。

第五，面向终身学习的在线教育要把继续教育阶段的学习者培养成为合格的全球公民。以教育的连续性为划分依据，继续教育包括了成人教育和职业教育。[②] 在此阶段，成人学习者的核心目的是谋求自我提升、适应时代变革。气候危机、第四次工业革命、人口变化和新冠疫情等使得世界变得愈发复杂、易变和不可预测。2022年6月，联合国教科文组织终身学习研究所发布了第五次成人学习和教育全球报告《公民教育：增强成人的变革能力》（*Citizenship Education: Empowering Adults for Change*）[③]，强调实施全球公民教育（Global Citizenship Education），提高成人的就业能力，促进成人的可持续发展。因此，在线教育要发挥载体、桥梁和支持作用，将全球公民教育纳入继续教育之中，以在线继续教育

---

① UNESCO Institute for Lifelong Learning, "The Role of Higher Education Institutions for Lifelong Learning", Summer 2022, https://www.uil.unesco.org/en/role-higher-education-institutions-lifelong-learning.

② 张伟远：《继续教育应是一种全民化教育——论继续教育与成人教育、职业教育、远程教育的关系》，《中国远程教育》2007年第1期。

③ UNESCO Institute for Lifelong Learning, "5th Global Report on Adult Learning and Education: Citizenship Education: Empowering Adults for Change", Summer 2022, https://unesdoc.unesco.org/ark:/48223/pf0000381666.

与培训为成人的生计和发展增加韧性。首先，在线教育要着眼于智能时代的人才需求，加快人才培养方式变革。一是提供新技术驱动下职业转型所需的新知识和技能，二是发展成人的创新意识和批判性思维等认知能力，三是培养成人在全球责任和伦理道德方面的社会情感。其次，在线教育要对快速变化的劳动力市场做出敏捷响应，汇聚开放化、个性化、超前化的教育资源，回应终身学习需求的变化性，让成人学习者得以适应劳动力市场的结构性转变。最后，在线教育要重点发展成人学习者的数字技能，为成人以数字公民身份适应社会提供支持。一方面，在线教育的内容还应该包括数字素养和数字技能。另一方面，将数字素养和数字技能与在线继续教育课程进行整合。

第六，面向终身学习的在线教育要满足老年阶段学习者的休闲娱乐需求和创新发展需求。欧盟委员会发布了《成人学习：学习永无止境》(*Adult Learning: It is Never too Late to Learn*)[①]，提出要投资于老年人的教育和培训，增加老年人的终身学习机会。近年来，Coursera 等慕课平台和非营利性的教育组织等都为老年人的终身学习提供了多样化的在线学习选择。一方面，针对老年学习者的需求，要扩大并优化在线教育资源的供给。如今的老年人不仅有着绘画、艺术、写作、健身等休闲娱乐需求，还有着渴望大学课程、学习新技能、成为教育家等更高层次的创新发展需求。另一方面，针对老年学习者的在线教育要重点降低技术门槛并进行人性化设计，考虑与老年人年龄相关的感官、身体和认知特征以及其可能存在的运动控制和认知障碍，很大程度地减少老年人在线学习的阻碍，避免老年人被数字化所抛弃。例如，实现友好的用户界面、便捷的使用操作和集成的功能应用。从长远来看，更为迫切的是要构建面向终身学习的在线教育支持与服务体系。

第五节　本章小结

终身学习是终身教育的追随，实现终身学习的途径较为多元，并呈

---

① Commission of the European Communities, "Adult learning: It is never too late to learn", Winter 2006, https://europeanlaw.lawlegal.eu/adult-learning-it-is-never-too-late-to-learn/.

现出信息化特征。在终身学习成为教育领域重要发展趋势的背景下，在线教育的研究呈现出百花齐放状态，但成熟的在线教育体系亟待建立。在线教育可以通过开放共享、自主学习、交流互动等多种方式来促进终身学习的实现，但要发展一种全民终身学习与在线教育和谐共生的体系还需要持续开展相关研究工作。

面对人民群众不断增强的终身学习需求和国家建设终身学习服务体系的需要，在线教育有必要，也有能力扮演关键性角色。作为传统教育体系的重要补充，在线教育体系能够在复杂环境下满足人民群众日益增长的教育需求，能够充分彰显教育的公平性和开放性，因而发展完备的国家在线教育体系迫在眉睫。由于终身学习致力于服务全民需要、促进职业发展和创建学习型组织，因而可以与在线教育构建紧密的逻辑关系。终身学习可以作为在线教育发展的理论指引和实践目标，而在线教育发展则是推进终身学习的有效载体和重要途径。基于这种逻辑关系，可以制定面向终身学习的在线教育实施路径，包括面向学历获取的在线教育实践、面向课后服务的在线教育实践、面向职业发展的在线教育实践，以及面向休闲爱好的在线教育实践。结合现实，展望未来，可以根据人类发展各个阶段不同的终身学习要求和需求来推进面向终身学习的在线教育。为了更好地贯彻落实十九届四中、五中全会精神，应积极构建国家在线教育体系，使人民群众"学有所教、人人出彩"。

第 二 章

国家在线教育体系的发展概况

从悠久的历史中走来,终身学习如今已被众多国家纳入教育框架体系之中,推动全民终身学习的深入开展成为全球共识。互联网时代的到来与纵深发展推动教育变革与转型,使教育呈现崭新的生态,在线教育应运而生。凭借传统教育无法比拟的巨大优势,在线教育成为推进全民终身学习的重要力量,在线教育体系的构建成为发展全民终身学习的重要路径。

第一节 背景分析

终身学习,简言之便是"活到老,学到老"。终身学习有着深厚的历史根基,其思想萌芽可追溯到古代。那时中西方学者的言论和实践中已蕴含着终身学习的理念,如孔子的"发愤忘食,乐以忘忧,不知老之将至"和亚里士多德的"儿童和需要教育的各种年龄的人都应受到训练"。随着社会的变革与转型、终身教育和学习社会理论的发展以及国际组织的推动①,终身学习的理论逐步形成。尽管学界对终身学习内涵的理解不尽相同,却都体现着学习时间的终身性、学习空间的广泛性、学习个体的主动性以及学习群体的全民性等理念。在联合国教科文组织(United Nations Educational, Scientific and Cultural Organization, UNESCO)、欧盟(European Union, EU)、经济合作与发展组织

---

① 吴遵民:《终身学习概念产生的历史条件及其发展过程》,《教育评论》2004 年第 1 期。

(Organization for Economic Cooperation and Development, OECD) 等国际组织的相继推动下,发展终身学习日益成为全球共识。美国于 1976 年通过了《终身学习法》,南非于 1994 年将终身学习置于建构新教育与培训体系的中心,中国于 1995 年将"建立和完善终身教育体系"纳入《中华人民共和国教育法》。

伴随着从农业社会到工业社会再到信息社会的历史进程,教育也经历了巨大的变革。时代的发展给我们既带来了机遇也带来了挑战。一方面,时代的发展给教育带来重大机遇。如今,我们已进入互联网时代。以大数据、云计算、虚拟现实和人工智能技术为代表的先进科技蓬勃发展,给社会带来无限生机与活力,赋予社会网络化、数字化、智能化的特征。在教育领域,与技术融合的在线教育能大幅度打破学习门槛、学习时空、学习方式等的限制,从而构建更具规模、更丰富、更灵活、更个性化、更自主的教学生态。与传统的线下教育相比,在线教育拥有着无法比拟的优势,并且这些优势应该很大程度地得以发挥利用。另一方面,时代的发展也给教育带来严峻挑战。在享有互联网时代所带来便利的同时,我们也必须明确意识到时代的快速变化性和不确定性。在互联网时代的背景下,知识呈现爆炸式增长和高速更新,一次性学习已无法满足个人发展需要,终身学习成为必然。终身学习要求学习者的学习活动贯穿一生,但由于学习场所的缺失、学习资源的断层以及学习门槛的限制等,传统的线下教育已无法满足学习者终身学习的需求。在线学习正逐步成为终身学习者的一种常态[1],在线教育成为推进终身学习的一支强大力量[2]。

综上所述,终身学习需要在线教育来实现,在线教育需要以服务全民终身学习为目标。尽管世界各国都在大力发展在线教育以推动本国教育变革,但在线教育大多被作为传统教育的补充。如今,在线教育逐步从教育的"补充品"向教育的"必备品"过渡。同时,在线教育的"临

---

[1] UNESCO Institute for Information Technologies in Education, "How to Protect your Personal Data and Privacy in Online Learning", Summmer 2020, https://iite.unesco.org/news/how-to-protect-your-personal-data-and-privacy-in-online-learning/.

[2] Yukiko Inoue, *Online Education for Lifelong Learning*, Hershey: Information Science Publishing, 2007, pp. 1–20.

危受命"也暴露出不少问题，让全球认识到构建更加完善的在线教育体系的重要性。伴随智能信息技术的涌现、劳动力市场结构的变化、不确定性挑战增多、数字化转型加快，终身学习的价值愈发凸显。在社会迅速变革的时代背景下，探索构建国家在线教育体系能促进学习者的自我求知、发展国家的教育事业、推动全球的未来走向，是顺应历史潮流的必然之举。

第二节　国家在线教育体系的发展历史

在线教育体系是融合政策制定、师资配备、资源开发和组织管理等要素为一体的系统化工程。从在线教育实践的开始到各要素的建立完善，在线教育体系经历一个从无到有、从部分到整体的过程。如今，国家在线教育体系仍在不断地发展之中。

一　萌芽期：计算机教学实践奠定在线教育体系基础

20世纪60年代后期，全球范围内的在线教育实践纷纷展开。首先，开放大学相继建立。英国于1969年建立的开放大学（The Open University，OU）促使欧洲和亚洲的许多国家纷纷建立远程教学大学[1]，推动了在线高等教育的发展，其中包括西班牙国家远程教育大学（Universidad Nacional de Educació n a Distancia，UNED）（1972年）、泰国苏霍泰塔玛蒂拉特开放大学（Sukhothai Thammathirat Open University，STOU）（1978年）、印度尼西亚特布卡大学（Universitas Terbuka，UT）（1984年）等。从20世纪七八十年代开始，在英国开放大学的带动下，世界各国政府将开放教育和远程教育视为实现国家发展目标的工具。其次，计算机辅助教学系统跨越式发展。从20世纪60年代后期到70年代前半期，计算机辅助教学系统大多以基础的研究和应用为主，并且集中在美国、英国、日本和加拿大等发达国家，发展中国家的在线教育建设十分薄弱。例如，斯坦福大学（Stanford University）在1966年研制了IBM1500教学系统，

---

[1] UNESCO,"Distance Education for the Information Society: Policies, Pedagogy and Professional Develo pment", Spring 2001, https://iite.unesco.org/publications/3214594.

英国于1972年实施了"国家计算机辅助学习发展计划"。随着微型计算机的出现及其向教育领域的融入，在线教育的浪潮对众多发展中国家也造成了巨大的冲击，全球性的计算机辅助教学热潮逐渐形成。这一时期的在线教育由之前的重视硬件建设转向关注在线教育的教学特点、重视教学软件建设[1]。最后，在线课程蓬勃发展。教育中的数字化通信和网络化始于20世纪80年代中期，教育机构开始利用这一新媒介，利用计算机网络提供信息，开设在线教育课程。英国开放大学和不列颠哥伦比亚大学（University of British Columbia，UBC）开启了一场利用互联网进行学习的革命[2]，大量使用网络进行培训、在线远程学习和讨论[3]。1986年，电子大学网络（Electronic University Network）为DOS和Commodore 64计算机提供了第一个在线课程。计算机辅助学习最终提供了第一个真正互动的在线课程。综上所述，本时期的全球各国先后进行在线教育的实践探索，无论是发展在线高等教育的开放大学、推动技术应用的计算机辅助教学系统，还是发挥互联网优势的在线课程，都为在线教育体系的形成奠定了最初的基础。

二 起步期：发达国家多方位推进在线教育体系构建

随着万维网的出现，现代信息技术迅猛发展，为在线教育提供极大的机遇。在这样的背景之下，一些发达国家开始从多方面推动在线教育的发展，从而构建系统完整的在线教育体系。第一，推动基础设施建设。基础设施是在线教育的先决条件，也是在线教育体系的根基。加拿大于1993年启动"校园网"工程，完善学校的硬件设施并引导学校建立校园网。澳大利亚于1995年建立"澳大利亚教育网"，使全国的中小学都能接入互联网。新加坡于1996年推出全国教育信息计划，拟投

---

[1] 李文英、吴松山：《世界教育信息化发展及其经验》，《河北大学学报（哲学社会科学版）》2007年第5期。

[2] A. W. (Tony) Bates, *Technology, e-learning and Distance Education*, London: Routledge, 2005, pp. 1–260.

[3] Henry Johnson, "Dialogue and the construction of knowledge in e-learning: Exploring students' perceptions of their learning while using Blackboard's asynchronous discussion board", *European Journal of Open, Distance and E-Learning*, 2007 (1).

资20亿美元使每间教室联通互联网。第二，制定在线教育政策。20世纪90年代，一些发达国家开始在线教育政策的制定。韩国于1995年发表了《建立主导世界化、信息化时代的新教育体制》的教育改革方案，强调把技术引入教育。美国于1996年提出了"教育技术规划"，计划在2000年实现全美的教室和图书馆均接入互联网。法国于1998年制订了三年教育信息化发展方案，强调教师的信息化素养培训。尽管各国在线教育政策的侧重点各不相同，但都以推动在线教育的发展为落脚点。第三，完善师资配备。在线教育功能的最大限度地发挥依赖于教师使用信息技术进行教学的能力。因此，一些发达国家纷纷重视教师的专业发展，突出教师的信息化教学培训。法国于1995年推出"多媒体教学发展计划"，强调对教师进行多媒体教学的培训。美国教育技术专家组于1997年提出一个专门报告，就如何应用现代教育技术提供建议，其中包括培养教师使用技术进行教学的能力，并建议将教育技术投资中的30%用于师资培训。1997年，德国把媒体教育纳入师资培训之中，从而提高了教师的媒体素养。总之，一些发达国家不再只关注在线教育实践这一方面，而是通过统筹推进基础设施、教育政策和师资配备等构建更加完整的在线教育体系。综观发展中国家，其本阶段以基础设施的配备为主，尚未能系统地建设在线教育体系，但一些国家也体现着发展在线教育的决心。印度在1998年出台了《2008年信息技术行动计划》，提出加强和普及信息技术教育，培养信息技术人才。同年，中国制定的《面向21世纪教育振兴行动计划》指出"实施'现代远程教育工程'，形成开放式教育网络，构建终身学习体系"[①]。

三 发展期：发展中国家助力全球在线教育体系繁荣

进入21世纪，信息和通信技术（Information and Communication Technology，ICT）的迅猛发展和使用开启了由工业社会向信息社会过渡的世界性进程。ICT很快就成为现代社会的支柱之一。许多国家将理解ICT并掌握其主要概念和技能视为基础教育的一个组成部分，把它与阅读、写

---

① 中华人民共和国教育部：《面向21世纪教育振兴行动计划》，1998-12-24，http://www.moe.gov.cn/jyb_sjzl/moe_177/tnull_2487.html，2021-01-25。

作和算术置于同样重要的地位[1]。发展中国家的决策者已经认识到了信息革命的重要性[2]。从 2000 年开始，各个发达国家及少数发展中国家已经基本完成在线教育所需的基础设施建设[3]。发达国家的在线教育体系进一步发展，少数发展中国家在线教育体系的建设开始全面地、加速地提上日程。首先以印度为例，其先后成立了国家信息技术与软件发展特别工作组、信息技术部和印度国家信息技术研究院，从国家信息技术政策草案的制定、在线教育培训、软件开发等多方面为在线教育体系的建设提供支持[4]。其次，2000 年中国发布了教育信息化领域第一份国家层面的发展规划《关于在中小学实施"校校通"工程的通知》[5]。此后中国又相继发布了《关于基础教育改革与发展的决定》（2001 年）、《2003—2007 年教育振兴行动计划》（2004 年）等政策规划，以项目或工程推进的方式整体部署教育信息化[6]，系统地推进在线教育体系的建设。最后以俄罗斯为例，其从 2001 年实施《2001—2005 年发展统一的教育信息化环境》目标规划，依次、有序、分阶段地进行硬件配置、教学资源开发、师资培训和信息化环境及技术保障体系建设[7]，从而推动基础教育信息化和在线教育体系的建设。除上文所提到的印度、中国、俄罗斯之外，南非等国的在线教育体系也有一定的发展。但总体而言，发展中国家的在线教育体系建设并不乐观。根据《2010 年世界电信/信息和通信技术发展报告》，

---

[1] Khvilon Evgueni, "Patru Mariana. Technologies de l'information et de la communication en éducation: un programme d'enseignement et un cadre pour la formation continue des enseignants", Spring 2004, https://u nesdoc. unesco. org/ark:/48223/pf0000129538_fre.

[2] UNESCO IITE, "Distance Education for the Information Society: Policies, Pedagogy and Professional D evelopment", Spring 2001, https://iite. unesco. org/publications/3214594.

[3] 张进宝、张晓英：《国际教育信息化的发展趋势》，2015 年 7 月 3 日，https://www. edu. cn/info/focu s/zctp/201507/t20150703_1284089. shtml，2021 年 1 月 25 日。

[4] 刘彦尊、于杨、董玉琦：《印度基础教育信息化最新进展述评》，《中国电化教育》2007 年第 1 期。

[5] 中华人民共和国教育部：《关于在中小学实施"校校通"工程的通知》，2000 年 11 月 14 日，http://old. moe. gov. cn/publicfiles/business/htmlfiles/moe/moe_327/200409/2965. html，2021 年 1 月 26 日。

[6] 胡钦太：《回顾与展望：中国教育信息化发展的历程与未来》，《电化教育研究》2019 年第 12 期。

[7] 李雅君、吕文华、于晓霞：《俄罗斯基础教育信息化最新进展述评》，《中国电化教育》2006 年第 12 期。

到 2009 年底，发达国家的大多数人都能享受高速互联网接入，而发展中国家的宽带普及率仅为 3.5%[①]，广大发展中国家还尚未解决在线教育的基础设施配备问题。只有少数发展中国家的在线教育体系取得了重大突破，其余发展中国家由于经济发展水平、文化因素和政治环境等因素影响，其在线教育较为薄弱，在线教育体系更有待建设。综上所述，少数发展中国家在借鉴发达国家在线教育体系建设经验和教训的基础上，结合本国国情，逐步加快构建在线教育体系，探索教育改革之路。全球视角下，尽管只有少数发展中国家在在线教育体系建设方面取得较大进展，但不可否认的是，发展中国家正在奋力追赶、加快推进教育信息化，全球的在线教育体系也因其而更加繁荣。

四 完善期：用国家战略引领在线教育体系纵深发展

2012 年后，在移动互联网高速发展的背景下，以大数据、人工智能、云计算为代表的先进技术为在线教育带来新的契机，也为在线教育服务于终身学习提供技术支持。与先前通过分散的、连续的、相对孤立的政策保障和实践探索来推进在线教育体系建设不同，如今，世界各国纷纷把国家在线教育体系的建设上升为国家战略，以更系统而全面、连续而渐进的方式引领在线教育体系的发展。第一，注重发展的系统性和全面性。与刚刚起步时略显分散的发展模式不同的是，如今，世界多国更强调系统考虑师资配备、资源开发、设施配备、组织管理等要素，从而实施更加全面的、系统的在线教育举措。例如，中国于 2016 年发布了《教育信息化"十三五"规划》，从深化信息技术与教育教学的融合发展、加快探索数字教育资源服务供给模式、全面提升教育信息化基础支撑能力、深入推进管理信息化和完善评估保障机制等方面统筹推进在线教育体系的发展[②]。此外，还有英国于 2019 年颁布的《教育技术战略：释放技术

[①] International Telecommunication Union, "World Telecommunication/ICT Development Report 2010 – MONITORING THE WSIS TARGETS A mid-term review", Spring 2010, http://www.itu.int/ITU-D/ict/publications/wtdr_10/index.html.

[②] 中华人民共和国中央人民政府：《教育部关于印发教育信息化"十三五"规划的通知》，2016 年 6 月 7 日，http://www.gov.cn/gongbao/content/2016/content_5133005.htm，2021 年 1 月 27 日。

在教育中的潜力》(*Education Technology Strategy*: *Realising the Potential of Technology in Education*)① 等。第二,注重发展的连续性和渐进性。在连续性方面,美国在 1996—2016 年先后颁布了 5 个《国家教育技术计划》(*National Education Technology Plan*,NETP),在汲取过去经验的基础上不断推动在线教育体系的进步。在渐进性方面,美国、日本、韩国等发达国家的在线教育政策按照"基础建设—普及应用—融合创新"的路径分阶段推进②,其在线教育体系建设在不同的阶段重点突出。尽管有些国家能够根据改革需求制定连续的政策和计划,但仍有不少国家的在线教育政策十分零散。总之,世界各国力求通过全面、连续的国家政策打通在线教育体系各组成部分,推动在线教育体系纵深发展。但迄今为止,还没有一个国家能够真正实现教育信息化的宏伟目标③。同样,世界各国的在线教育体系仍在不断地发展和完善之中。

第三节　国家在线教育体系的发展现状

从历史中走来,如今世界多国纷纷制定战略规划、投入巨额资金、广泛寻求合作,从顶层设计的角度推动在线教育体系的发展。在社会变革的背景下,在国际组织的推动下,世界各国都致力于发展教育信息化,推进在线教育体系的建设,并取得了一定的成就。然而,综观全球国家在线教育体系的发展现状,仍面临众多挑战。

一　教师的媒体和信息素养有待提高

媒体和信息素养(Media and Information Literacy,MIL)已成为全球的一个重要领域,它是在媒体素养(Media Literacy)和信息素养(Information Literacy)领域几十年的基础上发展起来的,其在 21 世纪备受重

---

① GOV. UK, "Realising the potential of technology in education", Spring 2019, https://www.gov.uk/government/publications/realising-the-potential-of-technology-in-education.

② 吴砥、余丽芹、李枞枞等:《发达国家教育信息化政策的推进路径及启示》,《电化教育研究》2017 年第 9 期。

③ 何克抗:《教育信息化发展新阶段的观念更新与理论思考》,《课程·教材·教法》2016 年第 2 期。

视。在教育领域，教师的 MIL 主要体现在教师使用新媒体、新技术进行教学的能力上。而教师的信息化教学能力是在线教育功能能否最大限度地发挥的一个关键因素，教育工作者应该在他们的职业和生活中将数字素养与其他核心能力结合起来以便培养 21 世纪学生的技能[1]。鉴于此，世界多国政府纷纷拟定规划、调动资金、创建平台，从而为教师的专业发展提供支持，通过开展培训、设定标准等方式提高教师的信息化教学能力。此外，联合国教科文组织于 2018 年发布了第 3 版《教师信息和通信技术能力框架》（ICT Competency Framework for Teachers）[2]，以开展关于 ICT 应用于教育领域的师资培训。然而，根据经济合作与发展组织（OCED）2018 年发布的《教与学国际调查》（Teaching and Learning International Survey，TALIS）报告[3]，在 48 个国家近 1.5 万所学校超过 26 万名教师和学校领导的数据中，平均有 17.7% 的教师表明在 ICT 教学技能方面的专业发展需求很高，有 24.6% 的校长报告教师数字技术教学不足，有 52.7% 的教师经常或总是让学生在项目或课堂中使用 ICT，有 56.0% 的教师将"ICT 用于教学"纳入正规教育或培训，有 42.8% 的教师对使用 ICT 进行教学感到准备充分。显然，教师的信息化教学能力有待提高，教师的媒体和信息素养不足以满足在线教育的要求。

二 教育基础设施配备状况不容乐观

在线教育资源的实现有赖于信息化硬件和软件设施，综观全球，尽管世界各国都在不遗余力地推动计算机的普及、加强网络宽带的建设，但信息化基础设施的配备情况不容乐观。总体而言，发达国家的网络设施配备相对完善，但发展中国家的互联网整体普及率低，国际差异明显。第一，在互联网设备的整体普及率方面。根据国际电信联盟（Internation-

---

[1] UNESCO IITE, "Digital literacy in education", Spring 2011, https://unesdoc.unesco.org/ark:/48223/pf0000214485?posInSet=1&queryId=d88ee468-ff72-456f-835e-e0e26e634541.

[2] UNESCO, "UNESCO ICT Competency Framework for Teachers", Winter 2018, https://unesdoc.unesco.org/ark:/48223/pf0000265721?posInSet=4&queryId=37d7f5d8-5c02-4f3c-9387-56a023f07f5d.

[3] OCED, "TALIS Teaching and learning international survey-indicators", Spring 2018, https://d-ata.oecd.org/searchresults/?hf=20&b=0&q=TALIS&l=en&s=score.

al Telecommunication Union，ITU）截至2019年的数据：从全球来看，有约46.4%的世界人口（36亿人）仍然没有互联网连接，其中90%居住在发展中国家；互联网用户占比方面，全球平均水平为51.4%，由高到低依次为：欧洲82.5%、美洲76.7%、独联体国家72.8%、阿拉伯国家54.6%、亚太地区44.5%、非洲28.6%，其中发达国家平均高达86.7%，发展中国家却只有不到平均水平的44.4%[①]。第二，在学校的网络条件方面。顺畅的网络是开展有效在线教育的关键性和基础性的条件之一。总的来说，截至2010年，发达国家的学校都接入了互联网，而且通常是通过高速宽带网络。一些发展中国家启动了将信息与通信技术引入学校的项目，制定了明确的目标，并实现了高水平的互联网甚至宽带普及率。然而，总体而言，发展中国家的互联网普及率仍然很低，许多学校仍然没有任何形式的互联网接入[②]。第三，在家庭的计算机配备方面。截至2019年，每100个家庭中，全球平均有47.1%的家庭配有计算机；在发达国家中，平均比例高达79.0%，而发展中国家平均占比36.1%[③]。由此看来，广大发展中国家在线教育基础设施的配备仍面临严峻挑战，这无疑给在线教育带来前进性障碍。

三 在线教育组织管理体制亟须变革

为了发展在线教育体系，世界多国还专门成立了教育信息化的相关机构，以便对在线教育体系进行组织管理。但着眼于在线教育体系的整体运转机制，其仍面临严峻挑战。在教育行政管理体制方面，分权式的管理体制缺乏强大的应急能力，这在新冠疫情期间表现得尤为明显。伴随着在线教育成为教学的新常态后，依靠有效的组织管理体制开展大规模、持续性、高效性的在线教育尤为重要。例如，法国和中国依靠制度

[①] International Telecommunication Union，"ITU Statistics"，Winter 2020，https：//www.itu.int/en/ITU-D/Stati-stics/Pages/stat/default.aspx.

[②] International Telecommunication Union，"World Telecommunication/ICT Development Report 2010MON ITORING THE WSIS TARGETS A mid-term review"，Winter 2010，http：//www.itu.int/ITU-D/ict/publications/wtdr_10/index.html.

[③] International Telecommunication Union，"ITU Statistics"，Winter 2020，https：//www.itu.int/en/IT-U-D/Stati-stics/Pages/stat/default.aspx.

优势，在新冠疫情期间凝聚了多方力量，迅速实现了从上到下的迅速贯彻和落实，很大程度地保障了"停课不停学"。然而分权制度下的美国，短期内难以应对突如其来的疫情。由于美国各地疫情的不同，有的州或地区在封校之际，并未及时推出相应的在线教育，截至 2020 年 4 月 10 日，仍有 21% 的学生未能开展在线学习①。世界各国应把握好中央和地方的平衡关系，构建灵活的在线教育行政管理体制。然而，这并不意味着集中式的管理比分权式的好。在应对如新冠疫情等重大突发事件、制定国家层面的战略规划、提供统一化的资源平台时，要充分发挥中央集中管理的优势；在因地制宜地探索地方在线教育体系建设时，要充分发挥地方的积极性。总而言之，世界各国应该把握住疫情从另一方面带来的契机，从体制应急能力、资源调配能力、策略组织能力等多方面改革在线教育体系。

第四节　国家在线教育体系的发展目标

对未来教育的思考目前主要有技术和社会这两个维度，前者探讨的是新技术与教育的"发展"问题，而后者探讨的是社会发展变化与教育的"生存"问题②。在社会维度，2015 年 9 月，联合国大会第七十届会议通过了《变革我们的世界：2030 年可持续发展议程》（*Transforming our World：The 2030 Agenda for Sustainable Development*）③，为今后 15 年的发展制定了 17 项可持续发展目标（Sustainable Development Goals，SDG），其中与教育密切相关的 SDG 4 为"确保全纳、公平、有质量的教育，增进全民终身学习机会"。同年 11 月，联合国教科文组织在第 38 届大会（38th UNESCO General Conference）上通过并发布了"教育 2030 行动框

---

① Holly Kurtz, "National Survey Tracks Impact of Coronavirus on Schools：10 Key Findings", Summer 2020, https：//www.edweek.org/ew/articles/2020/04/10/national-survey-tracks-impact-of-coronavirus-on.html.

② 国际与比较教育，"工业 5.0 与未来教育发展", Winter 2021, https：//baijiahao.baidu.com/s?id=169019702 2497062857.

③ United Nations, "Transforming our World：The 2030 Agenda for Sustainable Developmen", Aut-umn 2015, https：//sustainabledevelopment.un.org/post2015/transformingourworld/.

架"（Education 2030 Framework for Action，FFA）①，并把 SDG 4 作为教育2030 的总目标。立足现实，放眼未来，国家在线教育体系的发展总体目标要综合考量技术和社会两大维度，把具体目标聚焦在个人层面、教育层面和国家层面。

一 培养数字化人才，提供终身学习机会

在未来的世界，只有当个体具有较高的媒体和信息素养（MIL）并成为数字化人才、拥有终身学习机会和能力时，才能应对快速变化的社会。一方面，以媒体和信息素养为重点，培养数字化人才。为了在全球范围内扩大 MIL 倡议的范围和影响，教科文组织和其伙伴于 2013 年 6 月建立了全球媒体和信息素养伙伴关系联盟（Global Alliance for Partnerships on Media and Information Literacy，GAPMIL），以下根据 GAPMIL 框架和行动计划的基础原则将有关数字化人才的发展目标总结如下：把 MIL 视为公民参与、良好治理、文化间对话和发展的关键；女性、残疾人、土著群体或少数民族应该有平等的机会获得 MIL；寻求联合行动与组织、国家或地区具体行动之间的平衡②。另一方面，要在所有教育环境以及各级教育中促进优质的全民终身学习机会。具体而言，包括公平获取和扩大优质的职业技术教育与培训以及高等教育和研究；适当注重质量保证；提供灵活的学习途径、承认和认证；确保所有青年和成人，特别是女童和妇女达到一定的、公认的实用识字和计算的熟练水平，获得生活技能，向他们提供成人学习、教育和培训的机会；加强科学、技术和创新；必须利用信息通信技术来加强教育系统、知识传播、信息获取、学习质量和效果，并提供更加有效的服务③。总之，要在提高学习者媒体和信息素养

---

① UNESCO, "Education 2030: Incheon Declaration and Framework for Action for the implement-at-ion of Sustainable Development Goal 4: Ensure inclusive and equitable quality education and promote lif-elong learning", Winter 2016, https://unesdoc.unesco.org/ark:/48223/pf0000245656.

② UNESCO and GAPMIL, "The Global Alliance for Partnerships on Media and Information Literacy (GAPMIL)", Autumn 2018, https://en.unesco.org/sites/default/files/gapmil_framework_and_plan_of_actio-n_1009 2019.pdf.

③ UNESCO, "Education 2030: Incheon Declaration and Framework for Action for the implement-at-ion of Sustainable Development Goal 4: Ensure inclusive and equitable quality education and promote life-long learning", Wrinter 2016, https://unesdoc.unesco.org/ark:/48223/pf0000245656.

和为其提供终身学习机会的过程中，发挥学习者的能动性、主动性和积极性，逐步激发学习者的自主意识，让其实现自我反思、自我发展、自我提高。

二 发展全纳、公平、优质和智慧的教育

这一目标基于 SDG 4，并在其基础上，从技术的视角思考，增加了"智慧"这一内容。第一，扩大在线教育普及，实现全纳教育。"全纳"体现了受教育群体的全民性以及教育的可获得性和包容性，强调切实维护低收入群体、残疾群体、女性群体和地理位置边缘区域群体等特殊群体获得在线教育的权益。终身学习倡导全民性，这一理念伴随"全民终身学习"的提出而日益深化。因此，要使所有人的受教育权得到保障，确保所有儿童和青少年获得接受教育的权利；确保所有青年和成年人获得功能性识字和计算能力的学习机会；提供至少一年免费和义务的学前教育[1]。第二，保障教育公平，体现人文关怀。国家在线教育体系的建设更需聚焦教育公平，减少乃至消除边缘化和不平等现象，消除在线教育准入的排他性、协调区域在线教育资源的不平衡性、加强在线教育评价的真实性等。第三，追求在线教育质量，提供优质教育。增加教育投入、完善教育评估、建立衡量进展的机制，确保教育者在资金充足、有效和高效管理的系统内增强能力、足额招聘、享有良好的培训和职业资格、积极进取并获得支持。优质教育最终以培养个体识字计算的基本技能、分析和解决问题能力以及应对当地和全球挑战的技能、价值观和态度等为目标[2]。第四，创新技术应用，发展智慧教育。有效应用物联网、大数据、云计算、人工智能、扩展现实、数字孪生、区块链和社交网络等新一代智能信息技术以及融合 5G、6G 通信技术，实现教学个性化、教育体

---

[1] UNESCO, "Education 2030: Incheon Declaration and Framework for Action for the implement-at-ion of Sustainable Development Goal 4: Ensure inclusive and equitable quality education and promote life-long learning", Wrinter 2016, https://unesdoc.unesco.org/ark:/48223/pf0000245656.

[2] UNESCO, "Education 2030: Incheon Declaration and Framework for Action for the implement-at-ion of Sustainable Development Goal 4: Ensure inclusive and equitable quality education and promote life-long learning", Wrinter 2016, https://unesdoc.unesco.org/ark:/48223/pf0000245656.

验沉浸化、教学交互深度化、教育治理与决策智能化、教育协同与终身化等,从而利用信息和通信技术的独特力量改变教育从而实现 SDG 4①。总而言之,从社会可持续发展和技术变革两方面,发展全纳、公平、优质和智慧的教育。

三 推进国家的在线教育治理体系现代化

新冠疫情的暴发让全球大多数国家意识到在线教育体系的健壮性和应急力还十分欠缺。然而,在新冠疫情暴发之前,各国的在线教育体系也均面临着不同的难题。因此,亟须推进国家在线教育治理体系现代化。第一,在政策制定方面。在全球、区域和国家论坛上促进关于教育领域信通技术的政策对话;为 ICT 在教育中的转型作用制定明确的战略设想,通过系统的方法在内容和课程、评估、教师专业发展、管理和基础设施等领域的实施并逐步将信通技术支持的学习创新纳入主流②。第二,在师资配备方面。重点通过提高应用创新教学实践所需的关键能力来增强教师和学校的能力;使用教科文组织教师信息通信技术能力框架和教科文组织教师媒体和信息素养课程;通过信息和通信技术提供可持续的终身专业发展③。第三,在资源开发方面。通过促进面向所有学习者的数字化课程内容和开放教育资源(OER),加强知识和信息共享;加强与包括私营部门在内的所有利益攸关方合作的区域和全球网络;根据协同和互补原则,与不同的机构合作④。第四,在组织管理方面。使教育体系切合与应对迅速变化的劳动力市场、技术进步、城市化、迁徙、政治动荡、环境退化、自然风险和灾害、人口挑战、不断增加的全球失业、持续贫困、不断扩大的不平等以及日益增加的对和平与安全的

---

① UNESCO IITE, "UNESCO IITE's Medium-Term Strategy for 2018 – 2021", Spring 2018, https://iite.unesco.org/highlights/unesco-iite-medium-term-strategy-for-2018 – 2021/.

② UNESCO IITE, "UNESCO IITE's Medium-Term Strategy for 2018 – 2021", Spring 2018, https://iite.unesco.org/highlights/unesco-iite-medium-term-strategy-for-2018 – 2021/.

③ UNESCO IITE, "UNESCO IITE's Medium-Term Strategy for 2018 – 2021", Spring 2018, https://iite.unesco.org/highlights/unesco-iite-medium-term-strategy-for-2018 – 2021/.

④ UNESCO IITE, "UNESCO IITE's Medium-Term Strategy for 2018 – 2021", Spring 2018, https://iite.unesco.org/highlights/unesco-iite-medium-term-strategy-for-2018 – 2021/.

威胁①。面向未来，国家在线教育体系的建设要在完善政策制定、师资配备、资源开发和组织管理等方面的基础上，推进国家在线教育治理体系现代化。

第五节　国家在线教育体系的发展策略

鉴于全球国家在线教育体系面临的现实困境以及未来国家在线教育体系的发展目标，现综合考量技术和社会这两个维度，聚焦国家在线教育体系的发展策略。

一　加强教育数据安全的保护

教育数据主要是通过师生与工具或平台的交互而产生的，包括学习记录等过程数据、学习效果等结果数据和个人信息等隐私数据等。运用超算、物联网、大数据和人工智能等技术可以有效进行教育数据的采集、分析与挖掘，以针对性地实现对在线教育情况的洞察、诊断与干预。例如，促进学生的个性化学习、方便教师的差异化教学。然而这一切的前提是教育数据能够得到足够的安全保障。在每个群体的隐私保护中，学生群体应该受到更多的关注。一方面，由于学习和教育的需要，学生在学习过程中会产生大量的个人资料，如姓名、地址、家庭住址、考试成绩等。另一方面，为了方便管理，学校收集了很多学生的个人信息。如果这些信息不受保护，很容易被罪犯泄露和使用。随着在线学习的大规模应用，个人隐私的保护已成为在线教育面临的关键问题。在大数据时代，联合国教科文组织已经把数据安全列为全球面临的挑战之一。为有效加强对数据的保护，可以从以下几方面入手。第一，通用和专门的立法保障并举。许多国家和组织都制定了有关个人资料保护的法律、法规和政策文件。如，日本、英国、澳大利亚等国家，联合国（United Nations, UN）、经济合作与发展组织、亚太经济合作组织（Asia-Pacific Eco-

---

① UNESCO, "Education 2030: Incheon Declaration and Framework for Action for the implementation of Sustainable Development Goal 4: Ensure inclusive and equitable quality education and promote lif-elong learning", Winter 2016, https://unesdoc.unesco.org/ark:/48223/pf0000245656.

nomic Cooperation，APEC)、国际标准化组织（International Organization for Standardization，ISO）等组织。尽管如此，但由于世界各个国家对待个人隐私的态度不同，世界上仍有一些国家不重视个人数据安全[①]。尽管许多国家和地区都会制定法律法规来保护学生的数据和隐私，但相关的法律法规通常只是一部普通法中的几项，对于学生隐私权的保护也很少有单独的立法。在大数据时代，专门的立法也亟须提上日程。第二，发挥技术优势。联合国教科文组织教育信息技术研究所（UNESCO Institute for Information Technologies in Education，UNESCO IITE）与教科文组织自然资源保护研究所（UNESCO INRULED）推出了《在线学习中的个人数据和隐私保护：指导学生、教师和家长》（*Personal Data and Privacy Protection in Online Learning: Guidance for Students, Teachers and Parents*）[②]，从技术解决方案、管理和提高意识等方面向在线教育平台提供商以及相关教育和技术管理人员提出关键建议。在技术层面，可以通过加密技术、隐私保护技术、接入控制技术、攻击防护技术等信息安全技术[③]加强对教育数据的保护。第三，成立相关数据安全管理机构。数据安全有赖于专门的机构去统筹推进。法国教育部于2018年成立了"数据保护工作组"和"数据伦理及专业委员会"，进一步规范了地方教育机构及学校与第三方服务商签署合作协议的流程和内容。此外，还有美国的数据治理委员会（Data Governance Committee）和英国的数据保护法庭（Data Protection Tribunal，DPT）。总之，要建立涵盖政策制定、技术平台和专门机构等于一体的数据安全治理体系，从多方面加强数据安全保护。

二 保障优质的在线教育质量

实现高质量的教育，是各国乃至全世界的愿景。在线教育为实现高质量的教育提供可能。然而全球在线教育的质量不容乐观，连在线教育

[①] 胡永斌、张定文、黄荣怀、李馨、赵云建：《国际教育信息化的现状与趋势——访新媒体联盟CEO拉里·约翰逊博士》，《中国电化教育》2015年第1期。

[②] UNESCO IITE, "How to Protect your Personal Data and Privacy in Online Learning", Summer 2020, https://iite.unesco.org/news/how-to-protect-your-personal-data-and-privacy-in-online-learning/.

[③] 张焕国、杜瑞颖等：《信息安全：一门独立的学科，一门新兴的学科》，《信息安全与通信保密》2014年第5期。

体系建设走在前列的美国，也同样面临在线教育质量监控不到位的难题。为保障优质的在线教育质量，可以把以下几方面纳入发展策略之中。首先，保障师资的质量。一方面，建立高标准且更严格的教师准入、培训和评估机制。在正规教育体系中，教师的信息和媒体素养（MIL）是在线教学质量的保证。根据上文提到的《教与学国际调查》（*TALIS 2018*），如今教师使用 ICT 进行教学的能力十分欠缺。鉴于此，更有效的师资培训、师资评估应当是国际社会关注的重点。在非正规教育、非正式教育体系中，教师的能力水平是在线教育质量的关键。由于互联网的低门槛特征，教师的水平容易参差不齐。另一方面，鼓励教师落实创新性、人本化的教学方法。近年来，教育领域出现了社交媒体和网络学习、3D 打印、增强现实、学习分析、沉浸式技术等创新。ICT 已经改变了教学过程和教育生态系统。鉴于此，联合国教科文组织教育信息技术研究所（UNESCO IITE）在《中期战略 2018—2021》（*Medium-Term Strategy 2018 - 2021*）中"倡导教师使用 ICT 创新教学方法"和"支持以学习者为中心的教学方法"[1]。创新教学方法和以学生为中心并不新鲜，但在在线教育时代，其重要性日益凸显。其次，保障教育内容的质量。教育的内容对教育质量有直接的影响作用[2]。美国制定了在线教育质量全国标准，包括项目、课程和教学三个标准，用来规范在线教育多方面内容的开发、实施和评价。法国的教育认可标志（Reconnu d'intérêt pédagogique，RIP）对在线教育资源进行教育学标准、技术标准和法律标准三个层面的审查[3]。最后，保障学习者学习效果的质量。2020 年 3 月，教科文组织国际农村教育研究和培训中心（International Research and Training Center for Rural Education，UNESCO）、UNESCO IITE 和北京师范大学智能学习研究所（Smart Learning Institute，Beijing Normal University，China）联合发布了《教育中断期间的家庭主动学习指导：在 COVID - 19 暴发期间提高学生的自我管理技能》（*Guidance on Active Learning at Home*

---

[1] UNESCO IITE, "UNESCO IITE's Medium-Term Strategy for 2018 - 2021", Spring 2018, https://iite.unesco.org/highlights/unesco-iite-medium-term-strategy-for-2018 - 2021/.

[2] 王嵩、王泽、张瀚丹：《浅谈"互联网+教育"模式下在线教育质量管理策略》，《中国管理信息化》2020 年第 4 期。

[3] 王晓辉：《法国教育信息化的基本战略与特点》，《外国教育研究》2004 年第 5 期。

during Educational Disruption：Promoting student's self-regulation skills during COVID-19 outbreak)①，为学生提供自我评估和工具评估学习结果的建议。因此，国际社会可从促进学习者的自我评价和开发学习评价工具两方面入手，保证学习者的学习质量。综上，鉴于对教师角色的认知，促进教师的专业发展是优先考虑事项。此外，还应保障数字化教学内容的质量以及学习者学习结果的质量。

三 纵深化发展开放教育资源

伴随经济全球化的到来，如今的世界是开放的、互联的世界。教育也应该如此，尤其是因为在线教育的蓬勃发展能够为教育带来更多可能。联合国教科文组织支持开放获取，以利于全球知识流动、创新和公平的社会经济发展。促进教育开放和开放教育资源是联合国教科文组织教育信息技术研究所（UNESCO IITE）的重点之一②。开放教育资源（Open Educational Resources，OER）是免费提供的教育资源，向任何人开放，在某些许可下还允许其他人在很少或没有限制的情况下重用、修改和重新分发资源。通过提供扩大的终身学习机会、实现优质教育和建立促进协调伙伴关系的法律和政治框架的机会，OER 有潜力为实现 SDG 4 做出重大贡献③。OER 运动发展迅速，迄今已取得一些显著成就。尽管这些发展值得肯定，但 OER 似乎在教育系统中仍然处于边缘地位④。因此，世界各国应关注如下几方面。第一，关注 OER 的包容性。教科文组织强调，OER 要基于人权，确保人人都能享有教育、获取知识。大多数 OER 是用

---

① UNESCO IITE, "Guidance on Active Learning at Home during Educational Disruption: Promoting student's self-regulation skills during COVID-19 outbreak", Winter 2020, https：//iite.unesco.org/wp-content/uploads/2020/04/Guidance-on-Active-Learning-at-Home-in-COVID-19-Outbreak.pdf.

② UNESCO IITE, "UNESCO IITE's Medium-Term Strategy for 2018–2021", Spring 2018, https：//iite.unesco.org/highlights/unesco-iite-medium-term-strategy-for-2018–2021/.

③ UNESCO IITE, "Understanding the impact of OER: achievements and challenges", Spring 2019, https：// unesdoc.unesco.org/ark：/48223/pf0000367767? posInSet=8&queryId=73a87122-ca85-4f37-94f3-e59fc17cb33b.

④ UNESCO IITE, "Understanding the impact of OER: achievements and challenges", Spring 2019, https：// unesdoc.unesco.org/ark：/48223/pf0000367767? posInSet=8&queryId=73a87122-ca85-4f37-94f3-e59fc17cb33b.

英语、西班牙语、汉语和法语等国际性语言生产的。在大多数国家，OER 是以该国的主要语言生产的，只有在少数情况下，OER 是以土著语言生产的。尽管如此，数字鸿沟也在影响着 OER 的包容性。对于那些没有互联网接入或互联网接入率很低的国家而言，OER 的获得仍旧是一个巨大的挑战。第二，增强对 OER 的认同。在南非，没有明显的证据表明 OER 的创作和发行得到了广泛的接受。在德国，OER 的采用率也很低，特别是在德国 OER 专家群体之外。其他国家似乎处于采用的早期阶段。例如，在尼日利亚，人们努力提高对 OER 的认识。由此来看，OER 在大多数国家中并没有被广泛接受，而且在许多情况下，OER 的倡议缺乏系统的整合。OER 的倡议似乎仍然是教育系统的"补充"，而不是创造和采用教育资源的主流方法。第三，构建开放文化。综观全球，巴西、尼日利亚等国家已经制定了 OER 的国家政策，但突尼斯、坦桑尼亚、南非、英国、德国和智利等国并没有具体的国家 OER 政策。在一些发达国家，虽没有国家 OER 政策，但有支持性的环境和资金。在加拿大，任何省、地区、高等教育机构都没有关于 OER 的政策。但是，加拿大各大学已经制定了指南和开放存取政策，其中把"开放存储库或资源"的相关内容纳入教育领导层晋升的标准之一①。此外，加拿大几个省政府为 OER 倡议提供了资金，包括不列颠哥伦比亚省、安大略省和艾伯塔省等。从加拿大的经验来看，国家政策不是衡量开放文化的唯一指标，也应关注资金保障等具体的实践举措。综上所述，开放教育资源的前提仍旧是信息化基础设施的普及，在此基础上，还需考虑认同感和开放文化的问题，从而纵深发展开放教育资源，使其资源更易获得，使其理念更深入人心。

四 贯彻包容全纳的教育理念

教育是一项基本人权，是一种公共产品。包容全纳的教育强调无论区域、性别、年龄、缺陷、贫富、种族、语言、宗教、健康等方面的差异，所有人都应该享有受教育的权利。国家在线教育体系应该贯彻包容全纳的教育理念。首先，响应国际组织的号召。1994 年，联合国教科文

---

① The University of British Columbia, "Guide to Reappointment, Promotion and Tenure Procedures", Summer 2018, http://www.hr.ubc.ca/faculty-relations/files/SAC-Guide.pdf.

组织通过了《萨拉曼卡宣言》，正式提出了"全纳教育"，强调所有学习者都拥有平等的受教育权，并号召世界各国广泛开展全纳教育。《2030年可持续发展议程》中的 SDG 4 强调"确保全纳、公平、有质量的教育，增进全民终身学习机会"，SDG 5 强调"实现性别平等，增强所有妇女和女童的权能"。其次，减少教育机会分配的不平等。在区域层面，根据《2020 全球教育监测报告》（*Global Education Monitoring Report*，2020）[1]，全球 2.5 亿儿童、青少年和青年无法上学，其中欧洲和北美洲失学率为 3%，东亚、东南亚和大洋洲的为 9%，而中亚和南亚的为 21%，撒哈拉以南非洲高达 31%。耻辱、成见和歧视意味着还有数百万人在教室里被进一步疏远。在缺陷层面，有特殊需要的人，特别是残疾人，有权期望获得与社会其他所有成员相同的教育服务和机会标准。对缺陷群体的教育关怀被载入《联合国残疾人权利公约》，旨在"促进、保护和确保所有残疾人充分、平等地享受所有人权和基本自由"。在健康层面，在过去的几年里，教科文组织开发了许多需求很高、国际公认的健康和福祉教育资源。这些资源帮助成员国实现与获取健康和可持续生活方式所需的知识和技能有关的 SDG 4。然而，如果不利用 ICT 来加强教育系统、改善知识传播和获取信息的途径、提高质量和有效学习，就不可能取得这些成就[2]。最后，弥合多样化的数字鸿沟（Digital Divide）。根据联合国教科文组织统计研究所（UNESCO Institute for Statistics）和国际电信联盟（ITU）的数据，新冠疫情期间，在绝大多数国家，约有一半（8.26 亿）的学习者家里没有电脑；在撒哈拉以南的非洲，89% 的学习者没有家用电脑[3]。全球只有 48% 的女性能上网，2013—2019 年，美洲的性别差距徘徊在 0 左右，独联体国家和欧洲的性别差距一直在缩小，但在阿拉伯国家、亚洲和太平洋地区以及非洲，性别差距一直在扩大[4]。数字鸿沟不但会使最

---

[1] UNESCO, "Global education monitoring report, 2020: Inclusion and education: all means all", Autumn 2020, https://unesdoc.unesco.org/ark:/48223/pf0000373718.

[2] UNESCO IITE, "UNESCO IITE's Medium-Term Strategy for 2018 – 2021", Spring 2018, https://iite.unesco.org/highlights/unesco-iite-medium-term-strategy-for-2018–2021/.

[3] UNESCO, "Startling digital divides in distance learning emerge", Spring 2020, https://en.unesco.org/news/startling-digital-divides-distance-learning-emerge.

[4] International Telecommunication Union, "The digital gender gap is growing fast in developing countries", Winter 2020, https://itu.foleon.com/itu/measuring-digital-development/gender-gap/.

弱势群体面临学习损失和辍学的风险，而且将会引发知识鸿沟，从而加剧在知识的主要构成领域（信息获取、教育和语言多样性等）产生的各种鸿沟的累积效应①。ICT的普及在加速推动社会进步、消除数字鸿沟、支持建设以人权、性别平等和赋权为本的包容性知识社会等方面发挥着重大作用，融合ICT的在线教育是实现包容与教育的重要路径②。为缩小数字鸿沟，实现教育公平，确保人人终身学习，国家在线教育体系的建设应贯彻包容全纳的教育理念，强调普惠均衡、尊重人权、反对歧视。

五 培养面向未来的数字公民

随着新通信技术与媒体的融合、互联网和社交媒体的崛起以及计算机和移动设备的日益使用，信息和媒体的前景变得更加广阔。每个人都需要具备必要的能力去获取、评估和产生有用、及时和相关的信息。为此，个人必须具备媒体和信息素养，努力成为数字公民。数字公民指在技术使用的过程中能遵循相应规范而表现出合适的、负责任的行为的人③。媒体和信息素养是数字公民所必备的关键素养。媒体和信息素养使包括儿童和青年在内的公民具备21世纪所需的媒体、信息、信息通信技术和其他识字方面的能力④。这些能力包括：以道德和有效的方式发现、获取、评估和使用所需信息的能力；批判性地评估信息和媒体内容；与媒体和信息提供者合作，促进自我表达、终身学习、民主参与和善政等。第一，提高教育者的媒体和信息素养，有效发挥在线教育的功能。教师和学校是为所有学生，特别是儿童实现包容性和公平的优质教育的核

---

① UNESCO, "Towards knowledge societies: UNESCO world report", Autumn 2005, https://unesdoc.unesco.org/ark:/48223/pf0000141843.

② UNESCO, "UNESCO ICT Competency Framework for Teachers", Winter 2018, https://unesdoc.unesco.org/ark:/48223/pf0000265721?posInSet=4&queryId=37d7f5d8-5c02-4f3c-9387-56a023f07f5d.

③ Mike Ribble, *Digital Citizenship in Schools (Second Edition)*, Washington. DC: International Society for Technology in Education, 2011, pp. 10–11.

④ International Clearinghouse on Children, Youth and Media, "Media and information literacy for the Sustaina-ble Development Goals", Spring 2015, https://unesdoc.unesco.org/ark:/48223/pf0000234657?posInSet=1&queryId=0e884c2f-3783-4e60-a283-55e27dbca618.

心[1]。在宽带互联网、先进移动技术、大数据和人工智能广泛使用的信息和通信技术新时代，教师和学校领导在教学、学习和评估方面面临新的需求和挑战。教师和学校的ICT能力和技能不再是一种选择而是创新教学过程的一个组成部分[2]，提高教育者的媒体和信息素养迫在眉睫。第二，将媒体和信息素养纳入教育体系，让学生拥抱数字教育。伴随着大数据、云计算、虚拟现实和人工智能等数字技术的发展，数字技术在教育中的应用日益广泛，媒体和信息素养在帮助个体使用数字化设备方面的重要性日益突出。为了在全球范围内扩大媒体和信息素养倡议的范围和影响，联合国教科文组织和伙伴于2013年6月建立了全球媒体和信息素养伙伴关系联盟（Global Alliance for Partnerships on Media and Information Literacy，GAPMIL）。世界多国也纷纷将与媒体和信息素养相关的数字素养纳入教育体系，如法国的"数字化校园"战略规划、德国的《德国学生数字素养框架》、俄罗斯的"数字化教育环境"计划都将数字素养培养纳入中小学课程体系。第三，培养个体基于媒体和信息素养的终身学习能力，帮助个体适应未来的生存要求。如前文所述，媒体和信息素养是在媒体素养和信息素养的基础上发展而来的。因此，媒体和信息素养涵盖了信息素养。信息素养是终身学习的核心[3]，媒体和信息素养亦是终身学习的关键。如今，技术的进步是以幂律在前进[4]，未来势必会日新月异，终身学习也正在成为人在未来社会的一种生存方式[5]。只有在媒体和信息素养的支撑下，掌握终身学习能力，才能应对数字化生存带来的挑战。总之，国家在线教育体系的目的之一是通过在线化、数字化、信息化的方式，提高个体的媒体和信息素养，从而培养学习者的终身学习

---

[1] UNESCO IITE, "UNESCO IITE's Medium-Term Strategy for 2018 – 2021", Spring 2018, https://iite.unesco.org/highlights/unesco-iite-medium-term-strategy-for-2018 – 2021/.

[2] UNESCO IITE, "UNESCO IITE's Medium-Term Strategy for 2018 – 2021", Spring 2018, https://iite.unesco.org/highlights/unesco-iite-medium-term-strategy-for-2018 – 2021/.

[3] 钟志贤：《面向终身学习：信息素养的内涵、演进与标准》，《中国远程教育》2013年第8期。

[4] 张家年、谢阳群：《刍议信息技术作用效应及其应对策略》，《情报理论与实践》2013年第6期。

[5] 高志敏：《关于终身教育、终身学习与学习化社会理念的思考》，《教育研究》2003年第1期。

能力，使其能够适应不断变化的社会。

六　构建移动化的学习型社会

"学习型社会"的概念首次出现于罗伯特·梅纳德·哈钦斯（Robert Maynard Hutchins）的专著《学习型社会》中。学习型社会契合终身学习理念，国家的在线教育体系应把学习型社会的构建作为未来社会的形态。首先，建设学习型社会是落实全民终身学习思想的要求。根据1972年联合国教科文组织国际教育发展委员会在《学会生存：教育世界的今天和明天》报告中对学习型社会在受教育群体全民性和教育整体协调性方面的阐述，可以总结出学习型社会的一般目标，即在未来社会里每个成员都是学习者，每一个社会组织都是学习型组织[1]。终身学习具有全民性特征，即无论男女老幼、贫富差别、种族性别，所有人都应该并且能够进行终身学习。显然，学习型社会的目标与终身学习的要求不谋而合。与传统教育相比，在线教育有着学习门槛低、学习规模大和学习方式灵活等特点，这势必要服务于全民终身学习，确保人人都能享有数字化学习的机会。其次，抓住移动互联网为学习型社会建设带来的机遇。移动互联网是移动通信和传统互联网不断融合的产物，其具有终端移动性、业务即时性和服务便利性等特点[2]。当移动互联网应用到教育中，基于移动互联网的移动学习便随之产生。随着移动互联网的普及，越来越多的人拥有智能手机、平板电脑和电子书等智能移动终端，越来越多的学习者可以借助智能终端，在任意地点和任意时空进行学习。如今，越来越多的证据表明，世界各地的学习者和教育者正在使用无处不在的移动设备来访问信息、简化管理并以创新的方式促进学习。联合国教科文组织自2011年开始举办"移动学习周"（Mobile Learning Week，MLW），从"如何利用移动技术改变教育的过程和结果"（2011年），到"利用技术为妇女和女童赋权"（2015年），再到"超越教育颠覆：技术促生的未来学

---

[1] 刘宝存：《"终身学习"为学习型社会建设提供更多可能》，2020年10月27日，http://share.gmw.cn/news/2020-10/27/content_34309423.htm，2021年1月16日。

[2] 吴吉义、李文娟、黄剑平等：《移动互联网研究综述》，《中国科学：信息科学》2015年第1期。

习"（2020年），教科文组织致力于探索移动技术在教育中的应用。此外，2013年，教科文组织与20多个国家的专家协商制定了《移动学习政策指南》（UNESCO Policy Guidelines for Mobile Learning），并于2015年在俄罗斯出版。这套指南旨在帮助政策制定者更好地理解什么是移动学习，以及如何利用其独特的优势推进全民教育[①]。总之，在移动互联网的技术支持下，移动化的学习型社会是"人人皆学、处处能学、时时可学"的学习型社会。此外，5G乃至6G移动通信技术的发展更是为建设移动化的学习型社会注入新鲜血液，为在线教育提供坚实的网络通信保障与强大的变革潜力。

第六节　本章小结

在线教育体系始于计算机教学实践，伴随着技术的不断发展和各国探索的深化，在线教育体系从萌芽、起步逐渐走向发展、完善。然而，国家在线教育体系仍面临教师的媒体和信息素养有待提高、教育基础设施配备状况不容乐观、在线教育组织管理体制亟须变革三大现实困境。面向未来，国家在线教育体系要实现技术与社会的双重目标：培养数字化人才，提供终身学习机会；发展全纳、公平、优质和智慧的教育；推进国家的在线教育治理体系现代化。为解决现实问题和实现未来目标，国家在线教育体系需要在加强教育数据安全保护的基础上，以保障优质的在线教育质量和纵深化发展开放教育资源为两大重点任务，并始终贯彻包容全纳的教育理念，最终培养面向未来的数字公民、构建移动化的学习型社会。回望历史，把握现在，放眼未来，国家在线教育体系的发展是历史的趋势、当下的重任、未来的潮流。为了促进国家在线教育体系的建设与发展，以下对澳大利亚、韩国、英国、日本、美国和新加坡等拥有丰富在线教育体系建设经验的国家进行研究。

[①] UNESCO IITE, "UNESCO Policy Guidelines for Mobile Learning (in Russian)", Winter 2015, https://iite.unesco.org/publications/3214738/.

第 三 章

我国在线教育体系的现状分析

党的十九届五中全会明确提出,"发挥在线教育优势,完善终身学习体系,建设学习型社会"①。党的二十大报告强调"推进教育数字化,建设全民终身学习的学习型社会、学习型大国"②。由此来看,充分发挥数字化效能,面向终身学习,发展完备的在线教育体系迫在眉睫。以我国主流的在线教育平台为抓手,通过分析其运营数据并结合国家在线教育的宏观发展状况,从类型划分、政策制定、课程设计、技术支撑和管理机制等方面对我国在线教育体系的现状进行分析,从而为国家在线教育体系的构建提供一定指导。

第一节 我国在线教育体系的类型划分

现如今,在线教育呈井喷之势发展,有着广阔的前景。根据中国互联网协会发布的《中国互联网发展报告(2021)》,目前我国在线教育市场的细分领域主要包括低幼及素质教育、K—12学科培训、高等学历教育

---

① 中共中央:《关于制定国民经济和社会发展第十四个五年规划和二〇三五年远景目标的建议》,2020年11月3日,http://www.gov.cn/zhengce/2020-11/03/content_5556991.htm,2022年5月8日。

② 习近平:《高举中国特色社会主义伟大旗帜 为全面建设社会主义现代化国家而团结奋斗——在中国共产党第二十次全国代表大会上的报告》,《人民日报》2022年10月26日第1版。

和职业教育及成人语言，其中职业教育及成人语言和低幼及素质教育占比最多，分别达到 30.2% 和 24.5%，其次是高等学历教育和 K—12 学科培训。全民终身学习视野下，个体的在线学习需求呈现灵活性、多样性和阶段性等特征，我国在线教育体系的建设正契合个体终身学习需求。在线教育体系的具体实施主体为在线教育平台，按照服务对象和营利性质的差异可以划分为以下三种类型，每种类型与在线教育细分市场对应并集中体现了不同的在线教育内容。

一 面向中小学生的在线教育体系

在面向中小学生的在线教育体系中，在线教育的服务对象为中小学生；在线教育平台主要以学而思网校、101 网校、作业帮为代表，且大多为营利性平台；在线教育的内容以课后服务为主，其包括 K—12 学科培训和素质教育。终身学习的实现仅依靠学校学习必然无法实现，在升学压力、社会竞争和个体发展等多因素的推动下，在课后进行自我提高成为众多学习者的选择，现代信息技术支持下的在线辅导培训与思维启蒙继而迎来火爆局面。一方面，从在线学科培训来看。新东方、腾讯课堂、百度教育和斑马 AI 课等在线辅导平台蓬勃发展。在辅导形式上，包括作业帮等在线作业辅导类，掌门 1 对 1 等在线 1 对 1 辅导类，以及新东方等在线综合网校类。在平台建设上，课外辅导机构发展在线教育的主要途径包括：自主研发在线教育平台、借助第三方在线教育平台以及与有关企业合作开发在线教育平台[①]。此外，为保障"停课不停学"，我国上线国家中小学网络云平台，如今又升级为国家中小学智慧教育平台。伴随着大数据、人工智能与学习分析技术的发展，智能测评、智能学习资源推荐和智适应学习等功能使在线辅导更加智能。在"停课不停学"背景之下，针对中小学的传统线下培训机构更是积极开展线上业务，进而推动基础教育信息化。另一方面，从在线素质教育来看。"双减"政策颁布之后，我国强化校外培训治理，在线教育更强调尊重教育规律和学习者身心发展需求，关注素质教育与全面发展。具体而言，在线素质教育包括思维启

---

① 梁宇靖、梁斌、罗紫芊:《我国 K—12 课外辅导机构在线教育发展现状及趋势研究》，《中国教育信息化》2018 年第 11 期。

蒙类、语言培训类、技能发展类和兴趣培养类等。针对小学生的个性心理特征，在线素质教育注重寓教于乐，增强在线教育产品的娱乐化和游戏化特征。例如，咿啦看书、一起作业和洪恩识字等。伴随着智能信息技术的发展，虚拟现实、增强现实、混合现实和扩展现实逐步以游戏化的方式应用融合到在线教育产品中，帮助提高学习者的高阶思维能力。例如，飞蝶XR科技的XR人工智能编程教育、萌科VR教育。总之，学生和家长的需求、在线教育公司资本的投入和国家政策的导向是面向中小学生的在线教育体系发展的重要驱动。目前，在"双减"政策下，面向中小学生的在线教育体系更加注重落实素质教育目标，帮助学习者实现德智体美劳全面发展，为学习者的终身学习奠定多元、全面、丰富的根基。

二 面向大学生的在线教育体系

在面向大学生的在线教育体系中，在线教育的服务对象为大学生；在线教育平台主要以中国大学MOOC、华文慕课、好大学在线为代表，且大多为非营利性平台；在线教育的内容聚焦高等教育，包括专业课程、考研辅导、求职创业等。在教育部的牵头下，在清华大学、北京大学和上海交通大学等高校的加盟下，非营利性的在线教育平台进一步扩大了在线教育机会，助力高等教育大众化和全民终身学习。首先，自2013年慕课火爆以来，我国教育部牵头推进在线开放课程的建、用、学、管，以在线教育资源为抓手推进面向大学生的在线教育体系建设。例如，从在线开放课程建设来看，目前形成了"高校主体、政府支持、社会参与"的基本格局。我国先后推进国家精品在线开放课程建设、开展国家一流课程"双万计划"、实施"慕课西部行"行动，为大学生获得在线高等教育提供丰富而优质的资源支持。在教育部的认定下，中国大学MOOC、学堂在线、华文慕课等在线教育平台承接国家精品在线开放课程任务，以大学生为重点服务对象，提供国内知名高校乃至国际名校的优质在线教育资源。其次，大规模在线教学实践的开展，为面向大学生在线教育体系积累丰富经验。在新冠疫情期间，各大高校纷纷依托已有的慕课平台，借助社交软件，开展在线教学。2020年2月，教育部发布《关于疫情防控期间做好普通高等学校在线教学组织与管理工作的指导意见》[①]，明确以政府主导、高校主体、社会参与的方式保障在线教学的顺利开展。据教育部消息，截至2020年5月8日，全国共有1454所高校开展了在线教学，参加在线学习的大学生共计1775万人。最后，在高等教育信息化深入推进和高校智慧校园加快建设的背景下，校园网络建设、资源平台搭建、教学服务集成等为面向大学生的在线教育体系提供信息化的基础设施、在线化的平台依托和网络化的业务模式。在智能信息技术的赋能下，基于智慧化学习环境开展的在线教育更具智慧性。为保障"停课不停学"，西南林业大学便充分利用智慧校园平台积极开展在线教学。总之，大学生是在线教育市场重要的用户群体，得益于慕课带动下在线高等教育的发展、高校在线教学实践经验的积累和高校教育信息化的推进，面向大学生的在线教育体系正在不断完善。

三 面向成年人的在线教育体系

在面向成年人的在线教育体系中，在线教育的服务对象为正规教育外的成年人，主要包括在职人员和老年人等；在线教育平台主要以网易云课堂、腾讯课堂、沪江网校为代表，且大多为营利性平台；在线教育的内容包括获取学历、职业发展和休闲娱乐等。首先，从网络高等学历教育来看。党的十九大报告提出要"办好继续教育，加快建设学习型社会"。近年来，我国积极探索现代信息技术与高等学历继续教育的融合创新发展，充分发挥在线教育的优势，推动人才培养模式变革，服务于全民终身学习。一方面，腾讯课堂、网易公开课、网易云课堂等在线教育平台借助PC端和移动终端，以不受时空限制的在线方式，为广大成人学习者进行学历补偿教育。2015—2020年中国在线高等学历教育市场的情况如图3-1所示。另一方面，国家依托开放大学积极探索网络学历教育新模式，并且促进高校网络学历教育规范化发展。国家开放大学积极建设远程教育云平台并研发国开在线移动客户端，汇集多样化的数字化学习资源，面向全民提供终身教育

[①] 教育部：《关于在疫情防控期间做好普通高等学校在线教学组织与管理工作的指导意见》，2020年2月4日，http://www.moe.gov.cn/srcsite/A08/s7056/202002/t20200205_418138.html，2022年5月26日。

服务。目前，教育部批准了68所高校开展现代远程教育试点。2019年12月，教育部办公厅发布《关于服务全民终身学习 促进现代远程教育试点高校网络教育高质量发展有关工作的通知》[1]，明确指出网络高等学历教育要严把人才培养的入口关、过程关、出口关，落实高校和教育行政部门的责任。其次，在职业发展方面。在后工业时代，知识经济的发展、智能信息技术的涌现和社会的数字化转型对劳动力的素质提出了新的要求，劳动者只有终身学习，不断更新知识和能力结构，才能适应新职业要求。在线职业教育市场包括以环球网校为代表的综合类，以会计云课堂为代表的金融财会类，以粉笔公考为代表的考公类，以法宣在线为代表的法律类，等等。根据Mob研究院的报告，在2020年中国头部在线职业培训App类型中，综合类型平台占比45%，医学培训和公考培训各占15%。面临应用型人才和技术型人才供给不足这一严峻挑战，我国积极发展在线职业教育。2015年，国务院发布《关于积极推进"互联网+"行动的指导意见》，明确提出要"探索职业教育公共服务提供新方式"[2]。作为目前国内在线职业教育培训的领头羊，"中国职业培训在线"平台为广大学习者提供生产制造、家庭服务、建筑工程和农林牧渔等16类课程资源。截至2021年3月22日，平台注册学员共达221万人，累计学习时长超过3400万小时。[3] 在脱贫和全面建设小康社会的战略目标下，"互联网+职业教育"成为对西部偏远农村地区进行精准扶贫的重要举措[4]，为乡村振兴提供一条可持续发展的新道路。最后，满足社会大众精神文化需求的在线课程蓬勃发展。这类课程不以提高学历为目的，而是旨在帮助大众丰富精神世界、陶冶情操、培养意趣。例如，腾讯课堂开设了音乐乐器、运动健康和生活百科等类型

---

[1] 教育部办公厅：《关于服务全民终身学习 促进现代远程教育试点高校网络教育高质量发展有关工作的通知》，2019年12月6日，http://www.moe.gov.cn/srcsite/A07/moe_743/201912/t20191216_412262.html，2022年5月10日。

[2] 国务院：《关于积极推进"互联网+"行动的指导意见》，2015年7月4日，http://www.gov.cn/zhengce/content/2015-07/04/content_10002.htm，2022年5月8日。

[3] 中国新闻网：《"中国职业培训在线"平台：打造互联网+职业技能培训新模式》，2021年4月8日，https://www.chinanews.com.cn/business/2021/04-08/9450434.shtml，2022年5月11日。

[4] 李延平、陈琪：《西部农村"互联网+"职业教育精准扶贫的制度创新》，《电化教育研究》2017年第12期。

的休闲娱乐课程。我国尤为关注老年学习群体，满足其多元化的学习需要。全国终身学习公共服务平台和地方性的终身学习网都设有老年教育板块，为老年人提供书法、摄影、绘画等课程。此外，中国老年大学协会的网上老年大学借助在线教育平台，开设京剧、书法和民间手工制作等课程。国家开放大学老年大学的"乐学直播"借助手机直播，开展养生保健、绿植养护和食品安全等内容的在线课程。总之，我国积极发展面向成年人的在线教育体系，聚焦企业白领、医生、教师和退休老人等不同成人学习者的在线学习需求，为其终身学习提供支持。

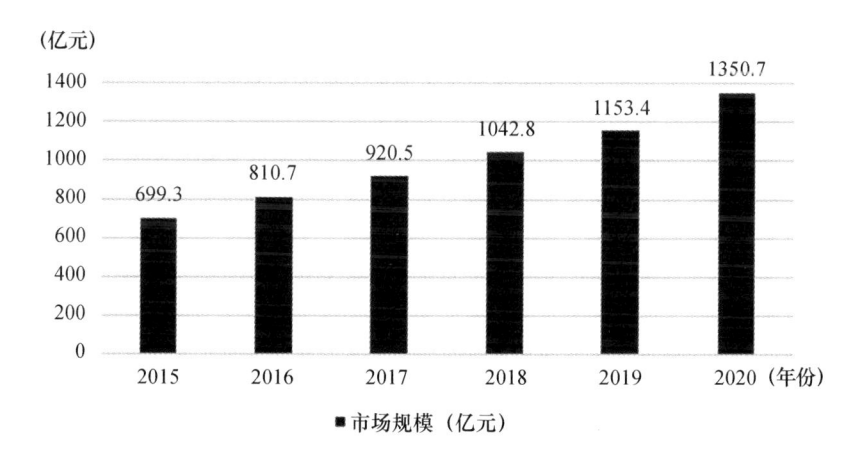

图 3-1　2015—2020 年中国在线高等学历教育市场规模及同比增长

数据来源：Big Data。

总的来说，以在线教育平台为抓手，根据服务对象和营利性质的差异，可在宏观上将我国在线教育体系的类型划分为面向中小学生的在线教育体系、面向大学生的在线教育体系以及面向成年人的在线教育体系三类。面向中小学生的在线教育体系以学科培训为主，但如今更加重视素质教育与全面发展。面向大学生的在线教育体系聚焦高等教育，着眼于大学生群体在专业课程、考研辅导、求职创业等方面自我提升的需求。面向成年人的在线教育体系则重点关注网络高等学历教育、在线职业培训和休闲娱乐。在教育部、高校和在线教育机构等主体的共同推进下，我国依靠在线教育平台，为广大学习者提供在线课程资源、在线教学服务和在线学习认证等,满足人们日益增长的美好教育需要,为推进全民终身学习和建设学习型社会提供了有效支持。伴随着各级各类教育与在线教育的顺利对接、教育信息化的全面推进和国家数字教育资源公共服务体系的日益完善,重点突出、融会贯通、系统完整的在线教育体系正在加快构建。

第二节 我国在线教育体系的政策制定

自教育信息化提出、慕课火爆和"互联网+教育"涌现之后,我国充分发挥政策的统筹、推进与驱动作用,通过制定在线教育政策,加强顶层设计,为在线教育体系加以制度保障与规范约束,从而推动在线教育体系全面、有序、可持续发展。目前,我国在政策制定上,形成了系统的战略规划与专门的方案意见相结合的在线教育政策体系。其中,系统的战略规划指教育信息化政策,专门的方案意见包括规范支持政策、资源开发政策和教育培训政策。

一 以教育信息化政策引领在线教育体系整体发展

教育信息化旨在全方位实现信息化教育,是教育系统性变革的内在核心力量。教育信息化与在线教育体系在实现信息化、数字化、网络化的教育生态系统方面具有一致性,其能从更宏观而系统的角度推进在线教育体系的建设。如今,我国已从教育信息化1.0时代走向教育信息化2.0时代,乃至3.0时代。当下,我国以教育信息化政策引领在线教育整体化发展,以此来推进在线教育体系的系统构建,并实现教育现代化的宏伟目标。近几年国家层面主要的教育信息化政策如表3-1所示。2016年,教育部颁布《教育信息化"十三五"规划》[①],提出要从基础设施全面覆盖、公共服务平台搭建和数字教育资源供给等方面入手,明确了在线教育体系建设的任务主线。2018年,教育部印发《教育信息化2.0行

---

① 教育部:《教育信息化"十三五"规划》,2016年6月7日,http://www.moe.gov.cn/srcsite/A16/s3342/201606/t20160622_269367.html,2022年5月8日。

动计划》①，开展"数字资源服务普及行动""网络扶智工程攻坚行动""教育治理能力优化行动""信息素养全面提升行动"等，从在线教育资源开发、在线落实在线教育治理变革和师生信息素养提升等方面加强在线教育体系建设，助力构建终身化的教育体系，加快实现学习型社会。在"十四五"之后，为响应国家号召，北京、浙江、广州等地都出台了教育信息化"十四五"规划，国家层面的《教育信息化中长期发展规划（2021—2035年）》和《教育信息化"十四五"规划》正在加紧制定。如今，我国已经迈入了教育数字化转型的关键时期。2022年召开的全国教育工作会议便明确指出要"实施教育数字化战略行动"。当前，我国正在加紧谋划战略布局，为在线教育体系的完善提供更强有力的变革性支撑。总之，我国通过教育信息化政策推进在线教育体系各组成要素的协调发展以及各级各类在线教育的融合发展，为全民终身学习提供系统化和多样化的教育支持。

表3-1　　　　　　　　　　中国教育信息化政策

时间	发文机构	政策名称
2016年	教育部	《教育信息化"十三五"规划》
2017年	教育部	《关于进一步推进职业填入难息化发展的指导意见》
2018年	教育部办公厅	《2018年教育信息化和网络安全工作要点》
	教育部	《教育信息化2.0行动计划》
2019年	教育部办公厅	《2019年教育信息化和网络安全工作要点》

二　以规范支持政策推动在线教育体系高效治理

为在线教育体系的有序和可持续发展，我国通过颁布一系列的规范支持政策来强化在线培训监管，规范教育应用程序，引导在线教育发展，从而促进在线教育治理。近几年，我国主要的规范支持政策如表3-2所

---

① 教育部：《教育信息化2.0行动计划》，2018年4月18日，http://www.moe.gov.cn/srcsite/A16/s3342/201804/t20180425_334188.html，2022年5月8日。

示。第一,强化校外在线培训治理。2018年,教育部办公厅、国家市场监管总局办公厅和应急管理部办公厅联合发布了《关于健全校外培训机构专项治理整改若干工作机制的通知》①,强调要强化在线培训监管。2019年,教育部等六部门发布了首个针对在线教育行业的规范性文件《关于规范校外线上培训的实施意见》②,以备案审查、排查整改和强化监管等为抓手,对在线教育的培训内容、教师资格、信息安全、经营管理等做出明确规定,旨在消解教育内容低俗、师资素质参差不齐、培训费用过高等问题,从而切实提高校外在线培训质量。第二,规范在线教育移动应用。2019年8月,教育部等八个部门印发了首次针对教育App规范的政策文件《关于引导规范教育移动互联网应用有序健康发展的意见》③,强调要提高在线教育资源供给质量、强化移动应用的全周期管理、补全监管体系短板缺陷等,从而全面优化在线教育移动应用治理。同年11月,教育部办公厅发布了《教育移动互联网应用程序备案管理办法》④,对在线教育应用程序进行了进一步规范。第三,引导在线教育健康有序发展。2019年9月19日,教育部等十一部门发布了《关于促进在线教育健康发展的指导意见》这一支持性政策⑤,指出要扩大优质在线教育资源供给、构建在线教育扶持政策体系、形成在线教育多元管理服务格局,从而为构建终身教育体系和学习型社会注入新动能。总之,我国通过规范性政策和支持性政策来促进在线教育的优质化、有序化、健康化,从而推进在线教育体系的建设。

---

① 教育部办公厅、国家市场监管总局办公厅、应急管理部办公厅:《关于健全校外培训机构专项治理整改若干工作机制的通》,2018年11月26日,http://www.gov.cn/xinwen/2018-11/26/content_5343383.htm,2022年5月8日。

② 教育部等六部门:《关于规范校外线上培训的实施意见》,2019年7月12日,http://www.moe.gov.cn/srcsite/A06/s3325/201907/t20190715_390502.html,2022年5月9日。

③ 教育部等八部门:《关于引导规范教育移动互联网应用有序健康发展的意见》,2019年8月10日,http://www.moe.gov.cn/srcsite/A16/moe_784/201908/t20190829_396505.html,2022年5月8日。

④ 教育部办公厅:《教育移动互联网应用程序备案管理办法》,2019年11月11日,http://www.moe.gov.cn/srcsite/A16/s3342/201911/t20191122_409333.html,2022年5月8日。

⑤ 教育部等十一部门:《关于促进在线教育健康发展的指导意见》,2019年9月19日,http://www.moe.gov.cn/srcsite/A03/moe_1892/moe_630/201909/t20190930_401825.html,2022年5月8日。

表 3-2 规范支持政策

时间	发文机构	政策名称
2018 年	教育部办公厅 国家市场监管总局办公厅 应急管理部办公厅	《关于健全校外培训机构专项治理整改若干工作机制的通知》
	教育部办公厅	《关于严禁有害 App 进入中小学校园的通知》
2019 年	教育部等六部门	《关于规范校外线上培训的实施意见》
	教育部等八部门	《关于引导规范教育移动互联网应用有序健康发展的意见》
	教育部等十一部门	《关于促进在线教育健康发展的指导意见》
	教育部办公厅	《教育移动互联网应用程序备案管理办法》

三 以资源开发政策促进在线教育体系供给优化

我国注重开发多元化的优质在线教育资源，促进在线教育供给优化升级，为教育高质量发展提供有效依托，以满足不同学习者的学习需求，助力全民终身学习。近几年，我国主要的资源开发政策如表 3-3 所示。一方面，大力开发在线教育资源。我国在建设"三通两平台"的框架下，先后颁布《关于加强高等学校在线开放课程建设应用与管理的意见》（2015 年）、《关于数字教育资源公共服务体系建设与应用的指导意见》（2017 年）、《关于加强网络学习空间建设与应用的指导意见》（2018 年）等，力求为终身学习者提供开放、优质、适切的在线教育资源。2020 年，教育部发布《关于加强"三个课堂"应用的指导意见》[1]，指出要以"专递课堂"弥补农村国家规定课程资源短板，以"名师课堂"促进教师专业成长，以"名校网络课堂"全方位推动优质教育资源开放共享，从而为在线教育公平与均衡发展提供资源载体。2021

---

[1] 教育部：《关于加强"三个课堂"应用的指导意见》，2020 年 3 月 3 日，http://www.moe.gov.cn/sr-csite/A16/s3342/202003/t20200316_431659.html，2022 年 5 月 9 日。

年,教育部等五部门联合发布了《关于大力加强中小学线上教育教学资源建设与应用的意见》①,明确提出要形成完善的线上教育平台体系、学科课程资源体系和政策保障制度体系,强调要创生有效支持基础教育高质量发展的在线教育资源模式与发展环境。另一方面,在开发资源的同时,注重形成在线教育资源与服务的有效供给机制。2014年,教育部等五部门联合发布了《构建利用信息化手段扩大优质教育资源覆盖面有效机制的实施方案》②,强调利用信息技术实现在线教育资源的合理配置和开放共享。2015年,国务院发布的《关于积极推进"互联网+"行动的指导意见》明确提出要"探索新型教育服务供给方式"③,鼓励多元主体开发优质在线教育资源、扩大教育资源覆盖面、对接线下线上教育资源。2021年,国家发展改革委等28个部门和单位联合印发了《加快培育新型消费实施方案》④,提出要有序发展在线教育,实现教育精准供给,加大教育资源共享,提升在线课程质量。总之,我国积极推动在线教育资源的开发、建设和管理,并且完善资源开发机制,从而优化在线教育资源和服务的供给。

表3-3 资源开发政策

时间	发文机构	政策名称
2014年	教育部等五部门	《构建利用信息化手段扩大优质教育资源覆盖面有效机制的实施方案》

---

① 教育部等五部门:《关于大力加强中小学线上教育教学资源建设与应用的意见》,2021年1月28日,http://www.moe.gov.cn/srcsite/A06/s3325/202102/t20210207_512888.html,2022年5月8日。
② 教育部等五部门:《构建利用信息化手段扩大优质教育资源覆盖面有效机制的实施方案》,2014年11月24日,http://www.moe.gov.cn/srcsite/A16/s3342/201411/t20141124_179124.html,2022年5月8日。
③ 国务院:《关于积极推进"互联网+"行动的指导意见》,2015年7月4日,http://www.gov.cn/zhengce/content/2015-07/04/content_10002.htm,2022年5月8日。
④ 国家发展改革委等:《加快培育新型消费实施方案》,2021年3月25日,https://www.ndrc.gov.cn/xxgk/zcfb/tz/202103/t20210325_1270362.html?code=&state=123,2022年5月9日。

续表

时间	发文机构	政策名称
2015 年	国务院	《关于积极推进"互联网+"行动的指导意见》
	教育部	《关于加强高等学校在线开放课程建设应用与管理的意见》
2017 年	教育部	《关于数字教育资源公共服务体系建设与应用的指导意见》
2018 年	教育部	《网络学习空间建设与应用指南》
	教育部	《关于加强网络学习空间建设与应用的指导意见》
2020 年	教育部	《关于加强"三个课堂"应用的指导意见》
2021 年	教育部等五部门	《关于大力加强中小学线上教育教学资源建设与应用的意见》

四 以教育培训政策实现在线教育体系双向落实

学生和教师是在线教育体系的重要组成与关键主体。立足于全民终身学习的目标，着眼于在线教育与终身学习的逻辑关系，我国以教育培训政策实现学生和教师的双重提高，即以信息素养为中介，搭建起在线教育与终身学习之间的桥梁，从教师"教"和学生"学"双向发力以实现在线教育体系的落实。一方面，注重对学生信息素养的评价与提升。2018 年，《教育信息化 2.0 行动计划》明确指出要"制定学生信息素养评价指标体系"以及"将学生信息素养纳入学生综合素质评价"，强调掌握学生信息素养发展状况以及依托信息技术课程提升学生信息素养。2020 年，教育部首次将"学生信息素养达标率"纳入《中国教育监测与评价统计指标体系（2020 年版）》。2021 年，教育部等五部委联合发布了《关于大力加强中小学线上教育教学资源建设与应用的意见》，承接了《教育信息化 2.0 行动计划》要求，并进一步提出"将信息素养培育有机融入各门学科教育教学"。另一方面，以教师信息素养提升为基础，鼓励教师使用信息技术进行教学变革与创新。近年来，我国针对教师的教育培训政策如表 3-4 所示。继 2013 年《关于实施全国中小学教师信息技术应用能力提升工程的意见》之后，教育部又于 2019 年发布了《关于实施全国中小学教师信息技术应用能力提升工程

2.0 的意见》①，从教育管理者信息化领导力培训、学科教师信息化教学力提升和乡村教师信息化培训帮扶等维度全面提升教育者的信息素养，并缩小城乡教师信息化能力差异。2018 年，中共中央、国务院颁布《关于全面深化新时代教师队伍建设改革的意见》②，指出"教师主动适应信息化、人工智能等新技术变革，积极有效开展教育教学"并要求"转变培训方式，推动信息技术与教师培训的有机融合，实行线上线下相结合的混合式研修"，促进教师的终身学习与专业发展。此外，我国还重视利用人工智能助力师资队伍建设，以提高教育者的智能教育素养，从而为在线教育的创新提供支撑。总之，我国以信息素养为中介，以学生和教师为两大主体，通过信息素养提升为在线教育提高数字化能力，为终身学习夯实内在的核心支撑。

表 3-4　　　　　　　　　　教育培训政策

时间	发文机构	政策名称
2014 年	教育部办公厅	《中小学教师信息技术应用能力标准（试行）》
2018 年	教育部办公厅	《关于开展人工智能助推教师队伍建设行动试点工作的通知》
2019 年	教育部	《关于实施全国中小学教师信息技术应用能力提升工程 2.0 的意见》
2021 年	教育部办公厅	《关于开展第二批人工智能助推教师队伍建设试点推荐遴选工作的通知》

总的来说，在党中央的领导下，在教育部的牵头下，我国重视以政策推动在线教育体系的发展。国家从教育信息化和教育数字化方面整体推进，从在线教育资源开发、教师信息素养提升、教育新型基础设施建

---

① 教育部：《关于实施全国中小学教师信息技术应用能力提升工程 2.0 的意见》，2019 年 3 月 21 日，http://www.moe.gov.cn/srcsite/A10/s7034/201904/t20190402_376493.html，2022 年 5 月 8 日。

② 中共中央、国务院：《关于全面深化新时代教师队伍建设改革的意见》，2018 年 1 月 31 日，http://www.gov.cn/xinwen/2018-01/31/content_5262659.htm，2022 年 5 月 8 日。

设等方面协同推进，彰显了国家完善在线教育体系的决心和行动。尽管"在线教育"在国家政策话语中出现的频率越来越高，但针对在线教育的政策文件较为分散，国家政策文本对"在线教育体系"的强调较少，对在线教育与终身学习关系的阐述也不够深刻。此外，实现全民终身学习是发展在线教育体系的目标。然而，国家层面有关终身学习的法律迟迟未出台，这导致对在线教育体系的规范和制约力度不够，也使终身学习不能有效上升至所有人以及各行业的自主意识与深刻共识。

第三节　我国在线教育体系的课程设计

在线课程是实现在线教育的重要资源载体，对在线课程设计的好坏关乎在线教育成效的高低。目前，我国对在线课程的课程设计聚焦在高校的在线开放课程方面，其他类型在线课程的课程设计总体上坚持教育部指导、多方主体参与和市场需求导向且尚未形成体系。以下从基本理念、内容设置、实施策略和评价反馈四个方面分析我国在线教育体系课程设计的现状。

一　课程的基本理念

在线课程的理念与目标集中指向在线教育。党的十九届五中全会明确指出"发挥在线教育优势，完善终身学习体系，建设学习型社会"，将实现终身学习作为在线教育的目标导向。因此，在线课程同样秉持服务终身学习的理念。2015 年，教育部在《加强高等学校在线开放课程建设应用与管理的意见》中指出，"紧紧围绕立德树人的根本任务，遵循教育教学规律，深化高等教育教学改革，主动适应学习者个性化发展和多样化终身学习需求"[1]。尽管在线课程的受众群体涉及幼儿、青少年、成人、老年人等，在线课程的内容类型包括作业辅导、知识科普、技能提升、兴趣培养，在线课程的呈现方式包括视频公开课、短视频直播课、录播课、慕课等，但其最终均指向终身学习这一理念。一方面，强调以学习

---

[1]　教育部：《加强高等学校在线开放课程建设应用与管理的意见》，2015 年 4 月 13 日，http://www.moe.gov.cn/srcsite/A08/s7056/201504/t20150416_189454.html，2022 年 5 月 15 日。

者为中心。我国在线课程的设计着眼于学习者多元化的学习需求，关注学习者在线学习方式的差异性，利用大数据和人工智能技术进行智能化的在线课程资源推荐，强调提升在线课程的质量，从而为广大学习者提供生本化、个性化、优质化的在线课程。《中国慕课行动宣言》中便明确提出"学生中心"，强调在线课程设计要充分考虑新一代大学生的身心特征。另一方面，坚持全面发展。全面发展的理念注重综合素质提高，与我国培养德智体美劳全面发展的社会主义建设者和接班人这一目标要求相契合。国家中小学智慧教育平台所提供的在线课程内容多样，包括小初高课程教学类的在线课程，科普教育、研学实践和文化艺术等课后服务类的在线课程，以及爱国主义、品德教育、劳动教育、生命与安全等专题教育类的在线课程。截至2022年2月底，中国上线慕课数量超过5万门，内容涵盖文史哲法、工农理学、兴趣技能、教育教学、升学择业等。总之，立足我国教育目的，从国家政策文本、在线课程类型和学习者群体特征中可以看出，服务终身学习是我国在线课程设计的基本理念，其强调以学习者为中心来凸显终身学习的人本价值，坚持全面发展来为终身学习扩展素养，将个人价值取向和社会价值取向有机结合。

二 课程的内容设置

终身学习既包括纵向维度贯穿全生命历程的学习，又包括横向维度的包含一切场所的学习，是时空交织下的综合性学习。在设计在线课程时，我国针对不同教育类型的学习者提供不同的在线学习内容，以满足其终身学习所需的知识、能力和价值观等。首先，在国家政策导向、市场需求驱动和信息技术赋能下，在线课程的内容设置与相对应的教育类型相匹配。学前教育的在线课程注重思维启蒙，基础教育的在线课程聚焦学科提升，高等教育的在线课程追求学历补偿，职业教育的在线课程着眼技能培训，老年教育的在线课程体现休闲娱乐。例如，某机构注重对3—6岁儿童进行启蒙，发展其思维能力和动手能力，为其提供少儿编程、少儿围棋启蒙课、创意美术课。不可否认的是，在线上校外培训强化治理之前，针对学前教育和K—12教育的在线课程存在着教学超前的乱象，其课程内容严重背离课程标准，影响教育教学的正常开展与学习者身心的健康发展。其次，在线课程的内容设置寻求学历教育与非学历教育的平衡。目前，我国的在线课程不仅包括作业辅导和学科提升等面向学历教育的内容，还包括就业指导、技能发展和兴趣培养等面向非学历教育的内容。以国家开放大学为例，其作为在线教育和终身教育的重要国家性平台，不断优化教学内容与课程结构，面向全民提供学历与非学历继续教育服务。最后，在线课程的内容设置追求质量。在建设优质在线教育资源的诉求下，我国注重在线课程的内容质量。2017年，教育部启动首批国家精品在线开放课程认定工作，对高质量的在线课程进行遴选。"国家精品在线开放课程"对"精品"的强调，不仅体现对在线课程质量的追求，更体现对广大学习者渴望优质教育资源的关切。然而在针对中小学在线教育课程方面，其内容质量和保障机制还有待进一步完善。总之，我国在线教育体系的课程内容设置立足于学习者终身学习所需要的多元内容，强调个性、全面、优质。

三 课程的实施策略

在线课程育人作用的发挥有赖于一定的教与学模式，这是在线课程设计在应用层面的策略指导。在教育部的部署和号召下，我国各高校、教师、在线教育机构等纷纷借助在线课程，推动教学模式创新，不断催生在线教育行业的新业态。首先，在线教学模式。在线教学模式指一种基于互联网的，不受时空限制的教与学模式。依托海量丰富的在线课程资源以及社交媒体软件，教师与学生能够以完全在线的方式完成相应的教与学任务。在"停课不停学"期间，我国开展了一场史无前例的在线教学实践。在互联网、大数据、人工智能、扩展现实和5G等新一代智能信息技术的赋能下，在线教学正朝着新阶段迈进。其次，翻转课堂教学模式。翻转课堂教学模式指通过微视频和MOOC等在线课程让学习者完成课前的自主学习，在课堂中更多聚焦探究性学习与深度的交流互动，实现先学后教、以学定教。目前，翻转课堂在高校应用较多，逐渐成为在线高等教育教学改革的重要切入点。此外，深入探索翻转课堂教学模式的中小学日益增多。然而，农村地区的中小学由于教师信息化能力不高和教育信息化基础设施不够等问题，在开展翻转课堂方面面临严峻挑战。再次，混合式教学模式。混合式教学模式指传统线下教学与在线教学（数字化教学）的有机融合，其实现了两种教学模式的优势互补。在混合式教学模式中，在线课程是重要载体。例如，中国大学慕课开创了"MOOC+SPOC+线下课堂"等线上线下相结合的教学模式，有效服务了高校的翻转式、混合式教学。[①] 新冠疫情的暴发凸显了在线教育的重要性，在后疫情时代，混合式教学成为新常态。最后，自主学习模式。在实施在线课程教学策略的背景下，自主学习模式指借助在线课程完成自我导向式的学习。在设计在线课程的实施策略时，对于大学生和在职的成人学习者而言，其具有一定的自我调节能力，能够根据自身发展需求借助相关在线平台进行自行步调的学习。而对于中小学生而言，由于其在线学习经验的缺乏，学校和教师需加强对其指导，并联合家长的力量，帮助其制定学习目标等。此外，在线1对1教学、在线小班教学和AI互动教学等也逐步发展。总之，以教学模式为线索，在线课程的实施策略主要包括在线教学模式、翻转课堂教学模式、混合式教学模式和自主学习模式等，对教学模式的选择是在线课程设计中的关键一环，其关乎课程能否充分实现育人价值。

四 课程的评价反馈

在线课程是实现在线教育的重要资源载体，在线课程的课程评价是充分发挥在线教育资源效力的关键，其包括评价对象、评价标准、评价主体、评价方式和评价结果等组成部分。第一，在评价对象方面。与传统课程评教不同，在线课程的评教对象多元，包括主讲教师、教学设计团队以及技术工程师等[②]。对中国大学MOOC平台592门线上一流课程的调查表明，参与课程评教的学生占比较低，还有相当一部分学生未参加课程评教。[③] 第二，在评价标准方面。目前，我国尚未在国家层面出台一套统一而权威的在线课程评价标准与体系。2015年，教育部发布的《关于加强高等学校在线开放课程建设应用与管理的意见》指出

[①] 教育部在线教育研究中心、全国高等学校教学研究中心、北京大学慕课工作组：《中国在线开放课程发展报告》，高等教育出版社2017年版，第12页。

[②] 姚少霞、王广：《SPOC评教体系的构建》，《黑龙江教育（高教研究与评估）》2016年第11期。

[③] 张静、韩映雄：《中国大学MOOC课程学习交互状况调查》，《开放教育研究》2021年第5期。

"鼓励高校制定在线开放课程教学质量认定标准，将通过本校认定的在线课程纳入培养方案和教学计划"，积极推动高校进行在线课程评价探索。第三，在评价主体方面。在线课程多将自我评价、教师评价和同伴评价相结合，然而评价主体仍然以教师为主，其他形式的评价大多流于形式或实效性并不高。第四，在评价方式方面。将诊断性评价、过程性评价和总结性评价相结合，充分发挥信息技术的作用。诊断性评价多见于学科辅导类在线课程，以便于教师确定教学起点，实施更具针对性的教学策略。在中国大学慕课平台上，有不少课程的视频中嵌入了交互式的随堂测试，并且设置单元作业和期末考试。第五，在评价结果方面。通过学分认定和证书授予等对在线课程予以反馈，促进评价转化。教育部鼓励高校积极探索在线开放课程学分认定和进行学分管理制度创新。总之，针对于在线课程的课程评价，我国目前尚未形成完整的评价体系，然而高校的在线开放课程却取得了一定成就，这为我国其他类型在线课程的课程评价以及国家层面在线课程的顶层设计提供了重要的参鉴意义。

总的来说，我国从基本理念、内容设置、实施策略和评价反馈等方面勾勒出了在线课程的课程设计的样貌。我国在线教育体系课程设计能够较好地秉持终身学习的理念，针对不同学习者，借助适切的教学模式，实施多元的课程评价，为其提供不同类型的在线课程。但我国在线教育体系课程设计尚未完整化、系统化、规范化。由于我国的在线教育在高等教育中发展较早且更深入，在教育部和高校的主力作用下，在线开放课程在内容制作、质量审核和评估认定等方面取得了一定进展，为课程设计提供了良好的支持。然而，针对中小学的直播课、辅导课、AI互动课等在线课程多依赖于在线教育机构开发与设计，尽管有教育部的规范，但在资本的驱动下，其难免存在内容质量不高、教学互动枯燥、评价反馈单一等诸多问题。在线课程对接学前教育、K—12教育、高等教育和职业教育等各阶段教育，以及家庭教育、学校教育和社会教育等各类型教育等，如何在课程设计上坚持统一与特色并重，为实现终身学习提供有效的支持是我国面临的一大难题。

第四节　我国在线教育体系的技术支撑

互联网催生了在线教育，伴随着大数据、人工智能、5G、扩展现实、区块链等新一代智能信息技术的发展，在线教育系统得以重塑，在线教育体系有了更强大的技术支撑。在技术的驱动下，在线教育体系中教师、学生、组织机构等主体，在线教育平台、教育信息化基础设施等物质载体以及教学、学习、管理、决策等业务都实现了流程重组、模式创新和形态变革。

一　互联网技术：促进在线教育体系网络化

互联网技术（Internet Technology，IT）是融合传感、通信和计算机等技术的信息技术。互联网技术是在线教育体系的核心支撑。首先，互联网技术支持教育信息化基础设施的建设。互联网技术为在线教育体系的构建和运作提供坚实的物质载体，使在线教育教学得以开展、在线教育资源得以共享、在线教育管理得以实现。在此基础上，慕课、终身学习公共服务平台和各类在线教育App等在线平台得以搭建并充分使用。在国家的大力推进下，我国互联网普及率由2015年的50.3%上升至2021年的73.0%。伴随互联网的普及，用户利用手机、平板电脑、笔记本电脑、电视等设备接入互联网进行在线学习日益便利。其次，互联网技术推动在线教育资源的融合贯通与开放共享。一方面，互联网使在线教育平台能够实现资源的集成，促进基础教育、高等教育、职业教育、继续教育等各级各类各阶段教育的在线一体化协调发展，促进数字化终身学习体系的构建。例如，国家智慧教育公共服务平台集成了国家中小学智慧教育平台、国家高等教育智慧教育平台和国家职业教育智慧教育平台，能够为全民终身学习提供一体化的支持。另一方面，互联网使在线教育的准入门槛降低、在线教育的资源共享加强，助力缩小教育鸿沟、推动教育公平与均衡发展。目前，我国正加大对中西部地区和农村偏远地区的财政支持力度，推动教育信息化基础设施的更广普及。最后，互联网技术推动在线教育体系业务模式的创新。互联网技术催生了"互联网+教育""互联网+培训""互联网+监管"等新业务形态，有效支撑了在线教育体系中业务的开展。例如,基于互联网的在线教学能突破时空限制,变革传统教学模式。再如,基于互联网的在线教师培训为教师的专业化发展和终身学习提供一条新路径。总之,互联网技术支持教育信息化基础设施建设,依托平台来集成、共享、开放在线教育资源,从而支撑在线教育体系中业务的开展。互联网技术是在线教育体系的关键支撑,是在线教育体系数字化、网络化与线上化的核心。

二 大数据技术:促进在线教育体系精准化

大数据技术(Big Data)是从规模巨大、多源异构、高速变化的数据中获取价值的技术,能够为在线教育体系提供数据基础。第一,大数据促进精准化的在线教学。大数据通过全方位采集汇聚多源异构数据,能够记录学习者的全程学习轨迹、提供及时的教育教学反馈、呈现在线教学环境的多元状态、提供较为科学的学业预警与预测、实现过程性的科学教育评价,既能帮助学习者实现个性化的学习,又能帮助教育者实现差异化的教学。例如,英语流利说和作业帮等在线教育App借助大数据分析,能够为学习者提供个性化的在线学习内容。第二,大数据促进精细化的管理。大数据技术将教育大数据集成到线上平台或中心,全方位呈现数据,动态更新数据,通过数据的汇聚、建模与分析来助力精细化管理,从而提高管理质量、简化管理流程、提高管理效率。在对在线教育的监控管理方面,北京师范大学远程教育研究中心开发的"智慧线"在线数据分析平台借助大数据技术,能够全方位监测在线教学和管理中的过程数据,并且为招生处、教师和决策者提供不同视角的分析报告。[①] 伴随在线课程的发展,教育行政部门依托大数据技术,对高校提供学分的在线课程平台实施大数据监测,从而加强在线课程教学的全过程管理与监督。此外,大数据技术还能实现在线教育体系中不同部门机构之间的数据共享,打破信息孤岛。第三,大数据促进科学化的决策。通过对在线教育活动整体运作数据的分析,大数据能够实现对在线教育体系的监测,推动决策从经验驱动走向数据驱动,促进在线教育体系中的师生、组织领导机构以及各方参与机构的决策提供科学

---

① 陈丽、任萍萍、张文梅:《后疫情时代教育创新发展的新视域与中国卓越探索——出席"2020全球人工智能与教育大数据大会"的思考》,《中国电化教育》2021年第5期。

依据。例如，在线教育机构通过大数据分析在线教育行业的市场需求，提供更具针对性的在线教育资源。在大数据发展的同时，需要关注数据安全与数据隐私问题，并且不能被大数据蒙蔽双眼。总之，大数据技术通过支持教学、管理和决策等，为在线教育体系提供数据支撑，促进在线教育体系运作的科学化。

三 人工智能技术：促进在线教育体系智能化

人工智能技术（Artificial Intelligence，AI）指模拟和扩展人类的智慧和行为的技术，是在线教育体系的智慧大脑。首先，人工智能促进在线教育的智能化。一是在大数据的基础上，洞悉数据背后的教学状况，通过智能分析，实现大规模个性化在线教学，并支持学习者的自适应学习。例如，各类智能导学系统和自适应学习系统。二是依托智能测评、智能助手等人工智能教育应用实现在线教学自动化，降低教师重复性劳动，让教育对高阶思维能力的培养给予更多关注，培养培养创造性人才。三是增强在线教育的交互性，为学习者提供陪伴交互，实现人机协同。例如，教育机器人能扮演智能导师和智能学伴的角色，支持学习者通过语音交互等进行在线学习。其次，人工智能推动在线教育体系的智慧治理。在人工智能技术的驱动下，"教育数据治理"向"教育智能治理"转变，推动在线教育治理体系和治理能力现代化。在大数据的基础上，人工智能支持数据跟踪采集、科学精准决策、全程过程监测和深度预测分析，为在线教育体系的治理提供了智能化的服务。此外，伴随人工智能与教育的创新融合，其不仅能够促进个体和机构等治理主体的协同联动，还能实现人机协同，有效提升在线教育体系的治理效能。最后，人工智能助力教师成长，推动在线教育师资建设，其中人工智能教育应用是中介。人工智能以应用驱动的方式，提升教师的数字化教学能力和信息素养，帮助教师实现智能化的教学方式与教育评价，实现专业发展，逐步成为智能时代具有数字化特征的卓越教师[1]。2018年，教育部开展人工智能助推教师队伍建设行动试点，探索人工智能助推教师教育改革和教育教学

---

[1] 赵凌云、胡中波：《数字化：为智能时代教师队伍建设赋能》，《教育研究》2022年第4期。

创新的新路径。不可忽视的是，人工智能在变革教育的同时，也给教育带来了伦理道德以及数据安全等问题。总之，人工智能融合了深度学习、机器学习、神经网络和自然语言处理等技术，以数据驱动为基础，能够促进在线教育体系的智能化。

四　5G 技术：促进在线教育体系优质化

5G 指第五代移动通信技术，其具有高速率、低时延、大连接等典型特征。5G 技术是在线教育体系稳健运行的坚实根基，是在线教育体系创新变革的核心支撑。一方面，5G 技术提供网络通信保障。网络是在线教育开展的前提，更是在线教育体系中各种基于网络的活动的基石。5G 技术能够重塑超高速网络环境，为在线平台的高速稳定运行提供坚实的保障，使在线教学、在线培训、在线监管等各类活动得以顺利开展。以在线教学为例，在 5G 技术的驱动下，大规模在线教学能够顺利开展，网络卡顿、下载卡顿、延迟过高等问题得以消解，在线教学的体验和质量得以提升。在建设教育新型技术设施的背景下，5G 教育专网势必为在线教育体系的网络通信提供巨大支持。浙江大学与移动携手构建了全国首个基于"5G＋边缘计算"的 5G 校园安全专网，为师生的在线学习提供安全、高速的网络保障。另一方面，5G 技术拓展在线教育形态。一是移动在线教育。5G 移动通信技术与互联网技术融合而成的移动互联网为移动学习和泛在学习提供有效支持，助力学习型社会建设。二是在线直播教育。2019 年后，我国进入高速全媒体直播教育阶段。5G 驱动下的在线直播教育将进一步提升在线教育在情感交流、交互性、教学资源时效性、个性化学习体验等方面的质量与水平。[①] 三是在线沉浸式教育。在 5G 大带宽和低延迟等的基础上，融合 VR/AR/MR/XR、数字孪生、全息投影等沉浸式技术，能实现远程互动教学，打造沉浸式多人实时协作空间，大幅度提升在线教育的沉浸感、临场感与交互感。2021 年，我国组织开展"5G＋智慧教育"应用试点项目，推动在线教育高质量发展。在此背景下，学校、电信运营商和科研院所等积极进行跨界协作。例如，北京

[①] 王运武、王宇茹、洪俐等：《5G 时代直播教育：创新在线教育形态》，《现代远程教育研究》2021 年第 1 期。

邮电大学积极建设 5G 校园专网，利用 5G 和全息投影技术进行远程互动教学，提升在线教学的体验感。再如，苏州中学借助中国移动成都研究院 CloudXR 平台，在化学楼建设了 5G + VR 远程课堂和双师课堂，学生在家也可以通过网络实时进行沉浸式的在线学习。总之，5G 通过夯实网络通信基础和引领创新发展，促进在线教育体系优质化，是在线教育体系高质量发展的重要引擎。

  总的来说，以互联网技术、大数据技术、人工智能技术和 5G 技术为代表的现代信息技术是在线教育体系的动力引擎，也是目前我国在线教育体系建设的主要技术支撑。从在线教育平台到在线教育 App，各类技术的应用促进了在线教学、在线培训、在线监管和在线服务等业务形态的创新变革。此外，云计算技术、区块链技术和扩展现实技术等智能信息技术也为我国在线教育体系的发展注入了新鲜血液。然而，目前技术与服务的创新融合不够。例如，很多在线课程缺乏教学设计与技术赋能，仅仅实现了传统教育的线上化。此外，伴随大数据和人工智能技术的应用，数据安全、伦理道德和 AI 问责等问题愈发凸显，在线教育体系中的学生隐私数据泄露等问题有待进一步消解。面向未来，要充分发挥技术的赋能作用，全方位突破技术的应用难题，从而推动教育系统性变革，重塑智慧教育生态，助力全民终身学习，落实教育高质量发展的目标。

第五节　我国在线教育体系的管理机制

  《关于规范校外线上培训等实施意见》和《关于引导规范教育移动互联网应用有序健康发展的意见》等国家政策的相继出台，填补了我国在线教育体系管理的政策空白，促进了在线教育治理。在线教育体系管理机制是指进入管理范畴内的在线教育体系中各组成要素之间的相互关系、作用过程和运作方式。我国总体上由教育部牵头，地方政府和教育部门、高校、在线教育机构、科技企业等多元参与的管理机制，具体包括领导协调、生成转化、监督控制和资金支持。目前，我国正朝着"政府引导、机构自治、行业自律、社会监督的在线教育治理格局"迈进。着眼于动态的管理机制，以下着重分析我国在线教育体系在"谁来管""管什么""如何管"这三个维度的现状。

一　组织协调：在线教育体系管理机制的总体引领

在线教育体系管理机制的组织协调指在线教育体系的组织推进与统筹协调，是在线教育体系生成、推进、完善的核心关键。在我国，教育部主管在线教育事业，积极调动地方政府、其他机构部门、公司企业、个人团体等参与在线教育体系的管理中。首先，教育部负责在线教育体系的顶层设计与统筹规划，加强对在线教育体系的统筹推进与协调，实现部分功能的最大化。2019年，教育部联合中央网信办、国家发展改革委、工业和信息化部等十部门印发了《关于促进在线教育健康发展的指导意见》，从扩大优质资源供给、构建扶持政策体系和形成多元管理服务格局等方面提出在线教育高质量发展的实现路径。在教育公平方面，关注区域、城乡、学校教育发展不均衡，缩小数字鸿沟，推进信息化基础设施的配备、在线优质课程资源的共享、优秀师资的输送等。疫情期间，在中央政府和国务院的指示下，教育部整合国家、地方和院校的资源，搭建国家中小学网络云平台，开展大规模在线教育实践。中国依靠中央集权式的教育行政管理体制，发挥"集中力量办大事"的优势，凝聚多方力量，很大程度地保障"停课不停学"。其次，地方政府积极响应国家号召，且并非被动式响应，贯彻落实教育部有关在线教育的政策方针，并根据当地在线教育发展的实际情况，有针对性地进行规划。在新冠疫情期间，各地积极开通省级网络学习平台，为当地开展在线教育提供更具针对性的支持。北京、上海、广西等地方教育行政部门成立了信息化处，落实中央教育信息化的方针政策，并有针对性地推进当地教育信息化。最后，专门的在线教育机构。在教育部高教司的批准下，教育部在线教育中心于2014年在清华大学成立。2016年，教育部成立网络安全与信息化领导小组。2021年3月，中央网信办和中国网络社会组织联合会宣布成立在线教育专业委员会，旨在汇聚来自中央电化教育馆、教育公司和在线教育机构等的多方力量，为在线教育行业的发展提供支持。此外，2021年12月，中国教育技术协会决定成立网络课程建设工作委员会和社会教育智能化工作委员会，以学术研究、决策咨询、教育培训和交流传播等为手段，进一步推动中国教育信息化的发展。总之，教育部从政策制定、资源开发和师资配备等方面对在线教育体系进行系统的组织管理，在教育部的组织协调下，来自不同领域的多方主体积极参与在线教育体系的建设。

二 生成转化：在线教育体系管理机制的内在动力

在线教育体系管理机制的生成转化旨在实现在线教育体系内在性生长、创造性发展、持久性运作，是在线教育体系管理机制的内在动力。总体而言，我国从在线开放课程建设、教育者信息素养培训和在线学习认证转化等方面对在线教育体系加以管理。首先，在在线开放课程建设方面。一方面，形成了以高校、国家开放大学、互联网公司、在线教育机构为主体的多元化在线教育资源供给格局。例如，有沪江、学而思和新东方等在线教育机构提供的在线课程辅导，有高教社、高校、爱课程网、网易云课堂联合打造的中国大学慕课。另一方面，建立综合性的在线开放课程平台，提供集成性的在线教育资源。在教育部指导下，在教育部教育技术与资源发展中心的支持下，推出了国家智慧教育公共服务平台，以在线的方式为基础教育、职业教育、高等教育和大学生就业服务提供丰富优质的在线教育资源，满足学习者的终身学习需要。其次，在教育者信息素养培训方面。为最大潜力发挥在线教育对全民终身学习的推进作用，教育部重视对教师信息素养的培训。教育部开展全国中小学教师信息技术应用能力提升工程2.0，按照"国家示范、省市统筹、区县负责、学校自主、全员参与"的实施路径[1]，对教育者培训进行系统化管理，从而全方位提高校长、教师、教学团队等的信息素养，大幅度缩小城乡教师信息技术应用能力差距。近年来，全国性和地方性的教师在线培训平台相继建立，为教师的专业发展、终身学习和信息化教学创新提供了有效依托。在教育部的批准下，中国教师研修网和全国中小学教师继续教育网等承担"国培计划"以及"教师信息技术应用能力提升工程"，为教师的信息化教学和信息素养的提升提供支持。例如，在教育部的指导下，中国教师研修网上线"2021年北京市提升工程2.0区级指导

---

[1] 教育部：《关于实施全国中小学教师信息技术应用能力提升工程2.0的意见》，2019年3月21日，http://www.moe.gov.cn/srcsite/A10/s7034/201904/t20190402_376493.html，2022年5月8日。

团队及学校管理团队培训项目"。第三,在在线学习认证转化方面。国家给予政策支持,鼓励高校积极进行在线开放课程学分认定与转换,助力构建"终身学习立交桥"。在这一号召下,不少省市教育部门和高校相继正式出台"在线开放课程学分认定管理办法"。此外,国家开放大学与超星集团共同发起"学银在线"平台,记录个人的终身学习轨迹,按照统一的学习成果框架及标准实现学习成果的存储、认证、积累和转换。然而,中国在线课程学分管理机制缺乏统一规范的管理制度、统一权威的监管主体和学分银行的融合创新[①]。总之,我国在建设在线教育体系时,面向全民终身学习的目标要求,聚焦教师和学生在线教与学的内在需求,注重学习者通过在线学习在获得学历、增长知识、发展技能、提高素养等方面的转化,从而通过内生性的管理,调动在线教育体系中各要素的积极性,激发在线教育体系的生长力。

三 监督控制:在线教育体系管理机制的质量保障

在线教育体系管理机制的监督控制指检查、监督和控制在线教育体系中各要素状态,为在线教育体系的有效管理提供反馈,其能够促进在线教育体系的规范化、有序化、健康化,包括在线教育内容质量审查、在线教育教师资格审查、在线课程教学管理、在线教育平台监测和在线教育产品监管等。针对在线教育体系的复杂性和变化性,我国形成了教育部牵头、多部门联动、制度约束、技术驱动的监督控制机制。第一,教育部牵头,多部门联动,形成多元共治。为规范校外线上培训,在教育部牵头下,6部门对校外线上培训进行综合治理。为保障在线教育 App有序发展,教育部、中央网信办、工业和信息化部、民政部、市场监管总局和国家新闻出版署等8个部门通力合作,在对在线教育体系的监督控制中,各部门职责明确。例如,公安部门依法严格打击提供有偿"在线刷课"服务的违法犯罪活动。再如,第三方机构依托大数据等技术对在线开放课程的教学过程实施全方位监测。第二,建立完善相关制度,加以规范约束。针对校外线上培训的乱象,我国提出建立备案审查制度

[①] 庄芳、李思志:《基于国际借鉴的中国在线课程学分管理机制研究》,《复旦教育论坛》2019年第5期。

与黑白名单制度。针对在线开放课程管理，教育部明确了高校的主体责任，以政府支持和社会参与的方式促进开放教育资源的可持续发展。为提供优质的在线教育，以黑白名单制度保障在线课程质量，要求高校必须从国务院教育行政部门政务网站上公布的"白名单"中选用学分课程①。第三，发挥技术驱动作用，采用"互联网+监管"的在线教育监管新模式。例如，推出全国校外线上培训管理服务平台，利用大数据和人工智能技术对校外线上培训进行监管与规范；依托国家数字资源公共服务体系开发教育App备案管理平台，实现教育App"一地备案、全国通用"；利用大数据检测在线学分课程的教学全过程，国家教育行政部门对存在问题的高校和平台进行问责。总之，我国以监督控制为抓手，对在线教育体系中的失范行为进行严格管理，从而保障在线教育体系的质量。

四 资金支持：在线教育体系管理机制的经济驱动

在线教育体系的运作离不开资金的支持，对资金的管理是在线教育体系可持续发展和长效服务于全民终身学习的关键支撑。2011年，教育部发布了《教育信息化十年发展规划（2011—2020年）》②，从建立经费投入保障机制、鼓励多方投入和加强项目与资金管理三方面落实我国教育信息化的经费投入。近年来，我国加大对教育信息化的财政支持力度，科学管理资金的投入与使用，鼓励支持和引导省、市、县增加对教育信息化的财政投入，不断完善教育信息化经费投入机制，为在线教育体系的发展构建了优良的经济环境。首先，国家加大对教育信息化的财政投入，为在线教育体系奠定坚实基础。在教育信息化战略行动的推进下，我国教育信息化经费投入持续增长，由2015年的2338亿元增长至2020年的3431亿元。具体而言，我国不断加大对教育信息化基础设施建设、数字化教育资源开放共享和教师信息技术能力培训等的财政扶持力度，为在线教育体系各要素的发展提供良好的经济基础。其次，加大对各教

---

① 教育部等五部门：《关于加强普通高等学校在线开放课程教学管理的若干意见》，2022年2月11日，http：//www.moe.gov.cn/srcsite/A08/s7056/202204/t20220401_612700.html，2022年5月13日。

② 教育部：《教育信息化十年发展规划（2011－2020年）》，2012年3月13日，http：//www.moe.gov.cn/srcsite/A16/s3342/201203/t20120313_133322.html，2022年5月19日。

育阶段的在线教育投入，缩小各类在线教育的差距，促进在线教育体系更有效地融合和服务各阶段教育，为终身学习提供更好的衔接。在中央的决策部署下，中央财政通过本级支出和相关转移支付，推动面向各教育阶段的在线教育发展。例如，通过提高义务教育学校公用经费补助水平推动义务教育的信息化建设，以现代职业教育质量提升计划资金推动中等职业教育的信息化建设，以中央高校改善基本办学条件专项资金推动高等教育的信息化建设。国家中小学教育信息化建设，助力构建各阶段教育均衡发展的在线教育体系。从2017年到2021年，我国中小学教育信息化的经费投入稳定增长。最后，关注区域在线教育发展不均衡问题，对中西部和农村偏远地区实施财政倾斜并提供补贴。例如，2019年，教育部、国家发展改革委和财政部联合启动了义务教育薄弱环节改善与能力提升工作，将农村学校教育信息化列为重点支持的三项内容之一。总之，我国通过有效管理资金的投入与使用，重点弥补各阶段教育和城乡区域在教育信息化建设方面的短板，为在线教育体系提供经济支持。

总的来说，我国从组织协调、生成转化、监督控制和资金支持四大管理机制入手，对在线教育体系实施管理，从而推动在线教育体系运转的有序化、持续化和规范化。然而，由于在线教育体系的开放性与复杂性，我国仍面临诸多管理难题。例如，组织协调层面部门权责不明的现象依然存在，在线学习认证方面证书认可度低、学分互通不畅且积累转换困难，在线课后服务监督领域退费难、课程内容低俗、师资质量良莠不齐、虚假宣传等痼疾难以根除等等。目前，尽管针对在线教育体系的管理，我国形成了教育部、高校、地方教育行政部门、公司企业等主体多元参与的格局，但其尚未从多元管理走向智慧治理。面向未来，亟须完善在线教育体系管理机制，推进在线教育体系的总体引领，激发在线教育体系的内在动力，加强在线教育体系的质量保障，优化在线教育体系的经济驱动，从而促进我国在线教育体系的可持续发展。

第六节　本章小结

我国加快发展在线教育体系，以满足人民日益增长的学习需求。第一，在类型划分上，以在线教育平台为抓手，根据服务对象和营利性质的差异，着眼于不同学习者的终身学习需求，洞察在线教育行业的细分市场，可从宏观上将我国的在线教育体系划分为面向中小学生的在线教育体系、面向大学生的在线教育体系和面向成年人的在线教育体系三类。第二，在政策制定上，我国以教育信息化政策引领在线教育体系整体发展，以规范支持政策推动在线教育体系高效治理，以资源开发政策促进在线教育体系供给优化，以教育培训政策实现在线教育体系双向落实。第三，在课程设计上，我国把终身学习作为在线课程的基本理念，将在线课程的内容与各类教育相呼应，积极探索在线教学、翻转课堂和混合式教学等教学模式，并从评价对象、评价标准、评价主体、评价方式和评价结果等方面完善在线课程的评价反馈。第四，在技术支撑上，我国重视现代信息技术的赋能作用，以互联网技术促进在线教育体系的网络化，以大数据技术促进在线教育体系的精准化，以人工智能技术促进在线教育体系的智能化，以5G技术促进在线教育体系的优质化。第五，在管理机制上，我国通过组织协调来推动在线教育体系的总体引领，通过生成转化来激发在线教育体系的内在动力，通过监督控制来强化在线教育体系的质量保障，通过资金支持来实现在线教育体系的经济驱动。全民终身学习视野下，从政策体系、课程体系、技术体系和管理体系等方面来洞察我国在线教育体系的总体现状和存在的问题远远不够。因此，以下从基于不同视角的调查研究、立足不同国家的比较研究和扎根研究等来为我国在线教育体系的建设和发展提供指引。

第四章

在线教育质量影响的调查研究

构建服务全民终身学习的教育体系以及建设全民终身学习的学习型社会、学习型大国是党和国家的重要战略目标，在线教育平台的教育对象、教育时空和教育资源开放为全民终身学习提供了全方位的技术支持。在线教育不仅成为终身学习持续发展的现实需求，还是终身教育改革创新的时代选择。与此同时，在线教育质量也引起国内外学者的高度关注，通过突破在线教育的质量困境，有望推进服务全民终身学习的教育体系建设。高校作为人才培养的主力军，理应担当构建终身教育体系的时代重任，激发大学生群体的终身学习主动性与自觉性。将大学生群体作为研究对象进行实证研究，在全国各地高校收集超过1500份问卷，多方面探究在线教育质量与大学生终身学习意愿的现状以及具体关联，进一步从实践改进角度提出相关建议。

第一节 研究背景

在世界处于大变革大发展时期，终身教育的出现作为传统教育的有效补充，促进了现代社会的发展。随着人民群众受教育程度的不断提升以及教育需求变得愈加迫切，终身教育已成为一种国际性教育思潮，在世界范围内带来一系列重要的教育发展和改革行动，终身教育理念研究与实践探索也取得较大进展。我国终身教育实践自改革开放以来一直在蓬勃开展，经历了政策萌芽、政策确立、政策深入以及政策细化这四个关键节点[1]，从最初的教育思潮延伸至顶层政策设计以及终身教育体系的改革与完善，赋能教育强国建设[2]。1993年党中央和国务院颁布《中国教育改革和发展纲要》[3]，将成人教育视为终身教育发展的一种新型教育制度，标志着终身教育作为一种战略设想被国家政策所采纳。2003年国务院《关于进一步加强人才工作的决定》[4]以及《教育部2004年工作要点》[5]等文件都强调将终身教育体系建设的推进列为工作要点。直至2019年，《中国教育现代化2035》[6]的印发更是将建成服务全民终身学习的现代教育体系列为2035年八大主要发展目标之一，同时将构建服务全民的终身学习体系作为十大战略任务之一。党和国家高度重视推动终身教育发展对建设教育强国的引领作用，这也使得终身教育理念在各级各类教育体系中的不断普及。然而，全民终身学习意味着任何时间、任何地点、任何人都可以学习，其学习的参与广度以及学习对象的复杂性都标志着终身教育是一项复杂的系统性工程，需要社会各界的配合才得以顺利推进。因而，从顶层设计层面来看，灌输和倡导终身教育并加强学习者自主自觉进行终身学习的意愿，从而激发个体终身学习的主观能动性才是落实终身教育理念以人为本价值主张的有效手段。

随着云计算、互联网、大数据的发展，教育资源和方式持续创新，在线教育不仅成为终身教育可持续发展的现实需求，还是终身教育改革

---

[1] 沈欣忆、李梦如、徐亚楠等：《我国终身学习研究脉络与关键节点——基于1978—2019年国内学术期刊文献分析》，《职教论坛》2020年第11期。

[2] 王琴、张建友：《逻辑·价值·实践：终身教育赋能教育强国研究》，《现代远距离教育》2022年第1期。

[3] 中国教育报：《教育回望：1993年"中国教育改革和发展纲要"》，2009年9月15日，https：//www.edu.cn/edu/jiao_yu_zi_xun/fa_zhan_shi/da_shi_ji/200909/t20090915_407209.shtml，2022年6月21日。

[4] 国务院：《关于进一步加强人才工作的决定》，2003年12月26日，http：//www.gov.cn/test/2005-07/01/content_11547.htm，2022年6月21日。

[5] 教育部：《教育部2004年工作要点》，2004年8月30日，http：//www.moe.gov.cn/jyb_sjzl/moe_164/201002/t20100220_1519.html，2022年6月21日。

[6] 新华社：《中共中央、国务院印发中国教育现代化2035》，2019年2月23日，http：//www.moe.gov.cn/jyb_xwfb/s6052/moe_838/201902/t20190223_370857.html，2022年6月21日。

创新的时代选择[1]。2016 年 6 月，教育部《教育信息化"十三五"规划》[2] 指出，要加快探索数字教育资源服务供给模式，为全民学习、终身学习提供有力支撑。2018 年 4 月，教育部《教育信息化 2.0 行动计划》[3] 指出，要构建网络化、数字化、智能化、个性化、终身化的教育体系，建设人人皆学、处处能学、时时可学的学习型社会。党的二十大报告指出"推进教育数字化，建设全民终身学习的学习型社会、学习型大国"[4]。教育信息化的推进赋予在线教育新的内涵，使其成为一种服务于终身教育的新型教学资源供给方式[5]。伴随着在线终身教育市场规模逐步攀升，腾讯课堂、网易云课堂、中国大学 MOOC、华文慕课等适合不同学习者群体的在线教育平台层出不穷，教育对象、教育时空和教育资源的开放更使民众享受到技术进步带给教育的红利，为大众终身教育提供了全方位的技术支持。同时，社会对在线教育质量的认可是在线教育得以顺利发展的重要环境，国内外学者也对在线教育的质量保证研究给予了高度关注，力求探索超越"实质等效"的在线教育。

已有研究表明，一个人的意愿越强烈，就越有可能执行某种行为[6]。也就是说，个体是否执行某种行为由其执行该行为的意愿来决定。作为终身教育活动的关键主体，学习者的终身学习意愿必将影响其终身学习行为，从而影响国家终身教育建设的推进。实际上，较早之前就有学者关注到在线教育的质量困境，更是有越来越多的研究者开发出一系列质量保障标准与评价指标体系，但并未探究过在线教育质量与终身教育意

---

[1] 张建国：《数字化场域下开放大学综合改革与终身教育创新发展》，《远程教育杂志》2021 年第 6 期。

[2] 教育部：《关于印发教育信息化"十三五"规划的通知》，2016 年 6 月 7 日，http：//www.moe.gov.cn/srcsite/A16/s3342/201606/t20160622_269367.html，2022 年 6 月 21 日。

[3] 教育部：《关于印发教育信息化 2.0 行动计划的通知》，2018 年 4 月 18 日，http：//www.moe.gov.cn/srcsite/A16/s3342/201804/t20180425_334188.html，2022 年 6 月 21 日。

[4] 习近平：《高举中国特色社会主义伟大旗帜 为全面建设社会主义现代化国家而团结奋斗——在中国共产党第二十次全国代表大会上的报告》，《人民日报》2022 年 10 月 26 日第 1 版。

[5] 宋亦芳：《终身教育信息化发展的特征图谱分析》，《职教论坛》2020 年第 9 期。

[6] Icek Ajzen, "The theory of planned behavior", *Organizational Behavior and Human Decision Processes*, 1991（2）.

愿的关系，更多的是将在线学习意愿等同于终身学习意愿并进行实证研究[1]。着眼于此，期望能参考 CIPP 质量评估模型，基于对大学生群体的调查数据分析，多方面探究在线教育质量与大学生终身学习意愿的关系，并通过结构方程模型分析在线教育质量对终身学习意愿的综合影响机制。寻求在线教育质量视角下大学生终身学习意愿提升的有效方法，以期突破在线教育质量以及终身学习发展的困境，从而为在线终身教育的推进路径提供参考。

第二节 文献综述

一 在线教育质量

随着在线教育的需求增加，在线教育质量提升已经成为顺应时代发展的迫切需求，国内外学者对在线教育质量也开展了广泛的理论研究和实证探索。保罗·巴克茨教授在 2006 年网络教育国际论坛上指出，关于质量的定义，并没有达成共识，也很难对此有一个明确的定义[2]。可见，在线教育质量是一个较有争议的话题，学界也对在线教育质量的内涵得出了不同的结论。安妮·盖斯凯尔认为，在线教育质量包括教与学的质量以及最终所获的资格的质量，对质量的关切意味着更多的控制[3]。"互联网+"时代的到来，赋予在线教育质量观新的时代特征，基于此，陈丽等人（2018）指出同一性质量观对在线教育发展的重要意义，即在线教育与传统教育在统一资格框架中运行，从而促进学习者更大的教育形式选择权以及学分之间的转换[4]。

然而，在线教育的增速发展也使潜藏于外表之内的"病灶"日益凸

---

[1] Tham T. H. Nguyen, Melanie Walker, "Sustainable assessment for lifelong learning", *Assessment & Evaluation in Higher Education*, 2016 (1).

[2] 李爽、郑勤华：《共同关注质量课题——"2006 网络教育国际论坛"境外专家随访》，《中国远程教育》2006 年第 11 期。

[3] 安妮·盖斯凯尔、罗杰·米尔斯、肖俊洪：《远程教育和 e-learning 的挑战：质量、认可度和成效》，《中国远程教育》2015 年第 1 期。

[4] 陈丽、沈欣忆、万芳怡等：《"互联网+"时代的远程教育质量观定位》，《中国电化教育》2018 年第 1 期。

显[1]，在线教育质量的问题引发各界对在线教育在提升学习效果的实际效用方面的质疑。因此，调查为在线教育质量带来挑战的阻碍显得尤为重要，基于此，关于在线教育质量影响因素的研究多聚焦于学习者在线学习满意度、在线学习结果、内在感知以及教师因素与在线教育质量之间的关系。如杨等人（Yang et al., 2005）着力探讨教师因素在影响在线教育质量方面的作用，就教师而言，其角色转变、课程交付方式、缺乏资金支持、与学生的互动情况等因素都阻碍了在线教育的成功[2]。宫华萍等人（2021）基于全面质量管理理论的人机料法环测（5M1E）分析法，构建了包含人、机、料、法、环、测的在线教育质量影响因素框架，以确定在线教育质量在各方面的短板问题表现[3]。此外，满意度作为衡量教学实践的天然标尺，更多关注自身的特殊因素[4]，也有不少研究者基于此视角探究学习者在线学习满意度与在线教育质量之间的关系。如阿布杜拉（Abdullah, 2022）调查了在线利益相关者群体、教学设计和学生满意度在预测在线教育质量方面的作用，肯定了三者与在线教育质量之间的正相关关系[5]。马尔科娃等人（Markova et al., 2017）调查发现学习者的自组织能力、教师方面的控制、缺乏有效互动以及孤独感明显降低了学习者的在线学习体验满意度，教师的高度重视和投入将有效提升学习者对在线教育的满意度，从而提高在线教育的质量[6]。李（Lee, 2010）研究了对在线教育质量的感知有用性和感知易用性与在线教育接受度和满意度之间的影响机制[7]。埃姆等人（Eom et al., 2006）认为满意度与学习结

---

[1] 李芒、葛楠：《中小学在线教育病灶与治理》，《开放教育研究》2021年第4期。

[2] Yi Yang, Linda F Cornelious, "Preparing instructors for quality online instruction", *Online Journal of Distance Learning Administration*, 2005 (1).

[3] 宫华萍、尤建新：《基于TQM的高校在线教学质量因素与短板改进研究》，《中国电化教育》2021年第10期。

[4] Stuart Palmer, Dale M. Holt, "Examining student satisfaction with wholly online learning", *Journal of Computer Assisted Learning*, 2009 (2).

[5] Abdullah M. Almarai, "Predictors of quality of distance education during the COVID-19 pandemic", *Cypriot Journal of Educational Sciences*, 2022 (1).

[6] Tatiana Markova, Irina Glazkova, Elena Zaborova, "Quality issues of online distance learning", *Procedia Social and Behavioral Sciences*, 2017 (237).

[7] Jung-Wan Lee, "Online support service quality, online learning acceptance, and student satisfaction", *The Internet and Higher Education*, 2010 (4).

果是在线教育质量的重要衡量指标，发现课程结构、教师反馈、自我激励、学习风格、互动、教师支持都显著影响学习者的在线学习满意度，而只有教师反馈和学习风格对在线学习结果的感知有显著影响，并且研究发现满意度是学习结果的重要预测因子[1]。

面对在线教育规模不断扩张的态势，如何保证在线教育质量并构建在线教育质量评价的指标体系成为研究者们关注的焦点。如胡新岗等人（2021）从教师、学生、教学资源、课程实施要素、政策及平台网络保障、在线开放课程教学核心要素等方面调查在线教育质量的影响因素[2]。帕尔维亚（Palvia, 2018）等人从商业、政府、国家法律、信息技术教学能力、移动技术传播、收入和数字鸿沟等方面探讨影响在线教育质量的国家层面的因素[3]。张庆堂等人（2016）基于过程管理五要素法（4M1E），从学习者感知服务质量和管理者组织支撑质量两个层面构建在线教育服务质量评价指标体系[4]。杜婧（2019）等人采用服务蓝图技术，在梳理在线教育服务过程的基础上提取出包括基本要求、服务资源、服务过程、服务绩效和特色创新等五个维度在内的在线教育服务质量评价指标体系[5]。杨（Yang, 2018）构建了包括教学过程管理、教学条件建设、教学服务体系、教学效果评价这四个一级指标以及十六个二级指标的在线教育质量评价指标体系[6]。赵立莹等人（2021）基于全面质量观设计了包含教学条件保障、教学过程和教学效果等三个一级指标以及十四

---

[1] Sean B. Eom, H. Joseph Wen, Nicholas Ashill, "The determinants of students' perceived learning outcomes and satisfaction in university online education: An empirical investigation", *Decision Scien-ces Journal of Innovative Education*, 2006 (2).

[2] 胡新岗、刘俊栋、陈则东等：《高职在线开放课程教学质量影响因素调研分析与对策》，《中国职业技术教育》2021 年第 17 期。

[3] Shailendra Palvia, Prageet Aeron, Parul Gupta, et al., "Online education: Worldwide status, challenges, trends, and implications", *Journal of Global Information Technology Management*, 2018 (4).

[4] 张庆堂、曹伟：《学习者和管理者视角下现代远程教育服务质量评价体系研究》，《中国远程教育》2016 年第 10 期。

[5] 杜婧、段江飞、李绯等：《侧重用户感知的在线教育服务质量模型研究》，《现代教育技术》2019 年第 10 期。

[6] Yang Shi, "Construction research on index system of teaching quality of distance education", *Journal of Discrete Mathematical Sciences and Cryptography*, 2018 (6).

个二级指标的在线教育质量评价标准①。

二 终身学习意愿

在当今知识经济时代，终身学习至关重要。"终身学习"一词的概念化始于20世纪60年代，终身教育之父保罗·郎格朗（Paul Lengrand，1965）在国际成人教育大会上发表了题为《论终身教育》（*On Lifelong Education*）的报告②并首次提出终身学习理念，此后世界各国不断进行一系列终身教育实践。尽管终身学习并没有一个标准化的定义，但广泛认为终身学习是在不断变化的世界中持续更新个人知识、能力和技能的过程③，可以是正规的、非正规的，也可以是非正式的。"意愿"一词在不同文献中也有不同的定义，但研究者们普遍认为意愿是一个人准备或可能进行特定行为的程度④。有调查显示，参与意愿与实际参与行为呈显著的正相关关系⑤。因此，终身学习意愿表征了个体努力执行行为的程度或计划为执行该行为所付出的努力，指的是学习者进行终身学习的意向和热情，只有学习者具备足够的终身学习意愿，终身学习行为才有可能发生。同时，终身学习意愿也是引导个体参与终身学习的驱动力。

长期以来，人们对终身学习意愿以及终身学习参与的影响因素进行了大量研究。现有研究发现，并非所有人都有强烈的终身学习意愿并认识到终身学习的重要性。大多数成年人缺乏长远的发展眼光、缺乏持续学习的驱动力、存在畏难情绪且意志力薄弱，从而不愿意参与终身学习活动。着眼于此，许多学者基于不同视角和切入点对终身学习意愿进行

---

① 赵立莹、赵忆桐：《在线教学效果评价及质量保障体系建设》，《高等工程教育研究》2021年第2期。

② Xia Feng, Xu Yuzhen, "Research on the Construction of Regional Lifelong Special Education Service System of Changning District, Shanghai", *International Journal of Elementary Education*, 2018 (2).

③ Rob Koper, Colin Tattersall, "New directions for lifelong learning using network technologies", *British Journal of Educational Technology*, 2004 (2).

④ Heesup Han, Li-Tzang (Jane) Hsu, Chwen Sheu, "Application of the theory of planned behaviorto green hotel choice: Testing the effect of environmental friendly activities", *Tourism Management*, 2010 (3).

⑤ 韩晶晶、欧阳忠明：《国际视野下成人学习与教育参与：现状、问题与思考》，《中国职业技术教育》2018年第30期。

研究并取得一定进展。研究对象集中在在职员工、社区居民、新型职业农民、境外人士等。一方面，就终身学习意愿的理论研究而言，李金波通过因素探索分析法发现成人参与终身学习的意愿动机类型主要包括职业发展、求知兴趣、服务社会和外界期望[①]。克里斯托弗·纳珀等人（Christopher Knapper, 2010）开发了一个衡量个体参与终身学习倾向的量表，以期从目标设定、知识和技能的应用、自我指导和自我评价、信息定位、学习策略调整五个终身学习过程帮助学习者了解自己的优劣势，从而帮助评估教育干预措施的有效性。另一方面，大量研究表明，个体教育背景、性别、学习能力、职业地位和职业特征、学习活动和社会环境是影响终身学习意愿的主要因素[②]。例如，金车勇等人（Chayoung Kim, 2022）利用梯度推进机器算法进行实证分析，发现自费教育费用和最高教育水平是韩国成年人参与终身学习意愿的主要预测因子[③]。姆巴格舞等人（Mbagwu, 2020）运用自我导向学习理论框架进行准实验研究，发现通过提高信息素养自我效能感，能够提升职业教育课程学习者的终身学习意愿[④]。阿卜杜拉·萨瓦尔等人（Abdullah Sarwar, 2016）以计划行为理论为研究框架，发现马来西亚在职人士的态度、主观规范、信任感、感知有用性、感知行为控制与终身学习意愿之间存在显著的正相关关系[⑤]。吴玉川等人（2014）基于理性行动理论和计划行为理论进行研究设计，发现学习者感知终身教育服务的满意度（包括课程内容、学校管理服务、教学方法、学习便利性、学习环境）越高，其参与终身学习的

[①] 李金波：《成人参与学习的动机研究》，《心理科学》2004年第4期。
[②] Ellen Boeren, "Understanding adult lifelong learning participation as a layered problem", *Studies in Continuing Education*, 2017 (2).
[③] Chayoung Kim, Taejung Park, "Predicting Determinants of Lifelong Learning Intention Using Gradient Boosting Machine (GBM) with Grid Search", *Sustainability*, 022 (9).
[④] Felicia O. Mbagwu, Samson Onyeluka Chukwuedo, Theresa Chinyere Ogbuanya, "Promoting lifelong learning propensity and intentions for vocational training among adult and vocational educational undergraduates", *Vocations and Learning*, 2020 (3).
[⑤] Abdullah Sarwar, Gun-File D. Yong, Nasreen Khan, et al. , "Factors influencing the intention of Malaysian working adults towards lifelong learning", *Knowledge Management & E-Learning: An International Journal*, 2016 (2).

意愿越强烈①。李金龙（2014）对中等学校教师进行调查后发现，学习者对课程内容知识与教材教法知识的满意程度与学习者的终身学习意愿呈现显著的正相关关系②。熊太和（2009）调查发现，中小企业员工的终身学习意愿受其婚姻状况、教育程度、月收入、工作状况、企业支持力度、终身教育学习模式的影响，并且婚姻状况和月收入水平与员工终身学习意愿呈现负相关关系③。

三 在线教育质量与终身学习意愿

我国的终身学习活动已经开展多年，现阶段公民终身学习现状是构建服务全民的终身教育体系的关键问题④。而终身学习意愿是终身学习现状的构成要素之一。基于"互联网+"的教育技术变革使在线形式的终身学习呈现移动、互动和参与性、个性化、智能、全球这五大关键特征。在线教育是互联网技术飞速发展的产物并持续推动教育产生重大变革。近年来，全国各省市充分利用网络技术在线提供终身学习支持服务，通过建设开放共享的终身教育网站贯彻落实党和国家构建"人人可学、处处能学、时时可学"的终身教育理念。调查数据显示，2021年在线综合性终身教育市场规模占综合性终身教育市场规模的40%⑤，在线学习已成为成人终身学习的主要方式之一。在线教育资源是终身学习的重要载体，在线教育质量是优质终身教育的重要考量。要想真正实现服务全民学习的终身教育体系构建，就必须紧跟时代发展的客观需求，通过不断突破在线教育的质量问题，全面提高在线教育质量。

现有研究从不同角度对在线教育与终身学习进行了初步探讨。袁松

---

① Yu-Chuan Wu, Lung-Far Hsieh, Jung-Jei Lu, "What's the relationship between learning satisfaction and continuing learning intention", *Procedia-Social and Behavioral Sciences*, 2015 (191).

② Li Ching-Lung, "Using Learning Motivation and Self-Efficacy to Explore Secondary Teachers' Intentionof Continuing Education", *Advances in Education*, 2014 (4).

③ 熊太和：《中小企业员工接受继续教育意愿实证分析——以义乌小商品制造业为例》，《科技进步与对策》2009年第24期。

④ 沈霞娟、张宝辉、李楠等：《我国西部地区公民终身学习的现状、需求与对策研究——以陕西省调查数据为例》，《中国远程教育》2018年第7期。

⑤ 艾瑞咨询：《中国综合性终身教育平台大数据报告——腾讯课堂数据篇》，2022年1月6日，https：//report.iresearch.cn/report_pdf.aspx? id=3916，2022年6月25日。

鹤等人（2012）结合终身教育体系的现状，指出在线教育应当以理念、办学和效益为出发点，立足机构、个人、社会三方面需求，建立包含发展质量观、产品质量观、效益质量观在内的在线教育质量观[1]。王晓玉等人（2022）发现，平台服务质量影响用户的持续学习意愿[2]。马图帕亚斯·通马克（Mathupayas Thongmak，2021）等人构建了员工在线终身学习意愿模型，发现游戏化通过员工学习自主性影响员工的终身学习意愿，在线课程的准备度对员工的终身学习意愿有积极的正向作用[3]。陆江峰（2017）调查发现，绩效期望、努力期望、社群影响和感知趣味性是影响大学生在线参与继续教育意愿的主要因素，要想提高大学生群体在线继续教育的可行性，需要从在线课程内容、授课方式和宣传等方面加以改进[4]。洛佩斯等人（López，2021）调查发现，学习者自主动机、情绪和满意度对终身学习意愿有重大的直接和积极影响[5]。以上研究都证实了在线教育对个体终身学习意愿发挥作用，其中学习者个体因素、课程因素、教师因素、环境氛围因素是在线环境下终身学习意愿的主要影响因子。

　　已有研究虽然从不同角度揭示了在线教育与终身学习意愿的复杂关系，但未能厘清其中的运作机制，得到的研究结果也呈现出碎片化特征。对于在线教育质量对终身学习意愿的作用，国内外学者的现有研究成果也无法给出系统全面的解释。在线教育作为终身教育体系的依托，需要完备可靠的质量保障体系来提高全民终身学习的效率和质量。如何将在线教育质量各要素与终身学习意愿整合到一个框架中进行系统调查是本研究的努力方向。

---

[1] 袁松鹤、齐坤、孙鸿飞：《终身教育体系下的远程教育质量观》，《中国电化教育》2012年第4期。

[2] 王晓玉、顾娅娣、解玉光等：《大学生对于在线MOOC平台心理健康课程持续学习意愿研究》，《情报科学》2022年第7期。

[3] Mathupayas Thongmak, "A model for enhancing employees' lifelong learning intention online", *Learning and Motivation*, 2021 (75).

[4] 陆江峰：《大学生在线继续教育可行性研究》，《继续教育研究》2017年第6期。

[5] Irma Pozón-López, Elena Higueras-Castillo, Francisco Muñoz-Leiva, et al., "Perceived user satisf-action and intention to use massive open online courses", *Journal of Computing in Higher Education*, 2021 (1).

四 文献述评

通过对国内外文献的梳理,发现现有在线教育质量的研究展现了在线教育质量以及终身学习意愿的复杂图景。一方面,目前国内外关于在线教育质量的研究主要从在线教育的成功因素、在线教育质量影响因素、学生满意度、在线教育质量评价指标体系构建等方面展开。所采用的模型包括各版本的技术接受模型、信息系统成功模型、期望确认模型、信息系统持续使用模型。较少使用CIPP评估模型进行在线教育质量的评价指标探索。另一方面,目前国内外终身学习意愿的研究一是关于终身学习意愿和动机类型的理论研究,二是参与终身学习意愿的影响因素的实证研究。随着新兴数字化技术的创新与发展,我国教育信息化的推进赋予终身学习新的内涵与时代特征,探究在线教育与终身学习意愿的关系顺应了互联网时代国家构建全民终身学习体系的迫切需求。然而,目前在线教育背景下终身学习意愿的研究较为缺乏。

已有研究从不同视角对在线教育质量、终身学习意愿、在线教育质量与终身学习意愿的相关问题进行诠释并取得了一定的研究成果。但从高等教育作为终身教育的中坚力量视角入手,把终身教育质量和大学生终身学习意愿相结合的研究较少。另外,在线教育质量与终身学习意愿的关系的实证研究,尤其是基于CIPP评估模型的在线教育质量研究也较为缺乏。从研究的创新之处来看,其一,以大学生终身学习意愿为切入点探究其与在线教育质量的关系,一方面为终身学习研究提供新的研究视角,另一方面有助于构建适应全民终身学习的高等继续教育体系。其二,CIPP模型作为一种决策导向的教育评价模式,常用于教育领域进行教育决策的改进。从背景、输入、过程和结果这四个层面入手,对在线教育质量进行多维度的系统性评估,能够提供全方位的决策信息并更好地发挥评价的发展性功能[①],比较适用于在线教育质量的评估。

因此,尝试采用CIPP评估模型,以大学生群体为研究对象,在借鉴已有研究基础上引入相关特征变量,从政策、课程、教师、学生等多维

---

① 沈军、杨鸿、朱德全:《论职业院校专业建设"两效四核"评价模型的构建——基于CIPP评价视角》,《职业技术教育》2016年第34期。

度进行考察,构建在线教育质量的评价指标。通过数据分析探究基于CIPP评估模型的在线教育质量对终身学习意愿的影响路径,以便于对如何提升在线教育质量以推动终身教育体系构建进行更深入的分析论证。

第三节 研究设计与研究过程

一 研究假设

与以往研究较多关注在职员工、社区居民、新型职业农民、境外人士等群体的终身学习意愿不同,本研究主要关注大学生群体的终身学习意愿,并在在线教育环境下探索的大学生的终身学习意愿与在线教育质量的关系,分析这种关系的调节机制。根据以往在线教育质量与终身学习意愿的研究,在线教育的环境准备、资源准备、教学过程和教学效果均对大学生的终身学习意愿具有显著的正向影响。在线教育的环境准备即国家、社会、高校对在线教育的氛围营造以及对在线教育实施举措的贯彻落实情况。资源准备即在线教育平台、师资配备、学生准备等资源准备情况。教学过程即在线教育的教与学过程。教学效果即学习者参与在线学习之后,学习成绩的提升、对在线教育的满意度以及获得的学习成果与收获。基于此,提出假设1:在线教育的环境准备对大学生终身学习意愿具有显著正向影响;假设2:在线教育的资源准备对大学生终身学习意愿具有显著正向影响;假设3:在线教育的教学过程对大学生终身学习意愿具有显著正向影响;假设4:在线教育的教学效果对大学生终身学习意愿具有显著正向影响。

二 模型建构

20世纪90年代末,美国著名教育评论家斯塔弗尔比姆(Stufflebeam)构建了由背景评估(Context Evalution)、输入评估(Input Evalution)、过程评估(Process Evalution)、成果评估(Pruduct Evalution)四个维度组成的CIPP评估模型。模型构建的初衷是弥补泰勒评估模型的局限性,尤其用于为现实生活中的教育项目检查提供支持和指导,从而促进教育决策的质量。首先,背景评估指向需求、问题、资源和机会,具体是指对实现目标的需求、实现目标需要克服的障碍、可用于帮助实现目标的资源以及可提供的机会等进行诊断性评估。其次,输入评估指的是对执行项目所需的资金、人员、实施等资源的效用进行判断，具体解决制订何种计划以及干预措施来有效实现目标的问题。再次，过程评估从本质上讲，是对项目执行情况和执行过程的持续性监测、评估和反馈。最后，成果评估指的是对项目在多大程度上实现了最初目标的评估，其主要目的是确定人们需求的满足程度[1]。

在在线教育背景下，教师是教学过程的主导者，学生是学习活动的主体，师生是在线教育质量评估的关键要素。CIPP 评估模型是一种具有形成性和总结性功能的综合评估模型，把 CIPP 模型引入在线教育质量评估，从背景、输入、过程、成果四个维度构建在线教育质量的评价指标体系，有助于全方位地掌握在线教育的实施情况以及实施效果。通过对在线教育全过程的监测，得到在线教育过程的及时性评价反馈，能够有效促进在线教学各环节不断优化。可见，基于 CIPP 模型的在线教育质量评价指标体系，适应了在线教育开放、灵活、多元的特征，在理论上与实践上都具备较高的可行性[2]。

因此，基于 CIPP 模型，梳理国内外在线教育质量相关研究后，构建了基于 CIPP 模型的在线教育质量评估模型（见图 4-1）。不同的评估环节相互独立但环环相扣，背景评估对应在线教学的环境准备，输入评估对应资源准备，过程评估对应在线教学的实施过程，成果评估对应在线教学的成果。具体而言，背景评估指向在线教育的环境分析，旨在对国家、社会、高校对在线教育的氛围营造以及对在线教育实施举措的贯彻落实情况进行评价。输入评估指向实施在线教育所需的资源，旨在对在线教育平台、师资配备、学生准备等资源准备情况进行分析。过程评估则是对在线教育的教与学过程进行持续性的监测。成果评估是对在线教学效果的评价，评价内容包括学习者参与在线学习之后，学习成绩的提升、对在线教育的满意度以及获得的学习成果与收获。基于文献研究结果，背景评估、输入评估、过程评估和成果评估对终身学习意愿具有显

---

[1] Daniel L. Stufflebeam, *The CIPP Model for Evaluation*, Dordrecht: Springer, 2000, pp. 279–317.

[2] 刘宝存、黄秦辉：《基于 CIPP 模型的在线教学评价指标体系研究》，《西北工业大学学报（社会科学版）》2022 年第 2 期。

著的正向作用。根据斯塔弗尔比姆的观点，CIPP 模型是一种循环的评估模型，以便于在每一个环节进行监测并修正，这也是模型适用于在线教育质量管理的主要优势①。综上，构建出基于 CIPP 模型的在线教育质量与终身学习意愿的影响因素的概念模型（见图 4-2）。

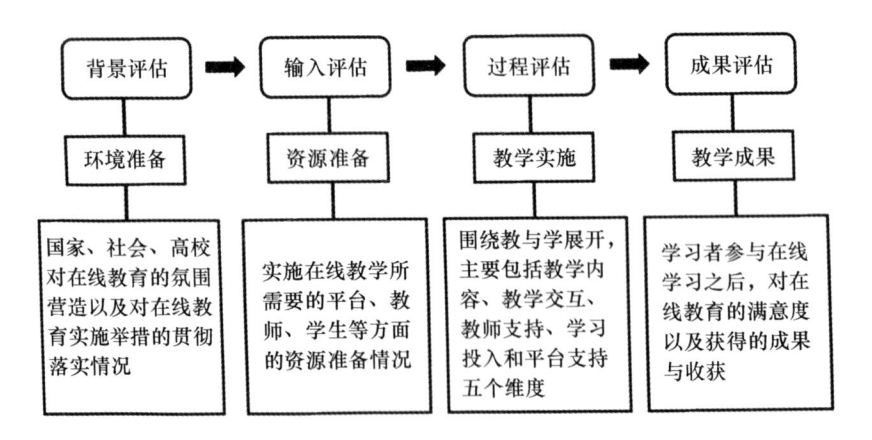

图 4-1 基于 CIPP 模型的在线教育质量评估模型

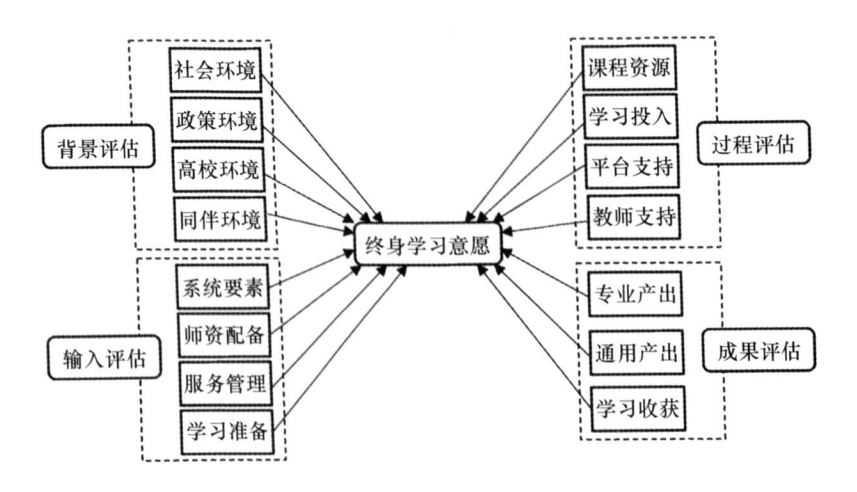

图 4-2 大学生终身学习意愿的影响因素的概念模型

---

① So Young Lee, Jwa-Seop Shin, Seung-Hee Lee, "How to execute Context, Input, Process, and P-roduct evaluation model in medical health education", *Journal of Educational Evaluation for Health Prof-essions*, 2019 (16).

根据图4-2的概念模型，本研究尝试逐一解决以下三个问题。第一，大学生终身学习意愿的现状如何？第二，在线教育质量究竟对大学生终身学习意愿产生什么样的影响？第三，教师作用以及学生内在动机是否对大学生终身学习意愿起到正向影响作用？

三 研究样本与方法

（一）预调研及问卷检验

研究采用的方法是问卷调查法，调查对象为全国范围内高校的本科生、硕士研究生和博士研究生。通过预调研来检验在线教育质量与终身学习意愿调研问卷的有效性，共回收问卷71份，有效问卷55份。问卷Cronbach's α系数为0.960，可见问卷具有较高的信度。利用Amos24.0软件进行验证性因子分析，检验问卷指标划分的有效性。基于CIPP模型的内涵与应用案例，对四个自变量以及一个因变量进行单独的因子分析，发现模型拟合度不佳。经过一系列修正后，各维度达到良好的拟合水平，即背景评估（$X^2/df=1.181$，NFI=0.935，CFI=0.989，IFI=0.989），输入评估（$X^2/df=2.347$，NFI=0.911，CFI=0.946，IFI=0.947），过程评估（$X^2/df=1.809$，NFI=0.811，CFI=0.904，IFI=0.906），成果评估（$X^2/df=1.908$，NFI=0.831，CFI=0.909，IFI=0.912），终身学习意愿（$X^2/df=1.975$，NFI=0.840，CFI=0.912，IFI=0.914）。

（二）正式调查与信效度分析

对调整后的问卷进行正式发放，最后回收问卷1832份，有效问卷共计1107份，问卷有效率为60.43%。为了检验问卷的信度与效度，用SPSS22.0计算问卷各指标的Cronbach's α系数以及问卷结构效度。由信度分析结果可知（见表4-1），Cronbach's α系数均大于0.9，可知问卷具有较高的信度。由探索性因子分析结果可知（见表4-2），KMO=0.966>0.9，问卷具备较高的结构效度。

表4-1　　　　　　　　　　问卷信度

维度	整体	背景评估	输入评估	过程评估	成果评估	终身学习意愿
Cronbach's Alpha	0.972	0.906	0.918	0.924	0.931	0.910

表4-2　　　　　　　　　　KMO 和 Bartlett 检验

取样足够度的 Kaiser-Meyer-Olkin		0.966
Bartlett 球形检验	近似卡方	49671.988
	df	2485
	显著性	0

由具体的背景变量分析结果可知（见表4-3），接受调查的男性和女性比例分别为 24.9% 和 75.1%；年龄为 "18 岁以下" "18—22 岁" "23—25 岁" "26—30 岁" "30 岁以上" 的受调查者比例分别为 1.9%、84.8%、9.9%、1.9%、1.4%；家庭所在地区为农村和城市的受调查者比例分别为 69% 和 31%；所在学校是 "双一流" 高校和普通高校的受调查者比例为 11.7% 和 88.3%；受教育程度为本科、硕士研究生、博士研究生的受调查者比例分别为 93.9%、5.7%、5%；所学专业所属学科门类是自然科学类、经济管理类、理工类、人文社科类和其他的受调查者比例分别为 2.5%、3.8%、33.2%、33.2%、27.3%。

表4-3　　　　　　　　　　被试基本信息

变量	项	频数	百分比（%）
性别	男	276	24.9
	女	831	75.1
年龄	18 岁以下	21	1.9
	18—22 岁	839	84.8
	23—25 岁	110	9.9
	26—30 岁	21	1.9
	30 岁以上	16	1.4
城乡	农村	764	69.0
	城市	343	31.0

续表

变量	项	频数	百分比（%）
高校	"双一流"高校	130	11.7
	普通高校	977	88.3
学历	本科	1039	93.9
	硕士研究生	63	5.7
	博士研究生	5	5.0
学科	自然科学类	28	2.5
	经济管理类	42	3.8
	理工类	367	33.2
	人文社科类	368	33.2
	其他	302	27.3

本研究以"终身学习意愿"作为因变量。笔者在借鉴 Oguzhan Nacarolu 等人的终身学习量表（the Lifelong Learning Scale）[1] 以及 Darban 等人的终身学习倾向量表（the Lifelong Learning Construt）的基础上，针对在线教育情境进行量表改编，最终形成由"持续学习意愿"和"自主学习意愿"这两个维度组成的终身学习意愿量表，题项如"我属于自我激励型学习者，学习是主动自愿的""我时常会进行一些自我批判和反思"等。由因子分析结果可知，因变量这两个维度题项的因子载荷均在 0.685—0.813，"持续学习意愿"维度和"自主学习意愿"维度的 Cronbach's α 系数均为 0.859。

在线教育质量的"背景评估""输入评估""过程评估""成果评估"四个维度作为自变量，此部分调查问卷由自编问卷和改编问卷组成，按照李克特五分量表法从"非常不符合"到"非常符合"来测量。第一，"背景评估"维度的问卷借鉴了教育部等五部门《关于加强普通高等学校

---

[1] Nacarolu Oguzhan, Kzkapan Oktay, Bozda Tahsin, "Investigation of Lifelong Learning Tendencies and Self-Regulatory Learning Perceptions of Gifted Students", *Egitim ve Bilim*, 2020（205）.

在线开放课程教学管理的若干意见》[1]的内容，具体包括"社会环境""政策环境""高校环境""同伴环境"四个变量，题项如"教育主管部门出台了一系列与在线教育相关的政策文件""学校开发多门在线课程并将在线开放课程纳入日常教学管理""社会普遍认可在线教育"等。第二，"输入评估"维度的问卷借鉴了程慧平[2]、张军翔[3]等人的研究成果。具体包括"系统要素""师资配备""服务管理""学习准备"四个变量，题项如"在线教育平台处理速度和反应速度快，体验度高""教师具有教学热情和充分的准备""我认为我可以很好地掌握在线课程中讲授的知识与技能"等题项。第三，"过程评估"维度的问卷借鉴了李爽[4]、赵立莹[5]等人的研究成果。具体包括"课程资源""学习投入""教师支持""平台支持"四个变量，题项如"在线课程提供清晰明确的简介和说明""我积极参与听讲、思考、观点表达、讨论等环节""教师灵活使用讲授法、问答法、自主学习、测试法等多元教学策略"等。第四，"成果评估"维度的问卷借鉴了 Jung-Wan Lee[6] 等人的研究成果。具体包括"专业产出""通用产出""学习收获"三个变量，题项如"在线课程的学习成绩通常比传统课程的成绩好""通过在线课程学习，我获得了专业经典、前沿、系统的知识""利用在线学习平台进行学习，达到了我的学习预期"等。检验结果可知，四个自变量的构成题项均有较高的因子载荷和信度，自变量各题项的因子载荷均在 0.52—0.82，"背景评估""输入评估""过程评估""成果评估"的 Cronbach's α 系数分别是 0.906、0.918、0.924、0.931。

---

[1] 教育部等五部门：《关于加强普通高等学校在线开放课程教学管理的若干意见》，2022年3月10日，http://www.moe.gov.cn/srcsite/A08/s7056/202204/t20220401_612700.html，2022年7月29日。

[2] 程慧平、肖爱森：《在线教育网站用户满意度评价指标体系的构建与应用》，《重庆高教研究》2019年第2期。

[3] 张军翔、张涵、朱宇等：《基于UTAUT模型的大学生在线学习行为及其影响因素研究》，《湖北师范大学学报》（自然科学版）2022年第2期。

[4] 李爽、李梦蕾、赵宏：《在线课程质量观和质量要素的质性研究——基于专家、实践者和学习者的视角》，《中国远程教育》2020年第3期。

[5] 赵立莹、赵忆桐：《在线教学效果评价及质量保障体系建设》，《高等工程教育研究》2021年第2期。

[6] Jung Wan Lee, "The roles of online instructional facilitators and student performance of online class activity", *Journal of Asian Finance Economics and Business*, 2020 (8).

第四节 数据分析与研究结果

本研究主要采用描述性统计、变异数分析、回归分析、倾向值匹配等数据分析方法。描述性统计用于对大学生终身学习意愿的现状进行描述与解释。变异数分析（也称方差分析）和独立样本 t 检验主要用于探究不同背景变量下大学生终身学习意愿是否存在差异。回归分析用于探究大学生终身学习意愿的影响因素。倾向得分匹配主要用于探索教师作用以及内在动机对大学生终身学习意愿的影响机制。

一 大学生终身学习意愿的现状分析

由表 4-4 可知，大学生的持续学习意愿（CWL）与自主学习意愿（WSI）水平较为接近，但持续学习意愿相较于自主学习意愿更为强烈。在持续学习意愿维度上，尤其对"我喜欢学习一些新事物"这一题项上选择"符合"以及"非常符合"的学习者比例达到 90.4%，说明大学生对于持续学习新事物的重要性具有较高的认同度。在自主学习意愿上，尤其对"我时常会进行一些自我批判和反思"这一题项上选择"符合"和"非常符合"的学习者比例达到 88.3%，说明大多数大学生能够在学习过程中不断进行自我反思以及自我批判，因而具备较强的自主学习能力。

表 4-4　　　　大学生终身学习意愿的现状分析　　　　（单位:%）

	题项（简略表述）	非常不符合	不符合	不确定	符合	非常符合
持续学习意愿（CWL）Mean = 4.05	喜欢自我挑战	0	5.1	13.3	62.7	19.0
	愿意交流所学	0	3.3	9.6	63.2	23.9
	喜欢深入分析	0	3.7	15.0	62.4	18.9
	好奇心强烈	0.1	2.0	11.7	62.5	23.8
	喜欢学习新事物	0.1	1.5	7.9	66.5	23.9
	愿意持续学习	0	1.8	10.0	62.1	26.1

续表

	题项（简略表述）	非常不符合	不符合	不确定	符合	非常符合
自主学习意愿 （WSI）	有阅读与学习的习惯	0.1	4.3	13.9	64.9	16.8
	是自我激励型学习者	0.3	5.5	17.0	59.3	18.0
	经常去图书馆看书	0.5	9.1	20.8	54.6	15.1
	乐于交流讨论	0.3	7.7	19.8	54.6	17.7
自主学习意愿 Mean = 3.90	经常自我反思	0.1	1.8	9.8	67.3	21.0
	学习使我快乐	0.2	2.9	16.8	62.8	17.3
	兴趣非常广泛	0.1	4.7	16.7	61.2	17.3
	学习非工作或学业要求	0.5	6.3	15.6	59.3	18.3

二 大学生终身学习意愿的差异性对比

为了研究性别、年龄、地域等控制变量对大学生终身学习意愿的差异性，根据定类数据特征，分别使用独立样本 t 检验和单因素方差分析来进行差异性对比。使用 t 检验来研究性别、城乡、院校类别分别与自主学习意愿、持续学习意愿、终身学习意愿这三项的差异关系，结果显示（见表 4-5），性别、城乡、院校类别在自主学习意愿、持续学习意愿、终身学习意愿均不具有显著差异（$p > 0.05$）。使用单因素方差分析来研究受教育程度、学科门类、教育模式数量等对大学生终身学习意愿的差异性。

不同年龄、不同受教育程度、不同学科类别的学习者样本对于自主学习意愿、持续学习意愿、终身学习意愿均未呈现出显著性差异。不同地区的学习者样本对于自主学习意愿、终身学习意愿均呈现出显著性差异（$p < 0.01$），而对持续学习意愿并未呈现出显著性差异。具体分析可知，不同地区的学习者对于"自主学习意愿"呈现出 0.001 水平的显著差异（$F = 6.231$，$p = 0 < 0.001$），通过平均数对比结果可知，东部地区学习者的自主学习意愿比中部地区学习者更强烈，而比西部和东北部地区的学习者相对更弱，并且西部地区学习者的自主学习意愿相对而言最

强烈。不同地区的学习者对于"终身学习意愿"呈现0.01水平的显著性差异（F=4.518，p=0.004<0.01），平均数对比结果可知，东部地区学习者的终身学习意愿比中部地区学习者更强烈，而比西部和东北部地区的学习者相对更弱，并且东北部地区学习者的终身学习意愿相对而言最强烈。

表4-5　　　　性别、城乡、院校类别在终身学习意愿上的差异

	自主学习意愿 均值±标准差	T	P	持续学习意愿 均值±标准差	T	P	终身学习意愿 均值±标准差	T	P
男性（N=276）	3.921±0.543	0.728	0.467	4.046±0.562	-0.291	0.771	3.975±0.51	0.314	0.754
女性（N=831）	3.894±0.525			4.058±0.497			3.964±0.477		
农村（N=764）	3.891±0.507	-0.927	0.354	4.062±0.5	0.733	0.463	3.965±0.465	-0.234	0.815
城市（N=343）	3.923±0.575			4.038±0.543			3.972±0.527		
"双一流"高校（N=130）	3.914±0.573	0.306	0.760	4.058±0.513	0.068	0.946	3.976±0.504	0.222	0.825
普通高校（N=977）	3.899±0.524			4.054±0.514			3.966±0.483		

学习者感知到的课程氛围水平对于自主学习意愿、持续学习意愿、终身学习意愿均呈现出显著性差异（p<0.01）。具体分析可知，学习者感知到的课程氛围对于"持续学习意愿"呈现出0.01水平的显著性差异（F=4.322，p=0.005<0.01），通过平均数对比结果可知，学习者感知到的在线课程氛围越活跃，其持续学习意愿越强烈。学习者感知到的课

程氛围对于"自主学习意愿"呈现出 0.001 水平的显著性差异（F = 12.087，p = 0 < 0.001），并且在课程氛围活跃度最高时，学习者的自主学习意愿最强烈，而在课程氛围比较沉闷时，学习者的自主学习意愿最弱。学习者感知到的课程氛围对于"终身学习意愿"呈现出 0.001 水平的显著性差异（F = 9.150，p = 0 < 0.001），并且学习者感知到的在线课程氛围越活跃，其终身学习意愿越强烈。

在线课程的师生互动频次对于自主学习意愿、终身学习意愿均呈现出显著性差异（p < 0.01），而对持续学习意愿并未呈现出显著性差异。具体分析可知，师生互动频次对于"自主学习意愿"呈现出 0.01 水平的显著性差异（F = 5.848，p = 0.001 < 0.01），通过平均数对比结果可知，在线课堂互动频次为 0—5 次时，学习者的自主学习意愿最弱，而在线课堂互动频次为 11—15 次时，学习者的自主学习意愿最强烈。师生互动频次对于"终身学习意愿"呈现出 0.01 水平的显著性差异（F = 4.793，p = 0.003 < 0.01），通过平均数对比结果可知，在线课堂互动频次为 0—5 次时，学习者的终身学习意愿最弱，而在线课堂互动频次为 10—15 次时，学习者的终身学习意愿最强烈。

表 4 - 6 年龄、受教育程度等在终身学习意愿上的差异

变量		持续学习意愿		自主学习意愿		终身学习意愿	
		均值	标准差	均值	标准差	均值	标准差
年龄	18 岁以下	3.897	0.737	3.833	0.514	3.861	0.568
	18—22 岁	4.057	0.506	3.905	0.525	3.970	0.478
	23—25 岁	4.076	0.518	3.897	0.553	3.973	0.511
	26—30 岁	4.048	0.615	3.869	0.637	3.946	0.614
	30 岁以上	3.990	0.453	3.828	0.518	3.897	0.465
	F 值	0.612		0.196		0.360	
	LSD	—		—		—	

续表

变量		持续学习意愿		自主学习意愿		终身学习意愿	
		均值	标准差	均值	标准差	均值	标准差
受教育程度	本科	4.060	0.510	3.909	0.531	3.974	0.484
	硕士研究生	3.947	0.549	3.768	0.478	3.845	0.477
	博士研究生	4.233	0.683	3.850	0.615	4.014	0.624
	F	1.753		2.152		2.145	
	LSD	—		—		—	
学科类别	自然科学类	4.083	4.155	3.817	3.872	3.931	3.993
	经济管理类	4.155	4.094	3.872	3.906	3.993	3.987
	理工类	4.094	4.015	3.906	3.892	3.987	3.945
	人文社科类	4.015	4.038	3.892	3.918	3.945	3.969
	其他	4.038	4.055	3.918	3.901	3.969	3.967
	F	1.591		0.315		0.410	
	LSD	—		—		—	
地区	东部	4.047	0.550	3.905	0.551	3.966	0.512
	中部	3.940	0.360	3.660	0.484	3.780	0.359
	西部	4.071	0.512	3.927	0.520	3.989	0.484
	东北	4.083	0.470	3.920	0.385	3.990	0.291
	F	1.622		6.231 ***		4.518 **	
	LSD	—		3>4>1>2		4>3>1>2	
课程氛围	很活跃	4.150	0.565	4.097	0.514	4.120	0.510
	比较活跃	4.075	0.496	3.933	0.521	3.993	0.480
	比较沉闷	3.997	0.519	3.772	0.521	3.868	0.461
	很沉闷	3.840	0.582	3.825	0.568	3.831	0.556
	F	4.322 **		12.087 ***		9.150 ***	
	LSD	1>2>3>4		1>2>4>3		1>2>3>4	

续表

变量		持续学习意愿		自主学习意愿		终身学习意愿	
		均值	标准差	均值	标准差	均值	标准差
互动频次	0—5次	4.009	0.519	3.832	0.537	3.908	0.486
	6—10次	4.084	0.519	3.936	0.509	3.999	0.479
	11—15次	4.128	0.504	4.051	0.524	4.084	0.478
	15次以上	4.065	0.481	3.921	0.539	3.983	0.487
F		2.315		5.840**		4.793**	
LSD		—		3>2>4>1		3>2>4>1	

注：** $p<0.01$，*** $p<0.001$。

三 大学生终身学习意愿的影响因素分析

对大学生终身学习意愿的影响因素进行回归模型的检验，来探讨在线教育质量以及背景变量（见表4-7）对大学生终身学习意愿的影响。就在线教学的环境准备而言，"背景评估"维度的"政策环境"和"高校环境"对于大学生的"终身学习意愿"具有显著的影响，而"社会环境"和"同伴环境"则未显示出与"终身学习意愿"的影响关系。事后检验的系数统计结果指出，"政策环境"和"高校环境"变量的Beta系数分别为0.071和-0.062，表示在线教育的政策支持度越高，大学生的终身学习意愿越强烈，而高校对在线教育的重视程度越低，大学生的终身学习意愿越强烈。"高校环境"与"终身学习意愿"的关系的结果是一个颇具深意的结论，究其原因，笔者认为政府部门颁布了一系列在线教育相关的政策，以确保在线教育的高质量发展。但高校在贯彻落实在线教育政策的过程中，有可能存在管理不到位的现象。尽管学校对在线教育高度重视，但在真正的实践中无法有效监督所有学生的学习情况、没有制定科学合理的管理制度等，从而淡化了教育促进学生成长发展的根本目的，导致学生的在线学习体验感较差，影响了学习者的终身学习意愿。

就在线教学实施过程而言，"过程评估"维度除了"平台支持"对

"终身学习意愿"未产生显著影响,其余"课程资源""学习投入""教师支持"三个指标,均对大学生的"终身学习意愿"具有显著的正向影响。在线教育作为一种特殊的教育形式,已经成为大学生终身学习的重要途径。如果说传统教育以教师、学习者、教材作为三大要素,那么在线教育就是将传统教育的三大要素扩展为教师、学习者和在线课程资源。正如何克抗教授所言[①],在线教学环境必须重点关注教师、学生、教学内容和教学媒体,其中教师、学生和教学内容要素都属于过程评估范畴,教学媒体属于输入评估范畴。在在线教学的实施过程中,在线课程资源质量越高、学生的在线课程参与度越高、教师为学习者提供的学术指导越完备,则大学生的终身学习意愿越强烈。就在线教学的实施结果而言,"成果评估"维度的"专业产出"和"学习收获"指标对"终身学习意愿"具有显著的正向影响,而"通用产出"则未产生显著影响。这说明,学生在参与在线课程后成绩越好、获得的成果与收获更丰厚,则其终身学习意愿更为强烈。

表4-7　　　　　　　大学生终身学习意愿的影响因素模型

| | 持续学习意愿 || 自主学习意愿 || 终身学习意愿 ||
控制变量	模型1	模型2	模型3	模型4	模型5	模型6
性别(以女性为参考)	0.012	-0.009	-0.039	-0.042	-0.019	-0.031
年龄(以18岁以下为参考)	0.060	0.040	0.045	0.027	0.055	0.035
城乡(以农村为参考)	-0.041	0.016	0.008	0.062	-0.014	0.046
高校(以"双一流"高校为参考)	-0.013	0.041	-0.018	0.030	-0.017	0.037

---

① 何克抗:《论信息技术与课程整合》,《浙江现代教育技术》2002年第6期。

续表

控制变量	持续学习意愿 模型1	模型2	自主学习意愿 模型3	模型4	终身学习意愿 模型5	模型6
学历（以本科生为参考）	-0.065	0.010	0.078**	-0.003	-0.078**	0.002
学科（以自然科学为参考）	0.060*	-0.013	0.040	0.065	-0.002	0.035
学习时间（以半小时内为参考）	0.064*	0.017	0.149***	0.112	0.122***	0.078
教学模式（以没有为参考）	0.031	0.016	0.003	-0.014	0.016	-0.002
学习动机（以完成学业为参考）	0.069	0.024	0.076**	0.034	0.079***	0.033
教师作用（以促进思考为参考）	-0.093	0.015	-0.099***	0.022	-0.104***	0.021
互动次数（以0—5次为参考）	0.009	-0.008	0.013	0.001	0.013	-0.003
课堂氛围（以很活跃为参考）	-0.069	0.075***	-0.119***	0.027	-0.106***	0.051**
自变量						
社会环境		0.041		0.021		0.031
政策环境		-0.062		-0.054		0.071**
高校环境		0.058*		-0.009		-0.062*
同伴环境		0.029*		0.093***		0.021
系统要素		0.079**		0.023		0.050
师资配备		-0.001		0.084**		0.052

续表

| | 持续学习意愿 || 自主学习意愿 || 终身学习意愿 ||
控制变量	模型1	模型2	模型3	模型4	模型5	模型6
服务管理		-0.017		-0.057		-0.043
学习准备		0.014		-0.072**		-0.039
课程资源		0.201***		0.089**		0.147***
学习投入		0.057		0.212		0.158***
平台支持		-0.014		-0.047		-0.036
教师支持		0.200***		0.096**		0.151***
专业产出		0.058		0.116***		0.099***
通用产出		-0.028		-0.023		-0.027
学习收获		0.229***		0.291***		0.286***
R^2	0.041	0.415	0.077	0.399	0.065	0.450
调整后R^2	0.030	0.401	0.066	0.384	0.055	0.436

就在线教学的资源准备而言,"系统要素""师资配备""服务管理""学习准备"四个指标均未对"终身学习意愿"产生显著影响,这一结果值得深究。笔者猜想,系统、师资、服务、学习准备等资源配备是实施在线教育所必需的资源,而资源准备并不能直接影响终身学习意愿,因而"输入评估"对"终身学习意愿"未存在显著影响。并且,由于"背景评估""输入评估""过程评估""成果评估"在基于CIPP模型的在线教育质量评估模型中存在层层递进的关系,"输入评估"对大学生"终身学习意愿"的影响可能通过其他三个指标作为"中介变量"来产生。即"输入评估"可能通过"背景评估""过程评估""成果评估"的中介作用对大学生的"终身学习意愿"产生影响。基于此,以"终身学习意愿"为因变量,以"输入评估"为自变量,以"背景评估""过程评估""成果评估"为链式中介变量,以所有背景变量为控制变量,深入分析在线教育的资源准备对大学生终身学习意愿的作用机制。由路径检验结果可知(见表4-8和图4-3),"输入评估"对"终身学习意愿"影响时,

此路径并未呈现出显著性（p=0.307>0.05），说明"输入评估"对"终身学习意愿"并不会产生影响关系。同样，"背景评估"对"终身学习意愿"影响时，此路径并未呈现出显著性（p=0.218>0.05），说明"背景评估"对"终身学习意愿"并不会产生影响关系。而其余路径都呈现出0.01水平的显著性，如"过程评估"对"终身学习意愿"影响时，此路径呈现出0.01水平的显著性（p=0.000<0.01），因而说明"过程评估"会对"终身学习意愿"产生显著的正向影响关系。

表4-8 中介效应模型

	总效应模型		背景评估		过程评估		成果评估		终身学习意愿	
	t	p	t	p	t	p	t	p	t	p
输入评估	18.994	0.000	34.404	0.000	23.459	0.000	4.772	0.000	1.022	0.307
背景评估	—	—	—	—	6.976	0.000	2.071	0.039	1.232	0.218
过程评估	—	—	—	—	—	—	11.947	0.000	8.446	0.000
成果评估	—	—	—	—	—	—	—	—	8.579	0.000
背景变量1	-1.260	0.208	1.443	0.149	0.336	0.737	-0.927	0.354	-1.459	0.145
背景变量2	1.678	0.094	0.334	0.738	0.984	0.325	1.373	0.170	1.088	0.277
背景变量3	1.532	0.126	0.770	0.442	-1.519	0.129	-0.566	0.572	2.287	0.022
背景变量4	-0.085	0.933	-1.083	0.279	-0.620	0.536	-2.806	0.005	1.001	0.317
背景变量5	-1.399	0.162	-0.929	0.353	-4.999	0.000	0.171	0.865	0.360	0.719
背景变量6	1.115	0.265	-2.565	0.010	-0.062	0.951	0.166	0.868	1.543	0.123

续表

	总效应模型		背景评估		过程评估		成果评估		终身学习意愿	
	t	p	t	p	t	p	t	p	t	p
背景变量7	2.420	0.016	2.086	0.037	-0.251	0.802	-1.844	0.065	2.954	0.003
背景变量8	0.568	0.570	2.930	0.004	2.043	0.041	-0.388	0.698	-0.407	0.684
背景变量9	2.018	0.044	-0.728	0.467	1.403	0.161	1.235	0.217	1.485	0.138
背景变量10	-1.269	0.205	-0.449	0.654	-4.207	0.000	-1.302	0.193	0.535	0.593
背景变量11	-0.266	0.790	-1.240	0.215	0.740	0.460	-0.671	0.502	-0.226	0.821
背景变量12	-1.003	0.316	-5.332	0.000	-2.720	0.007	-5.717	0.000	2.050	0.041
R方	0.297		0.582		0.677		0.508		0.297	
F	35.537		117.091		163.648		75.053		35.535	

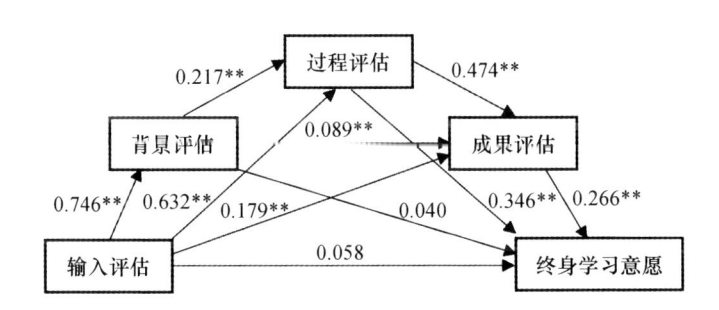

图4-3 模型路径图

为了进一步探究"输入评估"对"终身学习意愿"的中介作用，用Bootstrap方法（重复抽样5000次）检验"背景评估""过程评估""成果评估"的中介效应显著性。链式中介作用的检验结果见表4-9,"背景评估""过程评估""成果评估"三个变量均在"输入评估"与"终身评估"之间起到中介作用,并且有6条路径产生间接效应。具体可知,①以"背景评估"为中介变量的路径中介效应值为0.0318,Bootstrap 95%置信区间在-0.0178和0.0810之间,置信区间包含0。因此"背景评估"对"输入评估"与"终身学习意愿"的链式中介效应不显著,假设路径"输入评估→背景评估→终身学习意愿"不成立。②以"过程评估"为中介变量的路径中介效应值为0.2231,Bootstrap 95%置信区间在0.1658和0.2867之间,置信区间不包含0。因此"过程评估"对"输入评估"与"终身学习意愿"的链式中介效应显著,假设路径"输入评估→过程评估→终身学习意愿"成立。③以"成果评估"为中介变量的路径中介效应值为0.0532,Bootstrap 95%置信区间在0.0264和0.0849之间,置信区间不包含0。因此"成果评估"对"输入评估"与"终身学习意愿"的链式中介效应显著,假设路径"输入评估→成果评估→终身学习意愿"成立。④以"背景评估"和"过程评估"为中介变量的路径中介效应值为0.0478,Bootstrap 95%置信区间在0.0294和0.0709之间,置信区间不包含0。因此"背景评估"和"过程评估"对"输入评估"与"终身学习意愿"的链式中介效应显著,假设路径"输入评估→背景评估→过程评估→终身学习意愿"成立。⑤以"背景评估"和"成果评估"为中介变量的路径中介效应值为0.0139,Bootstrap 95%置信区间在0.0004和0.0290之间,置信区间不包含0。因此"背景评估"和"成果评估"对"输入评估"与"终身学习意愿"的链式中介效应显著,假设路径"输入评估→背景评估→成果评估→终身学习意愿"成立。⑥以"过程评估"和"成果评估"为中介变量的路径中介效应值为0.0771,Bootstrap 95%置信区间在0.0537和0.1025之间,置信区间不包含0。因此"过程评估"和"成果评估"对"输入评估"与"终身学习意愿"的链式中介效应显著,假设路径"输入评估→过程评估→成果评估→终身学习意愿"成立。⑦以"背景评估""过程评估""成果评估"为中介变量的路径中介效应值为0.0165,Bootstrap 95%置信区间在0.0101和0.0244之间,置信区间不包含0。因此"背景评估""过程评估""成果评估"对"输入评估"与"终身学习意愿"的链式中介效应显著,假设路径"输入评估→背景评估→过程评估→成果评估→终身学习意愿"成立。

表4-9　　　　　　　　　　中介作用检验结果

	Effect	BootSE	BootLLCI	BootULCI	效应占比
X1 * X8	0.0318	0.0257	-0.0178	0.0810	0.0626
X2 * X10	0.2231	0.0306	0.1658	0.2867	0.4395
X4 * X9	0.0532	0.0149	0.0264	0.0849	0.1048
X1 * X3 * X10	0.0478	0.0106	0.0294	0.0709	0.0942
X1 * X5 * X9	0.0139	0.0071	0.0004	0.0290	0.0274
X2 * X6 * X9	0.0771	0.0125	0.0537	0.1025	0.1519
X1 * X3 * X6 * X9	0.0165	0.0037	0.0101	0.0244	0.0325
直接效应	0.0443	0.0466	-0.0498	0.1333	0.0873
总效应	0.5076	0.0283	0.4507	0.5614	

四　教师作用与内在动机对终身学习意愿的影响机制

研究要解决的第三个问题，即教师在在线教学过程中是否起到作用、学习者的在线学习行为是否受内在动机驱动、能否真正影响大学生的终身学习意愿，如果该影响效应实然存在，那么两者的效应值为多少。基于此，采用倾向得分匹配可以确定教师作用以及学生内在动机分别都导致更强烈的终身学习意愿还是因为教师作用和学生内在动机分别作用于终身学习意愿时，受到其他因素的影响。应当说，在在线学习过程中，教师起到作用或者学习者进行在线学习的内在动机越强，学习者就更愿意持续地学习。基于此，假设"教师作用"以及"学习者在线学习的内在动机"对大学生"终身学习意愿"产生显著的正向影响。根据倾向得分匹配的要求，将教师作用与否和学生内在动机驱动与否用1和0表示。在平衡性别、年龄、城乡、学科等协变量差异的基础上，探究教师作用与学生内在动机对终身学习意愿的影响机制。

根据倾向值匹配结果（见表4-10），教师作用对持续学习意愿、自主学习意愿和终身学习意愿均呈现显著的正向影响关系（p<0.01）。具体而言，教师作用对大学生持续学习意愿、自主学习意愿和终身学习意愿的 ATT 效应值分别是 0.300、0.312 和 0.307。上述研究发现，在在线教学过程中，如果教师发挥有效作用，学习者的学习意愿会更加强烈。同时，还发现师生互动在学习者感知到的教师发挥作用方面具有显著优势，并且女性学习者更容易感知到教师的作用。这表明师生互动不仅是在线教学的关键属性，更是教师发挥作用的主要途径与表现。针对性别在教师作用的感知方面存在一定的差异这一研究结果，反映出性别在在线学习关注度方面的差异，即女性学习者相较于男性学习者更加关注课程资源以及在线课堂教学本身。

表 4-10　　　　　　　　　　　倾向值匹配结果

因变量	自变量	项	实验组	控制组	ATT	标准误	t 值	p 值
持续学习意愿	教师作用	匹配前	4.075	3.752	0.322	0.079	4.065	0.000
		ATT 效应	4.075	3.775	0.300	0.016	18.392	0.000
	内在动机	匹配前	4.191	4.017	0.175	0.038	4.589	0.000
		ATT 效应	4.191	3.855	0.336	0.04	8.449	0.000
自主学习意愿	教师作用	匹配前	3.919	3.634	0.284	0.066	4.326	0.000
		ATT 效应	3.919	3.607	0.312	0.023	13.626	0.000
	内在动机	匹配前	4.034	3.864	0.170	0.038	4.442	0.000
		ATT 效应	4.034	3.836	0.198	0.038	5.144	0.000
终身学习意愿	教师作用	匹配前	3.985	3.685	0.301	0.060	5.004	0.000
		ATT 效应	3.985	3.679	0.307	0.019	16.506	0.000
	内在动机	匹配前	4.101	3.929	0.172	0.035	4.923	0.000
		ATT 效应	4.101	3.844	0.257	0.036	7.093	0.000

内在动机对持续学习意愿、自主学习意愿和终身学习意愿均呈现显著的正向影响关系（p<0.01）。具体而言，内在动机对大学生持续学习意愿、自主学习意愿和终身学习意愿的 ATT 效应值分别是 0.336、0.198

和 0.257。上述研究发现，学习者在线学习的内在动机越强，其学习意愿会更加强烈。研究还发现，课堂氛围在学习者具有强烈的内在动机方面具有显著优势，在线课堂氛围越活跃，学习者在线学习的内在动机越强。这表明内在动机为学习者提供促进学习的内生力量，证实了内在动机对个体的行为具有显著激励作用的研究结果[1]。学习只有在内在动机驱动的情况下，学习行为更有可能持续发生。并且课堂氛围的营造是师生互动与生生互动共同作用的结果，活跃的课堂氛围指向更加强烈的内在动机，这也再次表明互动在提升课堂成效方面至关重要。

第五节 研究总结与策略建议

基于CIPP评估模型，本章设计了以背景评估、输入评估、过程评估、成果评估为框架的大学生终身学习意愿现状以及影响因素的调查问卷。通过描述性统计、方差分析、线性回归分析、倾向值匹配等数据分析方法，探究了大学生终身学习意愿的现状，不同年龄、性别、学科等变量下大学生终身学习意愿的差异性，大学生终身学习意愿的影响机制，并得到如下结论。第一，大学生的终身学习意愿达到较高水平且持续学习意愿比自主学习意愿强烈。第二，相较之下，西部地区学习者的自主学习意愿最强烈、东北部地区学习者的终身学习意愿最强烈。在线课程氛围越活跃，学习者的自主学习意愿、持续学习意愿、终身学习意愿均更加强烈。在线课程师生互动频次适中时（11—15次），学习者的自主学习意愿和终身学习意愿最强烈。第三，"政策支持""课程资源""学习投入""教师支持""专业产出""学习收获""教师作用""内在动机"对"终身学习意愿"具有显著的正向影响，"高校支持"与"终身学习意愿"之间存在显著的负相关关系。第四，"背景评估""过程评估""成果评估"在"输入评估"与大学生"终身学习意愿"之间起到重要的中介作用并存在不同的作用路径。基于上述大学生终身学习意愿现状以及影响因素的研究结果，尝试从实践改进角度提出相关建议。

---

[1] 蒲勇健、赵国强：《内在动机与外在激励》，《中国管理科学》2003年第5期。

其一，要关注教学交互在在线教学过程中的重要作用。本研究发现，在线课程的师生互动频次、教师作用、学习投入、教师支持都对终身学习意愿具有显著的正向影响。学习投入度根据学习者的课程参与情况包括向老师提问、与同学互帮互助、完成课程任务情况来衡量，教师支持则通过教师对学习者的关注度来衡量。可见，学习者与在线课程资源的交互、学习者与教师的交互、学习者之间的交互都在一定程度上提升了终身学习意愿。根据穆尔理论[1]，结构、对话、自主性是远程教育取得成功的重要因素，结构取决于教学活动的实际设计、教学组织方式以及不同媒体传播的使用，指向学生与教学内容之间的交互；对话是指教师和学习者以及学习者之间的互动；自主性与学习者的自我导向及责任感有关。穆尔理论表示，交互性能由对话和结构来决定[2]。即教学交互与在线教学效果始终存在显著的正向影响关系。这意味着在线教学要通过提升教学交互质量来增强用户学习体验，从而强化用户的终身学习意愿。就学习者与内容交互的强化而言，交互质量取决于在线课程的资源质量。为了满足学习者的知识性需求，需要用优质资源提升学习者的内容体验。即保证在线课程的专业度、稀缺度和规范度，内容上具有科学性、实用性和系统性；产品上具有前沿性、创新性和权威性；技术上具有准确性、真实性、合法性等[3]。就学习者之间、学习者与教师之间交互的强化而言，异步交互指的是借助留言板、课程论坛等平台提供的异步交互功能进行的评论和回复。同步交互指的是借助腾讯会议等平台进行的即时性互动。因此，课程开发者需要设计合适的方案来促进交互。同步交互应注重学习者的主体地位，教师应该分配学习者以不同的角色从而促进大多数学生的课程参与。此外，师生间的互动不仅需要知识上的传输与接受，更应该注重情感元素的交互[4]，通过高效的师生互动来提升教师在在

---

[1] Laura Delgaty, "Transactional Distance Theory: A Critical View of the Theoretical and Pedagogical Underpinnings of E-Learning", Autumn 2018, https://www.intechopen.com/chapters/64010.

[2] 熊强、李文元、陈晓燕等：《在线教学平台交互性、体验价值和持续使用意愿的关系研究——一个有调节的中介效应》，《管理评论》2022年第6期。

[3] 黄璐、裴新宁、朱莹希：《在线课程内容质量评价指标体系新探——基于学习者体验和知识付费的视角》，《远程教育杂志》2020年第1期。

[4] 时广军：《线上课堂互动的情感能量研究》，《教育科学研究》2022年第7期。

线教学过程中的有效性，使教师作用最大化。异步交互注重的是课程学习时间之外的互动，而设置有趣并且有研究价值的话题可以激发学习者的探索欲，从而促进同伴互动①。

其二，要重视优质在线学习环境的打造。研究结果表明，在线课堂氛围对大学生终身学习意愿起到显著的正向影响作用，活跃的课堂氛围指向更加强烈的终身学习意愿。课堂氛围之所以活跃，离不开各种支持性条件的作用，教学活动、教师支持、学习投入等都是活跃的课堂氛围或优质在线学习环境之关键因素。如果说学习环境是促进学习者成长发展的资源、活动、交互等支持性条件的综合②，那么在线学习环境则是传统学习环境中教与学再次整合的学习空间，是以特定的网络技术为载体，实施教与学的媒体中介③，包括物理、资源和规范环境④。优质的在线学习环境能够促进有意义学习的发生，从而提升学习者的高阶思维能力。基于此，为了应对在线教育对优质学习环境的呼唤，尝试提出以下建议。首先，探索新技术赋能的在线学习环境建设。在线学习的物理环境指的是平台运行的基础设施，即保证平台安全性、处理和反应速度、支持海量用户同时访问的系统要素。技术创新是引领在线教育发展的核心驱动力，当前，5G、人工智能、虚拟现实、数字孪生等新兴技术的发展赋予在线学习环境建设无限的发展潜能。以元宇宙教育为例，其人工智能、云计算、虚拟现实大数据等底层技术能够为学习者提供虚拟与现实高度融合的学习环境，打造沉浸式的在线学习体验。香港中文大学作为元宇宙学校建设的先行者之一，就为新技术赋能的在线学习环境建设提供了可参考的范例。因此，需要抓住时代机遇，向更智能化的在线学习环境迈进。其次，打造精品开放课程平台。资源环境指向在线学习平台的可视化资源的组

---

① 胡天慧、刘三女牙、粟柱等：《学习者同步和异步交互模式的比较与整合研究——基于社会网络和多层网络分析的方法》，《电化教育研究》2022 年第 5 期。

② 钟志贤：《论学习环境设计》，《电化教育研究》2005 年第 7 期。

③ 王志军、陈丽、韩世梅：《远程学习中学习环境的交互性分析框架研究》，《中国远程教育》2016 年第 12 期。

④ 杨帆、朱蓥彬、夏之晨：《生态理论视角下的高校学生网络学习环境特征与影响研究——兼析优质网络学习环境的创设路径》，《中国电化教育》2021 年第 11 期。

织与呈现情况，包括课程资源的丰富度、界面风格与功能布局，优质的资源环境是激发学习者内在动机与学习积极性的主要原因。精品开放课程平台能够最大化地凸显课程资源的教学功能，为此需要保证平台课程的不断更新并提高平台课程的筛选门槛。最后，优化在线学习的规范环境。规范环境指向在线教学全过程形成的制度规范，规范环境的构建价值在于引导教学过程的人际互动以及学习活动组织。通过创造一种制度规范下的在线学习氛围，让教师与学生认识到教师支持与学习投入的重要性，从而增强教师教与学生学的内在驱动力。

其三，要强化学习者终身学习的动机。动机作为一种内部动力，直接推动学习者学习行为的发生，动机既是传统学习形式又是在线学习形式的重要推动力[1]。个体参与学习的初衷有主动参与以满足自身成长发展的需求，也有受单位指派而发生被动参与。基于本研究的终身学习意愿影响机制，学习者的内在动机与终身学习意愿存在显著联系，同时，活跃的学习氛围又促进内在动机的生成。可以发现，当学习者的在线学习动机是获取新知识、提升自身技能，这种以认知发展为动机的在线学习具有很强的自主性，学习者就更愿意持续学习。而对于外界因素，如由于学校的课程任务要求或受到身边人的影响进行的在线学习行为，并未与终身学习意愿产生关联。此外，外部环境的作用刺激了学习者更深层次的需求。也就是说，当个体感知到在线学习能够满足内在需求时，就会主动地、自发地、持续地进行学习，这种内在动机驱动的学习，为个体带来满足感并提升学习绩效。基于此，从学习者需求满足的角度，提出以下建议。首先，提供精确完整的课程信息描述。为了使在线课程更契合学习者的学习需求，需要提供完整的课程信息概述来指引学生的学习路径。课程信息不仅需要包括课程本身的内容介绍和教学目标，还应列出适合学习的用户群体、用户的先验知识与技能需求、课程的应用领域等信息，以帮助学习者选择与个体显示情况相匹配的在线课程。课程建设者还需注重简介信息与课程资源的适切性，根据既定的课程信息做

---

[1] 赵慧军、李岩、刘西真：《成人在线学习动机对学习迁移的影响：知识惯性的调节作用》，《电化教育研究》2019 年第 8 期。

好调研工作①。其次,提升在线课程的实用性价值。在线课程的实用性价值即课程与现实世界的关联程度,其实用性不仅体现在内容本身,更应确保课程任务与课程案例的实践性,设计符合课程适用学习人群职业特点的作业和任务。再次,提供用户需求反馈的渠道。具体的措施可以是针对每门在线课程设置反馈模块,鼓励所有用户为课程建言献策,将反馈信息综合起来公示并供用户进行投票,对最终所采纳建议的提出者实施相应的奖励措施。最后,引入严格的在线课程内容审查机制。审查的内容包括但不限于课程目标与内容的关联度、内容的科学性与真实性、用户发帖内容的合规性等。

第六节 本章小结

本研究关注在线教育质量与大学生终身学习意愿的关系,基于 CIPP 评估模型构建在线教育质量调查问卷,并构建 CIPP 理论视域下大学生终身学习意愿的影响因素模型。通过实证分析发现,背景评估维度的政策环境对于大学生终身学习意愿具有显著的正向影响,而高校环境对于大学生终身学习意愿具有显著的负向影响;过程评估维度的课程资源、学习投入和教师支持对大学生的终身学习意愿具有显著的正向影响;成果评估维度的专业产出和学习收获对大学生终身学习意愿具有显著的正向影响;输入评估维度的各项指标虽均未对大学生终身学习意愿呈现显著的影响关系,但经过进一步的中介效应检验,发现输入评估对大学生终身学习意愿的影响需要背景评估、过程评估和成果评估的中介作用,并探索出 6 条中介作用路径;此外,基于教师作用与学生内在动机的大学生终身学习意愿之因果效应分析,教师在在线学习过程中能够起到积极的促进作用以及学生具有强烈的内在动机,均会对大学生终身学习意愿起到积极的正向影响。针对实证分析结果,从实践改进的角度提出进一步的策略与建议。总体来看,本研究对在线教育的未来发展,以及如何通过提升在线教育质量来强化学习者的终身学习意愿具有一定的启发意

---

① 孙维祎:《基于学习者动机的成人自主学习能力研究——以 Future Learn 学习过程的因素分析为例》,《成人教育》2019 年第 2 期。

义。在线课程的开发要重视教学交互的重要作用，学习者终身学习意愿的提升离不开师生交互、生生交互以及学习者与在线学习资源交互过程的良好体验。从物理、资源和规范着手打造优质的在线学习环境，能够促进有意义学习的发生。同时，强化学习者终身学习的内在动机，当个体感知到在线学习能够满足内在需求时，这种内在动机驱动的学习，能够有效提升学习绩效。

第五章

在线教育环境影响的调查研究

在线教育自兴起以来就颇受人们关注，近年来其发展更是蒸蒸日上，"在线教育环境"也逐渐成为研究热点。与此同时，终身学习理念开始进入大家的视野，党的二十大报告提出的"建设全民终身学习的学习型社会、学习型大国"成为当今社会发展的大方向，社会个体的"终身学习意愿"也受到国家的高度关注。大学生作为构建学习型社会的重要群体，又是在线教育的主力军，其终身学习意愿和所处在线教育环境之间的关系非常具有研究价值。针对全国各地的大学生收集1000多份问卷，以实证研究的方式探索在线教育环境和大学生终身学习意愿之间的关系。这么做有利于明确终身学习意愿的影响机制，并在此基础上改善在线教育环境，进一步推进全民终身学习体系的建设。

第一节 研究背景

在线教育（online education）在《中国在线教育产业蓝皮书》中被定义为："一种运用网络、多媒体和多种交互手段进行系统教学和互动的新型教育方式。"[1]迄今为止已经有20余年的发展历史了。如今，在线教育得到了前所未有的推广和发展。同时，随着时代的发展，终身学习的概念也逐渐进入人们的视野。终身学习提倡个体的自主学习和可持续发展，且近年来该理念受到了国家和政府的大力支持。因此，在终身学习理念

---

[1] 吕森林：《中国在线教育产业蓝皮书（2014—2015）》，北京大学出版社2015年版，第4页。

逐渐深入人心和在线教育不断发展的过程中，研究在线教育环境对终身学习意愿的影响是具有一定现实依据和政策导向的。

一 政策导向

为了推进在线教育的发展和促进学习型社会的建设，我国近年来相继出台了多项政策。2019年，教育部印发《关于促进在线教育健康发展的指导意见》，指出要大幅提升在线教育的基础设施建设水平，完善在线教育模式，使在线资源和服务更加丰富[①]。2020年发改委发布文件提出大力发展融合化在线教育，构建线上线下教育常态化融合发展机制[②]。在终身学习方面，我国更是早在2001年的《全国教育事业第十个五年计划》中就提出了"调研、起草《终身教育法》"的任务[③]。2014年，教育部、中央文明办等七部门印发的《关于推进学习型城市建设的意见》也明确要求推进终身学习立法进程[④]。党的十九届四中全会审议通过的《中共中央关于坚持和完善中国特色社会主义制度、推进国家治理体系和治理能力现代化若干重大问题的决定》提出，要坚持教育为人民服务、为社会主义服务的宗旨，保障人人享有受教育的机会，构建服务全民终身学习的教育体系[⑤]。2022年，党的二十大报告指出"推进教育数字化，建设

[①] 中华人民共和国中央人民政府：《教育部等十一部门联合印发关于促进在线教育健康发展的指导意见》，2019年9月30日，http://www.gov.cn/xinwen/2019-09/30/content_5435245.htm，2022年6月24日。

[②] 中华人民共和国国家发展和改革委员会：《关于支持新业态新模式健康发展激活消费市场带动扩大就业的意见》，2020年7月14日，https://www.ndrc.gov.cn/xxgk/zcfb/tz/202007/t20200715_1233793_ext.html，2022年6月24日。

[③] 中华人民共和国教育部：《教育部关于印发全国教育事业第十个五年计划的通知》，2001年7月26日，http://www.moe.gov.cn/jyb_xxgk/gk_gbgg/moe_0/moe_7/moe_17/tnull_210.html，2022年6月24日。

[④] 中华人民共和国教育部：《教育部等七部门关于推进学习型城市建设的意见》，2014年9月4日，http://www.moe.gov.cn/srcsite/A07/zcs_cxsh/201409/t20140904_174804.html，2022年6月24日。

[⑤] 中华人民共和国教育部：《构建服务全民终身学习的教育体系——五论深入学习贯彻党的十九届四中全会精神》，2019年11月13日，http://www.moe.gov.cn/jyb_xwfb/s5148/201911/t20191113_407988.html，2022年6月24日。

全民终身学习的学习型社会、学习型大国"①，强调教育数字化转型在实现全面终身学习中的重要作用。

从已经出台的相关政策可以看出，我国十分重视在线教育的发展和全民终身学习理念的推行，而国家的这些教育政策恰恰引领着我们的研究方向。

二 现实依据

一方面，在线教育的出现改变了人们的思维方式、生产方式、生活方式和学习方式。尤其是对大学生群体而言，疫情之前就有不少高校采用了线上线下结合的模式进行授课，所以他们一开始接触在线教育就不仅仅是出于"停课不停学"的目的。高校大学生身心发展成熟，有独立思考的能力和一定的思维水平，他们选择在线教育的时候会综合考虑其优缺点，听取身边人的建议，衡量在线教育的价值。因此，在大学生群体进行在线教育的过程中，在线教育环境对他们的影响是不可忽视的，还极有可能会影响他们持续学习的意愿。

另一方面，在推进全民终身学习的进程中，为了形成"人人皆学、处处能学、时时可学"的学习型社会，国家提倡每个社会个体可以利用一切有利条件进行自主学习。在这样的社会氛围下，在线教育平台就成了最好的自主学习媒介。大学生身处校园，往往能第一时间感受到教育方面的新动向，加上如今校园学习逐渐网络化、信息化，他们自然就成了利用在线教育奉行终身学习理念的主力军。但是终身学习意愿会受到很多因素的干扰，由于很多大学生是利用在线教育平台进行自主学习的，所以在线教育环境和终身学习意愿之间的关系值得我们深入探索研究。

第二节 文献综述

一 在线教育环境

"教育"广义上是指影响人身心发展的社会实践活动，狭义上指专

---

① 习近平：《高举中国特色社会主义伟大旗帜 为全面建设社会主义现代化国家而团结奋斗——在中国共产党第二十次全国代表大会上的报告》，《人民日报》2022年10月26日第1版。

门组织的学校教育。"环境"是指人类的生存空间以及该空间中对人类生活和发展产生影响的各种自然因素。"教育环境"这一概念则是从20世纪30年代就产生了,[①] 随着信息时代的到来,全球逐渐形成了教育资源共享的局面,迎来了新的教育变革。因此,"在线"(online)这个新名词也开始频繁出现在大众视野中。"在线"是指计算机在网络的链接状态,目前已成为互联网和实物连接的代名词,例如在线教育。近年来,越来越多的学校开始利用在线教育来进行教学设计和实现教学目标。由此可见,在互联网的推动下,在线教育环境逐渐成为众人关注的焦点和时代发展的主流。在线教育环境与传统教育环境最大的不同在于,它是网络技术支持下的教育环境,实现了学习者、教师和在线教育资源三者的互连。因为支持在线教育开展的网络可以是局域网也可以是互联网,所以在线教育可以是以学校为单位基于学习平台开展的教学活动,也可以是基于互联网上开放教育资源开展的学习活动。在线教育环境则是开展在线教育所必需的支持和保障。在线教育环境打破了学生与学生、学生与教师以及学生与教育资源之间的时空限制,营造了一个便捷和强交互的教育环境,有利于培养学生独立探究问题的能力和协作学习的意识。由于在线教育环境和传统教育环境存在较大的差异,已有不少学者针对在线教育环境进行了一些研究。

一方面,相关学者在研究过程中提出了一些有关在线教育环境的评价标准和测量维度。胡坚达在其不同类别网络课程在线学习环境比较研究中提到网络课程在线教育环境主要包括组织环境、资源环境和空间环境。组织环境主要是指在线课程平台和教学活动的组织实施;资源环境是指在线教育提供的免费共享学习资源和一些付费服务,包括电子书、电子教案、课程微视频等各类课程材料;空间环境则是指在线教育为学习者所构建的用于资源分享和互动学习的网络空间[②]。刘倩倩在其网络学习环境对学习持续性的影响论文中将在线教育环境分为内容准备、学习

---

① Leonard L. Baird, "College Environments and Climates: Assessments and Their Theoretical Assumptions", *Higher Education: Handbook of Theory and Research*, 2005 (6).
② 胡坚达:《不同类别网络课程在线学习环境比较研究》,《中国远程教育》2015年第8期。

交互和学习评价三个维度[1]。其中内容准备是指教学团队为呈现在线教育内容所做的准备工作；学习交互指的是在线教育环境对师生交互、学生与学生交互、系统与学生交互的功能支持；学习评价则是指在线教育系统对学生学习任务完成程度的评价。

另一方面，如今陆续有学者将在线教育环境作为自变量研究其对学习的影响，相关研究人员就提出了在线教育环境的优劣会影响对学习者的吸引力和学习质量[2]。臧培琛通过研究在线学习环境对学习收获的影响——专业认同的中介作用，在其论文中提出在线教育环境正向影响专业认同和学习收获[3]。此外，在刘倩倩的网络学习环境对学习持续性的影响研究中，发现在线教育环境中的内容准备、学习交互和学习评价均对学习持续性有显著影响[4]。前人的研究充分说明将在线教育环境作为自变量进行深入探索具有一定的理论和实践意义。

二 终身学习意愿

"终身学习"（Lifelong learning），也称为 LLL，其概念是由"终身教育"发展演变而来的。英国成人教育学家耶克斯利（Basil Alfred Yeaxlee）在其 1929 年出版的《终身教育》一书中最早提出了"终身教育"的概念。1965 年，法国的保罗·朗格朗（Paul Lengrand）将"终身教育"定义为一个人从出生到生命结束的全过程教育，可以促进人的发展和完善[5]。后来，终身教育理念不断革新，形成了"终身学习"。埃德加·富尔（Edgar Fuhl）在 1972 年提出了关于终身学习概念制度化的学术报告——《学习的目的》，认为每个人要明确自身在社会中的定

---

[1] 刘倩倩、李同归、王泰等：《网络学习环境对学习持续性的影响——基于游戏设计的视角》，《中国远程教育》2018 年第 3 期。

[2] 胡坚达：《不同类别网络课程在线学习环境比较研究》，《中国远程教育》2015 年第 8 期。

[3] 臧培琛：《在线学习环境对学习收获的影响》，硕士学位论文，天津大学，2018 年。

[4] 刘倩倩、李同归、王泰等：《网络学习环境对学习持续性的影响 基于游戏设计的视角》，《中国远程教育》2018 年第 3 期。

[5] ［法］保罗·朗格朗：《终身教育导论》，滕星等译，华夏出版社 1988 年版，第 140—142 页。

位,拥有持续学习的精神[1]。也就是说,终身学习是指人的一生为了不断地适应周边的环境,需要调动起自身的学习积极性,通过选择合适的学习策略,获取学习资源,从而实现自我进步和自我完善。"意愿"通常指个人对事物所产生的看法或想法。所以,"终身学习意愿"用来表示学习者愿意主动参与到终身学习过程中的具体程度。在这个信息爆炸的时代,只有时时刻刻进行学习,才能跟上时代发展的步伐。终身学习提倡学习者不论处于生命的任何阶段、任何场所,都可以利用身边的资源和自己所掌握的知识技能进行自主探究和自我发展。我国也将终身学习和人的全面发展以及社会可持续发展相结合,提出建设学习型社会[2]。由此可见,"终身学习意愿"代表了个体是否愿意进行终身学习和其愿意程度,可以反映出一个国家终身学习理念的实践效果和学习型社会的建设成果。因此,如今已有不少学者针对"终身学习意愿"开展了调查研究。

在这些研究中,国内外学者分别采用了不同维度的量表来衡量终身学习意愿(见表5-1)。国外很多研究者在进行终身学习意愿的研究过程中会参考2009年迪克·科斯昆(Diker Coskun)开发的终身学习倾向量表,该量表主要从学习积极性、学习持续性、规范学习水平和好奇心水平四个维度出发来测量学习者是否有终身学习的意愿和倾向[3]。土耳其学者纳卡罗卢(Nacardu)在其研究中采用了维尔凯维奇(Wielkiewicz)编制并由博兹特佩(Boztepe)等人改编为土耳其语的终身学习量表来确定天才学生的终身学习倾向[4]。除此之外,国内医学领域的终身学习研究一般利用杰斐逊(Jefferson)医生开发的终身学习量表(Jefferson Scale of Physician Lifelong Learning,JeffSPLL)来衡量医生和医学生的终身学习意愿。JeffSPLL翻译成中文量表一般涵盖三个维度,分别是学习信仰和动

---

[1] 陈红平:《终身教育与终身学习的概念解读与关系辨析》,《成人教育》2012年第3期。

[2] 李兴洲、耿悦:《从生存到可持续发展:终身学习理念嬗变研究——基于联合国教科文组织的报告》,《清华大学教育研究》2017年第1期。

[3] Semra Demir-Basaran, Cigdem Sesli, "Examination of Primary School and Middle School Teachers' Lifelong Learning Tendencies Based on Various Variables", *Eurasian Society of Educational Research Association*, 2019 (3).

[4] Oguzhan Nacarolu, Oktay Kzkapan, Tahsin Bozda, "Investigation of Lifelong Learning Tendencies and Self-Regulatory Learning Perceptions of Gifted Students", *Egitim ve Bilim*, 2020 (205).

机、对学习机会的关注和在信息搜寻过程中的技术技能[1]。

表 5-1　　　　　　　　不同维度终身学习意愿量表

测量指标	代表文献	量表来源
学习积极性 学习持续性 规范学习水平 好奇心水平	Examination of Primary School and Middle School Teachers's Lifelong Learning Tendencies Based on Various Variables (2016)	Diker Coskun (2009)
学习信仰和动机 对学习机会的关注 在信息搜寻过程的技术技能	医学生信息素养自我效能对终身学习意愿的影响研究 (2021)	M. Hojat (2012)
一维量表	Investigation of Lifelong Learning Tendencies and Self-Regulatory Learning Perceptions of Gifted Students (2021)	Wielkiewicz, Meuwissen (2014)

现有的终身学习意愿文献中，不少学者将其作为因变量开展了相关的调查研究。在基于多种变量的中小学教师终身学习倾向研究中，塞姆拉·德米尔-巴萨兰探究了性别、专业、文化水平等是否会对终身学习倾向产生影响（Semra Demir-Basaran, 2019）[2]。土耳其学者 Oguzhan Nacaroglu 通过实证调查分析了终身学习倾向和自我调节能力之间的关系（Oguzhan Nacaroglu, 2021）[3]。除此之外，终身学习意愿和信息素养自我效能感也常常被国内外学者放到一起进行研究。梅莱克·德米莱尔（Me-

---

[1] Oksana Babenko, Sudha Koppula, Lia Daniels, et al., "Lifelong learning along the education and career continuum: meta-analysis of studies in health professions", *Journal of Advances in Medical Education & Professionalism*, 2017 (4).

[2] Dilek Yaliz, Gülsün Aydin, "Evaluation of Lifelong Learning Tendencies of Pre-service Teachers", *The Anthropologist*, 2016 (1).

[3] Oguzhan Nacarolu, Oktay Kzkapan, Tahsin Bozda, "Investigation of Lifelong Learning Tendencies and Self-Regulatory Learning Perceptions of Gifted Students", *Egitim ve Bilim*. 2020 (205).

lek Demirel)就曾重点研究这两者之间的关系(Melek Demirel,2017)。我国学者则针对医学生研究了信息素养自我效能对终身学习意愿的具体影响(刘春丽,2021)①。可见,不论是在医学、教育学还是其他领域,终身学习意愿的影响因素都是各大学者研究的重点。

三 在线教育环境和终身学习意愿的相关性

在教育学领域,在线教育和终身学习的有关研究一直都受到广泛的关注,但还未有学者探究在线教育环境和终身学习意愿之间的相关性。本研究基于计划行为理论,从学习者的态度、主观规范和感知行为控制来衡量在线教育环境,逐步探索它和终身学习意愿之间是否存在显著关系。

一方面,国内部分学者的研究表明教育环境和学习意愿之间是存在必然联系的。赵磊通过在线教育环境下大学生持续学习行为影响因素的研究得出学习者所处的教育环境会对其持续学习意向产生影响(赵磊,2021)②。鄂丽君通过对高校学生慕课认知及学习现状的调查研究得出学习者目前对在线教育的认知会影响他们后期持续学习的意愿(鄂丽君,2016)③。其中认知属于学习者的态度范畴,而个体态度又是衡量在线教育环境的重要指标,那么学习者对在线教育的认知自然也就能反映出在线教育环境的现状。同样,从某种程度上来说,终身学习意愿其实就是持续学习意愿概念的一种延伸。因此,综观当前国内学者们的研究成果可以得出,在线教育环境和终身学习意愿之间是具有一定的相关性的。

另一方面,国外学者针对在线教育环境和终身学习意愿同样开展了不少研究并取得了一定的成果。荷兰学者范埃克伦(I. M. Van Eekelen)在探索教师学习意愿的过程中得出个体的认知和情感会对其终身学习意

---

① 刘春丽、刘丽萍、盛南洪:《医学生信息素养自我效能对终身学习意愿的影响研究》,《卫生职业教育》2021年第14期。

② 赵磊、冯佳玉、高树仁:《在线教育环境下大学生持续学习行为影响因素研究》,《黑龙江高教研究》2021年第2期。

③ 鄂丽君、张雪红、张丽舸:《高校学生慕课认知及学习现状调查与分析》,《图书馆建设》2016年第11期。

愿产生影响，尤其是情感活动，它和个体的终身学习意愿密切相关（I. M. Van Eekelen，2006）[1]。卡罗琳·哈特（Carolyn Hart）通过研究在线学习过程中与持续性相关的因素发现，同伴和家庭的支持对学习持续性起着很重要的作用[2]。同伴和家庭的支持属于主群体规范信念范畴，是一个衡量在线教育环境的重要维度，同时持续性也是终身学习意愿评价的重要指标。由此可见，国外学者的研究同样也能说明在线教育环境和终身学习意愿之间必然存在一定的影响关系。

四 文献述评

从目前的文献梳理可以得出，国内外学者对在线教育和终身学习都有了比较充分的研究，从前人的研究中我们可以总结出以下几个特征。

首先，在在线教育方面，国外学者多聚焦于在线教育过程中学习者满意度进行研究。国内关于在线教育的文献则涉及在线教育课程质量、在线课程体验、在线学习持续性影响因素等等，有关在线教育环境的研究还是相对较少。虽然有个别学者进行了在线教育环境的比较研究和在线教育环境对学习行为、学习收获、学习持续性的影响研究，但是还未曾有人从学习者主体入手将在线教育环境和终身学习关联起来，探索这两者的具体关系。计划行为理论是一种从主体视角出发，预测个体行为意向发生的理论，且已广泛应用于心理、教育、消费等不同领域的行为研究上[3]。

其次，国内外有关终身学习的研究不在少数，但是有关终身学习意愿的研究尚处于起步阶段，并不完善。一方面，部分国外学者只是利用个人基本信息问卷和迪克·科斯昆开发的终身学习意愿量表简单地收集数据并进行描述性统计，从而衡量一个群体的终身学习倾向，在其影响因素方面并没有进行更深入的关联研究和探索。另一方面，目前很多研

---

[1] I. M. Van Eekelen, J. D. Vermunt, H. P. A. Boshuizen, "Exploring teachers' will to learn", *Teaching & Teacher Education*, 2006 (4).

[2] Carolyn Hart, "Factors Associated with Student Persistence in an Online Program of Study: A Review of the Literature", *Journal of Interactive Online Learning*, 2012 (1).

[3] Icek Ajzen, *From Intentions to Actions: A Theory of Planned Behavior*, Heidelberg: Springer, 1985, pp. 11–39.

究只是将自我调节能力、信息素养自我效能感等个人原因和终身学习意愿联系起来，探究它们之间的关系，忽略了在线教育也可能是影响终身学习意愿的重要因素。因此，以在线教育为自变量，终身学习意愿为因变量，可以深入探究两者之间的具体关系。

最后，从在线教育和终身学习的文献阅读中可以看出，目前的研究虽然没有直接探索在线教育环境和终身学习意愿之间的关系，但是研究结果表明这两者之间是有一定的联系。因此，基于已有文献的阅读，从计划行为理论视角入手，可以探究在线教育环境对终身学习意愿的影响。

第三节 研究假设与理论模型

一 研究假设

计划行为理论认为，个体的行为由行为意向决定，而态度、主观规范和知觉行为控制是计划行为理论中决定行为意图的三个核心变量。其中态度通过过滤信息影响个体对技术的感知，进而影响行为意向[1]。主观规范是个体身边的重要他人关于个体是否应该执行某项行为的看法对其造成的压力[2]。目前已有很多研究证明主观规范对行为意向有显著积极影响[3]。知觉行为控制即个体对自身能否完成特定行为的判断。当个体感知到的行为控制越大，他执行该行为的意向就越强[4]。

（一）态度

态度是指个体对特定对象反应出来的一种喜欢或不喜欢的立场，即个体对实施具体行为的正向或负向评价。一般而言，当个体对该特定对象持

---

[1] Yong Jin Kim, Jae Uk Chun, Jaeki Song, "Investigating the role of attitude in technology acceptance from an attitude strength perspective", *International Journal of Information Management*, 2009 (1).

[2] Timothy Teo, Mingming Zhou, "The influence of teachers' conceptions of teaching and learning on their technology acceptance", *Interactive Learning Environments*, 2017 (4).

[3] Stefanie L. Williams, Susan Michie, Jeremy Dale, et al., "The effects of a brief intervention to promote walking on Theory of Planned Behavior constructs: A cluster randomized controlled trial in general practice", *Patient Education and Counseling*, 2015 (5).

[4] Younghwa Lee, "Investigating factors affecting the adoption of anti-spyware systems", *Communications of the ACM*, 2005 (8).

有的态度越积极,则其执行该行为的意向就越强。大学生对在线教育的态度越正面,他们利用在线教育进行持续学习和自主学习的意愿就越强。由戴维斯(Davies)等开发的科技接受模型认为感知易用性、感知有用性与态度之间存在因果关系,因此本研究将感知易用性和感知有用性作为态度的两项测量指标。与此同时,将持续学习意愿和自主学习意愿作为衡量终身学习意愿的二级指标。据此,我们提出以下五个研究假设:

H1:在线教育态度对大学生的终身学习意愿具有显著正向影响;

H1a:在线教育感知易用性对大学生的持续学习意愿具有显著正向影响;

H1b:在线教育感知易用性对大学生的自主学习意愿具有显著正向影响;

H1c:在线教育感知有用性对大学生的持续学习意愿具有显著正向影响;

H1d:在线教育感知有用性对大学生的自主学习意愿具有显著正向影响。

(二)主观规范

主观规范是指个体的行为意向会受到身边重要他人的影响。也就是说,个体在执行某个特定行为时,身边重要他人的态度积极与否会影响其行为意向。在线教育环境下会对个体产生较大影响的主要群体是同学、家人和老师,次要群体包括学校、政府等。因此,我们预测如果大学生身边的同学、朋友或家人对在线教育相对认可,他们持续使用在线教育的意愿也会提高。如果个体所在的学校、政府和社会都大力支持在线教育,那么大学生利用在线教育进行自主学习的意愿也会得到提升。基于此,提出以下五个研究假设:

H2:主观规范对大学生的终身学习意愿具有显著正向影响;

H2a:主群体规范信念对大学生的持续学习意愿具有显著正向影响;

H2b:主群体规范信念对大学生的自主学习意愿具有显著正向影响;

H2c:次群体规范信念对大学生的持续学习意愿具有显著正向影响;

H2d:次群体规范信念对大学生的自主学习意愿具有显著正向影响。

(三)知觉行为控制

计划行为理论在理性行为理论的基础上还增加了第三个要素,即知觉行为控制。个体知觉行为控制的强弱直接决定行为意向的大小。[①] 泰勒和托德在对分解的计划行为理论进行研究的过程中发现，知觉行为控制包含外在的"便利条件"和内在的"自我效能感"。在本研究中便利条件主要指大学生所拥有的电子设备和在线教育的相关经验。如果有合适的设备和充足的在线学习经验，就会给个体带来更高水平的行为控制力，从而更易产生持续学习意愿。自我效能感即大学生对自己是否有能力使用在线教育的判断，相信自己能够很好地运用在线教育的大学生后续自主学习意愿也会更强烈。据此可推论，与在线教育有关的更多的便利条件和更强的自我效能感可以增强大学生的持续学习和自主学习意愿。因此，本研究提出以下研究假设：

H3：在线教育知觉行为控制对大学生的终身学习意愿具有显著正向影响；

H3a：在线教育自我效能感对大学生的持续学习意愿具有显著正向影响；

H3b：在线教育自我效能感对大学生的自主学习意愿具有显著正向影响；

H3c：在线教育便利认知对大学生的持续学习意愿具有显著正向影响；

H3d：在线教育便利认知对大学生的自主学习意愿具有显著正向影响。

二 模型构建

近年来，计划行为理论（TPB）逐渐成为行为意向研究的普适模型，该理论最早发展自 Fishbein 的多属性态度理论（Theory of Multiattribute Attitude）。Fishbein 在这一理论中认为行为态度决定行为意向预期的行为结果，结果评估又决定行为态度。[②] 后来 Ajzen 和 Fishbein 在多属性态度理论的基础上提出了理性行为理论（Theory of Reasoned Action），他们在该

[①] 段文婷、江光荣：《计划行为理论述评》，《心理科学进展》2008 年第 2 期。
[②] 廖沁：《基于计划行为理论的大学生农村就业意愿研究》，硕士学位论文，湖南师范大学，2021 年。

理论中提出行为态度（Behavioral Attitude）和主观规范（Subjective Norms）影响行为意向，同时行为意向会直接影响实际行为。[①] 但是，后续的研究发现，行为意向不只会受到理性行为理论中所说的个体意志和社会环境的影响，还会依赖于行为制约的客观因素以及个体的行为能力。[②] 因此，Ajzen（1991）在理性行为理论的基础上增加了知觉行为控制（Perceived Behavioral Control）这一变量，并于1991年形成了计划行为理论（Theory of Planned Behavior，TPB）（见图5-1）[③]。计划行为理论的五个核心要素分别是态度（Attitude）、主观规范（Subjective Norm）、知觉行为控制（Perceived Behavioral Control）、行为意向（Behavior Intention）和行为（Behavior）。其中态度是指个体对某一对象所持的评价和行为倾向。主观规范是指个体在决策是否执行某特定行为时感知到的社会压力，用于反映重要他人或团体对个体行为决策的影响。知觉行为控制是指个体对执行特定行为难易程度的感知，它反映的是个体对促进或阻碍执行行为因素的知觉，同时考虑到个人的技能、资源以及机遇去做一个特定的行为[④]。行为意向是指个体在主观层面对于某项特定行为的行动倾向。行为则是主体实施的具体行为。

计划行为理论认为意向由行为态度、主观规范和感知行为意向三者共同决定，其基于主体视角从态度、他人对主体的影响以及自我效能感等方面构建行为意向与行为的预测框架，在消费、心理、教育等与行为意向有关的研究领域中均具有很好的解释力和预测力。本研究的自变量是在线教育环境，因变量是大学生的终身学习意愿。其中有关自变量的调查主要从大学生主观层面出发，来反映在线教育环境的现状。例如大学生对在线教育所持的态度、重要身边人对在线教育的看法以及大学生面对在线教育的自我效能感等都是研究中测量在线教育坏境的重要指标。

[①] Icek Ajzen, *Understanding Attitudes and Predicting Social Behavior*, New Jersey: Prentic Hall, 1980.

[②] 廖沁：《基于计划行为理论的大学生农村就业意愿研究》，硕士学位论文，湖南师范大学，2021年。

[③] Icek Ajzen, "The theory of planned behavior", *Organizational Behavior and Human Decision Processes*, 1991 (2).

[④] 张红涛、王二平：《态度与行为关系研究现状及发展趋势》，《心理科学进展》2007年第1期。

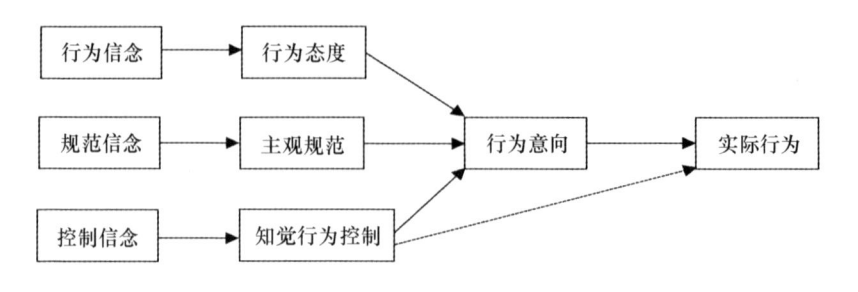

图 5-1　计划行为理论结构模型

因变量终身学习意愿实则就是一种行为意图。因此，本研究从大学生主体出发，挖掘在线教育环境与终身学习意愿关系的研究思路与计划行为理论不谋而合，充分遵循了态度、主观规范以及知觉行为控制决定行为倾向的思路。

　　计划行为理论在教育领域中的运用屡见不鲜。例如许丽丽等人利用该理论进行的网络学习空间接受意愿研究[1]、尹弘飚等人研究的网络教学行为意向[2]以及 Teo 等人对教师使用技术进行教学意愿的研究[3]均验证了计划行为理论对行为意向的解释力和预测力。其中有部分学者还对计划行为理论变量进行了更细的维度表达。例如许丽丽就在其研究中结合技术接受模型选取感知易用性和感知有用性作为行为信念的构成部分，进而衡量主体的态度[4]。Schiffman & Kanuk（2000）则认为主观规范由主体的认知和其参考群体的关联程度来直接测量，将主观规范细分为主群体规范信念和次群体规范信念[5]。知觉行为控制则通常被分为自我效能和便

---

[1] 许丽丽、朱德全：《职业院校学生网络学习空间接受度的实证研究》，《清华大学教育研究》2019 年第 6 期。

[2] 尹弘飚、杨柳、林闻凯：《大学生对网络教学的认同感及其影响因素分析》，《西北师大学报（社会科学版）》2021 年第 5 期。

[3] Timothy Teo, Mingming Zhou, Jan Noyes, "Teachers and technology: Development of an extended theory of planned behavior", *Educational Technology Research and Development*, 2016（6）.

[4] 许丽丽、朱德全：《职业院校学生网络学习空间接受度的实证研究》，《清华大学教育研究》2019 年第 6 期。

[5] Leon G. Schiffman, Leslie Lazar Kanuk, *Consumer Behavior*, London: Pearson College Div, 2000.

利认知两个测量维度。综上，本研究构建出在线教育环境与终身学习意愿关系的模型（见图5-2）。

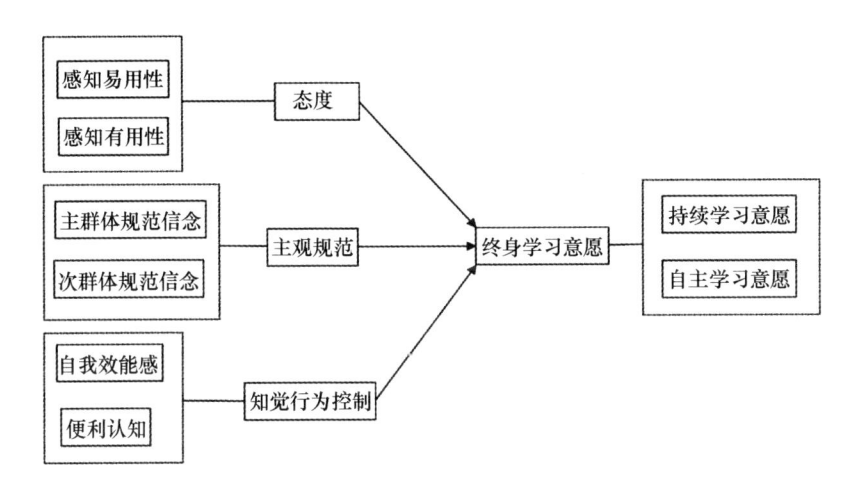

图5-2 理论模型

三 核心研究问题

无论是在线教育还是终身学习，其主体都应该是学习者。对"在线教育"和"终身学习"相关文献进行梳理后，笔者发现，在线教育质量、在线教育体验这一类的研究相对较多，它们也常常被用来和持续学习意愿进行因果关系的深入探索。但是已有研究的总体特征是，没有真正将学习者置于主体地位去研究在线教育和终身学习之间更为深入的联系。

具体而言，不管是线上还是线下学习，环境对个体的学习都是至关重要的。然而在线教育环境概念广泛，在本研究里主要是指在线教育过程中对学习者的心理发生实际影响的自然环境和生活环境。因此学习者的态度、身边人的影响以及个体对任务难易程度的感知被认为是在线教育环境的重要组成部分。计划行为理论正是从学习者主体出发，探寻个体的态度、主观规范和感知行为控制对行为意图的影响关系。

总而言之，学习者是学习的主体。探寻在线教育环境和终身学习意愿之间的具体关系是要抓住这个主体，去分析其接受在线教育过程中主体态度、主观规范和感知行为控制这三个环境因素是否会对终身学习意愿产生显著影响。近年来，国内外学者已经在教育领域运用计划行为理论展开了多项研究，为本研究提供了极好的理论框架和探究基础。因此，基于图 5-2 的理论模型，本研究尝试逐一解决以下两个问题。第一，在线教育环境和大学生终身学习意愿现状如何？第二，在线教育环境究竟对大学生终身学习意愿产生什么样的影响？

第四节 研究设计与数据清洗

本研究主要采用问卷调查法来搜集数据，调查对象是在校大学生，最后回收到有效问卷 1107 份。调查对象中有 11.7% 的学生来自"双一流"高校，剩余 88.7% 来自普通高校；男女学生比例分别为 24.9% 和 75.1%；年龄层次多聚集在 18—22 岁，占调查对象总人数的 84.8%；来自自然科学类、经济管理类、理工类、人文社科类及其他专业门类的大学生比例分别为 2.5%、3.8%、33.2%、33.2% 和 27.3%；教育程度涉及本科、硕士研究生和博士研究生，其比例分别是 93.9%、5.7% 和 0.5%。

一 问卷设计与编制

问卷调查旨在收集在线教育环境现状和大学生终身学习意愿的相关数据，了解大学生所处的在线教育环境和其终身学习意愿，探寻在线教育环境具体是如何对大学生的终身学习意愿产生影响的。在前文文献梳理的基础上，本研究将问卷分成三部分。第一部分是针对自变量调查的在线教育环境分量表，第二部分是针对因变量调查的终身学习意愿分量表，第三部分是基本情况调查。

首先，在线教育环境分量表是采用李克特五点量表计分法的形式制作问卷，试测后经过相关分析，删减了个别题目，最终共计 19 个题项，包含态度、主观规范和知觉行为控制三个维度。其中态度维度最初是从"认知""情感""行为"三个指标进行题项设计的。在对 71 份试测结果进行验证性因子分析后发现"行为"的相关题项不应放入"态度"维度，在大量阅读相关文献后最终参考技术接受模型将"感知易用性"（题项如"我相信访问在线教育资源很容易"）和"感知有用性"（题项如"我认为在线教育有利于自身的发展")作为"态度"维度的两个测量指标,具体题项主要参考自 Ragheb & Beard(1982)的休闲态度量表①。主观规范维度的题项参考自 Jongpil(2012)设计的问卷②,包含"主群体规范信念"和"次群体规范信念"两个变量。知觉行为控制维度原本的两个变量是"控制信念"和"便利认知",同样是在对试测样本进行验证性因子分析后将"控制信念"更改为"自我效能感"(题项如"我能很轻松地应对在线教育过程中遇到的问题"),并重新对题项进行删减和修改。该维度的题项主要参考自 1995 年 Taylor & Todd③的量表以及 Viswanath Venkatesh 等人④在 2003 年开发的问卷。

其次,本调查的因变量为"终身学习意愿"。笔者借鉴了 Oguzhan Nacarolu 等 2021 年开发的"终身学习量表"(Lifelong Learning Scale)并进行了相应的改编和题项的增加,形成一份包含 14 个题项的单维度量表。在对试测样本进行探索性因子分析后形成了"终身学习意愿"的两个分维度变量,一是"持续学习意愿",题项如"我喜欢深入分析一些问题和解决难题";二是"自主学习意愿",题项如"我乐于在班级里、工作中或朋友聚会时进行一些交流讨论"等。

最后,问卷的第三部分是基本信息调查,共有 12 道题,包含性别、年龄、家庭所在地等常见问题。除此之外,本研究在基本信息调查部分还设计了"在线教育时间"(题项如"您每天使用在线教育平台的时间是")、"在线学习动机"(题项如"您一开始接触在线教育的初衷是")、"导师作用"(题项如"在您在线学习的过程中,您的导师:")等问题,便于后续进行差异性检验,探索这些变量是否会对大学生的终身学习意愿产生显著影响。

本研究的数据分析方法主要是描述性统计、相关性分析、差异性检

---

① Ragheb Mounir G., Beard Jacob G., "Measuring Leisure attitude", *Journal of Leisure Research*, 1982(3).

② Jongpil Choon, Sangno Lee, Jaeki Song, "An Investigation of Mobile Learning Readiness in Higher Education Based on the Theory of Planned Behavior", *Computers & Education*, 2012(3).

③ Shirley Taylor, Peter A. Todd, "Understanding Information Technology Usage: A Test of Competing Models", *Information Systems Research*, 1995(2).

④ Viswanath Venkatesh, "User Acceptance of Information Technology: Toward a Unified View", *MIS Quarterly*, 2003(3).

验以及线性回归分析。描述性统计主要用于对"在线教育环境"的现状进行描述,差异性检验主要用于对地域、性别、专业等背景信息进行分析,探究这些变量是否会对大学生的终身学习意愿产生影响。线性回归分析主要用于对"终身学习意愿"的影响因素进行深入研究。

二 问卷信效度检验

问卷信度即问卷的可靠性,通过信度分析可以考察量表的质量。在本研究中,将量表数据导入 SPSS26.0 软件进行可靠性分析,计算各维度克隆巴赫 Alpha 系数来考察信度,结果表明总体量表信度和各维度信度良好。该量表共包含33项题目,总体克隆巴赫 Alpha 系数为0.949。其中在线教育环境量表中态度、主观规范和知觉行为控制三个维度克隆巴赫 Alpha 系数均高于0.840,说明量表各题项的一致性程度较高,即整体量表内部一致性较好,问卷数据可靠,可用于下一步分析。终身学习意愿量表共包含14项题目,总体克隆巴赫 Alpha 系数为0.910。该量表分为持续学习意愿和自主学习意愿两个维度,且这两个维度的克隆巴赫 Alpha 系数均高于0.85,其具体结果如表5-2所示。

表5-2　　　　　　　　在线教育环境量表信度分析

维度	克隆巴赫 Alpha	项数
态度	0.850	6
主观规范	0.878	7
知觉行为控制	0.846	6
持续学习意愿	0.859	6
自主学习意愿	0.859	8
总体量表	0.949	33

继信度分析之后,对量表展开效度分析。效度分析旨在探究各个题目的能效性,检测各个测量题目与变量的对应关系是否符合预期。本研究依旧采用 SPSS26.0 对正式问卷量表题目进行检验,在线教育环境量

表和终身学习意愿量表效度结果如表 5-3 所示。由表 5-3 中数据可知，在线教育环境量表和终身学习意愿量表的 KMO 值分别是 0.948 和 0.907，均高于 0.8，表明适切性较好，Bartlett 显著性水平为 p = 0.000 < 0.05，意味着变量之间具有相关性。因此，本问卷适合进行因子分析。

表 5-3　　　　　　　　KMO 与 Bartlett 分析结果

在线教育环境	KMO 测量取样适切性		0.948
	Bartlett's 球形度检验	上次读取的卡方	10878.439
		自由度	171
		显著性	0.000
终身学习意愿	KMO 测量取样适切性		0.907
	Bartlett's 球形度检验	上次读取的卡方	3046.797
		自由度	28
		显著性	0.000

本研究通过验证性因子分析进行效度检验。结构效度检验通过考察卡方自由度比 χ^2/df、RMSEA、RMR、CFI、NFI、NNFI 等核心拟合指标，进一步判断模型是否匹配。本研究借助 AMOS26.0 构建在线教育环境和终身学习意愿模型并进行拟合，整体拟合系数结果见表 5-4。由表 5-4 可知，自变量和因变量模型的各统计检验指标均符合标准，从而说明模型适配度较好，证明问卷结构效度良好。

表 5-4　　　　　　　　整体拟合系数

	常用指标	卡方自由度比 χ^2/df	RMSEA	RMR	NFI	IFI	CFI
在线教育环境	判断标准	<3（<5 可以接受）	<0.08	<0.05	>0.9	>0.9	>0.9
	值	4.998	0.060	0.021	0.935	0.947	0.947

续表

终身学习意愿	常用指标	卡方自由度比 χ^2/df	RMSEA	RMR	NFI	IFI	CFI
	判断标准	<3（<5可以接受）	<0.08	<0.05	>0.9	>0.9	>0.9
	值	4.703	0.058	0.016	0.950	0.960	0.960

第五节　数据分析与调查结果

一　描述性统计分析

首先对被调查大学生的基本情况进行描述性统计分析，包括性别、年龄、家庭所在地、学校、受教育程度、专业门类等。在回收的1107个有效样本中，男性276位，占24.9%，女性831位，占75.1%，说明调查样本中女性偏多。从年龄分布上来看，由于本研究的调查对象是大学生，所以被调查者年龄多集中在18—22岁，占到总样本的84.8%。从家庭所在地来看，调查样本来自农村的较多，共有764个样本，占总样本数的69%，来自城市的占总样本的31%。从学校和教育程度来看，绝大多数被调查者来自普通高校，"双一流"高校的仅占11.7%，学历层次本科居多，本科群体占总样本的93.9%。从样本的专业来看，自然科学类、经济管理类、理工类、人文社科类还有其他专业门类在调查过程中都有所涉及，其中人文社科类和理工类样本数较多，分别占总样本数的72.7%和39.5%。

其次，本研究在基本情况的调查中还涉及在线教育平台使用时间、在线学习动机以及在线教育过程中教师对大学生的影响作用。通过描述性分析发现：第一，69.2%的大学生每天使用在线教育平台的时间在半小时至3小时，甚至有12.4%的大学生样本每天用于在线教育的时间超过了3小时，说明在线教育已经成为大学生日常学习的一部分。第二，有90%的学生在学习过程中都会碰到使用在线教育的模式的教师，其中22.8%的大学生身边更是有5个及以上使用在线教育模式的教师，说明在线教育目前已经被众多教师所认可，将其作为一种全新的教学模式并已经运用到了平常的教学过程中。第三，通过在线学习动机描述性分析可见，70.6%的大学生最开始接触在线教育的初衷是完成学业任务，

16.7%的大学生则是为了提升自我。第四，有93.9%的大学生认为在其在线学习的过程中老师起到了很大的作用，他们可以促进自身进行思考或是让自己接受新的知识和技能，只有6.1%的样本认为在线教育环境中教师是可有可无的。第五，有41%的样本指出在线学习过程中教师和学生的互动频次只有0—5次，在这一题项上选择互动频次6—10次的占38%，而只有12.5%的样本选择的是15次以上，这一点足以说明在线教育过程中教师和学生的互动频次普遍不高。第六，有60.8%的被试大学生认为在线课程的学习氛围比较活跃，说明在线课程的学习氛围较好。

最后，对自变量"在线教育环境"中所包含的态度、主观规范和知觉行为控制三个核心变量以及因变量"终身学习意愿"中的"持续学习意愿"和"自主学习意愿"进行描述性统计分析，结果如表5-5所示。从表中可以看出在线教育环境得分较高，得分均值都在4分左右。其中"主群体规范信念""自我效能感"和"便利认知"得分稍低，但也高于3.5分。这说明，大学生对目前的在线教育环境还是持有比较高的认同度和满意度的。从因变量"终身学习意愿"的得分来看，"持续学习意愿"和"自主学习意愿"得分均值也相对较高，说明大学生终身学习的意愿还是较为强烈的。

表5-5　　　　　　　　在线教育环境现状描述

维度	测量指标	平均值	标准差	中位数
态度	感知易用性	4.038	0.532	4.000
	感知有用性	4.097	0.540	4.000
主观规范	主群体规范信念	3.961	0.595	4.000
	次群体规范信念	4.047	0.578	4.000
知觉行为控制	自我效能感	3.846	0.648	4.000
	便利认知	3.764	0.736	4.000
终身学习意愿	持续学习意愿	4.055	0.514	4.000
	自主学习意愿	3.901	0.529	4.000

二 相关性分析

进行描述性统计分析之后采用 Pearson 相关检验对"在线教育环境"和"终身学习意愿"中的每个变量进行相关性检验，具体分析结果如表 5-6 所示。

表 5-6　　　　　　　　　　　　相关性

	M	SD	持续学习意愿	自主学习意愿	感知易用性	感知有用性	主群体规范信念	次群体规范信念	自我效能感	便利认知
持续学习意愿	4.055	0.514	1							
自主学习意愿	3.901	0.529	0.715**	1						
感知易用性	4.038	0.532	0.499**	0.445**	1					
感知有用性	4.097	0.540	0.488**	0.448**	0.661**	1				
主群体规范信念	3.961	0.595	0.539**	0.501**	0.624**	0.645**	1			
次群体规范信念	4.047	0.578	0.512**	0.455**	0.504**	0.574**	0.621**	1		
自我效能感	3.846	0.648	0.520**	0.577**	0.557**	0.593**	0.675**	0.553**	1	
便利认知	3.764	0.736	0.473**	0.502**	0.505**	0.484**	0.606**	0.551**	0.671**	1

注：** $p<0.01$，*** $p<0.001$。

从表5-6可知，利用相关分析去研究因变量"持续学习意愿""自主学习意愿"和自变量感知易用性、感知有用性、主群体规范信念、次群体规范信念、自我效能感、便利认知之间的相关关系，系数可以反映各变量关系的强弱。由表5-6可知，持续学习意愿和自主学习意愿与感知易用性、感知有用性、主群体规范信念、次群体规范信念、自我效能感、便利认知之间全部呈现出显著性且系数都为正数，这也说明因变量与自变量之间有着正向相关关系。因此可以知道，大学生对在线教育的感知易用性越强，则其持续学习意愿和自主学习意愿就越正向；大学生对在线教育的感知有用性越强，则其持续学习意愿和自主学习意愿就越正向；大学生身边的主群体规范信念越强，则其持续学习意愿和自主学习意愿就越正向；大学生身边的次群体规范信念越强，则其持续学习意愿和自主学习意愿就越正向；大学生的自我效能感越强，则其持续学习意愿和自主学习意愿就越正向；大学生对在线教育的便利认知越强，则其持续学习意愿和自主学习意愿就越正向。

由上述内容可知，计划行为理论视域下在线教育环境对我国大学生终身学习意愿的影响模型中的变量两两之间存在着相关关系，但是相关性分析并不能判断当把多个变量放进模型后，变量间是否还存在相关关系，也不能保证变量间的相关强度大小。为了解决这一问题，接下去继续对模型中的变量做多元线性回归分析。

三 差异显著性检验

（一）人口统计学变量的差异检验

通过对性别、家庭所在地、学校等人口统计学变量进行差异显著性检验有以下几点发现。第一，利用独立样本t检验研究性别对于终身学习意愿、态度、主观规范和知觉行为控制4项的差异性发现，不同性别样本对于这四个变量均不会表现出显著性。第二，同样利用独立样本t检验研究家庭所在地对于终身学习意愿、态度、主观规范和知觉行为控制4项的差异性发现，不同家庭所在地的样本对于四个变量均不会表现出显著性差异。第三，通过独立样本t检验分析所在学校对终身学习意愿、态度、主观规范和知觉行为控制4项有无差异发现，不同学校样本对于终身学习意愿、主观规范和知觉行为控制3项不会表现出显著性差异，但对态度呈现出显著性差异,说明被测样本是来自"双一流"高校还是普通高校会对其态度产生一定的影响。第四,利用单因素方差分析研究年龄对于这四个变量的差异性,结果显示不同年龄样本对于终身学习意愿、主观规范、知觉行为控制 3 项不会表现出显著性差异,但对于态度呈现出显著差异,说明被测样本的年龄阶段在一定程度上对其态度会造成影响。第五,利用方差分析研究教育程度对于四个变量的差异性发现,不同教育程度的样本对这 4 项均不会表现出显著性差异。第六,仍旧利用方差分析研究专业类别对于 4 项变量的差异性,结果显示不同专业样本对于终身学习意愿和态度两项不会表现出差异性,但对于主观规范和知觉行为控制两项呈现出显著性差异。这一结果说明不同专业的大学生在受到身边人的影响程度上和对在线教育的能力感知上存在着明显差异,值得进一步探究其深层原因。第七,将收集到的问卷 IP 地址整理归类,按照我国的区域划分将样本 IP 分为东部、中部、西部和东北部,在此基础上利用方差分析研究地域不同对于大学生终身学习意愿的差异性。结果显示,不同区域的样本对于终身学习意愿表现出显著性差异,但是地域究竟是如何影响大学生终身学习意愿的,还有待更深入的研究。

(二)其他背景变量的差异性检验

从之前的文献阅读不难发现,大学生的终身学习意愿从来不止受到在线教育环境一种因素的影响。因此,为了保证研究的科学性,笔者还在问卷调查中加入了六道有关控制变量的题项。这六个题项包括"每天使用在线教育平台的时间""授课老师中采用在线教育模式的个数""接触在线教育的初衷""在线教育过程中老师发挥的作用""在线学习过程中师生互动的频次""在线课程的学习氛围"。从单因素方差分析中可得出以下六点发现。

第一,"每天使用在线教育平台的时间不同"的样本对于终身学习意愿和在线教育环境均呈现出显著性差异。每天使用在线教育平台的时间越多,其感知到的对在线教育的控制水平就越高,终身学习意愿也越强烈。除此之外,结果显示每天使用在线教育平台时间在 1—3 小时的大学生主观规范维度得分最高,每天使用时间在 5—10 小时的大学生对在线教育的态度最为积极正向,这两点结果较为有趣,还有待于进一步深入分析。

第二，"授课老师中采用在线教育模式的个数"不同，其终身学习意愿在线教育环境结果也存在着明显的差异。结果显示，在平时的授课过程中如果有超过 5 个教师采用在线教育模式，这些大学生样本在这 4 个变量上的得分远远高于授课过程中只有 1—2 个采用在线教育模式老师的样本。这一结果说明采用在线教育模式的老师数量在很大程度上影响着大学生对在线教育的态度、规范信念、知觉行为控制和终身学习意愿。

第三，"不同接触在线教育初衷"的样本对于终身学习意愿、态度和知觉行为控制呈现出显著差异，但对于主观规范不会表现出显著性差异。分析结果显示，在线学习动机是"提升自我"的样本终身学习意愿、对在线教育的态度和知觉行为控制显著高于其他动机的样本。此外，接触在线教育的初衷是"个人兴趣"的样本终身学习意愿得分也较高。这样的结果说明出于主观原因接触在线教育而不是出于课程要求或受到其他人影响的大学生更容易产生持续学习和自主学习的意愿。

第四，"在线教育过程中老师发挥的作用"不同，样本在终身学习意愿和在线教育环境方面的结果均呈现显著差异。选择在线教育过程中老师"能促进我思考"的样本在终身学习意愿、态度、主观规范和知觉行为控制四项变量上的得分显著高于选择"能让我接受新的知识和技能"的样本。并且选择教师作用"可有可无"的样本在四个变量方面的得分显著低于前两者。这说明在线教育过程中教师对大学生起到了相当关键的作用，一门在线课程的老师越能促进学生思考，学生对在线教育的态度也就越积极，也越能激发学生后续学习的兴趣。

第五，不同"在线学习过程中师生互动的频次"的样本对于终身学习意愿、态度、主观规范和知觉行为控制均呈现出显著性差异。从数据分析结果来看，在线学习过程中互动频次为 11—15 次的样本不论是在终身学习意愿还是在线教育环境方面得分都是最高的。也就是说，在线教育过程中师生互动频次过低或过高都会破坏大学生对在线教育环境的体验感和终身学习意愿，然而适当的互动频次却可以提升其持续学习和自主学习意愿。

第六，不同"在线课程的学习氛围"样本对于终身学习意愿和在线教育环境都呈现出显著性差异。单因素方差分析结果显示，在线课程学习氛围越活跃，大学生对在线教育环境态度、主观规范和知觉行为控制的得分越高，终身学习意愿也越强烈。这一结果说明在线课程的学习氛围会给学习者的在线教育环境体验带来很大的影响，营造一个良好、活跃的在线学习氛围有助于提升大学生的持续学习和自主学习意愿。

四 多元线性回归分析

多元线性回归分析可以显示自变量与因变量之间的关系与关系强度的大小，本研究使用 SPSS26.0 软件对数据进行三次多元线性回归分析：第一，持续学习意愿与感知易用性、感知有用性、主群体规范信念、次群体规范信念、自我效能感与便利认知的回归分析；第二，自主学习意愿与感知易用性、感知有用性、主群体规范信念、次群体规范信念、自我效能感与便利认知的回归分析；第三，终身学习意愿与态度、主观规范、知觉行为控制的回归分析，具体结果如表 5 - 7 所示。

表 5 - 7　　　　　　　　　　多元线性回归分析

控制变量	持续学习意愿		自主学习意愿		终身学习意愿	
	模型 1	模型 2	模型 3	模型 4	模型 5	模型 6
地域	0.020	0.023	0.025	0.018	0.023	0.026*
使用时间	0.040*	0.014	0.080**	0.051**	0.063**	0.035**
授课模式	0.024	-0.013	0.006	-0.031*	0.014	-0.020
初衷	0.020*	0.023**	0.022*	0.022**	0.021*	0.023**
教师作用	-0.073**	-0.002	-0.083**	-0.003	-0.079**	-0.001
互动频次	0.002	-0.007	0.011	0.005	0.007	-0.001
学习氛围	-0.051*	0.067	-0.098**	0.018	-0.078**	0.036
自变量						
感知易用性		0.161**		0.087*		
感知有用性		0.072*		0.043		
主群体规范信念		0.132**		0.075*		
次群体规范信念		0.161**		0.089**		

续表

	持续学习意愿	自主学习意愿	终身学习意愿
自我效能感	0.112**	0.250**	
便利认知	0.055*	0.085**	
态度			0.186**
主观规范			0.220**
知觉行为控制			0.244**

注：* $p<0.05$，** $p<0.01$，*** $p<0.001$。

（一）持续学习意愿与感知易用性、感知有用性、主群体规范信念、次群体规范信念、自我效能感与便利认知的回归分析

该多元线性回归分析中，因变量是持续学习意愿，自变量是感知易用性、感知有用性、主群体规范信念、次群体规范信念、自我效能感与便利认知。由表5-7可得，感知易用性、感知有用性、主群体规范信念、次群体规范信念、自我效能感和便利认知的标准化回归系数都大于0，表明模型中的这六个变量对持续学习意愿的影响都是正向的。其中，各变量作用大小依次是感知易用性、次群体规范信念、主群体规范信念、自我效能感、感知有用性和便利认知。从回归系数和t值、p值来看，"态度"维度中的"感知易用性"和"感知有用性"对于大学生持续学习意愿均具有显著的正向影响。"主观规范"中"主群体规范信念"和"次群体规范信念"两个变量均对持续学习意愿具有显著正向影响。"知觉行为控制"维度的"自我效能感"和"便利认知"两个变量也对持续学习意愿有显著的正向影响。

因此，我们接受假设H1a：在线教育感知易用性对大学生的持续学习意愿具有显著正向影响；H2c：次群体规范信念对大学生的持续学习意愿具有显著正向影响；H2a：主群体规范信念对大学生的持续学习意愿具有显著正向影响；H3a：在线教育自我效能感对大学生的持续学习意愿具有显著正向影响；H3c：在线教育便利认知对大学生的持续学习意愿具有显著正向影响。同时，在这一回归分析中笔者还发现控制变量"在线学习初衷"对大学生的终身学习意愿也具有显著的正向影响。

(二) 自主学习意愿与感知易用性、感知有用性、主群体规范信念、次群体规范信念、自我效能感与便利认知的回归分析

该多元线性回归分析中，因变量是自主学习意愿，自变量是感知易用性、感知有用性、主群体规范信念、次群体规范信念、自我效能感与便利认知。由表5-7可知，感知易用性、感知有用性、主群体规范信念、次群体规范信念、自我效能感和便利认知的标准化回归系数都大于0，表明模型中的这六个变量对自主学习意愿的影响都是正向的。其中，各变量作用大小依次是自我效能感、次群体规范信念、便利认知、感知易用性、主群体规范信念和感知有用性。从回归系数和t值、p值来看，"态度"维度中的"感知易用性"对于大学生自主学习意愿具有显著的正向影响，"感知有用性"则无显著影响。"主观规范"中"主群体规范信念"和"次群体规范信念"两个变量均对自主学习意愿具有显著正向影响。"知觉行为控制"维度的"自我效能感"和"便利认知"两个变量也对自主学习意愿有显著的正向影响。

因此，我们接受假设H3b：在线教育自我效能感对大学生的自主学习意愿具有显著正向影响；H2d：次群体规范信念对大学生的自主学习意愿具有显著正向影响；H3d：在线教育便利认知对大学生的自主学习意愿具有显著正向影响；H1b：在线教育感知易用性对大学生的自主学习意愿具有显著正向影响；H2b：主群体规范信念对大学生的自主学习意愿具有显著正向影响；而假设H1c：在线教育感知有用性对大学生的持续学习意愿具有显著正向影响并未得到验证。此外，在这一回归分析中"在线平台使用时间"和"接触在线教育的初衷"也表现出对大学生终身学习意愿的显著正向影响，而"采用在线授课教师的数量"对大学生的终身学习意愿呈现出显著负向影响。

(三) 终身学习意愿与态度、主观规范与知觉行为控制的回归分析

该多元线性回归分析中，因变量是终身学习意愿，自变量是态度、主观规范和知觉行为控制。由表5-7可得，态度、主观规范和知觉行为控制的标准化回归系数都大于0，表明模型中的这三个变量对终身学习意愿的影响都是正向的。其中，各变量作用大小依次是知觉行为控制、主观规范和态度。从回归系数和t值、p值来看，"态度""主观规范""知觉行为控制"均对大学生终身学习意愿具有显著的正向影响。

因此，我们接受假设 H3：在线教育知觉行为控制对大学生的终身学习意愿具有显著正向影响；H2：主观规范对大学生的终身学习意愿具有显著正向影响；H1：在线教育态度对大学生的终身学习意愿具有显著正向影响。除此之外，控制变量"地域""在线平台使用时间""接触在线教育初衷"也对大学生的终身学习意愿具有显著正向影响。

第六节 研究总结与策略建议

一 研究总结

基于计划行为理论，本章设计了以态度、主观规范和知觉行为控制为一级测量指标的在线教育环境量表和包含持续学习意愿、自主学习意愿两个维度的终身学习意愿量表。通过描述性统计、相关性分析、差异显著性检验和多元线性回归等数据分析方法，探究了在线教育环境和大学生终身学习意愿的现状，不同年龄、性别、专业等背景变量下大学生终身学习意愿的差异性以及大学生终身学习意愿的影响机制，得到如下结论。

第一，从在线教育环境的现状来看，态度、主观规范和知觉行为控制的得分均在 4 分左右，其中态度维度得分最高，说明大学生对在线教育持有相对积极的态度。从终身学习意愿的现状来看，大学生的持续学习意愿比自主学习意愿更为强烈，总体来说大学生终身学习意愿水平较高。

第二，控制变量"地域""每天使用在线教育平台的时间""接触在线教育的初衷""教师作用""日常授课模式""互动频次""学习氛围"也会对大学生的终身学习意愿产生影响。相较之下，西部地区学习者的自主学习意愿最强烈、东北部地区学习者的终身学习意愿最强烈。每天使用在线教育平台时间越长的学生，其终身学习意愿越强烈。最初是为了提升自我而选择在线教育的学习者相对于其他学习者也有着更高的终身学习意愿。日常授课过程中采用在线教育模式的教师越多，学生的自主学习意愿水平也越高。如果教师能够在在线课程中促进学生积极思考，学习者的终身学习意愿也会相对较高。在线课程师生互动频次适中时（11—15 次），学习者的自主学习意愿和终身学习意愿最强烈。在线课程氛围越活跃，学习者的自主学习意愿、持续学习意愿、终身学习意愿均更加强烈。

第三，"态度""主观规范""知觉行为控制"对"终身学习意愿"具有显著的正向影响。除此之外，通过相关性和回归分析，对所有的研究假设进行验证发现大部分假设是成立的，只有假设 H1c：在线教育感知有用性对大学生的持续学习意愿具有显著正向影响并未得到验证。基于这一结果，笔者推测可能是由于"感知有用性"的题项设计较为宏观抽象（如"我认为在线教育有利于自身发展"）。本研究的"感知有用性"主要体现在学习者是否认为在线教育会对自身未来的发展产生有利影响，这本就是一个较为模糊宽泛的设想，可能会对学习者的自主学习意愿产生一定的正向影响。但是，持续学习意愿主要还是受到学习者日常学习体验等的影响，因此在本研究中在线教育感知有用性对大学生的持续学习意愿具有显著正向影响这一假设并未得到验证。

二　策略建议

基于本研究所获得的计划行为理论视域下在线教育环境对我国大学生终身学习意愿的影响之结论，笔者试从未来实践改进的视角给出进一步的讨论和建议。

第一，改进在线教育平台的使用便利性，提升教育资源的质量。本研究表明，大学生对在线教育环境所持有的态度对于其终身学习意愿具有显著正向影响且大学生对在线教育环境感知到的易用性对于持续学习意愿和自主学习意愿同样具有显著正向影响。一方面，现在各种各样的在线教育平台和在线课程种类极其繁多，很多学习者在刚接触一种在线教育平台时，面对众多的课程往往不知道自己所需的课程究竟在哪里。学习者在进行在线学习的过程中无法快速地找到自己需要或是感兴趣的课程，这就导致学习者对在线教育感知到的易用性降低。很多大学生最初处于提升自我的目的选择在线教育，但由于在线教育平台使用的不便捷性，最后又会选择放弃。另一方面，研究结果显示接触在线教育的初衷是"提升自我"和"个人兴趣"的大学生终身学习意愿也相对强烈，但是在态度等因素的影响下，这种意愿也会随之发生改变。也就是说，要维持或提升这类学习者的终身学习意愿，就需要在线教育平台为学习者提供适合他们的高质量学习资源。在线教育平台可以运用数据挖掘、人工智能和学习分析等现代信息技术，建立自适应学习系统，促进课程平台及教育服务的优化升级。[①] 例如，平台可以通过学习者在平台进行的互动、提交的作业等多种渠道收集他们的学习数据，实时跟踪掌控其学习状态。在收集到学习者的数据后对其学习需求和学习效果进行个性化诊断与评估，并依据数据分析结果有针对性地为平台学习者提供合适的学习路径，推送有价值的学习资源与服务，帮助他们调整学习策略，始终保持良好的学习状态与行为习惯。因此，只有真正满足了大学生的学习诉求，他们才会在更大程度上接受、认可和持续使用在线教育平台。想要通过在线教育平台提升大学生的终身学习意愿，还需要从改变学习者对在线教育的态度开始，让他们在学习过程中体验到在线教育平台使用上的便利性和资源上的丰富性，才有可能提升其持续学习和自主学习意愿。

第二，加大对在线教育的宣传力度，强化在线教育过程中教师的引导示范作用。在传统教学模式中，教师处于"主导"地位，教师的言行在很大程度上会影响学生的学习状态，在线教育也是如此。在控制变量的调查中也发现，在线课程中教师所起的作用对学生的在线学习体验和终身学习意愿产生了不小的影响。鉴于此，在线教育的过程中，建设者要充分意识到教师角色的重要性。首先，要充分利用教师"引导者"的身份，鼓励和引导学生多多接触在线教育，积极宣传在线教育对学生知识获取、技能提高和信息素养养成的意义，引导学生形成对在线教育的积极态度。除此之外，教师还可以将在线教育渗透到日常的教学活动中去，让学生可以根据自身需求选择在线课程和在线学习资源，强化学生的在线学习意识，引导学生产生对在线教育的正向认知和接受行为。其次，调查结果显示在线教育过程中师生之间的互动会对大学生的在线教育环境体验和终身学习意愿产生显著正向影响。在线教育环境中的交互包括教师与学生的交互和学生之间的交互两种，其中师生交互是通过对学习内容、学习方法和态度等方面的交流，传授学生知识、指导学习方

[①] 赵磊、冯佳玉、高树仁：《在线教育环境下大学生持续学习行为影响因素研究》，《黑龙江高教研究》2021年第2期。

法和做出评价反馈等,属于教师可控范围内的交互。频率过高或过低的交互都会降低学习者对在线教育环境的满意度,只有控制好在线教育过程中的交互次数才能让学生获得最佳的在线学习体验。至于一节在线课程究竟需要多少次互动,还有待进一步探究。最后,在调查过程中发现,次群体规范信念对于大学生的持续学习意愿也有着显著正向影响。也就是说,国家、政府和媒体等对在线教育的宣传也是相当重要的。现在是互联网时代,大学生除了在校学习,每天接触最多的就是扑面而来的各类信息,而且大学生是有着自己想法的独立个体,且具有分析和利用各类信息的能力。如果国家能够通过互联网积极宣传在线教育的优势和便利,也能在无形之中增加大学生对在线教育的好感,促使他们接触和使用在线教育平台来拓展自己的能力。总而言之,在线教育环境中"主观规范"对大学生的终身学习意愿起着不可忽视的作用。从主群体规范信念来说,学校和教师需要在这一过程中做出教学策略等方面的改变,从而对学生产生更为积极正面的影响。从次群体规范信念来说,国家和政府对于在线教育的推动作用也是不容小觑的。现在国家提倡形成全民终身学习的"学习型社会",而"学习型社会"形成的前提条件就是人人都要有学习的欲望和途径。如果政府为学习者提供了便捷免费的学习途径,再加以宣传,相信大学生的终身学习意愿也会随之提高。

第三,加强学生信息技术能力的培养和保障在线教育所需的信息化基础设施建设。本研究表明,大学生对在线教育感知到的行为控制对其终身学习意愿具有显著正向影响;大学生使用在线教育的自我效能感对其持续学习意愿和自主学习意愿具有显著影响且大学生使用在线教育的便利认知对其持续学习意愿和自主学习意愿具有显著影响。自我效能感越强,条件越便利,大学生对在线教育的控制信念和行为控制力就越强。因此,赋予学生开展在线学习所需要的信息技术能力和为学生创造更为便捷的在线教育条件就显得非常必要。在大学生的信息技术能力培养方面,学校可以专门开设一些针对性的课程或开展讲座培训,借此来提升学生的信息素养,使他们掌握基本的信息技术能力。还可以将信息素养的培养融入其他课程的教学中,抑或是将原本的传统授课模式变为线上线下相结合的新形式,让学生在日常授课中体验在线教育的优势,又能锻炼自己在线学习的能力,从而提升该方面的自我效能感。在信息化基础设施建设方面，从研究结果可以看出技术、设备、时间和金钱支持都能为大学生带来更高的便利认知。因此，国家需要保障网络的畅通性，学校需要确保学习工具的可用性。在线教育过程中教师在布置任务让学生自主学习时，也要充分考虑到学习工具的局限性，要让学生在在线学习的过程中感知到工具是有用的，是可以为他们的学习带来便利和价值的，这样学习者才会主动去尝试。在线教育平台也需要定时向教师和学生征求改进意见，以提高平台的便利性和使用效率。当前市场上有各种各样的在线学习工具，很多大学生没能选择真正对自己学习有所帮助的设备和软件，也会导致他们对在线教育的便利认知降低。在这种情况下，教师或相关的工作人员可以对市场上的这些在线学习工具进行分类、解释，或者在学习过程中教师可以为学习者指定学习工具，从而提高学习者的学习效率。除此之外，大学生群体还属于学生，还需要依靠父母生活，没有固定的经济来源，为在线教育购置相应的设备对他们而言可能也是一笔不小的开支。因此，国家可以适当开发设计一些专用于在线教育的、价格低廉的信息设备，并且多为学习者提供一些免费高质量的学习资源，让大学生深刻感受到在线教育的便利性。

第七节　本章小结

本章通过对目前在线教育和终身学习的现状以及相关政策分析，发现推动全民终身学习是当今社会发展的大方向，而在线教育则是构建学习型社会不可或缺的学习工具。因此，本研究对在线教育环境和终身学习意愿之间的关系做了一些推测。

首先，在笔者大量阅读了国内外有关在线教育环境和终身学习意愿的文献后不难看出这两者之间是存在一定的联系的。有不少学者曾经探索过学习环境和学习意愿之间的关系，在线教育环境作为新时代发展的产物，是一种全新的学习环境。因此在线教育环境和学习意愿之间也可能存在着类似的影响关系。为了探索这两者之间的具体关系，笔者决定基于计划行为理论，采取问卷调查法进行下一步研究分析。在研究的设计过程中，第一步明确了研究问题"在线教育环境究竟是如何影响大学生的终身学习意愿的"。第二步按照计划行为理论提出本研究的模型框架，根据这一模型提出了在线教育环境和终身学习意愿之间的十五条假设。第三步则是在确定了核心研究问题和理论模型的基础上从态度、主观规范和知觉行为控制三个维度设计了自变量分量表，从持续学习意愿和自主学习意愿两个维度设计了因变量分量表，再进行问卷的分发和数据的收集。

其次，在调查数据收集上来后利用 SPSS26.0 采取了描述性统计分析、相关性分析、多元线性回归分析和差异显著性检验等一系列数据分析方法，证实了研究中的部分假设。其中描述性统计可以让我们直观感受到大学生对在线教育环境的评价和他们的终身学习意愿现状。相关性分析主要是检验上述提出的十五条假设是否合理，结果证明在线教育环境和终身学习意愿之间确实存在着一定的相关性。在相关性检验的基础上，多元线性回归分析则可以进一步确定这十五条假设是否成立，结果显示我们的大部分猜想是正确的，而少数不成立的假设还有待深入的研究检验。差异性检验则是分为人口统计学变量和控制变量来进行分析，从而进一步探索了控制变量对整个研究的影响。

最后，基于调查获得的计划行为理论视域下在线教育环境对我国大学生终身学习意愿的影响之结论，本研究从未来实践改进的视角给出了进一步的讨论和建议。第一，想要依靠在线教育构建学习型社会还需要改进在线教育平台的使用便利性，提升教育资源的质量。第二，根据调查所显示的主观规范会对大学生的终身学习意愿产生一定的影响，所以我们还要加大对在线教育的宣传力度并强化在线教育过程中教师的引导示范作用。第三，因为学习者对在线教育感知到的行为控制在很大程度上会影响其终身学习意愿，所以加强学生信息技术能力的培养和保障在线教育所需的信息化基础设施建设也是一项非常关键的策略。

第 六 章

在线课程学习体验影响的调查研究

在大规模在线开放课程和终身学习理念的双重浪潮之下，学习型社会的建成指日可待，学生的"在线课程学习体验"和"终身学习意愿"均成了研究重点。大学生处在学校教育和继续教育的关键阶段，又是在线教育的最大受众，其在线课程学习体验和终身学习意愿的关系具有重要的研究价值。通过对我国各区域上千名大学生的在线课程学习体验和终身学习意愿的现状进行调查，分析两者之间的关系，提出策略性建议，有利于大学生在学校教育向继续教育过渡的这一关键时刻拥有良好的在线课程学习体验，更好地适应学习型社会，培养终身学习观念和意愿。

第一节 研究背景

在信息技术飞速发展的今天，终身学习已经成为全球最广泛的教育目标。我国非常注重终身教育的发展，从全国到各省都在加强顶层设计，加强制度建设，大力推进全民终身学习。2019年公布的《中国教育现代化2035》为中国的教育现代化提供了一个基本的目标，即到2035年建成服务全民终身学习的现代教育体系[①]。党的二十大报告强调"推进教育数

[①] 中共中央、国务院：《中国教育现代化（2035）》，2019年2月21日，http://www.moe.gov.cn/jyb_xwfb/gzdt_gzdt/201902/t20190223370857.html，2022年6月22日。

字化，建设全民终身学习的学习型社会、学习型大国"①。信息技术改变教育理念的同时，也促进了在线教育这一新兴教育形式的产生。在线教育以互联网技术为基础，跨越了时间和空间的限制，提高了人们知识获取渠道的灵活多样性，为终身教育提供了符合时代的学习方式，受到了大众的青睐。

在在线教育的浪潮下，高等院校和机构正纷纷进行改革，将数字化信息技术融入学校教育和继续教育中，积极推动在线课程的建设。然而，在线课程的发展对许多高校来说却是一柄"双刃剑"。一方面，由于自身的教学资源、师资力量和学校声望，在线课程的开设不仅能吸引大量的学习者，而且还能促进高校自身的发展和进步；另一方面，随着课程形式和教学模式的改革，教学方式、学习方式和管理方式都将随之发生变化。这种变革将会使传统的学习工具、学习环境、学习过程发生改变，同时也会影响到大学生的学习目的、学习观念和学习文化。在这个系统性大变革的过程中，如何让大学生较好地适应这一系列的变化，拥有良好的在线课程学习体验，从而在学校教育向继续教育过渡的这一关键时刻培养大学生的终身学习观念和意愿，这对各高校来说是一个前所未有的巨大挑战。

因此，本研究将基于某一科学的理论视角，应用问卷调查和访谈探讨在线课程学习体验和我国大学生终身学习意愿的关系，以助力高校在线课程的高水平建设和我国学习型社会的早日建成。

第二节　文献综述

从概念界定、测量维度、影响因素等方面对在线课程学习体验、终身学习意愿以及两者之间的关系进行文献梳理，可以为之后的研究打下坚实的基础。

---

① 习近平：《高举中国特色社会主义伟大旗帜 为全面建设社会主义现代化国家而团结奋斗——在中国共产党第二十次全国代表大会上的报告》，《人民日报》2022年10月26日第1版。

一 在线课程学习体验

"在线课程学习体验"的概念界定和"在线课程""体验""学习体验"的意义紧密相连。2000年,教育部现代远程教育资源建设委员会在《现代远程教育资源建设技术规范》中对在线课程进行了界定,认为"在线课程"是指"在线教学的教学内容和教学活动的总和,是由教学目标、教学策略组织而成的教学内容和支持网络教学的环境"[1],具有"交互性、灵活性、生成性、开放性"等特征[2]。在线课程被认为是改革传统教与学形态、推动课堂革命、实现高等教育变革的重要力量[3]。"体验"通常指外界事物、情境所引起的当事人的内心感受,它既是一种活动,又是一种结果,是主体从亲身经历中获得的情感和认识[4]。美国教育改革术语表(The Glossary of Education Reform)对学习体验的定义为:"学习体验"是指发生在学习过程中的任何交互、课程、环境等所产生的体验[5]。学习体验是体验在学习领域的具体化,在线课程学习体验是学习体验在在线课程上的进一步具体化。结合在线课程和学习体验的含义,可以将在线课程学习体验定义为学习者对在线课程学习过程及结果的感知与体验。它是学习者对在线课程环境、在线学习活动、学习交互等多方面的感知和反应,是衡量在线课程学习质量的重要指标[6]。因此,开展在线课程学习体验的调查是检验学习者在线课程学习质量的基础。新冠疫情防控以来,在线课程学习是学习者重要的学习方式之一,学习体验成为当下的研究重点。

---

[1] 武法提:《论网络课程及其开发》,《开放教育研究》2006年第1期。
[2] 章玳、胡梅:《在线课程的文化选择》,《江苏高教》2013年第4期。
[3] 杨晓宏、周海军、周效章等:《国内在线课程质量认定研究述评》,《电化教育研究》2019年第6期。
[4] 周神珍:《S中职学前教育专业女生学习体验的个案研究》,硕士学位论文,江西师范大学,2014年。
[5] The Glossary of Education Reform, "Learning experience", Spring 2000, https://www.edglossary.org/learning-experience/.
[6] 刘斌、张文兰:《在线课程学习体验的影响因素及其结构研究》,《现代教育技术》2017年第9期。

在已有文献对在线课程学习体验结构的阐述中，观点主要集中在课程环境体验、学习活动体验和学习效果感知等方面。其中，与课程环境相关的体验包括课程结构、课程管理与组织等内容；与学习活动相关的体验包括学习行为、教学和认知感知、学习交互等内容；与学习效果感知相关的维度包括主观反应、效果评价、课程评价、学习效果感知、满意度等（见表 6-1）。大部分学者在确定了在线课程学习体验维度之后，将其转化为若干个可以直接观察或报告的具体指标，利用李克特五级量表进行测量。

表 6-1　　　　　　　　在线课程学习体验的构成要素

作者	学习体验要素	说明
Udo[1]等，2011	课程结构、师生交互、学生交互、个体学习	在线学习体验
Teng[2]等，2012	教学感知、社会性感知、认知感知	网络教室的学生学习体验
何春[3]等，2014	学习行为、课程评价、参与感受	大学生 MOOC 学习体验
吴筱萌[4]等，2014	主观反应、效果评价、满意度	MOOC 课程学习体验
刘斌[5]等，2016	课程环境、学习活动、学习结果	在线课程学习体验
张兰文[6]等，2021	课程环境体验、学习活动体验、学习效果感知	在线课程学习体验

---

[1] Godwin J. Udo, Kallol K. Bagchi, Peeter J. Kirs, "Using SERVQUAL to assess the quality of e-learning experience", *Computers in Human Behavior*, 2011（3）.

[2] Daniel Chia-En Teng, Nian-Shing Chen, Kinshuk, et al., "Exploring students' learning experience in an international online research seminar in the Synchronous Cyber Classroom", *Computers Education*, 2012（3）.

[3] 何春、王志军、吕啸：《我国大学生 MOOCs 学习体验调查研究》，《中国远程教育》2014 年第 21 期。

[4] 吴筱萌、雍文静、代良等：《基于 Coursera 课程模式的在线课程学生体验研究》，《中国电化教育》2014 年第 6 期。

[5] 刘斌、张文兰、江毓君：《在线课程学习体验：内涵、发展及影响因素》，《中国电化教育》2016 年第 10 期。

[6] 张文兰、李莎莎：《在线课程学习体验量表的开发与检验》，《现代教育技术》2021 年第 2 期。

在线课程的学习体验是由教师行为、学习焦虑等多种因素共同作用的结果。同时，它也影响着在线学习的行为、行为倾向、学习习惯等因素。明确在线课程中的各种影响因素以及两者之间的联系，对于在线课程的构建和在线教学活动的设计都具有一定的指导作用，许多研究者已开始了探索之路。休（Sun，2008）等从满意度的视角探讨了影响在线课程学习体验的因素，包括学习者的在线学习焦虑、课程教师的态度和行为、课程灵活性、课程质量、感知有用性、感知易用性、多样化的评估方式等[1]；佩希特（Paechter，2010）等通过文献分析，发现影响在线课程学习体验的因素包括课程设计、学习材料、课程环境、师生交互、同伴互动、个体学习进程、学习结果等[2]。相比前因变量，对于在线课程学习体验的结果变量的研究时间更短，研究成果更少。比如，陈梅芬（2017）基于问卷调查探讨了大规模在线课程用户体验与学习动机关系，发现大规模在线课程的用户体验和学习动机交互影响[3]；胡靓菲（2018）基于对 MOOCs 平台学习者的调查，得出学习体验对学习感知价值和学习满意度产生正向作用，学习感知价值则通过学习满意度影响持续使用意愿[4]。

二 终身学习意愿

解读"终身学习意愿"的概念建立在明晰"终身学习"一词的基础之上。学术界对"终身学习"的定义很多，但是内涵大致相同，其中最具权威性的是欧洲终身学习促进会的相关解释，认为"终身学习是一个持续发挥人类潜能的支持过程，它激发并赋予人以获得终身所需要的全

---

[1] Pei-Chen Sun, Ray J. Tsai, Glenn Finger, et al., "What drives a successful e-learning? An empirical investigation of the critical factors influencing learner satisfaction", *Computers Education*, 2008 (4).

[2] Manuela Paechter, Brigitte Maier, Daniel Macher, "Students' expectations of, and experiences in e-learning: Their relation to learning achievements and course satisfaction", *Computers Education*, 2010 (1).

[3] 陈梅芬：《大规模在线课程用户体验与学习动机的关系研究》，硕士学位论文，华中师范大学，2017 年。

[4] 胡靓菲：《MOOCs 平台课程学习体验与满意度研究》，硕士学位论文，北京邮电大学，2018 年。

部知识、价值、技能与理解的权利,并且在任何任务、情况和环境中都有信心、有创造性和愉快地应用这些知识"①。"意愿"一词在《现代汉语词典》中解释为愿望心愿,学习意愿即个体想要进行学习的意愿。终身学习意愿是终身学习的一个下位概念,意愿作为终身学习的动力,具有倾向性,影响着个体能否主动开展学习活动。终身学习意愿指的是个体对主动进行终身学习行为的看法或想法,并因此而产生的个人对终身学习行为的主观思维。终身学习意愿表现为个体对终身学习行为的主动选择倾向。在建设学习型社会的大环境下,良好的终身学习意愿是每一个公民必备的素质,只有拥有终身学习的意向和热情时,才能主动发挥学习潜能,学习和掌握新知识、新技能,从而提高我国的综合实力。因此,对终身学习意愿进行研究是必不可少的。

由于终身学习意愿相对抽象,不易测量,所以国内外一些学者将其转化成了若干个可以直接观察的具体指标。其中,比较成熟的问卷或量表包括土耳其耶迪泰佩大学(Yeditepe University)科斯昆(Coşkun,2010)等②编制的终身学习倾向量表(Lifelong Learning Tendency Scale)、圣约翰大学(Saint John's University)维尔凯维奇(Wielkiewicz,2014)等③设计的评估教学和课程效果的终身学习量表(A Lifelong Learning Scale for Research and Evaluation of Teaching and Curricular Effectiveness)、埃尔吉耶斯大学(Erciyes University)纳卡罗格鲁(Nacaroglu O.,2021)等④设计的调查资优学生的终身学习趋势量表(Lifelong Learning Tendencies Scale)。这些经过了大量测验的终身学习意愿相关量表已经比较成熟,值得借鉴。

在已有文献中,终身学习意愿受到学习体验、媒体使用、受教育程

---

① 吴遵民:《新版现代国际终身教育论》,中国人民大学出版社2007年版,第39页。
② Yelkin Diker Coskun, Melek Demirel, "Lifelong learning tendency scale: the study of validity and reliability", *Procedia-Social and Behavioral Sciences*, 2010 (5).
③ Richard M. Wielkiewicz, Alyssa S. Meuwissen, "A lifelong learning scale for research and evaluation of teaching and curricular effectivenes", *Teaching of Psychology*, 2014 (3).
④ Oguzhan Nacaroglu, Oktay Kizkapan, Tahsin Bozdag, "Investigation of lifelong learning tendencies and self-regulatory learning perceptions of gifted students", *Egitim ve Bilin*, 2021 (4).

度、居住地、社会公平感等因素的影响。例如，孙平（2007）认为很多成人因为在过去的学校里经历过一些令人不愉快的经历，所以不愿参与终身教育[1]，学校教育应使得学习者走出校门之后还具有十足的学习意愿。为此，学校和教育机构应该提供学生良好的学习体验。再如，出现了以互联网和手机为代表的新媒体之后，接触媒体、寻求有效的信息已成为成人日常生活和学习的一部分，大众传媒的演进与发展在一定程度上影响着教育和终身学习。基于此，易小娟（2021）研究发现，通过网络获取知识提高了便捷性和资源的丰富度，大大降低了学习时间和费用，迅速获得了广大学习者的青睐。即越多接触大众传媒，尤其是新媒体，就越可能拥有较强的学习意愿[2]。此外，胡威（2013）认为高学历的人在学习意愿方面会更强烈一些，他们更具保持学习热情的内在动力，从而在毕业后仍有持续学习的意愿[3]，即高层次的教育经历会对今后的继续学习产生正面且持久的影响；居住地区对于成人学习意愿的强弱也有着明显的影响[4]，不同的居住地区为民众提供的学习条件和学习资源存在一定差异，尤其在教育经费以及教育基础设施建设等方面城乡差异严重[5]；同时，由于众多差异的客观存在，人们对当前社会重要资源分配状态有着自己的评价，即社会公平感，黄艳敏等人（2018）从机会公平这一视角对终身学习意愿的影响进行了探讨，认为机会公平实现人群更容易产生终身学习的内源动机与外源动机，终身学习意愿因此凸显[6]。

---

[1] 孙平：《"学习型社会"的挑战与高等教育的应答》，《高校教育管理》2007年第4期。

[2] 易小娟：《学习型社会中90后学习意愿影响因素研究——基于CGSS2015数据的实证分析》，《高等教育研究学报》2021年第3期。

[3] 胡威、蓝志男、杨水平：《西部地区基层公务员学习意愿及其影响因素研究》，《公共管理学报》2013年第4期。

[4] 马小健、谢怡：《影响成人学习的动机因素分析》，《成人教育》2003年第11期。

[5] 王树元：《成人教育资源的城乡不均衡分析》，《中国成人教育》2017年第8期。

[6] 黄艳敏、赵娟霞、张岩贵：《社会差序格局提振抑或消解了民众学习意愿——来自CGSS2010的证据》，《中国经济问题》2018年第4期。

三 在线课程学习体验与终身学习意愿

综合梳理上述文献发现，在线课程学习体验与终身学习意愿的研究缺口有所重合。从上述分析可知，对在线课程学习体验的研究需要在终身学习的大框架下，基于某一科学的理论对在线课程学习体验和它结果变量之间的关系进行实证研究；对终身学习意愿的研究需要紧密结合终身学习方式的转变，与时俱进，深度挖掘终身学习意愿的影响因素。"互联网＋教育"为终身学习带来了在线学习这一新兴方式，并且随着信息技术的发展这一方式日益重要，挖掘在线教育中影响终身学习意愿的因素是互联网时代构建学习型社会的必要课题。已有文献证实，终身学习意愿受到学习体验和媒体使用的影响，这两个因素在在线学习中表现为在线课程的学习体验。因此，基于技术接受模型，探讨在线课程学习体验与终身学习意愿的关系是合理且必要的。

直接以在线课程学习体验作为自变量，终身学习意愿作为因变量来研究的文献较少，但是通过深度梳理，发现内部相关性较高的包括以下几篇：赵文君（2018）等将顾客满意度与技术接受模型相结合，建立了在线开放课程中学生持续学习的影响因素模型，通过问卷和访谈的数据，分析出了课程体验中的感知有用性对学习者满意度有显著的正向影响，从而促进学习者的持续学习[1]；李余（2019）基于技术接受模型建立了成人在线学习坚持性影响因素研究模型，研究结果表明，在线成人学习者的学习行为经历对学习的持久性有直接的影响[2]，文中的学习坚持性主要指调查对象保持持续性参加课程学习的努力程度；章凤君（2019）基于期望确认理论研究在线教育平台用户持续使用意愿决策机制，发现用户满意度及平台信任能直接影响用户持续使用意愿，其中用户满意度包括对课程学习体验的满意度持续使用意愿定义为用户对某一在线教育平台持续使用行为的一种主观意愿[3]。

---

[1] 赵文君、赵呈领、杨海茹等：《学分制度推进下在线开放课程学生持续学习影响因素研究》，《现代远距离教育》2018 年第 2 期。

[2] 李余：《成人在线学习坚持性影响因素研究》，硕士学位论文，云南大学，2019 年。

[3] 章凤君：《在线教育平台用户持续使用意愿决策机制研究》，硕士学位论文，中南民族大学，2019 年。

四　文献述评

从上述文献中可以看出，目前对于在线课程学习体验和终身学习意愿的研究有待深入挖掘，具体体现在以下三个方面。

首先，对于在线课程学习体验的研究还处于起步阶段。一方面，在影响因子的研究上，以往的研究多集中于文献整理、理论分析层面的归纳，而最近几年才开始对影响因子进行相关的实证分析；另一方面，缺少对影响因素的系统分析，大部分研究都探讨其前因变量，鲜有研究涉及其结果变量。然而，只有通过实证研究，并且关注在线课程学习体验与其结果变量之间的关系，才能系统性地归纳出它的本质属性和发展规律。不过，实证研究离不开理论的支撑，利用技术接受模型（Technology Acceptance Model，TAM）对在线课程学习体验进行研究是成熟且合适的选择。在线课程是一种信息技术在教育行业的产物，而技术接受模型以理性行为理论为基础，现被广泛用来分析用户接受某一种信息技术产品的原因。因此，本研究将在终身学习的大框架下，基于技术接受模型对在线课程学习体验和它结果变量之间的关系进行实证研究。

其次，虽然终身学习意愿已经可以被较为科学地测量，但是对其影响因素的研究切入点较大且分散，例如学习体验、媒体使用、受教育程度等等，这些影响因素中极有可能包含更为关键性的影响因子。随着"互联网+"时代的到来，终身学习的方式发生了巨大的改变，影响因素也随之而动。因此，需要紧密结合终身学习方式的转变，与时俱进，深度挖掘终身学习意愿的影响因素，从而更利于发挥对终身学习意愿的积极影响，早日建成学习型社会。

最后，通过梳理文献可以看出，对于在线课程学习体验与终身学习意愿的相关性研究虽然具有时代性，较为新颖，但并非无迹可循。上述文献中的感知有用性、学习活动体验、用户满意度都和在线课程学习体验有关；持续学习、学习坚持性、持续使用意愿都和终身学习意愿紧密贴合。

第三节 研究设计与研究过程

根据背景分析和文献综述，本研究试图逐一解决以下核心问题。第一，我国大学生"在线课程学习体验"和"终身学习意愿"的现状究竟如何？第二，"在线课程学习体验"究竟对大学生的"终身学习意愿"产生了什么样的影响？

一 框架构建与研究假设

基于美国学者戴维斯（Davis，1989）所构建的技术接受模型（见图 6-1）可以看出[①]，它主要用于用户对信息系统的接受，感知有用性（perceived usefulness）与感知易用性（perceived ease of use）是其中最为关键的因素。感知有用性是指使用者在使用某种信息技术产品后，对其能力的提升程度；感知易用性是指使用者对某信息技术产品的认知难度；其外部变量主要包括个人特征、任务类型、技术特征等，属于可测量的要素。在 TAM 模型中，使用者的感知易用性和感知有用性由外部变量决定，感知易用性从某种意义上也会对感知有用性产生影响，这两个因素共同决定了用户使用信息技术产品的态度（attitude toward using），态度又与感知有用性一起影响用户的行为意愿（behavioral intention），而使用者的行为意愿最终决定了产品的使用行为。戴维斯等学者在后续的研究中对该模型做了进一步的完善，将模型划分为初次使用与再次使用两个阶段进行讨论。使用者第一次使用产品时，感知易用性和感知有用性两者共同影响着行为意向；在技术没有发生比较大变化的前提下，当使用者二次接触该产品时，使用者的行为意向仅由感知有用性决定，感知易用性起到间接影响的作用。

从理论研究角度看，在线教育属于信息技术在教育中的应用。它通过互联网将传统的教育转化为开放的在线课程，让学生可以自由地获得优质的教学资源，而在线课程平台和教师则是服务的"提供商"，其接受

[①] Fred D. Davis, "Perceived Usefulness, Perceived Ease of Use, and User Acceptance of Information Technology", *Mis Quarterly*, 1989（3）.

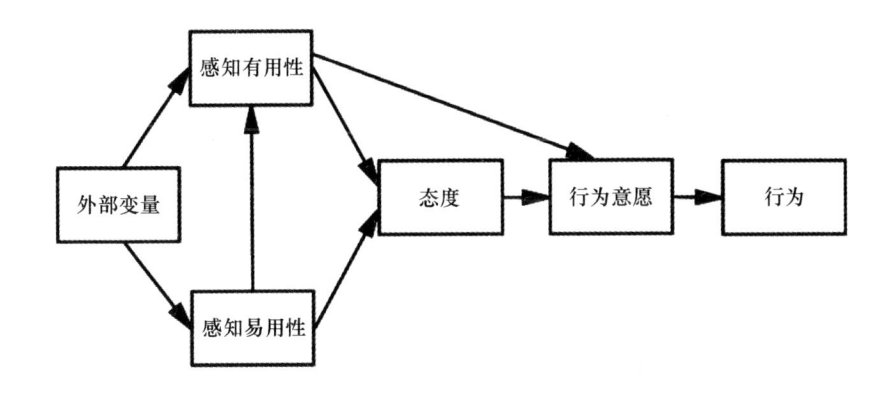

图 6-1　技术接受模型

度和满意度均取决于学生，学生的接受采纳是在线课程迈向成功的关键一步。近二十年来，国内外众多将信息系统领域相关理论集中于技术接受模型，基于改良的 TAM，国内有学者建立了影响高校教师慕课行为意向的因子模型，发现了感知有用性和感知易用性对教师慕课使用意愿具有显著影响[①]；国外学者运用改良的 TAM 研究在线教学意愿，发现在感知有用性和感知易用性之外，社会影响、学生的态度同样也决定着学生的在线学习意愿[②]。无数的实践证明，TAM 是信息技术接受研究领域中影响最大、最优秀、最稳健、精简和易懂的理论模型之一[③]，也被广泛应用于各种在线学习影响因素的探讨，值得借鉴。因此，本研究将基于技术接受模型的视角，初步构建在线课程学习体验和我国大学生终身学习意愿的关系模型（见图 6-2）。

在初步构建的在线课程学习体验与终身学习意愿的关系框架中，因变量"终身学习意愿"是指学生对主动进行终身学习行为的看法或想法，主要包括"持续学习意愿"和"自主学习意愿"。"终身学习意愿"的影响因素主要分为"感知易用性""感知有用性""态度"。"感知易用性"

---

① 方旭、杨改学：《高校教师慕课教学行为意向影响因素研究》，《开放教育研究》2016 年第 2 期。
② Taher Farahat, "Applying the Technology Acceptance Model to Online Learning in the Egyptian Universities", *Procedia-Social and Behavioral Sciences*, 2012（6）.
③ 颜端试、刘国晓：《近年来国外技术接受模型研究综述》，《现代情报》2012 年第 2 期。

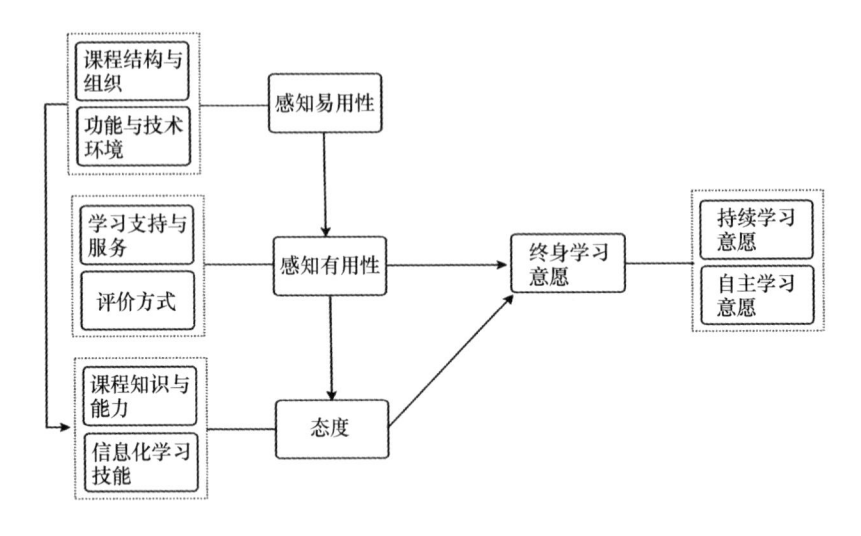

图 6-2　在线课程学习体验与终身学习意愿的初始关系框架

是指学生认为学习在线课程的难易程度，即学生对在线课程平台的功能、设计和技术等方面是否可用的感知；"感知有用性"是指学生认为进行在线课程的学习之后对其能力提高的程度，即学生对课程的内容、设计和学习的交互等方面的感知；"态度"是指学生对在线课程的积极或消极的评价或看法。

为了更深入地研究在线课程体验与终身学习意愿的关系，需要结合在线课程学习体验的概念和相关维度，找出感知易用性、感知有用性和态度在此模型中更为具体的指代意义。通过上文的文献梳理，发现在线课程学习体验分为平台环境体验、学习活动体验和学习效果评价这三个维度。平台环境体验主要从技术角度出发，学习活动体验主要从课程学习角度出发，学习效果评价主要为学习者的主观评价。可以看出，感知易用性与平台环境体验两者的含义相近，感知有用性与学习活动体验相近，态度与学习效果的含义相近。因此，本研究参考在线课程学习的相关量表①，将"感知易用性"分为"课程结构与组织"和"功能与技术

---

① 张文兰、李莎莎：《在线课程学习体验量表的开发与检验》，《现代教育技术》2021年第2期。

环境";将"感知有用性"分为"学习支持与服务"和"评价方式";将"态度"分为"课程知识与技能"和"信息化学习技能"。综上,本研究初步提出以下5个核心假设。

H1:感知易用性对大学生的感知有用性具有显著的正向影响;

H2:感知易用性对大学生的态度具有显著的正向影响;

H3:感知有用性对大学生的态度具有显著的正向影响;

H4:感知有用性对大学生的终身学习意愿具有显著的正向影响;

H5:态度对大学生的终身学习意愿具有显著的正向影响。

二 研究设计与数据清洗

本研究的数据搜集方法是问卷调查法。调查对象为我国多所高校的大学生,最后回收有效问卷共1107份。其中,男女学生的比例为24.9%和75.1%;84.8%的被调查对象年龄区间在18—22岁;11.7%的学生来自"双一流"高校,剩余88.7%的来自普通高校;本科、硕士研究生和博士研究生分别占比93.9%、5.7%和0.5%;就读自然科学类、经济管理类、理工类、人文社科类及其他专业门类的大学生比例分别为2.5%、3.8%、33.2%、33.2%和27.3%。

(一)问卷的编制

根据研究假设,本调查的自变量为"在线课程学习体验",因变量为"终身学习意愿",旨在收集自变量和因变量的相关数据,以此分析两者的影响关系。因此,问卷涉及三个部分。其一是在线课程学习体验部分,这一部分采用李克特五点量表计分法的形式制作问卷,共计19个题项,包含感知易用性、感知有用性和态度三个维度(见表6-2);其二是终身学习意愿部分,这一部分同样采用李克特五点量表计分法,共计10个题项,包含持续学习意愿和自主学习意愿两个维度(见表6-3)。其三是基本信息调查部分,这部分以单选题的形式设计问卷,共有12道,其中的"在线教育时间"(题项如"您每天使用在线教育平台的时间是")、"在线学习动机"(题项如"您一开始接触在线教育的初衷是")、"导师作用"(题项如"在您在线学习的过程中,您的导师: ")等变量与大学生的终身学习意愿的关系有待探究。

表 6-2　　　　　　　　　在线课程学习体验量表

一级维度	二级维度	内涵	题目	文献来源
感知易用性（课程环境体验）	课程结构与组织	课程内容组织合理、目标明确	在线课程的学习模块划分清晰	张文兰、李莎莎：《在线课程学习体验量表的开发与检验》，《现代教育技术》2021年第2期
			在线课程的学习任务设置合理	
			在线课程的内容组织合理	
			在线课程的目标非常明确	
			在参与在线课程学习时我能适应学习进度的安排	
	功能与技术环境	课程学习平台功能完善、丰富，技术支持完备、有效	在线课程学习平台栏目设置合理	
			在线课程学习平台访问方便	
感知有用性（学习活动体验）	学习支持与服务	课程平台、课程团队提供的学习支持	参与在线课程学习时，我感受到了教师对我的鼓励和赞赏	
			我感觉教师和助教团队回答我的疑惑很及时	

续表

一级维度	二级维度	内涵	题目	文献来源
感知易用性（课程环境体验）	学习支持与服务	课程平台、课程团队提供的学习支持	对于在线课程平台中提出的问题，我能很快得到其他学习者的回应	
			我感觉我的回答可以帮助其他学习者	
			参与在线课程学习时，我感觉与其他学习者是紧密联系的	
			在线课程学习中的讨论促进了我对课程内容的理解	
	学习评价	课程评价方式多样且有效	在线课程学习中的课程评价帮助我巩固了所学的知识	
态度（学习效果感知）	课程知识与能力	对课程知识内容的掌握程度	我能将在线课程学习中的知识应用到学习和生活中	
	信息化学习技能	利用信息化的学习方式解决问题或开展在线协作等	我能与其他学习者沟通在线课程学习中问题的解决办法	
			我能向教师和助教团队反映出在线课程学习中的问题	
			我能识别出在线课程学习中存在的问题	
			我能解决在线课程学习中的问题	

表 6-3　　　　　　　　　终身学习意愿量表①

一级维度	二级维度	内涵	题目	文献来源
终身学意愿	持续学习意愿	终身学习的持续性	我喜欢挑战自己	Nacaroğlu O., Kızkapan O., Bozdağ T.
			我喜欢深入分析一些问题和解决难题	
			我愿意持续学习	
	自主学习意愿	终身学习的主动性	我平时有阅读和学习的习惯	
			我属于自我激励型学习者，学习是主动自愿的	
			我乐于在班级里、工作中或朋友聚会时进行一些交流讨论	
			我时常会进行一些自我批判和反思	
			我阅读或学习的时候感到很快乐、很放松	
			我的学习兴趣非常广泛	
			我的阅读和学习并不是为了完成学业或工作的要求	

---

① Oguzhan Nacaroğlu, Oktay Kızkapan, Tahsin Bozdağ, "Investigation of lifelong learning tendencies and self-regulatory learning perceptions of gifted students", *Egitim ve Bilim*, 2021（5）.

（二）问卷信度分析

信度（Reliability）指问卷量表的精确性，它反映的是调查量表测量所获得数据的一致性和稳定性。目前，最常用的一种方法是克隆巴赫信度系数（Cronbach's α），用以衡量调查问卷的内在一致性。α 选取范围为 0—1，且 α 值愈高，量表的信度愈高，其内在一致性愈佳。一般认为，α＞0.5 是可接受的研究，0.7—0.9 是可信的，α＞0.9 表示该研究具有很高的信度。本研究分别对问卷中关于在线课程学习体验量表和终身学习意愿量表的有效样本数据进行信度分析，分析结果如表 6-4 所示，两个量表的整体 α 分别为 0.967 和 0.910，并且感知易用性、感知有用性和态度三个维度克隆巴赫信度系数均高于 0.907，持续学习意愿和自主学习意愿两个维度克隆巴赫信度系数均高于 0.859，说明该问卷具有很高的信度，各题项的一致性程度较高。

表 6-4　　在线课程学习体验量表和终身学习意愿量表信度分析

维度	克隆巴赫 Alpha	项数
感知易用性	0.907	7
感知有用性	0.913	7
态度	0.887	5
在线课程学习体验总量表	0.951	19
持续学习意愿	0.859	3
自主学习意愿	0.859	7
终身学习意愿总量表	0.910	10

（三）问卷效度分析

问卷的效度是指问卷的正确性和有效性，通常被分为内容效度与结构效度，本研究主要分析问卷的结构效度。一般情况下，用 KMO 和巴特利特检验时，KMO 值大于 0.6 即通过检验。从表 6-5 中可以看出，问卷中"在线课程学习体验"量表和"终身学习意愿"量表最终的 KMO 值分别为 0.960 和 0.907，大于 0.6，即问卷具有良好的取样足够度。同时

Bartlett 显著性水平为 p = 0.000 < 0.05，通过了巴特利球形检验，说明问卷适合进行因子分析，可进行后续的因子分析。

表 6-5　在线课程学习体验量表和终身学习意愿量表 KMO 与 Bartlett 分析结果

		在线课程学习体验	终身学习意愿
KMO 测量取样适切性		0.960	0.907
Bartlett's 球形度检验	上次读取的卡方	16657.889	3046.797
	自由度	300	28
	显著性	0	0

为探究量表的因素结构模型与真实搜集的数据是否具有一致性，以及指标变量是否成为因素构念（潜在变量）的测量变量，还需要进一步进行验证性因子分析。在验证性因子分析中，感知易用性分量表、感知有用性分量表、态度分量表、持续学习意愿分量表、自主学习意愿分量表这五个分量表都基于原始分量表维度和数据分析结果划分了维度。为验证"在线课程学习体验"和"终身学习意愿"量表的建构效度调查了 1107 名大学生，对由这五个分量表构成的"在线课程学习体验"和"终身学习意愿"量表使用 AMOS26.0 软件进行结构方程模型的验证性因素分析。结构效度测试主要是通过对卡方自由度比、RMSEA、RMR、NFI、IFI、CFI 等方法的影响因素进行了验证。从表 6-6 中可以看出，自变量与模型的各项统计测试指标都与规范相符，表明该模型具有很好的适应性，且具有很好的结构效度。

表 6-6　在线课程学习体验和终身学习意愿整体拟合系数

常用指标	卡方自由度比 χ^2/df	RMSEA	RMR	NFI	IFI	CFI
判断标准	<5	<0.08	<0.05	>0.9	>0.9	>0.9

续表

常用指标	卡方自由度比 χ^2/df	RMSEA	RMR	NFI	IFI	CFI
在线课程学习体验	4.981	0.060	0.019	0.931	0.944	0.944
终身学习意愿	4.703	0.058	0.016	0.950	0.960	0.960

综合以上模型的各项指标,"在线课程学习体验"量表和"终身学习意愿"量表均符合要求。进一步验证了"在线课程学习体验"可以划分为感知易用性、感知有用性和态度三个因子,感知易用性包含课程结构与服务、功能与技术环境,感知有用性包含学习支持与服务、评价方式,态度包含课程知识与能力、信息化学习技能。同时,也进一步验证了"终身学习意愿"可以划分为持续学习意愿和自主学习意愿两个因子。

第四节 调查结果与数据分析

本研究的数据分析方法主要是描述性统计、差异性检验以及线性回归分析。描述性统计主要用于对"大学生在线课程学习体验"和"大学生终身学习意愿"的现状进行描述,差异性检验主要用于对地域、性别、专业等背景信息进行分析,探究这些变量是否会对大学生的终身学习意愿产生影响。线性回归分析主要用于对"终身学习意愿"的影响因素进行深入研究。

一 描述性分析

通过用SPSS26.0软件进行描述式分析,可以对我国大学生的在线课程学习体验和终身学习意愿的整体状态、全面平均值和总计算率等进行系统分析。

(一)我国大学生在线课程学习体验现状

从图6-3中可以清楚地看出:当前的数据中没有任何异常值,可以直接地针对平均值进行描述和分析。在线课程学习体验量表的三个维度:感知易用性的平均值最高,达到了4.06,感知有用性和态度的平均值分别为 3.40、3.86。在本研究中，在线课程学习体验的感知易用性具体指代学生的课程环境体验，感知有用性具体指代学习活动体验，态度主要指学习效果感知。这说明，随着互联网信息技术的飞速进步，在线课程的功能与技术环境也得到了不断的优化，课程结构与组织也变得更加科学。同时，学生的学习活动体验的均值最低，这表明，学生掌握的课程知识的程度、运用信息化的方法解决问题、进行在线合作等方面还需要进一步改进。

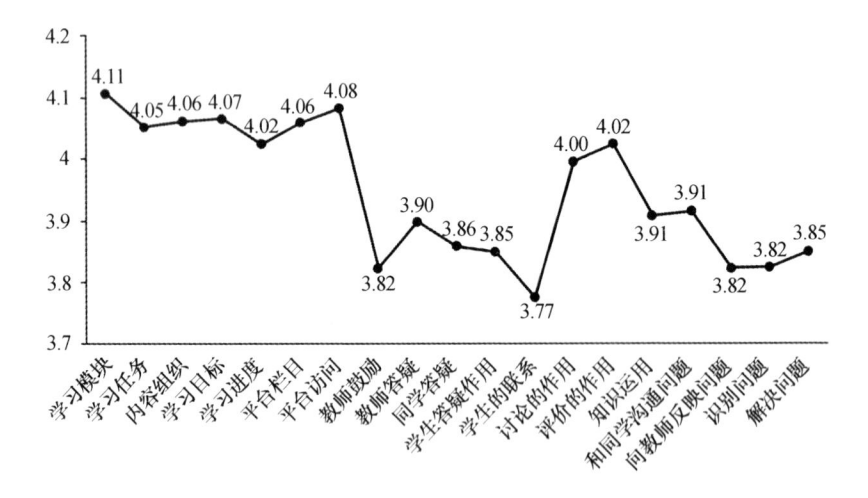

图 6-3　大学生在线课程学习体验均值折线

（二）我国大学生终身学习意愿现状

从图 6-4 中可以清楚地看出：当前的数据中没有任何异常值，可以直接地针对平均值进行描述和分析。终身学习意愿量表的两个维度：持续学习意愿、自主学习意愿的平均值分别为 4.01、3.92。这说明，随着信息时代对于知识型人才需求的激增，总体来说我国大学生的终身学习意愿均值较高，持续学习意愿高于自主学习意愿。当然，仅仅分析终身学习意愿的平均得分并不能完全体现其现状，应该结合答题者的各种相关信息进行综合分析。所以，接下来将会借助问卷的基本信息部分的数据进行差异性检验，以此更加全面地了解我国大学生终身学习意愿的现状。

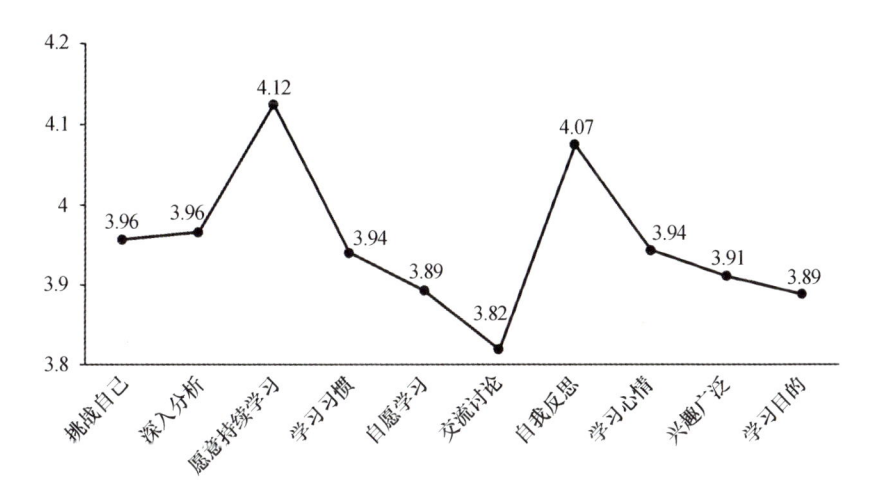

图6-4 大学生终身学习意愿均值折线图

二 差异性检验

利用SPSS26.0软件对被调查者的基本特征进行统计分析，同时用于对基本信息进行分析，探究这些变量是否会对大学生的终身学习意愿产生影响，对终身学习意愿进行差异性分析。基本信息调查部分共有12道，主要包括性别、年龄、家庭、学校、受教育程度、专业、每天使用在线教育平台的时间、采用在线教育模式的教师数、学习动机、老师的作用、互动频次、学习氛围。通过独立样本t检验和单因素方差分析发现：地区、每天使用在线教育平台的时间、采用在线教育模式的老师、学习动机、采用在线教育模式的教师数、老师的作用、互动频次、学习氛围对于终身学习意愿有着差异性（见表6-7）。

（一）地区

利用单因素方差分析去研究地区对于自主学习意愿、持续学习意愿共2项的差异性发现：不同地区样本对于持续学习意愿全部表现出一致性，并没有差异性；地区样本对于自主学习意愿呈现出显著性（$p<0.05$），不同地区样本对于自主学习意愿有着差异性。具体对比差异可知，东部地区和西部地区的大学生自主学习意愿普遍高于中部地区。在过去很长一段时间内，由于我国不同地区的经济发展存在差异，师资等

教育资源分配不均衡。然而，随着在线教育的普及和国家相关政策的支持，西部地区的教育资源更加丰富，能让更多的大学生有条件进行持续学习和自主学习。因此，西部地区和东部地区大学生的自主学习意愿和持续学习意愿相对较高是有理有据的。

表6-7 地区、使用时间等在终身学习意愿上的差异

变量		持续学习意愿		自主学习意愿	
		均值	标准差	均值	标准差
地区	东部	4.05	0.55	3.91	0.55
	东北	4.08	0.47	3.92	0.38
	中部	3.94	0.36	3.66	0.48
	西部	4.07	0.51	3.93	0.52
	F	1.622		6.231***	
	LSD	—		4>2>1>3	
使用时间	半小时以内	3.98	0.55	3.70	0.58
	0.5—1小时	4.02	0.52	3.90	0.52
	2—3小时	4.12	0.49	3.99	0.47
	4—5小时	4.05	0.43	3.95	0.51
	5—10小时	4.22	0.54	4.05	0.60
	F	4.073**		11.539**	
	LSD	5>3>4>2>1		5>3>4>2>1	
采用在线教育模式的教师数	没有	3.96	0.58	3.76	0.61
	1—2个	4.05	0.52	3.92	0.48
	3—4个	4.05	0.50	3.86	0.55
	5个及以上	4.10	0.49	3.95	0.55
	F	1.991		3.996**	
	LSD	—		4>2>3>1	

续表

变量		持续学习意愿		自主学习意愿	
		均值	标准差	均值	标准差
教师作用	能促进我进行思考	4.10	0.51	3.97	0.53
	能让我接受新的知识和技能	4.05	0.48	3.86	0.51
	可有可无	3.75	0.64	3.63	0.55
	F	13.810**		15.175**	
	LSD	1>2>3		1>2>3	
学习氛围	很活跃	4.15	0.57	4.10	0.51
	比较活跃	4.07	0.50	3.93	0.52
	比较沉闷	4.00	0.52	3.77	0.52
	很沉闷	3.84	0.58	3.83	0.57
	F	4.322**		12.087***	
	LSD	1>2>3>4		1>2>4>3	
互动频次	0—5次	4.01	0.52	3.83	0.54
	6—10次	4.08	0.52	3.94	0.50
	11—15次	4.13	0.50	4.05	0.52
	15次以上	4.07	0.48	3.92	0.54
	F	2.315		5.840**	
	LSD	—		3>2>4>1	

(二) 使用时间

利用单因素方差分析研究每天使用在线教育平台的时间对于自主学习意愿、持续学习意愿共2项的差异性,可以看出:每天使用在线教育平台时间的不同样本对于自主学习意愿、持续学习意愿均呈现显著性

($p<0.05$)，意味着不同的每天使用在线教育平台的时间样本对于自主学习意愿、持续学习意愿均有着差异性。具体对比差异可知：大学生每日使用在线教育平台的时间越长，其自主学习意愿和持续学习意愿就越高。在互联网时代，在线教育已经成为终身学习的一个重要方式。如果一个大学生有较高的自主学习意愿，他极有可能通过在线学习的方式学习专业或者非专业知识；如果他有较高的持续学习意愿，他更有可能进行长时间的知识累积。因此，这一结论也是毋庸置疑的。

（三）学习动机

从表6-7可知，利用单因素方差分析研究接触在线教育的初衷对于自主学习意愿、持续学习意愿共2项的差异性，可以看出：不同接触在线教育的初衷样本对于自主学习意愿、持续学习意愿均呈现出显著性（$p<0.05$），对于自主学习意愿、持续学习意愿均有着差异性。具体对比差异可知：接触在线教育的初衷为"提升自我"的大学生比初衷为"完成学业任务"的大学生的自主学习意愿和持续学习意愿高。由于"提升自我"为内在学习动机，"完成学业任务"等为外在学习动机，而终身学习和自我发展的理念是息息相关的，因此，具有内在学习动机的学生的自主学习意愿和持续学习意愿必定会更高。

（四）教师影响

利用单因素方差分析研究采用在线教育模式的教师对于自主学习意愿、持续学习意愿共2项的差异性发现：采用在线教育模式的教师样本对于自主学习意愿呈现出显著性（$p<0.05$），意味着采用在线教育模式的教师个数对于自主学习意愿有着差异性。具体对比差异可知：采用在线教育模式的老师越多，大学生的自主学习意愿会越强。由于在线学习的时间和地点较为灵活，所以会考验学生的自觉性，帮助学生养成自主学习的习惯，从而提高学生的自主学习意愿。

同时，从表6-7可知，利用单因素方差分析研究老师作用对于自主学习意愿、持续学习意愿得出：不同老师作用样本对于自主学习意愿、持续学习意愿均呈现出显著性（$p<0.05$），意味着不同老师作用样本对于自主学习意愿、持续学习意愿均有着差异性。具体对比差异可知，有着较为明显差异的组别平均值得分对比结果为"能促进我进行思考" > "能让我接受新的知识和技能" > "可有可无"。由此可知，授课老师在在线课程中的作用是十分重要的。一位优秀的在线教师，可以让学生接受新的知识和技能，并且能引导学生进行思考，这对于提高学生的自主学习意愿和持续学习意愿大有裨益。

（五）互动频次

利用单因素方差分析研究互动频次对于自主学习意愿、持续学习意愿的差异性得出：不同互动频次样本对于持续学习意愿表现出一致性，并没有差异性；互动频次样本对于自主学习意愿呈现出显著性（$p < 0.05$），意味着不同互动频次样本对于自主学习意愿有着差异性。具体对比差异可知：互动频次越多，学生的自主学习意愿和持续学习意愿也越高。参与在线课程学习的大学生和老师或者同学的互动次数越多，就更可能及时解决在线学习中遇到的问题，实现持续学习；同时，也更能让学生获得更多的成就感，更好地感知学习效果，调动学习积极性，实现自主学习。

（六）学习氛围

利用单因素方差分析研究学习氛围对于自主学习意愿、持续学习意愿的差异性得出：不同学习氛围样本对于自主学习意愿、持续学习意愿均呈现出显著性（$p < 0.05$），意味着不同学习氛围样本对于自主学习意愿、持续学习意愿均有着差异性。具体对比差异可知，在线课程的学习氛围越活跃，学生的自主学习意愿和持续学习意愿就越高。越是活跃的学习氛围，学生的思考就越多，收获的知识就越多。同时，活跃的课堂学习氛围可以提高学生的学习积极性，调动学生的自主学习意愿，提高学习的持久性。

三　结构方程建模与求解

为了验证上述5个核心假设，本部分运用结构方程进行建模和求解。结构方程模型是基于多元线性方程的统计原理，目前教育学、心理学等社会科学领域等已广泛应用结构方程模型。本研究主要使用AMOS26.0软件中的测量模型和结构模型来完成两项工作：其一是测量模型，即通过验证性因子分析衡量测量指标与假设模型的关系，在本章的"研究设计与数据清洗"部分，笔者就已经在运用验证性因子分析分别检测了"在线课程学习体验"和"终身学习意愿"两大量表的效度，结果显示模型的各项统计测试指标都与规范相符,具有很好的适应性,且具有很好的结构效度,这为之后整体模型的构建打下了良好的基础;其二是结构模型,即通过路径分析衡量"在线课程体验"和"终身学习意愿"的因果关系,用于衡量假设模型的适配性。结构方程模型的使用可以比较方便地对假设模型做出调整和完善,从而更好地验证各假设路径的因果关系。

本部分的研究重点为第二项工作:借助1107名大学生的调查数据,以技术接受模型为基础,构建结构模型来验证我国大学生在线课程学习体验和终身学习意愿相关的5个假设。在构建的结构模型中,"感知易用性""感知有用性""态度""终身学习意愿"为四个潜变量。其中,"感知易用性"由"平台访问""平台栏目""学习进度"等7项测量;"感知有用性"由"评价的作用""讨论的作用""学生答疑的作用"等7项测量;"态度"由"识别问题""知识运用""解决问题"等5项测量;"终身学习意愿"由"自愿学习""持续学习""学习目的"等10项测量。其中的路径关系和上述的5个核心假设一致。

(一)结构方程模型的适配度分析

为了验证假设模型是否符合实际情况,必须对结构方程模型的总体适配度进行检验。适配度测试通常要综合考虑绝对适配度、增值适配度和简约适配度等指标。其中绝对适配度的指标主要包括卡方自由度比(χ^2/df)、渐进残差均平方根(RMSEA)和良适性适配指标(GFI);增值适配度的指标主要包括增值适配指数(IFI)、比较适配指数(CFI);简约适配度的指标主要包括简约适配指数(PGFI)、简约调整后的归准适配指数(PNFI)。在线课程学习体验与终身学习意愿关系的结构方程模型的适配指标具体参数如表6-8所示。从表6-8可以看出,χ^2/df的值为4.648,由于样本量为超过了1000(1107),数值较大,因此卡方自由比较高。不过,数值介于1—5,仍然符合标准。此外,RMSEA、GFI、IFI、CFI、TLI、PGFI、PNFI的值分别为0.057、0.901、0.919、0.919、0.911、0.771、0.823,均符合标准。综合以上各项适配指数情况可知,"在线课程学习体验"和"终身学习意愿"关系的结构方程模型存在的绝对适配度、增值适配度和简约适配度的各项数值均为良好,因此,整体模型较为理想,可以直接进行下一步的假设验证。

表6-8　　　　　　　　结构方程模型整体适配指数

指标	拟合标准	检验结果	拟合判断
卡方自由度比 χ^2/df	<5	4.648	接受
RMSEA	<0.10	0.057	良好
GFI	>0.9	0.901	良好
IFI	>0.9	0.919	良好
CFI	>0.9	0.919	良好
TLI	>0.9	0.911	良好
PGFI	>0.5	0.771	良好
PNFI	>0.5	0.823	良好

（二）结构方程模型的假设检验

在综合验证了结构方程模型的适配度的基础上，本研究利用 AMOS 26.0 软件对结构方程模型进行求解，得到的结果如图 6-5 所示，具体的影响系数如表 6-9 所示。由表 6-9 可知，C.R. 值均为正数，观察变量对潜在变量回归的 C.R. 也通过检验。总体来说，该模型较为理想，能较好地解释各个变量之间的相互关系。利用结构方程，可以全面地解释模型的测量关系和影响关系。

一方面，借助该模型求解图和回归系数表格，可以分别观察出"感知易用性""感知有用性""态度""终身学习意愿"四个变量的测量关系。其一，在"感知易用性"的测量关系中，以"学习模块""内容组织"为代表的"课程结构与组织"部分比"功能与技术环境"部分的影响更大。其二，在"感知有用性"的测量关系中，以"同学答疑""学生的联系"为代表的"学习支持与服务"部分比"学习评价"部分的影响更大。其三，在"态度"的测量关系中，"识别问题""解决问题"等"信息化学习技能"部分比"课程知识与能力"部分的影响更大。其四，在"终身学习意愿"的测量关系中，"持续学习意愿"部分和"自主学习意愿"部分的影响作用大相径庭。

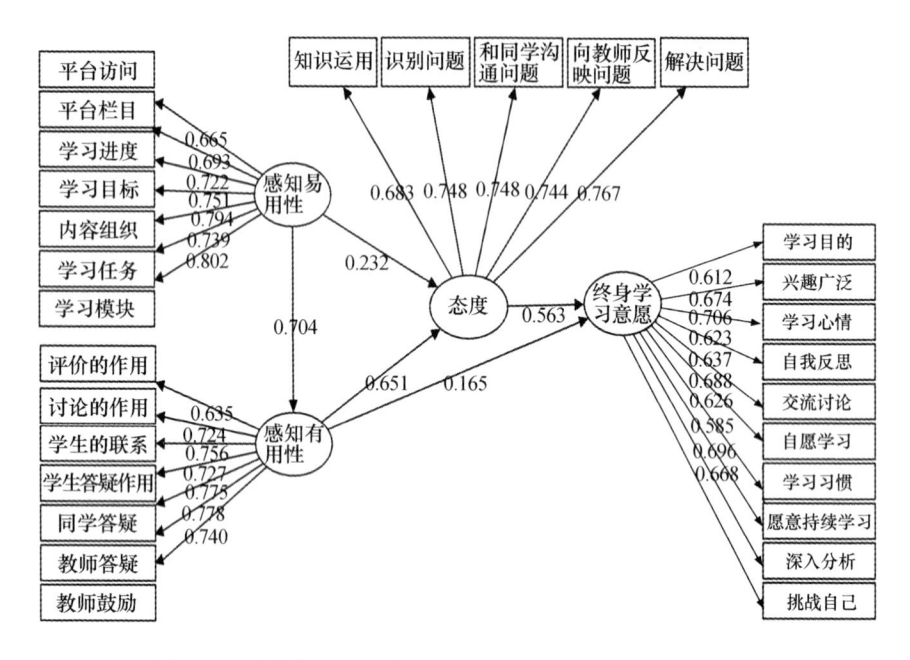

图6-5 在线课程学习体验与终身学习意愿关系的模型求解

表6-9 在线课程学习体验与终身学习意愿的关系模型回归系数

X	→	Y	标准化系数(β)	标准误(S.E.)	临界比(C.R.)	显著水平(p)	非标准化系数
感知易用性	→	感知有用性	0.704	0.049	18.730	***	0.917
感知易用性	→	态度	0.232	0.042	6.359	***	0.266
感知有用性	→	态度	0.651	0.038	15.069	***	0.572
感知有用性	→	终身学习意愿	0.165	0.047	2.903	***	0.136
态度	→	终身学习意愿	0.563	0.058	9.073	***	0.529
感知易用性	→	平台访问	0.665	0.038	21.665	***	0.818
感知易用性	→	平台栏目	0.693	0.043	22.631	***	0.984

续表

X	→	Y	标准化系数（β）	标准误（S.E.）	临界比（C.R.）	显著水平（p）	非标准化系数
感知易用性	→	学习进度	0.722	0.043	23.626	***	1.025
感知易用性	→	学习目标	0.751	0.040	24.623	***	0.993
感知易用性	→	内容组织	0.794	0.038	26.112	***	1.000
感知易用性	→	学习任务	0.739	—	—	—	1.000
感知易用性	→	学习模块	0.802	0.038	26.386	***	1.012
感知有用性	→	评价的作用	0.635	0.035	20.729	***	0.720
感知有用性	→	讨论的作用	0.724	0.033	23.818	***	0.795
感知有用性	→	学生的联系	0.756	0.043	24.951	***	1.083
感知有用性	→	学生答疑作用	0.727	0.039	23.948	***	0.937
感知有用性	→	同学答疑	0.775	0.041	25.637	***	1.048
感知有用性	→	教师答疑	0.778	0.038	25.733	***	0.972
感知有用性	→	教师鼓励	0.740	—	—	—	1.000
态度	→	解决问题	0.767	0.043	25.165	***	1.087
态度	→	识别问题	0.748	0.044	24.534	***	1.087
态度	→	向教师反映问题	0.744	0.047	24.373	***	1.145
态度	→	和同学沟通问题	0.748	—	—	—	1.000
态度	→	知识运用	0.683	0.040	22.258	***	0.892
终身学习意愿	→	学习目的	0.612	0.055	18.222	***	0.998
终身学习意愿	→	兴趣广泛	0.674	0.051	19.842	***	1.014
终身学习意愿	→	学习心情	0.706	0.049	20.660	***	1.002
终身学习意愿	→	自我反思	0.623	0.043	18.522	***	0.799
终身学习意愿	→	交流讨论	0.637	0.057	18.893	***	1.083
终身学习意愿	→	自愿学习	0.688	0.054	20.223	***	1.089
终身学习意愿	→	学习习惯	0.626	0.049	18.613	***	0.904

续表

X	→	Y	标准化系数（β）	标准误（S.E.）	临界比（C.R.）	显著水平（p）	非标准化系数
终身学习意愿	→	愿意持续学习	0.585	0.045	17.498	***	0.783
终身学习意愿	→	深入分析	0.696	0.049	20.417	***	1.005
终身学习意愿	→	挑战自己	0.668	—	—	—	1.000

注：→表示回归影响关系或者测量关系。

另一方面，借助该模型求解图和回归系数表格，可以清晰地观察出"感知易用性""感知有用性""态度""终身学习意愿"四个变量之间的影响关系，由此可对本研究的5个核心假设进行验证。

（1）感知易用性对大学生的感知有用性具有显著的正向影响

观察"感知易用性→感知有用性"这一路径，C.R.为18.730，p值小于0.01，且标准化系数为0.704，说明感知易用性对感知有用性具有显著的正向影响。在本研究中，在线课程学习体验的"感知易用性"具体指"平台环境体验"，"感知有用性"具体指"学习活动体验"。在线课程的平台是课程的载体，只有当在线课程平台的可访问性高、界面友好、操作简单、能提供一定的技术支持时，大学生才会有良好的学习活动体验。

（2）感知易用性对大学生的态度具有显著的正向影响

观察"感知易用性→态度"这一路径，C.R.为6.359，p值小于0.01，且标准化系数为0.232，说明感知易用性对态度具有显著的正向影响。在本研究中，在线课程学习体验的"态度"主要指"学习效果感知"。良好的在线课程平台设计和课程结构才能吸引学生，激发学生的学习兴趣，进行深入学习。如果在线课程平台各方面的设计不佳，操作困难、任务设置不合理、学习进度安排不合适、学习目标不明确，那么学生的学习效果感知和课程满意度必然会下降。

（3）感知有用性对大学生的态度具有显著的正向影响

观察"感知有用性→态度"这一路径，C.R.为15.069，p值小于0.01，且标准化系数为0.651，说明感知有用性对态度具有显著的正向影响。学习活动的设计对在线课程的学习效果感知是尤为重要的。如果在线课程的学习活动能保证师生互动、生生互动，能进行合理的评价，以此让每位学生实现个性化学习，与之对应的是，学生对在线课程的评价也会提高，对自身学习效果的感知也会加强。

（4）感知有用性对大学生的终身学习意愿具有显著的正向影响

观察"感知有用性→终身学习意愿"这一路径，C.R.为2.903，p值小于0.01，且标准化系数为0.165，说明感知有用性对终身学习意愿具有显著的正向影响。如果能通过各种学习支持服务让学生感受到浓烈的学习氛围和在线课程的必要性、课程评价方式多样且有效，那么学生会有更多热情和兴趣投入到学习中，必然会提高学生的学习持续性和自主性。

（5）态度对大学生的终身学习意愿具有显著的正向影响

观察"态度→终身学习意愿"这一路径，C.R.为9.073，p值小于0.01，且标准化系数为0.563，说明态度对终身学习意愿具有显著的正向影响。在如今的知识型社会中，社会需要源源不断的知识性人才，能否运用所学的知识解决实际问题至关重要。因此，能否在在线课程中真正学习到知识并且运用知识解决问题对学习的持续性和自主性都有很大的影响。如果在线课程能够帮助学生很好地掌握知识和技能以此解决实际问题，学生的满意度由此提高，那么就会激发学生的学习动机，从而提高学生的终身学习意愿。

综上所述，本研究参考技术接受模型提出5个核心假设后，通过编制量表、收集问卷数据、分析问卷数据验证假设，将"在线课程学习体验"和"终身学习意愿"之间的关系巧妙地融入经典的技术接受模型之中，构建了两者之间的结构方程模型，通过模型求解数据得出以下研究结果：H1、H2、H3、H4、H5均成立。

第五节　研究总结与策略建议

一　研究总结

本研究将学习型社会环境下在线课程学习体验融入经典的技术接受模型，进行创新性模型整合，构建了技术接受模型视域下在线课程学习体验与终身学习意愿的结构方程模型,通过验证性因子分析、描述性分析、差异性检验、结构方程模型求解,对 1107 份有效样本数据进行有效性和可靠性分析,根据问卷数据得出如下结论:

第一,我国大学生在线课程学习体验现状中感知易用性的平均值最高,其次是态度,感知有用性平均值最低;我国大学生终身性学习意愿现状中持续学习意愿高于自主学习意愿。

第二,地区、每天使用在线教育平台的时间、采用在线教育模式的教师数、学习动机、教师的作用、互动频次、学习氛围等对于终身学习意愿有着差异性。具体包括东部地区和西部地区的大学生自主学习意愿普遍高于中部地区;大学生每日使用在线教育平台的时间越长,其自主学习意愿和持续学习意愿就越高;接触在线教育的初衷为"提升自我"的大学生比初衷为"完成学业任务"的大学生的自主学习意愿和持续学习意愿高;采用在线教育模式的教师越多,大学生的自主学习意愿会越强;互动频次越多,学生的自主学习意愿和持续学习意愿也越高;在线课程的学习氛围越活跃,学生的自主学习意愿和持续学习意愿就越高。

第三,如在线课程体验和终身学习意愿关系的模型求解图所示,感知易用性对大学生的感知有用性具有显著的正向影响,感知易用性对大学生的态度具有显著的正向影响,感知有用性对大学生的态度具有显著的正向影响,感知有用性对大学生的终身学习意愿具有显著的正向影响,态度对大学生的终身学习意愿具有显著的正向影响。

二 策略建议

在已被反复验证的技术接受模型视域下,本研究将"在线课程学习体验"和"终身学习意愿"之间的关系巧妙地融入经典的技术接受模型之中,通过一系列的定量研究发现了在线课程学习体验和终身学习之间的内在联系。笔者将结合它们之间的内在联系和在线教育课程的现状提出以下策略建议,旨在提升我国大学生的在线课程学习体验,强化终身学习意愿,建设学习型社会。

(一)优化在线课程的开发设计,保证学习的持续性

一方面,简化操作难度,强化课程可用性。根据结构方程模型求解可知,"感知有用性"会对终身学习意愿产生显著的正向影响,"感知易

用性"会对"感知有用性"产生显著的正向影响。在线课程平台的操作难度是影响用户体验的重要因素之一，搜索功能、导航功能的有效性和易用性会影响用户使用大规模在线课程的用户体验与学习动机。因此，简化操作难度、强化课程可用性会很大程度上保证学习的持续性。同时，目前的在线教学平台开发技术未能紧跟线上教学的发展步伐，满足学生多样化学习需求。因此，有必要从以下三方面完善网络教学平台：一是配置高标准的在线教学平台，提高其运行的稳定性，缩短其响应时间，为学生提供简洁的界面，舒适的视觉体验和便捷的导航。二是支持学生按照自己的个性和学习特征进行适应性的学习，支持教师开展多元化、个性化、校本化的课程建设，并将个性化推荐系统用于网上教学平台的开发。三是建立协同资源推荐体系，实现课程开放共享，并引入积分机制，促进学生积极参与在线课程[1]。同时，学校应尽快建立相应的反馈机制，定期收集学生对现有网络教学平台优缺点的评价意见，并及时将这些数据输送给在线教学平台服务中心，便于专业开发团队进行定制开发。

另一方面，优化学习支持与服务。通过描述性分析可知，"学习支持与服务"在在线课程体验中的均值最低。现有在线教学平台更注重为教师提供教学支持，学生参与度高的学习活动较少，不利于创建协作探究式学习环境。第一，教师要引导学生适应在线学习的特点，在在线课堂中跳脱出传统教师的角色，引导学生进行思考，活跃课堂氛围。根据上文可知，"能促进我进行思考"的教师以及良好的"在线课程学习氛围"更能提高学生的终身学习意愿。第二，优化教学设计。教学设计对学生的吸引力很大，而未来网络课程中的知识表现形式，不仅要看影像的表现，还要看课程设计者如何给学生提供丰富、多样的教学活动。

因此，有必要在教学活动设计中采取合适的激励措施，建立健全激励机制，以促进学生学习的持续发展。在课堂上，可以采取任务驱动、问题导向、案例式等多种教学方法，以提高学习者的求知欲和主动学习能力，并对解题者进行奖励，从而使他们能够不断地参与、提高学习效率。

---

[1] 李静：《移动化、社交化趋势下网络教学平台设计改进对策》，《中国教育信息化》2018年第22期。

(二) 增强学生的学习效果感知, 提高学习的自主性

在本研究构建的结构方程模型中, 态度对大学生的终身学习意愿的正向影响最为显著。因此, 极有必要通过增强学生的学习效果感知, 来提高学习的自主性。

一方面, 提升学习的自由度和学习效率, 提供时间管理帮助, 提升学习者的学习效果感知。从上文的分析可知, "学习心情" 与终身学习意愿之间有紧密的关系。积极愉悦的情感体验可以提升学生克服困难和挫折的自信心, 降低消极因素, 保持学习动机, 提高学习的自主性[1]。大学生毕业后在继续成长中的经验是学习的重要资源, 同时也有可能成为学习的阻碍。长期的学习生涯形成的学习习惯使他们成为被动学习者, 未能形成较强的时间管理能力, 学习时间有限实际上也是时间资源合理配置的问题。目前开放教育办学机构提供的学习 "自我监控" 外显化的设计还可以有更为精细的调整。借助信息技术提供多模式的时间管理帮助, 任务提醒服务或许能帮助成人学习者清晰中、短期学习目标和任务, 引导其合理规划时间, 有效改善在线课程对学习者的黏性, 使学习者获得更好的学习体验, 提高学习的自主性。

另一方面, 完善互动环节的实施策略。通过差异性检验发现: 互动频次越多, 学生的自主学习意愿也越高。师生、生生之间在线互动, 在共同在线解决问题的过程中形成学习共同体, 既能对学习者形成激励, 又能有效改善学生的孤独感, 增强学习体验中的自我效能感。因此, 在线课程学习过程中需要配备具有丰富远程教学经验和熟练掌握在线沟通技巧的教师团队, 负责组织网上讨论的深入进行, 增设各层级的辅导教师作为助教是促进师生在线交流互动的有效手段。如果仍然采用传统的教学模式的 "课堂迁移型的课程形态"[2], 即教师讲授知识, 学生被动学习, 会导致学生机械记忆, 参与性不强, 缺乏自主性。这种新型在线课程资源改变了旧的教学平台上一成不变、呆板沉闷的教学视频的刻板印

---

[1] 王梦婷:《成人在知识共享平台的学习体验与需求研究》, 硕士学位论文, 上海师范大学, 2020年。

[2] 黄荣怀、张振虹、陈庚等:《网上学习: 学习真的发生了吗? ——跨文化背景下中英网上学习的比较研究》,《开放教育研究》2007年第6期。

象，减少"隔离感"或"有限的社会存在感"，有效提升学习体验，提高学生的自主学习。

（三）推动持续性在线学习评价，促进终身学习

随着互联网技术在教学中的广泛使用，教学平台发生了转移，以在线为载体的教学形式成了高等教育的主流趋势，而与之对应的传统评价模式也面临着变革。同时，本研究构建的结构方程模型中，"评价的作用"和"感知有用性"是紧密相关的，而"感知有用性"会对"终身学习意愿"产生显著的正向影响。习近平总书记在全国教育大会上指出要扭转不科学的教育评价导向[1]，陈宝生部长补充说办教育要以学生为中心，教育评价要以学生的学习结果为中心[2]。由此可见，学生的学习评价在现代化教学过程中承担着关键性角色，在建设学习型社会中发挥着重要的导向作用。

一方面，将学习评价嵌入终身学习全过程。其一，教师对于学生的评价可以帮助教师实时掌握在线学生学习的动态、学习效果的程度；其二，通过学生互评的方式也可以促成学生互相学习。在教师评价的过程中，教师首先应该注重学生的个体差异性。每个在线学习者的背景差异较大，在评价的过程中不应使用统一标准对待不同的学习者。对待学生在线回帖质量评价应多以鼓励为主，动员在线学习者积极参与在线回帖，在交互中引导学生积极思考，在思考过程中形成发散性思维。教学过程中的教师评价既是教师了解学生学习效果的最佳途径，也是教师在给予学生作业评价时引导学生思考的过程。同时，有研究者表明慕课学习者表现出与同伴交流的强烈意愿，并认同慕课中同伴互评的策略[3]。教师可以通过设计多种评价策略给学习者提供学习"脚手架"，在同伴互评过程中添加互评训练，提供专家评价的样本及具体的评价标准，让学生在对

---

[1] 教育部：《对十三届全国人大二次会议第3217号建议的答复》，2019年10月9日，http//www. moe. gov. cn/jyb_xgk/xxgk_jyta/jyta_jiosi/201912/120191205410908 html1，2022年8月9日。

[2] 陈宝生：《坚持"以人为本"，推进"四个回归"，建设中国特色、世界水平的一流本科教育》，2018年6月21日，http://www.moe.gov.cn/jyb_xwfb/gzdt_gzdt/moe_1485/201806/t20180621_340586 html，2022年8月9日。

[3] 赵宏、张亨国、郑勤华等：《中国MOOCs学习评价调查研究》，《中国电化教育》2017年第9期。

比作业过程中训练批判性思维，积极思考，促进持续学习。

另一方面，推进基于个性化分析结果的学习评价。在在线课程评价环节设置中，评价方式设计更多的是借鉴传统的教学方式评价，缺乏科学技术在在线教学中的融合，因此缺乏"因材施教"个性化教学的在线课程难以从根本上激发学生的学习动机，调适学习者的元认知能力。通过数据搜集、数据分析等技术处理学生的学习记录，进而对学生进行学习追踪，了解学生的整个学习过程，实现形成性学习评价。对教师而言，其一减轻了教师教学过程中学业评价方面的数量和质量的压力；其二教师能够在数据结果分析中有针对性地改进教学设计、对在线学习者进行有效反馈，弥补主观题和客观题测试作为评价依据的缺陷与不足。同时，基于个性化分析结果的学习评价也能为学生的终身学习提供科学的指导路径。

第六节　本章小结

随着信息技术的发展，数字化程度的加深，终身学习和在线课程成为各高校研究的重点。然而，目前对于在线课程学习体验和终身学习意愿的关系有待深入挖掘。因此，本研究将学习型社会环境下在线课程学习体验融入经典的技术接受模型，进行创新性模型整合，初步构建了技术接受模型视域下在线课程学习体验与终身学习意愿的结构方程模型。

通过分析问卷调查获得的1107份有效样本数据验证假设模型。首先，通过描述性分析发现：我国大学生在线课程学习体验现状中感知易用性的平均值最高，然后是态度，感知有用性平均值度最低；我国大学生终身性学习意愿现状中持续学习意愿高于自主学习意愿。其次，通过差异性检验发现：地区、每天使用在线教育平台的时间、采用在线教育模式的老师、接触在线教育的初衷、老师的作用、互动频次、学习氛围对于终身学习意愿有着差异性。最后，通过结构方程模型求解，对基于技术接受模型的我国大学生在线课程学习体验和终身学习意愿相关的5个核心假设进行验证后发现：感知易用性对大学生的感知有用性具有显著的正向影响，感知易用性对大学生的态度具有显著的正向影响，感知有用性对大学生的态度具有显著的正向影响，感知有用性对大学生的终身学习意愿具有显著的正向影响,态度对大学生的终身学习意愿具有显著的正向影响。

基于在线课程学习体验和我国大学生终身学习意愿的关系,提出了如下策略建议:优化在线课程的开发设计,保证学习的持续性;增强学生的学习效果感知,提高学习的自主性;推动持续性在线学习评价,促进终身学习。

第 七 章

我国在线教育体系的模型建构

第一节　背景分析

当今科学技术高速发展的形势下，广大社会成员对于不断学习、丰富自己的知识和提高自身的各种能力，越来越有着强烈的要求。党的十九届四中全会提出了"构建服务全民终身学习的教育体系"的战略部署。随后，《国家中长期教育改革和发展规划纲要（2010—2020年）》提出到2020年基本形成学习型社会、构建体系完备的终身教育的战略目标[1]，《中国教育现代化2035》将"更加注重终身学习"作为推进教育现代化的基本理念之一[2]，并提出构建服务全民的终身学习体系目标[3]。2022年10月，党的二十大报告强调"推进教育数字化，建设全民终身学习的学习型社会、学习型大国"[4]，为新时代教育的发展指明了方向。在这样的大背景下，中国利用在线教育高速发展的后发优势，推动终身学习的发展，带来了前所未有的机遇，其跨越了时间和空间的限制，改变了知识传播和接受的方式、范围和普及度。构建国家在线教育体系模型是推动在线教育优化体系结构，面向人人，促进终身学习，提升服务社会能力的核心关键。

---

[1] 于蕾：《我国终身教育体系构建研究述评与展望》，《继续教育研究》2016年第8期。
[2] 周航、李波：《构建在线教育监管服务体系提升教育治理能力》，《中小学信息技术教育》2019年第5期。
[3] 王志军、刘璐：《自下而上："互联网+"时代终身学习的新形态》，《终身教育研究》2020年第1期。
[4] 习近平：《高举中国特色社会主义伟大旗帜　为全面建设社会主义现代化国家而团结奋斗——在中国共产党第二十次全国代表大会上的报告》，《人民日报》2022年10月26日第1版。

第二节 我国在线教育体系的内涵解读

在线教育体系是科技进步和经济发展的必然产物，与公民素养、教育理念以及用户需求有着密不可分的联系。我国在线教育体系在现阶段已经进入了学习领域垂直细分、学习方式丰富多样、资源开放共享、教育内容变现的智能教育时代，为全民终身学习提供了适切的发展契机和重要的平台支持。

一 全民终身学习的基本理念

终身学习理念由来已久。孔子在《论语·卫灵公》中提出"有教无类"不仅强调教育公平性问题，一定程度上也反映出终身学习理念的思想雏形。《论语·述而》中的"发愤忘食，乐以忘忧，不知老之将至"不仅反映了孔子孜孜以教的态度，更投射出对纵贯一生学习的积极倡导。荀子不仅坚持"学，不可以已"，而且强调"君子博学而日参省乎己，则知明而行无过矣"和"锲而不舍，金石可镂"。荀子的观点在坚定终身学习理念的同时，进一步明确了自我提升、自我完善的根本路径与方法[1]。

现代意义的终身教育概念源于第二次世界大战以后知识社会的形成、经济发展对教育的依赖以及公民学习权保障的需要。法国成人教育专家保罗·郎格朗（Paul Lengrand, 1965）在联合国教科文组织召开的国际会议上第一次提出了"终身教育"的理念[2]。同年，埃德加·富尔（Edgar Faure, 1965）在终身学习概念制度化的报告《学习的目的》中指出，"每一个人必须自我定位，在其一生中坚持不懈地学习"。《德洛尔报告》（*Delors Report*, 1996）提出了"终身学习"以及终身学习的四大支柱——学会求知、学会做事、学会共处和学会做人[3]。

---

[1] 段静琰、陆丹：《中国终身学习发展刍议》，《教育教学论坛》2017 年第 17 期。
[2] 吴遵民：《中国终身教育体系为何难以构建》，《现代远程教育研究》2014 年第 3 期。
[3] 联合国教科文组织总部中文科：《教育：财富蕴藏其中》，教育科学出版社 1996 年版，第 35 页。

本研究中的终身学习是秉持朴素的人格形成论的意蕴,为适应社会发展和实现个体发展的需要,人人学习的持续的过程。当今社会在不断地发展,人们生活的方式也在不断地变化,这就更加需要我们将终身学习作为自己的生存方式,使自己成为具备思考、创新、勇敢品格的现代人。终身学习理念是为现代社会人才培养与发展的更广阔思路,是促进社会发展的更强动力机制。

二 我国在线教育体系的主要特征

近年来,我国政府逐步将"教育信息化建设"摆在越来越重要的战略位置上,并给予在线教育以相关政策支持。在2008年8月启动的《国家中长期教育改革和发展规划纲要(2010—2020年)》中教育信息化建设研究的主要内容包括"教育信息化建设与应用研究现状分析,教育信息化建设可持续发展策略,2012年和2020年教育信息化建设战略方针、指导建设等"[1]。为全面了解和掌握在线教育的发展状况和教育质量,在建立了高校在线教育学院年报和年检制度的同时,深入了解在线教育体系的主要特征将有助于促进在线教育健康发展。

第一,功能性。这一特征主要体现在在线教育体系成为符号资本的重要认证路径。国家教育部出台的《教育部关于加强高校在线教育学院管理提高教学质量的若干意见》(以下简称《意见》)中强调,将在线教育作为进一步提升在职人员的专业知识和职业素养的重要路径[2]。高质量的远程教育不仅为学习者提供高质量的知识和信息源,而且还能获得国际公认的文凭和证书。我国很多高等学府于在线课程实践过程中积累了丰富的平台建设和管理能力、课程设置和在线教学经验及强有力的技术支持,足以保证最优质的教育资源共享和最新的学习项目拓展。这就是为什么通过在线课程获得的文凭和证书在世界各地都受到其他教育机构和雇主的高度重视。

第二,开源性。在线教育是以网络为媒介,使教师的教学更加自由,

---

[1] 于蕾:《我国终身教育体系构建研究述评与展望》,《继续教育研究》2016年第8期。
[2] 中国教育报:《教育部:加强高校在线开放课程建设应用与管理》,《中国高等教育评估》2015年第2期。

同时为学生提供更多的学习资料，并有效提高教学效果。现阶段，较为主流的在线教育平台主要包括中国慕课、学堂在线等。在线教育是基于网络基础之上的教育模式，可以有效地激发学生学习的兴趣，同时实现个性化教育，促进学生的全面发展。在线教育并不是一种简单的网络技术，而是一种通过学习所产生的教育形式的改变，可以突破时空的限制，满足移动互联网时代学习者的碎片化学习的需求，具有"人人皆学、时时能学、处处可学"的基本特征[①]。

第三，广覆性。在线教育的教学资源是丰富的，可以连接全球优质的师资，弥补传统教育存在的资源不均衡等问题，利用互联网技术实现教育资源共享的特点。在线教育可以满足个性化的教学，人工智能和大数据的应用能够精准掌握学生的学习情况，为学习者提供相匹配的教学资源。在在线学习中，学生随时都可以获得学习材料。教育机构有义务为每个学生提供通过考试和顺利完成课程所必需的学习材料。学习材料通常是指在线讲座、在线书籍、考试等的录音。文学作品大多存储在学校的服务器上，或发送到学生的电子邮件中，以便他们在适当的时间使用，既有助于节省时间，又有利于自主学习。

第四，灵活性。在线教育的灵活性主要体现为学习者的跨时空参与。新冠疫情的暴发对我国经济发展产生了巨大的冲击，教育也因此受到波及。正因为在线教育的灵活性，有效弥补了特定背景下的教育阻滞问题。在大多数情况下，选择在线教育的学生能够自由计划上课的时间、地点、课程内容等，允许将学习节奏独立于其他个体，并依据自身的能力和投入度来调整学习计划和进度，一定程度上实现了既定条件下的个性化学习自由。此外，在线课程的所有讲座都被录制并上传到服务器上，之后学员可以随时随地参与学习。记录的材料可以暂停、倒带，或重新观看，确保学习者更容易跟上课程和保持预期的学习速度。

三 全民终身学习与我国在线教育体系的相关性

2020年初，一场突如其来的新冠疫情开始在全球肆虐，受感染人数

[①] 杨晨、李娟、顾凤佳：《我国"学习社会"研究述评（2008—2011年）》，《教育发展研究》2011年第23期。

不断攀升，这次全球重大的公共卫生危机使人们居家不出门，与此同时，在线教育在此疫情的背景下得以蓬勃发展。当然，在线教育受到很多方面的制约，但终身学习理念和内涵使在线教育得以运行。第一，在线教育作为终身教育理念下的一种新型的学习方式，具有传统教育所不具有的特点，如：资源丰富性、个别化学习、多样化的渠道、不受时空限制的学习机会。沈光辉（2009）在分析在线教育独特优势的基础上，提出其将成为终身教育的有效载体、全民学习的服务平台、学习型社会的重要支撑[1]；高勇（2012）认为，在线教育在终身教育体系构建中，主要在学习资源的开放共享和学习方式的交互自主中体现[2]；在营造终身学习氛围、促进教育公平、提供学习支持服务体系等方面发挥作用；徐魁鸿（2014）指出，MOOC以其开放的教育理念、大规模的教育受众等特征，将成为推动终身教育发展，进而形成学习型社会的重要手段[3]；林世员（2018）同样也认为，MOOCs的创新直观体现在教学模式的创新上，而其本质创新在于教育组织模式和服务模式的创新，这对破解终身教育体系建设中的体制机制难题有深刻的借鉴[4]。第二，终身学习作为全球认同的教育发展理念，逐渐成为在线教育的重要支持和推进要素，终身学习为在线教育目标的实现提出解决方案、政策参考和实现路径。基于《国家中长期教育改革和发展规划纲要（2010—2020年）》把终身教育体系建设作为2020年的教育战略目标之一。构建终身教育体系，建设学习型社会成为新时代我国教育综合改革的战略目标和方向。基于终身学习视野下，在线教育助力实现个人的学习，继而促进社会、经济、环境和文化的可持续发展。

---

[1] 沈光辉：《远程教育在终身教育体系中所扮演的角色》，《成人教育》2009年第3期。
[2] 高勇：《远程教育在终身教育体系构建中的时代使命》，《河北学刊》2012年第1期。
[3] 徐魁鸿：《MOOC内涵、特征及其对我国终生教育的启示》，《职业技术教育》2014年第35期。
[4] 林世员：《从教学创新到组织模式、服务模式创新——论两类MOOCs创新及其对终身教育体系建设的意义》，《北京广播电视大学学报》2018年第2期。

第三节 基于解释结构模型的在线教育体系建构

明确在线教育体系在教育改革发展过程中的重要地位的同时,如何构建面向全民终身学习,并有效服务于学习型社会构建与发展的在线教育体系是本节需要去解决的核心问题。为此,针对在线教育体系发展过程中,对终身学习理念产生重要影响的各要素进行分层次提炼,同时对各要素之间关系进行有向识别成为解决问题的关键所在。本节尝试采用解释结构模型法,结合 Matlab 21.0,对在线教育背景下,有效强化大学生终身学习意愿的因素之间构建有向的直接关系,进而形成层级递阶模型,明确各因素在结构中的作用和地位,为实践提供明确的指导方向。

一 解释结构模型的理论概述

解释结构模型(Interpretative Structural Modeling Method,ISM)是一种确定特定项目之间关系的方法,被越来越多的研究者用来直观描述某个问题相关因素之间的关系层级。解释结构建模起源于沃菲尔德(Warfield,1976),是通过计算机辅助方法开发的系统组成图形来表示结构,试图形成一套既有科学性又有层次性的联系机制。ISM 方法从确定变量开始,归纳与问题相关的重要信息,然后选择一个特定情境下的从属关系,进而建立了基于变量两两比较的相互作用矩阵和可达性矩阵(RM),并检查其传递性。

ISM 建模的具体步骤包括:通过文献、调查小组等找出与问题相关的元素;在元素之间建立上下文的情境关系;建立元素的结构自作用矩阵(SSIM),用以表示元素之间的成对关系;从 SSIM 开发一个具有传递性的可达矩阵,并区分可达性矩阵的不同层次;利用有向图描述可达矩阵中给出的关系,并采用语句替换元素节点的方式,将生成的有向图转换为基于 ISM 的模型。

二 关键因素的识别与提炼

通过定量分析可以发现，在线教育的背景性要素、投入性要素、过程性要素与结果性要素与个体的终身学习意愿均有着直接或间接的影响效应。因此，根据定量分析结果，初步提取出 12 个对全民终身学习视野下的在线教育体系有着重要影响的因素。具体包括在线教育政策（F1）、高校对在线教育的关注（F2）、在线课程建设（F3）、在线教育资源的开放共享（F4）、个体对在线学习的投入（F5）、教师的在线指导与支持（F6）、个体的专业产出与学习收获（F7）、个体的在线学习动机（F8）、他人对在线教育的认可程度（F9）、个体在线学习的自我效能感（F10）、个体对在线学习的态度（F11）、在线教育平台运行情况（F12）。

三 解释结构模型的构建

(一) 构建邻接矩阵

在邻接矩阵的构建中，主要通过对教育学领域的教师和相关主题的研究者进行讨论征询来确定各要素之间的直接关系。据表 7-1 可知，矩阵是由 12 组值集合而成，a_{ij} 主要根据各要素之间是否存在某种直接的二元关系而进行赋值的集合，要素之间的有向关系通常以 R_b 来表示，具体的赋值标准和矩阵的集合表达描述如下：

$$A = \begin{bmatrix} a_{11} & a_{12} & \cdots & a_{1n} \\ a_{31} & a_{32} & \cdots & a_{3n} \\ \vdots & \vdots & & \vdots \\ a_{n-1,1} & a_{n-1,2} & \cdots & a_{n-1,n} \\ a_{n-1} & a_{n,2} & \cdots & a_{n,n} \end{bmatrix}$$

$$a_{ij} = \begin{cases} 1, & (S_i, S_j) \in R_b \\ 0, & (S_i, S_j) \notin R_b \end{cases}$$

表7-1　全民终身学习视野下在线教育体系影响因素的邻接矩阵

	F1	F2	F3	F4	F5	F6	F7	F8	F9	F10	F11	F12
F1	0	1	1	1	0	1	0	0	0	0	0	1
F2	1	0	1	1	1	1	0	1	0	0	1	1
F3	0	0	0	1	0	1	0	0	1	1	1	1
F4	0	0	0	0	1	0	1	0	1	0	1	1
F5	0	0	0	0	0	0	1	1	0	1	1	0
F6	0	0	1	0	0	0	1	1	1	0	1	1
F7	0	0	0	0	1	1	0	1	0	1	1	0
F8	0	0	0	0	1	0	1	0	1	1	1	0
F9	0	0	0	0	0	0	0	0	0	0	1	0
F10	0	0	0	0	1	0	1	1	0	0	0	1
F11	0	0	0	0	1	0	1	1	1	1	0	0
F12	1	1	1	1	1	1	0	0	1	0	1	0

（二）可达矩阵的计算

可达矩阵主要是指某一要素通过若干环节之后到达另一要素的通路矩阵。据表7-2可知，矩阵是由12组值集合而成的。在可达矩阵的计算中，R^2被用来指代两个因素之间存在路长最大为R的路径，而$\overline{R^2}$则表示这样的路径不存在。通常路径存在，赋值"1"；路径不存在，赋值"0"，据此，将可达矩阵的集合表达与赋值标准描述如下：

$$M = \begin{bmatrix} m_{11} & m_{12} & \cdots & m_{1n} \\ m_{21} & m_{22} & \cdots & m_{2n} \\ \vdots & \vdots & & \vdots \\ m_{n-1,1} & m_{n-1,2} & \cdots & m_{n-1,n} \\ m_{n,1} & m_{n,2} & \cdots & m_{n,n} \end{bmatrix}$$

$$m_{ij} = \begin{cases} 1, & (S_i R^2 S_j) \\ 0, & (S_i \overline{R^2} S_j) \end{cases}$$

可达矩阵的计算原理是基于布尔矩阵的运算法则，以邻接矩阵为基础数据，计算邻接矩阵 A 与单位矩阵 I 之和的幂运算，即为可达矩阵。这一步骤可以通过 Matlab 来实现，操作代码具体如下：

```
I = eye (12);
S = A + I
n = size (S, 1);
    P = S;
    for i = 2: n
        P = P + S^i;
    end
P (P ~ =0) =1
```

表7-2 全民终身学习视野下在线教育体系影响因素的可达矩阵

	F1	F2	F3	F4	F5	F6	F7	F8	F9	F10	F11	F12
F1	1	1	1	1	0	1	0	0	0	0	0	1
F2	1	1	1	1	1	1	0	1	0	0	1	1
F3	0	0	1	1	0	1	0	0	1	1	1	1
F4	0	0	0	1	1	0	1	0	1	0	1	1
F5	0	0	0	0	1	0	1	1	0	1	1	0
F6	0	0	1	0	0	1	1	1	0	1	1	1
F7	0	0	0	0	1	1	1	0	1	1	1	0
F8	0	0	0	0	1	0	1	1	0	1	1	0
F9	0	0	0	0	1	0	0	1	1	0	1	0
F10	0	0	0	0	1	0	1	0	1	1	1	0
F11	0	0	0	0	1	0	1	1	0	1	1	0
F12	1	1	1	1	1	1	0	0	1	0	1	1

（三）区域层次划分

区域划分是呈现要素横向结构性特征的主要路径，同时也是对要素进行纵向层次划分的前提条件。一般而言，只有在同一划分区域下的要素之间才能形成一定的联系，在此之前，有必要对可达集 R（si）、先行集 A（si）和初始集 C 进行定义如下：

R（si）= {Si | Si ∈ S, mij = 1, j = 1, 2, …, n} i = 1, 2, …, n，系统要素 si 的可达集表示的是由 si 可到达的诸要素的集合；

A（si）= {Sj | Sj ∈ S, mji = 1, j = 1, 2, …, n} i = 1, 2, …, n，系统要素 si 的先行集是可达矩阵中可到达 si 的诸要素的集合；

C = {Sj | R（Si）∩ A（Si）= A（Si）}，若先行集与可达集共同的部分与先行集一致，则被视为矩阵的初始集。

按区域划分的规则，将可达集、先行集和初始集的基本信息进行了呈现（见表 7 - 3），其中，R（S1）∩ A（S1）= A（S1）、R（S2）∩ A（S2）= A（S2）、R（S12）∩ A（S12）= A（S12），由此可得初始集 C = {S1、S2}，并且 R（S1）∩ R（S2）∩ R（S12）≠∅，故划为同一个区域，S1、S2, S12 便是构成层次结构的第一层级。

表 7 - 3　　　　　　　　区域划分

	R（si）	A（si）	C（si）	
F1	1, 2, 3, 4, 6, 12	1, 2, 12	1, 2, 12	√
F2	1, 2, 3, 4, 5, 6, 8, 11, 12	1, 2, 12	1, 2, 12	√
F3	3, 4, 6, 9, 10, 11, 12	1, 2, 3, 6, 12	3, 6, 12	
F4	4, 5, 7, 9, 11, 12	1, 2, 3, 4, 12	4, 12	
F5	5, 7, 8, 10, 11	2, 4, 5, 7, 8, 9, 10, 11, 12	5, 7, 8, 10, 11	
F6	3, 6, 7, 8, 9, 11, 12	1, 2, 3, 6, 7, 12	3, 6, 7, 12	
F7	5, 6, 7, 8, 10, 11	4, 5, 6, 7, 8, 10, 11	5, 6, 7, 8, 10, 11	
F8	5, 7, 8, 10, 11	2, 5, 6, 7, 8, 9, 10, 11	5, 7, 8, 10, 11	

续表

	R (si)	A (si)	C (si)	
F9	5, 8, 9, 11	3, 4, 6, 9, 12	9	
F10	5, 7, 8, 10, 11	3, 5, 7, 8, 10, 11	5, 7, 8, 10, 11	
F11	5, 7, 8, 10, 11	1, 2, 3, 4, 5, 6, 7, 8, 9, 10, 11, 12	5, 7, 8, 10, 11	
F12	1, 2, 3, 4, 5, 6, 9, 11, 12	1, 2, 3, 4, 6, 12	1, 2, 3, 4, 6, 12	√

为进一步明确各要素之间的关系及层级结构，利用同样的方式抽取初始集与先行集重叠的要素，如表7-4所示，R（S3）∩A（S3）=A（S3）、R（S6）∩A（S6）=A（S6），由此可得初始集C={S3、S6}，S3、S6便是构成层次结构的第二层级。

表7-4　　　　　排除1、2、12的层级划分

	R (si)	A (si)	C (si)	
F3	3, 4, 6, 9, 10, 11	3, 6	3, 6	√
F4	4, 5, 7, 9, 11	3, 4	4	
F5	5, 7, 8, 10, 11	4, 5, 7, 8, 9, 10, 11	5, 7, 8, 10, 11	
F6	3, 6, 7, 8, 9, 11	3, 6, 7	3, 6, 7	√
F7	5, 6, 7, 8, 10, 11	4, 5, 6, 7, 8, 10, 11	5, 6, 7, 8, 10, 11	
F8	5, 7, 8, 10, 11	5, 6, 7, 8, 9, 10, 11	5, 7, 8, 10, 11	
F9	5, 8, 9, 11	3, 4, 6, 9	9	
F10	5, 7, 8, 10, 11	3, 5, 7, 8, 10, 11	5, 7, 8, 10, 11	
F11	5, 7, 8, 10, 11	3, 4, 5, 6, 7, 8, 9, 10, 11	5, 7, 8, 10, 11	

以此类推，R（S4）∩A（S4）=A（S4）、R（S8）∩A（S8）=A（S8）、R（S10）∩A（S10）=A（S10），由此可得初始集C={S4、S8、S10}，S4、S8、S10便是构成层次结构的第三层级（见表7-5）。

表7-5　　　　　　　　排除3、6的层级划分

	R（si）	A（si）	C（si）	
F4	4，5，7，9，11	4	4	√
F5	5，7，8，10，11	4，5，7，8，9，10，11	5，7，8，10，11	
F7	5，7，8，10，11	4，5，7，8，10，11	5，7，8，10，11	
F8	5，7，8，10，11	5，7，8，9，10，11	5，7，8，10，11	√
F9	5，8，9，11	4，9	9	
F10	5，7，8，10，11	5，7，8，10，11	5，7，8，10，11	√
F11	5，7，8，10，11	4，5，7，8，9，10，11	5，7，8，10，11	

根据表7-6、表7-7可知，S7、S9是构成层次结构的第四层级；S5、S11是构成层次结构的第五层级。最终的结构收敛点在于个体对在线学习的投入和态度，也是影响在线教育体系服务于终身学习理念的直接因素。

表7-6　　　　　　　　排除4、8、10的层级划分

	R（si）	A（si）	C（si）	
F5	5，7，11	5，7，9，11	5，7，11	
F7	5，7，11	5，7，11	5，7，11	√
F9	5，9，11	9	9	√
F11	5，7，11	5，7，9，11	5，7，11	

表7-7　　　　　　　　排除7、9的层级划分

	R（si）	A（si）	C（si）	
F5	5，11	5，11	5，11	√
F11	5，11	5，11	5，11	√

(四) 模型的构建

综合上述分层情况,并结合影响在线教育与终身学习意愿关系的因素内涵,通过 Visio 构建全民终身学习视野下的在线教育体系模型(图7-1),直观呈现五级递阶模型中各影响因素之间的结构层次与耦合态势。基础性层级主要集中于在线教育背景性因素,包括国家政策指导、高校规章制度的响应落实和平台运行情况三个方面,最终以学生情感和行为为表层因素收敛。

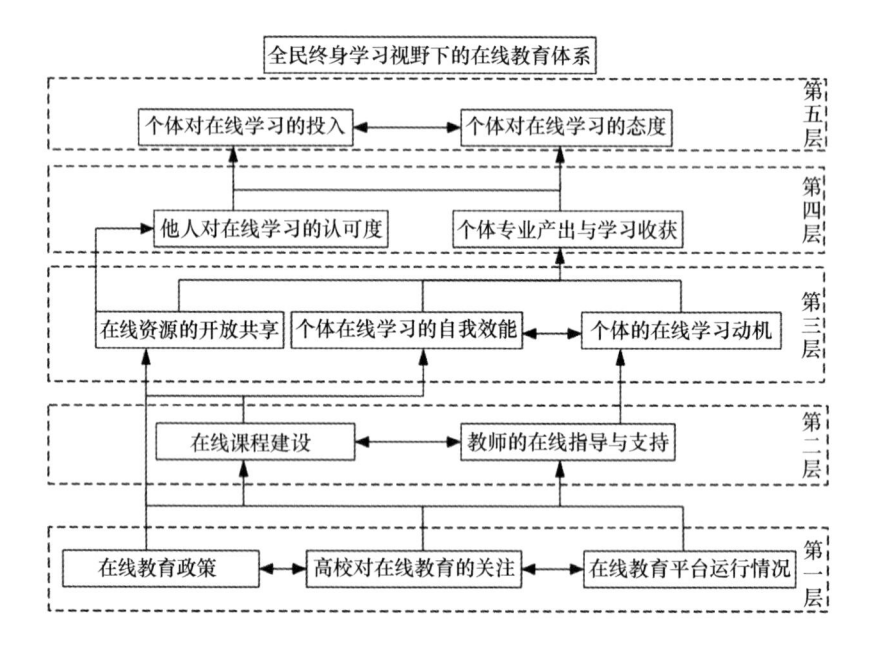

图 7-1 全民终身学习视野下的在线教育体系模型

第四节 我国在线教育体系的模型阐释

基于上述量化分析结果可以发现,我国在线教育体系中的政策指导、课程建设、平台运行、教师支持、个体的学习动机、学习投入、学习收获等方面的满意度对个体终身学习意愿均具有显著的统计学意义。以此为基础,系统厘清各因素之间的内部关系以及在整体结构中的层次地位是构建有效的在线教育体系,更好地服务于全民终身学习的关键所在。根据图7-1可知,影响在线教育与全民终身学习意愿之间关系的12组关键性因素涉及国家与社会、平台建设单位或组织、学习者三大主体,按其内部逻辑和作用效力形成五个有向层级,整体结构随各因素影响关系的变化而呈现出一定的动态趋势。

一 基于不同主体的因素解释

就国家层面而言,政策指导是提升我国在线教育质量,强化全民终身学习意识的基本导向。2015年11月10日,习近平总书记在中央财经领导小组第十一次会议上首次提出了供给侧结构性改革,自此掀起了供给侧改革热潮。党的十九大报告中同样提到推动互联网、大数据、人工智能和实体经济的深度融合,进一步深化供给侧结构性改革。教育作为当今社会重要的发展动力,对于供给侧改革发挥着不可忽视的作用。在线教育作为现代教育发展的趋势,是实现全民学习、终身学习的重要途径。教育部出台《关于加强高等学校在线开放课程建设应用与管理的意见》着眼于遵循教育教学规律,推动信息技术与教育教学深度融合,主动适应学习者个性化发展和多样化终身学习需求,围绕立足自主建设、注重应用共享和加强规范管理三条主线指导大规模开放课程建设。该意见为在线教育服务终身学习提供了质量保障,让在线教育体系得以良性运转。经济学家吴敬琏提出,我国的供给侧改革主要任务是"三去一降一补",即去产能、去库存、去杠杆、降成本、补短板。目前,在供给侧改革的背景下,补短板是在线教育改革的首要任务,具有很强的现实意义。补短板是优化供给结构和扩大有效需求的结合点,是发展在线教育和推动终身学习的关键之处,[①]并提出了以协同创新为核心、以在线教育战略升级为支柱、以智能个性化学习服务体系建设为支撑、以创建质量保障体系为关键的在线教育供给新模式。

就建设单位或组织而言,平台建设是提升我国在线教育质量,强化全民终身学习意识的条件保障。构建终身教育体系,建设学习型社会离

[①] 李倩舒:《供给侧改革视角下在线教育供给新模式探析》,《山东广播电视大学学报》2019年第3期。

不开远程教育的支撑①。进入移动互联网时代，手机或平板电脑即构成了个人学习的所有硬件条件，而便捷快速的在线教育将传统课堂上晦涩难懂的知识，轻松形象地传授给学习者，克服了时间和场地的限制。作为个人，可以随时随地地选择所需的信息知识，体现了资源共享的价值，同时也对在线平台和资源建设的质量提出了更高的要求。在课程教学资源方面，全方位关注课程内容设计、教材内容选取、课件制作和视频录制等环节，旨在适应当今学习型社会的发展，可以满足全民的终身学习，培养大家的创新精神和提高创新能力。② 在平台运行方面，着重强调在线教育信息服务平台的构建与发展，全面发掘服务平台的资源共享程度，突出在线教育信息服务平台交流与推广的作用。同时整合及优化在线教育信息资源，突破时间和空间限制，提升学习效率，为构建在线教育自主化学习氛围提供良好的条件。在师资力量方面，重点解决教师在教育教学中遇到的热点问题和难点问题，以"互联网＋"支持教师全员培训，推行集中培训和脱产跟岗实践相结合的模式，切实提升教师的教学水平。

就学习主体而言，对在线教育的认知与态度是提升我国在线教育质量，强化全民终身学习意识的核心要素。2020 年新冠疫情暴发，随着疫情的进一步影响，全国各地各类学校纷纷开展"停课不停学"活动，目前，教育部已组织 22 个在线课程平台免费开放在线课程 2.4 万余门。由于疫情期间在线教育用户量的大幅增加，在线教育市场规模将继续维持快速增长趋势，在线课程学习也逐步形成了体系化、常态化的组织形态和评价模式。在受众群体中，高校学生一方面因为对新生事物的接受速度快，愿意尝试在线教育的模式；另一方面，由于大学生能够更主动地利用课余时间进行自主性的学习，高校学生成为在线学习的主要群体。在线学习过程中，学习者需要发挥主观能动性，在庞大的学习资源中，选择自己需要的、适合自己的内容，同时要保持自身的学习动力，尤其是需要自我激励，培养积极的学习态度。如果学习者的在线学习经历是

---

① 高勇：《远程教育在终身教育体系构建中的时代使命》，《河北学刊》2012 年第 1 期。
② 常思敏、王润梅、刘春江：《基于教育培训行业优化的研究》，《教育探索》2019 年第 11 期。

消极的、不理想的，势必导致个体对持续学习意愿产生阻碍①。在线教育虽然能够缩小学习者之间可能存在的知识鸿沟和数字鸿沟，为某一水平的学习者提供相对平等的教育机会，但在线学习中，学习者更需要明确学习动机与目的，适应技术的发展，掌握在线学习的学习方法；有意义地利用学习资源与教师资源；运用在线学习改善终身学习的方式。

二　基于不同层级的因素解释

首先，在线教育的政策指导与平台建设是影响在线教育与终身学习关系的基础导向。一方面，在线教育政策及高校对在线教育的关注为在线教育的发展营造了必要的规范环境。信息革命时代将人类引入一个智能化的环境，教育领域也出现了巨大的转折。为满足人们个性化的学习需求，各种各样的在线教育资源，像慕课、数字图书馆、视频公开课、移动智能终端 App 等如雨后春笋般冒了出来。就个体而言，这也是促使个体的终身学习意识日益增强，同时，全球对终身学习和在线教育的重视度越来越高，各国政府部门、高等学校、专业协会、商业机构和社会组织都发布了相关的措施来促进这一领域的发展。多组织、多部门协同发展的同时，也会暴露出一系列的问题，引发研究者的进一步思考，对全球在线教育资源建设进一步的优化提供了方向。另一方面，平台运行情况为在线教育的发展提供了必要的"硬环境"保障，是经费支持、技术支持和管理支持情况的"晴雨表"。经济支持方面，中国在线教育整体市场数据显示，2020 年中国在线教育市场规模约达 4230 亿元，同比 2019 年的 3468 亿元增长 21.97%②，一定程度上为在线教育平台的顺利运行提供了必要的物质保障。技术支持方面，5G 通信技术、人工智能、直播技术、大数据分析等方面，能否充分地融合使用，更好地服务于在线教育实施过程，以满足学习者个性化与多元化的学习需求是在线教育平台高效运行的助力加持。在管理支持方面，经费的合理利用、技术的合理引

---

① 李宝敏、祝智庭：《从关注结果的"学会"，走向关注过程的"会学"——网络学习者在线学习力测评与发展对策研究》，《开放教育研究》2017 年第 4 期。

② 搜狐：《2022—2028 年中国在线教育行业市场前瞻与投资战略规划分析报告》，2022 年 5 月 27 日，https://learning.sohu.com/a/551553907_120815556，2022 年 10 月 11 日。

进及资源的合理配置等都离不开在线教育的科学化管理，以便促进在线平台顺利、高效地可持续化运行。

其次，在线资源的开放共享和个体对在线学习的认知是影响在线教育与终身学习关系的核心环节。在传统的环境中，只有少数人被授予指导的权利。如今几乎普及的在线教育表明，个体通常都具备在多个领域的知识背景，资源的开放共享能够为学习者提供一个友好的学习和思想交流的环境，更好地促进知识的更新迭代和再生创新，同时也满足教育公平性发展需求。就在线资源的开放与共享而言，主要取决于在线教育政策对在线教育发展的规制和引导、高校对在线教育体系的关注程度及平台运行情况，是在线课程建设的重要组成部分。除此之外，在线资源的开放与共享也是促进他人对在线教育体系认可的直接因素，广泛的受众群体是提升认可度的重要力量。就个体对在线学习的认知而言，主要体现为个体对在线学习的自我效能感和个体的在线学习动机，即"为何而学"及"是否能学"两个方面，对其产生直接影响的因素在于课程建设和教师的在线指导与支持。针对"为何而学"的问题，高校及在线课程建设单位应适度加强有关终身学习课程的嵌入，强化终身学习意识和价值引导；针对"是否能学"的问题，关键在于在线教育体系在易用性和有用性方面的关注和强调，简洁、流畅、体系化的在线课程，能够从客观因素上强化学习者对在线学习的效能感。除此之外，教师在线指导与支持能够有效激发学习者对在线平台的"用户黏性"，激发学习者的学习热情和自信。

最后，个体对在线学习的情感和投入行为是影响在线教育与终身学习关系的直接力量。计划行为理论指出个体态度是影响个体行为意愿的直接要素，可见，个体对在线学习的态度直接影响着在线学习意愿，进而就个体对在线平台的使用情况和使用成效产生显著的影响。学习投入可以被看作把学生学习和成长的各个方面联系在一起的黏合剂，不仅使教学本身更有趣、更有吸引力、更有回报，而且对学生有重要的影响。当学生表现出高水平的行为、情感和认知投入时，更有可能在学业上取得理想的成就，由此，在线学习背景下，学习者的学习投入是介导个体情感与行为目标的必要前提。终身学习作为在线教育的可持续发展目标，学习者积极的学习态度能够有效促使终身学习意识的内化，形成常态化的价值认知和行为指导。

第五节　在线教育体系构建的启示与展望

综观生活，其本质就是一场不断学习的冒险旅程，无论你获得了多少经验，对知识的学习和积累永远不会停滞。在数字教育不断的发展和演变中，在线教育成为能够响应学习者不断变化需求的重要载体。借助在线教育体系，充分发挥其潜力，是实现学习型社会发展目标的有效进路。

一　在线教育体系构建的启示

（一）为服务于终身学习的在线教育体系创设积极的政策环境

中国正处于改革发展的关键时期，经济建设、政治建设、文化建设、社会建设和生态文明建设全面推进。然而，中国也面临着来自其庞大的人口、有限的自然资源、环境以及近期经济增长模式变化的压力。政府部门、在线平台的建设单位和组织等对在线教育资源的建设做出政策性指导，为在线教育从具体层面的贯彻执行提供明确的发展方向。为应对面临的挑战，首先必须明确全民终身学习的确切内涵，尽管"终身学习"一词在政策中没有明确的定义，但在应用过程中通常理解为所有公民应该树立提供、支持、接受各类教育机会的观念，积极利用获得的知识来改善就业前景和生活质量。为确保在线教育体系更好地服务于全民终身学习的目标，其关键在于营造出积极的政策环境，更好地指导在线教育体系构建，以达到借助在线教育体系的优势来弥合全民终身学习所面临的主要挑战的目的。其次，基于政策层面明确当前终身学习面临的主要挑战。较为突出的矛盾在于教育观念、课程设置和教学方法相对落后；具有创新能力和"多面手"型教师相对缺乏；教育资源分配不均，教育经费跟不上需求且地域差异性显著等。如何在政策层面进一步引导在线教育的改革与发展，将在线教育的优势得以充分凸显是国家和建设单位、组织需要着力关注的问题。最后，结合当前文件内容与落实举措，进一步明确后续政策的引导方向。中国的终身学习政策贯穿了学前教育阶段到继续教育的全过程，旨在坚持教育公益性，保障教育均等化；开展多种形式的素质教育，大幅度提高学生的思想素质、道德素质、科学文化素质和身体素质；构建完善的终身教育框架，促进学历教育与非学历教育协调发展；实行职业教育与非职业教育相衔接，实现岗前教育与在职教育相衔接等。在线教育体系如何高效服务于终身学习的相关政策举措中，仅仅提及在线教育之余终身学习的意义及两者之间协同发展的可行性评估，而具体层面的落实举措与实践尚有待进一步探索。

（二）为服务于终身学习的在线教育体系提供坚实的平台条件

在线教育平台依赖于网络技术与线上学习社区形成的一种学习环境，通常拥有丰富的知识和信息资源，其核心内容和整体质量决定了信息化的水平，是促进教育创新性发展和系统性变革的关键要素。政府、高校及在线教育平台的建设、监管单位是关系到平台运行与发展的主体，其中在线教育平台建设的核心主要涉及课程设置、教师队伍及管理体系等。为了能够将在线教育体系更好地服务于终身学习，各主体分别从课程、师资和管理运营等方面探索平台的夯实条件具有重要的现实意义。

首先，专注课程建设，强化在线教育资源的专业性。在课程设计中增设学习计划的契约板块。在线学习者在朝着一个特定目标努力时是最有成效的。鼓励学生制定个人的长期目标、阶段性目标和短期目标，以便能够跟踪自己的学习进展。因此，通过在线学习课程设计来促进目标设定技能是很重要的，这种方式吸引并激励着学习者全力以赴。课程内容中增设终身学习理念的价值引导。终身学习代表着一种积极寻找成长机会的愿望，而不是自满地等待机会来找你。而是要有自我激励，愿意投入持续的努力去学习，因此，一个积极的态度和对在线学习的自我效能感是必不可少的。在课程维护方面关注知识内容的更新迭代。当前慕课平台中的课程内容等资源过于陈旧，无法跟上时代的步伐。因此，教师安排教学内容时，要注重知识内容的新颖性，要贴近社会、贴近生活，要给学生一种真实感，这样学生才能更好地掌握学习内容。

其次，关注教学互动，提升师资队伍的"软"实力。第一，注重多部门之间的沟通交流是促进教学互动的动力源。当前，在线教学者更多专注于授课视频的录制、内容的教授及学生的观感体验等，在教学互动环节，囿于在线教育环境的独特性，授课者很少甚至几乎无法了解学习者的真实情况，导致了在线课程呈现出教师主导的态势，学生主体性很难得到充分的关注，授课者和在线教育管理者也很难有效地对授课内容和方式作出适时调整。注重授课者与技术服务人员之间的沟通交流，能够更好地了解在线平台的技术应用和运行机制，进而更好地帮助授课者提升在线教学技能，适应网络化的教学情境，更好地发挥在线教学的优势和特色。第二，提升授课者的专业素养，将视频公开课的内容和服务进行渗透与融合。视频公开课如果仅以发布视频后播放就结束的话难免会有种在线式传统课程的走向，这就与网络时代背景下的视频公开课的初衷相悖，视频公开发布后更加需要后期全面、细致的服务，包括帮助学习者答疑解惑、及时地搜集学习者的学习反馈和学习者满意度调查等。因此，就授课者而言，不断优化教学设计，在规定的时间内灵活地调整教学策略，精进教学过程是实现融合发展的首要前提；就平台服务而言，为学习者提供讨论模块，激发不同背景的个体之间迸发出知识的火花。第三，增加辅助学习的电子学习资料。电子学习资料可以采用 PPT 或 Word 的形式附加在视频公开课的后面，同时必须可供学习者随时下载，这样就解决了视频公开课只能在线观看的短板。一般来讲，文字型的资料要比视听型的资料更让学习者印象深刻。

  最后，整合多方力量，聚焦在线教育平台的运营管理。第一，经费投入是课程质量与技术支持的物质保障。我国政府在在线教育的过程中相当关注多主体、多角度的资金投入问题。在教育部发布了《教育部办公厅关于公布教师教育国家级精品资源共享课立项建设课程名单的通知》中明确了国家级精品资源共享课立项建设课程资助经费标准。高校层面也制定了相关的资助细则，例如华南师范大学在《关于公布 2020 年度校级精品"在线开放课程"、"线下课程"、"线上线下混合式课程"、"社会实践课程"立项名单的通知》中对精品课程的经费进行了具体的说明。在线教育行业良好的发展前景吸引了大批的投资者，而大量资金的涌入也促进了在线教育行业更好更快地发展，这对于双方都是互惠互利的事情。如何将多方力量进行整合实现"利益最大化"是需要深入思考的问题。第二，构建政府评价为宏观导向、教育机构评价为专业主导、专业协会评价为辅助监管的评价体系。多主体、全方位的监管评价机制能在一定程度上充分发挥在线教育行业组织的服务、沟通、协调和监督作用，它既能对政府部门提出相关的策略建议，也能协调在线教育行业与相关产业的关系，加强行业内外的信息交流与合作，从而保证在线教育行业稳定、健康地发展。

（三）为服务于终身学习的在线教育体系奠定忠实的受众基础

成为一名终身学习者对不同的人有不同的意义，但它的核心是培养好奇心和满足对知识的渴望，正如菲尼克斯大学（University of Phoenix）学生服务部副总裁克里斯汀·格里芬（Kristen Griffin）所说，终身学习是对自我的持续教育。因为它是连续的，这种学习方式是自我激励的，通常将学习的行为转变成一种日常思维和习惯，体现出一种无论何时何地都渴望获得知识和技能的强烈愿望。首先，在线教学中应积极引导学生树立反思意识并积极参与在线学习实践。在许多情况下，终身学习是出于需要。在线学习者必须经常性地进行自我反思，挖掘和探索每一个话题与现实情况之间的联系和矛盾，例如面对一个问题时，如何解决才是最好的方法、如何提高工作效率等。学习过程从一个需要解决的问题开始，积极寻找改善生活和克服挑战的方法以达到解决问题的目的。在此过程中，学习者必须知道哪些资源是可用的，以及如何有效地使用这些资源，这样才能找到可弥补知识鸿沟的信息。鼓励个人反思是使在线学习更有意义的有效的方法之一。其次，强调在线学习中时间管理技能的重要性。繁忙的日程安排，不经意的分心都可能阻碍终身学习。例如，倘若在线学习者没有时间吃早餐，他们的时间表中很可能就没有太多的空间来进行阅读和研究，这就是为什么时间管理技能是必不可少的。在线学习中，可以通过为线上学习任务设置截止日期和制定定时的在线学习活动来促进这一点。最后，通过完善在线学习的社会属性来提升个体对学习活动的掌控感。在线学习者有能力与他们的同伴互动，收集反馈，并从他们的在线学习经验中获得知识和灵感。通过整合社交元素，促使学习者更好地认识和理解在学习活动选择、个人学习目标的制定、学习路径的定制等方面具备的主动权，同时，小组成员有机会探索不同的观点，丰富和拓展知识来源，让学习过程更吸引人、更令人兴奋。

二 在线教育体系的发展趋势

如果要在线学习者接受终身学习理念，那么学生的自主性发展，以及获得"如何学习"的技能是最重要的目标。论及在线教育的发展趋势，大多基于受众群体的扩大和技术革新下学习方式的改变，为在线教育的创新与发展开辟令人兴奋的新途径。

（一）更加重视继续教育和能力教育

初步数据显示，大多数参与慕课学习的学生中，年龄都大于传统意义上的大学生，从资历上来看，至少已经获得学士学位，并在自己的专业或工作领域学习了额外课程，以提高技能，为进一步发展做准备。由此可见，在线教育平台的建设单位和提供商正向继续教育和专业发展的方向迈进。此外，学习者为提升职业胜任力而参加在线课程的成年学习者似乎对能力的培养更感兴趣，比如具体的知识和技能，而非学分。正如乔迪·罗宾逊（Jodi Robison）在《进化》（The Evolution）中指出的那样，在线、自主节奏和异步课程非常适合能力型教育，因为这种形式最能成全成年学生兼顾工作和家庭的学习需求。[1]

（二）积极创新多元化的在线学习方式

第一，交互式学习有助于在线学习优势的发挥。随着在线学习新兴技术的发展，学习者不再仅停留在观看视频，更能积极参与其中。现在的视频平台中有嵌入的问题、关键词、指针短语和导航菜单，许多大学还采用了基于视频的交互式学习方法，通过观看在线课程视频来发布一个提出问题或给出总结的回答视频，以证明学习者对视频内容的掌握程度。这一趋势将持续下去，特别是像 YouTube 等有着广泛受众群体的视频平台将有助于在线教育优势的发掘与拓展。第二，游戏化方式有助于提升在线学习的接受程度。皮尤研究集团（Pew Research Group）的数据显示，70%的大学生说他们有时会玩电子游戏，65%的大学生经常玩游戏（女性的比例略高于男性）。大约11%的学生每周玩游戏的时间超过20个小时。关于电子游戏对学习有好处的研究越来越多，数据也越来越

---

[1] David Blake, "What the Lifelong Learning Trend Means for Online Education", Autumn 2013, https://evollution.com/opinions/lifelong-learning-trend-means-online-education/.

不容忽视,甚至还有一些新兴的电子游戏研究领域,包括电子游戏设计学士课程。研究表明,游戏化的在线学习方式能有效提升认知技能,发展更好的专注力。据此,在线课程已经并将继续走在使用游戏教学的前沿,成为在线教育中尤为重要的一部分。第三,虚拟现实技术将在在线教育中得到更广泛的应用。经验性学习,也就是通过体验来完成的学习,已经被证明可以显著提高知识的留存率。虚拟现实的沉浸式学习可以作为体验式学习的替代品,有助于缩小理论和实践之间的差距,增加学生的参与度,加快了学习过程,使复杂的学习更容易。未来虚拟现实技术的应用将覆盖在线教育的各个层面。

(三)发掘大数据背后的质量保障机制

数据具有改变教育的巨大潜力。随着在线学习平台、数字教科书和移动应用程序的广泛应用,大数据正在以令人炫目的速度生成。大数据的利用,一方面监控在线学习的表现和结果。大数据传递出的信息非常强大,不仅有助于专家和教育工作者对在线教育成效的反馈,比如学生如何与课程互动,是什么让学生参与或退出在线学习,以及为什么学生的在线学习情况不理想,甚至辍学或不参与等现象,而且还可以帮助识别知识差距,跟踪学生表现的细节。有了这些关于表现和行为的数据,教育管理者可以开始预测和干预、课程内容可以实时调整、可以有针对性地采取支持性举措,从而提高学生的在线学习体验。例如,奥罗尔·罗伯茨大学(Oral Roberts University)利用大数据对其课程和政策如何影响保留率进行准确的实时分析。当深入挖掘数据时出现了清晰的模式,并帮助他们能够实施新的政策,在一个学期内将留存率从61%提高到75.5%。当然,大数据在促进在线教育方面的潜力是巨大的,但被滥用的伤害也是巨大的,例如涉及学生隐私、硬件设施配置与数据进步需求相脱节等问题。只有彻底克服了上述问题才能真正改变在线教育发展现状并解决现存问题。

第八章

国家在线教育体系的扎根研究

"互联网+"的教育大背景下,全球学习者通过在线学习平台进行知识交流的行为愈发普遍起来。随着现代信息通信技术的广泛应用,在线教育日渐成为全民终身学习的重要实现途径之一。在数字化转型加快的背景下,构建并完善在线教育体系能够满足人民群众日益增长的教育需求,推动教育的数字化转型。为此,许多发达国家对在线教育体系建设逐渐加大投入并取得了相应的成果。通过对澳大利亚、韩国、英国、日本、美国、新加坡、法国以及德国八个国家在线教育体系研究案例进行扎根研究,构建国家在线教育体系的理论模型,提出策略性建议,从而推动我国在线教育体系的发展。

第一节 背景分析

2019年2月,中共中央、国务院发布的《中国教育现代化2035》战略任务中提出构建服务全民的终身学习体系的明确目标[①]。同年12月教育部办公厅印发了《教育部办公厅关于服务全民终身学习 促进现代远程教育试点高校网络教育高质量发展有关工作的通知》(以下简称《通知》),促进教学与现代信息技术的深度融合,进一步推动服务全民终身

---

① 中华人民共和国中央人民政府:《中共中央、国务院印发〈中国教育现代化2035〉》,2019年2月23日,http://www.gov.cn/zhengce/2019-02/23/content_5367987.htm,2022年6月18日。

学习的目标①。2022年10月，习近平总书记在党的二十大报告中指出"推进教育数字化，建设全民终身学习的学习型社会、学习型大国"②。随着教育国际化的推进，我国也在不断发展教育信息化和终身化的建设。在线教育作为教育信息化的子集，对构建终身学习体系具有重要作用。在互联网的支持下，在线教育打破时间和空间的界限，为学习者提供更为便捷和灵活的学习方式，实现资源的共享，促进全民终身学习。

  近年来，大数据、云计算等新兴技术的不断发展，社会逐步迈向人工智能时代，推动教育领域的改革与创新。而传统的教育和学习模式已无法满足当今社会对多元人才培养的需求。终身学习和在线教育逐步从教育的边缘地带向中心靠拢，逐渐走向大众的视野。尤其是从2020年初的新冠疫情席卷全球开始，在线教育的优势日益凸显，更好地弥补了传统教育的不足。限制出行和疏远距离（social distance）的各项政策的颁布对教育体系产生巨大影响③。在此期间，不同国家都在不同程度地使用与发展在线教育，保障学生们的正常学习。根据《世界互联网发展报告2021》，选取五大洲具有代表性的48个国家中，澳大利亚、韩国、英国、日本、美国、新加坡、法国以及德国八个国家互联网发展指数均位于48个国家前列，且在各自所在洲位列前五。美国、英国等发达国家在教育领域投入较多，其在线教育体系发展较为成熟和完善，推动全球在线教育发展。因此，以澳大利亚、韩国、英国、日本、美国、新加坡、法国以及德国八个发达国家在线教育体系作为研究对象，对其进行质性研究方法扎根研究，从中探究在线教育体系的发展，为我国在线教育体系的构建提供借鉴。

---

  ① 中华人民共和国中央人民政府：《教育部办公厅. 教育部职业教育与成人教育司负责人就〈教育部办公厅关于服务全民终身学习 促进现代远程教育试点高校网络教育高质量发展有关工作的通知〉答记者问》，2019年12月18日，http://www.gov.cn/zhengce/2019-12/18/content_5462029.htm，2022年6月18日。
  ② 习近平：《高举中国特色社会主义伟大旗帜 为全面建设社会主义现代化国家而团结奋斗——在中国共产党第二十次全国代表大会上的报告》，《人民日报》2022年10月26日第1版。
  ③ 徐瑾劼：《新冠肺炎疫情下全球教育体系的应对与在线教育的挑战——基于OECD全球调研结果的发现与反思》，《比较教育研究》2020年第6期。

第二节 文献综述

一 关于终身学习

1965年,法国教育家保罗·朗格朗是终身教育的奠基人,他认为终身教育涵盖一个人从出生到死亡的全过程教育,简而言之,是人一生所要接受的各种各样教育的总和。随着终身教育理念的不断革新,出现了终身学习。终身学习最早由埃德加·富尔于1972年提出,他认为社会中每个人都需要进行自我定位并拥有坚持学习的精神(陈红平,2012)[1]。终身学习的概念提出后,学术界表述不一但内涵大致相似。终身学习区别于传统终身教育的内涵,更强调学习主体的转换,个体的参与意识以及学习内容、过程和方法的选择等(吴遵民、谢海燕,2004)[2]。21世纪人工智能时代的到来也使得终身学习的内涵发生变化,终身学习是一个终身持续和全面学习的过程,要求个体在时时处处利用各种利于学习的资源进行学习(崔铭香、张德彭,2019)[3]。欧盟也采取相应的措施推动终身学习,《里斯本战略》提及终身学习是过渡到以知识为基础的经济和社会的必要(Jacky Brine,2006)[4]。终身学习的内涵随着时代的发展不断深化和完善,以学习者为中心,个体通过随时随地地学习不断完善和充实自己以适应社会的需要。

终身学习在不断发展和深化中,逐渐成为一种全球趋势,许多国家都纷纷投入其体系的构建。在终身学习体系构建的"本质"中理解问题,学术界由于视角不同理解也不同。终身学习更注重从学习者的主体角度出发,其体系构建的本质研究应为个体一生不同阶段学习提供帮助以保

---

[1] 陈红平:《终身教育与终身学习的概念解读与关系辨析》,《成人教育》2012年第3期。

[2] 吴遵民、谢海燕:《当代终身学习概念的本质特征及其理论发展的国际动向》,《继续教育研究》2004年第3期。

[3] 崔铭香、张德彭:《论人工智能时代的终身学习意蕴》,《现代远距离教育》2019年第5期。

[4] Jacky Brine, "Lifelong learning and the knowledge economy: those that know and those that do not—the discourse of the European Union", *British Educational Research Journal*, 2006 (5).

障其学习需求（厉以贤，2004）①。2000年，欧盟委员会（European Commission）在《终身学习备忘录》（*A Memorandum on Lifelong Learning*）中指出："终身学习不再只是教育和培训的一个方面，更需成为提供和参与整个连续学习环境的指导原则（Rob Koper & Colin Tattersall，2004）。"②从学习构建角度理解，终身学习体系是以终身学习理念为引领的学习系统，是建设学习型社会的基础（卢海弘，2019）③。学者们从多个视角构建终身学习体系，旨在促进全民终身学习，加快建设学习型社会。

关于终身学习体系的构建及其治理，许多学者也提出了相关的策略与路径。信息时代下基于互联网平台，有学者提出采取信息技术、思想观念、组织机构以及体系多元化等方面构建终身教育体系构建策略（卢清华，2015）④。有学者研究丹麦、挪威等北欧国家在终身学习体系治理中立法、政策、投入、管理以及运行等方面，为其他国家终身学习治理提供可供参考的范式（欧阳忠明等，2022）⑤。计算机支持的协作学习是教育技术领域的一种新的范式，由于终身学习必须适应各种类型的学习者和学习材料，而学习者在能力、经验等方面各不相同，协作学习将同辈们学习、专家和导师的支持等整合到学习环境中，促进个体终身学习的发展。终身学习体系的构建及其治理需要多方共同合作，在结合国情的前提下借鉴国外优秀的经验，推动全民终身学习。

二 关于在线教育

数字化技术的到来要求个体具备全新的数字化素养和能力，数字智商（Digital Intelligence Quotient，DQ）应运而生。基于DQ World的数字

---

① 厉以贤：《终身教育的理念及在我国实施的政策措施》，《北京大学教育评论》2004年第2期。
② Rob Koper and Colin Tattersall, "New directions for lifelong learning using network technologies", *British Journal of Educational Technology*, 2004 (6).
③ 卢海弘：《构建面向现代化2035的终身学习体系：国家战略视角》，《高等继续教育学报》2019年第6期。
④ 卢清华：《基于互联网平台的终身教育体系构建策略研究》，《成人教育》2015年第11期。
⑤ 欧阳忠明、李林溶：《北欧国家终身学习迈向系统治理：路径、问题与思考》，《现代远距离教育》2022年第4期。

智商在线教育体系融入关于教师的数字培训项目为学生提供在线培训，其中包含学习、反馈、防范和保护四大模块运行（王佑镁、赵文竹，2020）[①]。在线教育中最具典型的是慕课平台的发展，其规模性、开放性和灵活性为个体带来诸多便利，这也为传统教育带来巨大冲击。哈佛大学教授克莱顿·克里斯坦森（Clayton M. Christensen）曾提出破坏性创新理论，即打破原有传统模式，提供低廉的产品以吸引群体从而最终超越或甚至代替主流企业（Christensen，2006）[②]。有学者借用此理论来分析慕课等在线课程，认为慕课具备破坏性创新的一些特性，如慕课中学位证书的获取不断冲击着高等教育中的招生（袁莉等，2014）[③]。

随着信息化时代的到来，在线教育的重要性日益凸显。自在线教育诞生以来，学者们对在线教育的态度褒贬不一。一些学者持积极正面态度，认为在线教育的持续发展有利于促进教育公平的实现（梁林梅、夏颖越，2016）[④]。其中的虚拟课程也使得学生与其他同学实现非正式互动成为可能[⑤]。海量优质的在线教育资源涌入大众的视线，为弱势群体带来便利，这似乎已经成为大家的共识。然而，另一些学者则持消极态度。美国宾夕法尼亚大学对在线教育服务 Coursera 的一项调查发现，83% 的慕课学习者已获得学士学位，44.2% 的慕课学习者获得学士以上的学位，尤其是在巴西、俄罗斯、印度、中国和南非，近 80% 的慕课学习者来自最富有、受教育程度最高的人群（Emanuel et al., 2013）[⑥]。这也表明慕课大多参与者来自社会优势群体，进一步说明在线教育扩大了教育的不平等。随着社会形势不断变化，在线教育各种优势的叠加引起了资本市

[①] 王佑镁：《应对数字社会挑战：数字智商及其在线教育体系》，《现代远程教育研究》2020 年第 1 期。

[②] Clayton M. Christensen, H. Baumann, R. Ruggles, et al., "Disruptive Innovation for Social Change", *Harvard Business Review*, 2007 (12).

[③] [英] 袁莉，[英] Stephen Powell，马红亮等：《MOOC 对高等教育的影响：破坏性创新理论视角》，《现代远程教育研究》2014 年第 2 期。

[④] 梁林梅、夏颖越：《美国高校在线教育：现状、阻碍、动因与启示——基于斯隆联盟十二年调查报告的分析》，《开放教育研究》2016 年第 1 期。

[⑤] Alexandra Petrakou, "Interacting through avatars: Virtual worlds as a context for online education", *Computers & Education*, 2010 (4).

[⑥] Ezekiel J. Emanuel, "Online education: MOOCs taken by educated few", *Nature*, 2013 (7476).

场的兴趣。在线教育深度资本化潜藏着许多风险，反而会加剧教育不公平和不均衡等问题（田晓伟、彭小桂，2020）[1]。与此同时，社会环境和政策也对在线教育产生一定的影响。前不久"双减"政策的颁布也对在线教育提出了新的要求，强调信息安全是在线教育持续健康发展的重要基础，通过法规建设、新技术融入、教育和培训、监管制度、应急治理以及融资体系创新构建在线教育信息安全体系（袁磊、雷敏等，2021）[2]。疫情的突然袭击也在一定程度上影响在线教育的发展趋势，不仅改变了在线教育的主要方式，也进一步推动线上与线下课堂教学的结合（宋吉述，2020）[3]。

斯坦福专业发展中心执行主任安迪·迪保罗（Andy DiPaolo）指出，在线教育"在全球工程教育的所有领域的持续发展是不可逆转的"（Scott Kariya，2003）。[4] 最近几年，一些学者选取特定国家的在线教育进行研究。杨晓宏、周效章选择我国包括网易公开课、新东方在线等在内的16个在线教育平台为研究对象，采用调查研究法和内容分析法，发现我国在线教育存在"异化"、平台功能单一、教育资源同质化、交互方式单一以及商业模式缺乏创新等问题（2017）[5]。徐瑾劼选取当前受疫情严重影响的六个欧美国家（美国、西班牙、意大利、德国、法国、英国）和四个亚洲国家（中国、日本、新加坡、韩国）为研究样本，比较分析10个国家学校系统开展在线教育的基础设施、教师专业准备和学生适应能力等相关指标，发现大部分国家还尚未充分应对在线教育的准备，存在数字鸿沟大、资源分布不均衡等问题（2020）[6]。秦蕾、胡荣林比较中国和

---

[1] 田晓伟、彭小桂：《在线教育服务行业资本化进程审思》，《教育发展研究》2020年第9期。

[2] 袁磊、雷敏、张淑鑫等：《把脉"双减"政策构建在线教育信息安全体系》，《现代远程教育研究》2021年第5期。

[3] 宋吉述：《疫情期间的在线教育热潮及其对教育出版数字化的启发》，《编辑之友》2020年第6期。

[4] Scott Kariya, "Online education expands and evolves", *IEEE Spectrum*, 2003（5）.

[5] 杨晓宏、周效章：《我国在线教育现状考察与发展趋向研究——基于网易公开课等16个在线教育平台的分析》，《电化教育研究》2017年第8期。

[6] 徐瑾劼：《新冠肺炎疫情下全球教育体系的应对与在线教育的挑战——基于OECD全球调研结果的发现与反思》，《比较教育研究》2020年第6期。

美国高校在线教育情况，包括两国高校在线教育的技术平台和基础设施、内容和组织体系，从中发现，我国网络覆盖率更为完善以及行政组织上更有效率，美国则是在线教育平台更为先进，在线教育学历认可度更高以及其课程资源和质量更具吸引力（2021）[①]。从中可以发现，我国在线教育发展还有很多不足之处，但同时也具备较大的发展潜力，应学习美国等发达国家在线教育平台发展的优秀经验，提高课程质量，以满足学生的不同需求。

三　总体述评

首先，现有研究对终身学习并没有一个统一的定义，许多国家在政策和文件中对终身学习进行定义，但内涵大致相似都说明终身学习是个体通过一生持续不断的学习实现自我提升的过程。终身学习已获得大众普遍的认可，各国都在积极投入终身学习体系的构建。

其次，在线教育作为实现终身学习的途径之一，其重要性日益凸显，尤其是在新冠疫情期间，各国都采取在线教育实现"停课不停学"。现有的在线教育研究中学者们对其的态度不一，但在线教育的趋势已无法阻挡，各国都掀起了自身在线教育体系的建设。为满足社会的需求，全民终身学习早已深入人心。因此，本研究以全民终身学习大环境作为背景研究各国在线教育体系，发挥在线教育最大的优势，避免其深度资本化以及鸿沟差距造成教育不平等现象。

最后，从研究方法来看，已有的在线教育研究所采用的研究方法较为单一，主要以定量分析研究为主，现有的研究中多以选取特定的个体或国家进行调查研究并对所收集的数据分析，定性研究总体较少。因此，本研究将以澳大利亚、韩国、英国等八个发达国家在线教育体系研究材料作为样本，运用扎根方法来构建理论，借用亚历山大·阿斯汀（Alexander W. Astin）所提出的 IEO［Input-Environment（Experience-Output)］

[①] 秦蕾、胡荣林：《技术趋向与社会需要：中美高校在线教育的比较研究》，《黑龙江高教研究》2021 年第 2 期。

模型①，将"Input"具体化为各国在线教育中的投入支持，"Experience"具体化为在线教育中的教学体验，"Output"具体化为在线教育的教学效果。以 IEO 模型框架为基础，探究各国在线教育在投入支持、教育体验以及教学效果三者关系的研究，找到提高我国在线教育体系发展的方式或路径，促进全民终身学习，形成学习型社会。

第三节 研究设计

一 研究对象

本章选择澳大利亚、韩国、英国、日本、美国、新加坡、法国以及德国八个发达国家全民终身视野下在线教育体系研究的案例作为研究对象，并对其在线教育发展历史以及现状等方面资料进行分析。选择澳大利亚、韩国、英国等八个国家作为全民终身视野下国家在线教育体系研究的对象，主要基于以下两个方面的原因。一方面，八个发达国家在经济上实力强劲，2021 年国内生产总值（Gross Domestic Product，GDP）位于前列，如美国、日本、德国、英国位于世界前五②，经济的发展在一定程度上促进教育的发展。尤其是在新冠疫情大背景下，各地学生学习受到影响，在线教育的重要性日益突出。八个国家在在线教育政策制定、师资配置等方面有着丰富的经验，重视对教育的投入，促进全民终身学习。另一方面，国家在线教育的发展水平有赖于本国互联网发展，《世界互联网发展报告》于 2017 年首次成立了世界互联网发展指数指标体系，充分反映各年度世界互联网最新发展。其中，《世界互联网发展报告 2021》选取五大洲具有代表性的 48 个国家中，澳大利亚、韩国、英国、日本、美国、新加坡、法国以及德国八个国家互联网发展指数均位于 48 个国家前列，且在各自所在洲位于前五。

---

① Alexander W. Astin and Anthony Lising Antonio, eds., *Assessment for Excellence: the philosophy and Practical of Assessment and Evaluation in Higher Education*, New York, American Council on Education and Macmillan Publishing Company, 1991, p. 18.

② Statistics Times, "GDP Indicators 2021", Spring 2021, https://www.statisticstimes.com/economy/gdp-indicators-2021.php.

二 研究方法

扎根理论（grounded theory）最初是由美国学者巴尼·格拉泽（Barney Glaser）和安瑟姆·斯特劳斯（Anselm Strauss）共同提出的一种质性的研究方法，主要是在质性资料的基础上建构理论模型。陈向明总结扎根理论基本思路是针对现象系统地收集和分析资料，从资料中发现、发展和检验理论的过程，研究结果是对现实的理论呈现[①]。目前，扎根研究已充分在诸多研究中的广泛应用，并得到大量研究者的认可。利用 MAXQDA 20.4 对澳大利亚、韩国等八个国家在线教育体系研究的案例进行层级编码，以句为单位，通过对资料进行开放式编码、主轴编码、选择性编码来深入探究发达国家在线教育投入支持、教育体验以及教学效果三者关系，厘清全民终身学习与在线教育之间的关系。扎根理论流程与步骤如图 8-1 所示。

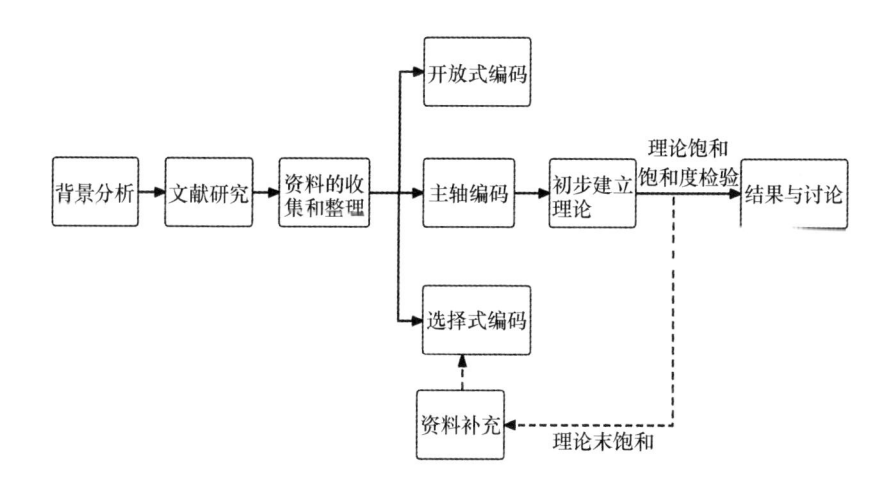

图 8-1 扎根理论流程与步骤

[①] 陈向明：《扎根理论在中国教育研究中的运用探索》，《北京大学教育评论》2015 年第 1 期。

第四节 研究过程

运用质性软件 MAXQDA 20.4 对整理后的文本内容以句为单位进行三级编码,在编码过程中严格遵守扎根理论编码的相关规定,秉持客观严谨的态度,确保整个编码过程的有效性和真实性。

一 开放式编码

开放式编码,又称"一级编码",是将所获得的文本数据资料进行分解,并对其逐条分析从语言层面和语境层面进行概念化,剔除与本研究无关的概念,将表达相似的概念进行合并[①]。其中主要包括三个步骤:为文本资料命名(贴概念标签)、概念化以及类属化。

(一)为文本资料命名(贴概念标签)

贴标签,顾名思义,是将所收集到的资料中的句子以及段落都分解成一个个独立的事件,赋予一个可以代替它们所涉及现象的名字。本研究采用逐句方式为所获得的文本命名(贴概念标签),共贴出 2641 个标签,使原始资料分解成一个个独立的事件,为后续概念化奠定基础。

(二)概念化

为所获得文本资料命名后,会得到许许多多的标签,这就需要我们将相似的标签进行分别归类,形成概念,获得一个或多个更高层次的概念。在本研究中,通过对澳大利亚、韩国、英国等八个国家资料的 2641 个标签进行抽象概括,进行分析、分类、比较,形成了 86 个概念。与此同时,研究过程中添加了备忘录以便有效地进行补充和说明。以澳大利亚在线教育体系发展部分资料的标签化和概念化过程为例进行说明(见表 8-1)。

---

① Julietn Corbin, Anselm Strauss, eds., *Basics of Qualitative Research: Techniques and Procedures for Developing Grounded Theory*, London: Sage Publications, 1998, pp. 101 – 121.

表 8 - 1　　　　　　　　　　标签化与概念化示例

案例一：澳大利亚在线教育体系发展研究 01

教育是决定个人生活水平、质量和机会的关键因素，甚至可以成为社会变革的强大力量，要发挥这一作用，必须赋予教育更广泛的目标和内涵（A1）。经合组织所采用的终身学习政策议程涉及将狭隘的教育和培训概念转向更广泛的内涵，同时意味着教育方式从传统的"前端"模式转变为贯通终身（A2）。终身学习的主要特征在于强调学习者的中心地位，即教育和培训提供者应满足各种类型学习者的学习需求（A3）。此外，终身学习承认教育政策的多重目标，如"个人提升，知识构建，经济、社会和文化的发展等"，并且这些目标可能在个体一生中的任何时刻发生变化（A4）。激励参与教育培训的因素不应仅仅是为了追求经济目标，如就业，但研究人员，特别是在经济政策界，习惯性地忽视非经济因素在促进参与教育和培训方面的作用，从而导致不同社会教育程度背景的个体在教育参与率方面的差距持续扩大（A5）。在澳大利亚，政府参与教育和培训的历史由来已久，受"前端"教育模式的影响也是根深蒂固的，特别是对重大政策方面的结构性变革更易遭到抵制和阻挠（A6）。虽然澳大利亚联邦政府公开致力于终身学习政策目标的实现，但其教育和培训制度变化很小，终身学习政策议程对澳大利亚教育和培训的结构或供资影响甚微（A7）。

德洛尔（Delors Jacques，1996）认为教育应该被视为贯穿个体一生的全部经验，既涉及对知识的理解和应用，又关乎个人发展及社会地位，同时，他认为要解决澳大利亚因经济全球化而导致的巨大的社会经济差距，根本途径还在于通过教育干预来缓减不平等力量的存在（A8）。综合澳大利亚的政府支持、地理特征及终身教育的主旨内涵，在线教育的跨时空性、广覆性、灵活性和便捷性，恰是迎合了整个社会发展和人民素养提升的需求（A9）。澳大利亚政府在在线教育的环境营造方面发挥了巨大的作用，使所有澳大利亚民众都能接触到信息技术，并从中受益（A10）。政府致力于利用信息时代提供的机会，提高所有澳大利亚民众的生活水平，并提升在全球信息发展中的竞争力（A11）。澳大利亚广泛分布的人口占据了世界上最大的岛屿大陆，地广人稀的风土文化塑造了澳大利亚的人文、制度和思想（A12）。其中，三分之一的澳大利亚人口集中在农村和偏远地区，他们需要支付比大城市居民多达五倍的费用来获得诸如医院、学校、学院和大学等的基本服务（A13）。因此，澳大利亚率先采取远程在线教育的方式来实现教育机会的平等也就不足为奇了（A14）。据统计，澳大利亚在线教育实力较为领先的大学中拥有65%—75%的校外学生，其中不仅是偏远地区的学习者求助于在线学习，城市地区的许多学生也因为复杂的现实和面临的挑战而选择了便捷灵活的在线教育（A15）。在线教育是利用互联网的强大技术支撑来提高学习的灵活性及教师与学习者之间交流质量的一种教育模式，在促进教育公平、灵活选择和提高质量等方面显示出巨大的潜力（A16）。

开放性编码	
标签化	概念化
A1：教育是个体发展和社会变革的重要力量 A2：终身学习促进教育内涵的深化和教育模式的转变 A3：终身学习强调学习者的中心地位 A4：终身学习强调教育政策目标的多重性及持续变化性 A5：强调非经济因素对教育培训的重要性 A6：政府参与教育和培训受到阻碍 A7：终身学习政策对教育培训影响甚微 A8：教育干预缓解不平等力量 A9：在线教育的各种优势满足个人和社会的需求 A10：积极营造在线教育的环境 A11：信息时代为国家和个人发展提供机遇 A12：地理位置的独特性塑造人文制度和思想 A13：城乡人口消费成本差距大 A14：在线教育促进教育公平 A15：城乡各地区都选择便捷的在线教育方式 A16：在线教育依靠互联网技术支撑	AA1：在线教育对社会和个人的作用（A1、A9） AA2：建立终身学习的条件（A2、A3、A4、A5） AA3：在线教育存在一定的缺陷（A6、A7） AA4：在线教育促进教育公平（A8、A14、A15） AA5：在线教育的认可度增加（A10） AA6：信息技术的发展促进在线教育发展（A11、A16） AA7：社会各因素推动在线教育发展（A12、A13）
	备忘录
	由上述资料可知，在终身学习的影响下，澳大利亚致力于推进本国在线教育的发展，独特的地理位置、政府支持等因素都发挥着重要作用，同时也存在一定的问题亟须改善

（三）类属化

由于此阶段的初始概念仍然处于初级阶段，概念化程度较低，因此，概念类属化的过程必不可少。根据概念的类别对所获得文本资料进行比较，将其归到相应的概念类属下面，为每一个概念类属找到属性。与此同时，将有关的概念类属和它们的属性进行整合，对这些概念类属进行比较分析，思考它们之间可能存在的关系。当然，随着研究的不断深入，若出现新的发现也会对其进行修改。类属化过程如表8-2所示。

表8-2 类属化示例

类属化	属性	维度
AAA1：终身学习理念	泛在学习 学习者中心地位	普及—不普及 重要—不重要
AAA2：师资支持	认证机制 师资培训	规范—不规范 有—无
AAA3：资金支持	基础设施建设投入 在线教师资源投入 为在线学习者提供支持 在线资源开发投入	高—低 高—低 高—低 高—低
AAA4：基础设施支持	信息通信技术 互联网设备	普及—不普及 充足—不充足
AAA5：课程教学	质量保障 差异化教学 学习渠道 在线教育和传统教育的混合式教学 虚拟学习平台 学习管理系统	严格—不严格 有—无 多—少 互为补充—不互为补充 丰富—不丰富 促进—不促进
AAA6：家校合作	家长与学校的配合	配合—不配合
AAA7：交互过程	互动质量	促进—不促进
AAA8：多方参与	国家政策引领 专门机构 各企业单位 国际合作伙伴/国际联盟 世界各地教育工作者 高等院校 教育部 信息技术部门和培训部门	有支撑作用　无支撑作用 合作—不合作 合作—不合作 合作—不合作 合作—不合作 合作—不合作 推动—不推动 合作—不合作

续表

类属化	属性	维度
AAA9：问题解决	隐私问题处理 相关问题处理	困难—容易 困难—容易
AAA10：教学环境	教学安全性 氛围营造	稳定—不稳定 积极—消极
AAA11：社会发展	教育公平 终身学习 综合国力 资源共享 数字鸿沟	促进—不促进 有助于—不助于 提高—减少 促进—不促进 提高—减少
AAA12：个人发展	创造性思维 学习成绩 个性化发展 职业发展	促进—不促进 提高—减少 促进—不促进 促进—不促进
AAA13：发展阻碍	质量问题 资源利用效率 教育鸿沟 师资队伍 基础设施建设 学习者学习过程	欠缺—不欠缺 高—低 增加—减少 支持—缺乏支持 充足—不充足 难接受—易接受
AAA14：优势条件	认可度 灵活性 教学内容和形式 个人学习利用率 国家竞争力 发展地位 体系构建	增加—减少 受时空限制—不受时空限制 丰富—不丰富 上升—下降 重要—不重要 优先发展—不优先发展 完善—不完善

续表

类属化	属性	维度
AAA15：经验学习	教学质量 监管评价系统 政策制定 多方合作 人才储备 资源分配 学习成果	提高—减少 合理—不合理 完善—不完善 合作—不合作 充足—不充足 合理—不合理 共享—不共享

二 主轴编码

主轴编码，又称"二级编码"，是在开放式编码的基础上，对其所形成的概念进行聚类分析，发现各概念之间潜在的联结关系，通过将相似编码归类和提升从而形成对应的主类属①。本研究在开放式编码形成15个类属的基础上，将其进一步凝聚为11个主类属：师资支持、资金支持、基础设施支持、课程教学、家校合作、多方参与、交互过程、教学环境、优势条件、个人发展、社会发展。

（一）主类属一：师资支持

师资支持主类属主要包括政策保障、对教师的认证机制以及师资培训等因素。师资支持网络如图8-2所示。由该图可知，各国都十分重视本国在线教育师资力量的培训，颁布相关政策予以合法性，为教师提供培训且予以考核。澳大利亚由于地理环境因素设立专门的教育服务团队、专家中心以及专家援助网络等为教师提供帮助，英国和法国则在教师招聘、选拔以及培训上更为严苛，实行计算机证书制，新加坡对培训后的教师进行合格性测评以检验培训结果是否达标。由此说明，各国都制定相关的认证机制，对教师进行培训，不过推行的侧重点不同，有的更注重前期的培训，有的更注重教师选聘的条件。

---

① Anselm Strauss, Juliet Corbin, eds., *Basics of Qualitative Research: Techniques and Procedures for Developing Grounded Theory*, London: Sage Publications, 1998, pp. 123-142.

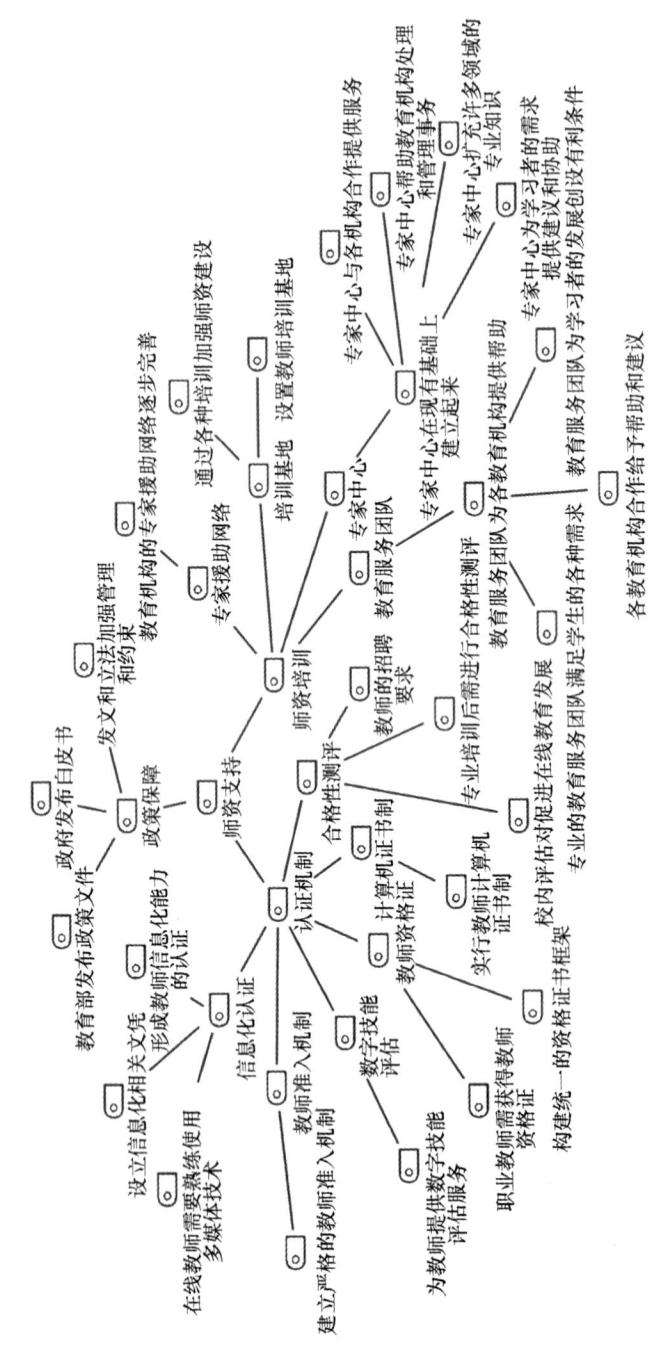

230 / 国家在线教育体系发展研究

图8-2 师资支持网络

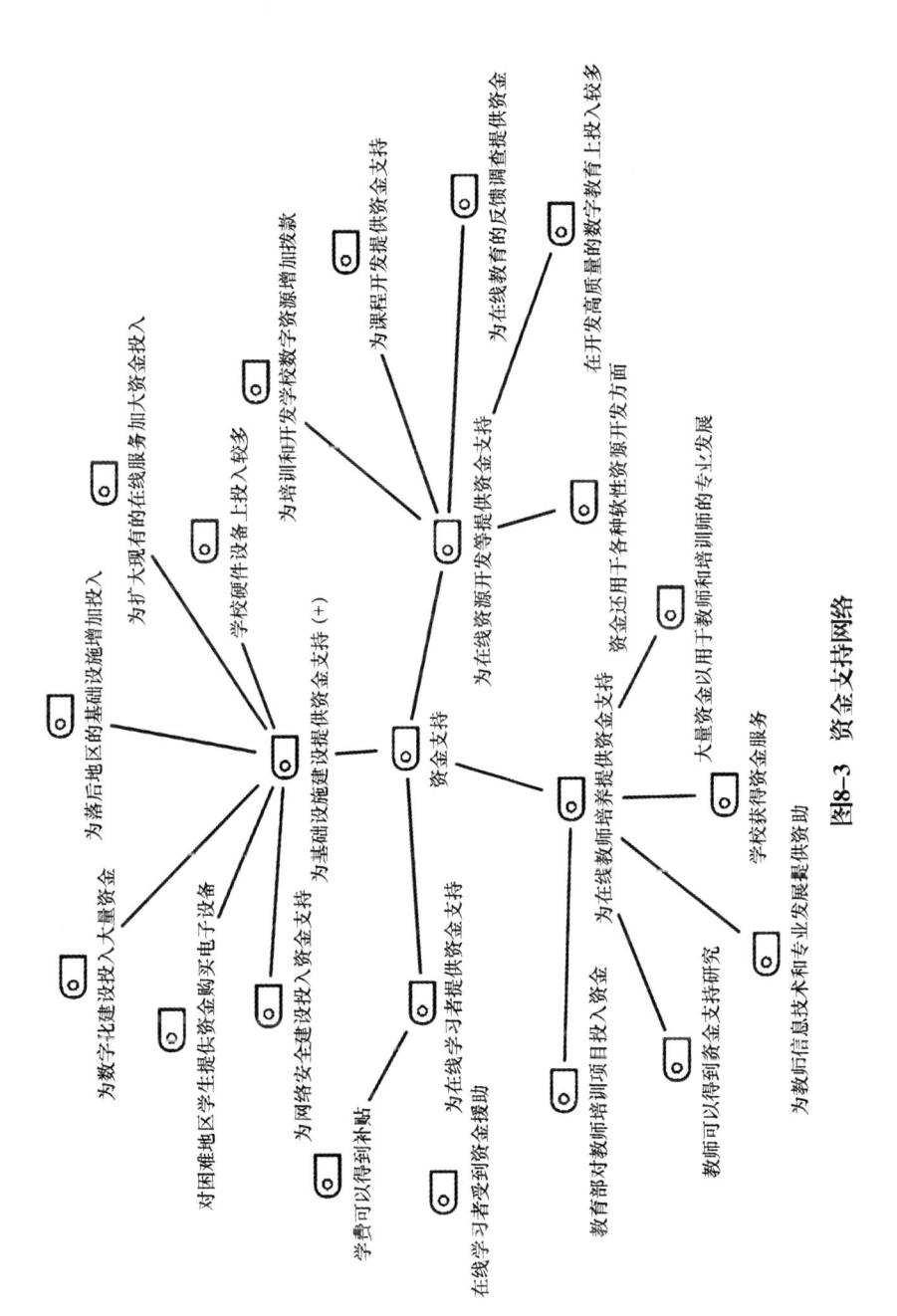

第八章 国家在线教育体系的扎根研究 / 231

图8-3 资金支持网络

(二) 主类属二：资金支持

资金支持主类属是八个国家对在线教育发展的资金投入，主要包括对在线学习者、在线教师培养、在线资源开发以及基础设施建设等方面的资金投入。资金支持网络如图 8-3 所示。由该图可知，各国在加强对在线学习者、在线教师、在线资源开发以及基础设施的资金投入已达成共识，在线教育的发展离不开经济的支持。英国、韩国以及法国对本国基础设施建设投入较多，澳大利亚、新加坡等国也考虑到落后地区在线教育的推行，启动相关的数字项目，努力实现全国各地区的互联网全覆盖以及教育机会的平等。但同时资金的把控也是十分重要的，美国指出各级教育行政管理和决策者都要严格把控资金的投入，避免过分铺张浪费和不足。

(三) 主类属三：基础设施支持

基础设施支持主类属是国家在线教育发展的保障条件，也是推动终身学习的必需条件。基础设施支持网络如图 8-4 所示。由该图可知，信息技术的普及以及政府的支持推动了国家基础设施建设，进一步促进了在线教育的发展。八个国家的互联网普及率都在不断上升，覆盖范围逐渐扩大。法国政府坚持教育先行理念，重点推进教育装备的普及，美国基础设施建设已相对完善，新加坡则建立有形基础设施并引导民众树立在线学习的导向心态。由此说明，基础设施建设对在线教育的重要性，通信技术的发展是在线教育的先决条件。

(四) 主类属四：课程教学

课程教学主类属是各国都较为关注的部分，课程教学的质量问题是在线教育发展的关键因素，这已成为国际共识。其中主要包括虚拟学习平台、学习管理系统、质与量的发展、线上+线下的教学模式等因素。课程教学网络如图 8-5 所示。由该图可知，八个国家着重关注在线教育课程的质量问题，设立专业的评估工具与机构监督和管理。美国建立学习管理系统、韩国创立国家网络学习质量管理中心、英国设立高等教育协会和质量保证机构等严格审核和管理在线课程质量问题。与此同时，大部分国家选择尝试"线上+线下"的教学模式，融入二者的优势，互为补充，丰富学生的学习方式。

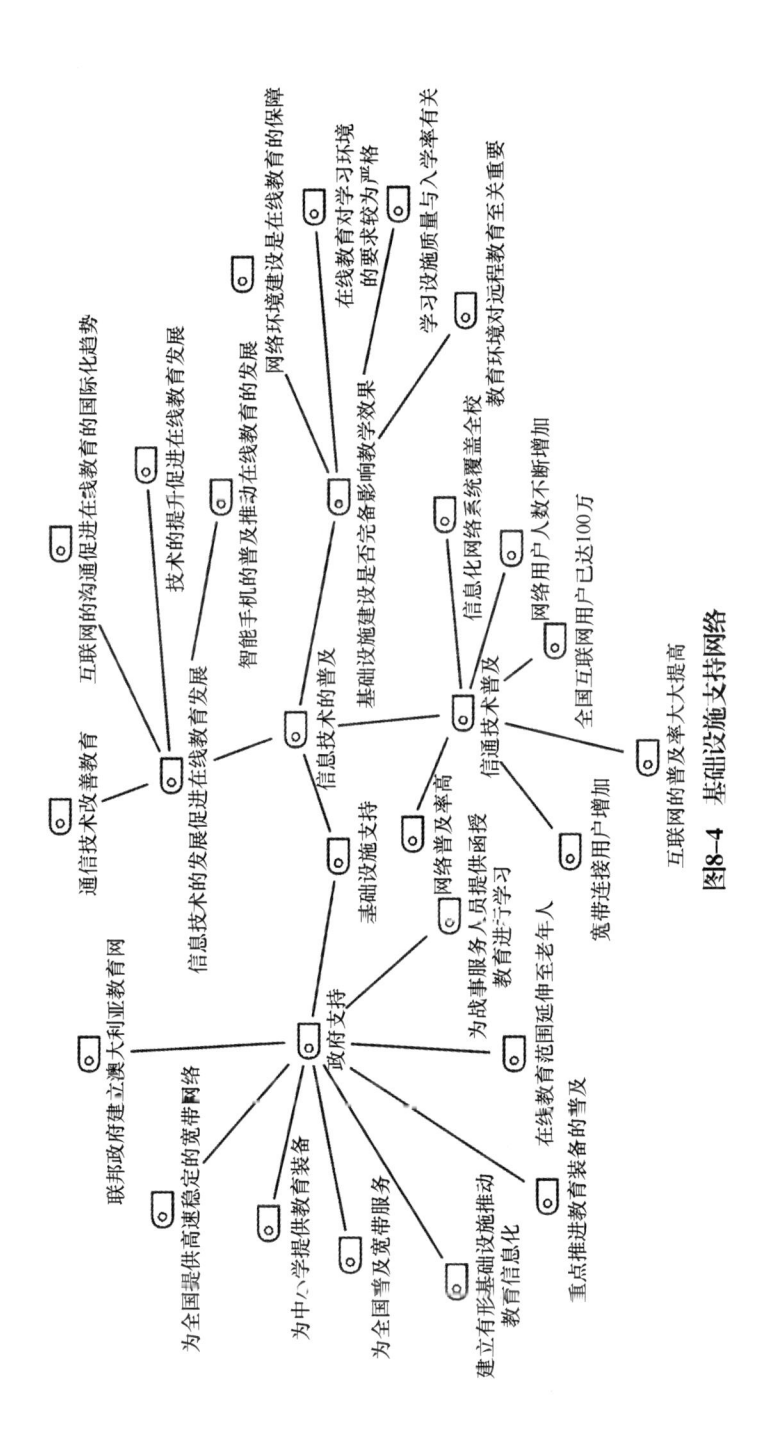

图8-4 基础设施支持网络

234 / 国家在线教育体系发展研究

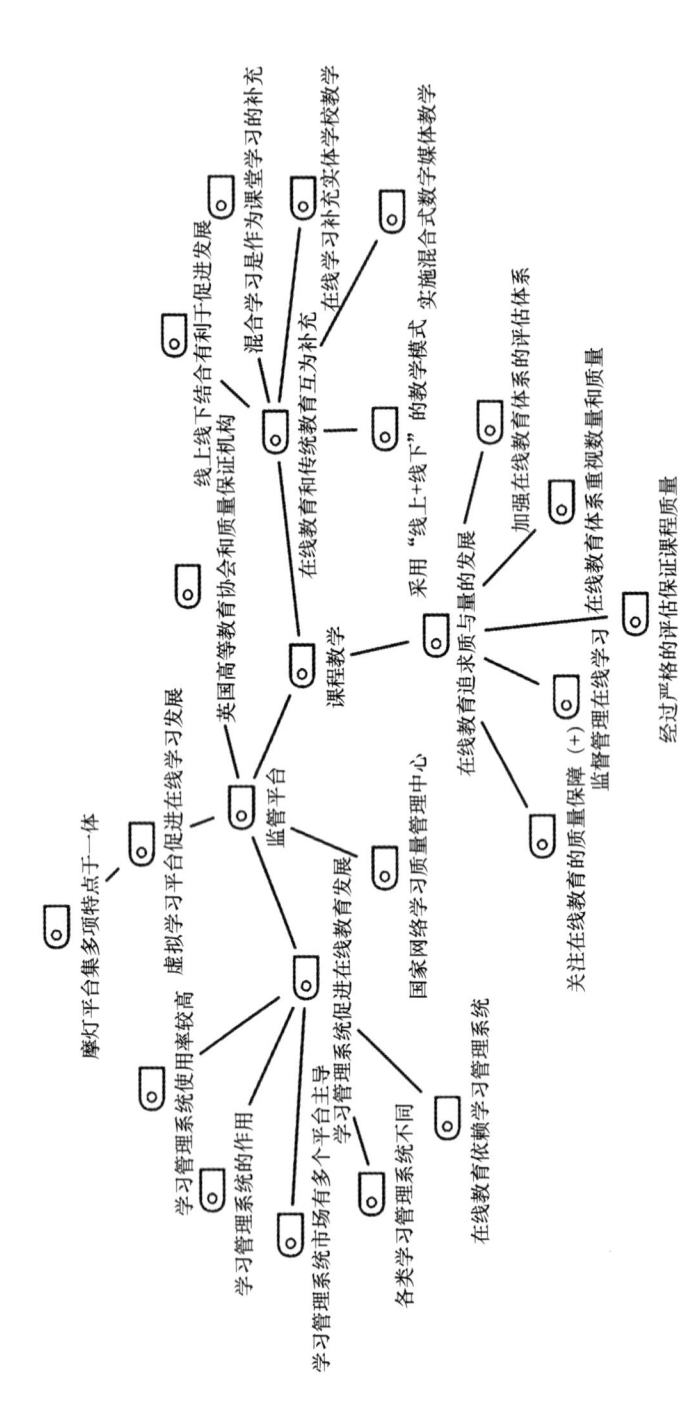

图8-5 课程教学网络

（五）主类属五：家校合作

家校合作主类属是国家在线教育发展中为监管学生学习所采取的教育措施，学校与家庭的沟通合作更好维护在线教育的进行。家校合作网络如图 8-6 所示。由该图可知，许多国家重视联合家庭和学校的协同力量促进在线教育的发展，澳大利亚和英国强调基础教育阶段的学生进行在线教育需要家长的监督和指导，法国和新加坡也采取家校合作，通过在线方式与家长联系。与此同时，越来越多的家长也才参与在线教育系统的建设中，策略制定也考虑家长的意见。由此说明，在线教育也与传统教育一样需要通过建立家校协同机制，提高学生的学习效率和质量。

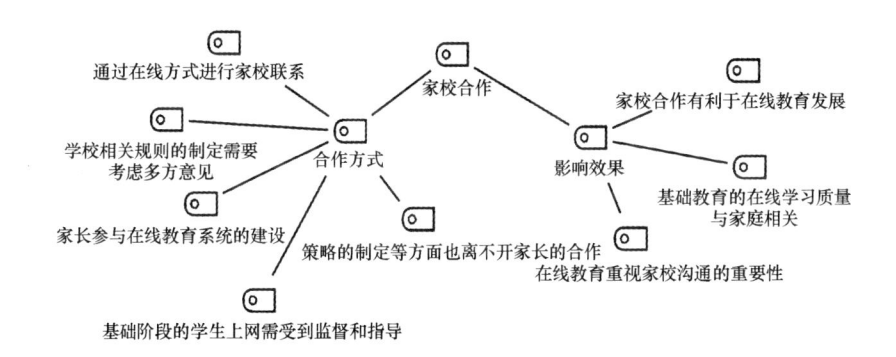

图 8-6 家校合作网络

（六）主类属六：多方参与

多方参与主类属主要包括国家政策引领、国际合作、各企业单位、信息技术等各部门、教育部、专门机构、高等院校等多方支持。多方参与网络如图 8-7 所示。由该图所知，在国家政策的引领下，各国积极鼓励高等院校、企业单位、专门机构、各部门单位参与促进在线教育发展的合作中，并展开了国际合作，与不同国家合作推进资源的国际化。澳大利亚针对本国在线教育体系制定相应的技术扶持政策、办学许可证等，韩国积极号召国家、地方政府和学校三方紧密合作，美国、新加坡和法国则根据在线教育发展的不同阶段采取相应的政策措施并不断完善，联合不同企业、高校以及国际联盟合作。由此可见，在线教育的发展离不开多方的支持与合作，都为国家在线教育体系的构建贡献力量。

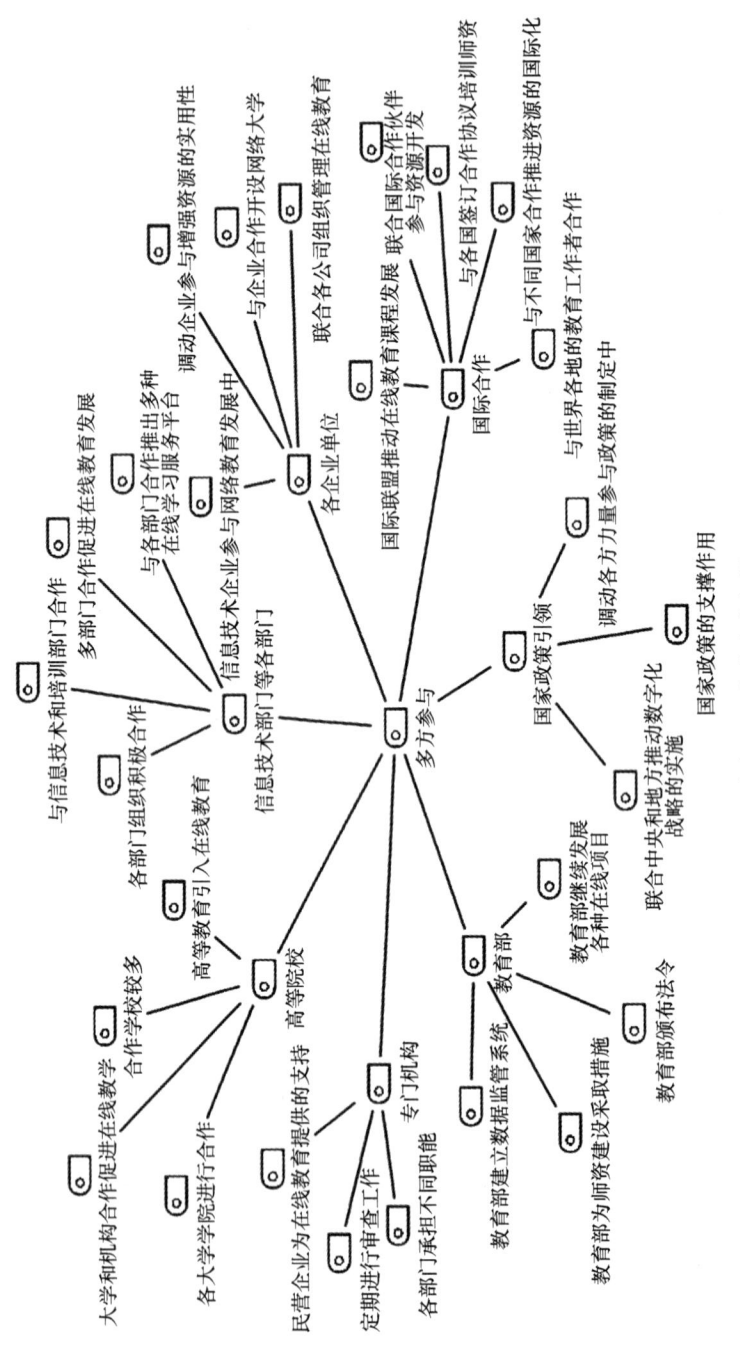

图8-7 多方参与网络

(七) 主类属七：交互过程

交互过程主类属包含教师与学习者之间的互动量，也是决定教学效果的重要因素。互动过程网络如图 8-8 所示。由该图可知，在线教育的师生互动包含多种方式，各国都在努力改善在线师生之间的互动质量，尽量减少交互距离。与此同时，美国提出了互动留白概念，指出师生之间交流需留有空白时间供双方交互与讨论，以此来增强学习者的交流和互动能力。在线互动过程中不只是教师的输出，也需要学习者的输入和输出，形成良好的双向互动。互动质量也带来一定的益处，新加坡在线教育的发展期通过双向环境互动发展学生的思维能力。由此说明，国家在线教育的发展离不开互动过程质量的提升，对教师和学习者的互动能力有严格要求。

(八) 主类属八：教学环境

教学环境主类属是国家在线教育可持续发展的重要因素，稳定安全的网络教学环境更有利于学习者利用互联网进行学习。教学环境网络如图 8-9 所示。由该图可知，大多数国家重视在线网络安全问题，澳大利亚对此进行严格把控，法国严格维护教育资源数据的安全问题，通过立法、监管平台以及专门机构进行检查。良好的学习环境有利于保持国际竞争力，营造全民学习的良好风气。

(九) 主类属九：优势条件

优势条件主类属主要体现在线教育具有较强的灵活性、普及度高以及种类丰富等优势特点。优势条件网络如图 8-10 所示。由该图可知，在线教育自身特有优势使其受欢迎程度越来越高，美国在线教育甚至成为高等教育的主流组成部分，澳大利亚、韩国以及日本等国不断扩大在线教育的覆盖面，认可度也随之提升。总而言之，随着教育信息化的发展，教育不再受到时空的限制，可以实现随时随地学习，授课时间较为灵活，更能满足各类学习者的需求。

(十) 主类属十：个人发展

个人发展主类属主要表现为在线教育对个人的影响效果，包括创造性思维的培养、个性化的发展、成绩的提高以及职业的发展。个人发展网络如图 8-11 所示。由该图可知，在线教育对个人发展具有重要作用，这点得到了普遍的认可，尤其是在促进学生的职业发展中，大多数国家

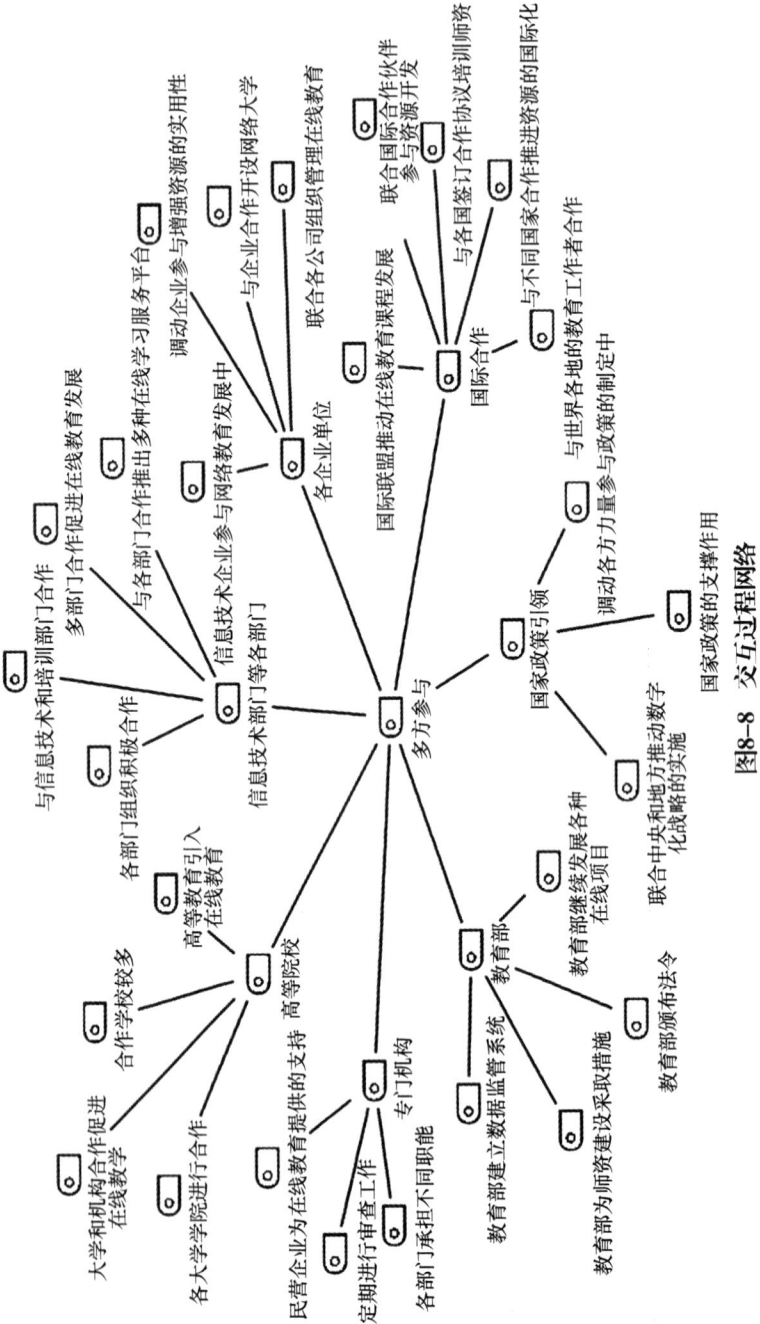

238 / 国家在线教育体系发展研究

图8-8 交互过程网络

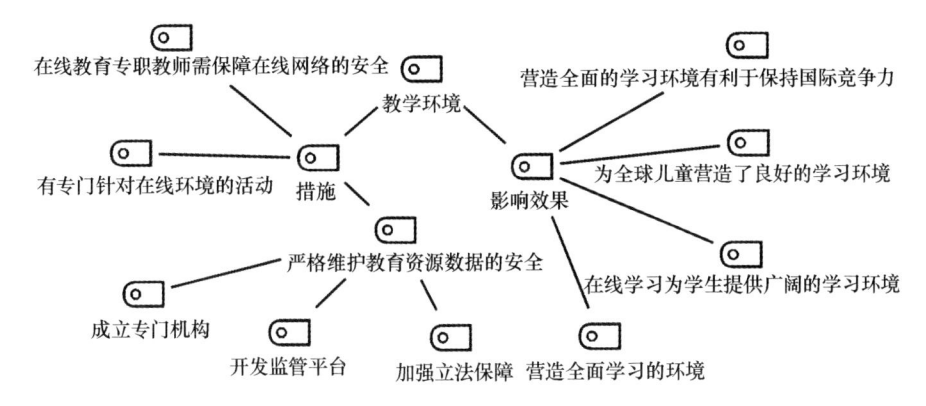

图 8-9　教学环境网络

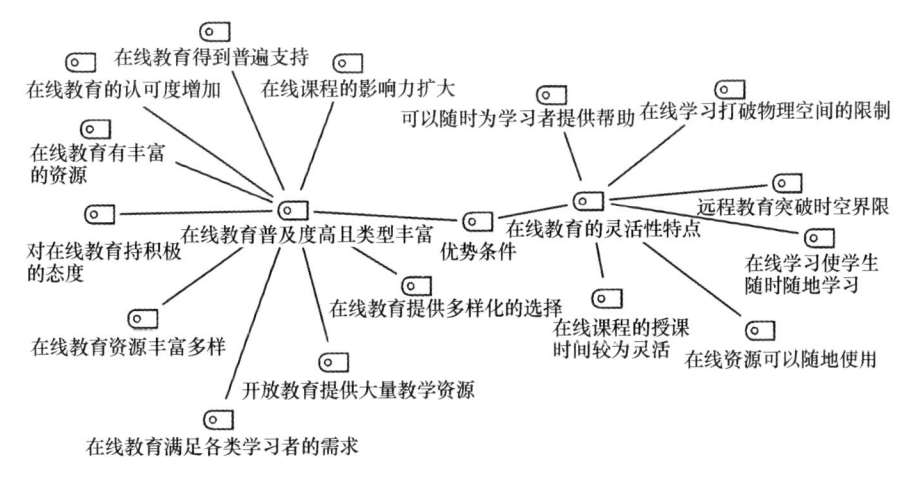

图 8-10　优势条件网络

都十分认可在线教育对其的推动作用。美国根据慕课平台的数据发现，线上学习有助于学习者的职业规划选择和发展，新加坡根据调查也发现，在线教育和培训有助于扩大职业的发展。不同的国家培养模式不同，所采取的教育措施也不同，但共同目标都是促进学习者的发展，更多地开发学习者的潜能，培养创造性和个性化人才。

(十一) 主类属十一：社会发展

社会发展主类属主要表现为在线教育对社会所产生的影响，包括学

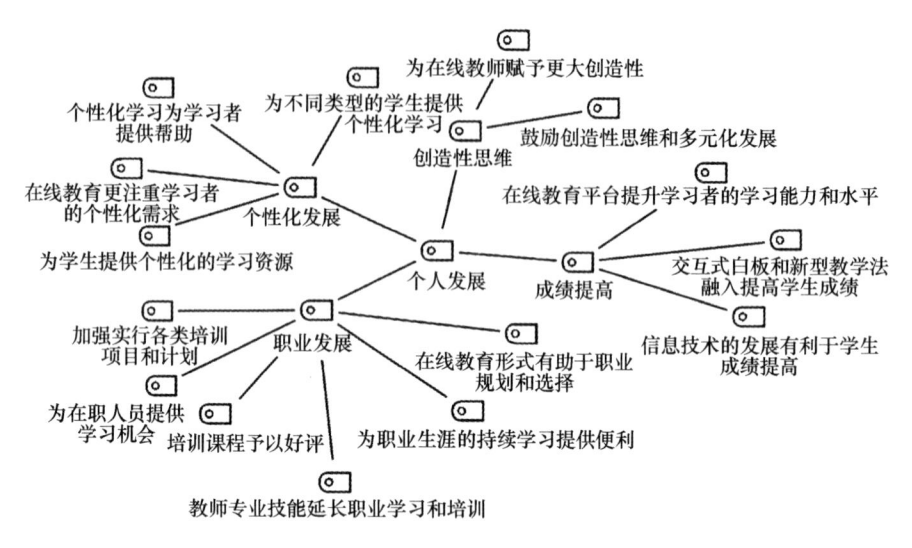

图 8-11 个人发展网络

习资源的共享、综合国力的提升、教育公平以及终身学习的促进。社会发展网络如图 8-12 所示。由该图可知，在线教育对于各国社会发展具有重要作用，在线教育有利于促进教育公平的实现得到了各国普遍的认可，各国也都纷纷关注偏远地区学生以及特殊群体的学习，在线教育为每位学生提供平等的学习机会。与此同时，在线教育的跨时空性等优势也为学习者提供终身学习的可能性，有利于形成全民终身学习的优良风气。

三 选择式编码

选择式编码，又称"三级编码"，在主轴编码的基础上，通过对已形成的主类属进行系统性分析，确定核心类属，并围绕核心类属将其他类属系统地联系起来，最终形成理论模型[①]。本研究通过对八个国家在线教育体系研究资料进行整理，将相关的概念、类和主类属进行整合，进而形成一个统一的数据结构（见表 8-3）。针对每一个类属来刻画故事线，便于确定核心类属与相关类属的联系，以图表的形式展现出来，更具有逻辑性。

---

① Juliet Corbin and Anselm Strauss, eds., *Basics of Qualitative Research: Techniques and Procedures for Developing Grounded Theory*, London: Sage Publications, 1998, pp. 143-161.

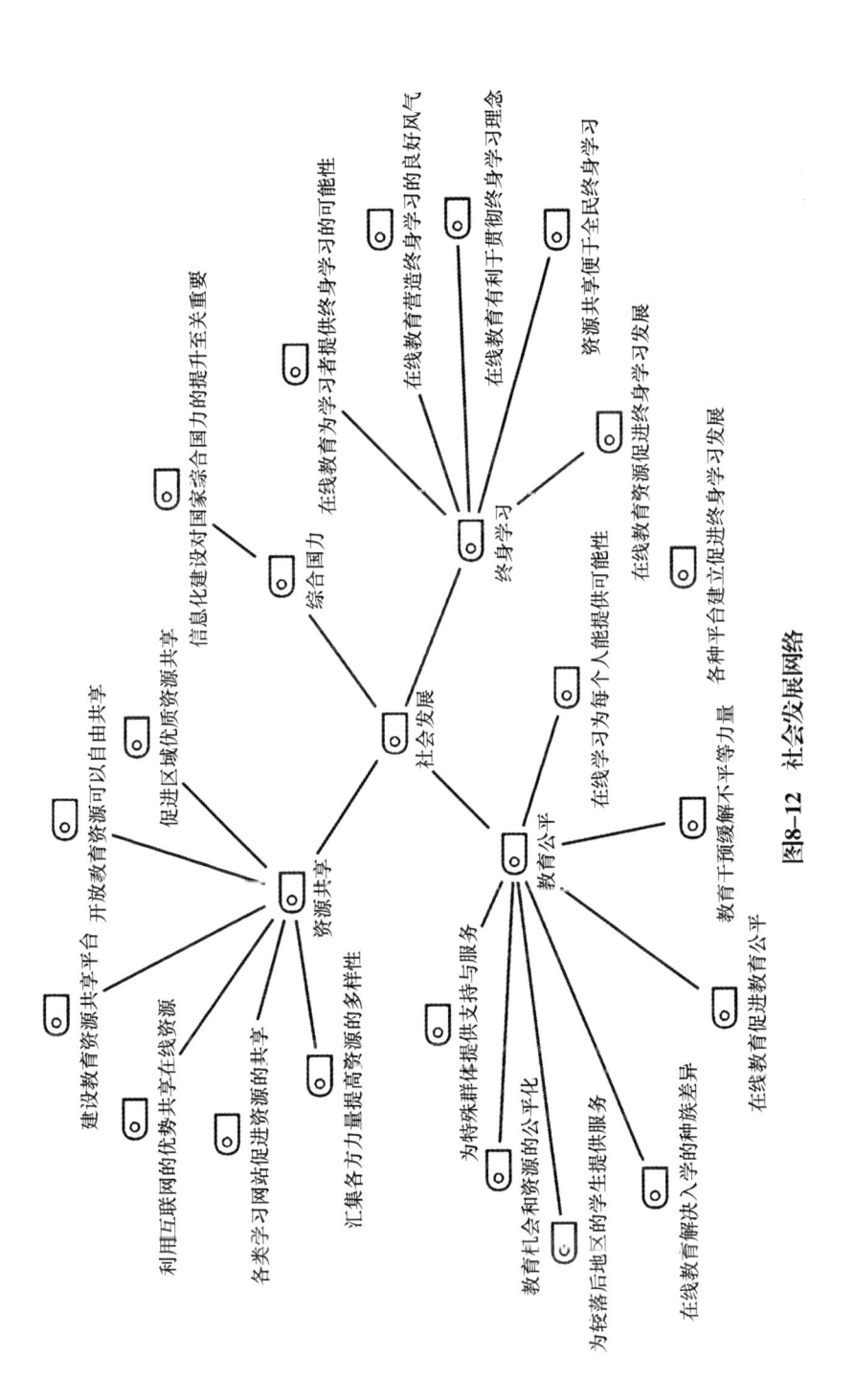

第八章 国家在线教育体系的扎根研究 / 241

图8-12 社会发展网络

表 8-3　　　　　　　　　　　　数据结构

主类属	类属	故事线
师资支持	政策保障	发文和立法加强管理约束
	认证机制	对教师信息化能力和数字化技能测评
	师资培训	建立多种服务平台加强在线师资建设
资金支持	在线资源开发	每年增加资金开发在线资源
	在线学习者	投入资金解决低收入家庭学生在线学习问题
	在线教师培训	提供资金支持在线教师信息技术培训和研发
	基础设施建设	启动项目为偏远地区配备基础设施
基础设施支持	政府支持	立法、资金支持、启动项目
	信息通信技术	宽带连接用户增加、互联网的全覆盖
课程教学	质量保障	着重关注并严格监管在线课程的质量问题
	混合式教学	采用"线上+线下"相结合的教学模式
	监管平台	设立专门机构参与在线教育的监管工作
家校合作	合作方式	以在线方式进行家校联系
	影响效果	在线学习质量与家庭相关
多方参与	国家政策引领	调动各方力量参与政策制定
	专门机构	定期审查工作、各司其职
	各企业单位	鼓励并调动企业参与在线教育发展中
	国际合作	联合国际合作伙伴、不同国家合作参与
	高等院校	各大学以及学院之间相互合作
	教育部	建立数据监管系统、发展各种在线项目
	信息技术部门等各部门	多部门合作推出在线学习平台
交互过程	在线互动内涵	互动距离、师生互动方式
	教学效果	思维能力、互动留白、交互距离
教学环境	措施	维护和保障在线网络和资源数据的安全
	影响效果	保持国际竞争力，营造良好的学习环境
优势条件	普及度	在线教育的影响力逐渐扩大，认可度增强
	资源种类	提供多样化的在线学习课程
	灵活性	突破时空界限，随时随地进行学习

续表

主类属	类属	故事线
个人发展	个性化发展	为不同类型的学生提供个性化学习
	成绩提高	交互式白板和新型教学法融入提高学习成绩
	职业发展	为职业生涯的持续学习提供便利
	创造性思维	鼓励创造性思维和多元化发展
社会发展	资源共享	利用互联网的优势共享在线资源
	教育公平	解决特殊群体、种族差异学习等问题
	综合国力	信息化建设有利于综合国力的提升
	终身学习	在线学习为学习者提供终身学习的可能性

在数据结构的基础上，对各个主要类属之间的关系进行比较分析，最终形成3个核心类属，如表8-4所示。"师资支持""资金支持""基础设施支持"反映了澳大利亚等国对在线教育发展的投入，为师资培训和基础设施建设等提供支持，因而将其归纳为核心类属一："投入支持""课程教学""家校合作""交互过程"等体现澳大利亚等国在线教育中所实行的策略，利用家校合作以及互动等创造良好的教学体验，因而将其纳入核心类属二："教学体验""社会发展""个人发展"等强调在线教育为实现全民终身学习、教学公平以及个人发展带来重要的作用，将其归纳为核心类属三："教学效果"。基于阿斯汀的IEO模型基础，围绕各核心类属之间的关系，构建出国家在线教育应用模型，如图8-13所示。

表8-4　　　　　　　　核心类属及其对应的主类属内容

序号	核心类属	主类属
1	投入支持	师资支持；资金支持；基础设施支持
2	教学体验	课程教学；家校合作；交互过程；多方参与；教学环境；优势条件
3	教学效果	社会发展；个人发展

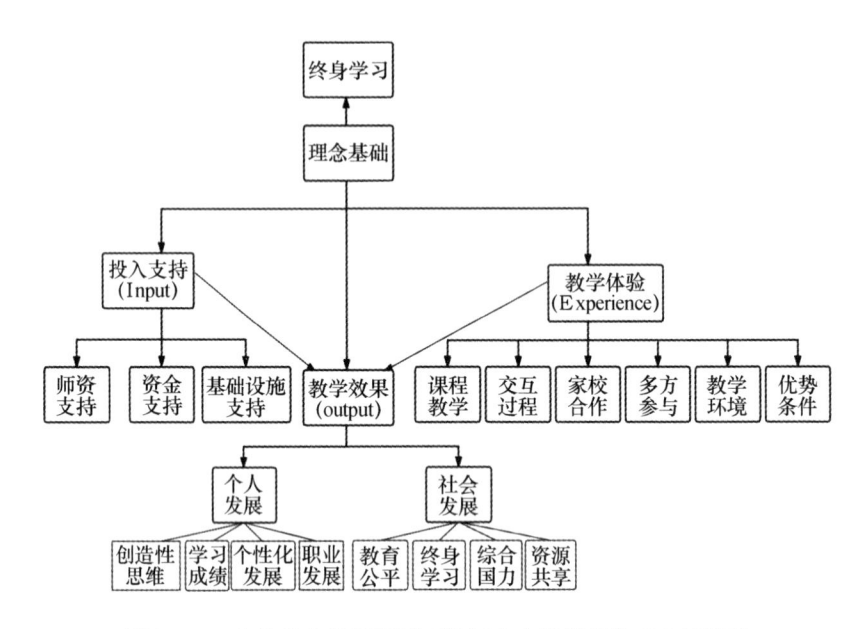

图 8-13　全民终身学习视野下的国家在线教育体系应用模型

四　研究的饱和度检验

由于三级编码均由笔者独自完成，因此在编码过程中很有可能融入主观因素，造成研究结果的偏差。为了很大程度避免这种偏差发生，笔者将预先选取六个国家在线教育研究材料进行理论建构和分析，预留法国和德国两个国家在线教育研究材料留作后期逐一检验，结果现实符合前述建立的典型关系结构，没有出现新的概念和类属，类属之间也没有产生新的联结，说明前述研究所得编码已达到理论饱和。

第五节　结果分析：模型阐述

自第三次科技革命开始，电子计算机得到广泛应用，美国、德国等资本主义国家利用信息技术促进社会生产力发展。随着信息技术的不断发展，各国纷纷构建在线教育体系，从萌芽逐渐发展和完善。通过分析澳大利亚、韩国、英国、日本、美国、新加坡、法国以及德国八个典型国家在线教育体系的发展，我们可以发现国家在线教育体系形成了以终身学习的理念基础,并贯穿于整个在线教学过程的模式。具体而言,终身学习作为国家在线教育体系发展中的理念指导,处于中心地位,而投入支持、教学体验以及教学效果则作为各国在线教育体系发展的三大支柱。投入支持是国家在线教育体系发展的重要支撑,为在线教育的有效应用提供保障;教学体验是国家在线教育体系发展中的主要环节,更为注重学生的主体地位,为在线教育发展提供多种类型的策略;教学效果则是评估国家在线教育体系发展对个体和社会的重要作用。所构建的全民终身学习视野下国家在线教育体系应用模型,受终身学习理念的指导,同时也推动全民终身学习。

一 坚持以终身学习为理念基础

面对社会的快速发展,人们的生活方式不断变化,认知和思维方式也随着时代的发展不断更新,同时这也对人才培养提出了新的要求,需要更具个性化和创新性的人才适应社会的发展。因此,人们需要树立终身学习的理念,不断更新自身知识结构来适应实时变化的社会需求,终身学习成为适应时代发展的必备能力。同时,终身学习也已成为当今时代改革与发展的重要战略思想之一,为各国教育改革与发展提供依据。随着新冠疫情在全世界的肆虐蔓延,许多学校被迫停课导致数亿学生受到影响。为实现"停课不停学",各国都纷纷通过网络平台以及数字化资源的形式授课。这种在线教育方式打破了时空界限,满足学生在任何时间、任何地点进行学习,避免由于像疫情等特殊情况所造成的不良影响。2020年,联合国教科文组织终身教育研究所推出最新报告《拥抱终身学习的文化》,其中指出终身学习有助于构建学习型社会,使得人人都能成为积极主动的学习者,并将学习贯穿于生命的始终[①]。日本和新加坡等国重视教育的价值,其教育改革与发展始终体现国民终身学习的建设。法国是最早明确"终身教育"概念的国家,以此为思想指导推动本国教育改革,在线教育也积极响应终身学习的号召。终身教育,换而言之,活到老学到老,利用互联网等先进信息技术满足不同类型学习者的不同学

---

① 柯文涛:《迈向2050年的终身学习型社会——基于对〈拥抱终身学习的文化〉报告的解读》,《成人教育》2021年第6期。

习需求。坚持以终身学习为理念基础，进一步推动国家在线教育的发展。

二 投入师资、资金、基础设施的多方支持

在线教育体系的构建离不开国家对其人力、物力、财力的支持，三者缺一不可。师资力量作为人才培养的主力军，通过政策支持予以合法性、制定认证机制予以规范性、建设服务平台保证师资培训的高效性。资金投入作为在线教育发展的重要源动力，其重要性不言而喻，各国都对在线资源的开发、在线教师的培训以及在线学习者的学习等提供资金支持。在线教育环境有赖于互联网基础设施的支持，充足完善的基础设施为在线教育的发展提供扎实的基础。

在师资投入方面，澳大利亚、新加坡等国都十分重视在线教育的师资队伍建设。远程师资培训作为教师培训的"三驾马车"之一，迅速在全国范围内推广[1]。由于信息化教育的快速发展要求教师亟须掌握信息技术来提升教学水平，各国也采取一定的措施提升在线教师的能力水平。首先，发布相关的政策保证教师培训的合法性。韩国教育部通过发文和立法加强对教师信息技术的培训，保证在线教师体系的高质量的队伍建设；英国政府发布《教学的重要性》白皮书，加强与教师和校领导合作来促进教师信息素养的发展；德国也出台了《教师教育标准（修订版）》《教师教学标准：教育科学》相关政策来规范教师培训。其次，制定相关认证机制保证教师培训的规范性。"研训用"一体的教师远程培训也受到重视，其中"训"是对培训工作的实施，具体包括培训教师的选聘、培训评价与考核、后期跟踪服务等内容[2]。澳大利亚构建统一的资格证书框架，为在线教育成效评估提供科学的参考标准；英国实行严格的教师准入、选拔和培训制度，对教师基本专业水平和素养提出要求；美国凤凰山大学实行严格、精细化的教师招聘与培训体系；法国重视教师数字化教学技能的培养和提高，实行多项认证，设立教师信息化相关文凭、提供教师数字化技能评估服务以及

---

[1] 武丽志、吴甜甜：《教师远程培训效果评估指标体系构建——基于德尔菲法的研究》，《开放教育研究》2014年第5期。

[2] 武丽志、曾素娥：《"研训用"一体的教师远程培训内涵及实践观照》，《现代远程教育研究》2015年第4期。

实行教师计算机证书制等；德国职业教育处于世界领先地位，职业教师培训受到高度重视，专门政策文件中指出教师需通过考核获得教师资格才能进行任教。最后，各类服务平台保证教师培训的高效性。自2014年开始，澳大利亚的教育服务团队和专家援助互联网逐步为各教育机构提供服务和帮助，与此同时，建立专家中心，通过与政府和非政府机构进行合作处理和管理复杂事务；韩国在20世纪80年代设置了教师培训基地，政府和高校也通过相关的优惠政策鼓励教师参加有关信息化基础知识和技能的培训。除此之外，不同国家的在线教师类型也有所不同，例如韩国在线教师培训主要分为在职教师和潜在教师两种类型，根据不同人群进行针对性的培训；美国在线教师分为全职教师和兼职教师两种类型，不同类型教师的定位、角色以及分工不同，但都是在线教育体系中重要的师资力量；澳大利亚还专门设置教学主管一职，承担学习者学习方案制定以及评估工作等任务来缓解专职教师的职能负担。

在资金投入方面，各国对在线教育的资金投入逐年呈递增趋势。有利环境的创设离不开资金的支持，教育也不例外，关乎整个民族乃至人类可持续发展[1]，各国都加大资金的投入以发展在线教育。首先，加大在线教育资源的开发。在线教育平台建设以及资源开发都需要大量资金的支持，美国要求各级教育行政管理者和决策者对于资金的利用严格把控，避免资金不足或铺张浪费等不良现象发生；澳大利亚联邦政府作为在线教育资金支持的主要来源，其中约有42%的联邦政府资助分别用于基础设施和软性资源的开发，资助主要依据教育机构的教育计划、实施策略以及财务数据等内容进行资助评估；德国面向在线资源工具的开发和远程教学的设计占到本国较出众在线教育项目中的四分之一；新加坡也逐年增加资金用于在线教育的硬件维护以及开发新的数字资源。其次，为在线学习者提供资金支持。学生是学习的主体，需保障学生的权益，坚持"学习者主体"地位。法国十分重视学生学习的需求和困难，提供约900万欧元为困难地区的学生购买电子设备以便学生更好地进行远程学习，避免由于地理环境原因造成学生失学问题；澳大利亚为在线学习者

---

[1] 柯文涛：《迈向2050年的终身学习型社会——基于对〈拥抱终身学习的文化〉报告的解读》，《成人教育》2021年第6期。

提供适当的资金来源，用于青年工作、演讲等领域；新加坡提出40岁以上公民的学习学费可以得到补贴；英国为促进在线教育的发展实行多种实验项目，重视落后地区学生的学习问题，为困难地区提供资金以解决低收入家庭学生无设备可用的问题。最后，保障在线教师学习的资金支持。教师在在线教育中发挥重要作用，其科学性和创新性的教学方法更为重要。法国为有潜力的教师提供资助支持教师从事研发工作；德国专门投入资金实行"教师培训质量"计划，通过对教师专业技能、工作能力、数字化素养等方面培训来提升在线教师的专业化和精细化；澳大利亚联邦政府也为教师提供信息技术和专业发展的资金支持，提高在线教师的质量。除此之外，基础设施建设是在线教育发展的必要条件，各国并没有忽视对其投入支持。韩国对网络基础设施投入高达700亿美元，实现全国各地区的互联网全面覆盖；英国投入大量资金并花费四年时间用于基础设施布局建设，进一步推动本国在线教育基础设施建设；法国则专门启动了"数字初中和农村"项目，为偏远农村地区投入资金支持，这些资金用以配备在线教育所需的基础设施。

在基础设施投入方面，各国政府重视在线教育基础设施的建设，完善的基础设施也为本国在线教育资源的开发提供良好的基础。基础设施建设是教育信息化深入发展的保障条件，同时也是推动各国终身学习的必要条件。一方面，信息和通信技术的普及也为在线教育的开展提供了保障，若缺少相应的硬件设备支撑，在线教育的功能无法发挥真正的作用。在线教育的有效开展依赖于信息技术，是一切可能性的前提，是影响教育公平的前提条件[1]。早期的函授教育是远程教育的雏形，澳大利亚和日本等国早期教育主要以邮寄、广播、电视为媒介的方式来实现。随着网络和数字技术的发展与普及，各国信通技术设备也逐步发展完善。21世纪初，澳大利亚全国互联网用户数量已达到100万；韩国在政府的支持下，所有学校都配备了多媒体设施，惠及教师办公室、电子图书馆等学校各类部门，形成了以互联网为核心的信息化网络系统；英国在政府的支持下，宽带连接的用户逐年增加，慕课平台的进一步推广和普及，

---

[1] 薛二勇、傅王倩、李健：《论在线教育发展的公平问题》，《中国电化教育》2021年第3期。

在很大程度上深化在线教育的发展；日本互联网普及率大大上升，加强小初高以及大学的在线教育，同时也一定程度上促进所有成年人的终身学习发展。另一方面，政府为推动在线教育的基础设施建设提供动力支持。韩国颁布《计算机教育计划》，开展计算机教育，同时建立全国性的教育门户网站以加大对本国在线教育的基础设施建设；日本推出《电子日本战略声明》中提及在线教育应充分考虑老年人的情况，提高公众的信息素养；澳大利亚和新加坡政府采取一定的政策措施保障在线教育的基础设施建设；法国政府坚持教育先行理念，重点推进教育装备的普及，例如教育部通过"万台微型计算机""全民信息技术"等计划为中小学提供教育装备，推动家庭、学校和社会的网络建设。在线教育利用多媒体技术逐渐受到大众的欢迎和支持，成为现行教育体系的主流趋势，进一步推动全民终身学习的进程。

三 强调质与量、多方参与、灵活性的教学体验

教学体验是国家在线教育体系发展中的主要环节，是实现全民终身学习的重要组成部分。英国、美国、德国等国高度重视在线教育的课程质量问题，建立安全稳定的在线教学环境，并结合多方参与、家校合作、交互等方式为在线学习者提供良好的教学体验。

首先，关注质与量的课程教学辅以稳定的教学环境保证在线教育的长足性发展。在课程教学方面，在线教育的质量问题是其发展的关键因素，这也已成为国际通识，各国纷纷投入精力加强在线教育的质量。韩国创立国家网络学习质量管理中心，主要负责基础教育阶段的在线教育的监管工作以保证其高质量的发展；英国政府、各教育机构以及学习者主要关注在线教育的质量问题，实行政府评估、学校评估、外部监测三位一体的在线教育质量评估制度，严格把控在线教育的质量；第二次世界大战期间法国专门设立国家远程教育中心，保证战争期间公民的教育，传统的远程教育机构也不断地发展和演变为现代化的远程教育；德国远程教育的课程选择和设计十分严格，需经过国家相关专业部门的认定与评估并实行严格的审查制度，保障学习者的学习权益。与此同时，"线上+线下"的混合式教学方法适用范围扩大。德国一开始便强调远程教育与面对面教学相结合的重要性，直至今日仍然重视这种教学形式，

德国远程大学采用"线上+线下"相结合的教学模式，融入二者的优势为学生提供个性化和综合性的学习体验；日本在线教育被视为一种辅助传统课程的教学手段，因此，大部分高校是采取校内教育与远程教育相结合的方式，少数只提供远程学习；美国相关研究调查表明，学生在混合的学习课程中的表现往往比传统的面对面课程教学更好；新加坡将在线教育与面对面的传统教学相结合，有力补充了传统课堂的不足，为学生提供良好的学习体验以保证学生有效参与学习。在教学环境方面，在线教育的网络安全以及数据安全问题也引起各国的重视。如数据和隐私泄露、知识版权受侵、资金安全难以保障以及错误价值观引导等是在线教育的信息安全面临的问题[①]。澳大利亚专职教师有责任对在线网络安全问题进行严格检测和管理；英国致力于创建安全、稳定以及高效的互联网连接，为在线学习者创设良好的学习体验，同时有利于形成全民学习风气；日本和新加坡为多样化的学习群体提供良好的学习环境；法国通过立法、开发相关的监管平台以及成立专门的机构保证和维护教育资源数据的安全。总而言之，在线教育有效地补充了传统教育，是实现全民终身学习的重要途径之一。

其次，多方参与辅以家校合作保证在线教育发展的全面性。在多方参与方面，国家的政策引导、国际联盟、专门机构、企业以及高等院校等参与到在线教育的发展中。刘韬、郑海昊（2016）提出多维入股的在线教育传播平台，包括高校提供知识支持，企业提供技术支持，社会提供资金支持，发挥各方优势推动其可持续发展[②]。第一，国家政策是在线教育发展的重要引领者，各地方政府也积极响应。澳大利亚发布《为知识社会学习：信息经济的教育和培训行动计划》等相关政策文件，表明澳大利亚对信息通信技术对教育各方面的改变的美好愿景；韩国先后出台《促进信息化基本计划》《网络韩国21世纪计划》《信息技术促进基本法》等；日本专门制定终身学习的国家法律，同时也制定和实施各项政

---

① 袁磊、雷敏、张淑鑫等：《把脉"双减"政策构建在线教育信息安全体系》，《现代远程教育研究》2021年第5期。

② 刘韬、郑海昊：《互联网时代高等在线教育传播体系重构：基于间接网络效应理论》，《现代远程教育研究》2016年第4期。

策手段进行改革适应社会需求；美国政府出台《国家处在危机中：教育改革势在必行》《改进美国学校法案》《2000年目标：美国教育法》，以法律形式推动学校信息化发展；新加坡政府和英国联邦政府针对不同时期阶段提出相应的措施促进在线教育的发展，启动许多与信息技术相关的政策，并随着社会的变化不断调整和完善；法国政府先后推出一系列高等教育数字化发展计划，地方行政单位、其他组织机构和专家学者都参与政策制定；德国颁布的《远程教育法》《远程教育参与者保护法》《远程教育课程认证指南》都是世界闻名的政策法案。第二，成立专门机构规范管理在线教育。澳大利亚成立大学质量审计机构、国家信息交流技术机构以及国家信息经济办公室等专门机构，承担不同职能监管在线学习；韩国则设立专门负责管理教育信息化的科室和部门分别管理各级地区的在线教育系统；英国专门成立联合系统委员会、国家网络中心等机构以促进在线教师的专业发展以及基础设施的完善。第三，国际联盟和企业的合作支持推动国家在线教育发展。澳大利亚高等院校加入一些国际联盟，与国际大学网络、全球大学联盟合作推动在线课程的开发；韩国政府与民间企业联合设置大量在线学习中心；欧盟联合会颁布的《数字教育行动计划》也为包括法国在内的欧洲国家提供教学指导意见；法国和新加坡也调动企业参与在线教育的积极性，为教育改革做出努力。在家校合作方面，一些国家意识到在线教育的有效推进同样离不开家长的合作。薛二勇、傅王倩等（2021）指出家校合作的效果直接影响在线教育的成效，尤其是基础教育更需要学校、家庭以及社会的密切配合[①]。新加坡越来越多的家长参与到了教育系统的重建中；澳大利亚和英国指出，基础教育阶段的学生需要家长的监督和指导，建立家校协同机制，加强家校沟通与合作，以提高学生的在线学习的质量；法国学校则通过在线的方式进行家校联系，以便家长随时了解孩子的学校生活情况。

最后，灵活性的优势辅以师生互动保证在线教育发展的可持续性。在线教育的灵活性、种类丰富性以及普及性高等特点满足了不同类型学

---

① 薛二勇、傅王倩、李健：《论在线教育发展的公平问题》，《中国电化教育》2021年第3期。

习者的需求。第一，随着教育信息化的不断发展，教育不再受到时间和空间的限制，在线教育的方式可以实现各种资源分配的平衡，越来越受到大家的认可。如 MOOCs 越来越多地作为支持学习者终身学习的重要方式[①]。澳大利亚一些学习者更倾向于全日制的在线教育；日本远程教育的博士课程受到认可，还提供本科生和研究生课程；美国年龄较大的人往往更易选择在线课程的学习；韩国政府建立全国资源共享系统以及国家教育信息系统，更便于各类学习者学习。第二，各国在线教育课程的覆盖面逐渐广泛。澳大利亚和韩国在线教育课程覆盖面较大，澳大利亚学前教育、中等职业和高等教育阶段都有涉及，韩国则包含从学龄阶段开始直至高等教育阶段；英国在线教育课程内容涵盖多个主题类别，且根据课程的难易水平划分为不同的等级类别，同时英国开放大学也提出向 55 岁以上的老人普及数字化技能项目。第三，在线教育综合考虑学习者的多种需求。澳大利亚在线教育的制度策略充分考虑教师、学生和家长等多方面需求；韩国引入 AI、大数据等相关技术，分析和监控学习者的学习进程，同时各类高校也提供不同类型的在线学习资源便于各个领域的不同群体进行学习；德国在线教育的课程设计满足教师和学生的个性化和专业化需求，杜绝学生出现"平均发展"的现象。在交互策略方面，师生之间的互动量是影响在线教学效果的重要因素。美国指出师生互动是在线教育组织管理认证的重要考量标准，强调实时交流与反馈不仅有利于师生之间的情感连接，同时有利于学习者对知识的深度理解。与此同时，美国还指出互动留白的概念，认为师生之间都必须留有相关的空白时间供双方交互和讨论，这可以增强学习者的互动能力和交流水平。澳大利亚则利用 Canvas 管理系统便于学生与教师的沟通，大大提升师生之间的互动量。韩国和新加坡也指出，通过互动影响教师教、学生学以及知识的理解方式。

四 促进个人和社会发展的双重教学效果

在各国对在线教育的投入支持以及多项策略实施下，在线教育极大

[①] 孙维祎、赵红梅：《MOOCs 国际开放教育资源质量保障标准探索及启示——以英国开放大学开放教育资源为典型案例的研究》，《成人教育》2021 年第 10 期。

地促进了社会和个人的发展。进入数字化时代，各国把教育尤其是在线教育摆在优先发展地位。而教学效果则是检验在线教育发展的主要评估工具，各国积极关注弱势群体的教育以实现教学公平，实施资源共享以推动区域均衡发展，同时促进终身学习以及综合国力的发展与提升。此外，国家积极构建在线教育体系对个人创造性思维、职业发展、学习成绩以及个性化发展起到积极的作用。

在社会发展方面，经济社会的不断发展对复合型知识人才需求加大，各国加大对在线教育和终身学习的研究。首先，在线教育以学习者为中心努力实现教学公平。在线教育利用互联网实现万物互通，发挥其技术优势为每个学生创造更多平等的学习机会[1]。澳大利亚率先采用远程教育方式来实现教育机会平等，更多关注残疾人和女性教育，秉持着无关地域、社会地位或经济状况的原则，同时也为家庭、幼儿工作者和学校提供机会以确保从学前教育到小学教育的无缝衔接；法国践行"人人生而平等"的价值理念，着重关注教育公平问题，维护特殊人群利益；韩国针对残障人士的不同类型开发残疾人专用在线学习系统，盲人可以通过电脑耳机听到教师的声音，聋哑学生则可以通过聊天系统与老师进行交流，保障全体学生学习不受到任何外界因素的影响；美国规定各州和地区需确保所有学生访问硬件和软件的平等机会，同时也全力解决在线入学的年级差距和种族差异等问题；日本也根据每个学生的不同情况来提供相应的学习方式以确保学习机会的公平性。其次，实现教育资源的共享是全民终身学习视野下在线教育发展的重要成效。韩国各类图书馆是资源实现和共享的重要途径之一，政府建立教育网站整合全国教育资源并实时共享，同时高校和企业等社会各类机构推出的学习网站实现资源共享，有利于推进全民终身学习；英国建立"学习商店"，具有较强的流动性和开放性等特点，人们可以根据自己的学习需求进行自主学习，共享学习资源；法国凝聚了高校、科研机构和政府部门等力量来提高资源的多样性；日本开设 MOOC 课程与亚洲国家分享资源，为各种不同类型的学习者提供必要和有效的学习机会。再次，在线教育体系对实现

---

[1] 胡钦太、刘丽清、丁娜：《教育公平视域中在线教育的困境与出路》，《中国电化教育》2020 年第 8 期。

全民终身学习有着不可替代的作用。国家在线教育体系以终身学习为理念指导，并最终服务于终身学习。英国的在线教育范围涉及从青少年到老人群体，为全民学习营造良好的学习氛围；澳大利亚布里斯班远程教育为学习者提供继续教育、就业和终身学习的途径，其跨时空性等优势也为学习者提供终身学习的可能性，成为世界各地开展全民终身学习不可或缺的力量；韩国早在 20 世纪末，利用网站为全民提供在线学习，同时在 ICT 研究和发展投入大量的人力、物力以及财力使得本国在线教育蓬勃发展，而这对于实现全民终身教育和构建知识型社会发挥重要作用。最后，在线教育的发展以其独特的优势提升各国的综合国力。德国文教部长联席会议于 2006 年在《面向数字世界的教育》战略决议中强调，信息化建设对于任何一个国家的综合国力提升都发挥着重要作用。

在个人发展方面，在线教育凭借其灵活性、不受时空界限等优势有利于促进学习者的学习成绩和职业发展，同时培养学习者的创造性思维以及推动自身个性化发展。首先，在线教育有利于学习成绩的提升。英国 2002 年对"ICT 嵌入识字和算术战略"项目进行测评，结果表明交互式白板的适应和新型教学法的融入提高学生的成绩，于 2006 年对学校的在线教育发展状况进行调查研究，发现信息技术的融入有利于提升中小学教育的成绩，尤其表现在英语和科学学科方面；美国在线教育的课程体系建设和学习资源配置有助于提高学习者的学习质量和学习效率，同时表明其 K-12 教育和高等教育的最终目标都是提高学习者的学习成绩，各类专家学者和社会成员对此表示十分认可。其次，大部分国家格外重视职业在线教育，促进个人职业选择和生涯发展。新加坡在线获取热门信息为个人职业生涯的持续学习提供便利，在线培训和教育也为员工提供不同工作领域所需的途径，同时也为公众提供技能和工作培训并鼓励他们进行终身学习；联邦德国高度重视职业教育的发展，职业教育的课程需经过本国职业培训研究与发展专家中心进行审核和评估，整个过程都需严格按照规章制度进行；日本企业通过在线教育模式对员工进行技能培训，便于员工能够充分利用时间获得自我提升；韩国也为提升本国职业培训和继续教育，涌现了大量的互联网教育企业；美国根据慕课平台的统计数据发现，越来越多的学生选择线上学习并获得相应的考试，并表明这有利于他们职业规划的选择与发展。最后，创造性思维和个性化发展是在线教育发展的重要产物。新加坡开发多样化的课程以及加强教师教育的技能培训，以此来培养学生的创造性思维；德国要求企业培训需具备在线教育的学习能力和创造力，培养学生的创造性思维；美国在线教育体系逐渐精细化和专业化，根据学生的不同特点和需求进行授课，激发学习者的学习热情，促进学生的个性化和多元化发展。

第六节 结论与讨论

近年来，各国都高度重视向民众推广和宣传全民终身学习理念，加快建设学习型社会。随着互联网时代的到来，终身学习的在线教育课程也成为促进全民终身学习的强大推动力。英国、美国和德国等国在终身学习的在线教育发展有着深厚的历史积淀，取得相应的成效，但也从未停下脚步，不断改革与创新适应社会的发展。韩国、澳大利亚和法国更为关注和维护特殊人群的利益，考虑全体学习者的需求，实现教育机会的公平。自改革开放以来，我国不断探索和发展终身教育，努力构建和完善终身学习体系。党的十九届五中全会将"发挥在线教育优势，完善终身学习体系，建设学习型社会"纳入"十四五"规划[1]，可见在线教育对于推进全民终身学习发挥了重要作用。尤其是2020年初新冠疫情暴发，教育部要求各学校充分利用在线平台开展教学，在线教育迎来了新的发展机遇。虽然我国在线教育的技术发展处于世界领先地位，但要实现真正的全民终身学习，仍有很长的路要走。面对新时代不断变化的需求，我国必须借鉴各国优秀的在线教育体系的发展经验，改革和创新自身在线教育体系，为建立全民终身学习的学习型社会奠定基础。因此，基于澳大利亚、韩国、英国、日本、美国、新加坡、法国以及德国八个国家在线教育体系的扎根研究，结合我国教育信息化和治理现代化的发展考虑，为推动全民终身学习视野下我国在线教育体系的构建与发展提

---

[1] 中华人民共和国中央人民政府，《中共中央关于制定国民经济和社会发展第十四个五年规划和二〇三五年远景目标的建议》，2020年11月3日，http：//www.gov.cn/zhengce/2020-11/03/content_5556991.htm，2022年7月18日。

出以下建议。

第一，坚持正确的价值目标导向。树立正确的价值目标导向可以为教育发展指明清晰的努力方向，增强主体团队的认同感。李学书、孙传远（2021）指出部分培训机构质量良莠不齐、效果不佳，严重影响消费者的健康发展，甚至危及教育行业的发展[①]。学生是学习的主体，维护和保障其利益是至关重要的。在线教育的发展需建立在正向和谐的秩序下，以真正促进学习者自身发展为目标，不能违背教育的初衷，需要守住底线目标，促进社会利益最大化的实现。终身学习是所有正式、非正式、非正规学习的总体概括，已成为当今时代热度最高的概念之一。无论是从时代的发展还是个人成长需求来看，终身学习尤为重要，有利于建立学习型社会，实现人才强国的目标。法国最早提出"终身教育"概念，并以此为思想指导推动本国教育改革，在线教育也积极响应终身学习的号召。因此，国家需坚持以终身学习理念为指导目标推动在线教育的发展，加强与多方进行沟通和协商，制定科学的决策，使得在线教育实现长期稳定的发展。

第二，加强国家政策的积极引导。在线教育的发展离不开国家政策的引导，需遵循在线教育规律，结合实际情况，完善相关的政策法规。一方面，我国应不断完善有关在线教育领域的政策和法律文件，明确规定在线教育的具体实施，构建相应的组织管理体制。《国家中长期教育改革和发展规划纲要（2010—2020年）》《国家教育事业发展"十三五"规划》《中国教育现代化2035》等政策的提出也明确提出相应的目标和方向，大大推动了我国在线教育的发展。新加坡、英国政府根据不同的发展阶段提出相应的政策和措施来促进在线教育的发展，法国有重点、分阶段地颁布了一系列政策。因此，应当加强政策的引导和规范，努力推进信息技术与学校教学的深度融合。另一方面，国家应积极号召社会多方力量参与在线教育体系的建设中，实现在线教育的可持续发展。韩国形成国家、地方政府以及学校三方合力，并积极与企业进行合作。美国州政府积极响应政府的号召，参与和调整在线教育的管理。新加坡政府

---

① 李学书、孙传远：《在线教育治理：从野蛮生长到规范发展》，《河北师范大学学报（教育科学版）》2021年第5期。

与国防部、人力部等多个部门的协同努力是推动本国在线教育发展的主要动力。因此，我国也需积极引领高等院校、企业、学习者以及社会各界的积极配合，为在线教育未来发展保驾护航。

第三，完善在线教育的基础设施建设。完善的基础设施是在线教育展开的前提条件，数字设备、有线网络为在线教育提供技术支持。经济发达的城市办学条件优越，具有良好的在线教学所需的基础设施，易于开展在线教育，但部分偏远地区经济发展相对落后，网络设施条件还不够完善，在线学习难以开展。同时，大量的学生同时访问时导致掉线、卡顿现象严重、网络崩溃等现象也反映出当前我国教育信息化基础设施建设支撑能力存在严重不足[1]。一方面，基础设施的重要性日益凸显，我国应完善偏远地区的基础设施，使全体学生在任何特殊情况下进行学习，缩小城乡信息化基础设施建设之间的差距，实现教学机会的平等。加快"三通两平台"建设，尤其是贫困地区，打通优质教育传递的"最后一公里"[2]。法国针对不同网络条件的学习群体采取不同的教学方式，韩国建立全国性的教育门户网站来加大对国家在线教育的基础设施建设。另一方面，我国需借鉴发达国家经验，从国家层面重视教育信息化的建设，颁布相关的政策文件以及投入资金建设，逐步完善全国各地区的基础设施建设。随着我国互联网和基础设施的不断发展，也取得了相应的成效。根据《世界互联网发展报告 2021》，中国的互联网发展指数得分排名第二，可见我国互联网发展水平领先于其他国家。随着 5G 网络的出现和发展，新的问题也要求我国不断适应社会发展变化，加快推进基础设施建设，扩大全国各地区的网络覆盖范围。

第四，重视师资力量储备。教育信息化的快速发展深刻改变了传统的教学方式，新的教学模式要求教师提高自身的专业素养和能力。近年来，我国高度重视教师在线教学能力，指出培养教师在线教学能力是师资队伍建设的核心问题[3]。教师的能力水平与在线教育的发展成效紧密挂

---

[1] 李逢庆、史洁、尹苗：《学校在线教育的理性之维》，《电化教育研究》2020 年第 8 期。

[2] 都慧慧：《学校在线教育质量提升的路径研究》，《教学与管理（理论版）》2021 年第 ? 期。

[3] 张哲、陈晓慧、王以宁：《基于 TPACK 模型的教师信息化教学能力评价研究》，《现代远距离教育》2017 年第 6 期。

钩，教师除了具备专业的知识基础还需具备线上教学的能力与水平，改变自身的教学观念与方法以适应学生的学习需求。首先，教师需精通自己所任教学科的专业知识与理论知识。教师需时刻保持持续学习的态度，了解和掌握教育的新动态，实时更新的知识体系。其次，加强对教师信息素养的提升，熟练掌握和运用多媒体技术和现代化教育工具。澳大利亚和韩国设立了专门的服务机构对教师进行培训，为教师提供援助与支持，推动构建本国在线教育体系。再次，重视教师先进教学理念和创新能力的培养。创新作为国家兴旺发达的不竭动力，这也对教师提出了要求。教师在不断提升自身能力的同时，需根据学生的具体情况以及社会的人才要求改变教学方法，保证学生高水平素质的发展。最后，实行严格规范教师的招聘制度。英国和德国对教师选聘采取严格的教师准入制度、规范的教师选拔和培训制度，法国通过多途径实行教师教学信息化的认证。师资队伍建设是在线教育高质量发展的关键因素。因此，作为推动其发展的领头军更应提高自身素养来适应时代发展要求，进一步推动国家教育教学质量。

第七节　本章小结

随着信息时代的发展，社会对高质量人才需求增加，终身学习成为适应时代发展的必备能力。大规模的在线课程打破原有的边界，形成开放的学习空间，为学习者提供更为便捷的学习方式，有利于促进全民终身学习。本章节主要以澳大利亚、韩国、英国等八个国家在线教育体系为研究对象，借助扎根理论研究方法，从中探究国家在线教育体系的发展。第一部分以我国为推动构建全民终身学习体系所采取的政策措施着手，并结合新冠疫情情况，凸显在线教育的重要性；第二部分梳理关于终身学习和在线教育的已有研究，为后面展开进一步研究奠定基础；第三部分阐明选择八个国家在线教育体系为研究对象的依据以及研究所采取扎根理论的研究方法；第四部分展现利用质性软件 MAXQDA 20.4 进行的三级编码，包括开放式编码、主轴编码以及选择式编码，最终确定核心类属并建构理论模型；第五部分主要对所构建的理论模型进行阐述，包括理念基础、投入支持、教学体验以及教学效果四个方面；第六部分基于八个国家在线教育体系的扎根研究，并结合我国教育信息化和治理现代化的发展考虑，提出应坚持正确的目标导向、加强国家政策的积极引导、完善在线教育的基础设施建设以及重视师资力量储备等建议。

第九章

澳大利亚在线教育体系的发展研究

自经合组织倡导全民终身学习以来，这一政策已被列入教科文组织、欧洲联盟及许多发达国家和发展中国家的政策议程。近年来，澳大利亚许多关于教育和培训的政策声明都提到了终身学习的概念。全民终身学习理念的提出是基于对世界经济结构变化的深度观察，其中，技术变革，尤其是网络信息和通信技术的飞速发展，是促使工作性质发生变化的重要原因之一，同时也是激发教育模式改革与发展，形成教育高水平参与的重要助力。在线教育作为这一时代背景下的重要产物，其现实意义在于为辅助学习提供了广泛的信息资源。同时，其开源性及跨时空性弥补了传统教育中因为各种原因而无法获得平等的受教育机会的缺憾。然而，仅凭资源的可用性和财政激励的方式并不能确保全民参与在线教育。根本上还需要通过提升对在线教育优势的认知来激励施教者和受教者，很大程度地提供有效参与所需的技能和资源。虽然电子信息和网络技术的发展为在线教育体系的构建提供了必要的基础条件，但如何将在线教育应用到全民终身学习的战略部署中并形成深度融合，还需要有合理的顶层设计、系统的运作模式和完善的评价机制加以约束和规范。

第一节 背景分析

教育是决定个人生活水平、质量和机会的关键因素，甚至可以成为社会变革的强大力量，要发挥这一作用，必须赋予教育更广泛的目标和内涵。经合组织所采用的终身学习政策议程涉及将狭隘的教育和培训概念转向更广泛的内涵，同时意味着教育方式从传统的"前端"模式转变为贯通终身。终身学习的主要特征在于强调学习者的中心地位，即教育和培训提供者应满足各种类型学习者的学习需求。此外，终身学习承认教育政策的多重目标，如"个人提升，知识构建，经济、社会和文化的发展等"，并且这些目标可能在个体一生中的任何时刻发生变化。激励参与教育培训的因素不应仅仅是为了追求经济目标，如就业，但研究人员，特别是在经济政策界，习惯性地忽视非经济因素在促进参与教育和培训方面的作用，从而导致不同社会教育程度背景的个体在教育参与率方面的差距持续扩大。在澳大利亚，政府参与教育和培训的历史由来已久，受"前端"教育模式的影响也是根深蒂固的，特别是对重大政策方面的结构性变革更易遭到抵制和阻挠。虽然澳大利亚联邦政府公开致力于终身学习政策目标的实现，但其教育和培训制度变化很小，终身学习政策议程对澳大利亚教育和培训的结构或供资影响甚微。

德洛尔（Delors Jacques，1996）认为教育应该被视为贯穿个体一生的全部经验，既涉及对知识的理解和应用，又关乎个人发展及社会地位[1]，同时，他认为要解决澳大利亚因经济全球化而导致的巨大的社会经济差距，根本途径还在于通过教育干预来缓减不平等力量的存在。综合澳大利亚的政府支持、地理特征及终身教育的主旨内涵，在线教育的跨时空性、广覆性、灵活性和便捷性，恰是迎合了整个社会发展和人民素养提升的需求。澳大利亚政府在在线教育的环境营造方面发挥了巨大的作用，使所有澳大利亚民众都能接触到信息技术，并从中受益。政府致力于利用信息时代提供的机会，提高所有澳大利亚民众的生活水平，并提升在全球信息发展中的竞争力。澳大利亚广泛分布的人口占据了世界上最大的岛屿大陆，地广人稀的风土文化塑造了澳大利亚的人文、制度和思想。其中，三分之一的澳大利亚人口集中在农村和偏远地区，他们需要支付比大城市居民多达五倍的费用来获得诸如医院、学校、学院和

---

[1] Jacques Delors, "Learning: The Treasure within. Report to UNESCO of the International Commission on Education for the twenty-first-Century, Paris UNESCO 1996", *Internationales Jahrbuch de Erwachsenenbildung*, 1996.

大学等的基本服务。因此，澳大利亚率先采取远程在线教育的方式来实现教育机会的平等也就不足为奇了。据统计，澳大利亚在线教育实力较为领先的大学中拥有65%—75%的校外学生[1]，其中不仅是偏远地区的学习者求助于在线学习，城市地区的许多学生也因为复杂的现实和面临的挑战而选择了便捷灵活的在线教育。在线教育是利用互联网的强大技术支撑来提高学习的灵活性及教师与学习者之间交流质量的一种教育模式，在促进教育公平、灵活选择和提高质量等方面显示出巨大的潜力。

第二节　澳大利亚在线教育体系的历史考察

澳大利亚的教育在150多年的历史积淀中拥有了相当的广度和深度，在线教育也在原有的教育基础上呈现出多样性的特点，能够很好地满足各类学习者的特殊情况和偏好。尤其对于一些学习者来说，澳大利亚的在线教育是用以丰富大学经历的完美方式。甚至越来越多的教师和教授开始利用在线教育资源来作为其常规课程的一部分。可见，澳大利亚的在线教育正有效地补充于传统教育，并日渐趋向深度融合的态势。对在线教育的发展历史进行回望和梳理，将有助于更好地理解在线教育发展的现状及更好地把握在线教育的未来走向。

一　澳大利亚在线教育体系的发展历史

迄今为止，澳大利亚的在线教育始终秉持着无关其地域、社会地位或经济状况，为所有学生提供平等的教育机会这一目标。自20世纪初，澳大利亚的在线教育大致经历了三种形态的历史更迭。

（一）单一媒介的探索期（1910—20世纪70年代）

这一时期内，远距离的教育主要以邮寄为媒介的方式来实现。函授教育是这一时期主要的教育形态，也是在线教育的雏形，主要是通过邮寄纸质印刷品的方式，呈现出缺乏直接互动的特点。最初提供函授教育

---

[1] ICEF, "Education agents refer 75% of Australia's international student", Winter 2021, https://monitor.icef.com/2019/10/education-agents-refer-75-of-australias-international-students/.

的目的是回应政治上教育机会均等的要求。昆士兰大学 1909 年拟定的章程中规定，该大学在 1911 年力争成为南半球第一所函授大学[①]。此外，迫于非大都市选民的政治压力，皇家墨尔本技术学院 1919 年开始提供函授教育，随后是 1921 年的澳大利亚西部大学（Guiton, P., & Smith, M., 1984）也正式加入[②]。第二次世界大战后，悉尼和墨尔本等大学通过函授教育向战事服务人员提供学习机会。但这种学习模式的学术可信度如何？1951 年悉尼大学专业委员会的结论是函授教育最好由教学部门内的学者提供，而不是由外部研究部门提供。1949 年，昆士兰大学本着提高远程教学质量的愿望将其外部研究部门变更为内部学术部门，并招聘专家设计并服务与校园课程密切相关的外部课程。然而，昆士兰大学的这一举措在当时并未引起广泛的社会响应（White, M. A., 1982）[③]。为加入宣传力度，并确保外部课程质量以维护大学的声誉，澳大利亚新英格兰大学（University of New England, UNE）开创了双重教育模式，即要求专职学术人员在同一课程中同时教授学习场域内部和外部的学生。

（二）多元媒介的并存期（20 世纪 70 年代初至 80 年代中期）

众所周知，澳大利亚幅员辽阔，面积超过 760 万平方千米，但人口相对较少。运用多元媒介实现远程化教育成为这一时期教育干预的主要形式。远程教育主要利用多媒体的方式，并逐渐呈现双向交流的倾向，是在线教育形成的必要过渡。远程教育的选择最初是由大学提供的，旨在克服学生与高等教育机构之间相当遥远的地域距离。1973 年成立了澳大利亚和南太平洋对外研究协会（现为澳大利亚开放和远程学习协会），这反映了远程教育参与者的专业精神以及他们与该区域其他参与者进行接触的意愿，启动两年一次的 ASPESA 论坛，并于 1980 年出版同行评审的期刊《远程教育》（有史以来出版的第一份专门关注开放、远程和灵活教

---

① Stuart Etal. Cunningham, "New media and borderless education: A review of the convergence between global media networks and higher education provision", *Department of Employment, Education, Training and Youth Affairs*, 1998 (1).

② Guiton P ed., *Progress in partnership: External studies in Western Australia*, Toowoomba: Darling Down Institute Press, 1984, pp. 83 – 87.

③ Michael White, "Distance education in Australian higher education – a history", *Distance Education*, 1982 (2).

育领域研究的期刊之一,是该领域学术工作的主要来源)。到 1981 年,全国共有 13 所大学提供远程课程,并得到高等教育委员会的认可。这样的增速是为了应对更具竞争力的劳动力市场;激发社区对终身学习和提升资质的兴趣;吸引更多的老年学生进行远程学习;更多地关注有家庭、残障人士和其他群体的女性教育。同时,提高课程和学习设施的质量以保持其总入学率。对此,约翰逊(Johnson,1983)提出了一项合作协调政策①,高等教育的资助由联邦政府全面负责,新的工党政府接受了联邦高等教育委员会(1986)的建议,将提供服务的专业远程教育中心数量限制在 6 个(后来扩大到 8 个),资金主要用于提高远程教育的质量及与非远程教育中心的合作。至 1993 年,远程教育的推行越来越受到青睐以致澳大利亚放宽了政策,使所有机构都可以远程的方式提供课程。泰勒(Taylor,2001)在教学模式发展模型中确定了五代远程教育,其中最后两代可以等同于在线教育的水平,具体包括学习材料以打印为主的反应模式;通过印刷、录音、录像或计算机学习等多种方式展示学习资料的多媒体模式;通过音频或视频会议以及广播电视或广播的远程模式;基于交互式多媒体网络、计算机通信和互联网资源的灵活模式;实现资源共享并大幅缩减成本的智能模式。2001 年 4 月 1—5 日在德国杜塞尔多夫国际开放和远程教育理事会第 20 届世界开放和远程教育会议上的主旨演讲中提及,越来越多的澳大利亚大学开始趋向第五代模式的过渡,其中包括如查尔斯斯特大学、迪肯大学和南昆士兰大学。

(三)网络媒介的主导期(20 世纪 80 年代中期至今)

随着信息技术的飞速发展,以网络为主导媒介的教育形态成为这一历史时期的主旋律。在线教育作为这一时代的产物,主要利用互联网和数字技术,呈现出互动协作、丰富多样等灵活性特点。从 20 世纪 80 年代中期到现在,澳大利亚在工党和保守的自由国家联盟政府的领导下,大学经费逐渐减少,学习费用也从国家下移到个体,这就意味着个体的教育成本呈现出不断增长的趋势。同时,从 1994 年到 1999 年,全日制学生

---

① Richard Johnson, "The Provision of External Studies in Australian Higher Education (Evaluations and investigations program)", Autumn 2020, http://vital.new.voced.edu.au/vital/access/manager/Repository/ngv: 9494/ SOURCE2.

的比例增加了9%，其中还出现了带薪工作的学习者①。这种变化在美国和其他发达国家也被注意到，其形式是坎宁安等人（Cunningham et al.，2000）的一项研究中所提及的"学生—收入者"，也就是有一份带薪工作的全日制学生。坎宁安还指出，"earner-learner"（即从事全职工作进行学习的人）的人数还在增加②。这些变化意味着大学及各机构迫于寻求一种更为开放、便捷、灵活的在线学习方式来确保课程服务质量，从而提升客户反应，创收成本效益，同时帮助学生随时随地开始学习，并更快地获得相关职业资格。例如，莫纳什大学提供混合模式的研究生在线课程，全年有六次入学机会和六周的教学时间；斯温伯恩大学的在线课程以平衡生活和学习为主旨，设置了科学合理的学习时间表；科廷大学的在线课程包括本科、研究生、澳大利亚开放大学课程和MOOC③。自第一批函授学生以来，所谓的远程教育经历了几代人的发展，这些教育模式的发展利用了新技术的优势。随着电子学习的发展，人们越来越认识到为教育寻找全球市场潜力的迫切性和必要性。许多澳大利亚的大学已经认识到全球化所带来的挑战和机遇，并加入了一些国际联盟，以帮助他们发展品牌认可度和提升市场竞争力。其中包括国际大学网络，该联盟计划允许学习者与合作大学进行在线学习；Universitas 21与Thompson Learning达成初步协议，开发并提供其电子学习平台；全球大学联盟已经通过其大学网络与NextEd达成协议，提供在线课程。麦卡恩等人（McCann, et al., 1998）确定了在线教育发展需求的其他一些原因，其中包括：在线经济的增长以及由此产生的旧经济向新经济的转移；对技能和教育水平日益持续增长的需求；发展中的全球教育市场以及教师对网络学习的价值认同④。

---

① Craig McInnes, "Trends in the first year experience in Australian universities", Autumn 2020, http://www.detya.gov.au/archive/highered/eippubs/eip00_6/execsum.htm.

② Peter D. Coaldrake, Stuart Cunningham, L. R. Stedman, et al., "The Business of Borderless Education", Autumn 2020, http://www.detya.gov.au/archive/highered/eippubs/eip00_3/execsum.htm.

③ Northcott Paul ed., *The Tyranny of Distance and Proximity*, Toowoomba: Darling Down Institute Press, 1984, pp. 39–50.

④ D. McCann, Jenny Christmass, Jeremy Stuparich, "Educational Technology in Higher Education", Autumn 2020, http://www.detya.gov.au/archive/highered/occpaper/edtechsum.htm.

二 澳大利亚在线教育体系的现状分析

澳大利亚在线教育普及度高，类型也丰富多样。受惠者覆盖面也较为广泛。学习者可以在注册校园课程的同时，选择网上的课程进行补充。除此之外，也有一些学习者更倾向于澳大利亚的全日制在线教育。无论是哪种形式，在线教育对于非全日制的学生来讲都是较为理想的选择，很多学习者全职工作的同时还在攻读课程，更甚者很多老年学习者利用休闲时间通过这种方式丰富自己的晚年生活。这类学习者大多利用碎片时间来完成课程，丰富自己的职场技能和兴趣爱好。澳大利亚的在线教育可以满足不同人群的需求，使其按照自己的时间表来推进课程，这种混合的方式可以帮助各种类型的学生平衡教育和兼职工作之间的冲突，在保证学习者完成基础课程的同时，积累一定的社会实践经验。多样化的选择最终还是得益于澳大利亚在线教育的系统发展。

（一）澳大利亚在线教育拥有扎实的基础设施条件

国家信息经济办公室（2003）曾表明，在澳大利亚，互联网参与也与教育成就有着密不可分的关系。据报告，澳大利亚15岁以上的男女公民虽然识字率达100%，但通过对接受识字教育的渠道作进一步调查时发现，有相当一部分（660万）澳大利亚人在使用日常生活和工作中的印刷材料时可能遇到困难，更甚者，50%的澳大利亚成年人可能不具备读写或计算技能，无法有效地适应知识经济的时代需求[1]，改善接受教育的条件并提升接受培训的机会对无法定期参加培训或处境不利的群体而言，意义更为突出。在澳大利亚的大学、职业教育和培训机构中，在线教育已经从基于印刷的函授教育和多媒体依托下的远程教育发展而来，为时间、地域及其他现实教育条件受限的群体提供了便捷，被视为一种使培训更方便、更灵活、更基于技术的模式。21世纪初，澳大利亚统计局（ABS）的报告中显示全国互联网用户已达100万。澳大利亚的基础设施使其具备了在学校及其他区域推行在线教育的可能性，包括大学、社区

---

[1] John Christopher Guenther and Ian Falk, eds., *Literacy and Numeracy for the New World of Un/Employment: Implications of A Fully Literate Australia*, Hamilton: Language Australia Limited, 2002, p. 30.

学院、技术学院、继续教育机构和为员工提供培训的企业。此外，增强教育培训的灵活性对公共教育培训的提供者来说尤为重要。在培训市场向民营企业开放的背景下，先进技术（主要是信通技术）的使用是维护其客户基础的核心前提和保障，不仅帮助学习者为新的工作环境做好准备，同时也能提供丰富的培训项目和内容，更重要的是，因为省去了很多类似教室等有形基础设施的间接费用，在线教育大大降低了教育成本。为此，斯图帕里奇（Stuparich, 2001）在研究中发现，澳大利亚越来越多学习场域内外的学习者认同并开始接受在线教育，奠定了扎实的社会民众基础。

（二）澳大利亚在线教育拥有相对明确的应用模式分类

Noir sur Blanc（2001）公司代表欧洲国际教育协会进行在线教育领域的调查时发现，很多定义上的问题导致统计数据难以精确收集，同时也为在线教育的有效推行和应用带来很多的阻碍。为解决这一问题，澳大利亚官方联合教育界与业界的共同协商，成立由学者和部门官员组成的小组拟订出官方的统计标准，成为第一个衡量澳大利亚在线教育现状的官方统计[①]。在这过程中，根据在线教育资源的利用程度，将其划分为网络补充型、网络依赖型和完全在线型三类。网络补充式的在线教育被用作补充传统教育的一种传递形式。学生可选择在线参与，注册的学生除可以获得学校日历或手册之外，还可以获取学习单元的相关信息，其中包括课程描述、学习指南、考试信息、评估概述、阅读书目和其他在线学习资源。网络依赖型在线教育中，虽然保留了一些传统的校园活动，但区别在于以下三种活动的在线参与被列为必修要求：第一，学生需要使用网络与学习所需的教育内容进行互动；第二，学生必须使用网络与工作人员及其他同伴进行交流；第三，学生需要使用网络在教学过程中进行互动与交流。完全在线型在线教育主要是指所有与教职员工和学生相关的互动、教育内容、学习活动、评估和服务支持等模块都通过网络提供并整合。

---

① Noir sur Blanc, "E-learning Survey for Europe-Questionnaire", Autumn 2020, http://www.quadratin.fr/noirsurblanc/.

(三) 澳大利亚在线教育拥有相对完善的认证体制

澳大利亚构建了统一的资格证书框架，为在线教育的发展提供了明确的发展目标和方向，同时也为在线教育成效的评价提供了科学的参考标准。澳大利亚资格证书框架是由教育、就业、培训和青年事务部长理事会于 1995 年建立的，目的是协助澳大利亚高等教育与职业教育和培训部门之间的教育奖励衔接。虽然大学是根据联邦或州立法建立的，具体的立法也规定了它们是具有自我认证的自治机构，负责认证他们自己的奖项，以及他们的学术标准和质量保证过程，但是学士学位、研究生证书、研究生文凭、硕士学位和博士学位的授予也必须符合澳大利亚资格框架内规定的标准，这样，无论哪个机构提供授予课程，授予的学位都必须达到相似的标准。布里斯班远程教育（Brisbane SDE）作为澳大利亚技能质量权威机构（ASQA）的代表，致力于为学生提供一系列的学习经验，以获得尽可能高的资格，通过昆士兰课程与评估机构（QCAA）进行注册，旨在为学生提供就业相关技能，了解工作环境、职业选择与继续教育、就业和终身学习的途径。布里斯班远程教育通过提供一系列课程回应各种企业、社区的就业机会，为学生提供机会参与培养和发展企业技能的项目和活动，获得国家认可的资格或衔接继续教育，以确保公平的工作机会。

当然，澳大利亚的在线教育在拥有得天独厚的外部条件之外，在线教育的先赋短板依然存在，而这样的问题具有一定的普遍性。首先，在线教育对学习环境有严格的要求。在线教育最大的吸引力之一就在于其灵活性，究其原因，一方面在于可以弥补学校环境对个体学习产生的时空性限制；另一方面，在线教育对个体的自制力及学习环境都提出了更高的要求。如果学生没有足够的纪律性或者无法避免家庭环境中的干扰，都可能导致在线教育的顺利推进和学生的有效学习无法保证。其次，在线教育并不适合所有的学生和所有的课程。很多人觉得在线学习对于某些学习方式来说是非常棒的。如果学生需要以较慢的速度学习，复习课程直到完全理解，在线学习可能是理想的。同样的道理，学得快的学生也不会被同学的节奏所束缚，而是能够以自己的速度前进。然而，那些需要每天与教授互动并通过问很多问题来学习的人可能会发现，至少某些形式的在线学习是一种挑战。学生必须能够准确判断自己的学习风格。

同时还必须明晰，有些课程并不适合完全在线学习，尤其是实践类课程，其必须是实践性的，而且在大多数情况下不能以在线形式工作，例如实验。最后，在线教育影响着个体的角色社会化。从社会的角度来看，个体在没有其他干扰的情况下完成课程，这一过程很可能会导致孤独感，错过了与同龄人的人际交往，而这些正是传统大学生活的主要组成部分。即便在线教育有意识地增加了必要的互动，例如慕课，但这始终无法真正地实现角色的社会化。

第三节　澳大利亚在线教育体系的基本架构

谢尔（Shale，1990）呼吁理论家和实践者不要过分强调远程教育和传统教育之间的差异点，而是要找出普遍的教育问题。毕竟在线教育与传统教育一样，具有基本的框架，共同的概念关注，以及与教学等社会过程相关的类似问题的存在[1]。尽管澳大利亚在线教育已经历了一定时间的发展，但若是缺乏国家政策的统筹和基本架构的整合，对其价值、运作、方法甚至概念方面的理解也无法达成任何共识[2]。

一　澳大利亚在线教育体系的政策制定

伴随并促进了终身学习和在线学习的中心地位的是被称为 ICT 的新兴技术的出现以及知识经济的影响。例如，2000 年，教育部教育、就业、培训和青年事务委员会（MCEETYA）通过了报告《在线世界学习：信息经济学校行动计划》，该委员会促成了澳大利亚各州和地区与新西兰政府之间的合作。同年，澳大利亚教育、培训和青年事务部（DETYA）发布了《为知识社会学习：信息经济的教育和培训行动计划》。这两份文件都提供了一种教育愿景，其基础是对信息通信技术有潜力改变学校教育的

---

[1] Doug Shale ed., *Toward a reconceptualization of distance education*, Oxford: Pergamon Press, 1990, pp. 333-343.

[2] Michael G. Moore, "Is teaching like flying? A total systems view of distance education", *American Journal of Distance Education*, 1993 (1).

各个方面，并有助于实现所有学习目标的理解。

(一) 澳大利亚在线教育的资金援助政策

在教育、就业、培训和青年事务部理事会的支持下，澳大利亚建立了教育质量机构，并通过国家高等教育审批程序协议，明确了州和地区如何履行高等教育的责任，并构建了广泛的澳大利亚质量保证框架和责任主体，其中，英联邦是大学的最大资金来源，它收集成绩数据和质量评价及研究计划，并制定了保护国际学生的条例。来自澳大利亚各在线教育机构对其教育计划、实施策略、教育成效以及详细的学生概况和财务数据的年度总结是获取联邦政府资助的必备条件之一。据此，联邦政府通过公布一系列的成绩数据来建立督促和激励措施，从而提升在线教育质量。同时，英联邦还以发行刊物的方式来提升各机构的运行质量透明度和问责制，内容主要涉及质量保证和改进计划；本土教育和公平计划；研究及研究训练管理计划；有关大学、教职员工和学生的一系列统计数据；教育机构的特点和表现等。此外，英联邦还资助发布衡量毕业生就业率的调查以及在线课程体验问卷等项目。当然，从联邦获得的资助必须按照教育文件中的规定使用。

(二) 澳大利亚在线教育的办学许可政策

在办学许可政策上，各州和地区教育管理部门根据国家商定的协议为一些机构提供认证。其中，澳大利亚大学质量审计机构作为一个独立的组织，结合澳大利亚资格框架中保存的认可机构和奖项描述的国家登记册及一系列学术标准，对大学和政府认证机构的资质进行评估和审计。澳大利亚在线教育体系的政策制定涉及政府和私营部门不同级别的一系列参与机构，受整体教育政策的领导和制约。2000年3月，教育、就业、培训和青年事务部理事会通过了《高等教育批准程序国家议定书》，其中规定了澳大利亚州和领土政府的一些质量保证责任。该协议确保了整个澳大利亚对大学和教育机构的认可及课程认证的一致做法，包括将大学定义为满足国家认可标准的机构，以及获得州、领地或联邦立法的认可。非大学教育提供者，其中包括在线教育，必须通过注册并得到其所在州或地区的政府高等教育认证办公室对其课程的认可。若在澳大利亚的几个州或地区同时开展在线教育，相应的必须在每个辖区都得到批准，当然，其中不排除有相互认可管辖区的存在。

（三）澳大利亚在线教育的技术扶持政策

1997年，澳大利亚教育和培训部建立了一个国家信息交流技术（Information and Communication Technology，ICT）机构来帮助教育和培训机构满足互联网和信息经济的挑战。该机构为澳大利亚的教育和培训系统提供了广泛的支持和服务，这也是出于对确保澳大利亚在制定与教育培训有关的信通技术标准和互操作性规范这一层面的考虑。1999年4月，就业、教育、培训和青年事务部理事会修订了21世纪国家教育目标，其中规定：树立学习者使用新信息技术的信心，并具备一定的生产力和创造力，同时对新技术的社会影响有相当程度的理解。这一规定为教育培训战略奠定了基础，并有效敦促了信息和通信技术技能培养和在线教育相关政策的制定。2000年通过了"信息经济教育和培训行动计划"（又称"知识社会学习计划"）。该行动计划由各教育部门负责实施，具体的行动方向包括参与人员、基础设施、在线内容、应用服务、政策组织框架和监管框架。澳大利亚信息和通信技术理事会就跨部门的合作活动提供咨询意见。2004年4月，澳大利亚政府成立了澳大利亚政府信息管理办公室（AGIMO），以取代国家信息经济办公室，接管了有关促进和协调新的信通技术的职能，为政府提供政策、信息、项目和服务。同时，澳大利亚政府信息管理办公室也负责相关的辅助工作，其中包括有关电子政府的研究，包括政府管治、安全、认证及投资等[1]。

（四）澳大利亚在线教育的安全保障政策

互联网和在线技术的发展之所以成为助力教育发展不可思议的一项工具，是在于其为学习者提供了一个传播文化，并与世界各地的学习者交流、学习、娱乐的机会。然而对于基础教育阶段的学生而言，即便拥有良好的技术知识，他们在网上的行为仍然需要受到学校及家长的监督和指导。为此，澳大利亚的每一所学校都要求制定一份符合政策要求的公认的制度章程，例如：未经校长或教师同意，中小学生不得在课堂、课间和午餐时间使用电子设备，若电子设备的使用是出于教育目的或提升学生幸福感等合理需求的调整，此项规定可由校长或教师给予豁免。

---

[1] Josie Misko, Jihee Choi, Sun Yee Hong, eds., *E-learning in Australia and Korea. Learning from practice*, Adelaide: National Centre for Vocational Education Research, 2004, pp. 10 – 13.

考虑到家校协作的重要性及必要性，相关规则制定的同时，应综合考虑学生、家长、监护人和学校职员的多方意见。如有需要，可向学生代表委员会和产学研协会咨询。学校职员应根据学校程序、部门政策和相关法律法规，管理和报告不当使用数码设备和网上服务的事件，以帮助防止任何严重事件的发酵，并在需要时提供适当的支持。

当然，一味制止则完全违背了推行在线教育的初衷和主旨。数字设备和在线服务是日常生活的重要组成部分，影响着儿童、年轻人甚至老年人学习、交流、工作和娱乐的方式，帮助学习者发展其数字素养、创造力、批判性思维、解决问题、人际关系和协作所需的技能。如何在学习场域内外支持学生发展技术、社交和情感能力，使数字环境的优势最大化、风险最小化，并为学习者的生活做好准备是澳大利亚着重关注的问题。为此，澳大利亚强调学校使用数字设备与在线服务的目的是提高学习、幸福和教育成就，同时帮助家长及监护人认识到在教育孩子及树立安全、负责和尊重地使用数字设备与在线服务的行为榜样方面所扮演的角色。教师则根据学校程序、部门政策和任何法律法规的要求，回应和报告任何使用数码设备和网上服务中的违规行为和事件，协助家长和监护人了解可采取的策略，以保证在线教育健康持续地发展。学习设计及发展总监（教育服务）及资讯科技服务营运及保安总监（资讯科技首长级）负责监察这项政策的具体执行情况，审查周期通常为三年一次。

二 澳大利亚在线教育体系的师资配备

教育发展过程中，无论是较为传统的面对面学习、基于多媒体的远程教育还是在线教育或混合式教学模式，关注的焦点一直是教学技术的使用和教学成效，而对施教者而言，如何发展出具有科学性和创新性的教学方法，并利用现有最佳和最有效的技术向学生实施教育过程成为解决问题的关键。因此，在线教育中的师资配备成为基本框架中不可忽视的内容。联邦政府提供的资助资金为教师提供信息技术和专业发展的机会，并依托国家教育和培训行动计划制定出信息经济改善教育与培训的具体策略及举措，主要通过生产适当的在线教学内容、应用和服务，以及为教育和培训部门提供满足信息技术要求的基础设施来实现。自 2000 年以来，联邦政府、州政府和地方政府已经在这一项目上投入了约 8000

万美元，其中41%的资金用于部门教师和培训师的专业发展（包括私人、成人和社区教育提供者）[①]。例如在线教育中通过发展虚拟教师来进行学习支持，主要是将有经验的校长、助理校长和其他专家联系起来，在提供专业学习和专家意见方面为学习和支持教师发展提供重要的指导作用，特别是在专业服务有限的领域，较为突出的是第二英语教师（ESL）。现有的虚拟教学模式已经将农村和偏远学校的教师与学科专业知识联系起来，从2014年起，虚拟教学模式扩展到了发展个性化学习和支持的教师、为有额外语言需求提供支持的ESL教师以及服务新生的其他教师的层面。为有效促进施教者在信息技术领域的专业发展，并将其深度融入课程设计与教授过程中，澳大利亚对此制订了策略计划，提供可满足信息通信技术的基础设施，并且鼓励综合实力符合要求的教育机构进行在线内容的开发。

对许多人来讲，互联网和手机是他们的社会生命线，是学习者在校外与朋友交流的工具，也是他们可以随时了解最新情况的一种方式，甚至对某些人来说，离开社交网络的时间可能会影响到他们与社会群体的联系。当然，正如现实世界中的交流一样，网上交流也有风险。不管是刚开始使用电脑的青少年，还是经验丰富的成年人，网络欺凌、身份盗窃、诈骗和不合时、不应势的内容成为不可轻视的威胁。为此，在确保教学内容和课程实施有序推进的同时，对在线网络安全的把握也成为在线教育专职教师的重要职责之一。同时，澳大利亚的在线教育通常会设置教学主管一职，有效缓减了专职教师的职能负担。教学主管的具体责任包括按照学校的计划，为学习者制定相应的学习方案；为学生提供和安排与导师就研究或学习任务开展沟通的时机；设定任务以监督学生的上课或学习活动；支持和鼓励学生通过援助定位课程所需的材料和资源；制定学习时间表，并提供合适的学习场所和基本设备，以确保学生学习的顺利开展并激励学习者以勤奋和持续努力的态度完成学业等。此外，教学主管还参与有关影响学生完成活动的疾病或缺勤的规则制定；监控学生参与在线会议课程和现场服务；监督考试和评估任务等。从2014年

---

① Josie Misko, Jihee Choi, Sun Yee Hong, eds., *E-learning in Australia and Korea: Learning from practice*, Adelaide: National Centre for Vocational Education Research, 2004, pp.14-16.

开始，各教育机构可以获得由教育服务团队提供的帮助，以满足学生的各种偏好，其中包括那些需要额外学习和支持的需求。教育服务团队专注于创设有利条件来提升学习者的专业性。例如助教支持（tutor-supported）项目，通过扩展教师的在线课程知识和技能为自闭症学生、有听力或阅读障碍的学生、有沟通障碍的学生、有运动协调障碍的学生等提供必要的专业支持。同时，通过强化师资素养来提升所有学习者的信心及对本土文化和历史的理解，为学生制定符合文化背景的教学和学习实践。各教育机构也会为积极行为实践提供必要的建议和帮助，并创造机会与经验丰富的兄弟机构联盟进行交流。

三　澳大利亚在线教育体系的资源开发

在实现终身学习的过程中，澳大利亚面临着前所未有的挑战，诸如不同利益主体间的矛盾，尤其是决策者对自身利益的担忧使得这一过程显得异常艰难。在线教育的推行对某些矛盾起到了一定程度上的缓解作用。在相关电子信息的准备程度方面，澳大利亚始终名列前茅。在从联邦政府取得的资助中，约42%的资金已用于在线内容、应用和服务的开发，以支持国家课程和工业培训的需求，其他资金则用于处理带宽访问、互操规范、学习对象库版权和法律问题的项目中。

在基础条件建设方面，1995年，联邦政府就已经建立了教育和培训资源和服务门户——澳大利亚教育网（EdNA在线），主要是围绕澳大利亚课程组织的，旨在为澳大利亚教育及教育工作者提供有价值的教学资源数据库。至21世纪初，EdNA在线拥有超过165000个质量评估资源和323000个链接资源[①]。21世纪初，澳大利亚在线教育的电子信息准备度排名在60个国家中名列第六，政府出资3410万澳元，在五年内开发交互式在线课程，同时各州和各地方在线课程都要与之匹配发展，这也就意味着共有7000万澳元用于开发高质量的数字教育内容，将信息技术与教育结合起来，并向澳大利亚偏远地区的学生开放。

在软性资源开发方面，资金还被用于发展和培养信息通信技术、数

---

① Josie Misko, Jihee Choi, Sun Yee Hong, eds., *E-learning in Australia and Korea*: *Learning from practice*, Adelaide: National Centre for Vocational Education Research, 2004, pp. 13 – 14.

学、科学和技术技能的创新项目，以及建立相应的卓越中心，提供信息通信技术领域的研究生研究和培训，同时通过征聘具有所需信息和通信技术技能的优秀人才来引进技术。该计划还包括执行共同技术标准的战略，以及确定和统一的管理框架。其中颇具特色的当属 DART Connections 网站，它是由新南威尔士州教育部和农村远程技术提供的一项服务。这一平台允许教师、家长和学生通过请求或按需寻找由博物馆、画廊、研究机构、科学家、作家、运动员、艺术家、音乐家、动物园等提供的难以想象的学习现场[1]。此类虚拟场景的体验让参与者有机会与全球的专家面对面互动交流，旨在丰富所有年龄段学习者和所有学科领域课程的学习体验。

四 澳大利亚在线教育体系的组织管理

1998 年，澳大利亚成立了国家信息经济办公室，有效表达了全政府对在线教育及相关网络活动的态度，同时承担对国内网络活动相关法律和环境的监管工作、国家参与全球网络服务治理的主要国际论坛，以及政府服务的在线技术的实施等任务。政府启动了将澳大利亚带入信息时代的战略框架，着重强调了如何利用互联网来减少因澳大利亚与主要国际市场的距离所带来的困难以及在世界论坛上促进国家利益的必要性。同时，所有澳大利亚人都应该接触并受益于信息经济的理念，促使政府在创造适当的环境方面发挥不可忽视的作用。不过，预期中私营部门将在投资和市场发展方面发挥领导作用，主要体现为提高在线技术的使用信心、增加澳大利亚的在线存在、发展该国的信息和通信技术产业。在教育和培训方面，该框架致力于使所有公民都能受益于在线技术，并培养具有最新技能的高质量信息专业人员。此外，澳大利亚制定了提高在线教育认识的倡议战略，以促进在线技术给主流和本土社区以及公众提供更加便捷的技术信息。与信息通信技术相关的活动和基础设施措施也被纳入重大社会政策举措，包括与家庭、区域和本土社区的福祉有关的举措，以及为特殊群体和弱势群体提供机会的举措。战略还包括信通技

---

[1] NSW Govenment Education, "DART Connections" Autumn 2020, https://dartconnections.org.au/.

术倡议，以接受全球标准和准则，并提供有效的教育和培训。

此外，澳大利亚联邦隐私专员办公室负责处理互联网隐私问题。隐私和版权问题是在线教育中涉及的两个主要伦理问题，也是主要的社会问题，比如网络资源的归属、访问权限等。将保密原则应用于支持在线教育的机构，可能包括在其网站上发布一份明确而诚实的隐私声明，即使是联邦和澳大利亚首都特区政府的网站，包括专门用于在线学习的网站，都需要在机构网站最显著的位置发布隐私声明，具体说明收集了哪些信息、出于何种目的、如何使用这些信息、是否向谁披露，以及解决任何其他相关的隐私问题，据此用户能够方便了解哪些信息正在被收集、如何存储和使用、访问虚拟教室的用户权限以及如何定义私人交流等。同时，对有关教材（如练习、课堂讲稿等）的拥有权和版权问题以及视频和多媒体的归属问题都能作出明确界定。而由学术或网络开发人员制定的课程策略是否对外公布则取决于学校，被列为公开声明的范畴。此外，澳大利亚大学质量机构（AUQA）承担着在线教育发展中的过程性管理。AUQA 是一个独立的机构，负责监督、审计和报告澳大利亚教育机构的质量保证情况。审计工作通常每五年开展一次，具体对大学以及州和地区认证机构进行质量保证审计，并负责公开报告审计结果以及有关新大学和非大学高等教育院校的评审准则的报告。根据审计结果揭示澳大利亚教育现状和水平等级，为澳大利亚教育深化和发展提供理论依据。同时也为各教育机构提供了总结反思、去伪存真的机会。对于发展欠佳的机构，若未能对审计结果作出适当反应并采取相应的措施，将可能导致联邦的资金制裁或有关州和地区采取管制行动。

第四节　澳大利亚在线教育体系的主要特征

根据经济合作与发展组织的说法，终身学习是要创造一个所有个体被激励着在一生中继续学习的社会，无论是正式的还是非正式的。但在寻求公平方面，尤其是当个人的学习动机或能力受到社会、文化或经济环境的影响时，就会面临巨大挑战。澳大利亚在线教育的推行有效改变着这一局面，并在此过程中呈现出特有的在线教育"画像"。

一　澳大利亚在线教育凸显了"去时空性"的教育距离

区别于传统教育中的关系呈现，在线教育中的教育距离不再有"时空"性的参与，而是由对话与结构之间的关系决定的。1990年，摩尔提出的"交互性距离"的概念包括了存在于所有教育关系中的距离[①]。这种距离是由学习者和施教者之间的对话量以及课程设计中存在的结构量所决定的。在一些传统的远程教育课程中发现交互性教育距离越大，意味着教育项目有更多的结构和较少的师生对话。沙巴和希勒（Saba & Shearer, 1994）进一步提出了互动距离的概念，提出了一个系统动力学模型来考察教育距离中对话与结构之间的关系。在他们的研究中，沙巴和希勒得出的结论是随着学习者控制和对话的增加，教育距离会不断缩小。因此决定教学效果的不是空间位置，而是学习者和教师之间的互动量。在线教育模式可以实现多种类型活动的推行，从而改善对话质量，尽量缩小交互距离[②]。例如，Canvas是塔斯马尼亚远程学校使用的在线管理系统，学习者通过Canvas可以很方便地找到对应的教室和老师，并且可以随时给老师发邮件或打电话进行沟通交流，大大提升了学习者之间及学习者与施教者之间的互动量。澳大利亚在线教育凸显出的去时空性教育距离这一概念，无论是对传统教育还是远程在线教育，都有着重要的启示作用。

二　澳大利亚在线教育强化了交互性的教育关系

互动的概念对于远程教育项目和传统教育项目的有效性是至关重要的。借用摩尔（Moore, 1989）曾在研究中讨论的三种在线教育互动类型，作为核心部分的就是师生互动，通过师生之间的对话提供激励和反馈信息；学习者—内容互动是学生从材料中获取智力信息的方法；学习者与学习者的互动是指学生之间关于课程的信息、思想和对话的交流，

[①] M. David Merrill, Zhongmin Li, Mark K. Jones, "Second generation instructional design (ID2)", *Educational Technology*, 1990 (2).

[②] Farhad Saba, Rick L. Shearer, "Verifying key theoretical concepts in a dynamic model of distance education", *American Journal of Distance Education*, 1994 (1).

无论这种交流是以结构化还是非结构化的方式进行的[1]。希尔曼等人（Hillman et al.，1994）对交互性的研究更进一步，提出学习者—界面的交互模式应被纳为在线教育的第四类互动类型，学习者和提供教学的技术之间的互动是该模型的一个重要组成部分，而这一点在文献中一直缺失。他们提出了一种新的范式，其中包括理解接口在所有事务中的使用。那些不具备使用沟通媒介所需的基本技能的学习者，会花费过多的时间学习如何与技术互动，而很少有时间来学习。因此，教学设计者必须包括学习者—界面交互，使学习者能够与中介技术进行成功的交互[2]。对此，澳大利亚政府针对在线教育体系制定了相应的技术扶持政策，目的在于能够系统有效地解决互动过程中因为某种互动关系的断裂或衔接不畅而导致的问题。在形成协作关系时，应对多样性可能需要额外的战略和考虑，以确保考虑到个人的需要，并确保信息针对特定的受众。更为重要的是，澳大利亚的在线教育不仅关注了内容适切、师生互动、同伴交流和技术友好等层面的关系，而且对于家校沟通的重要性也给予了特别的重视。对于有效性策略的制定以及网络安全保障等方面，都离不开家长及监护人的积极参与和通力合作。在澳大利亚在线教育的发展策略中需要特别指出的是，对特定教育环境中所采纳的制度策略都要充分考虑教师、家长和学生的需求，并与之有效匹配，从而真正致力于提高教育成效的同时，有效确保学习者的教育福祉。

三 澳大利亚在线教育构建了系统化衔接的认证体系

首先，澳大利亚在线教育覆盖了学前教育到十二年级的教育内容。教育部根据新南威尔士州、维多利亚州和昆士兰州之间的州际契约，建立了一个从学前到六年级远程教育的招生类别，以满足基础教育阶段的教育需求。维多利亚远程教育中心（DECV）是维多利亚的远程教育学习项目的主要提供者，主要涵盖了基础教育阶段到高中阶段（12年级）的

---

[1] Michael Grahame Moore, "Three types of interaction", *The American Journal of Distance Education*, 1989 (2).
[2] Daniel C. A. Hillman, Deborah J. Willis, Charlotte N. Gunawardena, "Learner-interface interaction in distance education: An extension of contemporary models and strategies for practitioners", *The American Journal of Distance Education*, 1994 (2).

教学内容。DECV 提供创新的 21 世纪学习环境，鼓励所有学生参与并追求卓越和实现个人目标。学校相信所有的学生都可以学习和发展。这些学习计划是为了满足那些由于环境原因无法在普通学校学习的学生的教育需求而设计的。

其次，澳大利亚在线教育惠及中等职业和高等教育阶段的学习者。澳大利亚的在线学习者可以通过在线教育获得相应的学位授予。目前，在澳大利亚提供在线课程的教育机构中，从商业到健康等各个领域提供完整在线学位的越来越多。这些学位课程通常是分开进行的，所以学生每学期可以完成一到两门课程，几年后就可以拿到学位。通过这种方式，澳大利亚的在线教育对于那些想要提升自己职业生涯的学生来说更是不错的选择，其帮助学习者从各个层次的职业中都可以找到一个符合他们个体发展的目标。

最后，澳大利亚在线教育丰富了多样化适用人群的内涵。在线教育的推行之初，就是考虑到澳大利亚的地域特征以及学习者可能面对的空间距离、时间矛盾、经济障碍及主体的生理和心理等原因。除此之外，澳大利亚的在线教育还惠及有特殊需求的学习者，例如达博（Dubbo）远程教育学校将为那些与国家旅行表演学校有联系的学习者提供全日制课程；伍德沃德（Eric Woodward）爵士纪念学校远程教育支持单位通过对在线访问请求的评估及相关证明文件的审核，专门为患有中度至重度智力障碍的孤立学生提供一种特殊的远程在线教育模式，这也是其他在线教育机构无法实现的。在此过程中，学习者也会受到政府所提供的适当的资金援助。

四 澳大利亚在线教育实现了精细化布局的服务模式

澳大利亚政府为了全力配合在线教育的深入发展，专门设立了会集专业工作人员的援助中心。从 2014 年开始，教育机构逐步通过单一的当地联络点获得全州范围内的专家援助网络。专家中心通过与其他政府和非政府机构合作部门的工作人员商讨出促进机构健康发展的服务，这些服务是在现有学校服务的基础上增加的。专家中心通过其高级心理学家、教育来支持教育机构处理和管理复杂的事务。从处理的案例中发现，学习者可能出现因学习、健康或幸福相关的问题而面临脱离教育的风险。

在杜博和瓦格加，已有的专家中心在 2014 年进行了扩充，以提供教育心理学、学校出勤率以及学生健康和福祉等领域之外的专业知识。到 2016 年底，有 15 个专家中心在新南威尔士州的农村和偏远地区正式运营。每个专家中心都紧紧围绕学习者的福祉需求，为学校、学生及其家庭提供建议和协助及相应的直接评估和支持。一些中心还为家庭、幼儿教育工作者和学校提供机会，共同努力确保从学前到小学的无缝衔接。随着专家中心的逐步涉入，教育机构的辅导员在提供心理学专业知识方面也得到了更好的支持。同时，专家中心也开始与新南威尔士州卫生部和其他机构合作探讨如何让中心人员更准确地反映学习者的健康需求。澳大利亚政府提供超过 1500 万美元的额外资金，用于专家中心的业务支持，并为全国专科中心网络的青年加强社会福利工作、演讲、语言和保健等领域的专业知识。

第五节　澳大利亚在线教育体系的总结启示

澳大利亚因其特殊的人口和地理特征，赋予了在线教育体系构建与发展更为现实的必要性，也是澳大利亚政府大量投入在线教育项目的重要原因。出于丰富大众生活、全面提升人口素质的目的，澳大利亚的在线教育拥有着出色的基础设施条件、广泛的受惠群体覆盖面、完善的配套政策及多样化的服务模式。学习并借鉴澳大利亚在线教育产生与发展的相关经验对我国的在线教育发展及问题的解决有着不可忽视的意义。

一　澳大利亚在线教育体系的研究总结

首先，澳大利亚的在线教育条件较为成熟。澳大利亚在线教育体系经历了函授教育、远程教育和在线教育三个阶段。发展至今，其主要应用类型包括补充式和全日制在线两种。补充式用于在校学生的额外学习，全日制则更多地方便了在职者、老年学习者的求学过程。现阶段，澳大利亚政府为在线教育的发展提供了扎实的基础设施条件。同时，对在线教育的应用模式进行了相对明确的区分，为相应的理论研究与政策制定提供了准确的内涵界定。此外，澳大利亚构建了统一的资格证书框架，为在线教育的发展提供了明确的发展目标和方向，同时也为在线教育成效的评价提供了科学的参考标准。

其次，澳大利亚在线教育政策相对完备。在政策制定中，联邦政府作为资金的主要来源，对相关教育机构的教育计划、实施策略、教育成效以及详细的学生概况和财务数据拥有绝对的知情权和评估权，并对整个的发展过程起着激励和督促的作用。此外，澳大利亚还制定了办学许可政策、技术支持政策和安全保障政策，分别从制度和技术层面确保在线教育有序、健康地发展。

同时，澳大利亚在线教育师资配备到位。在师资配备中，联邦政府提供的资助资金约有一半用于为教师提供信息技术和专业发展的机会，并依托国家教育和培训行动计划制定出信息经济改善教育和培训的具体策略和举措。同时将虚拟教学模式扩展到了提供个性化学习和支持的教师、为有额外语言需求提供支持的 ESL 教师以及服务新生的其他教师。在线教育的师资中还设置了教学主管一职，有效缓减了专职教师的负担。除此之外，专业的教育服务团队则专注于满足学生的各种需求，包括那些需要额外学习和支持的需求，以促进学习者的专业提升。

最后，澳大利亚在线教育资源开发全面。在信息资源的开发中，约有 42% 的联邦政府资助分别用于基础设施建设和软性资源的开发。在组织管理中，国家信息经济办公室承担着对国内网络活动相关法律和环境的监管工作、国家参与全球网络服务治理的主要国际论坛以及政府服务的在线技术的实施等任务。大学质量机构承担着在线教育发展中的过程性管理。联邦隐私专员办公室则负责处理互联网隐私问题。

当然，即便是相对成熟完善的体系，瑕疵也是避无可避，比如在基本的架构中，澳大利亚在线教育的组织管理着重关注过程性阶段，对于在线教育的准入及课程输出关注较少；对客观性因素的关注度较高，如环境、技术等，对主观性因素则关注较少，如学习者、施教者等。

二　澳大利亚在线教育体系的研究启示

随着技术的最新发展，越来越多的学生有机会使用为个人和互动学习而设计的多媒体来学习，传统和远程学习者之间的界限正在被消除。在线教育不再被视为一种边缘的教育活动，相反，在澳大利亚甚至在整个世界都被视为一种可行的、成本效益高的个性化教学方式，是一项具有持久生命力的项目。其原因之一在于全球对知识生产力日益增长的需求以及现有教育体系的局限性，而在线教育的跨时空性及开源性等优势为学习者提供了终身学习的可能性，并终将成为世界各地开展全民社会教育不可或缺的力量。虽然在线教育的发展并不一帆风顺，但构建与发展在线教育体系的意识和努力并未因此消失。当然，理论研究的必要性也就不言而喻了。未来的研究应注重建立作为研究基础的理论框架，并审视技术与教学的互动关系。同时，对于如何实现更加全面的在线教育覆盖、为在线教育寻求更多的共享资源、建立国际认可的认证机制、吸引更多的资金援助等也是我国在线教育需要深入探究的问题。

（一）在外交政策的引领下寻求更加开放的教育资源

近年来，随着与教育机构合作的增加以及教育技术的不断发展，我国在线教育在出现爆炸式增长的同时，对教育资源的体量和质量提出了更高的要求。像 Facebook、YouTube 和 Ning 这样的社交网络通常对中国用户来讲是被屏蔽的，但在未来在线教育的发展中，期待可以看到这些网络被开放，并得到更广泛的使用。中国的教育工作者，无论是在网上还是其他地方，都认识到来自美国的一些最有价值的教育资源和机会可以通过这些被封锁的渠道获得。美国前总统奥巴马（Barack Obama）也曾对中国提出这样的建议，当然，根本前提是要在中国政府相关政策的领导下推进和展开。不仅西方国家的人们对在线教育越来越感兴趣，中国也创造了许多在线教育资源。得益于政府的在线教育试点项目，重庆西南大学等学校开始提供自己的在线教育选择。该项目已在全国至少 68 所大学开展，使更多中国和国际学生有可能利用中国的在线教育。

（二）在大众需求的导向下构建国际认可的认证机制

在线教育作为新兴的教学模式，尽管存在着若干的问题，但本身具有的优势是传统教育模式无法超越的。我国的在线教育目前尚处于不断探索前进的阶段，这也意味着蕴含了更多的机会和发展的空间。近年来，国外越来越多的教育单位瞄准了中国的在线教育，包括马萨诸塞州牛顿市的 Lasell 学院、美国东北大学巴布森学院（Babson College）和剑桥大学（Cambridge College）等都在积极地与中国大学进行合作事宜的商讨。通过这些伙伴关系，中国学生将攻读美国的在线教育学位，不用跨出国门便可以获得相应的国外大学学位，一定程度上能够提升中国国际化教育的普及程度。此外，在慕课的发展过程中，甚至出现了"三足鼎立"的态势。其中以西方大学作为独立或联合发布的课程资源占据了很大的比例。由此可见，我国在线教育发展的国际化水平已初具规模，但相应的配套机制还没有能够与时俱进。比如课程学分互认机制、学位授予机制、不同院校间课程共享机制等问题，这也将是我国在线教育发展过程中迫切需要解决的问题。

（三）在终身教育的目标中拓展在线教育的发展方向

终身教育的思想作为提升国民素养和综合国力的重要战略举措，在我国成为重要的教育思潮，并引起了各领域强烈的关注和反响。然而，由于各种原因，尤其是时空的限制和教育资源的匮乏等问题，我国终身教育的实施现状并不乐观。即便是随着宽带互联网在中国偏远农村和山区的不断延伸，越来越多偏远和欠发达地区的学生受益于在线教育，甚至还通过大规模在线开放课程（MOOC）等在线资源接受在线提供的世界级教育资源，但是针对特殊人群的在线教育资源还相对缺乏，尤其是专门提供技术支持和促进学习者教育福祉的机构和部门还有待进一步加强。除了传统的在线教育，中国高校的免费和开放课程将会增加。几所中国大学是国际开放课件联盟的成员，与世界分享他们的开放教育成果。中国的香港科技大学在开放教育网站 Coursera 上提供了三种不同的课程。中国也有自己的开放教育组织，包括中国开放教育资源，该组织致力于促进中国和国际大学之间的开放教育共享。

（四）在可持续发展愿景下优化在线教育的运营模式

中国在线教育的规模巨大，但仍有很大的增长空间。中国教育部联合安博教育控股公司，目的在于打造中国首个国家云教育数据平台。平台承诺提供丰富的媒体内容、协作、通信和完全丰富的学习体验，所有这些都在云端。通过平台，数以百万计的学习者能够获取基于云的课程资源。随着这项技术的发展，可以期待基于云的学习扩展到其他教育领域。有了像 Blackboard 这样的美国大公司，以及许多美国高校向中国学生提供在线教育的选择，投资者显然对中国在线教育的潜力很感兴趣。中国一些最热门的教育股票是教育技术和在线教育，包括中国教育联盟，它在中国提供在线教育和现场培训，在线分配教育资源。未来，中国将继续吸引在线教育投资者，进一步加强对在线教育可持续发展模式的探究。

第六节 本章小结

当前经济的飞速发展大大促进了电子信息技术的提升和网络化的普及，同时，人们对生命意义的思考也越来越深入，对生活质量的要求也越来越高。终身学习作为一项贯穿人一生的教育项目，在传统教育模式的载体中，时间、空间和资源体量的局限性成为阻碍其有效推行的重要障碍。在线教育模式的优势有效弥合了传统教育模式中的弊端，成为终身教育战略实施的"助推器"。加之疫情的肆虐，进一步凸显了在线教育的现实意义。本章节主要由澳大利亚在线教育的背景分析、历史沿革、基本框架、主要特征以及研究总结与启示五大部分构成。第一部分的背景分析主要从终身学习的重要性及现存的问题着手，结合在线教育的优势来体现在终身学习视角下推行在线教育的必要性。同时，结合澳大利亚的人口及地理特征凸显出实施在线教育的现实意义。第二部分的历史沿革包含了历史阶段的梳理及在线教育体系的现状分析。第三部分的基本框架主要从政策的制定、师资配备、资源开发及组织管理四个层面展开。第四部分主要是基于对澳大利亚在线教育的分析，总结出在线教育的主要特征。第五部分则是对整体内容的简要总结，并结合我国现阶段在线教育的发展态势，提出有针对性的策略及建议。

第 十 章

韩国在线教育体系的发展研究

随着工业社会向知识型社会的转变，国家竞争力的来源也在不断变化。在此背景之下，终身教育成为各国发展的新战略。在各国大力提倡全民终身学习、发展终身教育的情况下，在线教育成为研究的重点。而韩国在在线教育方面有着很长的研究历史，并且发展较快、体系较完善，对于我国在线教育体系的构建具有重要的借鉴意义。

第一节 背景分析

21世纪，随着教育国际化、信息化的发展，当前新兴技术发展迅速，像人工智能技术、大数据技术、数字孪生技术等技术已经渗透到社会的各个领域，同样在教育中也是得到了相当大程度的应用。然而这也对人才的培养提出了新的要求，需要更加个性化以及创新性的教育形式，为此全球工业社会向知识型社会发生了转变。随着经济体系从工业社会向知识型社会的转变，国家竞争焦点也发生了根本性的变化。与资本和劳动力等传统生产手段相比，像知识、技术以及创造性思想等无形资产的重要性大大提高，对于"知识工作者"所产生的独特价值成了一个国家竞争力的关键因素[①]。在此背景之下，各国加大了终身学习的研究。随着学习霸权在知识型社会中的改变，终身教育的重要性也已显著提高。我国于1999年在《面向21世纪教育振兴行动计划》中首次提出"2010年

---

① Juseuk Kim, "Development of a global lifelong learning index for future education", *Asia Pacific Education Review*, 2016 (3).

基本建立终身学习体系"的改革目标。2022年，党的二十大提出"推进教育数字化，建设全民终身学习的学习型社会、学习型大国"。这表明，我国对于终身学习体系的构建越来越重视，并且在各界的支持下我国在终身学习方面取得了不错的成果，但是由于我国仍然存在资源分配不合理等问题，且单凭线下系统的面授很显然解决不了问题，达不到全民终身学习的要求。

然而，在线教育可以在很大程度上解决此类问题。随着教育信息化、国际化的到来，在慕课和开放教育资源运动发展的大环境下，教育不再受时间、空间的限制，学习者足不出户就能学习到最优质的课程。在线教育体系对于实现全民终身学习有着不可替代的作用，因此，各国在在线教育体系的构建方面加大了投入。韩国信息化发展较快，在线教育起步较早，在线教育准备程度上也处于亚洲之首，早在2003年的时候政府对于在线学习产业方面的资金投入就已经达到了2.07亿美元，并且在2011年在线学习的普及程度已经到达很高的水平，其中就1月和10月之间在线学习的普及增幅达到了28%[①]。如今韩国在线教育已经形成了一个比较完善的体系，对于我国在线教育体系的构建具有重要的指导意义。因此，本章基于大量的相关资料基础上，从韩国在线教育的历史考察、基本框架、典型特征等角度来比较分析，为发展国家在线教育体系提供借鉴。

第二节　韩国在线教育体系的历史考察

在线教育体系的构建，与一个国家的基础设施、教师资源、人民学习意识等种种因素有关。而韩国在线教育体系的成熟最得益于信息技术的发展和应用。韩国信息技术起步早、发展快，将信息技术应用在教育行业的意识较早，在线教育产业的准备程度上也一直处于亚洲的领先位置。并且随着政府大量的资金投入和政策支持，以及社会企业的积极参与，韩国的在线教育体系已经趋于完善，成为亚洲各国乃至世界借鉴学习的典范。以下将从韩国在线教育的历史发展以及现状分析两个角度进

---

① Andrew Kim：《韩国网络教育的介绍》，《中国远程教育》2011年第11期。

行阐述。

一 韩国在线教育体系的发展历史

韩国受美国教育思想的影响，在早期就开始注重在线学习的发展。早在20世纪末，韩国就利用政府设立的网站，提供全民进行在线学习，并且在部分高校进行了电子化学习的试点，成立电子化学习中心，推动国家在线教育体系的构建。无论是政府、学校还是各级社会组织，韩国各个方面都十分重视在线学习的发展，他们大力发展在线教育的重要原因之一也是给所有公民提供终身学习的机会。韩国在线教育体系的发展大致可以分为萌芽期、发展期和成熟期三个时期。

（一）萌芽期：计算机教学实践开始

由于韩国受到西方国家如美国教育理念的影响，以及对西方国家的考察学习，早在20世纪70年代就已经萌生了利用计算机和网络教学的想法，并且十分重视计算机在教育中的重要作用。从那个时候开始，韩国就从国家层面强调了计算机教育的重要性，时任总统朴正熙也做出了重要的指示，即提出"有必要对高中以上的学校开展计算机教育"，同时间也颁布了《计算机教育计划》。在80年代初期，韩国部分高等院校也设置了教师培训基地[①]。例如，韩国科学技术研究院首先给德寿高中安装了计算机，并对部分教师进行了计算机操作以及电子数据处理技术的培训。

总之该时期，国家层面开始认识到了计算机在教育中的作用以及开始有了利用网络教学的意识，但是在线教育的概念还没有形成。国家制定了相关的政策和计划对在线教育体系的构建进行了总体的布局，并对相关计划进行了试点，例如计算机实践教学，为以后在线学习的建设和推广提供了先见指导。

（二）发展期：教育和ICT的广泛整合

这一时期，主要发生在20世纪80年代到90年代，这也是韩国在线教育建立的关键时期，其中韩国政府加大了对国家在线教育的基础设施的建设，对广大教师进行了相关的培训，建立了全国性的教育门户网站，并进行了在线教育的试验。

---

① 陆瑜：《韩国ICT教育计划》，《中国远程教育》2007年第7期。

在基础设施建设方面，韩国也是颁布了《促进和扩展电脑网络使用法案》，来保证全国核心网络的建设。并且在1996年，韩国出台了《促进信息化基本计划》，随着时间的推移以及韩国在线教育基础设施的发展建设，韩国也相应地对《促进信息化基本计划》进行了修订和完善，最终在1999年确定了韩国未来五年的教育发展计划，同年又发布了《网络韩国21世纪计划》。到2000年底，已经形成了以互联网为核心的信息化网络系统，在韩国境内教室、教师办公室、电子图书馆等各级各种学校的各类部门进行了全覆盖。

在师资队伍建设方面，政府、高校通过相关的优惠政策鼓励教师参加相关的培训，培训主要针对的是教师的信息化意识以及信息化的基础知识和技能等等。在1998—2000年间，已经有超过60万教师进行了培训，并且往后每年会对超过三分之一的教师进行培训。韩国对教师相关技能的培训对于开展在线学习，构建在线学习体系有着重要的推动作用。

同时期，韩国政府在1996年4月建立了教育网站（Education + Internet，Edunet），并于11月推出，为全民提供服务。在此网站中，各个领域、各类人民都可以使用，他们可以在此网站中检索自己想要的学习资料、咨询相关问题，以及提供相关的学习资源等等。基于韩国完善的网络体系和网站的建立，1996年8月韩国教育委员会提出了网络大学的新型教育模式，并且多数大学开始以各种形式运作网络课，其中30%开始推出并试行网络大学教育模式。到2000年，参与此推出的网络大学教育模式的学生就已经达到5万名，并且此时网络大学提供的课程已达到700门。在韩国网络教育发展过程中，韩国信息技术企业也积极参加开设网络大学、推广远程教育，例如韩国永山情报公司、应用网络系统公司推出了韩国第一个远程教育系统GVA（Global Virtual Academy）。为了促进教育信息和内容的开发与传播，截至1998年，韩国已开发出软件3489个，它们已在韩国教育和研究信息服务协会经营的教育信息综合系统——教育网上传播；同时选取了10所学校通过这些软件来补充或者更替常规的课堂教学[①]。韩国的在线教育由此全面展开。

2000—2003年，在这一发展阶段，韩国在线教育发展非常迅速。

---

① 张倩苇：《韩国网络教育的发展及其对我们的启示》，《教育发展研究》2001年第8期。

2000—2003 年这一阶段韩国在基础设施建设方面已趋于完善，并且韩国 ICT 技术发展迅速，大量的 ICT 应用在教育中。该阶段主要是累积、发展及提供在线学习教材，在线学习的教育内容开发和传递越来越标准化，并且将内容的发展与 ICT 产品之间进行实际的运用操作。同时，韩国建立了全国资源共享系统以及国家教育信息系统，使得各级学校和教育管理部门的数据、资料能够共享，便于各类学习者进行学习。在韩国，RUECs 在高等教育在线学习中发挥了核心作用；并且为了鼓励以信息技术为基础的大学教育，韩国教育、科学和技术部于 2003 年制订了"大学在线学习中心建设总体计划"，将全国分为 10 个地区，并在每个地区设立了一个区域大学在线学习中心[①]。

2003—2005 年，韩国政府改变了建构方法。除了之前设置的区域大学在线学习中心，韩国政府与民间企业设置了大量在线学习中心，并主要设置了网络家庭学习系统（Cyber Home Learning Steam，CHLS），还利用国家的广播电台进行相关节目地推送。此外，韩国也注重教育资源的共享，为了倡导全民学习，保证信息化教育的公平，韩国制定了教育元数据来提供指南。韩国政府同时也考虑到弱势群体，对于家庭困难学生，政府提供相应支持帮助学生利用计算机、网络进行学习，而且在全国 100 多个邮局开设了"网络广场"，免费为大众提供服务，供人民进行信息检索、学习等。

总之，该阶段韩国的在线教育体系发展较快，大量 ICT 在教育中的应用使得在线教育已经进入了快速发展期，其各项政策、基础设施、师资队伍等已经步入正轨，在线教育体系已经基本成形，并且在线教育的范围已经扩展到全民。

（三）成熟期：韩国进入 u-learning 时代

这一时期韩国进入了 u-learning 时期，在线教育体系已经渐渐成熟。该阶段在线教育的方向以自我为导向的在线学习为主，其中工作任务主要是以下几个方面：探究和开发适应未来教育的新型教育范式；把 ICT 和韩国传统教育进行深入的融合；扩大大学在线学习中心地的建设和支

---

① In-Soo Han, Keun-Yeob Oh, Sang-Bin Lee, "Promoting E-learning in University Education in Korea", *International Journal of Contents*, 2013（3）.

持；加大与各国之间的教育信息化的合作与交流。此外，在政府的大力支持下，韩国公共教育部门和企业开设了部分网络大学、网络多媒体学院和虚拟学校等，且都是100%进行网络学习，例如韩国最具有代表性的ECC和CMC[①]，一个是由韩国梨花女子大学开设的网络大学，另一个是由公司管理的再培训机构。

除此之外，随着麻省理工学院OCW的成立，韩国政府基于本国的实际情况在2007年韩国教育学术信息院的主导下，开设了韩国型OCW（Korea Open Course Ware，KOCW），并且随着MOOC的出现，韩国形成了属于自己的课程体系——KMOOC[②]，这种韩国型MOOCs可以进化为政府主导的KOCW的发展形态。另外，对MOOCs的关注在韩国逐渐扩大，以几所大学为中心，民间人士或民间企业开始对MOOCs进行了运营，并在多种运营主体中占据一席之地。在授课年龄上，韩国在这样的IT基础设施建设水平较高的情况下，针对更广泛的听课者最大限度地利用IT资源设计韩国式MOOCs。授课年龄不仅仅局限于高等教育学习者，凡是在学龄阶段都可以在平台上进行相关的学习。在授课领域上MOOCs提供了人文学、社会科学、自然科学、教育学、医药学、艺术、体育等多个领域的服务。同时，也可以另行制作或改善针对韩国型MOOCs的内容。在完成MOOCs课程后，如果将认证内容以特定的形式正式利用，则可以在大学和企业等地利用授课结果。例如，大学通过MOOCs将学习的课程认定为学分，从而获得MOOCs证书。但是，随着KMOOC的问题越来越多，韩国把KOCW和KMOOC进行了整合，形成了新的一套在线课程体系。

该阶段，韩国进入了u-learning时期，其在线教育的体系也已经逐渐成熟，韩国高校、政府、企业等各类机构都加入了在线教育体系的构建和完善，在线教育体系也更加灵活、开放、完善。

二 韩国在线教育体系的现状分析

（一）在线教育基本情况

以2018年为基准，韩国的网络用户超过了4600万人，这达到了3周

[①] Ewha, "Facilities guide", Autumn 2019, http://www.ewha.ac.kr/.
[②] KMOOC, "ABOUT KMOOC", Winter 2020, http://www.kmooc.kr/about_intro/.

岁以上全体国民的 91.5%。特别是，以教育和学习为目的的互联网利用占 49%，这表明该学习已成为一种普遍的教学和学习方式[1]。信息通信产业振兴院发布的该教育产业现状调查显示，韩国对学习的需求在过去 10 年里持续增长；以 2018 年为准，该需求市场规模共达 3.7772 万亿韩元，与前一年（3.6299 万亿韩元）相比增加了 4.1%[2]。这种教育之所以能够持续增长，主要是因为它摆脱了时间和空间上的制约，创造了随时随地都可以学习的环境，从而扩大了学习机会，丰富了学习经验，提高了学习质量。

不仅是在学校教育方面，在职业培训方面，这种学习也被认为是可以补充或替代面对面培训的一种新的培训方式，其结果是，大多数企业都这样对待劳动者职业培训。调查显示，截止到 2018 年，企业的这种学习支出额规模达到 1.5354 万亿韩元，在过去的 10 年里增加了近 2 倍。该学习在引入职业训练的初期，主要目的是提高训练效率，但后来随着经营环境及雇用市场的迅速变化，全球人力资源开发（HRD）的趋势以该学习为中心迅速发展。韩国在政府层面引入了远程培训支持制度，支持企业通过学习进行员工培训；雇佣劳动部举办的远距离训练，主要是邮政通信训练；分为网络训练、智能训练类型，它们都是在包括 LMS 在内的网络环境下进行的训练，与信息机器以及利用网络的远程教学和学习具有相同的意义[3]。

随着通信基础设施和移动设备的迅速发展，全社会生活模式发生了巨大变化。韩国进入了超时空的信息共享时代，各种产业群或各种方面的工作和生活效率都在提高，这也被称为智能时代。同样，韩国在线教育也进入了智能时期。由于韩国信息化程度较高，网络和数字技术的普及，在线教育变得比以往任何时候都更易于管理和访问，人们能够使用电脑或者手机进行学习，各地教育机构都提供开放式课件、在线课程和在线学位。尽管在线学校可能不会完全取代传统的教育，但不可否认的

---

[1] NIPA, "2018 Survey on the Internet Usage", *Korea Internet & Security Agency*, 2019.
[2] NIPA, "2018 Survey of Korean e-Learning Industry", *National IT Industry Promotion Agency*, 2019.
[3] Yong Kim, "An Analysis of LMS Functions for Improving the Quality of Distance Education Training", *Journal of Digital Convergence*, 2014（6）.

是，在线教育对教师教授、学生学习和理解知识的方式都产生了重大影响。

（二）在线教育主要形式

在线教育的形式也发生了巨大的变化，基于韩国网络大学、大学电子学习中心、网络图书馆、企业学习网站等各种在线学习平台，学习者出现了"移动学习""微型学习""混合型学习""社交学习""个性化学习""诱导投入学习"等不同的学习类型，移动学习意味着利用移动设备来帮助学习者随时随地学习。随着智能手机的大众化，移动学习的引进可能性非常高，实际上在很多企业为了在职者的教育而适用。移动学习具有的最大优点是能够支持日常学习、适时学习。但作为移动学习的最大障碍因素，他指出了有限的数据使用量，并强调了在设计和开发适合Mobile机器的内容方面需要更多的思考。微型学习意味着支持以小单位的分节的学习内容为中心进行学习。随着人们对内容的消费模式的变化，人们要求用新的设计和开发方式来摆脱冗长乏味的内容构成。例如，"快速学习"（Rapid Learning）就是指为难以集中精力的人，用字节码的内容组成的"学习"（bite-sized e-learning），这需要学习者能够短时间内进行学习的内容构成及设计，对微学习的要求在设计移动学习或MOOCs讲座时也同样适用。个性化学习是指根据学习者的条件和情况、学习水平及偏好，支持他们进行适应性学习。考虑到学习者的知识水平、学习倾向、学习现状以及个别学习目标等多种方面，逐渐出现了可以进行智能支持的技术。

除此之外，韩国采用了学习分析学的观点，引入AI、大数据、云计算等相关技术，对学习者的学习过程进行分析和监控，加强对学习者的学习管理以及对学习者及时作出相应的反馈。总之，目前韩国的在线教育体系从学习平台的搭建到资源的开发整合共享，再到学习者的学习管理形成了一个比较完善而成熟的体系。

第三节　韩国在线教育体系的基本架构

从以上对韩国在线教育体系的考察，可以发现韩国的在线教育发展还是很迅速的，并且在追求速度的同时，其质量也是非常高的。当然其教育的发展也比较均衡，能够满足不同人群的学习需求，已经可以达到全民学习的要求。对此，了解其在线教育体系的基本架构对于完善我国在线教育体系具有重要的意义。以下，将从政策制定、师资配备、资源开发、组织管理四部分来阐述韩国在线教育体系的基本框架。

一　韩国在线教育体系的政策制定

（一）国家政策

首先，韩国在线教育的发展和成熟得益于韩国政府对教育信息化的高度重视。20世纪70年代，韩国政府认识到信息技术的发展和应用，以及ICT在教育领域的应用已经成为不可逆转的国际趋势。为此，韩国实施了ICT教育综合计划。韩国为了提高全民信息化教育的意识以及促进信息技术在教育中的充分深入的应用，在1995年颁布了《信息技术促进基本法》，并且韩国教育部和人力资源部共同制订出台了《信息技术教育计划》。此外，韩国政府在信息基础设施建设、信息资源基础设施传播、信息通信技术法律法规、人事部门等几个基础方面加大了建设和发展的力度，以保证信息技术在教育中充分发挥出有效的作用。随着ICT的积累和发展，韩国在线教育稳步快速发展，并且为了有效推进教育信息化，和教育部成立了教育信息管理局，下设两个部门和两个责任官体制[①]。

其次，韩国政府在2001年正式提出了终身教育的理念并且确立了构建知识信息型社会新目标，并出台了《终身教育法》以保证知识信息型社会的构建。由于在此之前，韩国政府在ICT研究和发展方面投入了大量的人力、物力、财力，所以当时韩国在信息通信技术方面已处于一个比较领先的水平，得益于韩国发达的信息通信技术，韩国的在线教育迅速发展起来，在整个倡导终身教育以及构建知识信息型社会的大背景下，起到了重要的作用。韩国政府为了保证目标的快速实现，对其在线教育体系进行了重点关注，出台了《终身教育ICT计划》，其中主要重点是在网络大学和家庭网络学习两个方面，并且在各个地区建设了面向大学的

---

① 陆瑜：《韩国ICT教育计划》，《中国远程教育》2007年第7期。

在线教育支持服务点,以保证计划的实施[①]。

最后,随着信息化程度的加深,韩国进入 u-learning 时期,该时期韩国以学校为抓手全面强调了知识的重要性,设立了 u-learning 模范学校供全国参考,倡导学习型社会的构建,努力把韩国建设成一个可以随时随地学习的无缝学习国家。为了早日实现这样的目标,韩国从五个方面设立相关的政策以提供有效的支撑:一是对中小学以及高等教育提供一定的支持,扩大教育机会;二是提供更多的就业岗位,特别注重提高弱势群体的职业竞争力;三是完善继续教育的服务体系;四是对于学习文化的形成和重视;五是营造良好的在线教育发展产业环境。例如,在此期间韩国发布了《远程教育产业发展基本计划》,主要强调技术的创新、远程教育的应用,以及保证整个远程教育产业环境的和谐发展,并且推出了《标准远程教育项目合同书》。

(二)地方政策

韩国行政区划中,全国划分为一个特别市(首都)、一个特别自治市、六个广域市、八个道及一个特别自治道;上述一级行政区称为"广域自治团体",共有十七个。韩国地方政府为了响应教育部政策,也是作出了相应的对策。市道教育厅根据国家教育部的指导方针,对所有的教育厅的机构进行了改革,设立了新的科室,专门管理教育信息化方面的工作。这个科室需要对所管地区的学校进行一个统一的管理,主要负责学校的教育信息化基础设施的建设、教师的培训,以及信息技术应用到教育中的情况等等,并且利用互联网就信息化教育方面的内容实现学校之间以及学校和教育厅之间的信息互通和交流。在韩国政府提出韩国 ICT 教育计划之后,韩国地方政府纷纷出台相应的政策以响应韩国教育部的总规划,如韩国首尔出台的《中小学教育信息化综合计划》,提出信息技术和教育教学的广泛结合,促进信息化教学。地方政府鼓励教师积极参加在线教育相关的培训,提高教师的信息化素养。此外,地方政府还成立了网络学习中心,以便于在线学习体系的构建,如首尔数字大学、首尔网络大学、世宗网络大学等等。

[①] In-Soo Han, Keun-Yeob Oh, Sang-Bin Lee, "Promoting E-learning in University Education in Korea", *International Journal of Contents*, 2013 (3).

（三）学校政策

韩国在线教育体系的构建和完善离不开国家、地方政府以及学校三方紧密的合作。韩国学校也是根据国家以及地方政府的政策和资金支持，出台了相关的文件，并且根据自身学校的特色，开展实施了信息化教育的相关项目。例如，韩国在推进高等教育的信息化进程中，拨款大约218亿韩元以支持韩国高校教育信息化的建设，包括教育资源的信息化建设和共享、高校的信息化管理，以及与各国高校之间的信息化交流和合作等等[1]。在这样的大背景下，韩国高校大力开展了信息化教育。例如，2003年在敬仁教育大学首次设立远程教育培训支持中心，促进教师培训技术的应用，优化教学方法和内容。在韩国高等教育的计算机化进程中，许多高校开设了电子学校，如永进专门大学向全体学生介绍并推广电了化学习的使用；梨花女子大学设立专项建立远程教育系统；成均馆大学将网络教育与终身教育系统有机地整合在一起等等[2]。另外，韩国的"面向地区改革的新大学"项目，为所在地区的地方大学提供了相应的支持，促进地方大学教育信息化的发展，缩小高校之间的差距。

二　韩国在线教育体系的师资配备

在线教育体系的完善与否，教师是非常关键的因素。韩国信息化教育意识较早，且重视教师和学生信息素养的培养。早在20世纪90年代，韩国政府就加强了教师的培训，并通过教育部发文和立法来加强管理和约束，其培训主要内容包括信息交流技术的应用、网络技术的应用等等，为构建韩国全民视野下的在线教育体系做好了充分师资准备。下面主要介绍韩国两大师资建设队伍。

（一）学校教师

韩国提出了在完成在线教育基础设施后提高教师信息素养的计划，在构建完善的韩国在线教育体系其中重要的一个条件就是教师。韩国政

---

[1] MEST, "2008 Plan for the Promotion of Educational ICT", Spring 2009, http: english. mest. go. kr.

[2] MEHRD, "Korea's e-learning Experience in the Higher Education Sector", Spring 2009, http://english. mest. go. kr/.

府认为教师的信息化意识和知识技能是进行信息化教学的必备条件。因此，韩国政府出台了很多优惠政策，鼓励教师积极参与相关内容的培训，研究并开展与大学教师相关的教育实践活动，并提供了相关设备和资源[1]。此外，一些大学也提供相关的培训课程。例如，韩国梨花女子大学为电子教育专家和女性 IT 专家建立了特殊教育，并培训了相关教师。同时，韩国梨花女子大学成立的互联网大学也为该领域的教师提供远程在职培训项目。在基础教育方面，韩国自 1998 年以来一直在开展与教师相关的培训，以使学校教师更好地适应信息社会的需求。培训对象主要分为两种，即在职教师和潜在教师。其中，潜在教师是指那些未来想加入教师群体的人。因为培训对象的人群不同，韩国根据不同的群体进行了有针对性的培训。一方面，潜在教师的培训主要在电子科学系教育与教学学院教授的研究和相关课程中进行，培训内容主要是与教育信息化相关的基本知识和内容。另一方面，在职教师的培训进行了更加细致的划分，主要分为职称培训和岗位培训；其中岗位培训主要是培养教师对岗位的高度认识和在岗所需要的职责和品质以及教师进行信息化教学所必备的知识技能，并且韩国政府很早就进行了教师的岗位培训。而职称培训主要面向应聘校长、副校长职位以及中学信息技术教师。除此之外，韩国还针对培训明确提出了要求。例如在学校内部对全体教师进行不少于 15 小时的 IT 培训，每 5 所学校培养一名信息技术专家，并培训一名使用信息和通信技术的技术维护人员[2]。总之，韩国通过各种培训方案、计划加强教师的信息素养的培养，以保证其在线教育体系高质量的师资队伍建设。

（二）企业教师

随着韩国信息化程度的不断深入，以及政府的资金和政策的支持，并且在韩国 2001 年《终身教育法》的颁布下，韩国更加重视职业培训和继续教育。在此大背景下，韩国涌现出了大量的互联网教育企业。通常这些企业进行在线培训的教师主要分为外聘的专家和自己培养的教师。外聘专家主要是企业通过聘请该领域的比较权威的专家和高水平人员来

---

[1] 李世宏：《试析韩国教育信息化的发展特点》，《外国教育研究》2003 年第 12 期。
[2] Ewha, "about ecc", Winter 2020, http://www.ewha.ac.kr/ewhacn/facility/.

担任培训教师。而大部分企业都是通过自身培养来满足在线教育的师资需求。企业通过与高校、政府合作，将教师送到高校中进行学习研修，与政府开办相关学术交流活动来提高教师的专业素养。同时韩国是一个娱乐文化非常发达的国家，娱乐文化很早就已经渗透到教育领域。娱乐化和明星正是一些在线教育企业的定位，像 Brave company，通过打造明星教师来吸引学习者进行相关的学习[1]。此外，韩国在线教育企业对教师有许多奖励措施来鼓励教师进修学习，提高在线教学、课程开发等能力。企业教师不仅数量上在不断增多，质量上也在不断地提高，这无疑为韩国在线教育体系师资建设提供了有力的支撑。

三 韩国在线教育体系的资源开发

资源开发是韩国在线教育体系的重要一环。韩国在线教育体系发展的迅速而成熟与其对资源的开发和利用有很大的关系。韩国从政府、企业到高校等等进行了多方合作共同参与到资源的开发当中，并取得了不错的成果。以下将从不同角度来阐述韩国在线教育体系的资源开发。

（一）高质量保证资源开发

政府重视在线教育体系基础设施的建设，为韩国在线教育体系资源开发提供了有力的保障。在线教育体系资源开发首要的前提就是需要有完善的基础设施，以便于高质量、高效地进行资源开发。韩国早在20世纪70年代就开始着手准备韩国教育信息化的建设，并在20世纪末基本完成了教育信息化的建设，包括建设了全国中枢网络系统、校园网络系统以及学校配备多媒体设施，形成了以互联网信息高速公路为骨干，并实现了全国各地的各级各类学校的各级部门的全覆盖，包括教室、教师办公室、电子图书室、电脑机房的教育信息化网络系统。与此同时，韩国的网络质量也是非常高的，韩国宽带速度已领先美国15年，其中主要得益于政府对网络基础设施建设的大力支持。在此期间，韩国对网络基础设施的投入就已经达到700亿美元，使得韩国各个地区实现了互联网全面

---

[1] Megastudy, "Read all K12 articles of Korean online education projects in one article", Autumn 2015, https://www.jiemodui.com/N/30488.html.

覆盖①。基于韩国高度发达的互联网系统,韩国在电子技术方面取得了快速的发展,拥有着顶尖的电子产品技术。韩国完善而发达的基础设施为整合教育资源、共享教育资源、开发教育资源提供了必要的条件。

(二) 多方面参与资源开发和发展

韩国的高等教育一直以来都强调促进电子学习,许多大学和学院都努力建立自己的网络营地,并为其教授的课程开发了各种形式的电子学习内容,其中 10 所大学被韩国政府指定为"区域大学电子学习中心"。这些中心的目标是促进班级电子学习内容的发展。他们还制定了许多方案,以促进本区域各大学之间分享所开发的内容。以韩国忠南大学(Chungnam National University, CNU)为例,韩国 CNU 的电子学习中心主要任务是开发讲座的电子学习内容②。为此,该中心运行了一个电子学习内容开发支持方案,中心通过该方案选择建议,并为开发电子学习内容提供财政支持。该方案有两种赠款:一种是政府补助,另一种是大学补助。前者是针对具有基本学术取向的学科,包括文科领域和人文学科,该区域所有参与大学的教授都有机会申请助学金;后者只提供给全国大学的教授,对于选定的建议,提供 350 万韩元(3000—4400 美元)用于课程开发,一些内容的开发由专业机构协助,但大多数内容是由教授自己使用开发援助软件开发的,如 Active Tutor、Expert、Presto 和 Commones③。在每个过程中,一份原稿可以由专业的网页设计师重新设计和改进。近年来,一些用特殊软件开发的内容形式被加载到智能手机上,使学生在任何地方都可以方便地访问这些内容。而淑明女子大学(Sookmyung Women's University)运营的 SNOW、高丽大学(Korea University)的 Open KU、成均馆大学(Sungkyunkwan University)的 SKKOLAR 等公开授课网站都提供了不同类型的学习资源。淑明女子大学主要提供人文、社会、基础科学、应用科学、文化领域国内外讲座资源,包括美国伯克利大学、斯坦福大学、耶鲁大学等国外知名大学或者是 TED 提供的演讲,

---

① Megastudy, "Why can't South Korean online education giant Megastudy be copied?", Autumn 2017, https://www.sohu.com/a/.

② CNU, "Educational Information", Winter 2015, http://plus.cnu.ac.kr/html/.

③ In-Soo Han, Keun-Yeob Oh, Sang-Bin Lee, "Promoting E-learning in University Education in Korea", *International Journal of Contents*, 2013 (3).

学习者无须登录即可自由听课①。高丽大学通过提供所有讲义研讨会以及相关视频，使普通人也可以共享自己制作的资料或参与翻译②。成均馆大学主要提供海外优秀授课，提供翻译或参与讲座讨论③。

除此之外，在韩国政府的资金和政策支持下，韩国在线教育相关企业也获得了蓬勃发展。例如，韩国著名的 Megastudy、CMSedu、Bravecompany 等公司，在网络教育、在线教育等领域一直处于全国领先水平，通常企业会根据市场需求和政策导向进行资源的开发。以 Megastudy 为例，在开发课程资源这一方面，Megastudy 会根据学习者、教师、教学内容等不同的角度来开发相应的课程资源。例如，Megastudy 会根据学习者接受知识的快慢程度，开发相应的课程，来实施个性化教学。Megastudy 也会根据教师的不同水平和教学风格来开发与其相对应的课程体系，对于课程的介绍都会在官网上进行详细的说明。当然除了提供不同形式的课程资源之外，企业也会提供一些在线学习平台，开发适合在线教育的新兴技术，并帮助政府进行相关人员的培训等等。

（三）多途径促使资源的实现和共享

首先，各类的学习网站。韩国政府基于完善的网络系统、多媒体教育环境等完善的硬件设施条件下，构建和运营了多媒体教育资源中心和教育网站。例如 1996 年，韩国政府建立了教育网站（Education + Internet，Edunet），并向大众服务，该网站整合了全国教育资源并实时共享。在此网站中，各个领域、各类人群都可以使用，他们可以在此网站中检索自己想要的学习资料，咨询相关问题，以及提供相关的学习资源等等，便于各类学习者进行在线学习。除此之外，还有各类高校、企业等社会各类机构推出的学习网站都可以实现资源的共享，便于全民进行终身学习。

其次，韩国政府还推出了公共电子学习项目。公共电子学习是由中央政府各部委、地方政府及其相关公共机构、地方教育办公室和其他公

---

① Sookmyung,"ahout sookmyung", Summer 2018, http：//e. sookmyung. ac. kr/.
② Korea,"KU information", Autumn 2017, http：//www. korea. ac. kr/cop/.
③ Skku,"about skku", Winter 2018, https：//www. skku. edu/eng/About/pr/.

共机构根据需求共同研发推出的在线学习项目[①]，其主要目的是方便全民进行终身学习，以及考虑到一些群众的条件推出的公共服务项目。除了政府机构自行研发推出外，大多数公共电子学习项目都是依据与公共合同有关的法律，如"国家为缔约方的合同法"和"政府采购法"通过订购和接收系统来获得并推出供公民进行学习[②]。

最后，韩国的各类图书馆。图书馆是资源整合的中心，也是资源实现和共享的重要途径之一。以韩国首尔图书馆为例，首尔图书馆已更新了18000个在线内容，因此学习者可以直接在家里的智能手机或PC上借用流行书籍和新出版物，进行学习。

四 韩国在线教育体系的组织管理

（一）教育和人力资源部

教育和人力资源部是中央级的教育和政府部门，也是政府的一个组织机构，主要负责制定和实施与学术活动、科学研究和公共教育有关的政策、管理全国各级教育、为各级学校系统提供行政和财政支持，支持地区教育机构和国立大学，通过教育政策规划、协调和制定运营教师培训系统，负责终身教育以及人力资源开发[③]。在韩国构建在线教育体系的过程中，教育和人力资源部在制定相关政策、支持相关行政财政、提供丰富的教育资源等方面发挥着非常重要的作用，并且进行了相关的组织和管理。

首先，从教师的角度。由于韩国自然资源匮乏，韩国政府十分重视人力资源开发。为了提高在线教育教师的素质，韩国政府通过教育机构和大学提供了相应的教育项目，并制定了教育体系的质量保证措施。近年来，韩国政府还实施了远程培训计划。其次在课程资源方面。根据《中小学教育法》第23条，教育和人力资源部从宏观上管理全国学校课

---

① Jong-Woo Oh, Gyu-Seong No, Sin-Pyo Kim, "A Study on Innovative Scheme of the Public IT Project Ordering and Receiving Systems", *The Journal of Digital Policy & Management*, 2006（4）.

② Kyoo-Sung Noh and Seong-Hwan Ju, "A Study on Policies of the Ordering and Receiving System for Public e-Learning Project in Korea", *Journal of Digital Convergence*, 2014（3）.

③ Korea, "Ministry of *Education & Human Resources Development*", Winter 2018, http：//english. moe. go. kr.

程，包括在线教育课程，目的是确保教育的公平性和质量。除了教育和人力资源部出版的课程材料，还可以由私人出版商根据教育和人力资源部批准的国家课程计划出版。最后，在线学习的质量控制方面。在整个质量管理体系中，国家网络学习质量管理中心起着重要的作用。国家网络学习质量管理中心由韩国教育和人力资源部负责，对韩国基础教育阶段所涉及的网络学习进行监督管理，并且接受相关的问题反馈意见，还会对韩国高等教育开展的在线教育以及终身教育方面进行检查，以保证韩国高质量的教育发展。

（二）学习管理系统的应用

韩国远程教育的认可和运营，必须按照规定的设立标准建立运营基础，其中基础设施是建立学习管理系统。学习管理系统（LMS）以网络为基础管理学习者，传达内容体制，以便提高学习者的能力、管理整体活动[1]。学习管理系统的作用是为学习者提供必要的信息，包括学习过程和结果的信息，方便学习者进行所期望内容的课堂注册和内容连接。因此，学习者利用学习管理系统可以得到很大的学习支持，从而方便掌握整个学习进程，大大提高学习效率。

LMS是通过电脑在线管理学生的成绩和进度、出席和缺席等学生全部事项的系统，主要用于学习内容的开发、传递、评价和管理，是一种可以整合运营和管理教学学习全过程的系统，也称为学习管理系统或学士管理运营平台[2]。韩国个人学习利用率逐年上升，现在已经成为个人、学校和企业的学习类型。伴随着这种趋势，LMS正在向新的概念和功能发展，它不仅适用于Web，而且适合SNS、Mobile等多种机器的表单。到目前为止，韩国多所大学一直运用LMS进行在线教学和管理。

（三）韩国型MOOC在线教育平台

MOOCs是根据OER的传统，从OCW进化而来的，在海外是近年来高等教育革新的主要对策。随着MOOCs的发展，韩国基于KOCW实践教学，从机构类型、授课年龄、授课领域、开课权限等角度进行了研究，

---

[1] Nichni M, "LCMS = LMS + CMS (RLOs)", Winter 2009, http://www.elearning.com/.

[2] Yong Kim, "An Analysis of LMS Functions for Improving the Quality of Distance Education Training", *Journal of Digital Convergence*, 2014 (6).

成立了韩国 MOOC 平台。首先在运营的主体及机关类型上,从 2007 年开始,韩国作为准政府机关的韩国教育学信息院以网络学习为基础,运营并发展着 KOCW,因此韩国型 MOOCs 可以进化为政府主导的 KOCW 的发展形态[①]。另外,对 MOOCs 的关注在韩国逐渐扩大,以几所大学为中心,民间人士或民间企业开始对 MOOCs 进行了运营,韩国型 MOOCs 可以在多种运营主体中占据一席之地并运营。在授课年龄上,韩国在这样的 IT 基础设施建设水平较高的情况下,针对更广泛的听课者最大限度地利用 IT 资源设计韩国式 MOOCs。授课年龄不仅仅局限于高等教育学习者,凡是在学龄阶段都可以在平台上进行相关的学习。例如韩国的 flipped classroom,在授课领域上 MOOCs 提供了人文学、社会科学、自然科学、教育学、医药学、艺术以及体育等多个领域的服务,同时也可以另行制作或改善针对韩国型 MOOCs 的内容。在完成 MOOCs 课程后,如果将认证内容以特定的形式正式利用,则可以在大学和企业等地利用授课结果。例如,大学通过 MOOCs 将学习的课程认定为学分,从而获得 MOOCs 证书。

此外,为了克服现有的 KOCW 等公开讲座的局限性——学习者管理的困难,结合了"学习管理系统"。K-MOOC 平台学习者提供了相应的功能:讲座听课、课题、发证等大学服务功能,同时还配备了学习管理系统(LMS)的教学人员、教学设计者和开发者并增加了讲座、问题提交、自动评分、发送大量电子邮件等内容管理服务功能(Content Management System, CMS)。为此,从 2015 年 10 所学校的 27 个讲座开始,2016 年 20 所学校,2017 年 30 所学校参与学校的数量逐步增加,讲座数量也快速增长到 324 个。但由于无法克服低修习率等问题,2018 年讲座内容从纯数学拓展到职务开发;不仅是学校,企业也收到了讲座开发计划书,韩国教育和人力资源部计划开发 500 个讲座,为了进一步提高进修率,从 2018 年 11 月开始公布了通过学分制承认学分的计划。

---

① Lim Keol and Kim Mi Hwa, "A SWOT Analysis of Design Elements of Korean MOOCs", *Journal of Digital Convergence*, 2014 (6).

第十章 韩国在线教育体系的发展研究 / 303

第四节 韩国在线教育体系的主要特征

基于以上对韩国在线教育体系历史考察和基本架构的分析，从几个方面总结了韩国在线教育体系的主要特征。

一 以推进政府、企业、高校紧密合作为战略

为了构建在线教育体系，韩国政府、企业、高校多方进行了紧密的合作。首先，政府通过确立相关法律和相关政策以促进和支持企业和大学进行在线学习、网络大学、远程教育等在线教育体系方面的建设。例如，在企业在线学习方面，韩国在1999年就颁布了《职业培训促进法》，以及在第二年颁布了《在线数字内容产业发展法》，通过法律上保障和促进企业在线学习的发展[①]。在高等教育方面，韩国教育和人力资源部（MEHRD，2004）宣布了一项全面改进电子学习计划，以实现"学习型社会"，并开发和创新人力资源。在本报告中，教育和人力资源部强调了通过提供电子学习平衡高等教育和竞争力的创新办法，并提出：改善一般研究环境；促进在特定学术领域更加专业化；支持开发高质量的电子学习课程；消除10个地区大学之间存在的差距等举措[②]。此外，政府通过多个部门以多个领域、多种方式给予了支持，以保证该学习产业的和谐稳定发展。

其次，企业和高校的相关支持也保障了韩国公共在线学习项目的运营。在韩国教育和人力资源部所开展的在线学习项目中，地域大学提供了在线学习的平台。学习者可以登录大学的MOOC网站、网络大学平台，以及学校数字图书馆进行相关的学习。同时，不管是高校还是企业都进行了相关课程资源的开发并和教育公共部门进行共享。此外，部分高校和企业也为在职教师提供了相关技能的培训。自韩国进行在线教育体系

[①] 江凤娟、吴红斌、吴峰：《美国、韩国、中国台湾地区企业e-learning的发展分析及启示》，《中国远程教育》2012年第17期。

[②] In-So Han, Keun-Yeob Oh, Sang Bin Lee, "Promoting E-learning in University Education in Korea", *International Journal of Contents*, 2013 (3).

建设以来,韩国一直以政府、企业、高校多方合作的战略推进国内在线教育的发展。

二 以服务大众为主要导向

在线教育发展过程中,韩国始终以服务全民大众为主要导向。由于韩国人口密度高,居住环境密集,适合超高速网络普及,家庭拥有世界最高水平的上网能力,任何人都可以拥有上网的环境。在政府的积极投资和支持为基础的前提下,自1994年互联网商用服务启动以来,互联网普及率急剧上升,在2013年,韩国家庭除无线网络外,互联网普及率为79.8%,计算机保有率为80.6%。到2018年,韩国的网络用户超过了4600万人,这达到了3周岁以上全体国民的91.5%。特别是,以教育和学习为目的的互联网利用率占49%,这表明在线教育已成为韩国一种普遍的教学和学习方式[①]。

其中,韩国对于弱势群体和残障人士的在线教育的问题也是积极地采取了相应的措施。在构建在线教育体系的过程中,韩国政府考虑到贫困学生的基本情况,给予他们在物力和财力等方面不同程度的支持,并且鼓励社会企业加入其中提供一定的帮助。部分企业对于贫困学生也是提供了一些支持,例如贫困学生使用的软件和进行在线教育所产生的费用,部分企业进行了一定的优惠,对于部分软件进行了免费提供。韩国从国家到地方政府再到社会各界,都纷纷参与到弱势群体和残障人士的支持当中,使得弱势群体和残障人士的计算机使用率提高了18.3%,网络使用率提高了18.6%,缩小了与同时期健康人群之间的差距,大大促进了韩国全民终身学习在线教育体系的构建。

同时基于残障人士的不同类型,韩国开发了残疾人专用在线学习系统,基于学习内容,采用文本、图片、视频等等。该学习内容在残疾学生计算机上添加考虑残疾学生的操作问题而提供了适当的服务,以他们熟悉的视频和声音在残疾学生计算机上显示。讲师们的讲话内容可以被转换成文本格式,显示在电脑屏幕上。所有这些多媒体相关内容都会通过网络根据用户要求存储在所需信息方式中;聋哑学生的学习内容可以

---

① KISA, "2018 Survey on the Internet Usage", *Korea Internet & Security Agency*, 2019.

在视觉上表现出来，通过将储存的讲义资料用电脑画面展示以供学习。而盲人学生可以通过电脑耳机听到教师的声音，并且通过在网络上使用声音呼叫系统来与教师进行交谈。聋哑学生可以通过聊天系统进行通信，可以与教师进行1对1的双向通信[①]。总之，韩国在进行国家在线教育体系的构建时，以服务全民大众为导向，推进全民的终身学习。

三 以完善的基础设施为重要保障

在线教育体系的构建需要经过一系列的基础投资建设和各个方面的积极配合。一方面，韩国从国家层面颁布了相关的政策以支持教育信息化基础设施的建设，并且早在21世纪初就已经形成了以互联网信息高速公路为骨干、将全国各地的各级各类学校的各级部门包括教室、教师办公室、电子图书室、电脑机房实行全覆盖的教育信息化网络系统。考虑到弱势群体的条件不足，韩国在全国100多个邮局开设了"网络广场"，免费为大众提供服务，供人民进行信息检索、学习等。因此，网络环境的建设是在线教育的重要保障条件，更是推动终身学习的必需条件。

另一方面，政府积极建立相关网络教学平台和在线学习系统，来提高在线教育的服务质量以推进在线教育的发展。例如，政府在高校设立的区域性电子学习支持中心、网络大学，以及基于国家特征开设的MOOCs等多种多样的学习平台，以满足不同学习者的学习需求，同时学习者可不受时间、空间的限制，促进全民终身学习的发展。

第五节 韩国在线教育体系的总结启示

随着网络技术的不断发展，在线教育不断更新，已经成为各国研究的重点。在世界各国中，韩国为了满足适应社会发展和促进全民终身学习发展的需求，进行了在线教育体系的探索和构建，并取得了不错的成果，其在线教育水平已经处于一个较高的水平。以下从不同角度对韩国在线教育体系进行总结并对我国在线教育体系的构建提出几点启示。

---

① Yeob-Myeong Son and Byeong-Soo Jung, "Convergence Development of Video and E-learning System for Education Disabled Students", *Journal of the Korea Convergence Society*, 2015（4）.

一 研究总结

(一) 学习资源丰富多样,但是质量不佳

韩国在政府政策的支持以及企业和高校等多方合作的情况下,根据学习者的特征、社会需要以及教学资料的特点开发了丰富多样的学习资源。在内容上,有不同领域的视频课程、音频讲座、研讨会等多种形式多媒体教学材料。另外,在呈现教学内容形式上也是丰富多样的,如MOOC在线学习平台、基于移动设备的学习软件、高校的数字图书馆等在线教育平台形式多样,内容丰富。总之,韩国的在线教育体系从内容到形式都有着丰富的资源。但是,在质量上还是有所欠缺。这种情况起因于几个问题。第一,现时的粗口旧式课程开发策划这项学习服务未能匹配到学员的需要。第二,几乎所有的这些学习企业和服务都以Web方式和视频型教学的方式进行服务,内容也几乎类似,无法引起学习者的兴趣。第三,由于海量数据的收集以及数据微商(Data Wechat,DW)导致学习者方案的缺失[1]。除此之外,在韩国,一直以来根据政府层面的政策支持不断扩大资源的数量,但由于开发和运营的一贯性,导致了内容质量低下。

(二) 对学习者和教学者总体上缺乏支持

一方面,对于学习者来说,韩国的在线教育体系虽然总体提供了学习者丰富的学习资源和多种多样的学习机会,但是往往学习者都是独自进行相关的学习,总体上得不到相应的指导和支持。在有关学分确认或入学限制的问卷项目上,只有一半的受访大学作出了肯定的答复,只有40%的大学报告说他们提供导师、助理或数字图书馆[2]。此外,只有三分之一的大学有单独的班级评价系统,很少有大学报告为学生提供电子学习培训或研讨会。因此,对于针对学习者的系统或目标导向的支持计划

---

[1] Kyung-Bae Min, Shin Myoung-Hee, Tae-Ho Yu, et al. , "Strategies for Revitalizing E-Learning Through Investigating the Characteristics of E-Learning and the Needs of Distance Learners in the Domestic Universities in Korea", *Journal of the Korea Contents Association*, 2014 (1).

[2] Leem Junghoon and Lim Byungro, "The Current Status of E-learning and Strategies to Enhance Educational Competitiveness in Korean Higher Education", *International Review of Research in Open & Distance Learning*, 2007 (1).

还不够完善。

另一方面，对于教学人员的支持。随着韩国在线教育的发展，大部分在职的教师成为在线教育的教学者，其工作量也随之增多，但是学校并没有提供相应的支持，包括资金和助理等等。这导致了大部分的教师对于加入在线教育的队伍的积极性不是很高，对于在线教育体系师资队伍的建设产生了不良的影响。

（三）公共在线学习项目发展不合理

电子学习产业在公共市场、私人市场和教育市场得到了发展。但对于电子学习市场的定义还没有一个明确的阐释。考虑到过去在公共领域开展的电子学习项目的特点，可以作出如下定义，公共电子学习市场可以被定义为一个由中央政府各部委、地方政府及其相关公共机构、地方教育办公室和其他公共机构提供需求和供应的市场[1]。根据2012年电子学习状况调查，韩国电子学习市场规模分别为2万亿和6043亿韩元。公共电子学习市场仅占电子学习市场总量的6.7%（1751亿韩元），约为企业电子学习（私人电子学习）的七分之一，占电子学习市场总量的45.7%，规模不大。除此之外还有以下问题。

第一，体制缺乏创新。公共电子学习项目对保证公司中长期经济价值的稳定利润没有多大帮助，不能作为技术创新的驱动因素。因此，公共机构应承认电子学习承包商是其合作伙伴，在双赢的合作水平上，需要进行体制改进，以支持上述工作；不仅要明确任务的基本内容和预算，还要明确技术创新绩效激励制度在书面投标的请求，使电子学习承包商能够努力提高技术竞争力。在合同阶段，确保使用的是标准合同和承包商承认开发的内容的知识产权，同时鼓励为未来项目提供优质服务的承包商投标，以便创造技术创新公司能够生存的文化。

第二，价格不合理。由于公共电子学习项目有助于短期现金流，因此对作为小型电子学习承包商的销售来源具有积极的作用。然而，它导致了过度竞争，原因就在于大多数公共电子学习项目在预算节省的水平上实施学习项目。因此，他们必须确保投标人不会在采购请求阶段进行

---

[1] Jong-Woo Oh, Gyu-Seong No, Sin-Pyo Kim, "A Study on the Innovative Scheme of the Public IT Project Ordering and Receiving Systems", *Journal of Digital Convergence*, 2006（2）.

激烈的价格竞争。为此，应建立实施最低价中标、单价下调等不合理价格政策的监控系统。

第三，内容质量低。尽管大多数公共机构将在线学习项目外包给专业公司，但由于缺乏预算等原因，没有提供令人满意的内容。这就造成了恶性循环，即在项目订购阶段固定低单价、汇总承包商的盈利能力不高以及开发的内容质量下降。因此，公共机构负责人为编制适当的预算而作出的自救努力是必需的。最重要的是，在采购请求阶段应分配适当的预算。为了不使承包商处于不利地位，应在合同中规定防止在合同阶段降低合同价格和确保发展所需的学习资源。

二　研究启示

随着信息技术的发展和网络通信技术的不断成熟，我国整个在线教育存在着巨大的市场。然而，我国在线教育方面起步较晚发展缓慢，开放程度还不高，人们对于终身学习的认识还不够，那么真正意义上的远程教育就始于2000年，到目前为止，我国在线教育仍存在许多不确定性，未来的发展方向仍在试行中。因此在全民终身学习的背景下通过对韩国在线教育体系的研究，对我国在线教育体系的完善提出几点启示。

（一）健全在线教育政策和法规

韩国不管是在基础设施的建设方面，还是在线教育发展的方向方面，以及资源建设方面等都确立了相关的法律文件或者出台相关的政策，以保障其在线教育稳定而准确的发展。不同的是，我国在线教育方面，对于在线教育的政策是存在的但是还不够完善，并且还不够具体。各个机构根据教育部的指导方针对于在线教育学生的招生、考察、管理、毕业等具有很大的自主权；特别是在职业方面，应适当放宽对在线教育的政策。在线教育可以突破目前学生253个职业的限制。除此之外，国内相关的试点机构还不够，部分专家学者认为有15个就足够了。到目前为止，中国的在线教育院校都是试点机构，通过试点探索未来中国远程教育的科学模式。

鉴于此，我国有必要进一步完善相关政策，加强政策引导。国家层面可以颁布相关的法律和政策，对我国的在线教育发展提出一个总体规划，明确发展的总方向，并对我国在线教育体系构建提供相应的支持。各级政府和教育行政主管部门应根据总的发展规划和发展方向，根据地区情况制定对应的政策，进一步扩大在线教育规模，完善在线教育基础设备，确保教育信息化基础设施建设紧跟技术发展现状、潮流和趋势。

(二) 完善在线教育的基础设施

基于政府政策、资金投资以及与企业和大学的密切合作，韩国于1996年开始建设教育信息基础设施，包括高速便捷的互联网系统、丰富的校园硬件设施、在线教育环境建设以及智慧教育环境建设等。完善的基础设施的建设，使得韩国全体公民可以便捷、灵活地开展在线教育，对韩国构建学习型社会提供了有力的支持。而我国在教育信息化发展过程中，基础教育信息化严重失衡，尤其是教育信息化基础设施方面，地区间数字化差距较大。发达地区的学校信息化教育基础设施完善，而在偏远、贫困地区的学校在信息化基础设施方面存在严重的不足[①]。为使全国各地区各级各类学校享有公平的教育信息基础设施，促进国家教育信息化基础设施建设和完善，可以从以下几个方面进行着手。

第一，完善我国的组织管理制度。在组织管理机构方面，韩国在国家和市道分别设立了专门负责管理教育信息化的科室和部门，例如韩国的教育和人力资源部与国家网络学习质量管理中心。我国可以借鉴和学习，自上而下地从国家到地方再到学校分别设立相应的部门，形成完善的领导、管理和服务机构，做到权责明确、统筹兼顾，要切实推进信息化与教育融合。

第二，把建设国家在线教育体系的基础设施提升到国家战略层面上来。韩国不管是在基础设施的建设方面，还是在线教育发展的方向方面，以及资源建设方面等等都确立了相关的法律文件或者出台了相关的政策，以保障其在线教育稳定而准确的发展。同样我国也需要从国家层面来重视教育信息化的建设，需要进行整体规划，健全相关的政策和法律文件，提供政策和资金上的支持，以国家战略工程进行推进。各个地方可以根据国家发展规划和指导方针，并且结合自身的发展需要一步步展开，落

---

① 吴砥、尉小荣、朱莎：《韩国教育信息基础设施建设经验的启示》，《现代远程教育研究》2014年第5期。

实到位，逐步发展实现目标。此外，国家层面应建立教育信息基础设施建设主体工程评价机制，根据评估结果实施优化。

第三，我们可以建立一个易于使用的教育云服务模型。随着大数据、云计算、虚拟现实等技术的发展，为教育带来新的发展机遇。教育的云服务可以突破传统的教育信息化基础设施，整合各类资源，使得各类元素摆脱对物理的依赖。利用云计算技术，灵活便捷地对基础资源进行合理的配置和使用，大大节约了使用成本，并且更加稳定且可靠，为全国各级各类学校以及教育场所提供公共存储、资源共享、安全认证等通用基础服务，以及多种支持工具，支持全国范围内的信息共享。

（三）加大资源的建设

韩国在政府政策的支持以及企业和高校等多方合作的情况下，根据学习者的特征、社会需要以及教学资料的特点开发了丰富多样的学习资源。不管是在内容上还是教学内容呈现方式上都是丰富多样的，包括不同领域的视频课程、音频讲座、研讨会等多种形式多媒体教学材料。而资源短缺是当前我国教育信息产业普遍存在的问题，许多学校纷纷投入到相关资源的开发建设中，但是效果不是很好。在资源开发的过程中，高校和企业之间往往缺少沟通和协作，往往出现内容的重复现象，学校和企业之间开发的资源内容不匹配，造成了资源浪费。同时，在资源开发的过程中，往往追求资源的数量而忽视了资源的质量，而出现了教学资源质量的参差不齐[1]。这些大大影响了教育的教学效果，并且影响了在线教育的推广，对在线教育体系的建立起到了不良的作用。因此，在线教育资源的开发和建设需要重点关注。由于在线教育资源的开发和建设需要大量的人力、物力和财力，并且对于人力的要求非常高，而这些人才往往比较缺乏，同时由于学校的教学需要正常进行，这对人力又是一个需求，那么去开发新型的在线教育资源大大加重了负担，也不是很有必要[2]。因此，借鉴韩国的资源开发经验，我们可以从下面几个方面来

---

[1] Gao Guohong, "The Study on the Development of Internet-based Distance Education and Problems", *Energy Procedia*, 2012.

[2] Hong S. U., "An Overview of Tutor Training and a Case Study", *Journal of Guangzhou Radio & TV University*, 2010.

着手。

第一，可以对传统教学资源进行收集、转化和整合。在已有的教育资源中，我们可以把早期积累的传统教育资源，如文本、图片等形式的资源，利用新型技术对他们进行更新、转化，变成适用于我国在线教育的学习资源。第二，加大政府、企业和学校之间的合作，政府提供一定的政策和资金支持，企业和学校加大沟通与合作，共同开发建设资源，这样可以大大提高效率，减少资源重复过剩的问题。同时，在不了解用户的需求下进行教育资源的开发是具有盲目性的，不管什么类型、什么质量的学习视频都能成为学习者学习的资源，这就造成了缺乏优质的教学资源的局面，且教学效果往往不达预期，所以在资源开发的过程中还需要考虑学习者的使用需求。第三，设立资源管理部门，加大对资源的有效管理，对资源进行游戏整合，严格把关资源的质量，并进行共享与合理的分配。

第六节　本章小结

信息通信技术的快速发展给教育带来巨大机遇。互联网技术催生的在线教育通过各种交付媒体和在线学习系统，将学生与内容联系起来并进行联通，促进学生和教师进行跨越时空的交互。韩国的教育信息化起步较早，且发展较快，这为其在线教育的构建提供了有力条件；并且随着教育信息化程度的不断加大，韩国政府、企业、大学之间的紧密合作使得其在线教育体系已经比较成熟。

本章在我国强调建设学习型社会的背景之下，对韩国的在线教育体系进行了历史考察，了解其在线教育的发展历程。从其在线教育体系的政策制定、师资配备、资源开发、组织管理角度阐述了韩国在线教育体系的基本框架。并列举了其主要的特征：以推进政府、企业、高校紧密合作为战略；以服务大众为主要导向；以完善基础设施为重要保障；以有效的监管和评估做支撑。最后对韩国在线教育体系进行了总结，并对我国在线教育体系的完善提出了几点启示。

第十一章

英国在线教育体系的发展研究

各国为应对国际竞争和社会的深刻变化,致力于推动全民终身学习的实现,促进自身的可持续发展。科技的进步和全球经济的快速发展,很大程度上促进了在线教育的深度发展,在线教育为全民终身学习的实现提供了新的路径。英国在线教育发展起步较早,在线教育发展体系架构较为完善,在全球在线教育发展中发挥着重要的推动和引领作用。借鉴英国在线教育发展经验,对我国在线教育体系的完善和发展具有重要参考价值。

第一节 背景分析

近年来,大数据、云计算、区域链等新兴现代信息技术的发展正呈指数级的速度增长[1],不断推动人类社会向人工智能时代迈进,给教育领域带来了重大的革新,其带来了高等教育格局、人才需求结构和未来的学习方式的变革与挑战。许多国家和国际组织纷纷采取行动,制定相关政策来积极应对,从人才的培养规格等方面对教育的发展提出新要求、新思路。联合国教科文组织逐步完善了终身学习"五大支柱"核心素养框架、经济合作组织(Definition and Selection of Competencies:Theoretical and Conceptual Foundations,DeSeCo)提出核心素养框架、欧盟提出终身

---

[1] 王世斌、顾雨竹、郄海霞:《面向2035的新工科人才核心素养结构研究》,《高等工程教育研究》2020年第4期。

学习核心素养框架[1]，新加坡、芬兰等国家围绕"教育面向未来发展"提出21世纪发展能力框架。2019年，党的十九届四中全会指出积极构建服务全民终身学习的教育体系，为新时代我国教育治理体系与教育治理能力的现代化指明了发展方向[2]。2022年，党的二十大报告进一步强调"推进教育数字化，建设全民终身学习的学习型社会、学习型大国"[3]。在此基础上，致力于构建终身教育体系，建设学习型社会已然成为未来教育的发展趋势[4]。终身教育是国际教育发展的一种新趋势，已成为各国教育改革与发展的重要政策依据。

随着互联网和移动通信技术的进步，人们获取、存储、传递和发布信息的方式发生了很大变化，远程学习、开源课程、电子教材以及其他创新技术的涌现沟通连接了不同的学习对象，克服了时空局限，相比线上固定地点空间的学习形式，在线学习将教育范围扩大到学校的砖瓦界限之外，极大地扩展了学习者获取知识的途径，促进不同教育方式的融合，不仅为教育现代化的发展提供了新的思路，而且为构建新的教育生态系统创造了有利条件。在线教育是学校教育形式的有益延伸，构建完善的在线教育体系是实现各级各类教育相互衔接、相互沟通的重要途径。

众所周知，英国在线教育发展起步较早，具有丰富的办学经验，1969年成立开放大学，成为世界在线教育的发展典范。英国在线教育在政策制定、师资配备、资源开发、组织管理等方面具有优势特征，为此，我国应积极借鉴英国在线教育体系的成熟经验，以促进我国在线教育体系的高水平发展。

---

[1] 张娜：《联合国教科文组织的核心素养研究及其启示》，《教育导刊》2015年第7期。
[2] 中华人民共和国中央人民政府：《关于〈中共中央关于坚持和完善中国特色社会主义制度推进国家治理体系和治理能力现代化若干重大问题的决定〉的说明》，2019年11月15日，http://www.gov.cn/xinwen/content_5449035.html，2020年11月17日。
[3] 习近平：《高举中国特色社会主义伟大旗帜 为全面建设社会主义现代化国家而团结奋斗——在中国共产党第二十次全国代表大会上的报告》，《人民日报》2022年10月26日第1版。
[4] 丁红玲、杨尚林：《服务全民终身学习教育体系的系统思考与策略建构》，《当代继续教育》2020年第5期。

第二节 英国在线教育体系
的历史考察

英国在线教育的应用研究水平位居世界前列,其研究方向和内容稳居在线教育领域前沿,凭借开放自由的办学模式、灵活高效的课程体系以及出色的教学质量,引领全球在线教育的发展。以英国开放大学为代表的在线教育在全世界享有盛名,开放大学(The Open University)是英国现代教育改革中教育创新实践的典范,对世界在线教育发展产生了巨大而深远的影响。英国开放大学的演变路径一定程度上折射出英国在线教育的发展历程,甚至成为英国在线教育的代名词,下面以开放大学的发展为例,对英国的在线教育体系的发展历史进行论述。

一 英国在线教育体系的发展历史

整体来看,英国的在线教育历经了不同的时期:萌芽期——孕育在远程教育的土壤中、发展期——不断探索新的教与学新方法,21世纪以后成熟期——在线教育发展更加普及。三个发展阶段共同促进英国在线教育不断走向成熟。

(一)萌芽期:孕育在远程教育的土壤中

英国早期的在线教育依托于远程教育,与远程教育协同发展,随着新技术的发展,以技术为基础的在线教育从起初的远程函授教育中逐渐分离出来。20世纪70年代英国开放大学成立,它的开始被视为"远程教育史上一个新时代的开始",将函授教育、广播教学、短期寄宿课程结合起来,使远程教育的方法焕发了新的活力。随着技术的不断发展,到20世纪80年代,该大学利用广播和电视进行远程教育开始专注于双向通信,为交互的教与学方式奠定基础。总而言之,远程教育服务于系统,而不是学习生活。可以看出,该时期在线教育的发展有媒体和技术的加持,在远程教育的土壤中等待发芽。

(二)发展期:不断探索新的教与学方法

20世纪90年代,英国在线教育的发展逐渐受到重视,其发展潜力逐渐被大众认可,教育资源分配逐渐合理。英格兰和威尔士学校IT硬件总支出约为 4.9 亿英镑①。到 1993 年，英国学校里有超过 35 万台微型计算机，中小学占比分别为 13∶1 和 25∶1。虽然比率较 20 世纪 90 年代略有提高，但大部分的库存设备已经老化。到 1995 年大多数计算机的使用年限在 5—10 年，到 20 世纪末，政府依据办学规模对每个学校的信息化设备进行补充和更新。在此基础上，在线学习（E-learning）不断整合到大多数大学课程中，通过新的多媒体技术很好地满足了学生的在线学习需求②。

自从 20 世纪 90 年代以来，伴随着计算机的大规模应用，分散、开放的在线资源逐渐被整合，并对原先的教与学模式和方法产生影响，带来了学习支持架构的丰富和完善。高地与群岛大学（University of the Highlands and Islands）与不同的机构展开合作，为继续教育和高等教育阶段的学生提供在线学习平台，并开设了一系列在线课程，通过线上的视频会议讨论学习，促进在线教与学的发展。在 1995 年就已允许学习者通过完全的在线学习获得学位，目的是为民众获取新的教育机会，以促进个体的发展。因此，可以看出，该阶段的英国在线教育发展在不断探索新的教与学的方法中向前推进。

（三）成熟期：在线教育发展更加普及

21 世纪以来的英国在线教育发展更加成熟。公共政策落实更为具体、全国互联网基础设施布局更为完善、在线教育的阶段布局更为全面。

公共政策方面，在过去的二十年时间里，英国历届政府都为扩大互联网在线资源、设备和资金支持而做出努力，包括扩大在线公共服务规模、支持电子政务应用、缩小地区数字鸿沟、促进互联网基础设施建设等，致力于保障每个人通过互联网获取信息的权益③。2010 年联合政府通过《英国网络化国家宣言》（*Manifesto for Networked National*），确保到 2014 年，每个人均能享受到互联网便利，并在掌握网络技能的情况下退休。这些政策举措助力在线教育的发展。

---

① John Robertson, "The ambiguous embrace: twenty years of IT (ICT) in UK primary schools", *British Journal of Educational Technology*, 2002 (4).

② 干晖：《英国开放大学：世界远程教育的里程碑》，《教育与现代化》2010 年第 1 期。

③ Patrick White and Neill Selwyn, "Moving Online? An Analysis of Patterns of Adult Internet Use in the UK, 2002 – 2010", *Information Communication & Society*, 2013 (1).

在基础设施布局方面，英国仅在ITC实验项目上就花费了4年时间，涉及28所学校，耗资4900万英镑。英国在2004年宣布，将在信息通信方面再投入7亿英镑，这一举措，推动了英国在线教育基础设施建设取得了新进展。在此基础上，国家教育和技能部对社会经济贫困地区的中小学和大学的在线教育ITC进行了大量投资，设立基础设施的同时开展了研究来评估具体的在线技术，例如对宽带在学校中的影响情况进行研究。

在线教育的阶段发展方面，英国政府在不同的教育阶段均提出相应的政策和措施来促进在线学习的发展。针对青少年，2018年英国互联网安全委员会在政府发展战略支持下，发布互联网教育框架，旨在支持和扩大在线教育的涵盖范畴，并对儿童和青少年在不同的人生阶段中应该掌握的数字知识和技能进行了具体描述，以便能够安全高效地通过互联网获取有用信息，提升个人综合素养，为未来创造更多可能；在中小学教育方面，2002—2004年英国在6个地方教育机构开展"将信息技术融入识数识字战略"实践，通过交互式白板在学校中的应用，旨在促进课程学习效率和质量的提升。2006年英国对学校在线教育发展状况进行调查研究，发现信息技术在教学中的应用促进了中小学教育成绩的提高，尤其是在英语和科学学科方面较为明显。除此之外，教育部于2002年委托纽卡斯尔大学对"ICT嵌入识字和算术战略"项目进行测评，同样发现，交互式白板的适应和新型教学法的融入提高了学生的学习成绩。因此可以看出，基础设施的部署对学校在线学习的发展起到了至关重要的作用。针对中老年群体，2015年8月，英国开放大学提出向55岁以上老人普及数字技能的项目，通过利用在线网络来消除孤独感和提高生活学习质量。

综上所述，可以看出英国在线教育的分布从青少年到老人群体均有涉及，为全民参与可持续学习营造了良好的学习氛围，很大程度上促进了终身教育在英国的普及和发展。

二 英国在线教育体系的现状分析

为了解英国在线教育体系的发展情况，从在线教育环境展开分析，数字化环境的支持为在线教育发展提供了有力支撑并为其优化升级提供了保障。

多模式协同支持下的数字化环境

在线教育环境的构建依赖于互联网基础设施的支持。安全、稳定、高效的互联网连接有利于为学习者创设良好的在线学习体验，实现学习资源的传递、共享和合理利用。同时，有利于营造良好的全民学习氛围，实现"无处不在的学习，无时不发生的学习"，形成全民学习的学习风气[1]。故此，英国教育部把目光投向互联网基础设施的建设，与数字、文化、媒体和体育部（Department for Culture, Media and Sport, DCMS）展开合作，由 DCMS 提供 1520 万英镑的资金，支持光纤宽带网络的全面推广和普及。2020 年 8 月 8 日，英国政府发布的一项数据显示，在政府 10 亿英镑财政支持下，已有 500 万个场所部署了千兆位宽带连接。英国《国家基础设施战略》中提到，争取到 2025 年实现至少 85% 的区域千兆位宽带网络覆盖[2]。预计未来两年在学校、社区和企业将全面铺设光纤网络，市政厅、学校、图书馆等在此过程中充当全光纤枢纽的角色。共享农村网络（SRN）、本地全光纤网络计划是当前英国移动基础设施项目的重要组成部分，目标是实现覆盖英国 28000 处场所和 16000 千米的道路。2010 年联合政府发布的《绿色政府：ICT 战略》中提到重视通信技术在支持绿色政务运作方面发挥的作用，在政府组织内部提供更灵活、更高效、更智能的公共服务方式[3]。综上所述，英国政府"由外而内"（Outside-In）的数字策略，确保未来全国范围内网络的互联互通[4]。

与此同时，英国政府正在大力支持 5G 技术创新实验。英国数字基础设施部长马特·沃曼（Matt Warman）说："5G 的意义远不止于更快的移动互联网速度，这只是冰山一角。因此我们投入数百万美元为英国一群

---

[1] 王敏：《英国〈教育技术战略：释放技术在教育中的潜力〉探析》，《世界教育信息》2019 年第 17 期。

[2] Department for Digital, "Next steps in Government's ? 5 billion gigabit broadband plan", Winter 2020, https://www.gov.uk/government/news/next-steps-in-governments-5-billion-gigabit-broadband-plan.

[3] Government efficiency, "Greening government ICT strategy", Summer 2013, https://www.gov.uk/govern-ment/publications/greening-government-ict-strategy.

[4] 王敏：《英国〈教育技术战略：释放技术在教育中的潜力〉探析》，《世界教育信息》2019 年第 17 期。

富有探索精神和聪明才智的创造者提供帮助和支持，探索现代技术蕴藏的巨大潜力，以改善和丰富我们的生活和学习。"英国苏格兰政府大臣伊恩·斯图尔特（Iain Stewart）提到，5G是一项令人兴奋的技术，它具有更高的连接速度和容量，蕴藏着巨大的潜力和可能性，并旨在通过技术创新来推进甚至改变各个行业的发展。2021年1月13日，英国政府官网宣布，政府和企业通过联合投资，投入2800万英镑用于创新5G技术在新领域内的应用。这些资金将支持9个以聚焦5G优势并积极助力英国工业的发展为核心的项目，其中有5个项目还将测试开放式RAN的技术可能性。开放式RAN是另一种构建电信网络的方式，可以使供应商之间的无线电设备具有更大的互操作性，并在运营商推出5G基础架构时为英国学习者的在线学习提供了更多选择和灵活性。开放式RAN的采用是政府5G多元化战略的关键要素，该战略旨在促进数字基础设施供应链的多样性、竞争性和安全性。综上所述，英国政府正在投入大量的资金支持和政策导向，促进互联网基础设施的建设和扩容升级。

第三节 英国在线教育体系的基本架构

全民终身学习已成为社会发展的必然趋势，构建服务全民终身学习的教育体系意义重大。在线教育作为一种适合终身教育、面向对象广泛、效能比高的选择，获得了各国政府的青睐。英国作为国际远程教育的先导，拥有世界一流的教育体系，其在线教育发展在世界享有盛名并具有鲜明特色。在此基础上通过了解英国在线教育体系的基本架构，能更好地促进我国在线教育任务的开展，解决教育公平难题。本小节从政策制定、师资配备、资源开发、组织管理四个部分来阐述英国在线教育体系的基本框架。

一 英国在线教育体系的政策制定

英国自1988年颁布《教育改革法》以来，不断重视信息和通信技术在教育中的应用，为在线教育的发展奠定了基础。1989年，在全国实施"计算机用于教学创新"（Computer Teaching Initiative，CTI）的项目，运用计算机、多媒体等技术实现高等教育的全方位变革①。英国政府通过规范化政策的制定与颁布推动在线教育良好发展。总结如表 11-1 所示。

表 11-1　　　　　　　　　　英国在线教育政策

时间	政策
1998 年	全国学习网（NGFL）启动
1999 年	开放大学计划
2000 年	设立新型在线大学
2002 年	信息交互技术（Information and communication technology，ICT）
2004 年	《开放大学的未来——2004—2008 年优先发展战略》（OU Futures: The Open University's strategic Priorities 2004—2008）
2005 年	新五年政策 E-strategy ICT 国家教育计划（Information and Communication Technology）
2006 年	防范数字鸿沟
2007 年	《追求卓越》
2014 年	绿色政府 IT 战略
2011 年	《云软件服务和数据保护法》
2018 年	《数据保护》（Data Protection）
2019 年	《国际全球教育战略》 《发挥技术在教育中的潜力》（Realising the Potential of Technology in Education）
2020 年	《辅助技术（AT）利益相关者报告》（Assistive technology stakeholder reports）对有特殊教育需要和残疾的学生在教育环境中使用辅助技术的见解（SEND）

---

① 田凤秋、王永锋、王以宁：《中英高等网络教育政策比较及启示》，《远程教育杂志》2007 年第 4 期。

二 英国在线教育体系的师资配备

为了实现终身学习、构建学习型社会的终极目标,英国不仅在政策制定方面有所行动,师资方面也为教师提供各种信息化教学支持,通过规范的教师选聘和严格的服务制度、全面的教师培训和持续的专业发展为英国在线教育提供了坚实的基础。

(一) 规范的教师选聘和严格的服务制度

师资队伍建设在英国在线教育发展中扮演着十分重要的角色,是在线教育高质量发展的重要保障。在英国在线教育中的教职人员在准入、选拔和培训方面都是十分规范的[1]。教师准入方面,建立严格规范的教师准入机制,对在线教师的基本专业水平和素养提出要求。聘请选拔方面,教师应成为学习过程的促进者、内容的引导者、在线学习任务的设计者、学生学习的辅导员,帮助学生提高学习的独立性和自主性[2]。师资队伍培训方面,从满足教师个人职业发展需求到整个教师群体的创新发展。通过定期召开研讨会、短期培训课程和学习项目,提升整个教职工群体的信息素养,发展策略包括教学设计技能的培养、学习管理系统的应用、多媒体软件运用技能的培养,以便教师灵活自如地在在线环境中进行授课和教学。

(二) 全面的教师培训和持续的专业发展

教育和培训是在线教育发展的关键环节,是教育体系的基础,并与教师的持续发展与教学质量的提高息息相关。2010 年,英国政府发布《教学的重要性》白皮书,通过与教师和校领导合作,促进教师的发展。教育发展部门 (Department for Education) 提到在完善教师这一职业的同时,还提出更为重要的是支持和培养教师促进自身的持续学习和提升。为了实现教师持续的专业发展,首先,从观念上应当使教师明确技术对在线教学的促进作用。其次,为教师数字技能的获得提供相应的支持和保障。教育和培训基金会在 2014 年 5 月出版的《继续教育和技能部门教

---

[1] Jia Frydenberg, "Quality Standards in e-Learning: A Matrix of Analysis", Spring 2011, http://www.irrodl.org/index.php/irrodl/article/view/109/189.

[2] 徐辉富:《国内外远程开放教育质量保证研究概述》,《中国电化教育》2004 年第 10 期。

师的新专业标准》中反映了教师学习技术的重要性。基金会目前仍然根据学习技术支持计划，为继续教育和技能劳动力开发提供支持，包括鼓励州长、校长、行政总裁、学习技术人员以及全职、兼职和代理教学人员在内的广泛人员提高自身信息素养，还要求技能资助机构考虑如何更好地支持那些专注于在线学习的持续专业发展的教师队伍。

英国某些学院借助在线教育平台开展了教师在线教育计划，提高教师的数字技能，促进教师专业素养的发展。为此，英国教育部采取以下行动：一是面向负责在线教育的领导者，设计开发一系列的课程和实践，并提供适合的资源和支持工具，促进其对在线教育的管理、实践和应用[①]。一是面向在线教师，由教育发展部门负责举办高质量的网络研讨会，教师们分享交流教学经验和方法，共同探索和研究在线教学策略和技术应用，促进在线教育的进步。除此之外，英国联合信息系统委员会（JISC）为教师提供一系列指导和培训，提升在线教师的信息意识和数字技能。三是英国教育供应商协会（British Educational Suppliers Association，BESA）的项目，通过举办有关教师专业发展的活动，在路演展示中进行技术的实际操作和产品的宣传，帮助教师在教学中熟练应用信息技术。

三 英国在线教育体系的资源开发

为有效支持在线教育体系的资源建设，英国通过提供大规模开放的在线课程资源、多样的在线资源支持平台、便捷的网路虚拟学习平台，为学习者提供灵活多样的学习资源和开放共享的在线教育环境，从而激发在线教育的发展潜能，推动英国在线教育持续、稳步发展。

（一）大规模开放的在线课程资源

仍以英国开放大学为例，2006 年该校推出 Open Learn 网站，免费提供从入门到研究所层次的课程材料，基于高度互动的开源虚拟学习环境，旨在为学习用户提供多种开放的学习形式。在网络资源的获取方式上，为了更好地为学习者提供帮助，一方面通过使用开放源码软件的方式，

---

① Digitally Empowered, "Sustaining Digital and Remote Education: A Toolkit for School Leaders", Spring 2011, https://digitallyempowered.co.uk/courses/sustaining-digital-education-toolkit-for-school-leaders/.

鼓励对课程材料进行混合重组和更新使用；另一方面，在社会性软件的帮助下，将学习者链接成为同伴支持的学习社区，为学习者提供结构性学习材料和帮助学习理解的软件。在课程内容涵盖的范围上，到2021年1月涵盖了八个主题类别900多门免费课程、超过10000小时的学习资源。八个主题包括：金钱与商业、教育与发展、卫生体育与心理学、历史艺术、语言能力、自然环境、科学数学与技术、社会政治与法律。根据课程的难易水平划分为不同的等级类别：入门级、过渡级、初级、中级、高级，满足不同学习能力、认知水平的学生的需求，每一学习级别会获得相应的数字徽章和证书，级别越高，所需要掌握和运用的知识难度越大，所获得的学习体验越丰富，知识储备越丰厚，可以更好地帮助学习者获得持续的专业发展。除此之外，英国开放大学在YouTube和iTunesU专门开设教育频道，为推广免费的学习资源提供新的渠道。

（二）多样的在线资源支持平台

慕课的进一步普及和推广，在很大程度上助力了在线教育的深度发展。OCR在与剑桥大学出版社、英国科技公司（Raspberry Pi）合作开发的新型计算平台的基础上推出了大规模开放在线课程（MOOC）。在英国各地，有超过350个计算机科学教师的网络视频，旨在为教师和学生提供支持。这些在线视频资源可以在学校使用，也可以在家里的手机、平板电脑和计算机上使用，既可以用来扩展和丰富常规的教学大纲，也可以作为个人知识技能、爱好兴趣的有益补充单独使用。开放大学于2012年12月启动Future Learn项目，它使人们可以从OU访问在线学习。虽然这些课程暂时尚未经过权威部门的专业认可，但可以为希望获得一定知识经验的英国民众申请完整的大学课程提供可能性。

除此之外，英国的"学习商店"作为提供在线学习资源的线下平台，扮演了在线资源的连接枢纽和信息载体的角色。"学习商店"如同移动学习的大篷车，具有很强的流动性、不固定性和开放性，人们可以利用设在学习商店内的网络根据自己的需求进行自主学习。例如，在英国盖斯汉市地区的商圈活动中心，就有这样一所学习商店，也被称为"学习世界"。这是一个灵活便捷的学习中心，主要为人们提供技能类的教育服务，配备有充足而专业的计算机服务和培训人员，可随时为学习者提供帮助。"学习世界"已经存在十多年了，很大程度上促进了在线平台的多元化发展。"学习商店"的成功经验和运行模式已经为英国其他城市所复制和借鉴。

(三) 便捷的网络虚拟学习平台

根据2014年对英国高校的虚拟学习环境使用情况的调研结果可以看出，摩灯（Moodle）仍然是高校使用最多的虚拟学习平台，黑板学习（Blackboard Learn）位居第二，两大平台的使用人数逐年递增并获得了较为稳定的用户群[①]。摩灯（Modular Environment Object-Oriented Dynamic Learning，Moodle）是一种模块化的、面向对象的动态学习情境，集交互性、灵活性、扩展性、共享性于一体，界面友好，操作简单。首先，Moodle具有强大的教学功能，例如学习记录跟踪、课程资源管理、在线教学模块等功能。Moodle附带灵活的工具箱，以支持混合学习和100%的在线课程。除此之外，论坛、WIKI、讨论、博客、在线答疑等模块和多语言支持功能为用户提供了良好的交互环境和学习体验。其次，Moodle作为开源软件可以免费向用户提供，任何人无须支付任何许可费用即可对其进行调整、修改和扩展，以适应不同用户不断发展的需求。最后，Moodle兼容性良好，支持跨平台，Moodle上的内容可以在不同的设备、不同Web浏览器上展示并保持一致。除此之外，近些年还出现了多个商业性虚拟学习平台，例如Learning Space、Lotus Domino和Top Class、Colloquia等。这些平台各有所长，在英国在线教育中发挥了重要作用。

四 英国在线教育体系的组织管理

在线教育的稳步推进离不开教育体系内部的有组织的协调管理，英国在线教育体系的组织管理主要从以下三个方面得以体现：分工明确、各有专研的网络教育系统，科学有效、灵活机动的教务教学管理和规范严谨、精确有效的教学评估机制。

(一) 分工明确、各有专研的在线教育系统

英国在线教育的主要特征是分工明确、各有专研，且呈阶梯式递进。主要分为本科阶段和硕士阶段。本科学段的在线教育工作主要由开放大

---

① 马宁、谢敏漪：《英国高校技术增强学习的现状与分析》，《中国电化教育》2016年第5期。

学负责实施，与其他类型的大学相互配合，各司其职。研究生学段主要涉及教师的教学培训和研究生的人才培养两方面；教师培训方面的相关工作由莱斯特大学负责，国际拓展学院和伦敦大学合作负责硕士人才的培养[①]。英国政府从全局着手主要聚焦于教育政策法规的制定方面，赋予各个学校、机构充分的办学自由，并与其沟通交流、展开合作。

（二）科学有效、灵活机动的教育教学管理

英国在线教育的高质量发展与高水平的师资队伍密不可分，在线教育的辅导教师都是经过严格选拔和专门聘请的，具备较好的信息素养和专业水平。教师参与到学生学习和学习评价的整个过程中。例如，与学生研讨、交流、互动，引导学习者解决问题，完成考核。除此之外，英国同样采用了灵活的学分制并引入"学分银行"，"学分银行"提供学习成果存储和获取服务、学分转移服务、学习成果认证服务。学习者根据自身需求在相对宽松的课程时间内选择感兴趣的内容进行学习，通过完成课程中发布的任务和作业来累计得分，获得相应的学分可以在"学分银行"中获取毕业证书、学位证书[②]。例如，英国开放大学知识媒体研究院（KMI）发起的开放区块链（Open Blockchain）倡议，为在线学习者提供"微凭证"和"学习徽章"，支持在线学习的进行。

（三）规范严谨、精确有效的教学评估机制

在线教育的质量保障是政府、区域、机构、学习者关注的主要问题。政府评估、学校评估、外部监测三位一体，对在线教育质量严格把控。英国的在线教育在课堂教学、教师培训、教材编写、考试命题、学习测评、教师授课等环节都设立规范的评估审查制度。

20世纪80年代后，英国政府出台了国家质量保障政策，要求高等教育制定明确的教学评估方案。在英国，外部监测是一种专业的外部质量保障，由开放远程教育委员会和英国高等驾驭质量保障部共同评估。此外，英国高等教育协会和质量保证机构（QAA）也参与在线教育的监督工作。2005年英国通过学科基准委员会公开定义每个学科领域的教育内

---

① 杨永博：《英国远程教育印象》，《中国电化教育》2001年第6期。
② 嵇会祥、吴绍兵：《英国高校远程网络开放学习新模式的经验借鉴与启示》，《中国成人教育》2016年第12期。

容和门槛标准,有助于加强在线教育课程的审批门槛,有效保障教育质量。

此外,校内评估是规范在线教育发展的又一关键环节。学校内部建立了评估委员会专门对开设的各门课程进行日常监控和检查。依据检查结果,由专业人士对存在的问题提出相应的整改措施,来更好地保障在线教育评估工作的精准和有效①。此外,针对开设的在线课程,学校、机构采取各种评估工具,以实现好的在线学习质量。例如,格拉摩根大学(UoG)启动的大规模电子学习项目中提供了三种形式的内置评估工具Blackborad、Qusetionmark、TurnitinUK,学习者可以通过在线讨论区发布评论形成过程性评价,借助评估管理系统完成总结性评估。为提高教学质量,论文查重系统(Turnitin UK)具有防止抄袭的机制,短时间为学习者提供了良好的学习体验,保障了学习质量。

第四节 英国在线教育体系的主要特征

为了更好地借鉴英国在线教育发展的成熟经验,本节主要从在线教育理念、数字基础环境、网络防御体系三个方面进行分析。

一 灵活开放、融合创新的在线教育理念

纵观英国在线教育的发展历史,始终秉承"以学习者为中心"的理念,从开放获取信息到开放教育资源再到开放在线课程(MOOC),以及现如今教育元宇宙的发展,"开放"在英国在线教育发展中扮演的角色十分重要。

在线教育资源应用方面,为学习者提供可编辑的开源平台,学习者自身也参与到在线教育内容扩展和更新中,促进在线教育资源的多样发展。2006年4月英国开放大学启动为期两年的免费教育项目,构建开放的、基于网络环境的教育系统,增强学习者的学习体验。使用开源产品Moodle作为学习环境的基础,面向学习者和教育者发布8100小时的学习

---

① 张舒予、章春梅:《英国远程教育:灵活高效的课程体系》,《远程教育杂志》2004年第5期。

内容，支持学习者上传新的内容，提供多样的下载格式，鼓励教育工作者分享、整合、创新教育内容以供其他人使用和修改，满足不同学习者的学习目的和需求。

在线教育平台的使用方面，例如2009年启动的开放教育资源项目成功地在全世界范围内应用，免费提供大量教学资源。聚焦开放大学，此教育机构在一开始就与英国广播公司（BBC）建立了合作伙伴关系，公开提供可免费观看的教育广播，公众能够通过各种媒体参加开放大学的教育讲座，打破学习者的准入屏障[①]，任何人可以自由地访问并获取有价值的内容资源为自身的发展提供帮助，这有效连接了非正式和正式学习，促进了学习型社会的发展。随着互联网的发展和多媒体技术的加持，教育资源的公开途径越来越丰富，任何人可以在任何时间、地点和任何设备上进行开放课程的学习，开放的在线教育走向成熟，并对全球的开放教育资源建设提供参考。在开放教育运动之后，大规模开放在线课程（MOOCs）被戴夫首次引入。2013年，开放大学通过其未来学习（Future Learn）平台在英国提供大规模开放在线课程（MOOC），通过智能手机、平板电脑等设备进行授课，可供来自世界各地的学习者免费、自由地访问。MOOC的发展根植于教育开放的理念，即开放式课程、开放式学习、开放式评估、知识自由共享、学习愿望不受限[②]。慕课带来的开放教育潜力帮助更多的人获得发展以应对不断变化发展的社会环境及其挑战。因此，可以看出灵活开放、融合创新的在线教育理念引领学习者可持续发展。

二 多域共享、无缝切换的数字基础环境

通过利用云平台网络数据存储和开发多域共享的数字网络环境创设了多域共享、无缝切换的数字基础环境。第一，利用云平台进行数据存储。利用互联网进行数据存储、传输、维护和管理。英国在信息资源建

[①] Brenda Gourley and Andrew Lane, "Re-invigorating Openness at the Open University: the Role of Open Educational Resources", *Open Learning*, 2009 (1).

[②] Yuan L., "MOOCs and Open Education: Implications for Higher Education", *Centre for Educational Technology & Interoperability Standards*, 2013.

设中一方面注重网络资源服务的统一管理与共享，另一方面高速的互联网连接为教育者提供了基于云的服务和存储的机会①。第二，开发多域共享的数字网络环境。英国数字、文化、媒体与体育部（DCMS）旗下的数字化建设（Building Digital UK，BDUK）正在为全国提供高速、稳定的宽带网络。政府于 2018 年 7 月发布了《未来电信基础设施评论》，为全光纤和 5G 网络的可用性设定了雄心勃勃的目标和明确规划：到 2025 年将有 1500 万座房屋接入全光纤网路，到 2033 年覆盖到全国所有地区，到 2027 年大多数人口将享受 5G 网络覆盖②。同时，讨论解决了关于英国数字基础设施演变的关键问题，例如固定互联技术和移动互联技术之间的融合，以及从铜缆到全光纤（千兆位）网络的过渡。除了所使用的不同传输介质发生了根本性的变化之外，网络基础设施中同时实施了多种新型传输技术，例如，固定窄带通信已经升级为宽带数字用户线（ADSL，ADSL2＋，VDSL，FTTP）以及电缆技术的更快变体。总体而言，高速连接的互联网和有效的数据存储，为构建创新型数字基础设施创造了条件。同时，英国联合信息系统委员会（Joint Information Systems Committee，JISC）致力于与高等教育和继续教育部门合作，完善基础设施，协助用户尽快融入智能环境③。

三 规范完善、多维共频的网络防御体系

互联网时代的公民在体验在线资源多域共享的同时，也承担着网络安全带来的隐患。一方面，作为数字化居民，我们应从根本上提高防范风险的意识，并通过一切途径维护个人的信息安全和合法利益。另一方面，从国家层面来看，英国政府在网络安全的问题上发挥了不可替代的作用。2011 年，英国政府发布的《网络安全战略》阐明了政府致力于构建"充满活力、弹性和安全的网络空间"的意愿，在此基础上，制订了

---

① 王敏：《英国〈教育技术战略：释放技术在教育中的潜力〉探析》，《世界教育信息》2019 年第 17 期。

② Department for Digital, "Building Digital UK", Winter 2013, https://www.gov.uk/guidance/building-digital-uk.

③ 王敏：《英国〈教育技术战略：释放技术在教育中的潜力〉探析》，《世界教育信息》2019 年第 17 期。

国家安全计划（NCSP），到2016年底获得了共计8.6亿英镑的资金支持，使英国得以保持其在网络安全领域的领导者地位。

在互联网时代，网络安全和数据保护密不可分，英国颁布《2018年数据保护法》，该法案在保护英国民众个人信息工作中发挥着举足轻重的作用，将英国置于全球数据保护的前沿。制定了一系列规范化的数据处理标准和监管执法准则，以有效应对全球化数据泄露带来的潜在风险。除此之外，国家网络安全中心（National Cyber Security Centre，NCSC）发布指南，为维护网络安全提供有力的支持和保障，通过与学校、政府部门携手合作，共同应对网络安全威胁[①]。

不难看出，无论是国家层面，还是学校层面，都在为打造安全、稳定的网络环境共同努力，从而为英国在线教育的稳步发展提供安全保障。

第五节　英国在线教育体系的总结启示

英国在线教育体系的发展对我国新时代在线教育体系的建立完善具有借鉴意义。本节从英国在线教育体系的总结和启示两方面进行分析论述，总体来说，英国在线教育教学资源更加开放、以学生为中心更加突出、在线教育投资力度更加强劲。在此基础上，从宏观层面的顶层布局设计，微观层面的在线课程资源开发、教育教学的质量保障、基础设施的构建等方面对我国的在线教育发展提供指导，以期为我国在线教育的发展献计献策。

一　研究总结

（一）在线教育资源丰富多样，质量监管的标准有待规范

英国在线教育资源丰富多样，通过不同的方式、平台和产品推动在线教育资源的共建共享。英国开放大学开放学习（Open Learn）项目以提供开放免费的在线资源成为开放教育资源（OER）运动中的典范，

---

① 王敏：《英国〈教育技术战略：释放技术在教育中的潜力〉探析》，《世界教育信息》2019年第17期。

每年吸引超过 600 万的独立访问者。无论是学校内部的使用，还是用户的校外访问，都为学习者提供了一个方便快捷的渠道，可以根据自己的需要，通过不同的学习模块有针对性地展开相关的学习活动。除此以外，英国还存在一些 OER 的相关机构，如 P2P 校园（Peer-2-Peer University，P2PU）和开放大学（OER University，OERU），P2PU 是一个在自愿基础上合作开发的课程运行平台，其课程的内容层次是灵活多变的，可扩展延伸到不同的学习阶段和知识范围[①]。不同的是，OERU 在知识授课结束以后，参加考试并根据考试结果获得相应的学分。英国开发继续教育和高等教育提供的电子教科书作为开放教育资源，为在线教育提供了大量的信息支持，创造了良好的资源共享环境。无论是起初作为"原生数字"型资料的数字化和为印刷而创作的"原生数字"型资料，还是发展成为电子学习环境中持续使用的资源，电子教科书逐渐成为学习者在线学习不可或缺的一部分[②]。不同的在线教育机构、平台通过不同的方式和渠道为英国公众提供全方位、多维度、多领域的在线教育资源。

与此同时，在线教育的质量评估标准存在一定的问题。一方面，关于英国的在线教育的评价标准上，虽然参照了欧洲的格式塔（GESTALT）工程提出的一套在线教育系统元数据扩展标准（Gestalt Extensions to Metadata Standards for ON-line Education Systems，GEMSTONES）以及欧洲远程教育多媒体制作与销售网联盟（ARIADNE：Association of Remote Instructional Authoring and Distribution Networks for Europe）制订的相当于 IMS 元数据的学习内容描述计划[③]，但在线教育评价标准在具体操作和实施过程中效果不明显，目前包括移动学习、混合式学习在内的以在线学习为主要形式的课程整合指标、教育价值评估、学习服务使用以及学习效果评价指标有待完善，存在一定的理论性强、可操作性差的问题。除此之外，

---

① 刘志芳：《开放教育资源（OER）在英国的应用研究及对中国的启示》，《现代远距离教育》2014 年第 3 期。
② 徐汉斯：《英国继续教育和高等教育电子教科书的发展战略与前景（三）》，《出版科学》2007 年第 6 期。
③ 王芳：《网络教育评价的现状及分析——以英国开放大学为个例》，《考试周刊》2009 年第 42 期。

在部分具有操作性任务的在线课程评价环节，过程性评价难以有效检测和执行，停留在自测阶段，平台只能根据任务提交的最终结果进行等级评估，难以评估学习者实际的学习情况。

另一方面，关于在线教育的课程内容质量标准，资格和考试规定办公室（OFQUAL）负责监督并授予教育机构进行在线授课的资格，英国的继续教育学习技术行动小组（EFLTAG）发现英国在线教育的评估标准不一，OFQUAL无法确定将网上评核比例定在50%是否合理，有些资格证书可能需要学习者亲自证明自己的能力，以便得到适当的评估[1]。除此之外，部分在线课程的内容质量良莠不齐，在线课程的完成度、参与性和持久度都有待提高。例如，开放大学于2012年12月启动Future Learn项目，它使人们可以从OU访问在线学习。虽然可以为希望获得一定知识经验的英国民众申请完整的大学课程提供可能性，但这些课程暂时尚未经过权威部门的专业认可。

（二）以学习者为中心理念更为凸显，学习者在线学习质量为有效保障

英国的在线教育面向任何学习者，教学资源更加开放，在线课程设置更加灵活，以学生为中心更加明显。但这种灵活的教学模式大多涉及在高等教育阶段，质量保障仍然存在问题。在每门课程的整个教与学的过程中，教师在课前会将自己的授课内容上传至在线平台便于学生查阅和学习，课后学习者会通过在线社区和论坛等方式，围绕课程内容，针对存在的问题展开讨论和交流。在MOOC与高等教育白皮书中提到：MOOC为尽可能多的学生提供免费的大学教育[2]。

英国教育发展中秉承"以学习者为中心"的教育理念，在线教育也同样围绕每个学习者的自身发展来进行，为个体的持续发展提供一系列

---

[1] Department for Business, "Further Education Learning Technology Action Group (FELTAG) recommendations: government response", Summer 2014, https://www.gov.uk/government/publications/further-education-learning-technology-action-group-feltag-recommendations-government-response.

[2] Yuan Li and Powell Stephen, "MOOCs and Open Education: Implications for Higher Education", *Centre for Educational Technology & Interoperability Standards*, 2013.

的帮助。英国的在线教育平台始终把"有问题及时与我们保持联系"[①] 放在网站的明显位置，希望第一时间与有疑问的学习者进行沟通交流，为学习者答疑解惑。从而可以看出，英国的在线教育以学生的需要为出发点开展在线教育工作，践行为学生服务的教育宗旨。

在线教育的发展中，尽管从各个方面为在线教育的发展提供保障，但学习者的学习质量问题仍然存在，慕课的高退学率给在线课程的广泛使用带来了问题，对教育资源和课程的开发造成了浪费。2012 年丹尼尔提到，只要 7%—10% 的人完成了课程，学生学习不够投入、缺乏激励、对主题和先验知识的不足、积极性逐渐消退等问题仍然威胁着在线教育的生存和发展，对在线教育的质量产生影响[②]。英国的继续教育学习技术行动小组（EFLTAG）致力于寻找阻碍继续教育利用数字在线技术发展的现存障碍[③]。该组织的研究始终发现：在学习过程中，学习者掌握知识技能的情况未达到预期效果，支持在线学习的相关移动设备也未得到充分利用。

因此，在英国以学习者为中心的在线教育发展理论引导之下，我国仍需要做出更多的努力，创造由学生主导的学习模式，让学习者更好地掌握数字技术，提高学习效果，提升学习质量。

（三）在线教育投资力度加大，实际应用效果未达到预期

从 20 世纪下叶开始，英国政府就在线教育领域投入了大量经费用来建设数字化基础设施、开发在线教育资源来为在线学习提供强有力的支持。英国的高等教育部门支持利用数字化平台、多媒体技术助力在线教育发展，促进高等教育课程灵活开设，吸引全国乃至全球范围内教育对象一同参与在线课程的学习。英国在线教育发展的初期，开发了各种远程在线和开放学习项目，并通过在线教育交付模式解决高等教育的可获

---

① 张舒予、章春梅:《英国远程教育：灵活高效的课程体系》,《中国远程教育》2004 年第 5 期。

② Khe Foon Hew and Wing Sum Cheung, "Students' and instructors' use of massive open online courses (MOOCs): Motivations and challenges", *Educational Research Review*, 2014 (12).

③ Department for Business, "Further Education Learning Technology Action Group (FELTAG) recommendations: government response", Summer 2014, https://www.gov.uk/government/publications/further-education-learning-technology-action-group-feltag-recommendations-government-response.

得性、可负担性和个性化学习。毫无疑问，MOOC 的快速发展和商业潜力很大程度上吸引了政策制定者、各种投资者和雇主、教育工作者的目光，促使他们争相为在线教育发展进行投资。

在早期的英国在线教育发展中，英国欧盟（UKeU）项目在 2003 年投资 5000 万英镑开发在线学习平台，面向全世界提供开放课程资源，旨在对全球在线教育市场产生重要影响，但仅成功吸引了 900 名学生。失败的主要原因被认为是：首先，这种模式采取了供应侧驱动，而忽略了需求驱动，如何有效地满足学习者的需求才是关键。其次，在线教育的社会认定存在问题，学位的授予权限仍被学校高等教育把控，私立机构无法为学习者的学习成效进行认定。关于认证是否应该从教学中分离出来，仍旧存在很大争议。大卫威莱特（Willets）鼓励私立机构与公立大学进行合作，通过继续教育学院为学习者提供开放大学学位。但有人担心，多渠道的学位授予将威胁公立高等教育的质量。可以看出，在线教育的发展实际应用在运营模式和资格认定等方面均存在问题，还需不断总结经验，以达到预想的发展效果。

二 研究启示

借鉴英国的成功经验对中国在线教育的发展有重大意义，相信随着我国综合实力的不断提升，中国政府必将引领在线教育快步向世界迈进。

（一）加强顶层设计，规划整体布局

在线教育的长足发展离不开国家的顶层规划和总体布局。顺应教育现代化发展趋势，制定国家在线教育方针，从根本上提升我国在线教育的综合水平，稳步推进学习型社会的逐步转型，营造全民终身学习环境，实现全民终身学习的最终目标。总体来看，我国对在线教育的政策方针侧重在信息化基础设施建设方面，例如，智慧校园等建设大都停留在初步发展阶段，实际应用效果远未达到预期。下一阶段政策应将目光投向在线教育组织管理、在线教育资源开发、在线教育师资建设等方面。各区域、地方、学校、企业、机构等应结合自身实际发展状况，积极响应国家政策法规，分析现今在线教育发展各个环节存在的问题和不足，及时根据教育部文件调整发展方向，制订新的发展计划，落实相关措施，携手推进在线教育的可持续发展。

一方面，构建内部组织管理体系。在后疫情时代，线上教育与线下教育相结合的教学模式已成为新常态，因此在线教育组织管理体系的建设就显得尤为重要。应制定相关政策方针，尽快将在线教育纳入学校常规教育教学工作[1]。具体而言，包括在线教育管理部门的设立、质量监督机构的建设，再到在线教育的目标制定、在线课程的标准制定、在线学习成果的评估机制建设、在线教育的师资队伍建设等。在此基础上，确保长期的经费投入，保障在线教育的稳定推进。

另一方面，协同多方力量共同发展。在线教育推动人才培养模式朝着多元的方式转变，不再仅仅局限于学校教育，这就需要国家、学校、企业、家庭等社会各界共同发展。第一，基础教育中的在线学习质量与家庭的配合密不可分。因此，将家庭教育作为在线教育的有效补充和支持[2]，建立家校协同机制[3]，形成居家异步的教与学新模式，提高学生的在线学习效率和质量。第二，在线教育是高等教育的延伸和扩展。因此，要重视高等教育中在线学习的发展，提供开放免费、丰富多元的在线教育资源，搭建在线学习平台，采用多元的评价方式，将在线学习与传统学习通过灵活的学分制连接起来，激发学习者的学习潜能，根据自身需要获得不同领域的发展，帮助个体创造更多的可能性。第三，同时鼓励支持教育机构进入成人在线教育领域，提供更为丰富的平台为学习者的可持续学习创造更多的机会，朝着终身学习的目标迈进，形成良好的全民学习环境。因此，在后疫情时代，我国要加强顶层设计，合理规划布局，通过制度优势、政策保障和各方协同努力，以实现在线教育稳步发展。

（二）优化课程内容，实现资源共享

教育资源平等是终身教育视野下在线教育发展的关键[4]。在线教育是

---

[1] 胡钦太、刘丽清、丁娜：《教育公平视域中在线教育的困境与出路》，《中国电化教育》2020年第8期。

[2] 中国教育科学研究院课题组：《数据显示的中国经验：教育系统在线抗疫的关键变量与重要启示》，2020年4月21日，https://mp.weixin.qq.com/s/De70hQpfJkOfbNztgnlySA，2021年1月1日。

[3] 吴砥、余丽芹：《大规模长周期在线教学对师生信息素养的挑战与提升策略》，《电化教育研究》2020年第5期。

[4] 武芳、刘善槐：《信息化消弭城乡教育发展鸿沟的空间、障碍与路径》，《中国电化教育》2020年第2期。

利用如今互联网全民普及的优势,将优质的教育通过网络共享给所有师生。做好教育资源整合和共享,面向广大师生提供开放的优质教育资源,进一步促进教育公平。现如今,以学习者为中心的教学方式方法更符合当代学生需求[①]。因此,要加快开放式在线学习资源的建设进程,更好地满足不同个体的学习需求、学习兴趣,适应学习者的个性化发展需要,实现人人皆可享受优质在线教育资源的目标。

一方面,规范在线教育资源整合。制定在线教育发展的国家标准,打造国家级示范课程,开展相应的国家级学科示范课竞赛,引导全国在线课程高质量发展。要规范不同学科、不同教育阶段的在线教育内容,同时将学习资源进行分类,如适用于线上教学的资源和适用于学生自学的资源等,实现线上教育资源的类别化特征[②]。除此之外,聚焦城乡教育的均衡发展,利用互联网普及率高、覆盖面广的特点,助力优质教育资源向农村、边远地区发展。除此之外,开发体现当地特色的在线教育资源,弘扬本地文化,为促进农村地区的进一步转型和发展提供新契机、创设新路径。

另一方面,健全在线资源发展机制,为在线教育资源建设发展保驾护航。构建教育质量保障体系,完善教学管理机制,设立内外部专门化、专业化的监督审查部门,制定在线教育资源的准入机制[③],保障在线教育资源的高质量发展。政府调控和市场调节是发展在线教育资源的两种重要手段,首先,政府负责主线的把控,积极引导各方协同参与公共在线教育资源的建设;其次,引入市场机制,需求侧拉动内驱,保障在线教育资源的合理开发和利用;最后,在加强对在线资源的知识产权保护力度的同时,大力推进资源的"多中心供给"机

---

① 武芳、刘善槐:《信息化消弭城乡教育发展鸿沟的空间、障碍与路径》,《中国电化教育》2020年第2期。
② 浙江省教研室:《疫情期间,线上教学开展得如何?可以怎样改进?看看数据怎么说》,2020年2月21日,https://mp.weixin.qq.com/s/C5wkC8AMfRujvvkq91e6ZQ,2020年12月23日。
③ 胡钦太、刘丽清、丁娜:《教育公平视域中在线教育的困境与出路》,《中国电化教育》2020年第8期。

制[1]，引导多方参与优质资源开发，保障脑力劳动者的劳动价值，给予相应的报酬作为鼓励，这有利于激发优质的在线资源建设活力[2]，形成良性的市场循环。

（三）完善基础设施，构建在线环境

"十三五"以来，我国物联网等产业在工信部的带领下发展成效显著，但仍存在关键技术短板、产业生态不够健全、基础设施建设不集中、零散化等问题[3]。因此，必须重视数字基础设施建设。基础设施建设是教育信息化深入发展的保障[4]，落实教育信息化发展是推进教育现代化的必经之路，在此基础上，推动以互联网为核心的基础设施建设，促进在线教育融合创新，为我国在线教育稳步发展提供有力支撑。

一方面，贯彻新发展理念，加快建成与现代化发展相适应的基础设施。2018年12月举行的中央经济工作会议中首次提出"新基建"的时代发展理念[5]，以技术创新为驱动，以信息网络为基础，面向高质量的发展需要，提供数字转型、智能升级、融合创新等服务的基础设施体系[6]。2021年《物联网新型基础设施建设三年行动计划（2021—2023）》中提到要打造全面感知、泛在连接、安全可信的物联网新型基础设施[7]。因

---

[1] 柯清超、王朋利：《数字教育资源的供给模式、分类框架及发展对策》，《电化教育研究》2018年第3期。

[2] 胡钦太、刘丽清、丁娜：《教育公平视域中在线教育的困境与出路》，《中国电化教育》2020年第8期。

[3] 中华人民共和国中央人民政府：《〈物联网新型基础设施建设三年行动计划（2021—2023年）〉解读》，2021年9月30日，http://www.gov.cn/zhengce/2021-09/30/content_5640343.htm，2021年12月18日。

[4] 周薇：《教育信息化进程中的基础设施发展战略》，《文化创新比较研究》2019年第2期。

[5] 央视网：《中央经济工作会议在北京举行 习近平李克强作重要讲话》，2018年12月21日，http://news.cctv.com/2018/12/21/ARTI93Cwl0GAzC5dJpsxF9Aj181221.shtml?spm=C94212.PZmRfaLLDpt.S83334.1，2021年1月28日。

[6] 刘锋：《新基建的内涵、意义和隐忧，基于互联网大脑模型的分析》，2020年5月6日，https://mp.weixin.qq.com/s/0GHWml2EAo_WZqVM73cNYQ，2021年1月22日。

[7] 中华人民共和国中央人民政府：《〈物联网新型基础设施建设三年行动计划（2021—2023年）〉解读》，2021年9月30日，http://www.gov.cn/zhengce/2021-09/30/content_5640343.htm，2021年11月18日。

此，通过新一代网络通信技术的发展，能够提高在线教育的网络质量，满足在线教育学习者低延迟、高传输的需求。同时"新基建"提出的背后是诸多前沿科技的产生和快速发展，可以建设基于 VR 技术的元宇宙教育资源，增强学习者的学习体验，使得在线教育课程具备线下教育的优势。同时可利用虚拟现实技术传统教学的不足，促进在线教育的长足发展。

另一方面，加大经济落后地区基础设施建设力度。教育公平的实现与基础设施的建设密不可分。目前，边远地区的信息化发展水平与城市仍有一段距离。因此，我们应该更加重视落后地区的基础设施建设，制定相关政策，投入建设费用，保障农村地区学生在后疫情时代下的基本的教育需求，尽快缩小城乡间信息化发展鸿沟，促进在线教育均衡发展。例如，疫情停课期间，芬兰为解决低收入家庭学生无设备可用的问题，政府要求学校将电子设备外借，并呼吁科技公司捐出不用的电子设备。

（四）加大综合投入，保障教育质量

教育质量的概念在今天的公众认知和讨论中，已经成为各国教育领域关注的焦点问题。毫无疑问，教育质量是在线教育未来发展的生命线。在线学习（E-learning）的教育质量汇集了教育、技术和经济领域的综合范畴。因此在线教育要实现高质量的发展目标，需要从各个方面共同努力。

第一，政策引领发展。政府积极响应教育部的文件精神，健全法律法规等，在国家的整体规划下，加大在线教育的经费支出，部署先进的数字化基础设施，鼓励在线教育产业行业的发展、拓宽常规教育的发展路径，吸引社会各界投资办学，形成多元化的在线教育办学体系[①]。第二，重视师资建设。打造现代化师资队伍，对在线教育教师的资格认定、选拔聘请、技能培养、能力评估、绩效考核等方面严格要求，提高开放教育教师的整体素养，形成优质的在线教师队伍，激发在线教育教

---

① 唐志伟、张雅静：《国外知名开放大学办学特色及对我国建设开放大学的启示》，《继续教育研究》2012 年第 9 期。

师的教学积极性和责任心①，为在线教育发展提供有力的支持。我国《2017年教育信息化工作要点》也明确提出，要落实好教师以及管理人员的教育信息化培训工作②。第三，完善教学管理机制。建立全方位的教育管理体系，从学习者、教师、课程、评估等方面对在线教育的发展进行监督。具体而言，建立教育质量内外部监督审查机制，对在线教育的学科设置、专业发展、课程内容、成果评价等进行监督。例如，借鉴英国在线教育的学分累计和学分银行制度，实现不同类型学习成果的认证③。

第六节 本章小结

进入21世纪以来，随着全球范围内政治、经济、科技、文化等环境的变迁，构建终身教育体系，建设学习型社会已然成为推动各国持续发展的重要举措。近年来，各国对教育重视程度不断提高，伴随大数据、云计算、区块链、人工智能等新兴信息技术的快速发展，在线教育的发展呈不断上升的趋势。2020年上半年的新冠疫情无疑是在线教育发展的催化剂，很大程度上推动了我国远程在线教学的普及和应用。与此同时，在数字化转型加快的背景下，各国政府高度重视在线教育应用，使在线教育取得了前所未有的发展态势。然而，我国的在线教育行业起步较晚，仍存在一些问题。英国在线教育至今已经历多次发展与迭代，其在线教育体系较其他国家来说是相对成熟的，我国应充分借鉴英国在线教育的先进经验，从基础设施建设、课程体系设置、教育组织管理等方面进行改革，推进我国现代化在线教育教学水平的持续提升。从英国在线教育体系的历史考察以及基本架构中分析英国在线教育的主要特征，研究英

---

① 嵇会祥、吴绍兵：《英国高校远程网络开放学习新模式的经验借鉴与启示》，《中国成人教育》2016年第12期。

② 中华人民共和国教育部：《教育部办公厅关于印发〈2017年教育信息化工作要点〉的通知》，2017年4月28日，http://www.moe.edu.cn/srcsite/A16/s3342/201702/t20170221_296857.html，2020年12月3日。

③ 嵇会祥、吴绍兵：《英国高校远程网络开放学习新模式的经验借鉴与启示》，《中国成人教育》2016年第12期。

国在线教育体系，期望为中国在线教育体系提供策略建议。在此基础上，对英国的在线教育进行总结：教学资源更加开放、以学生为中心更加明显、投资力度持续加大。在本章最后，结合中国国情，对我国的在线教育发展提出几点建议：加强顶层设计，规划整体布局；优化课程内容，实现资源共享；完善基础设施，构建网络环境；加大综合投入，保障教育质量。

第十二章

美国在线教育体系的发展研究

随着数字化时代的到来,各国纷纷借助现代教育技术进行教育改革,在线教育逐渐走入大众的视野。当下,在线教育发挥着不可磨灭的重要作用。至今,各国在在线教育体系上的投资与建设的比重也日益加大。作为处于科技前沿的美国,其在线教育的市场已日趋成熟,并有着丰富的经验和规模。无论是专家学者还是社会民众,都深刻意识到在线教育对于终身学习及其学习型社会的构建的重要意义和价值,因此,在线教育正逐渐成为美国教育形式的主流趋势。

第一节 背景分析

随着时代发展,信息技术、多媒体技术、网络技术正逐渐与教育有机融合,从而促使教育革新,使其更智能化和多元化;尤其是互联网技术与教育发展的高度融合,线上学习模式已经成为人们接受教育的主要途径之一。党的十九届四中全会强调了教育的重要战略地位以及教育对人才培养的突出贡献,同时提出构建终身学习的学习型社会的相关举措[1]。党的二十大报告指出"助力建设高质量教育体系,推进教育数字化,建设全民终身学习的学习型社会、学习型大国"[2]。由此可以看出,

---

[1] 全国人民代表大会:《构建服务全民终身学习的教育体系》,2019年12月20日,http://www.npc.gov.cn/npc/c30834/201912/2f2a5365657e4146b77badb3403b32c4.shtml,2020年4月1日。

[2] 习近平:《高举中国特色社会主义伟大旗帜 为全面建设社会主义现代化国家而团结奋斗——在中国共产党第二十次全国代表大会上的报告》,《人民日报》2022年10月26日第1版。

目前全球的教育系统正面临着巨大的压力，如何在提高学生成绩的同时促进学生终身学习能力的发展是当下教育领域面临的难题。全民终身学习，已然是世界主流的教育思想，对世界教育和人类社会的发展都产生了深远的影响。信息通信技术的飞速发展使得在线教育产业逐渐崛起，在线教育无疑是进行终身学习的有效途径之一；据在线教育咨询平台Class Central 发布数据证实：仅2018 年全球在线学习人数已超1 亿[1]。在线教育提供的新的学习机会以及使用开放式教育资源和新兴技术可以加快学习速度来提高教育公平，减少与教学材料或计划相关的成本。国内学者王佑镁等提出了基于DQ World 的数字智商在线教育体系，包括学习模块、反馈模块、防范模块、保护模块等为全球青少年儿童营造了平等互助、自主探索的学习环境，以这四大模块作为基石提高学习者在"数字世界中的智商和能力"[2]。而美国的在线教育体系相较于其他国家来说，已具有很明显的领先地位和建设规模。不同于其他国家对于在线教育体系发展过程中存在的避重就轻问题，美国的在线教育体系无论是从政策制定、财政拨款还是从民众接受度、社会氛围来看，都毫无疑问融入了教育体系中，成为美国教育体系中不可或缺的部分[3]。作为在线教育体系最为完善的国家，美国不仅是其他国家纷纷借鉴效仿的对象，同时也为促进我国发展教育智能化和信息化提供了许多值得借鉴的经验和价值。中国想要构建完备的在线教育体系，推动教育改革，美国的经验是值得借鉴的。因而，本研究通过搜集美国在线教育体系的相关资料，比较分析其历史考察、基本框架、典型特征等来为发展中国的在线教育体系提供借鉴。

---

[1] 京领新国际：《在线教育崛起，不出家门也能读美国本科》，2018 年12 月8 日，https://baijiahao.baidu.com/s?id=1619264040336358509&wfr=spider&for=pc，2020 年4 月1 日。

[2] 王佑镁、赵文竹、宛平等：《应对数字社会挑战：数字智商及其在线教育体系》，《现代远程教育研究》2020 年第1 期。

[3] 钱玲、徐辉富、郭伟：《美国在线教育：实践、影响与趋势——CHLOE3 报告的要点与思考》，《开放教育研究》2019 年第3 期。

第二节 美国在线教育体系的历史考察

在线教育,它产生的先决条件是信息通信技术的蓬勃发展;借助多媒体技术和大数据管理,在线教育逐渐走入大众视野,并成为现行教育体系的主流趋势。获益于计算机技术在美国的发源和发展,美国在线教育启动较早,而在线教育体系正是基于在线教育的发展并不断完善的。这一小节将分别从美国在线教育的发展历史以及现状分析两部分进行阐述。

一 美国在线教育体系的发展历史

美国在线教育体系大致经历了萌芽期、起步期、发展期与成熟期,本章将对具体发展历史情况进行一一介绍。

(一)萌芽期(1960年以前)

早在19世纪中叶开始,在线教育理念就逐步体现,直至20世纪初期,在线教育正式出现,这一阶段将在线教育资源的辐射范围进一步扩大,在线教育理念逐渐显露,在线教育体系正处于萌芽阶段(见表12-1)。此阶段,在线教育被初步引入课堂教学,但是在线学习需求小,增长缓慢,参与在线学习的高校也甚少,在线教育教学效果不明显。并且此阶段在线教育投资发展与政府分离,缺少政策的指引,在线教育发展缓慢,在线教育体系不完善。

表12-1　　　　　　　　　　萌芽期[1]

时间	事件
1728年	第一个有据可查的函授课程示例在《波士顿公报》(Boston Gazette)上刊登了广告,一个叫卡勒布·菲利普斯的人提议通过交换字母来向该国各地的学生传授速记法[2]

---

[1] The Best School, "History of Online Education", Summer 2019, https://thebestschools.org/magazine/online-education-history/.

[2] WorldWideLearn, "History of Distance Learning", Autumn 2014, https://www.worldwidelearn.Com/educa-tion-articles/history-of-distance-learning.html.

续表

时间	事件
1873 年	美国最早的正规函授学校开学,由安娜·艾略特·蒂克纳(Ana Eliot Tickner)在马萨诸塞州波士顿成立的集体组织称为"鼓励在家学习的学会"
1892 年	芝加哥大学(University of Chicago)是第一所提供函授课程的传统美国教育机构(学院或 K—12),威斯康星大学麦迪逊分校(University of Wisanisn-Madison)首先使用"远程教育"一词
1906 年	威斯康星大学麦迪逊分校(University of Wisanisn-Madison)向远程学习者发送有关留声机记录的课程材料和讲座,采用新技术作为远程教育手段,并为在线学习奠定了基础。 美国第一所提供函授课程的学校——巴尔的摩的卡尔弗特学校(Calvert School)出现
1953 年	众议院大学(University of House)开创了远程学习的历史,它开始提供有关 KUHT(Houston PBS)的第一门电视广播大学课程,这是美国第一家公共电视台。KUHT 自称为"改变您的频道",每周运行 13—15 个小时的教学资料,约占该频道总播出时间的 38%。许多课程在晚上播出,以便白天工作的学习者有时间查看材料

(二) 起步期 (1960—1979 年)

从 20 世纪 60 年代初到 80 年代初,这一时期的在线教育发展缓慢,尽管互联网的基础已经建立于 1969 年,但直到 20 世纪 80 年代,计算机和网络的发展才使得在线教育发生革命性变化,传递学习方式由先前以学习资料传递的方式逐渐转向了以信息为主(见表 12-2)。这一阶段在线教育初具规模,学习者对在线学习需求增加,在线教育发展增速加快,参与的高校日渐扩增,政府也开始进行在线教育的投资与管理,在线学习的效果提高。在线教育体系的雏形慢慢显露,师资配备、资源开发、组织管理等逐渐在各大高校建设中提上日程。利用技术的发展和管理的革新,美国的在线教育体系发展到新的历史阶段,并逐渐引起人们的关注。

表 12 – 2　　　　　　　　　　　　起步期[①]

时间	事件
1960 年	伊利诺伊大学（University of Ilinois）创建了因特网系统，供学生访问课程材料和录制的讲座
1962 年	麻省理工学院（Massachusetts Institute of Technology）设想了一个"银河网络"概念，其中所有计算机都可以从任何其他站点访问数据和程序，从而有效地描述了所谓的互联网
1968 年	内布拉斯加林肯大学（University of Nebraska-Lincoln）承认远程教育的学习并认可其文凭
1976 年	第一个虚拟校园，即海岸线社区学院诞生了，它完全通过通勤课程（也称为远程课程）（使用电话、电视、广播、唱片和磁带）提供学位课程，虚拟校园的成立是远程教育的一个里程碑

（三）发展期（1980—2000 年）

发展期阶段，在线教育呈现出蓬勃发展的趋势，在线教育体系在在线教育的浪潮下日渐完善（见表 12 – 3）。20 世纪 80 年代是互联网的诞生年代，在这个时代之前，互联网及其相关的在线教育主要是基于大学计算机的研究实验。但是在这个时期，美国教育的相关基础设施已经铺设完毕，可提供更快、更广泛的互联网操作，并在随后的十年中为商业的流行普及打开了大门。此阶段，很多高校通过使用"学习管理系统"（Learning Management System，LMS）将教育资源进行系统化和专业化管理，并尝试研发在线教育平台；同时大量企业为了提高员工的技能和信息素养也开始利用在线教育平台重新培训员工；而各大教育机构也使用多种实时和异步在线技术，进一步推动了远程学习型大学迅速发展。在线教育体系得到国家政策支持，师资配备、资源开发、组织管理等都向前迈出一大步，在线教育体系在此背景下得以飞速发展。

---

① The Best School, "History of Online Education", Summer 2019, https：//thebestschools.org/magazine online-education-history.

表 12-3　　　　　　　　　　　　　　发展期

时间	事件
1984 年	电子大学（Electronic University）网络的创建促进了对在线课程的访问
1985 年	诺瓦东南大学（Nova Southeastern University）提供了第一个获得认可的在线研究生课程。同年，美国建立了第一个研究和教育网络：NSFnet 广域网，该网络是第一个专注于研究和高等教育的开放式计算机网络，推动了在线教育的迅猛发展
1989 年	美国凤凰城大学（The University of Phoenix）是第一家开设的完全在线的大学学院的机构，启动了其在线学位课程、学士学位和硕士学位
1990 年	林纳斯·本纳第克特·托瓦兹（Linus Torvalds）创建了 Linux，是开源软件的领先模式，也是现代众多在线学习平台的必需品
1991 年	万维网（WWW）向公众开放，在线教育资源进一步扩大
1992 年	西密歇根大学（Western Michigan University）开发了自动计算机评分系统，称为"计算机辅助个性化方法"
1996 年	企业家格伦·琼斯（Glen Jones）和伯南德·拉斯金（Bernand Luskin）创办了琼斯国际大学（Jones International University），这是第一所获得认可并完全基于网络的大学。 自完全在线的课程和学校以来，远程学习在许多不同的领域上持续增长[①]
1997 年	Blackboard 课程管理软件启动，有效地打开了各种在线选项的市场

（四）成熟期（2001 年至今）

成熟期阶段，美国的在线教育体系已相当完善，覆盖各个层次和领域，尤其是学校与企业的共同合作使在线教育成为学习者继续学习和提升技能的重要途径之一（见表 12-4）。21 世纪之初，互联网的访问变得越来越广泛，政府、企业进一步开发新的教育学习平台。因此，远程学习型大学的数量持续增长，利用在线技术的传统大学的数量也在增加。

---

① OnlineSchools.org, "The History of Online Schooling", Spring 2019, https://www.online-schools.org/visual-academy/the-history-of-online-schooling/.

在线大学和在线学位的普及，为学习者提供了更多的教育选择，尤其以2012年慕课的爆发，使得美国高校在线教育出现大幅度扩增，优质教育资源得以再次被整合和推广，但是随着时间的推移，在线教育的市场逐渐趋于饱和，在线教育体系也在在线教育的发挥中得到进一步完善。

表12-4　　　　　　　　　　成熟期[1]

时间	事件
2002年	麻省理工学院（Massachusetts Institute of Technology）通过开放式课程项目提供免费的教育资源
2003年	数位教学平台（Blackboard Learning System）的员工宣布，40000名讲师正在为55个国家地区的600万名学生讲授150000个在线课程[2]
2009年	私立基督教大学自由大学（Liberty University）首先启动其在线学位课程。全球有超过550万名学生注册了至少一门在线大学课程
2011年	教育部发布新法规，要求在线大学必须满足所有州级教育要求。此外，相同的监管措施要求使用学时来衡量学习的能力，而不是能力或其他措施，从而对行为进行严格的规定
2012年	Udacity代表哈佛大学和麻省理工学院发起大规模的在线公开课程（MOOC）。 奥巴马总统宣布向社区大学提供5亿美元的赠款，其中大部分用于支持在线学习资源和计划的开发
2013年	佛罗里达大学（University of Florida）在线开设，成为第一所仅在线的公立大学
2018年	98%的公立大学和学院提供某种形式的在线课程
2019年	宾夕法尼亚大学（University of Pennsylvania）成为第一所提供完全在线学士学位课程的常春藤盟校

[1]　The Best School, "History of Online Education", Summer 2019, https://thebestschools.org/magazine/online-education-history/.

[2]　OnlineSchools.org, "The History of Online Schooling", Spring 2019, https://www.online-schools.org/visual-academy/the-history-of-online-schooling/.

二 美国在线教育体系的现状分析

由于网络和数字技术的普及,在线教育变得比以往任何时候都更易于管理和访问,人们能够使用电脑或者手机进行学习,各地教育机构都提供开放式课件、在线课程和在线学位。尽管在线学校可能不会完全取代传统的教育,但是不可否认的是,在线教育对教师教授、学生学习和理解知识的方式都产生了重大影响。美国在线教育发展势头猛进,在线教育体系完善,各方面配置上位居前列。但是美国在线教育的发展并非没有挑战,自从20世纪60年代初期以来,在线教育一直因其明显缺乏质量控制,特别是缺乏高素质的教师而受到批评。此外,在线学习剥夺了师生、生生之间的现实互动,只能依靠互联网连接和电力供应,在一定程度上限制了学生的个性发展。再者,尽管美国属于发达国家,但仍存在缺少在线学习必需的学习设备的情况,尤其是新冠疫情扩散以来,在线教育的需求急速扩增,导致这一现象的发生更为严重。据最近的统计,加州的学校成绩数据显示,拟虚特许学校学生的考试成绩比其他特许学校或传统公立学校要低得多[1],在线教育课程的质量较传统面授课程存在较大的不足。因而在体系发展中,仍有相关领域有待改善,不同学者专家对其有不同的见解与解决方案。例如美国高级研究助理卡梅伦·苏伯特(Cameron Sublett)认为目前美国在线教育体系的师资建设中需要大量资源和培训,尤其是资源匮乏的乡村学校的教师缺乏机构提供的相关资源、规划等等[2]。

综上所述,美国在线教育体系在时代发展中已然存在诸多问题,其在政策落实上,师资配备、资源开发以及组织管理上仍有待改进空间,尤其是在后疫情时代下,给在线教育体系、在线教育巨大的机遇与挑战。美国在线教育想要更进一步就必须紧紧跟随时代潮流。

---

[1] NPEC, "Virtual schools in the U. S. 2013: Politics, performance, policy, and researh evidence", Spring 2013, http://nepc.colorado.eduu/files/npec-virtual-2013.pdf.

[2] INSIDE HIGHER ED, "Will Shift to Remote Teaching Be Boon or Bane for Online Learning", Spring 2020, https://www.insidehighered.com/digital-learning/article/2020/03/18/most-teaching-going-remote-will-help-or-hurt-online-learning.

第三节　美国在线教育体系的基本架构

在美国，国家和地方教育系统面临着改善教育成果和应对预算下降的双重挑战，因而教育部门的决策者迫切地希望用更少的钱做更多的事。在不牺牲质量的情况下降低成本，更好地利用现有资源，提高教育公平，在线教育是很好解决这一难题的途径之一。因而了解在线教育体系的基本架构能更好地发展在线教育，解决教育难题。本小节从政策制定、师资配备、资源开发、组织管理四部分来阐述美国在线教育体系的基本框架。

一　美国在线教育体系的政策制定

（一）美国联邦政府全力推进教育信息化

在20世纪90年代互联网迅速扩展之后，互联网的作用开始在全球乃至整个社会中都得到了体现。为了跟上互联网加速的步伐，立法和政策受到越来越多的挑战。在全球的在线教育中，美国一直是处于领先地位，这与其颁布的政策支持息息相关。早在1983年，美国高质量教育委员会（American Council on Education）发布《国家处在危机中：教育改革势在必行》（The Country Is in Crisis: Education Reform Is Imperative）的报告。这份报告拉开了美国教育改革的序幕，该报告指出，为了确保教育的数字化和信息化，未来每位学习者都必须掌握必要的信息技术理论与相关的实际操作，从而极大地促进了校园的信息化进程。此后，1994年的《改进美国学校法案》（Improving America's Schools Act of 1994）和《2000年目标：美国教育法》（Goals 2000: Educate America Act），从法律形式上确保了学校的信息化进程[①]。同时，学生学习不再拘泥于传统的学习场所，而是可以自主选择某些符合国家政策标准的虚拟学校或社区，突破了空间的限制使得美国的在线教育得以蓬勃发展，并以势不可当的力量开始席卷整个教育行业。而1996年的《让美国的孩子为21世纪做好准

---

① United States Department of Education, "The Improving America's Schools Act of 1994", Spring 1995, https://www2.ed.gov/offices/OESE/archives/legislation/ESEA/brochure/iasa-bro.html.

备：迎接技术素养的挑战》（*Preparing American Children for the 21st Century: Meeting the Challenge of Technical Literacy*）规划从战略角度着手，为在线教育体系提供了全面、系统的体系框架，进一步扩大了在线教育体系的发展。2000 年，美国国会和总统共同委托网络教育委员会（The U. S. Congress and the President jointly commission the Network Education Committee）制定出切合学习者在数字化时代所需要的技能培训和学习的政策方略，从而慢慢开启美国无纸质化的考试体系和多元化的智能评估体系，使在线教育体系更具个性化和专业化。此后，美国政府于 2004 年、2010 年和 2016 年又分别实施了相关的政策规划，从宏观政策上确保了在线教育体系的稳步性发展和提高。

（二）州政府积极响应推进教育信息化

除了上述联邦政府层面的在线教育政策以外，美国宪法规定各州负责公共 K—12 教育，宪法规定各州负有 K—12 教育的责任。因此，联邦政府通过立法程序向州和学校提供帮助以补充而非取代州的支持[1]。与联邦政府的政策遥相呼应，各级州政府也陆续出台相关的在线教育政策。据美国国家教育政策中心（National Education Policy Center，NEPC）不完全统计，2017 年 34 个州审议了 85 项法案，28 项已通过；2018 年 23 个州审议了 42 项法案，17 项已通过。并且建立了专门小组和委员会，负责研究运营虚拟学校模式所面临的挑战，包括治理、问责制和资金。尽管在线教育体系得到了州政府的充分重视，但与过去的财政拨款和项目投资相比，州政府似乎对在线教育体系的发展有些力不从心，主要表现在立法者和决策者一直未能通过法案或建立监管制度，对在线学校和混合学校提供额外的监督和问责。究其原因，第一，美国的在线教育体系已经有了几十年的充分发展，目前的发展已有相当规模；同时，比起软件的支持外，现在州政府正把注意力转向在线教育体系所需的基础建设中来，以避免产生"有力无处使"的现象，所以表面上看州政府似乎对于在线教育的技术发展"漠不关心"，实际上州政府正在努力打好在线教育体系所需的基础建设。第二，州政府采取权利下移的方式，让学习社区

---

[1] United States Department of Education, "Use-technology-teaching-and-learning", Summer 2010, https: // www. ed. gov/oii-news/use-technology-teaching-and-learning.

更灵活、更自由地选择适合自己的在线教育体系，从一定程度上减轻了州政府承担的压力。

二　美国在线教育体系的师资配备

（一）配备全职或兼职教师

在线课程是高等教育中增长最快的领域，在线教育已成为高等教育的主流组成部分。2018年，美国高等教育部内部就教师对技术的态度进行了一项调查，发现44%的教师教授过在线课程，38%教授过混合课程[1]。可见，教师在在线教育上已有一定的教学经验。但美国在线教育体系的教师队伍和传统教育的教师队伍还存在着显著差异。与传统大学相比，远程教育机构的教师队伍的构成和角色更加复杂，教师队伍由全职与兼职人员共同组成。对于全职教师、兼职教师各自的定位、角色与分工，不同的远程教育机构之间又略有不同，有的主要在课程教学层面聘请兼职教师，有的则在专业课程建设层面聘请兼职教师。全职教师主要以学校和社区为活动单位，将前沿知识和基础理论教给学生；而兼职教师是根据合同签订时所承认的学时进行教学，主要将学生所学的理论知识转化为实践应用，为学习者提供未来所需的职业技能。无论是全职教师还是兼职教师都是在线教育体系重要的师资力量，对学习者的理论创新和实践应用起到了举足轻重的作用。

（二）师资配备案例

例如美国凤凰山大学（Phoenix Mountain University）在线教育体系中以兼职教师为主，按照课程建设与课程教学的五个阶段相应有三个教学团队，即学位项目与课程体系研发团队、课程教学大纲与课程材料开发团队、课程教学团队，配套有严格、精细化的教师招聘与培训体系[2]。又例如坦普尔大学（Temple University），是一所多元化的学校，该校有一支随时准备承担师资力量的团队，由四个教授组成的小组，代表学院内的

---

[1] Sally Baldwin and Yu-Hui Ching, "Online Course Design: A Review of the Canvas Course Evaluation Checklist", *International Review of Research in Open and Distributed Learning*, 2019（3）.

[2] College factual, "The University of Phoenix -Arizona Student to Faculty Ratio & Faculty Composition", Spring 2020, https://www.collegefactual.com/colleges/university-of-phoenix-arizona/academic-life/faculty-com-position/.

不同部门，他们都接受过专门的在线教育培训，并在过去 5 年多的时间内集体教授了数十项在线课程。该团队通过提供在线教学专业发展课程并与教职员工一对一地合作开发在线课程来共同建设在线教学能力。该团队的最终目标是在教师的技术培训和教学培训之间取得平衡，以将最佳实践纳入在线教育①。

三 美国在线教育体系的资源开发

（一）美国在线教育体系基础设施

在线教育具有高度的灵活性，学习者可以自主使用学习设备参加在线课程来提高学习成绩，这种教学区别于传统教学的主要特点是教师、同伴和教育机构之间的物理距离，并且目前各种技术工具被用来弥合这一物理距离来改善沟通和互动。与传统教育相比，在线学习减少了对物理空间的需求。尽管在线学校通常很少或没有与物理基础设施相关的成本，但它们在技术和教学开发方面的成本更高。随着云计算等新兴信息技术解决方案的出现，技术基础架构成本可能会降低，但是开发和管理成本构成了预计将持续存在的重要支出。除了硬件、软件、程序开发以及中央技术的维护、支持成本之外的服务，美国各州和地区计划必须确保所有学生都有平等的机会访问参与所需的硬件和软件。美国电子学习和在线课程市场猛增到新的高度，到 2025 年估计将达到 3250 亿美元②。目前，智能手机和平板电脑因为包含了全方位的数字服务，扩大了与虚拟世界的连接，已成为用户进行在线学习的工具。但随着新冠疫情时代的到来，在线教育的需求急速扩增，对相关学习资源设备的需求也在不断扩大。据美联社的一项调查发现，美国各地的学校在今年面临着长达数月在线学习所需的笔记本电脑和其他设备的短缺③。

---

① Support independent student journalism, "Preparing Faculty for High-Quality Online Programs", Autumn 2019, https：//campustechnology.com/articles/2019/10/16/preparing-faculty-for-high-quality-online-programs.aspx.

② Adam Enfroy, "13 + Best OnlineE Course Platforms (Ultimate Guide for 2020)", Summer 2020, https：// www.adamenfroy.com/best-online-course-platforms.

③ Education Week, "U.S. Faces Back-to-School Laptop Shortage", Summer 2020, https：// www.edweek.org/ew/articles/2020/08/23/ap-exclusive-us-faces-back-to-school-laptop_ap.html.

总的来说，美国在线教育体系的物理基础设施已经基本建立完善，但在学习设备工具上还有较大的缺漏，需要进一步健全完善。

（二）美国在线教育资源开发形式

学习管理系统（LMS）是所有在线课程平台的统称，可为用户提供数字课程的访问权限。这些在线平台提供的在线课程是讲师通过视频、图像、文本、音频和PDF文件等提供给学习者。学生将与LMS软件一起学习，做笔记，进行练习并完成测试以及考试[1]。霍恩和斯塔克（Horn and Staker）认为在线学习可以是完全在线的，所有的教学都是通过互联网进行的，或者可以与混合教学中的面对面授课相结合[2]。目前，美国的在线教育体系的内容开发由四部分组成。第一，普通在线学习，美国48个州和华盛顿特区支持在线学习，范围从偶尔补充课堂教学到为学生提供全日制课程。这些机会包括双重注册，学分恢复和暑期学校课程，并且可以为学生提供高级进修和荣誉之类的课程或补救课程。核心科目和选修科目都可以在线学习，其中许多都由在线学习材料提供支持。虽然一些在线学校或程序是本地生产的，但其他许多学校或程序则与私人提供商或其他州签约以提供在线学习机会。第二，全日制在线学校，在线或虚拟学校全日制招生，这些学校的学生不是在实体学校上学，而是收到所有指示，并通过在线学校获得所有学分[3]。第三，混合式学习，混合学习机会既包含面对面学习又包含在线学习，在线学习的程度以及将其整合到课程中的方式因学校而异。这种方式将在线学习与基于学校的教学相结合，更适应学生的多种学习风格。第四，开放式教育资源，开放式教育资源是驻留在公共领域中的教学、学习和研究资源，任何人都可以通过网络免费使用。它们是学习基础架构的重要元素，范围从播客到数字图书馆再到教科书和游戏。与其他任何教育资源一样，确保开放的

---

[1] Adam Enfory, "13 + Best OnlineE Course Platforms (Ultimate Guide for 2020)", Summer 2020, https://www.adamenfroy.com/best-online-course-platforms.

[2] United States Department of Education, "Understanding the Implications of Online Learning for Educational Productivity", Autumn 2013, https://search.usa.gov/search?utf8=%E2%9C%93&affiliate=ed.gov&query=Under-standing+the+Implications+of+Online+Learning+for+Educational+Productivity.

[3] United States Department of Education, "Use-technology-teaching-and-learning", Summer 2018, https://www.ed.gov/oii-news/use-technology-teaching-and-learning.

教育资源符合质量，完整性和准确性的标准至关重要，并且确保残障学生可以使用。善用数字资源，学校可以通过多种方式使用数字资源来支持教学。

四　美国在线教育体系的组织管理

（一）组织管理协议的通过

在美国，大学增加在线课程的同时，要加入《国家授权与互惠协议》（*National Licensing and Reciprocity Agreement*，SARA）。SARA 协议要求机构遵守一系列准则，以确保在线课程和计划是高质量的，包括课程设置、在线课程评估和师资培训等方面的一致性[1]。坦普尔大学（Temple University）学术事务副主任詹妮弗·易卜拉欣认为加入 SARA 时，促使其思考如何开发针对在线学习环境的质量保证机制的系统，并提升教师的技能，同时改善了学生的用户体验[2]。在组织管理中，以华盛顿州为例。美国根据课程结构的不同，在线课程可以作为传统课程和时间表提供，或者更常见的是作为三种课程模式之一的替代学习体验。一半以上的课程内容是通过互联网或其他计算机方式以电子方式提供的，一半以上的教学是通过在线课程管理系统或其他在线或电子工具完成的。

在组织管理认证中，师生互动成为重要的考量指标。教师和学生之间的交流互动包括直接教学、作业复习、评估、测试、项目监测和教育促进以及学生可以同步、异步或同时访问。"在线学校计划"中提供一系列在线课程或年级课程的学校计划，这些课程可以在一个学期内或整个学年内进行，如果学生愿意，可以提供全日制基础教育计划。"在线课程提供商"提供单独的在线课程，并具有以下特点：在线课程提供商必须提供课程内容、学习管理系统的访问权限和在线教师指导。在线课程可以全部或部分交付给学生，独立于常规的课堂安排。但是这些课程必须

---

[1] Support independent student journalism, "Preparing Faculty for High-Quality Online Programs", Autumn 2019, https://campustechnology.com/articles/2019/10/16/preparing-faculty-for-high-quality-online-programs.aspx.

[2] Support independent student journalism, "Preparing Faculty for High-Quality Online Programs", Autumn 2019, https://campustechnology.com/articles/2019/10/16/preparing-faculty-for-high-quality-online-programs.aspx.

符合通过"学生成绩历史"提供有关课程完成情况和成绩的数据。

在新冠疫情时期，在线教育迅速兴起，美国各州也都积极调整在线教育的管理。例如，在俄勒冈州，学生和家庭可以选择转到居住地区以外的公立特许学校。各学区可能不会采取措施阻止学生离开居民区就读非虚拟公立特许学校。居民区只有在达到上限3%的情况下才可以拒绝学生注册虚拟公立特许学校。也就是说，该地区3%的学生就读于该地区未资助的虚拟公立特许学校。拒绝虚拟特许学校入学的地区必须在收到入学意向通知后的14天内向家庭提供书面通知，并且必须为学生提供两个在线选择的清单。在虚拟特许学校招生上诉程序之后，家庭可以对地区拒绝提出上诉[1]。

（二）学习管理系统的应用

在远程教育或混合课程中，通常依赖某种形式的学习管理系统。学习管理系统即以电脑、手机、平板电脑等作为学习的终端设备，配备网络平台和数据管理将学习者的学习动态和学习进程能够个性化、专业化、精细化地进行分析，从而为学习者选择最适宜的学习资源并提供恰当的学习反馈，主要是从课程资源、平台管理、数据分析等环节综合考量学习者的学习状态[2]。不同在线教育体系选用不同的学习管理系统。LMS对呈现和感知在线教育的方式有很大的影响。在美国，当前的LMS市场由Blackboard、Canvas、Moodle和Desire2Learn主导，分别占机构的90.3%和学生入学的92.7%。2018年，根据《美国新闻与世界报道》（U.S News & World Report）排名前25的在线学士学位课程的年度排名，排名前五的院校中有四所使用了Canvas LMS。最近，Canvas发布了课程评估清单，以指导LMS用户设计高质量的在线课程[3]。

例如在坦普尔大学，一直在使用Canvas作为学习管理系统。Canvas功能齐全且操作简便，能够最大限度地开发学习者的学习潜力和激情，

---

[1] OREGON. GOV, "August 2020 Education Update", Summer 2020, https://www.oregon.gov/ode/about-us/Pages/Education%20Update%20pages/August-2020-Education-Update.aspx.

[2] 黄德群：《云服务架构下的Canvas开源学习管理系统研究》，《中国远程教育》2013年第7期。

[3] Sally Baldwin and Yu-Hui Ching, "Online Course Design: A Review of the Canvas Course Evaluation Checklist", *International Review of Research in Open and Distributed Learning*, 2019（3）.

因此,该系统被多所学校所使用。该校在 Canvas 上开发了标准化的在线课程模板,该模板符合 Quality Matters 准则。该校教师通过整个在线课程的设计,从课程提纲到授课风格的选择,再到评估技术等。九个模块中的每个模块均包含教学和技术部分,涵盖了从创建对齐、设置 Canvas 站点到设计和交付同步会话的所有内容。在每个模块中,都有一个组织良好的基础架构,以确保教师的一致体验。该结构从一组清晰的学习目标开始,旨在对最佳实践进行建模并确保与活动和评估保持一致。遵循这些目标,这里有各种资源,包括视频、带屏幕截图的教学指南、Web 链接、期刊文章以及我们在线课程中的示例。在内容之后,每个模块都包含"作业"供完成。教师可以将技术和教学上的最佳实践纳入作业中。①

第四节　美国在线教育体系的主要特征

一　以建设学习型社会为首要任务

进入 21 世纪,发展终身教育,创建学习型社会,已然成为当今世界许多国家和地区社会进步和教育发展的一致目标,美国也不例外。其中成人教育成为社会成员提升自己、继续学习的重要途径之一,并且随着信息技术的发展,该学习规模呈现越来越庞大的趋势,学习者由被动学习逐渐转变成主动学习,由此全民掀起了谋求自身发展的学习氛围,极大地促进了学习型社会的构建与发展。发展成人教育、创建学习型社会的重要途径之一就是创建社区学院。社区学院是开展终身教育和建设学习型社会的重要载体,社区学院实行免试开放的招生政策,其面向的对象已经不局限于 K—12 教育与高等教育群体,入学门槛低,不受年龄限制。随着互联网技术的流行,在线学习的迅速发展为学习者提供了灵活的学习条件,越来越多的人更容易注册到在线课程,其非凡的优势也被频繁运用到社区学院中去。20 世纪 80 年代,美国马利柯帕县社区学院联

---

① Support independent student journalism, "Preparing Faculty for High-Quality Online Programs", Autumn 2019, https://campustechnology.com/articles/2019/10/16/preparing-faculty-for-high-quality-online-programs.aspx.

盟的所有社区学院和技术学院开始大力发展在线教育，并得到了学习者的普遍支持。该社区学院的学习者可以利用互联网技术在任意时间、任意地点、任意平台上学习或培训，并且学习结束后会有相对应的考核。如果考核合格则会派发相对应的证书文凭，该文凭正日益得到相关政府、机构等的承认与认可①。

学习型社会建设离不开学习型社区的建设和完善，社区学院的成立为成人在线教育提供了新的学习路径，也为美国创建全民在线学习型社会提供了实施的具体步骤。作为科学技术居于前列的国家之一，美国对各个层级的人才培养的规格和需求也在不断扩大，成人教育也逐渐往教育终身化方向发展。美国成人教育的成功，其根本原因主要是以创建学习型社会为首要任务，不断跟进时代发展的潮流。

二 以服务于普通大众为主要导向

由于在线学习的灵活性，在线课程除了对学生有特别吸引力，还对承担工作和家庭责任的人有较大影响力。2019年在线教育趋势报告（2019 Online Education Trend Report）中提到，美国在线教育有三种主要的学生类型：高中毕业生，有事业心的学生和终身学习者，报告中还提到"在线学生人口统计数据中最重要的趋势"结果表明，在线学习者越来越多样化，学生年龄和其他领域的广泛多样性持续增长，从美国境外、州外或学生群体以外比以前有更多的机会参与在线教育，不同种族、语言和残障人士也加入进来②。在线课程尝试者往往年龄更大，甚至全职、兼职上学。例如，基于根据加州社区学院系统的数据，汉斯·约翰逊（Hans Johnson）和马里索尔·奎拉尔·梅加（Marisol Cuellar Mejia）发现25岁或以上的学生更有可能比年轻学生参加在线课程的人数更多③。

除去年级差距以外，在线教育也完美解决了在线入学的种族差异，

---

① 丁辉、司首婧：《美国高职教育与社区教育合作模式及启示》，《广东广播电视大学学报》2014年第6期。

② Best College, "2019 Online Education Trends Report", Spring 2020, https://www.bestcolleges.com/research/annual-trends-in-online-education/.

③ Di Xu and Ying Xu, "The Promises and Limits of Online Higher Education: Understanding How Distance Education Affects Access, Cost, And Quality", *AEI Paper & Studies*, 2019 (1).

在过去的 4 年中，在线学习注册的人数在逐年递增，并在未来也将持续增长。其中，拉丁裔学生的在线入学率比白人低得多，非裔美国人或亚裔学生多。这种差距可能是部分宽带互联网访问存在问题，研究表明，拉丁美洲人通常不太可能访问互联网。但是无可否认的是，在线学习为无法入学的个人寻求了高等教育的机会，尤其是弱势群体或代表性不足的学生群体。在线教育大大提高了整体入学率。

三 以改善教育绩效为基本原则

在美国，无论是 K—12 教育还是高等教育，其教育的最终目标之一都是提高学生的学习成绩。教育的主要目的是培养社会所需的人才，以此实现人才的"流转"。显然，在线教育不仅打破了传统的教育形式和人才培养规格，而且给学习者更多的自由度和灵活性，学习效果也没有明显的降低。相反，根据慕课平台的统计数据得出，越来越多的学生选择线上学习并通过考试，且这种教育形式有助于学习者的未来职业规划和选择①。在线学习人数的增加一方面证明了在线教育的便捷性和重要性，另一方面也能说明在线教育的课程体系建设和学习资源配置对于学习者的学习质量和学习效果有着显著的改善与提高，这正是专家学者乃至社会成员非常认可在线教育的可取之处。

此外，美国的在线教育平台和管理体系都有着严格的规章制度和评价指标，每个课程内容和设置都必须经过层层考量最终得以在平台上展示。无论是从学习资源的选择还是教学设计的制定，都经由专业的教学设计专家进行设计和修改，并且设计者、管理者、教学者、学习者等相关人员都必须遵循相关的评价指标和道德指南。也就是说，美国的在线教育体系秉持着严格的设计理念和管理制度，学习者选择什么样的学习路径、教学者讲授什么形式的教学内容、设计者设计如何简便的学习渠道等等，这些都是根据其专业评估和数据汇总分析得来的，这也是在线教育体系中最为核心的一环。当然，美国的在线教育课程体系不仅注重数量的有序和庞大，而且注重其质量的高低与好坏，为学习者提供了高

---

① Doug Lederman, "Online enrollments grow, but pace slowst", Winter 2019, https://www.Insidehighered.com/digital-learning/article/2019/12/11/more-students-study-online-rate-growth-slowed.

质量、高层次的课程体验。

由此可知，美国的在线教育体系正以稳步发展的态势使在线教育逐渐趋于教育体系的中心位置，归根结底，其原因可以概括为：以高质量的师资力量作为首要前提，辅助智能化的评价体系和实时反馈机制，加之平台建设理念"以学生为中心"并注重教学的层次和质量，提供个性化和专业化的学习服务。这些层面为在线教育的发展奠定了坚实基础，也为学生学习成绩的提升打下了基石。

四 以提升在线教育学位认证为重要保障

在线教育包括专业培训和认证准备，据统计，全球近一半的受访者表示愿意接受在线教育学历的认证，美国在线教育体系也不例外。随着在线课程的增加，其具有扩大高等教育机会的潜在能力，因此，整个期间，在线课程的需求在逐年增长。也就是说，现在提供在线课程的大学比以往任何时候都多。美国学校正使用信息技术扩大入学机会、提高教学质量和降低相关成本。2019 年 3 月，Quality Matters（QM）和 Eduventures Research 联合发布的《美国在线教育发展全景报告》（*The Changing Landscape of Online Education*，CHLOE）表明在线教育体系正逐渐趋于完善，越来越多的学校承认在线学习的学历及文凭，且由此毕业的人数也在逐级增加[①]。数据显示，完成在线教育课程并获得学位的人数已达百万，其课程范围涵盖了各级各类学科领域，这有力地证明了在线学习能够促进自我提升和发展，有利于新的教育形式的创新。此外，许多地区和州已经转向在线学习，替代或补充实体学校的教学。截至 2010 年底，48 个州和华盛顿特区的学生获得了在线学习机会。这些机会是由许多不同的供应商提供的，包括州虚拟学校、多地区全日制在线学校，单一地区项目和由联合体或高等教育机构运行的项目，私营部门的公司也为中学生提供在线学习机会。根据国际调查，估计 K—12 在线学习在 2010 年有 150 万学生参加了一个或多个在线课程。在这些课程中，学生通过互联网接收全部或部分教学内容，并在网上与教师，同龄人和数字学习内容

---

① Russell T. Osguthorpe and Charles R. Graham, "Blended learning environments: Definitions and directions", *Quarterly Review of Distance Education*, 2003（3）.

进行互动。一些州，如亚拉巴马州、佛罗里达州和密歇根州，已经将在线学习体验作为其毕业要求的一部分[①]。

从 2016—2017 年开始，显示在线教育课程的总体供应增长以及学生对这些课程的需求增长。其中全美国 7000 所高等院校中有近 5000 所是学位授予机构。所有授予学位的机构中约有 3500 家提供在线课程。自 2012 年以来，这个数字一直稳步增长，当时有 70% 的机构报告提供在线课程。在提供任何在线课程的机构中，几乎所有机构都提供本科水平的在线课程，一半左右提供研究生水平的在线课程。根据 IPEDS，在 2016—2017 年度，超过一半的学位授予机构至少提供了一个在线课程[②]。

综上所述，美国在线教育体系中，提供在线学位的学校或机构越来越多。随着学位认证的繁荣，社会市场就对学位有着更加严格的要求、规范。因而如何提升各个机构学校的学位水平愈加重要。

第五节　美国在线教育体系的总结启示

教育是整个世界经久不衰的话题之一，教育质量决定着一个国家民族发展的生计。我国教育部于 2019 年与其他部门联合发布的关于在线教育健康发展的报告指出，我国将坚定不移地支持在线教育的发展，并倡导各方力量支持和帮助在线教育体系的建设。借助教育革新从而促进科技、经济、文化等方面的创新，为培养高素质、高水平的人才打下坚实的基础[③]。教育重视程度提高，在线教育行业持续增长。艾媒咨询数据显示，2020 年中国在线教育用户规模达到 3.09 亿人，市场规模达到 4538

[①] United States Department of Education, "Understanding the Implications of Online Learning for Educational Productivity", Autumn 2013, https：//search. usa. gov/search? utf8 =% E2% 9C% 93&affiliate = ed. gov& query = Underst – a nding + the + Implications + of + Online + Learning + for + Educational + Productivity.

[②] Di Xu and Ying Xu, "The Promises and Limits of Online Higher Education: Understanding How Distance Education Affects Access, Cost, and Quality", *AEI Paper & Studies*, 2019 (1).

[③] 中华人民共和国教育部：《教育部等十一部门关于促进在线教育健康发展的指导意见》，2019 年 9 月 25 日，http：//www. moe. gov. cn/srcsite/A03/moe_1892/moe_630/201909/t20190930_401825. html，2020 年 4 月 14 日。

亿元①。因而，中国在线教育体系的发展迫在眉睫。本小节结合美国历史考察、基础架构、主要特征等来为中国在线教育体系提供总结启示。

一 研究总结

（一）政策资金积极支持，但教育成本过高

美国网络远程高等教育发达，在国家层面，为在线教育提供资金在线课程的项目各不相同。2015年，美国教育委员会，通过其州财政援助再设计项目，分析了最大的100个州的财政援助项目。除宾夕法尼亚州外的所有州都有从州级政策中取消50%援助的规定。一些州也明确提出了国家预算中在线教育的增长。例如，加州在2018年承诺投资1亿美元创建一个在线社区大学以证书和资格认证为主，为需要新技能的工人服务。加州预算进一步承诺2000万美元扩大现有的在线服务②。尽管如此，美国政策制定者和教育工作者也尚未利用严谨的证据来回答关于在线学习的时间、方式和条件，而管理体系和问责机制仍是美国在线教育实现跨越式发展存在的主要问题③。在线教育体系的发展得益于多方面的努力与支持，如果缺乏完备的规章制度对其进行约束，那么在线教育体系会呈畸形状态发展，不利于长远的教育目标的实现，而这就需要更多的研究来指导在线教育体系的部署，以期实现学习者最大限度的学习潜力，并且制定相关的研究方法。

考虑到以上诸多问题，政府首先应根据现有环境条件控制和减缓虚拟学校以及混合学校的建设，并对已有学校进行周密考察，制定标准并对其规模进行相应调整。此外，政府还应严格地对在线学校的运行进行监管，采取合适的规章制度促进在线教育的健康发展，并将学习者的学习需求和实时反馈放在战略地位，强调其学习效果的良好程度。最后，

---

① 艾媒网：《中国在线教育行业数据分析：2020年在线教育市场规模将达4538亿》，2020年3月10日，https：//www.iimedia.cn/c1061/65837，2020年4月14日。

② Di Xu and Ying Xu, "The Promises and Limits of Online Higher Education: Understanding How Distance Education Affects Access, Cost, and Quality", *AEI Paper & Studies*, 2019（1）.

③ United States Department of Education, "Understanding the Implications of Online Learning for Educational Productivity", Spring 2013, https：//search.usa.gov/search?utf8=%E2%9C%93&affiliate=ed.gov&query=Under sta-nding+the+Implications+of+Online+Learning+for+Educational+Productivit。

还要推进在线教育相关的数据收集整理，鼓励关于在线学校的相关研究，积极扩大学生获得由合格教师讲授的课程的机会，通过扩大获得认证教师的渠道来提高教师的积极性，同时又不会在每个站点消耗高质量教师的成本。

（二）重视高等教育，但是退学率高

在过去的二十年中，美国高等教育系统中最重要的创新之一就是通过在线课程不断增加远程教育。大学管理者对在线教育表示大力支持，这表明当前的在线扩展可能会继续。根据对大学行政人员的一项全国调查，几乎一半的大专院校都打算将扩大在线学习作为正式战略计划的重要组成部分。大学近三分之二管理员认为，开发在线课程对于他们机构的长期战略至关重要。越来越多的大学（如加利福尼亚大学伯克利分校，哈佛大学和麻省理工学院）提供免费的在线课程[1]。

尽管在线高等教育的供求关系正在迅速扩大，但有关其对增加访问、降低成本和改善学生成绩的潜在影响仍然存在疑问。美国远程学习计划的增长对高等教育具有许多副作用。例如，本科生的基本情况发生了很大变化。凤凰城大学的学生平均年龄为33岁左右，目前参加在线课程的所有学生中，有50%以上是女性。在线教育也刺激了传统大学的变革，现在，所有实体大学的93%提供在线课程。在线教育可以在不同程度上使某些学生群体受益。但是，在线教育也存在着一些弊端。现有的关于学期课程的大学实验和准实验研究通常对学生的课程持久性和表现产生负面影响。研究表明，与社区学院面授课程的同类学生相比，在线课程的学生退学的可能性要高出3%—15%[2]。

（三）K—12在线教育相关研究较少

由于前期的在线教育绝大部分是从全局角度出发，并未考虑到教育的分级情况，所以美国K—12教育阶段发展没有其他教育领域那么迅速且高效，对于相关的研究和需求州政府也并未提供足够的资金和政策支

---

[1] OnlineSchools. org, "The History of Online Schooling", Spring 2020, https://www.online-schools.org/visual-academy/the-history-of-online-schooling.

[2] Di Xu and Ying Xu, "The Promises and Limits of Online Higher Education: Understanding How Distance Education Affects Access, Cost, And Quality", *AEI Paper & Studies*, 2019 (1).

持其发展①。直至 2010 年之后，借助信息技术与通信技术的发展以及州政府权利的下移使得 K—12 的在线教育规模逐渐扩大并呈现多样化发展，不少专家学者开始探索校内混合学习的多种新模式。随着 K—12 教育的普及和有效性的提高，美国许多针对中学生的在线学习计划已经得到评估，但是关于这些计划对学生学习结果的影响的实验或准实验研究却很少，目前多数集中于高等教育领域。相对于中学的基于位置的教学，没有发现能严格测量在线学习系统的生产力的分析。根据一项元分析调查，元分析中包含的 45 项研究中，只有 5 项集中在 K—12 学生身上，而这 5 项研究专门研究混合在线学习程序。在 K—12 的研究中，没有一项涉及完全在线的学术课程或完全在线的学位课程。5 项研究中有 4 项发现，在线学习的学生在传统课程中的表现与同龄人相当或更好②。纯在线教学的学习效果相当于纯面对面的教学。结果还表明，在线学习的有效性在不同的内容和学习者类型之间是相当稳定的。不同的学习者年龄或内容区域差异不显著。这表明在试图将研究结果推广到中学生群体时要谨慎。

因而，要加大对于中小学在线教育的研究，在研究过程中要明确中小学生的特点。鉴于中学生在线教学的成本和效果研究的局限性，利用在线学习进行中学教学。高等教育与基础教育和中等教育之间存在许多差异（如学生的年龄和成熟度），但与中小学相比，高等院校的在线学习历史更为广泛和悠久。高等教育的研究结果应谨慎应用于中学教育，因为在这些不同的教育水平上，学生人数、学习环境和财务模式都存在很大差异。据研究，与传统的面对面教学相比，美国学生在混合学习课程中的表现往往更好。

（四）交互、连通功能有待加强

实时交流与反馈不仅有利于师生之间的情感连接，而且有利于师生

---

① John F. Watson, Larry D. Pape, La uren Vashaw, "Keeping Pace with K-12 Digital Learning. An Annual Review of Policy and Practice (2014, eleven edition)", Spring 2017, http://files.eric.ed.gov/fulltext/ED558147.pdf.

② United States Department of Education, "Understanding the Implications of Online Learning for Educational Productivity", Spring 2013, https://search.usa.gov/search?utf8=%E2%9C%93&affiliate=ed.gov&query=Understanding+the+Implications+of+Online+Learning+for+Educational+Productivity.

之间对于学习内容的深度把控和揣摩。因此，无论是异步交流还是同步互动，师生之间都必须留有相关的空白时间以供双方进行交互与讨论。这样不仅能够增强学习者的互动能力和交流水平，还能提升学习者的学习效率，减少学习者可能会出现的辍学现象，保证在线学习的专业性。尽管美国在线教育体系较为繁荣，但在某些层级上还存在着部分问题。2019年在线教育趋势报告中，在线计划管理员报告的在线教育挑战中包括：在线教育的连通性和交互性有待加强[1]。学者杰米·曼塞尔（Jamie Mansell）也认为尽管将传统的教室资料简单地转移到在线平台上是很诱人的，但我们希望赋予教职人员更大的创造力，并以不同的方式思考如何提供课程资料[2]。在交互上，还需要进一步加强。

根据CHLOE报告的结果可以看出，学生主要还是以自我摸索学习资源为主，缺少成员间的互动和师生间的交流。此外，在美国，白人学生和具有较高学前教育水平的人比其他人具有更高的自主学习能力[3]。导致此现象的原因较多，大致如下：首先，不同学生发展情况不同，学生的自我指导能力较低。在网上遇到困难的学习环境，与准备更充分的同学相比，不少学生无法进行持续学习；其次，由于缺少实际存在的同伴及其行为，社交的机会比较有限。不少证据表明，相较于面对面的课程，大多数学生在网络环境中的表现往往较差，尤其在某些子群体中，效果下降尤为明显。最后，缺乏人际关系也对美国在线教育体系提出了更高的要求。

二 研究启示

目前，中国在线教育正处于如火如荼的发展阶段，其在线教育的技术和投入已处于世界领先，但距离真正的在线教育繁荣还有一段距离。

---

[1] Best College, "2019 Online Education Trends Report", Spring 2020, https://www.bestcolleges.com/resear-ch/annual-trends-in-online-education/.

[2] Support independent student journalism, "Preparing Faculty for High-Quality Online Programs", Autumn 2019, https://campustechnology.com/articles/2019/10/16/preparing-faculty-for-high-quality-online-programs.aspx.

[3] Di Xu and Ying Xu, "The Promises and Limits of Online Higher Education: Understanding How Distance Education Affects Access, Cost, And Quality", *AEI Paper & Studies*, 2019 (1).

因此，参考美国的在线教育体系，结合其历史考察、基础架构、主要特征等来为建设中国的在线教育体系提供建议。

（一）加强政策引导，普及在线教育

我国高度重视在线教育体系的发展，无论是战略规划如《中国教育现代化2035》还是行动计划如教育信息化2.0行动计划，都从顶层设计战略部署在线教育。为了扩大在线教育的体系建设，教育部于2019年联合其他部门发布了倡导在线教育可持续发展的报告，要求全面提升在线教育体系的技术水平，利用现代教育技术扩大在线教育的规模和应用领域，全方位、多层次地发展在线教育体系[1]。同年，教育部发布《关于规范校外线上培训的实施意见》中强调，确保教师素质和能力的均衡，同时制定翔实可靠的道德标准，保障学习者的切实利益[2]。但是，教育资源供给不均衡的现象一直存在，从地区来看，优质的教育资源集中在一部分地区，尤其是部分贫困地区存在教育资源不足的问题。而且是在教育资源相对稀缺的地区，在线教育需求反而更弱，而这或许与对知识价值是否认同，以及是否愿为知识付费有密切关系。

鉴于此，我国有必要进一步完善相关政策，支持并普及在线教育，确保实施在线开放课程建设的单位能便利地获取教育资源。具体有以下做法：第一，上自国家政府下到各级学校机构都应制定出相关的规章制度，完善在线教育基础设施，确保教育信息化基础设施建设紧跟时代的步伐，特别是要善于利用前沿技术和新兴科技，以及满足学习者对在线互动、移动学习和泛在学习的需要。第二，倡导各种类型的在线教育平台的构建和学习资源的更新，并加大基础设施和资源的开发，确保所有的学习者都能从中受益。第三，以低成本的方式来扩展优质的在线教育资源，特别是要为偏远地区的学生提供相应的在线教育资源。第四，政策的制定、平台的搭建、资源的开发等都离不开资金的支持，所以各级

---

[1] 中华人民共和国教育部：《教育部等十一部门关于促进在线教育健康发展的指导意见》，2019年9月25日，http://www.moe.gov.cn/srcsite/A03/moe_1892/moe_630/201909/t20190930_401825.html，2020年4月10日。

[2] 中华人民共和国教育部：《教育部等六部门关于规范校外线上培训的实施意见》，2019年7月12日，http://www.moe.gov.cn/srcsite/A06/s3325/201907/t20190715_390502.html，2020年4月14日。

教育行政管理者和决策者必须对于在线教育体系的成本把控审时度势，既要避免对于在线教育体系的花费不足的现象，又要杜绝过于铺张浪费的情况发生。尤其是考虑到城乡差距和资源的不平衡，各级管理者更要根据实际情况正确估量教育资源的开发与配置，公平、合理、平等地构建在线教育体系，促进我国教育发展的智能化和均衡化。

（二）建设一体化双重院校模式，完善管理机制

对比美国在线教育的发展历程与实施路径，可以发现中国在线教育体系中存在诸多缺陷，其中就包括"一体化双重院校模式"的实施建设。在美国高等教育中，将在线注册学生与校内学生统一管理，以便于学生可以校内校外无缝学习链接，这就是在线教育的一体化双重院校模式，而我国传统高校网络教育注册则存在明显分离，分离之下学生过于自由，没有针对性的学习方向，长此以往，在线教育体系将逐渐失去发展的动力。自20世纪90年代以来，澳大利亚、加拿大、美国等国家就开始建设"一体化双重院校模式"模式，从此引领了在线教育领域和高等教育领域的新流行趋势[1]。并且通过数十年的考量，这种教学模式获得了全球教育学者和学习者的普遍认可。但是，中国在线教育体系目前只经历过双重管理体制下的远程教育，通常是以混合式教学为主，网络教学以辅助课堂教学为主，此模式下缺乏一体化有效管理，在线教育体系的学分认证、质量监控、社会认可等一系列机制不完善。2019年，教育部联合其他部门发布了倡导在线教育可持续发展的报告，该报告强调了高等机构、企业、社会等多方面的互助合作，以促进在线教育体系的发展与完善[2]。同时，政策还对于一体化双重院校有着明确的要求规范。

因而结合美国经验，中国应该调整目前在线教育体系的模式。具体应该做到以下几点：第一，高校应当注重资源整合和平台建设，对接在线教育平台注册机制，同时鼓励学生积极参与在线课程的注册与学习；第二，进一步扩大和完善在线教育的服务群体，加强校内校外两个服务

---

[1] 方宇波、张炳华：《加澳"一体化双重院校模式"个案分析研究》，《河北广播电视大学学报》2011年第3期。

[2] 中华人民共和国教育部：《教育部等十一部门关于促进在线教育健康发展的指导意见》，2019年9月25日，http://www.moe.gov.cn/srcsite/A03/moe_1892/moe_630/201909/t20190930_401825.html，2020年4月2日。

群体，建立全国范围内的学分互认和第三方机构质量评估和应用前景评价；第三，结合中国在线教育，科学建设符合中国学生、学生外群体的一体化双重院校模式，并建立相应的具有中国特色的成长保障机制，确保一体化双重院校模式在高校里的地位、工作效率与质量；第四，将在线教育资源与传统高校面授课程资源融为一体，执行相同的教学计划和课程标准，完成与校内学生同等的课程作业，取得相应学分与学历；第五，积极开发各种事务处理系统，以期能最大限度地发挥在线教育体系育人的功能。

（三）完善在线平台，加强人际互动

目前，随着多媒体技术、信息通信技术、人工智能的高速发展，在线教育体系逐渐迈向了新阶段，其注册用户也在呈递进式的上升。教育体系逐渐精细化、专业化，各门各科的课程体系也更加精准化、多元化，而学习者的学习热情反增不减，显然，在线教育平台极大地提升了学习者的学习能力和水平。相较于美国的在线平台机制经过十几年间的蓬勃发展，日益成熟，而我国在线教育平台发展起步晚，在师资队伍建设、服务支持、人际互动上都存在诸多的问题。不少学者声称，在线教育的课程质量良莠不齐，且学习者缺乏互动与交流，这严重影响在线教育体系的发展。尤其在线教育中缺乏传统教育中的人际互动，而人际互动是在任何环境下成功学习的关键。国内在线平台大部分无法与老师进行深入互动交流，并且在线课堂缺乏传统课堂氛围，由此可知，中国在线学习者目前最为在意的是教学视频的观看效果以及能否与老师进行互动交流。

综观中国的在线教育领域，对互动视频的应用仍处在起步阶段，较少有教育机构运用相关技术进行教学视频的互动，即使有，其应用的内容相对单一，缺少互动功能。因为课堂的互动对于教师的课堂把控和学习者的学习热情起着相当重要的作用，所以，我国在线教育体系中平台建设需要加强在线课程中的人际交流与联通。具体要做到以下几点：第一，利用云计算、大数据，将同龄的学生纳入一组，通过小组行动来解决课程作业，以促进学生与学生的互动，并提供实时的在线讨论会，教师在实时讨论会中解答学生疑惑，以改善通过模仿传统的课堂互动来实现师生互动。第二，为学生创造见面的机会。现如今，各种通信软件、在线平台较为完善,可通过语音电话、视频电话等与教师和学生面对面交流,改善学生与教师的关系,提高学生的课堂参与度。第三,结合各个在线平台中学生的学习表现、学习成绩、学习进度进行个性化和差异性的教学诊断评估,从而改善学生在学习过程中的交际。第四,目前中国大多数在线教育平台师生交互以非实时交互为主。因而要适当增加互动形式,例如中国大学 MOOC 等慕课平台加入了课堂答疑、留言板等功能,同时允许学习者之间相互成立讨论小组参与项目,扩大交流互动的范围,并提供课堂的实时反馈,使学习者能够随时了解自己的学习动态以及学习进度,促进在线学习者的学习动机和激情。第五,增加线上直播课程,在实时在线直播教学中,增加弹幕、连麦、问答播放器等平台功能,使教师与学生、学生与学生之间可以进行实时交流。

（四）优化提升在线课程质量,提升学生学习成绩

近年来,在线教育课程的质量参差不齐,如何保证课程体系的质量成了当务之急。为了保障在线教育课程的高质量标准,教育部于 2019 年联合其他部门发布了《教育部等十一部门关于促进在线教育健康发展的指导意见》,意见中指出要培育优质在线教育资源,提高课程的观赏度和深刻性。该报告强调了课程建设的关键性和重要意义,所以鼓励各类教育机构设计一批高水平的课程,尽量做到全面、均衡地发展开放课程,补齐教育基本公共服务短板[1]。通过上述美国在线教育体系研究可知,美国高度重视在线课程质量,在师资培训、资源建设上投入了大量的人力、物力、财力。而中国目前出现了只重数量不重质量的现象,尽管注册人数不断增加,但高品质的课程数量却没有同比例地上升。这与中国当下的市场需求与把握有关,存在有效供给不足的问题。而大量的实践证明,在线教育课程的质量决定着在线教育的绩效,而在线教育的绩效更是在线教育体系得以充分发展的必要因素之一。

为了解决在线教育平台课程质量良莠不齐的局面,完善我国在线教育体系,提升在线教育的发展,需要对在线教育课程进行优化,具体要

---

[1] 中华人民共和国教育部:《教育部等十一部门关于促进在线教育健康发展的指导意见》,2019 年 9 月 25 日,http://www.moe.gov.cn/srcsite/A03/moe_1892/moe_630/201909/t20190930_401825.html,2020 年 9 月 9 日。

做到以下几点：第一，制定切实完备的规章制度和管理体系，无论是从课程设计还是内容选择都需要有相关的评价指标作为支撑，以避免出现课程体系冗杂、内容重复、设计花哨等问题[1]。同时，为了确保制度的贯彻实行，必须坚持以学生为中心，保障学生的实时需求得到反馈，从而整体提高其在线的学习效率。第二，建设一支高水平的教师专业队伍。根据《中国青年报》的调查统计，超过一半的受众认为在线教师的水平不高且缺乏一定的师德，而另一部分的受众则对在线教师持观望态度，他们认为在线教师的能力和水平还有待提高[2]。因而，在线教师不仅要提高自身的信息素养和水平，还应该树立终身学习的教育理念，不断提高自己的专业技能和道德境界，在教学设计、教学组织、技术支持、资源利用以及合作互动方面进行进一步的练习与培训。第三，在在线课程的教学目标设置上，转变传统的"填鸭式"教学，倡导"线上"+"线下"的混合式教学，并进行大胆创新与实践，既能充分发挥学习者的学习动机，又能在寓教于乐的基础上完成知识的传递。第四，注重在线课程内容的时效性、价值性以及前沿性，要确保在线学习的内容有利于知识的复制与传播、知识与技能的转化、知识的生成与创新，真正使得在线教育课程围绕学生而设计开发。

第六节　本章小结

如今，互联网技术的快速发展、社会对教育重视程度的提高以及经济水平的不断提升，促使在线教育行业持续增长。在大规模在线教学实践的过程中，在线教育体系也经受着巨大的考验。此外，在教育数字化转型的背景下，各国政府高度重视在线教育，逐步发展完善的在线教育体系。国内的在线教育于21世纪初期才开始发展，而美国的在线教育行业发展更早，是在线教育的发源地，至今已经历多次发展与迭代，其在线教育体系较其他国家来说是相对成熟的，因而中国决心完善在线教育

---

[1] 熊华军、闵璐：《解读美国网络教育质量国家标准》，《中国电化教育》2012年第12期。
[2] 中青报：《在线教育市场野蛮生长，"在线"与"教育"均有不足》，2020年4月20日，http://www.sohu.com/a/228063566_100098561，2020年9月9日。

体系，美国无疑是中国学习的最佳学习对象。我国的在线教育体系正处在前所未有的机遇浪潮中，如何发展中国特色的在线教育体系，离不开国家、高校、个人等多方面的发展。

从美国在线教育体系的历史考察以及基本架构中得到美国在线教育的主要特征，研究美国在线教育体系，期望为中国在线教育体系提供策略建议。主要特征是以建设学习型社会为首要任务、以服务于普通大众为主要导向、以改善教育绩效为基本原则、以提升在线教育学位认证为重要保障。根据主要特征，总结出美国在线教育存在以下优缺点：政策资金积极支持，但教育成本过高；重视高等教育，但是退学率高；K—12在线教育相关研究较少；交互、联通功能有待加强。因而本章节结合中国国情和中国青少年身心发展规律，提出了以下启示建议：政策积极引导，加强普及在线教育；加强一体化双重院校模式；完善在线平台，加强人际互动；优化提升在线课程质量，提升学生学习成绩。

第十三章

新加坡在线教育体系的发展研究

终身学习作为打造学习型社会的有效工具，在新加坡得到了充分的重视，其国家领导人不仅在经济上投入大量资金，在政策规划中也力推终身学习。不仅设立奖学金，强化学校教育体系，同时通过成人教育机构营造全员学习的氛围，为全体人民创造了十分适宜的终身学习空间。信息通信技术（Information and Communications Technology，ICT）在新加坡数字教育中的运用十分广泛，在线教育作为教育信息化的一个类别，是教育信息化的子集。而在这大环境下，充足的基础设施、信通技术部门的快速发展、全球化和人口结构的变化、对知识型员工日益增长的需求、外包和政府激励措施等成为新加坡在线教育增长的主要推动力。

第一节 背景分析

作为教育信息化发展最快的亚洲国家，新加坡的信息技术发展水平在世界上一直处于领先地位。同为亚洲国家，不论是在文化背景或是教育管理模式，新加坡与我国各方面都十分相似。因此，新加坡的在线教育发展经验对我国教育的发展具有极大的借鉴意义。

随着终身学习的重要性日益增加，在线学习已经成为一种流行工具，受到众多学习者的热烈欢迎。在线学习根据学生的需求灵活地运用各类资源，与传统课程相比，在线学习提供了更多的交互式材料，使学生可以更加便捷地获取信息和反馈。目前，大多数老牌大学已经将在线学习纳入教学，以满足学生不同的学习需求。研究表明，许多大学生进行在线学习，有的是全程进行在线教育，还有的是将面对面学习与在线学习相结合的混合模式[1]。《NECS 报告》还显示，至少三分之二的学位授予机构提供在线课程、线上线下混合课程，或者以其他远程教育形式提供的大学学分课程[2]。根据机构的报告说明提供远程教育课程或项目的最常见原因是满足学生对灵活时间表的需求。近三分之二的机构表示有兴趣为无法进入大学的学生提供进入大学的机会。

信息技术和通信系统的新发展导致了知识传递的新范式变化——在线学习。在文献中，对于"在线学习"的解释使用了不同的术语。常用的术语包括电子学习、互联网学习、虚拟学习、计算机辅助学习、基于网络的学习和远程学习。虽然对在线学习的确切定义没有共识，但人们普遍认为，学习内容可以以不同的格式提供，如文本或视频图像，并通过互联网、个人电脑、光盘或移动设备以电子方式提供[3]。到目前为止，在线学习作为一种替代传统的面对面、教师指导的教育方式，已经受到了相当大的关注[4]，在线教学为多样化的学生群体提供了更广阔的学习环境[5]。此外，在线学习打破了学生对于地理位置、时间和地点的限制，并让学生积极参与学习[6]。

---

[1] George Bradford and Shelly Wyatt, "Online learning and student satisfaction: Academic standing, ethnicity and their influence on facilitated learning, engagement, and information fluency", *The Internet and Higher Education*, 2010 (13).

[2] Basmat Prasad and Laurie Lewis, "Distance Education at Degree-Granting Postsecondary Institutions: 2006 – 2007", Washington, DC: U. S. Government Printing Office, 2008.

[3] John E. Sandars and M. Langlois, "E-learning and the educator in primary care: Responding to the challenge", *Education for Primary Care*, 2005 (16).

[4] David E. Douglas and Glen Van Der Vyver, "Effectiveness of e-learning course materials for learning database management systems: An experimental investigation", *Journal of Computer Information Systems*, 2004 (44).

[5] Jared Keengwe and Terry T. Kidd, "Towards best practices in online learning and teaching in higher education", *MERLOT Journal of Online Learning and Teaching*, 2010 (6).

[6] Jennifer C. Richardson and Karen Swan, "Examining social presence in online courses in relation to students' perceived learning and satisfaction", *Journal of Asynchronous Learning Network*, 2003 (7).

第二节 新加坡在线教育体系的历史考察

新加坡早在20世纪末就意识到了信息技术的重要性。由于其资源的缺乏，新加坡政府十分重视人力资源的利用，并将教育作为推动国家发展的动力之一。在此背景下，新加坡将教育和信息技术结合起来，并在1997年成功推出教育信息化一期发展规划。在一期发展规划成功实施后，继而发布了接下来三期发展规划，极大地推动了新加坡教育信息化的发展。

一 新加坡在线教育体系的发展历史

新加坡一向重视教育的价值，改革也起到了很好的示范作用，其教育系统被称为世界上成功的教育体系之一。随着科技的飞速发展以及向知识经济的转型，新加坡和全球的价值观已经"远离生产走向创新和创造力"，这就导致需要重新设计新加坡的教育系统以满足21世纪的需要。新加坡在线教育体系大致经历了萌芽期（见表13-1）、发展期（见表13-2）、成熟期（见表13-3）与完善期（见表13-4），本章将对具体发展历史情况一一介绍。

（一）萌芽期：基础设施的建设和教师技能的培训

1997—2002年，这是新加坡在线学习推广的第一阶段。人力部在1999年进行的一项调查显示，约57%的新加坡人认为时间不足是学习的主要障碍。在线学习带来的灵活性可以极大地鼓励更多的学习者积极参与终身学习。因此，教育部将在线学习的发展视为促进劳动力终身学习的重要工具。在线学习对新加坡具有战略意义，因为人们认识到，要想使经济和国民跟上快速变化的步伐，终身学习是不可或缺的。

1997年6月，教育部战略性地向新加坡国民介绍了向以能力为导向的教育体系转变的观念，打开教育的新视野，建设"思考的学校，学习的国家"。这种新观点是为了鼓励发展创造性思维，开发多样化的课程和对教师教育的技能培训。在公布之前，首先审查了整个教育体系，从学前教育到大学录取标准课程。这一阶段的愿景是"营造全面的学习环境，包括学生、教师、家长、工人、公司、社区组织和政府"①。这不仅是教育部的愿景,更是为了让新加坡能够具有竞争力并保持其国际领先地位。"思考型学校"旨在确保学校能够迎接来自未来的挑战,而"学习型国家"旨在在学校环境之外促进全民终身学习。这主要包括四个重点:第一,新加坡政府努力在校园内建立信通技术基础设施;第二,在学校教育中设立信通技术相关课程;第三,新加坡政府努力为教师提供技术和教学培训;第四,开展真实课堂环境下的网络学习试点研究。

1980—2002年这一阶段,新加坡不仅建立了有形基础设施,还加强了民众对在线学习环境和信息通信技术的认识,奠定了新加坡在线教育的基础。这一阶段的实施试图在教学和学习的互动中普遍和系统地使用信息和通信技术,以便使整个系统达到信息和通信技术使用有效和普遍的水平。

表13-1　　　　　　　　　　　　　　萌芽期

时间	事件
1999年	新加坡教育部发起重建和改善现有学校计划(Program for Rebuilding and Improving Existing Schools, PRIME),旨在对新加坡的学校建筑进行更新和重建
1999年	FastTrack @ School试点于1999年9月在教育部(MOE)的支持下启动。该试点计划共拨款750万新币,用于学校和家庭的宽带接入,以及有关"Singapore ONE"或"Adopt-A-School"倡议的内容
1999年	IDA实施了NEU PC方案,主要内容为用户购买计算机提供一定优惠
2000年	国际电信联盟(ITU)接受了发展亚太卓越中心(ASP CoE)虚拟学习中心的提议,采取了重大步骤来推进在线学习
2000年	新加坡学习博览会上展示用于电子行业的基于互联网的模拟电子学习系统,与新加坡电子学习技术标准委员会成员共同发起和开发的基于互联网的电子学习系统

① 熊泉:《ICT在新加坡数字教育中的运用》,《出版参考》2015年第7期。

续表

时间	事件
2000 年	IDA 和国家社会服务理事会（NCSS）正在与八家公司合作，以帮助特殊教育（SPED）学校的学生利用信息通信技术进行学习
2000 年	IDA、南洋理工大学（NTU）和思科系统公司宣布成立第一个思科学院培训中心（CATC）。思科系统公司和 NTU 还将通过将 Cisco Networking Academy 计划的经验和知识扩展到 NTU 环境中来进行电子学习

（二）发展期：信息通信技术在学习和教学的整合

2003 年，新加坡启动了 2003—2008 年的第二个信息和通信技术教育总体计划。它支持按照第五个国家信息技术计划的设想，利用互联网的作用从而在整个学校课程的课堂教学发挥其巨大的教育力量，大部分教师表示利用信通技术比传统教学更加轻松[1]。为了逐步增强学校的能力，以稳步提高自主性，重塑学习，因而加强了信通技术在学习和教学中的整合，促进了信通技术支持的创新教学法，并通过支持基于学校的在线学习研究项目，提高学校的在线学习准备程度。

这一阶段的教育理念是"少教多学"[2]。在前者的基础上，进一步加强信息与通信技术在教育中的使用，政府在五年时间里投入了 4.7 亿新币，将信息和通信技术纳入课程仍然是新加坡的主要战略，目的是让学生掌握必要的信息和通信技术技能，进行参与式学习，以便他们为不断变化的社会和工作需求做好准备。

表 13 – 2　　　　　　　　　　　　发展期

时间	事件
2003 年	IDA 和微软新加坡（MS）宣布启动 IDA-Microsoft BackPack. NET 计划（BackPack. NET）

---

[1]　熊泉：《ICT 在新加坡数字教育中的运用》，《出版参考》2015 年第 7 期。
[2]　熊泉：《ICT 在新加坡数字教育中的运用》，《出版参考》2015 年第 7 期。

续表

时间	事件
2003 年	新加坡高级研究与教育网络（SingAREN）协会由新加坡政府于 1997 年作为国家项目启动，并于 2003 年形成制度。2005 年，SingAREN 在全球范围内和研究与教育（R&E）机构建立了更广泛的联系，使新加坡成为该地区的领导者和 AREN 枢纽
2005 年	Backpack. NET 中心正式开幕。该中心是世界上第一个专门设计的中心，旨在向教师、教育工作者、学生及政策制定者展示和准备有关技术将如何影响教学方法，并改善新加坡学校及以后各代学生学习环境的信息
2005 年	新加坡教育部启动了集群间资源共享"Inter-cluster Sharing of Resources"项目，主要通过构建资源共享框架以便不同用户之间可以相互分享资源
2008 年	开设两个新的信息通信学习中心，称为 Silver Infocomm Junctions（SIJ），以进一步提高老年人的信息通信素养
2008 年	FutureSchools @ Singapore 计划寻求发展多达 15 所学校，这些学校将成为新加坡更广泛的教育和学习社区的开拓者。FutureSchools 将为其他学校开路，提供可能的模型，将信息通信无缝和普遍地集成到学校的参与式学习的课程和教学法中

（三）成熟期：学习环境的改善和课程教学的创新

在 2009—2014 年，新加坡充分利用信息通信技术和投入大量资金，以学生为中心，来支持学校开展信息化教学工作。这一阶段新加坡的教育目的是："一切服务于让每个学生成才。"在这一阶段的规划主要达到：第一，学生在线自主学习普遍化；第二，学生小组合作学习能力有较大提升；第三，ICT 基础设施建设更加完善[1]。同时，致力于通过学校领导专业学习项目加强学校对在线学习的领导。该计划采用对等的方法来影响学校领导群体，以开发相关的技能来规划与实施基于学校的信息和通信技术计划，使得信息技术基础设施能够打破时空限制，随时随地进行学习。

---

[1] 熊泉：《ICT 在新加坡数字教育中的运用》，《出版参考》2015 年第 7 期。

这一阶段的重点是通过双向环境的互动发展，这有利于发展学生的思维能力。在在线学习方面经验丰富的教师发挥了信通技术导师的作用，他们在学校内部和学校之间推广有效的信通技术做法，并帮助学校提高使用信通技术的水平。

表 13-3　　　　　　　　　　　发展期

时间	事件
2009 年	新加坡启动网络健康学生大使项目（Cyber Wellness Student Ambassador Programme）
2010 年	FutureSchools 与教育部（MOE）、信息通信发展管理局（IDA）和高等教育机构紧密合作，并在国家研究基金会（NRF）的支持下，正在开发新的信息和通信技术解决方案以支持创新的教学方法
2013 年	2013 年 2 月，新加坡国立大学与美国公司 Coursera 合作，加入慕课课程
2013 年	阿曼信息技术局（ITA）和新加坡信息通信发展局（IDA）通过联合电子教育研讨会以及 COMEX 2013 ICT 展览会，加强其在阿曼教育部门的信息通信技术合作
2014 年	新加坡信息通信发展管理局首届大规模公开在线课程（MOOC）于 8 月 6 日举行了第一堂课，得到了热烈的反响

（四）完善期：教学质量的保障和各方资源的投入

自 2015 年 6 月以来，新加坡启动了最新的教育信息和通信技术总体规划，其愿景是为迎接未来的挑战以及在线学习者做好准备。学生们应该利用信息和通信技术，掌握学科知识，发展 21 世纪新技能，养成负责任的数字公民态度。学生的最终目标是通过随时随地地学习实现更大的个性化学习，并获得优质的课程资源。教师的最终目标是获得持续的专业学习，以及关于循证信通技术实践的信息。推动者是作为学习体验和环境设计者的教师，以及作为文化建设者的学校领导。

前一阶段中实施的支持教师在在线学习方面持续发展的机制继续以三种方式为基础：支持学校的教学和学习创新、为教师分享提供机会以及支持教师社区。新加坡教师学院作为教育部的一部分，为教师提供专业发展，如讲习班和其他支持。为了推广学校发展的创新做法，教育部使用网络学习社区的概念，为教师采用和适应信通技术做法提供社区支持。这种学习社区最初是由教育部教育技术司领导的，目的是提高对基于信通技术做法的认识，并通过与教师一起努力将有效的信通技术做法和创新纳入建设中来提高教师的能力。

这一阶段主要是通过加大对教育领域的投资，营造网络安全学习环境，并且强调以学生为中心，进行以价值观为导向的教育和高质量的学习，教育目的为"迎接未来，做一个有责任的数字技术使用者"。通过向学生提供高质量的在线学习资源从而能够利用信息技术进行在线学习。

表13-4 成熟期[1]

时间	事件
2015 年	新加坡科学中心（SCS）与新加坡信息通信发展管理局合作，在该中心建设一个新的交互式智能学习空间，为访客提供基于访问者个人资料的动态内容和定制的学习体验
2015 年	开设继续教育与培训在线课程网站（Get CET.sg），使得在职人员能够随时随地进行继续教育与培训（CET）
2016 年	新加坡小学教科书出版商和学习管理系统（LMS）提供商马歇尔·卡文迪什教育（Marshall Cavendish Education）将与美国自适应学习技术公司 Knewton 合作，开发个性化的自适应数学解决方案，以期为在新加坡的学生提供更有效的独立学习
2019 年	新加坡国立大学官网 2019 年 11 月 14 日宣布将于 2020 年在 edX 平台上推出一系列在线课程。通过与 edX 的合作，新加坡国立大学为世界各地的学习者提供高质量的在线课程

---

[1] The Best School, "History of Online Education", Summer 2019, https://thebestschools.org/magazine/online-education-history/.

续表

时间	事件
2020年	新加坡报业控股SPH和Snapask合作，为学生提供在线学习支持
2020年	新加坡教育科技创业公司KooBits宣布推出两款新产品，一款是在线数学学习平台"Home-Based Learning"，另一款是支持人工智能的在线辅导服务"Live Tutoring。这标志着KooBits电子学习产品首次正式进入消费者市场

二 新加坡在线教育体系的现状分析

自从讲座视频、演示文稿和电子邮件时代以来，在线学习已经走了很长一段路。现在的学生对课程的期望很高，要求课程清晰，引人入胜，而且最重要的是可以自主进行访问。在线教育能够接触到新的学生群体，并以学生为中心，学生的受众不再受地理位置和在校园学习的能力的限制，这增加了教育机会和教育公平性。随着大学在新的授课方式和学生群体中进行更多的投资，这为大学提供了更多的学习机会。毫无疑问，随着技术的更广泛普及和全民教育的全球使命的加深，在线教育成为传统教育的补充（或在某些情况下为替代方案）的潜力不可忽视。

（一）在线教育资源的质量亟须保障

在线教育是否能达到比传统方式更好的水平不必担心，更重要的是如何使用它为全世界的人们提供高质量的教育。这绝非易事，在线教育迫切需要监管。其中突出的问题包括认证和质量控制问题，考虑到国际范围则更加复杂。多年来，跨境学分或学位认证一直是各种教育系统的主要问题。在线学习的灵活性只会使这一过程变得更加困难。障碍是真实的，但不是不可克服的。教育技术的成熟还使在线教育变得比以往任何时候都更易于管理和访问。

以前，知识的传播很大程度上依赖于每个独立学科相对较少的关键期刊和教科书提供的渠道。虽然网上有很多假消息，在线教学中教员的部分作用就是过滤掉系统中的这种噪声。但事实仍然是在线教学作为传播最新知识的工具，其效率和有效性毋庸置疑。因此，如果在线课程的质量能够得到保证，这项技术有可能迅速变革高等教育。

(二) 在线教育资源的共享性需提升

传统教室功能的丧失，在线教育已经通过其灵活性和低成本来弥补这一不足。学生可以在任何需要的时候访问他们的"教室"，让他们可以方便地浏览并复习课程。有人还指出，一对一的课程绝不是次等的学习经历，它已成为在线教育的一部分，将教师与学生的互动提升到一个新的水平，使一个学生得到了全部的关注和互动。此外，有些人认为，在线教育极大地提高了人们获得教育的便捷性，从而实现了"全民教育"的目标，这一主题自20世纪90年代以来就已成为全球性任务。尽管许多国家在向所有公民提供基础教育方面取得了重大进展，但仍然有太多人（通常生活在偏远地区）无法获得教育。

(三) 体系由效率驱动转为能力驱动

新加坡一向重视教育的价值，其新的改革也做得很好，教育系统被称为"世界上最成功的教育系统之一"。诸如国际思维定式，强烈的职业道德，商业创造力[1]，和国家团队合作等无形因素成为劳动力质量和国家发展的决定因素。把劳动力素质作为发展的一种手段，使得"教育质量在20世纪90年代比任何以往时候都有了新的意义"的观念成为必要。随着科技的飞速发展以及向知识经济的转型，新加坡和全球的价值观已经"远离生产走向创新和创造力"。经济变化越快使得越来越多人的生活发生了变化，他们的生活更加忙碌，与家人、朋友和社区相处的时间更少，但是他们有更好的经济和社会效益。这些变化导致需要重新设计新加坡的教育系统，以满足21世纪的需要。越来越多的家长参与到教育系统的重建中，这种重建从效率驱动型更倾向于能力驱动的体系。在线获取热门信息也可以为个人职业生涯中的持续学习提供便利机制[2]。这是保持现代劳动力所需的适应性和灵活性的关键因素。随着职业的发展，在线培训和教育也可以提供促进员工进入不同工作领域所需的途径。例如，一个人可能在网上获得职业转换专业证书或大学学位。在线培训和教育

---

[1] Charlene Tan, Kim Koh, William Choy, "The Education System in Singapore", *Asian Education Systems*, 2016 (12).

[2] Sarah Ashton and Philippa Levy, "Networked Learner Support in Higher Education: Initiatives in Professional Development and Research for a New Role", *Journal of the American Society for Information Science*, 1998 (9).

的便捷性有助于定期更新教育。称为"即时学习""职业重组"或"终身学习"。这些都是成人学习的各个方面，涵盖了广泛的问题、主题和通过互联网向每个人提供的可能性。

第三节 新加坡在线教育体系的基本架构

国家和地方教育系统面临着改善教育成果和应对预算下降的双重挑战，因而教育部门的决策者迫切用更少的钱做更多的事。在不牺牲质量的情况下降低成本，更好地利用现有资源，提高教育公平，在线教育是很好解决这一难题的途径之一。因而了解在线教育体系的基本架构能更好地发展在线教育，解决教育难题。本小节从政策制定、师资配备、资源开发、组织管理四部分来阐述新加坡在线教育体系的基本框架。

一 新加坡在线教育体系的政策制定

推动新加坡在线学习的主要是政府的协同努力。1999年人力部进行的一项调查显示，约57%的新加坡人认为时间不足是学习的主要障碍。在线学习带来的灵活性可以鼓励更多的学习者积极参与终身学习。因此，教育部将在线学习的发展视为促进劳动力终身学习的重要工具。

为了实现成为亚太地区在线学习中心的愿景，新加坡政府已经建立了足够的基础设施，以促进在线学习的广泛采用。此外，政府提供财政激励措施，鼓励各组织尽早实施基于在线学习的培训。政府还与私营和国际组织合作，在新加坡推广在线学习活动。

（一）四个总体规划的制定

在线学习对新加坡具有战略意义，因为人们认识到，如果经济和人民要跟上快速变化的步伐，终身学习是极其重要的。在线学习有可能使技能提升变得更加实用，在经济上使公司向员工提供技能更加可行。

自1997年以来，新加坡政府做出了非常一致的努力，推动新加坡在线教育体系的完善。由于新加坡的国家重点是发展人力资本，其信息和通信技术教育政策的制定旨在使其学生公民为知识经济做好准备，并加强学生在学校的学习体验。第一个总体规划（mp1）于1997—2002年实施，重点是为学校配备基本的信通技术基础设施，并为教师提供基本的信通技术整合培训。第二个总体规划（mp2）为2003—2008年，侧重于通过在学校中进行创新，在教育中有效和普遍地使用信通技术。将信息和通信技术纳入课程仍然是新加坡的主要战略，目的是让学生掌握必要的信息和通信技术技能，进行参与式学习，并使他们为不断变化的社会和工作需求做好准备。2008年，启动了第三个教育信息和通信技术总体规划（mp3），其愿景是"利用信息和通信技术促进未来学习"。mp3延续了第一和第二个总体规划的愿景，"以丰富和改变学生的学习环境，并使他们具备在知识经济中取得成功的关键能力和倾向"。自2015年6月以来，新加坡启动了最新的教育信息和通信技术总体规划（mp4），其愿景是为未来做好准备并对数字负责的学习者做好准备。学生的最终目标是通过随时随地的学习实现更大的个性化学习，并获得优质的课程资源。

新加坡政府制定的四个总体规划分别代表了新加坡在线教育发展的四个阶段，随着社会的变化而不断调整和加入新的内容，使之更加完善和成熟。

（二）在线学习中心的战略

新加坡信息通信发展管理局（Infocomm Development Authority of Singapore）发布的"信息通信21世纪蓝图"报告（Infocomm 21 Blueprint）中明确指出，"将新加坡确立为该区域的在线学习中心"是其促进该部门发展的三管齐下战略之一[①]。其旨在发展足够的高素质信息通信人力和精通信息通信的劳动力，以维持新加坡经济的增长。它与相关政府机构和行业合作，实施各种方案，以创造一个充满活力的在线学习商业环境，并吸引和发展世界一流的在线学习服务提供商和人才，使新加坡成为其区域总部和所在地，其重点是推动关键经济部门的公司和社区发展和采用在线学习的能力。因此，政府有意识地促进在线学习以及其他与信息通信相关的活动。

2000年12月，新加坡政府宣布Infocomm 21计划，这是一项利用信息通信技术的五年战略计划，旨在进一步提高国家竞争力。Infocomm 21

---

① Mohammad Iqbal Bashar and Habibullah Khan, "E-Learning in Singapore: A Brief Assessment", *U21 Global Working Paper*, 2007（3）.

的愿景是将新加坡转变为一个繁荣的电子经济和精通信息通信的电子社会。Infocomm 21 中有两个关于在线教育的战略驱动力：一是使新加坡成为亚太地区首要的信息通信中心，二是通过将新加坡建设成为该地区的电子学习中心，成为信息通信人才中心。

新加坡政府已经采取战略，发展大量高技能人力和网络人才，因为国家的目标是成为该地区的信息通信中心，并发展具有全球竞争力的劳动力，以保持其高增长势头。在线学习被认为是新加坡未来人力资本发展的关键战略，各种政府机构，如国际开发协会和人力部，正在合作开发电子学习基础设施和促进在线教育。

（三）部门政策的初步尝试

在政府总政策的领导下，各部门也积极响应，根据各部门的具体情况，发布了一系列政策。

国防部（MINDEF）是最早尝试基于计算机的学习的部门之一，它推出了一个代表"自定进度、准时、按需"的Spot-on项目。Spot-on通过使其国家军人进行在线学习，减少了新加坡武装部队的营地训练时间。国防科学技术署（DASTA）开发的在线学习课程是Bionix步兵战车（IFV）汽车系统维护课程，它将四周的野营训练减少到三周多一点，或者减少25%的时间[①]。

公务员学院推出了新加坡学习交流，这是一项允许用户在办公桌上搜索课程、注册、付费甚至完成课程的服务。该软件将帮助受训者整理培训需求，找到合适的课程并申请课程——所有程序都在网上进行。它还将帮助公司和培训师跟踪学员的记录，并帮助完成管理任务。

人力部于2000年4月启动了SMCP在线学习战略人力转换方案。该方案旨在培训一批熟练的人力，以开发在线学习解决方案，解决在线学习作为替代培训媒介的增长问题。它希望解决新加坡对在线学习专业人员日益增长的人力和技能需求。它的第一个重点领域是在线学习教学设计。根据SMCP方案，派遣员工参加这种培训的雇主可以享受课程费用支助和培训津贴等激励措施。目前还有其他一些领域正在发展中，如在新

---

① Mohammad Iqbal Bashar and Habibullah Khan,"E-Learning in Singapore: A Brief Assessment", *U21 Global Working Paper*, 2007 (3).

加坡信息技术联合会的支持下建立一个在线学习宪章和一个在线学习标准委员会。

所有这些举措都有助于在新加坡创建一个充满活力的在线学习行业，让许多私营和公共部门组织积极合作，主动出击。

二 新加坡在线教育体系的师资配备

除学生完成教育分流选择的变化以外，新加坡教育体系中教师的角色也发生了变化。通过让教师使用互联网进行在线学习从而对教师进行技能培训，这已经成为全球共同发展的趋势。信息化教育的急速发展使得各科教师不得不提高教学水平，同时快速掌握信息技术。而教师专业发展也必须关注多方面，不仅需要进行技能培训，还需要实践训练。

（一）教师专业发展

全国教师理事会（NCTM）通过阐明教学和学习的新标准，使得教师的专业发展经历了一个范式转变——从通过讲习班传授知识转向向教师提供体验学习机会，使他们能够在基于问题的协作环境中审视自己的内容知识和教学实践[1]。虽然在线教师似乎享有在线学习的主动权，但在实践上却举步维艰，因此新加坡也是从多个方面针对教师专业发展提出了一系列措施。

2001年，新加坡发布教师专业发展计划（Edu-Pac），该计划重点是针对教师们的专业发展，为其提供专业发展环境，使得教师能够进行针对性训练，从而获得教师专业能力的提升。2004年，新加坡发布教师专业发展一体化模式（Professional Development Continuum Model，PDCM），主要是通过提升教师专业技能，不断改革教师教育制度。教师专业技能延长了职前学习和培训，教师需要具备终身学习的理念[2]。

新加坡向教师提供优厚的薪酬，以便招聘和留住教师。教师现在有权获得每年100小时的全薪专业发展，这些发展可以在教育领域或他们选

---

[1] D. Palumbo and C. Dede, "Association for Supervision and Curriculum Development", *American Society for Curriculum Development*, 1998 (1).

[2] Lee Sing Kong eds., *Toward a Better Future: Education and Training for Economic Development in Singapore Since 1965*, Washington DC: The World Bank, 2008, pp. 105–106.

择的其他领域进行,从而加强他们的教学水平。教师和领导都被鼓励通过休假来学习新技能和获得新知识。随着教育制度和教学理念的新变化,教师也需要这些新技能来进行自身专业的发展。所有教师都将接受合作学习战略的培训,使用促进创造性思维和团队合作的战略,并将其引入新课程以及将新技术用于教学和学习。

表13-5　　教师专业发展

阶段	侧重点	实践
1	侧重于培训所有具备基本信通技术技能的教师,以开始设计和实践基于信通技术的课程	为每位教师提供30小时的培训;有来自学校的60名资深信息和通信技术教员参加以学校为基础的培训
2	提供及时和足够的个人发展,并让学校自主决定所需的个人发展项目类型	定制基于学校或集群的教师发展,包括研讨会、实地工作、实习计划等。
3	侧重于建模如何有效利用信通技术来帮助学生在差异化教育环境中更好地学习	培训一批信通技术导师进行建模和领导实践型教师,促进学校内部和学校之间的发展
4	获得持续的专业学习,以及关于循证信通技术实践的信息。推动者是作为学习体验和环境设计者的教师,以及作为文化建设者的学校领导	实施的支持教师在电子学习方面持续发展的机制继续以三种方式为基础:支持学校的教学和学习创新,为教师分享提供机会,以及支持教师社区。新加坡教师学院作为教育部的一部分,为教师提供专业发展

(二)高校合作交流

在交流合作方面,新加坡为了师资力量和进行学校领导培训,提出了与各国高校签订相互合作协议。例如,和美国高校的合作集中在师资力量和学校领导训练、教育研究与国际基准(international benchmarking)以及数学物理等学科领域研究。除此之外,新加坡国立教育学院联合哥伦比亚大学教师学院一起进行文学硕士在领导力与教育方面的课程改革

(Master of Arts in Leadership and Educational Change，MA – LEC）。

2009 年至 2014 年，新加坡连续成立教师学院，例如新加坡国立大学设立了教学学院（2009）、新加坡教师学院（Academy of Singapore Teachers，2010）、新加坡艺术师范学院（Singapore Teacher's Academy for the Arts，STAR，2011）、南洋理工大学设立教学卓越学院（2014）。这些学院成立的目的都是提升教师的教学专业技能，同时为教师之间进行交流与实践提供平台。除此之外，各大高校还推出了一系列计划，例如教学技能培训计划、教学辅导计划、学院学术交流计划等。南洋理工大学为了提升学生的学习效果成立教学卓越学院，通过召集专业的教授与教师来共同研究教学法，因此还投入了 40 万新币的资金[①]。

新加坡教育部发布针对性的教师专业发展计划以及进行教师技能培训等，并且通过加大资金投入为学校提供信息技术支持；同时召开了例如年度教育技术会议等交流共享平台以促进学校之间的资源与信息共享。教育部支持学校在使用信通技术方面进行创新，并通过"未来学校@新加坡"和"领导信通技术@学校"等项目，促进学校之间分享良好做法。

（三）企业在线培训

技术突破导致教师教育在许多方面发生了巨大变化[②]。一方面，视频技术的使用越来越多，这有助于教师通过反复观看视频记录的课程来观察和研究他们的实践。另一方面，不断发展的基于网络的技术产生了"在线社区"，而互联网被用来保持教师之间的联系和作为随时随地的工作场所。在线学习中的学习活动基于学习者自主和交互式学习行为[③]。师生之间的互动导致学生的满意度和学生的学习成果[④]。贸易自由化和信息技术的快速发展使世界比以往任何时候都小。为了获得廉价劳动力和资本，企业正在世界各地流动。为了竞争优势，过去几年发生了大量的并

---

① 陈秋华：《南大设立教学卓越学院》，2014 年 2 月 5 日，http：www.zaobao.com.sg/lifestyle/education/news/sto-ry20140205-306445，2020 年 11 月 23 日。

② Susan Loucks-Horsley，"Professional development and the learner centered school"，*Theory into Practice*，1995（4）.

③ Shu Sheng Liaw and Hsiu Mei Huang，"An activity-theoretical approach to investigate learners factors toward e-learning systems"，*Computers in Human Behavior*，2007（23）.

④ Michael G. Moore，"What does research say about learners using computer-mediated communication in distance learning"，*The American Journal of Distance Education*，2002（16）.

购。这种业务扩张帮助许多公司成为一家全球性公司。新加坡是许多跨国公司的地区中心，这些公司的员工具有不同的文化和教育背景。对新加坡的这些公司来说，为员工提供培训越来越具有挑战性。幸运的是，在线学习正在成为他们培训的有效工具。

为了让所有工作领域的工作人员开始在线学习，教育部创建了一个虚拟培训和学习研究所（VITAL），这是一个支持多媒体学习、同步和异步互动以及跟踪和报告单个学习者进度的在线学习系统。它有一套异步和同步的在线课程，提供虚拟资源，链接到书籍、其他在线学习网站、案例研究、政府白皮书、在线评估功能等。因此，从教师本身开始，并逐渐改变课程，让学生接触到在线学习，在线教育将成为新加坡学校系统中根深蒂固的教学模式之一。这预示着新加坡在线教育的未来，因为下一批企业员工将更容易适应虚拟学习。

在线学习社区的概念，为教师采用和适应基于证据的信通技术做法提供社区支持。这种学习社区最初是由教育部教育技术司领导的，目的是提高对基于信通技术的做法的认识，并通过与教师一起努力将有效的信通技术做法和创新纳入背景来建设教师的能力，同时为企业方面培养更具有综合能力的员工。

二 新加坡在线教育体系的资源开发

技术的最新发展、设备在全球的普及以及全球互联网用户的增加带来了新的教育现象。随着虚拟世界中开放教育资源和工具的存在，它们为学习者提供了丰富、相对便捷和可获得的教育机会。它们还为教学、学习和研究中知识的开发、传播和利用提供创新方法。尽管这是一个相对较新的现象，但新加坡政府已经与不同的组织合作，以促进更多的公众获得教育资源。通过降低教育的成本，增加公众对这类课程的参与。同时还为公众提供技能和工作培训，并鼓励终身学习。

（一）大规模开放和在线课程（MOOCs）

MOOCs在新加坡教育和技能发展中发挥着重要作用。作为鼓励新加坡人通过终身学习发展深层技能的一部分，新加坡政府实施了一项全国性的"未来技能"培训计划,以支持继续教育和培训总体规划[①]。此外,新加坡劳动力发展署(WDA)和成人学习研究所(IAL)与成人教育工作者、商界领袖、人力资源开发人员和决策者密切合作,改革继续教育和培训部门[②]。近年来,IAL 与 Canvas 和 Udemy 合作,创建并提供 MOOC 产品。新加坡的欧洲联盟中心也通过 MOOCs 提供欧盟课程[③]。自 2014 年以来,新加坡国立大学、南洋理工大学等新加坡大学在 Coursera 等平台上开设了 MOOCs,所得学分可以作为学生获得学位资格的一部分。

然而,还有一些问题和挑战需要克服,如课程质量和完成率,以及学分、教学和可持续性的授予和认可。批评者指出,MOOCs 迎合了对在线平台学习感兴趣和有动力的特定参与者群体,还要求参与者具备一定的数字素养。除此以外,MOOCs 缺乏正式的质量保证,同时 MOOCs 的低完成率也是一个争议点。

(二)OSP@SG 项目

OSP@SG 项目代表了新加坡对开放教育资源(OER)的一次尝试。OSP@SG 是新加坡教育部教育技术司的一个研究项目,自 2012 年以来由一系列国家研究基金(NRF)eduLab 资助项目资助。OSP@SG 项目获得了 2015 年教科文组织新加坡国王哈马德·本·伊萨·阿勒哈利法奖,以表彰其在教学中使用信通技术的教学创新。

OSP@SG 项目帮助教师通过 OER 将现实世界的物理概念带到学校内外。OSP@SG 是一个包含 Java、JavaScript 和 Tracker 资源的数字图书馆。该计划通过提供运行在计算机和移动设备上的交互式数字资源来补充现实生活中的实验。OSP@SG 还创建了一个数学建模功能,学生的数学思想可以与现实生活和模拟数据进行比较。作为一个 OER,OSP@SG 开发的资源可以被世界各地的师生自由共享或改编。OSP@SG 希望为包容性

[①] Ministry OF MANPOWER, "Refreshed Continuing Education and Training (CET) Masterplan", Winter 2020, http://www.mom.gov.sg/employment-practices/skills-training-and-evelopment/refreshed-cet-masterplan.

[②] A Singapore Government Agency Website, "New-and-Announcements", Winter 2020, http://www.ssg-wsg.gov.sg/new-and-announcements/08_Jan_2017.html.

[③] Jun-Hwa Cheah, "Making MOOCs Work – some thoughts", Autumn 2016, http://www.unescobkk.org/fileadmin/user_upload/apeid/HigherEdu/MOOCsOct16/3 – Horn_Mun_Cheah –.pdf.

教育做出贡献,并促进终身学习,同时通过对 JavaScript 资源的商业利用,收取少量费用来探索可持续性的方法。OER 的吸引力显而易见,它在新加坡和世界各地开创了一个由开发者、教育者和用户组成的全新社区。

(三)技能未来(Skills Future)项目

技能未来是政府主导的一项计划,旨在帮助新加坡人调整其思维方式和适应自动化经济的能力。通过 Skills Future,年满 25 周岁的新加坡人将获得价值 500 新币的 Skills Future 学分,用于任何经认证的培训项目[①]。40 岁以上公民的职业中期强化将有 90% 的学费得到补贴。这些技能未来的学分可以用于在 Coursera、Udemy 和 SIM 大学等平台上选择课程。

Skills Future 计划基于四个主要重点。第一,它旨在帮助个人做出有关他们的教育、培训以及如何与自己的职业保持一致的决定。My Skills Future 以前称为"个人学习档案袋"(ILP),是一站式的教育、培训和职业指导网站。该网站旨在调整新加坡公民的技能获取和使用情况,并已整合到该国的工作中。第二,Skills Future 运行着一套集成的高质量教育和教学系统,以应对 4IR 技术和相应行业工作的变化。第三,倡议代表与业界合作,以确保雇主认可他们的技能证书和相应的技能提升。第四,Skills Future 致力于培育一种文化,以支持和庆祝整个新加坡的终身学习。

继续教育与培训在线课程网站(Get CET. sg)的出现,为大部分在职人员提供了继续教育与培训(CET)的平台与学习机会,而 Get CET. sg 也成为新加坡 Skills Future 项目的关键部分,为该计划提供了非常大的支撑力。

(四)i. Learn 项目

国家图书馆委员会(NLB)成立于 1995 年,负责领导该国的图书馆发展。它的使命是扩大国家的学习能力,以获得竞争力,创造一个全新的社会。它重新设计了图书馆服务,并推出了几项创新服务,以促进信

---

① Ethel Anges P Valenzuela,"ICT MOOCS in Southeast Asia: Trends and Challenges", Summer 1998, http://belmawa. ristekdikti. go. id/wp-content/uploads/2016/12/3. SEA-MOOCS-Meeting-Jakarta-DDPDfinal. pdf.

息素养和阅读文化。NLB 充分利用技术来改善向其用户提供的公共图书馆参考服务水平[①]。尽管 NLB 早在 1998 年初就开始试验在线学习，但与其他公共部门组织相比，它可以说是在线学习社区的"新手"。它在 1999 年底实施了一个试验性的在线学习方案，并从那里开始探索市场上现有的在线学习软件的范围。在线学习特别适合 NLB 的需要，因为其 800 多名工作人员分散在各种公共、政府、特殊和学校图书馆。在线学习被视为培训更多 NLB 员工的一种方式，而不必从根本上打乱他们的工作日程，还可以节省运输成本，减少申请休假和让另一名同事在员工不在时代替他们的不便。

到 1999 年初，NLB 已经开始研究各种在线学习管理系统，并正在寻找一种能够在课程教学部分和课程管理部分之间提供无缝集成的系统[②]。它还试图了解如何让员工做好在线学习的准备。从 1999 年 11 月到 2001 年 3 月，NLB 参与这个项目大约持续了五个月。它最初只是为各部委的工作人员推出的。一旦 NLB 的最高管理层批准 NLB 参加 i. Learn，下一步就是与 NLB 的信息技术和培训部门合作。信息技术部负责与公共行政和管理研究所（IPAM）的服务器连接，以访问这些课程，而培训部负责处理工作人员培训提名，如获取姓名和身份证号码，以及支持工作人员报名参加在线课程。这些工作人员的详细资料已提交给 IPAM，以便它为每个工作人员创建登录该系统的识别码。

人力资源培训部和所有管理人员达成了合作，员工可以在正常工作时间参加该课程。课程数量没有设定配额，但建议员工只注册他们认为在五个月内可以完成的课程数量。随着技术基础设施和注册流程的到位，向所有 NLB 员工发送了一封宣传电子邮件，邀请他们参加 i. Learn。

四 新加坡在线教育体系的组织管理

新加坡是中央集权的教育体系，其教育体系的发展与转变都以政府

---

① Abdus Sattar Chaudhry, "Role of Libraries in Promoting E-Learning: A Review of Singapore Initiatives", *Pakistan Journal of Library & Information Science*, 2006 (7).

② Abdus Sattar Chaudhry, "Role of Libraries in Promoting E-Learning: A Review of Singapore Initiatives", *Pakistan Journal of Library & Information Science*, 2006 (7).

的各项政策为主导，无论是地方还是学校，其组织管理却也是必不可少的。新加坡为了维持在线教育各方秩序及其继续发展，主要通过新加坡教育部联合思科系统公司、新加坡高级研究与教育网络协会等共同进行在线教育体系的组织与管理。

（一）思科学院培训中心

IDA、南洋理工大学（NTU）和思科系统公司宣布成立第一个思科学院培训中心（CATC）。思科系统公司和NTU还通过将Cisco Networking Academy计划的经验和知识扩展到NTU环境中来进行在线学习。二十年来，思科网络技术学院为180个国家和地区提供了教育服务、技术培训和职业指导。

1997年，思科向当地学校捐赠了一些网络设备，但是由于没有人接受过相应的培训，因此没有得到适当的使用。最初的捐赠为思科带来了宝贵的见解，因此其决定与教育相结合，技术才能够真正强大起来。在思科网络技术学院诞生之初，思科培训其员工以构建他们的网络知识与概念。思科网络学院从一所学校迅速成长为一个由学生、教育者、雇主、非政府组织、思科员工和客户组成的不断扩展的社区。思科网络技术学院在工具、资源方面对学生、学校和讲师提供了价值数十亿美元的实物捐助，与11800个学院的28400名教育工作者合作，通过与世界各地的教育工作者和讲师合作来为当今世界提供最好的课程，并且已经创建了技术人才队伍，随时准备创新和塑造未来，影响了近1270万学生的生活。现在已经扩展到180个国家或者地区来进行网络授课，继而帮助塑造全球的社区和经济。

思科调动教育者、学生、政府等共同参与社区建设，这些社区为创新课程改革做出了贡献，分享了想法和最佳实践，学生也获得了专为面对面、在线或两者兼而有之的灵活课程。同时，讲师也获得了专业经验、专业发展和专业认可。在最近的一项调查中，97.2%的教育者表示，他们与Networking Academy的合作改善了他们的教学和职业发展，而85.2%的教育者说，该计划有助于扩大他们的职业生涯。

（二）高级研究与教育网络协会

新加坡是世界上第一个部署全国宽带网络基础设施的国家。1997年发起了一项名为"新加坡一个人的网络"的国家倡议，旨在通过非对称数字用户环路（ADSL）或有线电视电缆调制解调器技术提供住宅宽带接入，并通过异步传输模式（ATM）提供商业接入。截至1998年6月，新加坡一号为10000多名用户提供了120多种商业应用。预计到1999年底，用户将超过10万，到2001年将增加到40万。为满足在宽带网络和下一代互联网方面的技术、研究和教育需求。新加坡于1997年宣布了另一项重大的国家倡议，建立新加坡高级研究和教育网络协会。新加坡高级研究教育网络（SingAREN）是新加坡国立研究教育网络，是为新加坡研究教育界提供本地网络和国际网络的唯一提供商。SingAREN为跨国电子学习、视频会议、教育漫游和研究数据管理等研发活动提供了网络基础设施。

新加坡高级研究与教育网络协会由新加坡政府于1997年作为国家项目启动，并于2003年建立制度。2005年，SingAREN在全球范围内与研究与教育（R&E）机构建立了更广泛的联系，使新加坡成为该地区的领导者和枢纽。

（三）南洋理工学校管理系统

和世界上其他许多大学一样，南洋理工学校也积极投身于在线学习的研究和实践，由教育发展中心（CED）于1999年5月开始实施在线学习计划[1]。

NTU将他们的e-learning计划称为edve NTUre，edve NTUre是"Adventure"的变形，即新环境下学习新知识的探险之路。"e"表示知识经济下的所有电子事物，"ed"代表"education"，NTU则代表南洋理工大学。通过这一系统，NTU希望取得如下的目标[2]：第一，创建终身学习系统，以满足实现数字化知识经济的需要；第二，为教师提供设施和技术支撑，从而为学生呈现具有交互及更具吸引力的学习内容以及提供更有效的以学习者为中心的教学方式，使学生们跨越时空的桎梏，随时随地进行自主学习；第三，通过使用有效的音视频程序从而加强在线学习环

---

[1] Ng Aik Song, The use and non-use of edve NTUre from a human factor's perspective, Dissertation of NTU, 2004.

[2] Daniel Tiong Hok Tan, "The Next Generation of ELearning: Strategies for Media Rich Online Teaching and Engaged Learning", *International Journal of Distance Education Technologies*, 2004 (4).

境下"面对面"教学及协作学习;第四,为在内容发布、知识管理上运用同步和异步教学模式的先进团体提供可靠的在线学习服务。南洋理工大学作为新加坡首屈一指的大学,积极响应国家号召,并配合国家研发在线学习的研究和实践,为在线教育体系的发展与管理贡献自己的一分力量。

第四节 新加坡在线教育体系的主要特征

通过追溯新加坡在线教育体系的发展历史,了解其每个阶段的发展状况,再结合其基本架构,进行详细分析,总结出新加坡在线教育体系以下几个主要特征。

一 完善基础设施,提供技术前提

新加坡实行的2015年计划涵盖了国家的所有方面,包括政府和学校。委员会提出了一项计划,即信息通信能够"获取最新知识和新的学习资源;利用多媒体和互动元素使学习变得生动起来;并创造一个独立和终身学习的环境"。计划中与教育有关的目标是创造一个以学习者为中心的新环境,建立连接学校的新的全国性基础设施,并使新加坡成为在教育和学习中创新使用信息和通信技术的典范,同时"信息和通信技术能力被纳入学校课程并作为教学资源"。学校在20世纪70年代开始实施,然而直到80年代初,教育部才通过一系列项目做出协调一致的努力,以加强其在从通信到行政到教学的各个领域的应用。

新加坡政府在第一个总体规划中投资了20亿新币,"将信息和通信技术引入学校,让学生花30%的课程时间通过电脑学习"[1],同时"拨款用于购买计算机、学校全面联网、物理改造、软件和课件以及教师培训"。每年还将增加600万新币用于更换和维护硬件,培训教师,开发新的学校数字资源。在第一个总规划,信息和通信技术被纳入教育系统的

---

[1] Mohammad Iqbal Bashar and Habibullah Khan, "E-Learning in Singapore: A Brief Assessment", *U21 Global Working Paper*, 2007(3).

所有方面，包括"课程、评估、教学法、专业培训和文化"，随着第一个计划的实施，教育部教育技术司成立以便带头执行该总体计划。教育技术发展、信息通信技术培训、媒体部门和基础设施支持部门组成了这个新的部门。这个教育技术分支机构负责研究和推荐教育技术的新进步和创新，以融入新加坡的课程。信息通信技术培训处的作用是在学校中实施该技术，并协助教师在教室中使用该技术，最终媒体和基础设施支持部门负责规划技术的物理基础设施。该部门与外部教育部和企业界合作，设计、开发和实施国家 ICT 总体规划。物质和技术基础设施是执行教育信息和通信技术总体计划的必要条件。该计划的两个重点领域是：第一，学生可以在学校的所有学习领域使用信息通信系统；第二，通过广域网连接所有学校的网络，并最终连接"新加坡一号"，在全岛范围内提供高速多媒体服务。

第一个计划为学校提供了基本的基础设施，但第二个计划侧重于为学校提供增强信息和通信技术基础设施，以促进不同的授课模式并支持多样化的学习，也就是说可以支持强大的多媒体和教学内容的充分互动的不间断的授课。新加坡信息通信发展局（Infocomm Development Authority of Singapore）与业内合作伙伴合作，以不到 300 新币的价格为 19000 多个家庭提供了可上网电脑和无限宽带接入服务。通过教育部的资助，每个学校不仅有一名现场技术助理，还可以使用中央技术帮助台。除此之外，"教育部还为学校提供了可以用信息和通信技术资金购买额外的专业支持服务"。2008 年，作为信息和通信技术赠款的一部分，学校获得了额外的信息和通信技术高管资金，并有权决定是否使用这笔资金为学校或其他信息和通信技术服务聘用信息和通信技术高管。行政人员的职责是为学校规划和推行资讯及通信科技提供技术支援和专业服务。

信息技术部门的进步使数百万人能够获得并负担得起教育。新加坡互联网普及率的爆炸性增长打开了"随时随地"学习的大门。学校的教师现在可以轻松地使用技术来支持课堂教学。就工作场所的内容而言，面向技术的培训可能更有效。此外，组织还可以通过采用基于技术的在线学习来减少时间和成本。

二　整合多方资源，扩展学习环境

2003年，在教育部教育技术处成立了一个研究和发展部门，2005年国家教育研究院成立了学习科学实验室。其目的是试验新出现的技术和教学方法，并向学校和教师提出建议，说明如何实施这些技术和方法，以满足每个学生的需要，这些新发现的行动研究与实验在学校层面得到了鼓励。这个项目从一所小学和一所中学开始，用平板电脑和新产品进行试验教学的环境。到2008年，68所学校已经成为孵化器学校或领导ICT，并且"可以专注于新兴信息和通信技术的使用研究"教学方法，如研究多媒体在华文教学中的作用，或以实践为基础的努力，如学生使用视频和播客进行语言学习，以及使用数据记录器研究多媒体在华文教学中的作用。这些学校受到密切关注，以了解哪些是可行的，哪些可以在其他学校实施，以及哪些类型的技术不适用于教育用途。

作为第三个总体计划的一部分，新加坡教育部将信息和通信技术更深入地纳入课程和教育学，为学生提供更丰富的机会，使他们能够使用该技术进行交流与合作，研究、分析和综合信息。Web2.0工具还允许学生和教师为互联网创建内容。更多的教师被培训为"信通技术专家教师"，并在全国各地对教师进行新的教学实践培训，重点是整合教育技术工具，以增加学生的学习和参与。教育部还继续发展其LEAD@ICTSchools和Future Schools@Singapore项目，这些项目始于总体规划的前两个阶段，使学校能够与学生一起尝试更多的实验技术和教学。

混合学习环境在世界各地越来越受欢迎，这是新加坡为学生提供在线学习机会的主要方式。混合学习被用作课堂学习的补充，学校将在线课程与面对面教学相结合。新加坡的一些学校采用了在线学习周，学生不上学而是待在家里，学习管理系统提供的课程和作业。在这一周内，教师通过电子邮件和其他电子手段促进学习并提供反馈。在线学习周从2005年的一所中学和一所大专开始，现已扩展到多所中学和初级学院。

随着对基础设施、培训和对新加坡学校的支持的投资，在线教育是教育体系中一个自然的选择。由于学校可以自主决定如何在教学和学习中使用信息和通信技术，一些学校选择了在线和混合学习方法。教育技术部主任表示："随着2015年对普适计算的推动，宽带接入和1∶1计算将在新加坡变得普遍。新加坡的中学未来的学习和教育将是基于浏览器、多设备和移动设备的……我希望学习可以随时随地通过任何设备进行"。教育部的愿景是"学校将成为高度联系的学习中心，无缝地利用外部资源、专业知识和来自地方和国际各级不同机构、组织和社区的专业知识"。所有这些都促进了新加坡学校在线和混合学习环境的扩展。

三 转变师生角色，创新教学方式

推动在线技术应用于教学的另一个根本性变化是打破了教师的传统角色[1]。从长远来看，通过标准化教学过程的各个部分来实现规模经济，分拆可以显著降低教育成本。课程学术内容的开发、向学生提供内容、与学生的互动以及对学生表现的评估都是教学的功能，本质上是在线环境中的非捆绑功能，因为这些功能都是由技术的不同子系统为教授提供支持的。被称为"课程管理系统"的在线教学系统是集成平台，但是不同的子系统支持教学的每个功能领域。

虽然教育技术近年来发生了重大变化，但教学方法并没有一成不变。教学重点已经从所谓的"舞台上的圣人"转向强调"身边的向导"。"舞台上的圣人"模型是对传统学校教育的正式的、成熟的演讲形式的参考。教师作为边上的引导者反映了一种更新的教育范式，在这种范式中，教师的角色是通过合作发现的过程来促进学生的学习[2]。重点是强调学生是一个自我激励、坚持不懈的"学习者"，对实现自己的教育目标负有重要责任[3]。

远离圣贤阶段是一个深刻的转变，它的发展超出了当前强调使用现代技术进行教学的范围。但是，向导式教学法确实很适合在线教学[4]。指南匹配在线教育环境中的教学和学习，这种匹配有助于获得专业教育工

---

[1] Charlene A. Dykman, Charles K. Davis, "DavisOnline Education Forum Part One – The Shift Toward Online Education", *Journal of Information Systems Education*, 2008 (1).

[2] Lynda Abbott, "The Nature of Authentic Professional Development during Curriculum-Based Telecom-puting", *Journal of Research on Technology in Education*, 2005 (4).

[3] Constance H. McLaren, "A Comparison of Student Persistence and Performance in Online and Classroom Business Statistics Experiences", *Decision Sciences Journal of Innovative Education*, 2004 (1).

[4] Heidi Perreault, Lila Waldman, Melody Alexander, et al., "Overcoming Barriers to Successful Delivery of Distance-Learning Courses", *Journal of Education for Business*, 2002 (6).

作者对在线技术的接受,至少对于提供传统和在线相结合的课程是如此。事实上,为了强调这一点,在线学生通常被称为"学习者"而不是"学生"。这种区别集中在对自我激励、勤奋和个人责任的日益重视上,这些都是学生在向导式模式中为自己的学习所承担的。因此,在线教育的过程本质上是一种导向现象。互联网及其教育资源的广阔性意味着教师必须通过过滤和引导学习者获得正确的内容来促进学习,以便他们在学习时进行处理和吸收。这里的重点是学生个人的自律和目的性。此外,教师将关于课程内容的知识和见解与及时、权威的反馈相结合,在这种学习过程中支持学生,使得学生由受教育者转变成知识的索取者。

四 响应国家号召,教育体系转型

新加坡政府启动了许多与信息技术相关的政策,以促进新加坡成为区域在线教育中心。研究表明,在线教育可以在许多方面对新加坡的经济增长做出积极贡献,包括更廉价地获取人力资本、技术转让、提高生产率和增强社会凝聚力。预计在线教育将有助于在新加坡创造大量熟练的劳动力,这对这个城邦共和国的持续经济增长至关重要。在线学习采用电子媒体作为交付系统的一部分,包含多种学习策略和技术,包括基于计算机的学习、基于网络的学习、虚拟教室和数字协作,由于其独特的特点,使得其在世界各地迅速流行。它的成本效益、随时随地学习的灵活性、对所有用户的统一教授、促进团队学习和协作以及更容易进入全球社区,使它比传统的学习方法具有竞争优势。充足的基础设施和政府激励措施使新加坡成为在线学习的理想平台,而这个城邦共和国的目标是成为"该地区的在线学习中心"。

新加坡一向重视教育的价值,其新的改革也做得很好。教育系统被称为"世界上最成功的教育系统之一"[①]。"诸如国际思维定式、强烈的职业道德、商业创造力、和国家团队合作等无形因素成为劳动力质量和国家发展的更重要的决定因素"。这句话把劳动力素质作为发展的一种手段,使得"教育质量在 20 世纪 90 年代比任何以往时候都有了新的意义"

---

① Mohammad Iqbal Bashar and Habibullah Khan, "E-Learning in Singapore: A Brief Assessment", *U21 Global Working Paper*, 2007 (3).

的观念成为必要。随着科技的飞速发展以及向知识经济的转型，新加坡和全球的价值观已经"远离生产走向创新和创造力"。经济变化越快使得越来越多的人的生活发生了变化，他们的生活更加忙碌，与家人、朋友和社区相处的时间更少，但是他们有更好的经济效益和社会效益。这些变化导致需要重新设计新加坡的教育系统，以满足 21 世纪的需要。

第五节 新加坡在线教育体系的总结启示

随着科学技术的进步，在线教育的手段及时进行了技术更新，走在了世界的前列。在世界各国中，新加坡的教育体制独具特色。下面主要是总结新加坡在线教育体系发展的成功经验，并从新加坡的经验中得出一些启示，以期为中国在线教育体系的发展做出贡献。

一 研究总结

在线学习是新加坡教育体系中的一项重要举措。它还在继续发展，学生们正在使用 Web2.0 工具、数字内容、虚拟世界和移动设备通过互联网访问内容。新加坡认为，未来学校将在这些新技术的推广以及如何将其融入课程方面处于领先地位。混合和在线学习环境是让教师轻松区分学习的工具，以提供定制的学习体验，以确保学生参与学习。根据 2015 年 5 月经济合作与发展组织的一项研究，新加坡拥有世界上最好的教育体系。教育受到高度重视，至少部分原因广大公众已经明白，国家必须依靠其知识和技能生存，而这些依赖于教育质量。

（一）完善中央集权的教育体系更利于管理

新加坡是一个中央集权的教育体系，实施全国性的课程[1]，这一点与其他国家不同。然而，他们允许学校在信息和通信技术的实施上有所创新。刚开始时，只有几所学校进行创新，自第一期总体规划以来，有更多的学校以不同的方式进行创新，利用技术作为教育工具。在线学习通

---

[1] Mohammad Iqbal Bashar and Habibullah Khan, "E-Learning in Singapore: A Brief Assessment", *U21 Global Working Paper*, 2007 (3).

过向学生提供可能无法获得的课程来促进教育公平。在线学习有着独特的优势,早期的结果证明了在线学习能够使学生和家长受益。随着技术的发展,在线学习开始变得互动和容易获得,学生按照自己的节奏学习。虽然新加坡是个小国,政府在教育方面拥有很大的控制权,但他们在过去几十年的规划和实施信息和通信技术的方式,对其他国家和学校来说,无论规模大小或政府控制程度如何,都是一个典范。首先,他们与所有利益相关者(即基础设施、培训、通信、政府、学校领导、家庭等)制订计划,然后将计划传达给社区。其次,他们对该计划进行投资(例如,建设基础设施,与教育学院和学校合作,为职前和在职教师开发新的专业发展和培训项目)。然后,他们从小规模的实施开始,与学校和教师合作,做好各方面充足的准备,并尝试用各种方式,慢慢扩大试点直到在全国各地,相互学习。

新加坡通过中央领导,各方响应,学校试点,再一步步扩大到全国,从而实现整个国家的一个上行下效,体现了其中央集权式的国家管理优势。但是,宏观的整体管理往往会忽视微观细节的漏洞,从而对在线教育体系的整体发展有所阻碍。因此,新加坡不仅要关注在线教育体系的主要问题,还要精心雕琢细节部分,总体带动部分,部分修饰总体,从而完善新加坡在线教育体系。

(二)加大教师再培训以发展教师专业技能

新加坡十分注重教师的培训,因为教师专业技能的发展对于学生的发展有着极大的影响力。在线教育的出现极大地改变了教师的工作环境和教学方式,由之前的固化变为灵活,相应地教师也需要快速适应这种变化。在线教育是一种强有力的教学策略,因为它超越了传统课堂教学的界限,创建了虚拟学校,允许学生在任何时间、任何地点进入学习状态。

新加坡的教师培训课程十分与众不同。自 1997 年起,新加坡就主张通过互联网对教师进行培训,以此来推广 IT 信息技术。对教师的信息化教育和培训,一方面使教师具备信息技术素养,另一方面教师也能在教学教育过程中使用 IT 技术,从而达到提高了其课程教学水平的目的。教育部推出了教师专业发展计划来扩展教师专业发展环境,这不仅延续了职前课程,还达到了追求终身学习的目标。

但是新加坡在线教育师资力量仍然薄弱,其质量和数量依旧得不到保证，因此教师再培训要加大规模和质量评价，教师的质量对于学生发展可谓是息息相关，因而要不断提高教师的专业技能。在进行专业培训之后还可以进行合格性测评，以检查培训结果是否达标。

（三）更新在线教育体系有利于经济的增长

充足的基础设施和适当的政府政策有助于促进新加坡在线学习的发展。在线学习在许多方面对新加坡的经济增长做出了贡献，政府的长期愿景将有助于将新加坡定位为亚太地区的在线学习中心。新加坡的在线教育市场增长潜力很大，在线学习很可能成为新加坡的下一代教育工具。为了使在线学习更加有效，必须保证更高水平的标准和质量。平衡技术和教学创新将是新加坡在线学习成功的关键。利用在线学习的好处，预计新加坡将最大限度地提高其劳动力的生产率，这对维持其高经济增长至关重要。在线学习可以通过促进人力资本的获取来促进经济增长。人力资本通常是指劳动力在一个经济体中通过学校教育和培训获得的技能和知识强度。曼昆、罗默和韦尔表明，传统的增长理论可以容纳人力资本。在线教育对新加坡经济增长的作用可以从多方面来看。首先，在线教育使更多的人能够以便利的方式接受教育。这很可能通过知识的积累来提高人类的技能。第二，在线教育可以通过信通技术部门的国外直接投资，促进技术先进国家向新加坡的技术转让。最后，相对便宜的在线教育成本可能会降低经济中的生产成本。

在整个实施过程中，他们也一直在观察和研究，并更新他们对未来的计划，同时与世界其他地方分享他们的成功，这为我国提供了一个很好的学习案例。像新加坡这样的过程和经验。我们可以学习其过程的积极方面，参考其实施成功的在线教育计划，以建立新的和发展现有的在线学习不同环境下的全球项目。

二 研究启示

我国在线教育的发展起步于20世纪末，经历了远程教育平台、培训机构转战线上、互联网公司涉足在线教育[1]这三个阶段。目

---

[1] 黄立冬：《中国K—12在线教育的发展机遇与对策分析》，《中国信息技术教育》2015年第19期。

前主要由学前教育、K—12 教育、高等教育和职业教育四个领域组成①。然而我国的在线教育起步较晚，经验不足，还存在在线教育体系基础设施不够完善，在线教育质量得不到保证，没有统一的国家发展战略等问题。

（一）加强在线教育基础设施的建设

在线教育的发展离不开充足的基础设施、信通技术部门、有线网络、用于教学的数字资源以及信通技术支持。有的地区办学条件优越，具有良好的在线教学基础设施，可以顺利地进行在线教学活动，但是很多地区由于发展落后，网络设施不够先进，从而导致在线教育的缺失。基础设施的重要性不言而喻，这是实现在线教育大众化的技术前提。2020 年，中国互联网络信息中心（CNNIC）发布的《中国互联网络发展状况统计报告》中显示大规模的互联网用户是在线教育发展的基础。随着我国互联网和基础设施建设的发展，互联网普及率由 22.6% 提升至 45%，如今随着 5G 技术的出现及发展带来了新局面，而网络卡顿或没有信号等问题将会得到解决，相信随着 5G 技术的发展，很多问题都会得到解决。

我国自古就十分重视教育，近年来中央对教育方面的投资更是逐年增长，而在线教育方面的主要支出就集中在基础设施建设和资源开发应用上。《国家中长期教育改革和发展规划纲要（2010—2020 年）》中提出"加快终端设施普及，推进数字化校园建设，实现多种方式接入互联网"。为加快教育信息化，2014 年教育部发布的《2014 年教育信息化工作要点》中则指出"探索建立系统推进基础性资源和个性化资源开发应用的新模式、教育资源公共服务平台形成"等。在一系列政策的指引下，我国应该尽快加强基础设施的建设，扩大网络覆盖范围。

（二）把控在线教育共享平台的质量

目前大部分中小学教师对于在线教育中直播网课的看法是持负面态度的，在线互动效果不佳等问题是在线教育行业发展的一大障碍。

通过数据显示，超九成中小学教师认为直播网课在技术、教学效

---

① 陈琪琳、鲍浩波：《中国在线教育发展的历程与现状》，《学园》2014 年第 26 期。

果等方面存在问题。其中网络卡顿和互动效果不佳是过半中小学教师都认为直播网课中存在的问题。目前中国在线教育相比于线下教育,存在师资水平参差不齐、在线授课门槛低和网课质量低下等问题。数据显示,46.5%的在线教育用户对平台上的师资质量感到担忧,再就是资金保证问题。因而可以针对以上问题加强管控、完善功能,充分融合技术与教学,例如使用 AR 或 VR 为在线教育提供恰当的学习环境,还原真实的学习体验;加强师生互动频率,通过互动沟通来更深入地理解学习内容;并且上线后续学习跟踪等功能,帮助了解学生学习情况;通过教师课程竞赛鼓励教师进行良性竞争,激励平台与教师进行形式和内容创新[1]。2020 年 11 月 27 日,教育部发布《关于进一步加强涉未成年人网课平台规范管理的通知》[2],重点强调切实保障优质线上教育资源供给,推动涉未成年人网课平台健康有序发展,营造未成年人良好网络学习环境,因此我国应鼓励在线教育机构建立起完善的内部管理和监管机制,根据各机构的目标、定位和现状制定详细的运营准则和学术标准。这一方面有利于在线教育质量的提升和保障,另一方面有利于机构内部人员对于企业文化的内化和认可,从而更好地实践和维护质量标准,使内部约束和外部监管协同推进和保障我国在线教育的高质量发展。

(三)完善在线教育政策法规的建设

自在线教育兴起,我国这几年里除了各大企业不断进行尝试外,我国教育部并不是毫无作为,而是不动声色、默默观察,并针对我国教育所存在的问题进行分析,以互联网为基调的教育改革正在开启。2010 年至今,从中共中央、国务院发布《国家中长期教育改革和发展规划纲要(2010—2020 年)》开始,我国已经连续发布关于教育信息化的相关政策和文件达到数十份。在改革和发展规划纲要中不仅对"教育信息网络化"这个概念进行明确界定,同时还提出了关于教育课程资源共享平台、国家开放大学和国家精品开放课程的建设,这些都大大地推动了我国在线

---

[1] 吴芯茹、张学波:《科普慕课的教育创新及推广策略》,《科技传播》2020 年第 2 期。
[2] 教育部:《关于进一步加强涉未成年人网课平台规范管理的通知》,2020 年 11 月 27 日,https://www.eol.cn,2021 年 1 月 20 日。

教育的发展。2012年，教育部发布的《教育信息化十年发展规划（2011—2020年）》中不只是理论层面，更是上升到实践层面。这份文件将"教育信息化"进行了落实，明确执行各项指标，确定了政策落实的主体，并且将其落实成果列入了各级政府的工作指标中。2013年，中央电化教育馆发布的《国家教育资源公共服务平台规模化应用试点实施方案》首次在全国确定32个试点地区，并提出要推进国家教育资源的共享和公共服务平台的开发应用，从而能够实现"资源班班通"和"空间人人通"。我国政府为了推进在线教育的发展，努力实现信息技术与教育教学的深度融合，创新互联网学习环境的在线教学方式和教学内容。但是我国大都还停留在在线教育理论引进方面，政策法规方面还没有完善，因而我国政府要加强政策法规的制定，从而促进我国在线教育体系的完善[1]。

（四）实现在线教育资源的公平化

在线教育通过网络传播使得更多学生能够进行无限制的学习，这在一定程度上实现了教育的公平化。如今，由于信息技术的不断发展，当前在线教育拥有来自全世界的各科高质量教育资源，然而还有很多偏远山区等地的学生无法获得优质网络教育资源，教学内容和教育观念还比较落后，课程的传授也太过针对，导致除了学生以外的学习者在离开学校后就没有了学习的机会。中国科学院大数据挖掘与知识管理重点实验室发布《中国K—12在线教育市场调研及用户消费行为报告》显示，目前K—12在线教育的用户主要集中在一、二线城市，占比77%。在线教育模式打破了实践、空间的桎梏，能让教师和学生随时随地地进行教育和学习，对于家长来说，节省了接送孩子的时间和精力，这也是在线教育服务主要集中在一、二线城市的原因。而三、四线城市甚至农村由于经济发展相对落后以及用户对在线教育的认知不够充足，在这些地区发展较为缓慢。《国家中长期教育改革和发展规划纲要（2010—2020年）》中就提出"重点加强农村学校信息基础建设，缩小城乡数字化差距"。2013年发布的《中共中央关于全面深化改革若干重大问题的决定》中建

---

[1] 焦美玲、程子千、桑育黎：《我国在线教育的发展现状及分析》，《教育教学论坛》2020年第32期。

议"大力促进教育公平，构建利用信息化手段扩大优质教育资源覆盖面的有效机制，逐步缩小区域、城乡、校际差距"。这两份文件都重点提出了加强信息技术建设，缩小差距，以实现教育的公平化。而在线教育的普及，必将为中国教育现今存在的漏洞提供一定的补充。这为我国在线教育的发展带来了很多政策红利。因而要扩大在线教育的范围和加大在线教育的力度，使每个人都能得到充足的在线教育资源，从而促进在线教育的公平化和终身化。

第六节　本章小结

本章对新加坡在线教育体系的发展历程和现状进行了探究与分析，分别从新加坡在线教育体系的政策制定、师资配备、资源开发和组织管理四个方面进行了探讨，从而得出新加坡在线教育体系的主要特征，并进行总结。总的来说，新加坡的在线教育体系主要是通过国家制定的统一政策和战略，在不断加强基础建设的基础上，坚持教育公平原则，服务全民终身学习。通过学习新加坡在线教育体系的经验，结合我国在线教育发展状况，扬长避短，在国家政策、基础设施、教学质量、教育公平、教育终身化五个方面提出了相应的建议，以期我国在线教育能够得到进一步的发展，推动我国进入在线教育发展强国行列。

第十四章

法国在线教育体系的发展研究

从悠久的历史中走来，发展终身学习已经成为当今全球的共识。伴随着互联网时代的到来，全球的教育模式迎来严峻挑战，然而机遇与挑战并存，借机加速教育变革，构建更加灵活、公平和包容的教育体系迫在眉睫。时代的要求和自身的优势使得在线教育成为推进全民终身学习的重要力量。法国的在线教育体系作为后起之秀，具有蓬勃的发展态势，并且法国和中国都具有统一管理的制度色彩，汲取法国在线教育体系的历史智慧，洞悉法国在线教育体系的基本架构，把握法国在线教育体系的主要特征可以为中国在线教育体系的构建提供宝贵经验。

第一节 背景分析

终身学习有着深厚的历史积淀，其思想光辉可从孔子和柏拉图等古代中西方学者的阐发中体现。伴随着互联网时代的到来，信息以爆炸式的方式增长，社会以数字化的方式变革，传统的一次性学习已无法满足个体求知和应对社会变化的需要，终身学习成为必然。2015年，国际教育论坛通过了《仁川宣言》，把"确保包容和公平的优质教育，让全民终身享有学习机会"作为2030年的教育愿景[1]，鼓励世界各个国家提供全纳、公平、有质量的教育以及全民终身学习的机会。由此可见，推动全民终身学习关乎教育事业、关乎国家发展。

---

[1] 联合国教科文组织高等教育创新中心（中国深圳）：《仁川宣言》，2020年5月20日，http://cn.ichei.org/2015/05/20/incheon-declaration，2020年12月5日。

根据学者唐纳德·W. 莫克尔（Mocker, Donald W.）和乔治·E. 斯皮尔（Spear, George E.）的观点，终身学习包括正规学习、非正规学习、非正式学习和自主导向学习四种类型[1]。全民终身学习一方面要求无论男女老幼、贫穷贵富、种族差异，所有的人都要终身学习；另一方面，要求个体的学习活动持续一生、无处不在、丰富多样。显然，传统的线下教育由于时空的局限、学习的门槛和单一的模式等不足无法最大限度地服务于全民终身学习，而与互联网技术深度融合的在线教育无疑成为实现全民终身学习的重要路径。在线教育在技术的支撑下，能为大规模的学习者提供海量的学习资源、个性化的学习方式和便捷化的学习条件，从而构建"人人皆学、处处能学、时时可学"的学习型社会，最终服务于全民终身学习。随着新冠疫情的发生，在线教育从教育的补充品逐步发展成为教育的必备品，在线教育体系的探索构建俨然成为时代的要求。

法国是最早明确提出"终身教育"概念的国家，其可追溯到法国人保罗·朗格朗（Paul Lengrand）于 1965 年在联合国教科文组织召开的第三届成人教育国际促进会议上提交的"关于终身教育"的文件。此后，法国以全民终身学习为思想指导，推进本国教育变革。随着计算机教学探索的开展，法国的在线教育体系在政府的引领下从萌芽走向开花。法国于 2018 年发布《数字化助力可信赖校园》（Le numérique au service de l'École de la confiance）报告[2]，总结法国在线教育的发展状况，并对未来在线教育的发展提出展望。中国于 2019 年发布《中国教育现代化 2035》，着重强调教育信息化在教育现代化中的重要作用，并指出更加注重终身学习是推进教育现代化的八大基本理念之一，建成服务全民终身学习的现代教育体系是 2035 年的主要发展目标[3]。2022 年，党的二十大报告强

---

[1] Mocker Donald W. and Spear George E., "Lifelong Learning: Formal, Nonformal, Informal, and Self-Directed", Eric/acve & Ncrve, 1983（4）.

[2] Ministère de l'Éducation nationale, de la jeunesse et des sports, "Le numérique au service de l'École de la confiance", Winter 2020, http：//www. education. gouv. fr/cid133192/le-numerique-service-ecole-confiance. html.

[3] 中共中央、国务院：《中国教育现代化 2035》，2019 年 9 月 23 日，http：//www. moe. gov. cn/jyb_ xwfb/s6052/moe_838/201902/t20190223_370857. html，2020 年 12 月 10 日。

调"推进教育数字化，建设全民终身学习的学习型社会、学习型大国"①。由此可见，面向终身学习，发展完备的在线教育体系成为中国在互联网时代应对挑战和抓住机遇的重要举措。法国和中国均具有集中调度、统一管理的制度特色，并且法国的在线教育作为后起之秀具有强大生命力，研究法国的在线教育体系可以为中国的在线教育发展提供指导意义。

第二节　法国在线教育体系的历史考察

法国是提出终身教育理念的先驱之一②，其对终身教育的最早关注可追溯到孔多塞和卢梭所在的时代，然而终身教育在法律上的首次提及却是在1960年的《高等教育基本法》中。随后，法国于1972年颁布的《终身职业教育法》成为世界终身教育立法的里程碑。尽管法国的终身学习思想有着深厚的历史根基，但其在线教育体系的构建却晚于英、美等国家。考察法国在线教育体系的历史和现状可帮助我们更好地把握其发展脉络与趋势。

一　法国在线教育体系的发展历史

以计算机教学的探索为开端，从萌芽、起步到发展、成熟，法国在线教育体系的政策制定、师资配备、资源开发和组织管理等要素逐步经历一个由零到整、由不完善到完善的过程，其服务于全民终身学习的精神内核也在具体的实践探索中逐步得以落实。

（一）萌芽期：微机教学实践的开始

法国在线教育的历史可追溯到"58所中学的经验"，总结如表14-1所示。信息技术的发展促使法国意识到信息素养的重要性，将计算机融入教学的初步探索便随之展开。信息素养是终身学习的核心③，法国将视

---

① 习近平：《高举中国特色社会主义伟大旗帜 为全面建设社会主义现代化国家而团结奋斗——在中国共产党第二十次全国代表大会上的报告》，《人民日报》2022年10月26日第1版。

② 赵长兴：《法国终身教育改革发展综述及对我国的启示》，《中国职业技术教育》2020年第21期。

③ 钟志贤：《面向终身学习：信息素养的内涵、演进与标准》，《中国远程教育》2013年第8期。

野聚焦于学习信息技术和提高信息素养,在一定程度上也体现了全民终身学习的目标追求。1970 年,基于"信息技术正在对工业化国家和整个现代世界产生深刻影响,在这个世界里,对信息技术一无所知的人们将是不健全的"[1] 这一社会现象的认识,法国的 58 所中学在教育部的支持下分别配备了一台试点计算机,进行计算机教学试验。与此同时,各学科教师开发了数百种计算机辅助教学(Enseignement Assisté par Ordinateur)软件,并在学校建立了计算机俱乐部。但由于财政和技术等各方面原因,法国国民教育部决定于 1976 年终止使用微型计算机设备的试验。然而,此时计算机教学开始试点,教育与技术也尚未真正结合,在线教育的概念也尚未形成,在线教育缓慢发展。

表 14-1　　　　　　　　　　　萌芽期

时间	事件
1970 年	法国教育部颁布法令,要求学生从中学开始进行计算机科学启蒙,一方面让学生认识计算机科学的存在、用途和局限性,另一方面推动教师进行教学改革[2]
1978 年	法国教育部在中学启动"万台微型计算机"计划,目的是在未来五年内为所有学校配备 8 个计算机技术人员进行教师的计算机技能培训
1979 年	基于因特网的"电子大学城"建立,其信息咨询服务覆盖面广,使得不同学习者可以通过电脑进行函授教育的学习[3]
1981 年	法国教育部实施"1 万台微型计算机和 10 万名受过培训的教师"计划

(二)起步期:教育与技术逐步融合

到了 20 世纪 80 年代,计算机技术和网络技术的不断发展,不仅为其在传统教室中的应用创造了条件,而且为网络化远程教育的爆炸式发展

---

[1] EpiNet Revue électronique de l'EPI, "L'évaluation de l'expérience des 58 lycées", Autumn 2010, https://edutice.archives-ouvertes.fr/edutice-00560705/file/b23p068.htm.

[2] EpiNet Revue électronique de l'EPI, "L'évaluation de l'expérience des 58 lycées", Autumn 2010, https://edutice.archives-ouvertes.fr/edutice-00560705/file/b23p068.htm.

[3] 吴洪伟、应方淦:《法国的现代远程教育》,《现代远距离教育》2002 年第 3 期。

创造了条件。从这个时候开始,世界各地的教育系统都面临着这样的问题:是否和如何将这些发明纳入各地学校的课程。法国在一系列的计算机推广政策之后,法国政府以基础设施的建设为抓手,主要为初等教育和中等教育阶段的小学、中学和高中配置硬件和软件设施。吸取"人人学习计算机"计划的历史教训,法国后续的发展规划强调对教师进行信息技术培训,以提高教师的数字化教学能力。基础设施的普及和网络教育平台的建立为法国的在线教育提供发展的动力,师资队伍的培训又弥补了过去教育改革的不足。1996 年,在"欧洲终身教育年"确立之后,当时的法国总理埃迪特·克勒松(Edith Cresson)指出必须共同切实实施终身学习和教育的政策。此后,法国在线教育的探索更积极响应终身学习的号召。在法国政府的支持引导下,教育与技术开始逐步结合,法国的在线教育体系开始起步,总结如表 14-2 所示。

表 14-2　　　　　　　　　　　　起步期

时间	事件
1985 年	法国政府实施"全民信息技术"(Informatique Pour Tous,简称 IPT)计划,为中小学投入 12 万台设备和数百个软件程序,这标志着计算机技术第一次被正式整合到教学实践中
1987 年	法国的 22 所传统大学成立了大学远程教学网络联合会,使参与远程教育的学习者可以获得文凭
20 世纪 90 年代初期	"教育信息通信技术"(TICE)的术语正式出现
1991 年	在法国教育部的支持下,马赛(Marseille)的几所中学为部分学生配备"电子书包"(便携式电脑)
20 世纪 90 年代中期	法国的高校和科研机构尝试将教育与技术相结合,例如,巴黎第三大学(Université Sorbonne Nouvelle-Paris 3,后来改称 Sorbonne Nouvelle)的"数字远程教学部"(Enseignement Numérique Et A Distance,简称 ENEAD)一直在探索如何将数字新技术运用于本科生远程教育中①

---

① 朱燕:《法国在线教育现状调查》,2017 年 2 月 27 日,http://france.lxgz.org.cn/publish/portal116/tab5722/info130985.htm,2020 年 11 月 9 日。

续表

时间	事件
1997 年	法国国家远程教育中心成立自己的网站，将网络教学与培训作为一种新的教育工具
1999 年	法国政府实施为期三年的"教学和研究数字化计划"（Le Programme Numérisation Pour l'Enseignement et la Recherche，简称 PNER），吸引了大约 100 名专家对《关于新技术在教育和研究中的影响的展望》的使用、标准和法律问题建言献策

（三）发展期：在线教育范围的扩大

在《高等教育法》《教育指导法》《构建欧洲高等教育模式》等法律的推动下，法国明确将高等院校作为发挥终身教育功能的重要场所[①]。于是，在基础教育朝着数字化、在线化、智能化的方向发展后，法国政府又将目光着眼于高等教育，一系列发展在线高等教育的政策便应运而生了（见表14-3）。与此同时，一些勇于创新的法国大学早已大刀阔斧地进行了教学革命，以推动大学数字化发展。此外，法国政府开始重点关注教育公平问题，深入贯彻全民终身学习思想，为偏远的乡村地区普及在线教育基础设施、提供资金支持、加大政策倾斜力度，最大限度地缩小地区间教育不平衡。"语言教学的新途径和新空间"报告促使专家学者探讨信息新技术在教学中的应用，为后来法国政府投入大笔预算发展全国规模在线数字化教育提供了理论基础。此时，法国在线教育的范围逐步扩大，由基础教育扩展到高等教育，由中心城市扩展到偏远地区，在线教育体系进入发展期。

---

① 丁晨明：《法国终身教育政策的特点与发展趋势探析》，《河北大学成人教育学院学报》2010 年第 4 期。

表14-3　　　　　　　　　　　　　发展期

时间	事件
2000 年	为了发展在线高等教育，提出第一个"数字校园"（Campus numérique）倡议①。同年，"大学频道项目"（Canal-U），整合高等院校教学视频，完成其数字化转换，形成独特的数字化教育视频库
2002 年	法国教育部实施"知识数字空间"计划，建设中小学信息网，为中小学教学提供免费的、多样化的数字资源
2005 年	里昂第一大学解剖学教授 Patrice Thiriet 推出"3D 解剖"计划，将"及时 3D"技术专门应用于解剖学课程中，视频可以在网站上免费获得
2007 年	法国教育部推出关于信息通信技术在教育系统现代化中的作用的指导纲要
2009 年	法国教育部提出为期一年的"农村学校数字设备计划"（ENR），为6000多所农村小学提供一系列数字技术设备和教育支助。 在法国教育部的支持下，法国国家远程教育中心成立了网络学院，免费为中小学生和家长提供可下载的各个学科的学习资源，既辅助中小学生学习，也方便家长更好地掌握孩子的学习进度。 年底，法国教育部发布"语言教学的新途径和新空间"报告（Modalités et espaces nouveaux pour l'enseignement des langues），以探究语言教学的创新为重点，分析了信息和通信技术在语言教学中的作用

（四）成熟期：法式慕课推动数字化

2012 年，MOOC 的出现带来全球高等教育领域改革的风暴。尽管法国已经开始发展在线化的高等教育，但其发展仍远远落后。据统计，当时只有 30% 的法国大学拥有网络课程，远不及美国大学的 80%②。并且，法国政府先前推出的一系列高等教育数字化发展计划一直都进展缓慢，

---

① Association des professeurs de langues vivantes Les Langues Modernes, "Modalités et espaces nouveaux pour l'enseignement des langues-Rapport IGEN", Spring 2010, https://www.aplv-languesmodernes.org/spip.php?article305.

② 柳一辰：《法国大学掀起数字化之战》，2013 年 3 月 5 日，http://intl.ce.cn/specials/zxgjzh/201303/05/t20130305_24168605.shtml，2020 年 11 月 24 日。

法国政府意识到是时候在国家层面出台正式的数字化战略了[①]。于是，法国 MOOC 在国家政策的引领下，汇聚各方力量，登上历史舞台，总结如表 14-4 所示。与此前颁布的《高等教育与研究法》相呼应，FUN 慕课的创立贯彻高等教育在公共培训服务方面逐步迈向数字化的要求，推动全民借助在线教育平台进行终身学习。FUN 平台扩大了向在线、数字化教育迈进的步伐，法国的在线教育一路前进。高校、各类机构、企业，乃至国外合作伙伴也能逐步参与到在线教育体系的构建中，在线教育体系的开放性、灵活性、应用性逐步增强。

表 14-4　　　　　　　　　　成熟期

时间	事件
2013 年	9 月，开展"互动课堂计划"，发展数字化系统，培养学生数字素养。 10 月，国家 MOOCs 平台——"法国数字大学"（France Université Numérique，简称 FUN）正式启动，整合法国所有的高等教育资源，为多类学习者提供在线课程服务，为全法乃至世界各地的人们学习提供便利。 Pierre Dubuc 和 Mathieu Nebra 共同创办 OpenClassrooms 在线教育平台，目标是通过提供专业的网上培训和认证，让"每个地方的每个人都能接受教育"
2015 年	5 月，法国政府实施有史以来最大的教育数字化计划："数字化校园"教育战略计划（le Plan Numérique pour l'Education），以加快教育的数字化进程。 9 月，如期将百所学校纳入教育数字化系统，并随之启动教师信息素养培训项目。 10 月，"法国数字大学"平台改称"数字高校"（Sup Numérique）
2016 年	公共门户网站 Myriaé 成立，用于为学校搜索数字资源，并提供与之相关的教育、技术、法律和纪录片信息。旨在支持教师获得可为他们教学服务的学校数字资源，并鼓励其在教学环境中使用这些资源

---

① 曾晓洁、张惠：《法国 MOOC 发展的国家战略："法国数字大学"探析》，《比较教育研究》2018 年第 1 期。

续表

时间	事件
2017年	法国政府实施"数字初中和农村"（Collèges Numériques et Ruralité）项目，补农村地区信息化基础设施缺口，以缩小区域差距。 里昂101网络学校（Ecole Le 101）正式成立。学校主要采用以网络陪伴学习模式培养新时代计算机编码人才
2018年	年初，法国政府发布《AI造福人类》报告，关注人工智能在教育中的应用前景与可能引发的变革
	法国国家远程教育中心与Orange公司合作，通过智能手机在非洲传播教育内容。 10月，推出"完成作业"（Devoir Fait）软件，帮助学生进行课后辅导

二 法国在线教育体系的现状分析

尽管法国的互联网技术应用到教育实践中的时间晚于美国等发达国家，但在法国政府的带头引领下，法国的在线教育作为后起之秀，蓬勃发展。中央集权制度下，法国的在线教育管理体制也体现着国家集中管理的强大优势，自上而下的政策保障有力地推动了在线教育体系各个部分的建构。然而，法国的在线教育体系也面临着巨大的挑战。

（一）教师的信息化素养亟待加强

教师的数字化教学能力关乎学生数字化能力的提高和在线教育功能的发挥。尽管法国通过一系列的举措提高教师的信息化素养，但根据最近的调查结果，法国教师的信息化素养还有待提高。根据经济合作与发展组织（OECD）的教师教学国际调查项目（TALIS 2018）的调查结果[1]，在法国，有22.9%的教师表明在ICT教学技能方面的专业发展需求很高，有29.8%的校长报告教师数字技术教学不足，有36.1%的教师"经常"或"总是"让学生在项目或课堂中使用信息通信技术（ICT），有28.7%

---

[1] OCED, "TALIS Teaching and learning international survey-indicators", Summer 2018, https://data.oecd.org/searchresults/? hf = 20&b = 0&q = TALIS&l = en&s = score.

的教师对使用 ICT 进行教学感到"准备充分",与之相对应的 OECD 成员国的平均值分别为 17.7%、24.6%、52.7%、42.8%。由此可知,法国的教师的在线教育素养有待提高。法国教师除对 ICT 专业发展需求高于 OECD 国家均值外,与 ICT 有关的其他项目均落后于 OECD 其他国家,这表明法国教师尚不能熟练、灵活地运用数字化技术开展在线教育活动。

(二)在线教育的认可度有待提高

尽管法国的在线教育蓬勃发展,但其认可度还有待提高。首先,在线教育缺乏人们的重视。法国没有远程教学的传统。自 20 世纪 50 年代以来,法国的教学界就一直抵制远程教学的发展。他们强调面对面教学的优势,除了特殊情况,是不会使用远程教学的。此外,法国国家远程教育中心长期不被公立学校所认可,一直处于边缘地带。其次,在线教育平台的功能未得到充分发挥。多年来,尽管很多教学软件和平台得到发展,比如数字工作区(ENT)、Pronote 等,但是实际运用却只保留在基本的信息沟通层面,潜力并没有得到充分发挥。最后,在线教育证书信度不高。尽管 FUN – MOOC 平台可以为学习者颁发多种学习证书,由于机构的非正式性(或非正规性)、考试作弊的可能性和其他原因,经过在线学习平台获得的证书常常无法获得社会的高度认可。面对法国新冠疫情的全面暴发,在线教育成为继续开展国民教育的唯一有效途径,在线教育的重要性不言而喻。

(三)在线教育体系的健壮性不足

在线教育体系是否具有健壮性主要表现在是否能稳定地大规模开展线上教学活动。在疫情期间,法国在线教育体系的体制应急能力显然不足,这不仅是法国的个别问题,而且是世界各国发展在线教育体系所面临的普遍问题,新冠疫情的出现只是让这种缺陷得以放大并加强人们对在线教育体系健壮性的关注。首先,网络状况不稳定。疫情发生后,尽管法国花费不到一周的时间,火速出台了在线教育方案,但从实际情况来看,效果并不理想。法国国家远程教育中心和数字工作区的众多在线学习平台网站不支持海量用户同时访问、无法有效抵御网络攻击,从而导致连续崩溃的现象。例如,教师和学生时常无法正常远程访问"在家上课"(Ma Classe à la maison)平台,教师只能改用 WhatsApp、Discord 等。由此看来,在面临如新冠疫情等重大危机时,法国的在线教育体系不足以完全满足师生在线教育的需要，其主要体现在网络支撑上，网络的带宽、稳定性、防御性和普及性等还有待提高。

（四）在线教育的鸿沟有扩大趋势

在线教育背景下，法国教育鸿沟加剧。首先，技术环境存在差异。新冠疫情背景下，法国学生在家网上学习的技术环境较好，数字资源的差异集中在学校层面。三分之二的法国学校没有网上学习平台，尤其是经济实力薄弱的学校，其可用于教学的数字化设备、计算机硬件和学习软件的配置均较为落后。即使法国政府为无法在线学习的学生寄送纸质学习资料、支持提供平板电脑等数字设备，其教育的质量也难以得到保障。其次，家长的辅导能力各不相同。在线教育同时也考验着家长的辅导能力。受教育程度、工作强度、家庭关系、个人技能等多重因素的影响，家长们对学生在线学习的辅导能力有着明显的差别，这也会间接地导致教育不平等。总之，在线教育一方面能为更多的学习者带去受教育的机会，但另一方面也会扩大教育的鸿沟。因此，法国和世界其他国家必须重点关注在线教育鸿沟问题。

综上所述，法国的在线教育体系在政府的领导下，实现了跨越式发展，但仍有很大的发展空间。提高师生的数字化素养、推动在线教育深入人心、完善在线教育体系的基本架构、缩小在线教育鸿沟仍是法国日后的重点工作。

第三节　法国在线教育体系的基本架构

在线教育体系不能简单等同于在线教育平台，前者是融合政策制定、师资配备、资源开发和组织管理等为一体的系统化的庞大工程。明晰其基本架构可为我们把握法国的在线教育体系的内核和思考中国在线教育体系的构建提供全局性、多方位、具体化的视角。

一　法国在线教育体系的政策制定

中央集中管理的传统使得法国在线教育体系政策的制定以国家为主导，然而这并不意味着地方完全丧失参与的积极性，法国也充分调动地方和社会各界的力量，让其参与到政策的制定中。为了保持教育强国的地位，法国有重点、分阶段地颁布一系列政策。此外，欧盟成员国的身份在很大程度上助推法国在线教育的发展。

（一）体系化的政策制定与落实

法国作为中央集权制的国家，强调教育要统一治理，教育的治理极具中央集权色彩。在这种中央集权制度范式下，法国的教育体制分为中央、大区、省和乡镇四级，其中由法国教育部统筹管理。具体而言，法国教育部是国家主管教育事务的行政领导机构，全权统管法国教育体制，从幼儿园到大学以及公立研究机构的创办、专业和课程设置、财政、人事、行政管理以及相关法令等都由其负责。在此基础上，法国体现出自上而下的在线教育政策制定与落实特点，形成体系化的在线教育政策体系。一方面，法国教育部负责制定在线教育相关的政策规定，对在线教育政策进行统筹推进，其下属的教学项目、教师专业发展和数字发展办公室负责 ICT 相关工作[1]；地方根据中央的要求贯彻落实。另一方面，地方在执行中央决策的同时，也拥有制定政策的自主权。各学区都有一名信息化顾问，其主要工作是为地方政府教育信息化政策提供支持。地方行政单位、其他组织机构和专家学者等也可以参与到政策的制定当中。例如，信息与远程通信系统战略纲要，便是集合 800 多名专家学者的力量而生成的一个关于教育信息与通信技术的发展规划。[2] 此外，法国还成立了数字教育合作伙伴委员会（Comité des Partenaires du numérique pour l'éducation），将中央和地方联合起来，共同制定数字教育决策，相互配合数字教育行动，从而推动数字化战略的实施。总之，法国的在线教育政策的制定以中央政府为主导，同时调动地方和其他力量参与，最终形成体系化的政策制定与落实。

（二）重点突出的政策发展路径

以构建服务于全民终身学习的在线教育体系为切入点，法国在线教育政策的制定融合信息技术的推广、基础设施的配备、教育实践的应用、在线教育的完善这四个内容，不同的时期有不同的重点内容。首先，信息技术的推广是指法国政府为了让师生认识到技术设备的优点之前而进

---

[1] 张力玮：《法国教育信息化概览》，《世界教育信息》2012 年第 11 期。
[2] 王晓辉：《法国教育信息化的基本战略与特点》，《外国教育研究》2004 年第 5 期。

行的思想动员。1970年法国教育部便颁布法令，要求学生从中学开始进行计算机科学启蒙，一是对学生进行计算机科学的一般培训，让其学习计算机科学的存在、用途、限制等；二是促使教师用批判性的眼光审视其教学内容，推动教学改革[①]。这项法令增加了人们对计算机教学兴趣的提高。其次，基础设施的配备是在线教育的前提条件。有了思想基础后，法国教育部通过"万台微型计算机"计划（1978）、"全民信息技术"计划（1984）、"人人学习计算机"计划（1985）、"数字初中和创新教学"项目（Collèges Numériques et Innovation Pédagogique）（2016）等为中小学提供教育装备。紧接着，教育实践的应用是指互联网技术在教育实践中的应用，即强调要构建在线教育这一新教育形态。1997年的"信息社会的政府行动"（PAGSI），强调教育系统既要让青年掌握信息通信技术又要让教师进行多媒体教学；2013年的《高等教育与研究法》（*Loi sur l'ESR*），把数字化作为发展重点，要求高等教育在公共培训服务方面要逐步迈入数字化。2015年的"数字化校园"，从培训、资源、设备和创新四方面统筹推进在线教育的发展。最后，法国的在线教育体系既要回顾历史，又要面向未来。吸取历史的教训与经验，法国仍在大力推进在线设施的普及和努力缩小区域的差距等。为引领在线教育朝向智能化的方向发展，促使在线教育体系更具现代化，法国发布《AI造福人类》报告（2018），探索人工智能在教育中的应用前景与可能引发的变革，以面对席卷而来的第四次工业革命与人工智能浪潮。总之，法国按照"技术推广—设施配备—实践应用—发展完善"的逻辑，有重点地制定并落实在线教育政策。

（三）内外驱动的教育政策机构

欧盟（European Union，EU）是一个超国家的欧洲政治结构，目前由27个欧洲国家组成，这些国家在政治联合起来形成了世界上最大的单一贸易区，在经济上联合形成了共同的欧元货币体制。作为欧盟成员国，法国必须有两套教育政策机构。第一套是国家教育体系，根据欧盟的政

---

① EpiNet Revue électronique de l'EPI, "L'évaluation de l'expérience des 58 lycées", Autumn 2010, https://edutice.archives-ouvertes.fr/edutice-00560705/file/b23p068.htm.

策，该体系"负责……自己的教育和培训体系"①。具体到法国而言，便是法国教育部，它负责全国在线教育政策的制定。第二套是监督欧盟教育标准的超国家的欧盟政治机构，其旨在改善所有欧洲成员国的教育。聚焦于在线教育领域，欧盟成员国的身份要求法国贯彻落实欧盟的在线教育政策方针，推动欧洲教育一体化进程。例如，欧盟委员会于2018年1月颁布了《数字教育行动计划》（Digital Education Action Plan）②，为欧洲各国数字化教学提供指导意见，强调提高数字化教学能力以应对数字化时代的挑战。在此背景下，法国于同年8月发布《数字化助力可信赖校园》（Le numérique au service de l'École de la confiance）报告，系统介绍法国教育信息化的目标、实践与展望，并提出将学校数据置于教育部数字战略的核心位置、在21世纪进行数字化教学、加强教师的专业发展、提高学生的数字信息素养③。总之，在内外两套政策机构政策的推动下，法国需以更多的努力落实在线教育的相关政策，但也能以更快的速度推进在线教育的发展。

二 法国在线教育体系的师资配备

与传统的教育体系不同，在线教育体系强调更规模、更优质、更全面的师资建设。法国通过多种手段为教师提供信息化教学的支持，用严格的标准保障师资的质量，调动各方人才参与到在线教育队伍中，力求提高师资队伍的信息化素养，为在线教育提供坚实的基础。

（一）给予教师多样化的支持

教师是教育的灵魂工程师，要想充分发挥教育的功能，离不开对教师进行全面的培养。要想充分挖掘互联网技术在教育中的作用，离不开教师数字化素养的提高，因此必须为教师提供多样化的支持。综观法国

---

① europa. eu, "Education, training & youth", Spring 2020, https：//europa. eu/europeanunion/topics/education-training-youth_en.

② europa. eu, "Digital Education Action Plan（2021 – 2027）", Winter 2018, https：//ec. europa. eu/education/ education-in-the-eu/digital-education-action-plan_en.

③ Ministère de l'Éducation nationale, de la jeunesse et des sports, "Le numérique au service de l'École de la confiance", Winter 2020, http：//www. education. gouv. fr/cid133192/le-numerique-service-ecole-confiance. html.

教育部的举措，其主要包括以下几个方面。第一，注重教师的信息技术培训。"数字化校园"规划要求提高教师的信息素养，加强教师的专业发展。超过一半的法国大学已经建立数字化教师培训部门。此外，《数字化助力可信赖校园》报告计划利用数字工具"m@gistère"每年为25万多名教师提供近400个培训课程①。借助数字工具不仅可以扩大培训课程的提供范围，还可以使培训时间的安排更加灵活。第二，为教师搭建教学资源平台。国家数字教学使用机构网站为教师使用TICE教学提供参考。网站介绍了有关教育的工具、资源、数字教学服务、国际研究结果、信息化教学活动的经验等，有助于教师了解在数字环境下专业实践的发展与挑战。面向教师的国家级专业数字教育资源平台"Eduscol网站"也为教师提供丰富的数字教育资源。第三，为教师提供数字技能评估工具。法国于2016年成立Pix平台，为全民提供评估、发展和认证数字技能的在线公共服务。该平台的任务是支持数字技能总体水平的提高，其中包括一个专门针对教师的部分。为了鼓励和更有针对性地发展教师的初步和持续数字培训，法国正计划完善"Pix"数字技能自我定位和认证工具平台。总之，法国通过培训提高教师信息素养，通过平台提供教师数字资源，通过评估促进教师自我评估。

（二）进行教学信息化的认证

法国通过多种途径，对教师进行教学信息化的认证。首先，制定教师信息化能力标准。法国信息和通信技术（ICT）教师能力标准于2005年起草，2010年3月修订。自2006年起，教师教育信息化标准仅限新教师，只有新教师需要达到这一要求。符合认证资格的教师人数自2006年起不断上升，2009年达到教师总人数的69%。法国教育部认为，评估和认证新入职教师的方式比培训和认证在职教师更加有效。在职教师则可以自愿地参与其他专业发展项目。其次，实行教师计算机证书制。从2010年开始，要成为基础教育的教师需要具有针对教师设置的计算机和互联网二级教师证书（C2i2e）。然而，国家教育教师的招聘要求由《午

---

① MINISTERE DE L'EDUCATIONNATIONALE, DE LA JEUNESSEET DES SPORTS. "Le numérique au service de l'École de la confiance", Summer 2018, https://www.education.gouv.fr/le-numerique-au-service-de-l-ecole-de-la-confiance-3212.

度考试条例》规定。因此，自 2014 年发布新条例，将 C2i2e 的技能融入 MEEF 硕士课程，取得相关证书不再是成为教师的硬性要求。自 2014 年定期考试以来，这一规定不再适用。虽然计算机证书不再是教师的硬性要求，但 C2i2e 融入课程也同样能促使教师计算机能力的提高。最后，设立信息化相关文凭。2019 年，法国教育部专门设立了校际文凭（IUD）[①]，即"高中计算机科学教学"，为未来的教师在一年级和四年级教授数字和计算机科学课程（Numérique et sciences informatiques，NSI）时提供知识和技能。总之，法国通过标准、证书（后来发展为必修课）和文凭对教师的信息化教学能力进行认证，最大限度地提高师资的数字化素养。

（三）打造综合性的教研团队

一方面，为最大限度发挥在线教育的功能，法国会集各方人才，打造一支综合性的教学队伍。在线教育很大程度上依靠在线教育平台来实现教育的功能，从网站的开发设计，到平台的运营管理，再到知识的传播授予，在线教育功能的充分实现需要汇集不同领域的师资力量。传统教育模式下仅仅依靠教师进行课堂讲授已显然无法满足在线教育的需求，打造一支综合型的教学队伍十分必要。以法国数字大学为例，法国在线教育体系的教学团队包括教师、助教、课程管理员和相关的技术人员。教师依托在线教育平台，负责教学内容的传播；助教与学习者进行互动、为学习者解答困惑、收集学习者的反馈；课程管理员负责在平台上发布课程的相关信息；相关的技术人员通过各种各样的多媒体技术，推出制作精良的教学视频。另一方面，国家为教师提供的信息化培训和数字化教学软硬件设施并不能从根本上提高教师的信息化教学能力，教师还需凭借自主科研意识去进行教学实践的探索。为此，法国将教学与科研相结合，促使教学与科研共同发展。法国强调必须加强研究成果、培训内容和教学实践之间的联系。利用 e – FRAN 方案的各种项目向教育社区传播教育数字研究的教育科研成果。还设立了学术孵化器（incubateurs académiques），将研究人员的科研工作与在学校进行的教学实验联系起

[①] MINISTERE DE L'EDUCATIONNATIONALE, DE LA JEUNESSEET DES SPORTS, "Le numérique au service de l'École de la confiance", Summer 2018, https：// www. education. gouv. fr/ le-numerique-au-service-de-l-ecole-de-la-confiance-3212.

来。此外，法国政府还发展教育创新的"第三场所"，向来自不同背景的参与者（国家教育工作者、协会、研究人员、培训人员、企业等）开放，旨在促进教学方案（特别是数字化解决方案）的推出。总之，法国的在线教育不是依靠单一的教师，而是把相关领域人才、专家会集到一起，培养出一套全面而综合的教研队伍，以满足大规模学习者的学习需要。

三 法国在线教育体系的资源开发

在线教育资源是在线教育体系建设的重要基础。法国调动各主体参与资源的开发，为学习者提供多样、实用、开放的在线教育资源。在资源开发过程中，法国用严格的标准保障资源的质量，确保最大限度地发挥教育的功能。最后，采取差异化的手段推动资源的实现。

（一）多主体参与资源开发

在法国国民教育部的主心骨作用下，法国在线教育资源汇聚各方力量，力求提供多样性、实用性和国际性的资源。首先，凝聚高校、科研机构和其他政府部门等的力量，提高资源的多样性。截至2020年，已有105个组织机构参与到FUN慕课平台资源的提供中，其中包括大学、学校和其他学术合作伙伴[1]。这使得FUN慕课整合了法国众多的高等教育资源，从而为学习者提供种类繁多的课程。其次，调动企业参与，增强资源的实用性。例如，法国政府与企业携手开发了"Etincel"，为学习者远程提供职业技术教育[2]。再如，企业家Pierre Dubuc和MathieuNebra共同创办的OpenClassrooms在线学习平台，不仅能够提供专业培训，还能为学习者颁发法国政府认可的学位证书。负责网站的公司还开始和一些公司合作推出学徒制的课程。让学生们既可以到公司实习，又可以闲余学习，这对于学生和用人单位来说是一种双赢的结果。最后，号召国际合作伙伴参与资源开发，促进资源的国际化。为推动法国教育的国际化进程和促进法语的推广，法国不断与其他国家和地区签署了慕课合作协议，包括推广法语慕课、加强慕课资源共享、合作设计开发课程、加强相互

---

[1] FUN – MOOC, "Les universités, écoles et autres partenaires académiques sur FUN – MOOC", Autumn 2020, https://www.fun-mooc.fr/universities.

[2] 刘敏:《从法国教育信息化思考技术挑战》,《中国教育报》2020年3月13日第5版。

认证等。例如，法国 FUN – MOOC 平台评审并推出中国昆明理工大学的《职场菜鸟礼仪指南》课程，帮助法国学习者了解中国文化礼仪。法国国家远程教育中心积极参与欧洲和国际合作，其与 Orange 公司合作，通过智能手机在非洲传播教育内容。总之，借助多个主体的力量，法国的在线教育资源融合多样性、实用性和国际性的特点。

(二) 严标准加强资源保障

法国通过严格的标准加强对在线教育资源的审查，最大限度地保障在线教育的质量。一方面，制定严格的程序。以法国国家远程教育中心（以下简称 CNED）开发的教学资源为例，首先由法国高校分院的一名总教师和数名辅助教师进行课程设计，然后将相应的教学目录材料送到 CNED 的相应部门进行技术、教学和商业审查，最后将目录资料录入到计算机的数据库中，同时分院开始设计具体的教学内容并最终录入系统[①]。另一方面，使用教育认证标志。早在 1999 年，法国教育部便向国家工业产权署申请教育认可标志（Reconnu d'intérêt pédagogique，RIP），由教师和专家对教育软件和多媒体资源进行鉴别，由多媒体委员会认证，最大限度识别并满足教育系统需求和期望的产品。教育认可标志必须同时符合教育学标准、技术标准和法律标准[②]。从小学到大学，大约有 1000 种产品都获得了这个标志，包括数学、艺术、生物技术和互联网等。总之，法国通过严格的程序和标准来保障在线教育的质量，力求为学习者提供最优质的服务。

(三) 双路径促使资源实现

要使在线教育中海量化的、个性化的、数字化的资源惠及学习者，就要依靠一定的载体：以互联网技术为支持的在线教育平台。然而在法国并不是人人都配有手机、平板电脑和 PC 等智能终端，并且各区域的网络建设情况也大不相同。为此，法国针对两种具有不同网络条件的学习者群体采用不同方式，促使个体获取学习资源，努力缩小地区教育鸿沟，最终实现全面终身学习的目标。一方面，法国主要通过国家远程教育中心的在线教育系统、FUN – MOOC、国家数字教学使用机构和 OpenClass-

---

[①] 李国斌：《法国的国家远程教育中心》，《中国远程教育》2001 年第 10 期。
[②] 王晓辉：《法国教育信息化的基本战略与特点》，《外国教育研究》2004 年第 5 期。

rooms 等在线教育平台，为有良好网络条件的师生提供互动的平台和广泛的资源。另一方面，对于那些没有上网设备的家庭，法国采取各种方式保证学生不会中断学习。一是通过与法国邮政签署合作协议，为没有能力购买数字设备的家庭寄送纸质学习资料；二是支持当地政府以及协会组织等向上述家庭的学生提供平板电脑等数字设备；此外，法国国民教育部公布，落后困难地区的学生学业因疫情禁足受到较大影响的，政府将投入 1500 万欧元用于帮助改善这些地区学生的学习条件。其中，900多万欧元将用于为这些地区学生采购和发放数字化教学工具，以便学生进行远程学习①。总之，考虑到网络基础设施的配备差异，法国主要通过在线教育平台为网络条件良好的群体提供资源，通过邮寄纸质资料和提供资金支持等手段保障网络条件差的群体也可以获取资源。

四　法国在线教育体系的组织管理

对于一个教育系统，或者任何与此相关的系统，组织和管理是必不可少的。在宏观层面，法国主要通过法国国家远程教育中心进行规划、指导和协调等，通过法国大学远程教学网络联合会为学习者以远程教育的方式传授传统教育；在微观层面，主要通过数字工作区进行以师生为基本单位的教学组织管理。

（一）法国国家远程教育中心

法国国家远程教育中心（Centre National d'-Enseignment a Distance, CNED）于 1939 年在巴黎成立，隶属于法国国民教育、高等教育和研究部，是一所专门从事远程教育的公立教育机构。法国的教育行政管理体制分为中央主管部门、学区和省教育局三级。学区是教育部设在地方的重要教育行政管理机构，省教育局直接归学区领导。而法国的国家远程教育中心则是特殊的学区，即负责全国远程教育体系的学区。CNED 如今已从一个函授学校发展成为欧洲和法语最大的远程教育运营商（世界第四大运营商）。CNED 的核心理念在于通过远程教育的手段，为所有学习

---

① Pierre Zéau, "Les enseignants mobilisés recevront également une prime exceptionnelle", Spring 2020, https://www.lefigaro.fr/social/les-enseignants-mobilises-recevront-egalement-une-prime-exceptionnelle-20200520.

者提供相对应的教育与培训，包括学历教育、职业教育、成人教育、企业培训等，促进国民教育和终身教育的发展。其主要职责如下：第一，为学生和学校提供在线学习平台。CNED 数字学院与国家教育、青年和体育部合作，推出多种在线学习服务平台。D'COL 为三年级的学生提供个性化的辅导服务，Langues et numérique à l'école 为学校和学院的学习者提供在线学习英语和德语的工具，Ma Classe à la maison（在家上课）在疫情期间能在学校关闭时，确保教学连续性的平台，为全国中小学的师生既提供了免费的教学资源，又提供了互动的场所（虚拟课堂）。第二，负责教育人员的培训。CNED 不仅承担着对 8 所院校教师的培训，同时还专门为法国其他院校以及企业、事业各类人员设计、组织培训课程。此外，CNED 也有着丰富的国际远程教育教师的培训经验。第三，颁发学习结果的承认。CNED 开展从基础到高等教育多层次的远程教育，可以颁发多种学习证书，但不能颁发高等教育学士、硕士或博士文凭，颁发此类文凭须与大学合作来开展远程高等教育业务。CNED 通过和法国高校之间签订合作协议的方式，以中心为统一的平台，允许学生注册中心的高等教育课程，学习合格并参加高校的考试后取得该校文凭。此外，CNED 在全国基础设施的配备等方面也发挥着重要作用。

（二）法国大学远程教学网络联合会

法国大学远程教学网络联合会（Fédération Interuniversitaire de l'Enseignement à Distance，FIED）是 1987 年根据研究和高等教育部的倡议成立的一个协会，在国际上代表法国大学教育。该协会汇集了大约 30 所法国或外国大学或高等教育机构，参与开放式、在线和远程培训，以建立一个开发在线和函授课程的大学网络为目标。它代表 55000 名学生，提供 500 多个大学毕业生培训课程和 300 多个独立模块。学习者可以在网站上通过搜索领域、学科或学位来找到感兴趣的课程。与法国国家远程教育中心不同的是，联合会只负责协调工作，与大学之间不存在领导和被领导的关系[1]。其主要任务是：第一，加强教学、远程培训、FOAD 研究和新学习；第二，鼓励就远程教育和培训问题进行交流和会议；第三，共同开发课程和培训模块，如 EAD 护照，并为其成员提供服务，包括在

---

[1] 王欢：《浅评法国远程高等教育体系》，《中国远程教育》2009 年第 6 期。

线考试的测试；第四，通过其内联网和工作组活动，分享关于远程教育和培训安排的监察及专业知识；第五，代表法国参加国际远程教育网络：欧洲远程和电子学习网络（European Distance and E-learning Network，E-DEN）、国际开放和远程教育理事会（International Council for Open，and Distance Education，ICDE）和欧洲远程教育大学协会（European Association Distance Teaching Universities，EADTU）[①]。

（三）数字工作区

数字工作区（Espace Numérique de Travail，ENT），也被称为"虚拟办公室"，是指在一个或多个学校或学校的教育社区中，为所有参与者选择和提供的一套综合数字服务，其中包括多媒体内容创作、学习路径的构建与管理、办公工具等教学和教育制作服务，以及个别学生跟进、时间表显示和联络笔记本等学生生活支持服务等。ENT是一个统一的入口点，允许用户根据其配置文件和启用级别访问其数字教育服务和内容，它为用户之间以及与学校或机构有关的其他社区之间的交流与合作提供了一个在线交流的平台。ENT的目的是为学校的所有用户、学生、教师、行政人员和家长提供一套与他们的活动和关注有关的数字资源和服务。该平台还与国家教育、学区、社区和学校机构的其他平台相衔接。ENT的主要用途可以概括为三点：第一，为教学服务。在课堂上使用ENT有助于建立促进学生自主和协作学习的学习环境。它是教师和学生在数字环境中进行互动的媒体，既可以是一个协作工具和存储空间，也可以提供博客、论坛、虚拟教室等功能。第二，是学校生活的伙伴。在ENT的个人账户中，学生可以查看课程表、日程表、选择课程、出勤情况等。第三，通信功能。它可以对外传递信息（收发邮件、发布个人页面），并进行视频会议。ENT最开始运用于高等教育，首先在各高校推广，经过不断的优化升级，逐步发展到初中和高中。近年来，小学的ENT也逐渐发展起来，学生、教师和家长均可注册。

---

① FIED，"Qui sommes nous?"，Autumn 2017，https：//www.fied.fr/qui-sommes-nous.

第四节　法国在线教育体系的主要特征

追溯法国在线教育体系的发展历史，剖析其基本架构，可以发现，法国的在线教育体系在政府的主导作用下，融合各方力量参与，以教育公平思想为指导，最终推动全民终身学习。

一　彰显中央集权范式的国家治理优势

中央集权的行政管理体制使法国的在线教育体系独具特色，尤其是面向全民终身学习，法国的在线教育体系彰显了中央集权范式的国家治理优势。一方面，法国的在线教育体系体现中央集权色彩，在线教育体系的构建以政府为主导。首先，追溯在线教育体系的历史便可发现，法国政府在1939年便意识到了远程教育的重要性。法国国家远程教育中心便是法国政府为了保障第二次世界大战期间公民的教育而专门设立的机构，经过不断的发展，传统的远程教育逐步演变为现代化的远程教育，在线教育也随之产生。其次，明晰在线教育体系的基本架构，无论是政策制定、师资配备，还是资源开发、组织管理，法国政府都在其中发挥着主心骨作用。可以说，法国政府凭借一己之力，让在线教育体系从零星萌芽走向遍地开花。另一方面，中央集权式的教育行政管理体制体现出强大的国家治理体系优势，这种优势具体表现在以下几个方面。第一，集中力量办大事。面向在线教育的发展，法国不仅在政府层面通过颁布政策与规划来统筹推进，更积极动员来自科研机构、学校和企业的多方力量参与到在线教育体系的建设中。例如，依靠企业的技术与企业合作开发在线教育平台、依靠公共机构的力量保障平台的运维、依靠专家学者的智慧制定战略发展规划等。第二，高效的组织管理。这种优势在疫情期间表现得尤为明显。在法国政府统一线上平台、统一教学资源和统一注册入口后，法国的在线教育实现了集中化、中心化、统一化[1]，最大限度地满足了"停课不停学"的需求。相对于分权式的教育行政管理体

---

[1] 王晓宁：《法国经验：举国统一的教育领域抗疫部署》，2020年5月19日，https://baijiahao.baidu.com/s?id=16670510830066666957&wfr=spider&for=pc，2020年12月11日。

制,中央集权式的教育行政管理体制能在短期内为在线教育调动跨越时空的人力、物力和财力等,实现自上而下的迅速贯彻与落实。第三,迅猛的发展态势。法国国家远程教育中心建立之后,远程教育逐步发展成为一个测试新媒体等的实验中心,即试验新技术(从邮寄发送的讲座材料,到电话、电视,再到互联网、虚拟课程等)在法国教育中的大规模应用①。在法国政府资金的支持下,这些努力发展成为一个完整的学院(即法国国家教育部门,在法国有29个)。随着时间的推移,法国政府鼓励所有大学发展远程教育服务,并在最近几年发展Moodle等平台。此外,政府还推出了FUN-MOOC和Ma Classe à la maison(在家上课)等在线教育平台。总之,在政府的大力支持下,法国的在线教育由无到有、由零散变得体系、由缓慢发展到高歌猛进,展现了中央集权核心下国家治理的强大优势。

二 打造多对象共进的在线教育新业态

教师和学生是在线教育的两大主体,家庭、学校、社会是在线教育发挥功能的三大重要场所。法国在抓住两大主体的同时,推动家庭、学校和社会三位一体化发展,最终构建多对象共同进步的在线教育新格局。第一,在教师层面,法国重视教师数字化教学能力的培养与提高。法国充分利用线下辅导、在线培训、资格认证、平台搭建、政策支持等手段为教师的专业发展提供不竭的源泉,从而促进教师信息素养的提高、教学理念的更新、教学模式的创新、教学质量的提升以及教师自我的成长。第二,在学生层面,法国将数字化素养纳入课程体系。一是把"数字科学与技术""数字与计算机科学""编程"等课程纳入学生的日常学习之中,从而培养学生的21世纪新技能;二是对学生提出"计算机和互联网证书"的要求。在互联网的时代背景下,法国国民教育部长于2000年宣布将TICE培训纳入所有学生的课程,并提出相关"计算机和互联网证书"要求。发展至今,法国国民教育部建立了针对小学生的计算机和互联网一级合格证(B2i),中学生的二级合格证(B2i2),大学生的计算机

---

① Olivier Marty, "Monetizing French Distance Education: A Field Enquiry on Higher Education Value (s)", *International Review of Research in Open and Distance Learning*, 2014 (2).

和互联网一级证书（C2i），从业人员的二级证书（C2i2）。第三，在学校层面，法国的"信息技术战略委员会"于2002年发布的《学校与信息社会》指出"学校是信息社会的基石"。此后，法国以学校为发力点，着力打造"数字化校园"，推动在线教育蓬勃发展。第四，在家庭层面，法国重视家庭的参与。法国教育部向家长发放"数字化校园下如何陪伴孩子"指导手册（Guide Pratique—Collège Numérique Accompagnez votre enfant），让家长了解数字化计划的基本内容、认识数字化校园建设的意义，为家长解答子女在家中使用移动设备的问题。此外，许多数字工作空间已经允许家长跟踪子女的学校生活，并且通过在线的方式进行家校联系。第五，在社会层面，扩大在线教育供给，主要包括与企业共同开发在线教育平台、携手国际伙伴共享在线课程资源等。综上，法国在提高师生数字化素质的同时，打造"家庭—学校—社会"共同参与的在线教育新业态，多对象共进，推动构建在线教育新格局。

三 弘扬人人生而平等的教育公平精神

如今，法国的教育体系仍然追求18世纪的目标，即把教育作为一项社会权利[①]。20世纪70年代以来，在全球呼吁教育公平的背景下，法国政府于1981年率先提出优先教育政策，逐步设立优先教育区、优先教育网络，为条件相对落后地区的低收入家庭的学生提供享受平等的教育资源的机会。当在线教育体系逐步形成后，法国政府决心努力实现教育公平，使教育真真正正成为人们的普遍权利。一方面，缩小区域数字鸿沟。地区社会经济发展水平的差异势必会造成其在在线教育资源获取、设施配备、网络连通等方面的差异。为此，法国政府通过一系列的数字化计划来支持落后地区在线教育的发展。在2009—2010年，法国教育部提出了"农村学校数字设备计划"（ENR），为6000多所农村小学提供了一系列数字技术设备和教育支助。此后，又相继提出了"创新的数字学校和农村"（2016）和"数字初中和农村"项目（2017）等，加快农村地区迈向在线教育的进程。另一方面，维护特殊人群利益。1944年，国家函

---

① Ray Amirault, "The State of Distance Learning in France（The Quarterly Review of Distance Education）", *Distance Education*, 2019（4）.

授教育中心（CNEPC，国家远程教育中心的前身）成立，其职责包括为患病的儿童、前囚犯和被驱逐出境者提供教育，那时 CNEPC 对受教育群体的一视同仁就深刻地体现了教育公平的精神。后来国家远程教育中心（CNED）的课程坚持"服务社会"的宗旨①，对不同类型的学习者实行差异化的教学策略，从而实现让每一位学习者都能获得学习的权利。2018 年，在残疾人融入公共服务基金（FIPHFP）支持下实施四年的数字无障碍方案之后，全国残疾人理事会发表了《残疾包容和数字无障碍》（*L'inclusion du handicap et l'accessibilité numérique*）白皮书，强调要促进残疾人就业、更好地融入社会以及参与远程学习，实现培训课程的无障碍，将数字无障碍融入日常生活以实现文化变革②。关怀残疾人群，保障其也能获得数字化带来的好处，体现着法国的人道主义精神和"人人生而平等"的价值理念。不可否认，法国目前仍存在教育失衡的问题，但法国全力缩小教育差距的行动是值得我们赞扬与肯定的。

四 体现由公益化向商品化的过渡趋势

自 18 世纪以来，法国的教育一直由国家控制。历史表明，法国的教育一直被认为是一种公共产品，由法国政府提供并控制。具体到在线教育领域，情况也大致如此，即法国的在线教育体系蕴含着公益化、福利化的价值理念，其主要表现在以下三个方面。首先，在线教育资源具有免费性。在法国，在线教育的供给方式包括：电视、广播和在线教育平台等。FUN-MOOC 平台以"卓越的高等教育，为所有人提供免费和开放的在线课程"为宗旨，为所有人提供完全免费的资源。其次，公立的机构性质。贯穿法国远程教育史的法国国家远程教育中心便是由法国政府成立的公立机构。在 1979 年，其具有行政性质和财政自主权的国家公共机构的地位被确立。2009 年颁布的法令确认了提供远程教育的公共服务使命。最后，政府给予大量的财政支持。从最初的基础教育信息化到后来的高等教育信息化，法国政府都给予大量的资金来支持互联网设施的

---

① 刘敏：《从法国教育信息化思考技术挑战》，《中国教育报》2020 年 3 月 13 日第 5 版。
② CNED, "Accessibilité Numérique", Winter 2018, https://www.cned.fr/le-cned/institution/accessibilite numerique.

配备、教师的培训和在线教育资源平台的搭建。然而，随着终身学习、成人培训的发展以及欧洲私立教育的英美模式的影响，法国可能不得不改变这一国家传统[1]。事实上，法国于1971年颁布的《继续职业培训法》便初现教育商品化的趋势。该法律促进了公司对工人的培训，一个新的成人培训市场也由此诞生，在这个市场里，大学、学校和专业机构正在竞争[2]。由于互联网和在线教育的发展，这种竞争在21世纪初随着技术的进步而加剧。再加上一些经济学家从经济角度对慕课平台的运作模式进行讨论，法国的在线教育向美式商业气息浓厚的在线教育运作模式妥协，政府从一开始的大包大揽转到幕后[3]。以FUN-MOOC平台为例，其于2013年由政府成立并统筹推进，后于2015年由公共利益机构"法国数字大学—MOOC公共集团"（Groupement d'Interet Public FUN-MOOC, GIP）全权负责，并依靠三大公共机构进行平台运作：法国国家信息与自动化研究所（INRIA）负责开发；法国国家高等教育计算中心（CINES）负责托管计算机基础设施及其设计和管理；法国国家教育与研究网络（RENATER）负责提供网络基础设施。GIP的建立统筹了各方力量，更好地应对投资额庞大的数字化计划所带来的挑战。马蒂（Marty）认为，传统的法国教育是一种由国家控制的公共产品，但如今的法国教育有走向商业化和工业化的趋势，他从习惯、传统和工人身上的价值观的变化来表明远程教育机构正由公共服务机构逐步转向盈利机构[4]。但是目前来说，面对私立以营利为目的的Coursera和Futurlearn，以及私立但不以营利为目的的EdX，公立且不以营利为目的的FUN更显其卓然不群[5]。换言之，尽管法国的在线教育体系走向逐步走向商业化的模式，但其力求

---

[1] Olivier Marty, "Monetizing French Distance Education: A Field Enquiry on Higher Education Value (s)", *International Review of Research in Open and Distance Learning*, 2014 (2).

[2] Olivier Marty, "Monetizing French Distance Education: A Field Enquiry on Higher Education Value (s)", *International Review of Research in Open and Distance Learning*, 2014 (2).

[3] 朱燕：《法国在线教育现状调查》，2017年2月27日，http://france.lxgz.org.cn/publish/portal116/tab5722/info130985.htm，2021年1月4日。

[4] Olivier Marty, "Monetizing French Distance Education: A Field Enquiry on Higher Education Value (s)", *International Review of Research in Open and Distance Learning*, 2014 (2).

[5] 朱燕：《法国在线教育现状调查》，2017年2月27日，http://france.lxgz.org.cn/publish/portal116/tab5722/info130985.htm，2021年1月4日。

为学习者提供普惠性在线教育机会的公益化理念却深入人心。

第五节 法国在线教育体系的总结启示

与 1970 年就把计算机引入学校的法国相比,中国教育信息化的发展在当时相对滞后。然而经过四十多年的发展,中国的教育信息化事业实现了弯道超车,走向了世界前列。以法国在线教育体系的历史考察、基本架构和主要特征为参照,总结法国在线教育体系构建的成功经验,并从其现状中获得警示,从而为中国在线教育体系的发展提供几点启示。

一 研究总结

尽管法国在线教育的起步落后于英、美等国家,但是法国作为后起之秀,其在线教育体系蓬勃发展。究其成功的经验,一是发挥制度优势,用政策促进发展;二是解决在线教育的先决条件,推动在线教育设施的普及;三是以师生数字素养的提高为核心,推动教学双方共同进步。

(一)用在线教育政策引领发展

回顾法国在线教育体系的发展历程,不难发现,法国政府的政策为在线教育的前进提供了持久的动力。首先,用重点突出的政策路径指引前进。从信息技术的推广开始,到基础设施的配备和教育实践的应用,再到在线教育的完善,法国通过有重点的政策解决某一阶段的主要矛盾,高效地推动了在线教育体系的发展。其次,注重政策的协同制定与落实。有重点地推进在线教育政策并不意味着法国政府的政策是相互独立的。考察其政策路径,可以发现,在某一阶段,以某项核心任务为重点,兼顾推进其他方面的发展。以教育实践的应用这一阶段为例,法国通过"多媒体教学发展计划"和"信息社会的政府行动"等,号召教师使用信息化工具提高教学水平,推动信息技术在教育实践中的应用。与此同时,法国通过三年的信息化发展方案和为期两年的紧急培训计划等,加强师资的数字化培训,提高其数字化素养,促使信息技术深入推广,使之成为教师的基本技能。最后,注重发挥人才的智慧以推动政策的形成。法国重视精英人才对在线教育发展的前瞻性思考,善于将精英人才的建议化为具体的举措,并鼓励精英人才参与到政策的制定中。例如,法国政府积极委托法国著名数学家德里克·维拉尼（Cédric Villani）起草《法国人工智能发展战略研究报告》，并根据维拉尼的建议从多条路径推动教育中人工智能的发展。总之，法国汲取哲学的智慧，抓住在线教育发展的主要矛盾，在有重点地推进政策落地生根的同时；用整体的眼光看待发展的现状，及时并不断地用政策完善在线教育不足之处；并发挥人才的优势，为政策注入新的生机与活力。

（二）重点推动基础设施的普及

信息化基础设施是实行大规模在线教育的先决条件，缺少硬件支撑，在线教育的功能无法真正发挥。一方面，法国坚持教育装备先行，重点推进教育装备的普及。从1970年的58所中学开始，法国便为每个学校配备一台试点计算机，以此来探索计算机教学的新模式。此后，法国通过"万台微型计算机"和"全民信息技术"等一系列的计划为学校提供配套的基础设施。2009年，法国政府投入62亿美元，专门用于ICT的跨领域投资，特别用于提供新型数字服务、推动宽带网络发展、开发数字工具新应用等。2015年的"数字化校园"计划在三年内投资10亿欧元用于完善数字化教育资源与设备。2016年的高速宽带（PLAN TRES HAUTDEBIT）计划在2022年前铺设覆盖全部100个省级行政区的新一代高速宽带，为所有企业和个人提供不低于30兆比特每秒的高速宽带服务。2017年的"数字初中和农村"项目向偏远农村地区总共投入2500万欧元，用以配备在线教育所需的基础设施；同年9月，法国进一步开启为学生全面配备可移动数字化学习设备的计划。另一方面，为确保教育装备的顺利配置，法国政府建立了经费保障机制，与地方政府分摊设备购置经费[1]。对于那些家庭困难的同学，法国政府还投入大笔资金为其采购和发放相关的工具设备。综上，法国把基础设施的普及放在重要位置，着力推进家庭、学校、社会的网络建设，为在线教育的开展建设一个良好的信息化环境。

（三）不断提高师生的数字技能

掌握数字技能对于合理和负责任地使用数字工具和服务以及确保成

---

[1] 任一菲：《法国"数字化校园"教育战略规划概览及启示》，《世界教育信息》2018年第18期。

功的职业至关重要。在学生层面，首先增加教学中的信息化内容。法国教育部加强了教学中的数字内容（一年级的编码入门、初中的编码学习、高中的新义务教育、学士学位改革框架内的新的一年级和研究生专业教育），并建议逐步普及对三年级学生的数字技能认证学习数字技术，特别是计算机技术。其次，加强对学生数字能力的评估。负责国民教育和高等教育的各部制定了数字技能参考框（CRCN），受欧洲框架的启发，该框架适用于从小学到大学的各级学生。提高学生的信息化创新能力离不开教师的信息技术素养，因此法国着重提高教师的数字化能力。第一，为教师提供信息化培训。1992年初，法国高等教育部便将教育信息通信技术（Technologies de lInformation et de la Communication pour l'Enseignement，TICE）纳入教师学校培训课程的必修课。此后法国通过"多媒体教学发展计划"、三年信息化发展方案、"法国数字大学"建设的18项数字化举措和"数字化助力可信赖校园"等不断推进对教师的信息化培训。第二，形成教师信息化能力的认证。通过制定信息和通信技术（ICT）教师能力标准、将计算机和互联网二级教师证书（C2i2e）纳入MEEF硕士课程的必修课和设立"高中计算机科学教学"的校际文凭来加强教师教学信息化的认证。第三，注重教师信息化能力的评估。法国建立Pix平台，帮助教师实现信息化教学的自我评估、自我改进和自我提高。第四，注重提高教师利用信息技术，自主开发教学资源的能力。例如，法国的一些学校或教育机构通常会组织黑客马拉（hackathon）设计冲刺活动，目的是在限定时间内和特定主题下，提出一个创新的解决方案，改进现有软件或设计数字教学的新应用程序。如有发展潜力，教师还可以得到资金支持并继续研发。该活动的小组成员通常来自不同领域，有利于不同学科之间的交流合作。总之，法国大力提高学生和教师的信息素养和数字化能力，以应对数字化时代的教育变革。

二　研究启示

在国家政策的引领下，法式在线教育逐步登上历史舞台，在线教育体系也逐步形成。同样，中国在线教育的发展也得益于国家政策的规划和导向作用。政策的背后均彰显中央集权的优势。鉴于两国都具有中央统一管理的制度特色，借鉴法国的经验对中国来说具有重大的意义。汲取法国在线教育体系的历史智慧,为中国提供了以下几方面的启示,希望推动中国在线教育体系的建设与完善。

(一)加强数字化人才的培养

人才是第一资源。面向终身学习,在线教育体系需要的人才是具备信息素养的数字化人才。互联网时代,在线教育有着海量的资源、纷杂的信息和膨胀的知识,如何去芜存菁、去繁化简成为个体必须掌握的技能。时代会不断变化,具备及时适应变化的能力是社会对每个人的要求。信息素养是终身学习的核心[1],也是抓住在线教育机遇不可或缺的能力。法国的"数字化校园"战略,旨在使全国的教师和学生可以尽享数字革命带来的机遇。在教师层面,该计划通过培训的途径助力教师专业化成长,通过数码文化和传媒信息教学传授给教师使用因特网和网络社交工具的基础知识,促进教师提高数字技能与数字素养,将信息技术融入课堂教学中,从而创新教学模式、提高教学效果。在学生层面,将数字化课程纳入通识教育体系,全面培养学生的信息素养[2],培育一批富有责任感和自主能力的数字时代公民。

在线教育体系服务于全民终身学习,终身学习的主体是学习者,而教师对个体的学习活动有着深远而深刻的影响,故培养具备信息素养的教师和学生人才至关重要。中国教育部于 2018 年出台了《教育信息化 2.0 行动计划》,把信息素养写入国家层面的教育信息化规划,强调要"全面提升师生信息素养"。借鉴法国的经验,中国可以从课程纳入、专业培训和资格证明等方面提高师生的数字化能力。此外,面对中国乡村教师信息意识淡薄、信息知识匮乏、信息能力有限的现状[3],中国应该额外关注偏远乡村地区的师生,加强对其关照的力度,以提高教师的信息素养,推动学生信息能力的养成,让他们也有平等的机会享受数字化带来的机遇。

---

[1] 钟志贤:《面向终身学习:信息素养的内涵、演进与标准》,《中国远程教育》2013 年第 8 期。

[2] 任一菲:《法国"数字化校园"教育战略规划概览及启示》,《世界教育信息》2018 年第 18 期。

[3] 史颖:《基于"互联网+"的乡村教师信息素养培养研究》,《西部素质教育》2018 年第 5 期。

（二）保障在线教育数据安全

教育信息化一方面为学生学习、学校管理提供了便利，另一方面也产生了大量的数据，涉及教学、个人信息和学校生活的方方面面。法国严格维护教育资源数据的安全。首先，加强立法保障。为使欧洲保护个人数据的法律框架适应数字化发展，并协调欧盟成员国的现行规定，欧盟出台了《通用数据保护条例》(General Data Protection Regulation，GD-PR)①。在此框架下，2018年6月，法国颁布个人信息保护的相关法律；2018年底，法国针对未成年人在线教育平台建立信用评级制度，提出在产品开发和产品设计时就要进行未成年人的数据和隐私保护，并且将实时用文档记录未成年人的数据使用和处理过程②。其次，开发监管平台。由法国教育部建立并监管的数据监管系统（Le Gestionnaire d'Acces aux Ressources）会事先对用户上传至网络的资料进行隐私加密保护，最大限度地保护数据的安全。最后，成立专门机构。法国教育部成立了"数据保护工作组"和"数据伦理及专业委员会"，为地方教育部门和学校选择平台服务商提供指导建议，并对其相关工作进行监督。

中国于2016年通过了《中华人民共和国网络安全法》，将网络安全的保护上升至国家战略。2020年12月28日，中国发改委发布《关于加快构建全国一体化大数据中心协同创新体系的指导意见》③，明确强化大数据安全防护的要求。然而纵观中国最近几年，时常有学生个人信息泄露的新闻，且这样的案例并不在少数。在被数据包围的今天，个人教育信息的保护和网络伦理的安全应该引起我们的重视。中国可以从立法保障、平台开发和机构设立等方面加强对在线教育数据的保护。颁布数据保护的法律规范，做好在线教育的顶层设计开发数据监管系统，利用技术，将其嵌入各大在线教学平台，全面保护个人隐私；设立"教育数据伦理道德委员会"等相关机构，专门负责在线教育数据的监管。

---

① European Union,"The General Data Protection Regulation", Spring 2018, https://www.epsu.org/sites/default/files/article/files/GDPR_FINAL_EPSU.pdf.
② 刘敏：《网课时代，看国外教育数据咋管理》，《光明日报》2020年3月26日第14版。
③ 中华人民共和国国家发展和改革委员会：《关于加快构建全国一体化大数据中心协同创新体系的指导意见》，2020年12月28日，https://www.ndrc.gov.cn/xxgk/zcfb/tz/202012/t20201221260496_ext.html，2021年1月10日。

(三) 理顺国家与地方的关系

法国中央集权式的传统在在线教育体系的建构发展中发挥了不可磨灭的作用。一方面，法国发挥国家主导的优势。以新冠疫情期间的线上教学为例，尽管面临数字资源不足、设备平台不够和教师操作困难等问题，但法国的在线教育体系在政府的领导下，为法国的教育事业发挥了不可或缺的作用。统一平台、统一标识、统一入口展现了集中化的在线教育体系的优势。另一方面，法国主动调动地方，乃至社会各界的积极性。在法国政府的倡导下，大到地方行政机构、高校、企业和社会其他机构，小到教学人才和学科教师，都可以参与到在线教育体系政策的制定和资源的开发等方面。

鉴于中国和法国同样有着国家集中统一管理的制度色彩，一方面，中国应发挥党和国家集中领导的优势，打造具有中国特色的在线教育体系。在法国政府的领导下，法国的在线教育体系具有中央统一管理的特色和公益化的人文情怀，也产生 FUN - MOOC 等法国在线教育平台等。然而对中国来说，胡钦太教授曾指出中国特色教育信息化学术话语体系尚未建立健全[1]，具有中国特色的在线教育体系的构建成为一个难题。另一方面，给予地方更多的自主权，充分调动地方的积极性，打造具有地方特色的在线教育体系。在中国区域差异巨大的背景下，众多的省、市和自治区势必要根据当时实际情况，建设国家和地方一体化的在线教育体系。例如，可以依托国家数字教育资源公共服务平台等全国性的在线教育平台，在省市以及学校之间搭建区域性的在线教育平台，加强各级资源的联通融合，实现地方在线教育资源的针对化、适切化与丰富化。法国教育虽不断努力"去中心化"，但仍沿袭着中央集权式管理方式。对中国来说，理顺国家与地方的关系尤为重要，既要发挥集中管理的优势，又要发挥地方的积极性。

(四) 构建协同共参与的格局

在中央集权范式的教育制度优势下，法国政府的统筹推进是推动在线教育体系建设的骨干力量。此外，法国还积极调动来自科研机

---

[1] 胡钦太：《回顾与展望：中国教育信息化发展的历程与未来》，《电化教育研究》2019 年第12期。

构、学校、家庭和企业等多方力量参与到在线教育体系的建设中，从而构建协同共参与的在线教育建设与治理格局。例如，FUN 平台依靠三所公共机构去开发平台、管理设计和提供设备，动员教师和专家参与功能的设计、技术手段的确立和内容用途的规划。法国的一些企业家也参与到在线教育平台的开发中。如 OpenClassrooms、Etincel 等。此外，法国面向学生、家长、教师、学校等不同群体，法国教育部均予以分级分类的精准化支持，不仅有软硬件保障、有资源供给、有使用指南和培训，也精细化到不同情境下如何对学生进行陪伴与鼓励的情感指导等[①]。

中国要想构建完备的在线教育体系，就要打破单一学校为主体的格局，奋力推进"家庭—学校—社会"共同参与的在线教育治理新格局。首先，重视家庭教育的基础性作用。中国可以借鉴法国，为家长发放在线教育指导手册，以及通过组织培训会的方式提高家长的信息素养。其次，发挥学校教育的正规性作用。中国可以着力推进数字化校园建设，为学生提供智能的校园环境，利用好学校这一正规教育的场所。发挥学校的育人导向作用，促使学生形成在线学习的习惯，促使教师提高在线教育的能力。最后，利用社区教育的影响性作用。一是扩大社区教育资源供给，在潜移默化中熏陶人们；二是创新社区教育形式，将线上与线下相结合，打造面向终身学习的在线教育服务平台，使学习者通过移动终端设备便可随时随地学习。总之，共同治理的在线教育格局不能流于形式，还需要政策保障、技术支持、队伍建设等来保障运行机制，从而切实发挥家庭、学校和社会对在线教育体系建设的协同作用。

（五）回归教育的本质和初心

传感技术、通信技术和计算机技术组成的互联网技术是在线教育得以开展的先决条件，缺少技术的支持，在线教育便无法充分发挥教化育人的功能。相应的技术设施的配备是在线教育体系得以发展的前提。为

[①] 王晓宁：《法国经验：举国统一的教育领域抗疫部署》，2020 年 5 月 19 日，https://baijiahao.baidu.com/s?id=1667051083006666957&wfr=spider&for=pc，2020 年 11 月 27 日。

此，法国既强调国民信息技术素养的提高，又强调教育装备先行，不断完善宽带、计算机、教育软件等的配备。然而，对待技术的态度并不应该是盲目追求，不能为了技术而教育。在线教育体系的构建不能让技术牵着鼻子走，而忘记教育的初衷。在线教育归根结底还是教育的一种模式、形态和方法，而教育的本质便是促进个体的发展。从重点关注特殊学习者平等获得在线学习的机会到加大对贫困地区教育信息化设施的资金投入，法国始终理性审视教育与技术结合，坚持技术服务教育的价值取向，在部署在线教育体系的同时始终不忘让所有学习者能够平等获得受教育权并实现自我发展的初衷。

中国应该明确，在线教育体系最终的价值归向是要促进个体的发展、推动全民终身学习。一方面，中国既要发挥大数据、人工智能、虚拟现实和区块链等技术的优势，利用现代科学技术推动在线教育蓬勃发展，构建智能化、数字化、现代化的在线教育体系；另一方面，中国应该回扣本质、坚守初心，把视野聚焦在人身上，针对不同职业、不同地区、不同年龄的人群，发展差异性、普惠性、持续性的在线教育，让受教育的权利切切实实地普惠于民。

第六节　本章小结

在线教育有着深厚的历史根基，其源头可追溯到远程教育的发展。伴随着互联网的不断发展，远程教育融合新技术，顺势、应时走向在线教育。面向全民终身学习，构建在线教育体系，成为国家深化教育改革、发展教育信息化和构建学习型社会的重点内容。探究法国在线教育体系的历史，从外部表征的逐步建立和精神内核的不断落实这一视角把握其发展历程。一路走来，法国的在线教育体系已从萌芽起步走向发展成熟，其体制已大致形成。通过了解政策制定、师资配备、资源开发和组织管理这四部分，我们可以明晰法国在线教育体系的基本架构，区别在线教育体系与在线教育在宏观上的不同。从法国在线教育体系的历史考察和基本架构中可以总结出其主要特征，彰显中央集权范式的国家治理优势、打造多方共进的在线教育新业态、弘扬人人生而平等的教育公平精神、体现由公益化向商品化的过渡趋势。法国作为后起之秀成功的经验在于用在线教育政策引领发展、重点推动基础设施的普及和不断提高师生的数字技能。面向和法国有着相似特色的中国，从法国探索建设在线教育体系的经验和教训中总结智慧，中国在线教育体系的建设应加强数字化人才的培养、保障在线教育数据安全、理顺国家与地方的关系、构建协同共参与的格局，最后回归教育的本质和初心。

第十五章

德国在线教育体系的发展研究

世界经济形势下,终身学习和在线教育在教育中的位置逐步从边缘向中心靠拢,其地位日益重要。传统的学习模式和教育形式已经无法满足当今知识时代终身学习的趋势,且随着"互联网+"、人工智能、大数据的发展与完善,社会不仅需要高素质的科技人才,同时还需要工作者们具备终身学习的能力。因此,无论是出于社会的进步还是个人的提升,国家必须营造终身学习的氛围,其主要的一个途径就是尽可能满足所有学习者的需求,也就是国家需大力发展在线教育体系。

第一节 背景分析

如今,全球掀起了终身教育的思潮。正如联合国教科文组织发表的《终身教育》报告中所说:"终身教育自有人类以来就已存在。"终身教育秉承着"活到老,学到老"的思想,并将此想法付之于当今的全球教育之中[1]。对个体而言,只有终身学习才能适应社会的快速变化。随着互联网产业和学习型社会的影响越来越重要,许多国家纷纷借助互联网技术,加快推进在线教育,探索"互联网+"条件下的人才模式、基于互联网的课程形式、信息时代的交互迭代,从而推动实现终身学习。2019年,党的十九届四中全会明确指出要"构建服务全民终身学习的教育体系"[2]。

---

[1] 何思颖、何光全:《终身教育百年:从终身教育到终身学习》,《现代远程教育研究》2019年第1期。

[2] 人民网:《中共十九届四中全会在京举行》,2019年11月1日,http://dangjian.people.com.cn/n1/2019/1101/c117092-31432039.html,2020年3月21日。

2022年,党的二十大报告强调"推进教育数字化,建设全民终身学习的学习型社会、学习型大国"①。由此来看,为落实全民终身学习,构建完备的国家在线教育体系迫在眉睫。

回顾德国的在线教育发展脉络不难发现,德国的在线教育是为了满足更多学习者的学习需求并作为扩大教育影响的手段而得以发展,目的是应对教育的变革,开展继续教育以及实现可持续发展,打造学习型社会。作为一直以来以治学严谨、注重实效而闻名于世的国家,德国的在线教育使学习者脱离时空的约束,根据自己的选择和喜好享受教育的形式和风格。在倡导终身学习的当下,德国的在线教育在深入挖掘教育的潜质这一方面具有独特的贡献与价值,使在线教育具有传统教育所无法比拟的优势。因此,从系统的视角对德国的在线教育体系进行分析能够更全面地把握德国在线教育发展的经验,从而为我国在线教育体系的构建和完善提供借鉴。

第二节 德国在线教育体系的历史考察

一 德国在线教育体系的发展历史

德国是研究在线教育的重要基地之一,其在线教育发展由来已久,具有一百多年的历史。众所周知,德国以"治学严谨,注重实效"而闻名于世,上自国家层面下到百姓层面,都极其注重教育的发展和革新。德国在线教育体系的发展可分为三个阶段:第一阶段为萌芽期,强调信息技术与教育的融合;第二阶段为发展期,注重教育的国际影响;第三阶段为成熟期,主张教育应迈向终身学习时代。由于经历了第二次世界大战,德国被分解为东德和西德,东德是社会主义性质的德意志民主共和国,而西德是联邦性质的联邦德国。由于国家性质的差异和教育目的的区别,形成了两套不同的远程教育系统。直至1990年,东西德宣布统一,德国在线教育吸取了东西德远程教育的经验和教训,经历重组和再生焕发出新的动力,并进入新的蓬勃发展期。

---

① 习近平:《高举中国特色社会主义伟大旗帜 为全面建设社会主义现代化国家而团结奋斗——在中国共产党第二十次全国代表大会上的报告》,《人民日报》2022年10月26日第1版。

(一)萌芽期:强调信息技术与教育的融合

德国在20世纪90年代后期迎来了数字时代,在线教育开始兴起,并开始强调信息技术与教育的融合。随着信息通信技术的蓬勃发展,加之德国大力鼓励和投资建设 e-Learning 基础设施,教育领域掀起了技术上的革新与发展。无论是基础教育领域还是高等教育领域都开始向着数字化转型,利用各种 e-Learning 工具对教与学的模式及方法进行创新,以弥补传统课堂的不足。因此,德国的高校主要承担了教育革新的使命和担当,并努力尝试"在线学习""混合式学习""e-Learning""虚拟学习"等基于现代信息技术的教学。比如,巴伐利亚州的虚拟高等教育体系(Virtuelle Hochschule Bayern,VHB)旨在"促进和协调多媒体教学在巴伐利亚州的使用和发展"[①]。

作为欧盟成员中的领军者,德国一直以来都对信息通信技术尤其关注和重视,同时也非常注重将信息技术很好地运用到教育发展中去,并作出了一定的成就。比如,德国联邦政府工作报告为了加强教育信息化的研究建设,促进相关部门的统筹合作意识,专项建立了"教育与研究信息、数据传输高速公路"的研究网络。随着德国贯彻实施教育信息化建设的深入,德国所有的学校已于2001年全部完成了免费上网的预期目标。正是由于教育政策的支持和信息技术的革新,德国的终身教育发展迈出了重要一步,开始出现在线教育的教育形式,并逐渐得到学习者的认可和赞同。

该时期的在线教育形式多注重学习者和学习之间形成的和谐统一的关系,这是一种普遍趋势也是在线教育发展的方向。虽然德国的在线教育起步不算晚,但是教师利用技术进行授课的方式仍然只是延续着传统的课堂形式,尽管使用的是现代化技术。正因如此,数字时代的德国开始不断探索在线教育的教学形式,使其突破时空的局限,利用现代化手段开展教与学。教育领域自此添加了新兴媒体和信息化工具,并催生了一系列在线教育的教学新形势,脱离传统的课堂教学形式,不再仅仅局限于"讲授式"、自我摸索等机械化教学。但正如1992年联邦学术评议

---

① Virtuelle Hochschule Bayern, "Mehr Austausch durch Digitalisierung", Summer 2016, http://www.vhb.org/startseite/.

会（Wissenschaftsrat）指出：尽管德国的远程教育注重与新媒介和数字技术的结合，却只有几所大学和一些专门的应用科学学校继续发展和提供面向校外学习者的远程教育课程[①]。

由此可知，处于萌芽时期的德国在线教育体系虽然已经具备了在线教育体系的硬件设施和管理准备，但该时期的教育人员包括教师都未能形成在线教育体系的教学理念和素质水平，根据该情况德国政府相关机构有意识地进行了改良和跟进。

（二）发展期：注重教育的国际影响

德国在线教育从一开始就强调远程教学与面授教学相结合的重要性，即使如今处于现代化社会，德国仍然极其重视这种教学形式，并注重在线教育的发展和国际性影响。以德国远程大学为例，该校主要采用"线上"+"线下"的教学模式，巧妙地融合了在线学习和传统教学的优势，使其学习形式更加丰富、学习内容更加广泛、学习选择更加多元，为学生提供个性化、综合性的学习体验。因此，德国远程大学的在线教育包含4种主要形式：个体学习支持、以网络为基础的合作研讨会与工作小组、在线通信和面对面授课。

其中，德国1974年成立的哈根远程大学（FernUniversit in Hagen）不仅成为德国在线教育发展的典范，更对国际数字化教学产生了深远的影响。随着数字化时代的到来，哈根大学除了遵循原先传统的以印刷教学材料为远程教育的课程资源的原则外，适当地开始逐渐增加在线教育成分，持续推进在线教育的教与学模式。尽管该校出于战略需要，与相关的研究中心解除合作关系，但哈根远程大学的远程教育中央研究院（Zentrales Institut für Fernstudienforschung）仍然在世界上占有一席之地。值得一提的是，该研究院虽于2006年解散，但其研究成果仍具有深远的价值意义，其中包括彼得斯和霍姆伯格编制的著作，以及远程教育中央研究院编辑的126卷丛书（工程浩大、内容广阔，涵盖远程教育各个方

[①] Hochschulkompass, "Hochschulen", Autumn 2016, http://www.hochschulkompass.de/studium/suche/erwei-terte-suche.

面，几乎本领域所有杰出研究者都参加了这项工作)①。

互联网的高速发展为在线教育的发展奠定了基础，并展现出高效的成果。1995 年德国教育部发布了《信息社会：机会、革新与挑战》的报告，该报告强调了现代教育技术对于教育发展的重要意义与价值，并鼓励学习者提高自身的信息素养，增强自我学习和探索的能力，发展其终身教育理念②。显而易见，现在的在线教育提供更加人性化的服务和功能，以满足不同层次的学习者的需求：作为继续教育的主要渠道、作为提高学习效率的方式、作为平衡各种教育资源分配的途径，并作为开辟国际交流的手段。互联网的及时沟通和实时反馈促进了德国在线教育的国际化趋势，政府也鼓励和支持在线教育积极拓展海外市场，以跻身世界创新强国前列。

这一时期的德国在线教育体系已经步入发展期，其各项政策、设施、人员都已经步入轨道，尤其是建立了世界影响深远的哈根远程大学，对本国乃至世界的教育形式均产生深远的影响。同时，该时期的在线教育体系已经开始向终身学习和个性化学习接近，并得到了政府和相关教育者的关注，在线教育体系开始逐步迈向网络化时代。

(三) 成熟期：迈向终身学习时代

如今，在线教育的发展趋势越来越趋向于中心化和多元化，终身学习理念渐入人心，构建学习型社会的要求日益激发着在线教育方式方法的革新，这种变化要求在线教育承担新的时代使命，在线教育迈向了终身学习时代。随着竞争越来越激烈，在线教育更加注重学习者的个性化需求，关注学习者的自我发展诉愿，创设多元化的学习场所，以提高学习者的终身发展能力和水平。为此，德国在线教育现在面临的主要问题是如何运用在线教育平台和资源使其学习效果和体验最大化地达到预期目标，从而激发学习者的学习兴趣，促进终身教育的发展。德国在线教育的特色之一是开展虚拟大学。如今，德国越来越多的人深刻意识到在

---

① deposit_hagen, "Publizieren der Universitätsbibliothek", Autumn 2016, https://ub-deposit.fernuni-hagen.de/.
② 张建平、王华轲：《德国终身教育的发展及其对我国的启示》，《继续教育研究》2004 年第 2 期。

线虚拟课堂对于学习者学习和教学者教学的帮助，纷纷开始进行在线教育的求学和求知。面对潜在的市场需求，越来越多的大学开始建设虚拟大学和网络课程，以应对学习者的个性化需求，发挥在线教育的即时性教育功能。其中，以哈根大学为主的德国远程大学对在线教育的重视和体系建设已初见成效。作为德国学生数量最多的大学，其目前在籍学生74000余人。该校不仅学生规模最大，其教学区和研究中心也居于德国和欧洲前列，除了位于哈根市的主校区之外，该校还设立了50余个教学和研究中心。其中，该校尤其强调混合式教学的教学理念，教学工作者不仅在员工培训上注重理念的输出，而且还专设了用于提升教师远程教学和在线学习教学设计能力的教学项目。另外，该校注重学生的在线教育的能力培养，虽然培养的大部分本科生为非全日制，但该校研究生的教育模式是以相当完善的全日制形式培养。因此，利用该校的教学优势和科研发展，该校培养了众多举世闻名的人物，比如，原德国副总理基多·威斯特威勒（Guido Westerwelle）、两名"莱布尼茨奖"（Leibniz Prize，德国自然科学领域最高奖）的获得者，一名"戈森奖"（Gossen Prize，德国经济学领域最高奖）的获得者，还有多名在国际上享有盛誉的国会议员。

学者依据《高等教育指南》（hochschulkompass）的统计得出，仅2016年德国州立大学就提供了264个可授予学位的在线教育专业（其中包括本科和函授教育）[1]。为了提供"价美质优"的课程服务和教育培训，州立大学还共同商议建立了专业协会——德国大学继续和远程教育协会（DGWF），致力于发展和创新在线教育的体系建构（Bernath & Hülsmann, 2004）[2]。最大胆也是最具专业性的莫过于奥尔登堡卡尔·冯·奥西茨基大学（Carl von Ossietzky University of Oldenburg）和美国马里兰大学学院（University of Maryland University College）联合设立的纯在线"远程教育硕士"（Master of Distance Education）专业，该专业不

---

[1] Hochschulkompass, "Hochschulen", Autumn 2016, http：//www. hochschulkompass. de/studium/suche/ erweiterte-suche.

[2] DGWF. Förderung, "Koordinierung und Repräsentationder von den Hochschulen getragenen wissenschaftlichen Weiterbildung und des Fernstudiums", Autumn 2016, https：//dgwf. net/arbeitsgemeinschaf- ten/ag-f/ueber-die-ag-f/.

仅涉及的在线教育领域最全面，而且很好地融合了新媒介和数字技术，为德国的在线教育提供了很好的发展前景（Bernath & Rubin, 2003；Hülsmann & Bernath, 2010）。

成熟期的德国在线教育体系发展逐步完善，其开展在线教育体系的目的也不仅局限于满足学习者的个性化需求和多元化体验，而更加注重学习者的终身学习的感受和学习型社会的构建，以促进教育的现代化和信息化。

二 德国在线教育体系的现状分析

长期以来，德国联邦政府借助财政支持和人才引入大力发展教育的信息化建设。随着终身教育理念的深入人心，德国联邦政府和各州政府首先借助政策的修缮和改正实施了一系列教育协定实践项目，尤其是2018—2019年启动的55亿欧元的教育改革项目，其目的是提高学习者的信息化素养和能力，培养新时代高素质的科技人才。

其次，德国政府近年来加快建设和完善数字化平台和资源体系，力求从顶层设计到基础建设都能切实保障教育信息化和数字化的发展。德国文教部长联席会议2016年12月在《面向数字世界的教育》战略决议中强调，信息化建设相当于曾经的工业革命，其重要性和战略意义不容小觑，这对任何一个国家综合国力的提升都起着至关重要的影响。最后，德国教育部鼓励数字媒体和教育形式的融合与创新，这一方面将给传统的教育理念带来新的挑战与机遇，另一方面，学生利用数字化能力能够高效地改变自己的学习模式，从而习得"数字世界中的能力"，而教师也在此过程中增强了信息素养和专业技能[①]。

第三节 德国在线教育体系的基本架构

德国极其重视远程教育的发展，并有着比较发达的远程教育体系。数字化时代的到来，新兴科技与远程教育的融合使得德国政府高度重视教育形式的变革与发展，并制定了一套从上而下的在线教育体系基本架

---

① 戴婧：《疫情之下的德国在线教育》，《中国教师报》2020年6月3日第1版。

构。在线教育突破时空的界限，发挥着时空传递和接收信息的功能，并能够在最大范围内拓展学习群体和学习内容，对于构建虚拟学校、终身化学习体系和学习型社会具有不可估量的作用和价值。因此，政府政策的制定、远程教育的资源开发、完备的师资队伍以及系统的组织管理是德国在线教育发展的必备条件和因素。本章将从这四个层面依次介绍德国在线教育体系的基本架构。

一 德国在线教育体系的政策制定

无论是第二次世界大战过后分离的东德和西德还是1990年后实现统一的德国政府都毫无疑问地对远程教育的发展予以高度关注，并制定了一系列的法律政策来规范和促进远程教育的发展。这些健全的法律保证了远程教育学生所具备的权利与义务，并详细规定了远程教学的内容与形式、办学方针和质量规格以及体系建立与授权，推动了远程教育的可持续发展道路。

（一）《远程教育法》

尽管20世纪70年代的世界局势纷繁复杂，但西德仍于1976年正式通过了《远程教育法》，并于1978年正式生效。该法案很好地以法律的形式对学习者的义务与权利作出规范与保护，并使当时私立机构对远程教育的混乱局面很好地控制了下来，有利于远程教育的可持续发展。这部法律以保护消费者的权益为特色，规定了远程教育的学习材料必须经过国家函授课程处（National Agency for Correspondence Courses）相关人员批准后才能继续发放；而提供该服务的学校或机构必须先向这一国家指导组织提供需要批准的教育材料和资源，包括课程的具体陈述、课程所需要的学习资源等。另外，西德也高度重视职业教育的发展，如果该课程与职业教育相关，那么还必须将所需材料递交到德国职业培训研究与发展专家中心（BIBB）审核，然后再由该中心根据其指标评估整个课程并做出详细的说明报告，整个过程都是严格按照规章制度进行的[①]。

不难看出，德国《远程教育法》的政策颁布展现出德国对远程教育

[①] 张舒予、付青：《德国远程教育：事物功能性本质观念的体现》，《远程教育杂志》2004年第4期。

质量和效果的高度重视，必须将远程教育的质量作为政策的首要前提和未来发展的重要方向。众所周知，只有保证远程教育的质量水准，才能有效保障远程教育功能的有效发挥，即满足学习者的学习需求，提升人才培养的规格和质量。规格和质量是远程教育的关键因素，这已经成为国际通识，各国纷纷将其作为远程教育历史发展的经验总结，并积极借鉴德国对课程质量的严格审查和政策实施的严格执行。

（二）《远程教育参与者保护法》

1991年，德国统一后开始对远程教育进行新的重组与再生，首先就是对《远程教育法》进行法案修改，要求将原西德国家远程学习中心（National Centre for Distance Learning）归入德国教育部的统一管理，由德国教育部负责监管整个国家的远程教育体系，并仍旧将1979年出台的国家远程学习中心工作指南作为其管理模式[①]。直至2000年，由于远程教育的性质和目的随着时代经济和科技的发展产生了巨大的变化，单单的《远程教育法》已无法满足如今的教学需要和现实目标，所以德国政府又制定了一部专门的《远程教育参与者保护法》，并于2009年作了适当的修改。可以说，新法案是对原有法案的补充与提升，它仍然保留原来需要与学习者签订学习远程课程的合同的形式，同时仍然沿用原先规定的对于学习者的权利与义务、学习内容的形式与内容、学生学习的进度与组织等。除此之外，新法案重新对远程教育组织机构的办学方针和行为作出明确规定，即允许远程教育机构进行广告宣传，但同时必须保证广告内容与签订的合同内容一致，信息能够得到完美呈现[②]。

利用《远程教育法》和《远程教育参与者保护法》这两部法案，德国国家远程学习中心可直接对其远程教育体系的课程和组织进行监管，只有质量过硬、体现以人为主观念的远程教育课程才能提供给学习者使用。至此，德国建立起了一个以课程监查和组织监管为方向的独特的远程教育质量保障体系。

（三）《远程教育课程认证指南》

德国联邦职业教育研究所（Bundes institut fuer Berufsbildung）和国家

---

① 陈斌、卢勃：《德国远程教育发展模式研究》，《现代远程教育研究》2011年第2期。
② Staatliche Zentralstelle für Fernunterricht, "Mitteilungen zum Fernunterricht", Summer 2016, http://www.zfu.de/files/Mitteilungen/alte_Mitteilungen_der_ZFU.pdf.

远程中心（Staatliche Zentralstelle fuer Fernunterricht）于 2004 年底推出了《远程教育课程认证指南》（Leitfaden fürdie Begutachtungvon Fernlehrgangen），该指南用来评估远程教育课程的外部质量，同时还对远程教育授权与远程教育课程评估作出明确的规定，以确保远程教育课程的设计与评估有法可依、规范有序。

从总体结构来看，《远程教育课程认证指南》与今天的课程设计类似，主要由 6 个一级指标构成，分别是：课程目标（Lehrgangsziele）、目标群体（Zielgruppe）、教学策略（DidaktischerAnsatz）、教学实施（Umsetzungdesdidaktischen Ansatzes）、教学指导（Betreuungsrahmen）和课程效果（Lehrgangsergebnisse）[1]。其中，整个评估体系的重中之重是对教学实施过程的评估，其评估过程需要从课程目标与结构、学习场所与媒体、考试准备三个方面来考察，在学习场所与媒体这一部分具体又划分为自主学习、面授和在线学习三个阶段来考察，每个阶段的性质不同，其考察侧重点也各不相同。

二 德国在线教育体系的师资配备

一个国家在线教育体系的完善与否很大程度上取决于师资配置的水平。因此，每位学习者都应具备使用数字媒体的能力和水平，同时所有教师首先必须具备数字能力以及灵活运用和传授数字媒体的技能。德国的教资水平和能力一直处于国际领先行列，政府要求教师充分利用好数字化的在线教育平台，提升自己的专业素养和数字媒体素养，为学习者制定出个性化的学习指导方案，从而提高学习者的学习激情和动机，以下从两个方面论述德国教师的配置状态。

（一）学校教师专业化

无论是出于分离状态还是统一状态的德国都非常重视教育的发展，尤其是在线教育的专业性普及和推广，因此相关机构为了满足社会以及国家对于人才的需求，纷纷对学校教师作出了详细而明确的规定。同时，为了确保教师的信息素养和能力，教育部专门启动了教师数字化技能培

---

[1] Elvira Bodenmtiller, "Evaluationvon Femlehrgangen", Summer 2016, http://www.bibbAe/dokumentea32-dokumente_femlemen—evaluation-von-femlehrgaengen.pdf.

训项目，以改进教师的数字化能力和水平。另外，教育部还专门投入了5000万欧元进行对教师的质量水平的培训项目——"教师培训质量行动"计划，通过对其专业技能、工作能力、数字化素养等方面进行教师培训，以此提高教师的专业化和精细化[①]。由于远程教育的独特性，教师不仅应具备一定的专业理论知识和认知手段，还应在大学学习阶段以及实习阶段有目的、有意识地从事与远程教育相关的教学实践，以便更好地应对未来在线教育的变化与革新。德国教师教育委员会主席在西德大学校长联合会（Westdeutsche Rektorenkon ferenz）上指出，科学技术的发展和新工艺的应用已经深刻改变了周围世界的生活，基础知识和技能已不能满足新变革的需要[②]，因而必须实现学校教师大学专业化。

联合国教科文组织德国委员会（Deutschen UNESCO-Kommission）提出的政策"可持续发展教育在学校"（Bildung fur nachhaltige Entwicklung in der Schule）要求学校教师保持专业化的同时认清媒体教育形式带来的利弊，正确处理矛盾关系，不仅管理方面要科学，同时评价方面也要科学。只有充分意识到在线教育体系的优与弊，学校教师才能保持专业化的素养和水平以及实现教学方法和理念的科学化和多元化。

（二）职教教师双元化

德国一直以来都非常注重理论与实际相结合，由此衍生出职业教育，因此对于教师的水平和能力提出了更高的要求。根据各州《联邦职业教育法》的规定，职业学校教师参加进修和继续教育是必须履行的义务，也就是说，职业教师除了需要具备专业的理论知识和素养，同时还应学习企业相关的技能培训并最终通过考核获得教师资格。随着数字时代的到来催生了一批现代教育技术行业和工具，因此，为了切切实实地了解时代的变化和创新自己的教学，教师需要理论与实践的高度融合，以期掌握最新动态、获取最新教学成果和学习资源[③]。如今在线教育的普及与

[①] 邢路路：《德国政府加大对高等教育和教师培训的投入》，《世界教育信息》2013年第19期。

[②] 赵子剑：《联邦德国初等学校教师教育大学化的历史考察》，《教育科学研究》2016年第3期。

[③] 谢芳：《德国双元制师资培养对我国职业院校教师队伍建设的借鉴意义》，《长春教育学院学报》2019年第11期。

推广，使得职业教师承担的责任也随之加重，职业教师不仅需要教授一定的理论知识，同时还要与时俱进，不断传授最新的科技成果和实践应用，以便提供不同的学习者以不同的学习体验。尤其是德国不莱梅大学将"职业科学"和"职业类专业教学法"同时应用于金属与车辆技术职教教师教育专业，作为本硕层次中的单独教学模块引人注意。由此可以说明，德国的职教教师的专业化和职业化更加趋于完善，也更有利于德国职教师资双元化发展。

与学校教师一样，职教教师不仅要具备专业知识和实践技能，还应具备教育学、心理学、经济学和法学等相关理论知识，并能时时更新自己理论与实践的"数据库"，掌握与之相关的新技术和新方法。由此可见，企业培训师若想适应在线教育的新变化，就必须了解企业的实际构造、生产制造、学员培训等方面的内容，同时具备在线教育的学习能力和创造能力，以此制定和实施相关的培训项目和计划。

三 德国在线教育体系的资源开发

数字技术的革命极大地冲击了德国社会的方方面面，尤其是教育的革新在21世纪显得尤为迫在眉睫。因此，终身学习背景下的在线教育必须注重对于资源的设计与开发，这不仅有助于提升整个教育体系的数字化和网络化的进程，更有利于促进学习者的学习动机和意愿，以便培养符合21世纪的高素质人才。

（一）混合式新技术学习平台

"新技术条件下的混合式继续教育"（Blended Cont ENT）是卡塞尔大学（University of Kassel）实施的混合式数字媒体开发项目，该项目主要针对学生、企业员工以及中小型企业主，通过提供开放式数字化教学资源包促进学习者的实践意识和创新意识。项目基本理念是：学习者根据在线教育的课程安排，选择最适宜自己的课程类型和学习资源，尽管学习路径可能有所差异，但其最终达成的学习目标都大同小异；此外，学习者利用在线交流平台分享和讨论学习内容，并依次确定自己的学习进程，以提供最及时和最专业的内容知识。当然，在线教育满足了教师和学生的个性化和专业化的需求，从而有效地杜绝了学生"平均发展"的现象①。

线上线下的有机结合不仅有利于促进学生的个性化学习和合作学习，而且在一定程度上减少了学生学习不积极和反馈不及时的情况。混合式教学有效地借助了数字技术和互联网的高速发展，从个人的学习需求出发，指导学生根据自己的需求寻求一条最适宜自己的学习路线，从而独立自主地探索学习道路，提升自我学习能力。在此过程中，学生建构知识能力与自主解决问题能力得到增强，且有助于培养学生的学会学习、实践创新两大核心素养。

（二）"openHPI"在线教育平台

"慕课"时代的到来推动着各国纷纷开始寻求教育的革新和发展，德国就首当其冲，积极研发慕课教育平台和理论创新，并力求处于全球慕课教育发展前列。"openHPI"就是很好的证明，该在线教育平台于2012年由德国波茨坦的哈索·普拉特纳研究所开发，其课程内容包括通信技术、计算机科学与技术、信息技术等领域知识，并且还有专门的模块负责全球前沿知识的汇总和更新，学习语言主要是德语和英语。该平台的建设标志着德国慕课教育的又一新的战略发展，同时也使德国的慕课发展居于欧洲乃至世界前列。

"openHPI"平台发展迅速，注册成员也已多达60多万人，可见德国高度重视在线教育体系平台的管理与组织。借助openHPI，学习者可以在一个全球性的社交学习网络中参与有关各种信息和通信技术（ICT）主题的互动在线课程，其课程特色主要包括以下4点：第一，反馈及时，学习者通过视频内容的学习进行自我测试和反馈，同时根据反馈继续学习；第二，课程多样，课程资源依赖所有的学习者的需求，利用互联网设备可以随意进入在线平台进行实时学习，从而深入了解学习内容；第三，学习层次没有限制，每位学习者都可以根据自己的学习水平选择学习内容；第四，学习小组成员不一，学习者根据自己的学习需求和进度选择适合自己的项目小组成员并进行交流、探索，从而形成自己的学习感悟，

---

① 赵志群、黄方慧：《德国职业教育数字化教学资源的特点及其启示》，《中国电化教育》2020年第10期。

以个体选择集体、集体影响个体的形式促进其学习效率的提升①。

德国的慕课发展状况看似前景良好，然而"学习者学习兴趣虽高但不能一直坚持下去"的现象层出不穷。因此，在德国的慕课平台和体系建设大力发展的前提下，政府相关部门必须出台相关的政策警惕此现象的发生，同时教学者可以提供相关学习资源刺激学习者的学习激情，促使其继续进行学习，以此减少这类现象的发生，从而提高整个在线教育体系的质量和规格。

四 德国在线教育体系的组织管理

在线教育体系的完善与否不仅与其课程设计、资源管理、师资配备有关，同时还与其组织管理密切相关。为了处于国际科技创新和人才培养的先列，德国上自顶层设计下到私立机构都建立起了在线教育平台管理，主要分为两个层面进行管理组织：一个是国家层面的在线教育支持，另一个是学校层面的在线教育支持。

（一）国家层面的在线教育支持

为了促进在线教育的发展，德国主要通过政策制定或者项目规划来在全国范围内产生深远持久的影响，其主要执行机构是德国联邦教育和研究部。如为了推动大学在线教育的普及，1998 年德国联邦教育连同研究部推行了为期 5 年的"VIROR"项目，其目标是利用多媒体技术和网络资源来促进学习者跨越时空的界限完成学习目标。然而，由于当时技术和资源安排的局限导致该项目未能达到原先期望的结果，未免造成某些程度的遗憾。但为了支持 10 所大学开展计算机科学学习的视像化，联邦教育和研究部又于 2001 年利用"未来投资项目"组织进行了一次合作项目。该项目以单亲母亲或父亲以及在职工作人员为对象，主要是满足他们的学习需求和意愿，既能异地脱机学习，又能在线实时学习。该项目开始时，与之合作的相关综合性大学都使用的是德国远程大学的 LVU 系统，然而随着合作的不断深入进行，一些综合性大学如弗莱堡大学（University of Freiburg）和卡尔斯鲁厄大学（University of Karlsruhe）根据

---

① openHPI, "About openHPI the MOOC Platform of HPI", Autumn 2010, https://open.hpi.de/pages/about?locale=cn.

自身情况开发出独立的学习管理系统"CLIX 校园"。为了促进在线教育系统的开发，从 2000 年到 2004 年联邦政府共计投入 20 亿欧元，其中比较出众的项目中有 100 个面向平台建设，25 个面向资源工具的开发和远程教学的设计[①]。

由于联邦政府是联邦制国家，各州都具有各自的相对独立性，因此德国每个州的高等教育部门都有其电子学习中心，州政府通过学习平台设立项目，推动在线教育课程的发展。同时，一些州通过立法的形式来促进在线教育的发展与研究，比如我们熟知的巴登—符腾堡州。德国国家和州政府以及远程教育机构各级组织都清楚远程教育对于国家未来的发展和人才的培养的促进作用，因此通过政府拨款、政策实施、机构宣传等途径来有力保证在线教育体系的建立与完善。在德国，在线教育正呈现渐进的趋势深入社会的各个层面，并将继续发展下去。

（二）学校层面的在线教育支持

如今，越来越多的人都意识到在线教育的重要性，而大学承担着国家教育的使命与担当。因此，德国的远程教育机构不断适应时代发展的需要，努力改进在线教育课程不合理的内容与形式，使在线教育体系更具开放性和包容性，最具表现的当属德国远程大学。作为德国唯一以远程教育为主要学习路径的大学，德国远程大学一直致力于远程教育的研发与创新，由德国远程大学自主开发的学习空间虚拟大学（Learning-Space Virtual University，LVU）就是很好的例证。该学习系统为学习者提供个性化的学习资源和路径，无论是异步交流还是同步学习，同时还配备了智能化的管理系统和评价服务，为德国在线教育的发展打下了坚实的基础。

虽然德国远程大学的部分学院早在 20 世纪 90 年代就开始试行在线学习的学习管理系统，直到 20 世纪末，德国远程大学终于在整个大学开始运行自主研发的学习管理系统——学习空间虚拟大学，其特点是该系统将整个大学囊括进虚拟空间，将管理、教学、评价等服务进行有机整合，

---

① Bernd Kleimann and Klaus Wannemacher, "e-Learning at German Universities: from Project Development To Sustainable Implementation", Autumn 2010, http://www.elearningeuropa.info/directory/index.php?page=doc&doc_id=6491&doclng=6.

实现功能的整体化和专业化，使其最大限度地实现学习者的学习目标①，增强服务学生、服务社会的能力和水平。这个系统综合考虑了学习者的学习选择和教学者的教学理念两方面的需求，包含课程开发平台、学习支持系统、组织管理和学生管理等四大模块。

当然，德国在线教育的课程还配有以异步交流为基础的 Moodle 平台，该管理系统提倡学习者进行自我设计和学习，既可以利用学习资源设计自己的学习环境，也可以通过在线交流平台发布学习感悟和留言展开交流和讨论，从而促进自我发展和提高。因此，该学习管理平台不仅有利于学生自己掌握自己的学习进程和学习状态，还有利于学生更好地把握学习目标，同时增强人际沟通和交流能力。此外，德国远程大学还自行开发了一个在线远程协作学习平台——CURE，通过提供真实可靠的在线学习环境以此展开学习者的独立探索学习阶段，同时具备合作学习和学会学习的意识和能力，并将理论知识灵活运用于线上学习，以期达到自己的学习目标②。

考虑到学习者之间可能出现的合作学习和跨时间、跨区域的交流，德国远程大学将一部分精力用于开发与研制同步交流的技术和平台服务，如该校的科学教育专业引入了 Adobe 公司创造的在线会议与电子教育应用工具 Acrobat Connect Pro 作为同步交流课堂的平台。通过这个平台，教师不仅可以在线教学并进行资源展示，而且学生还能在线提问和回答，大大提升了学习效率和水平。

不仅如此，德国远程大学还将重点放在移动学习的应用上来，主要以德国著名学者奥托·彼得斯（OttoPeters）在 1973 年提出的观点为重要论据。他在《远程教育的教学结构：对教与学的一种高度工业化形态的研究》的论著提出，在远程教育中，教学是高度工业化的，学习也是高度工业化的③。因此，学生进行在线教育时，通过互联网直接下载相关资源和学习材料，利用移动通信随时随地进行学习，突破时空的限制和约

---

① 杨素娟：《德国高校 E-Learning 发展现状研究》，《现代远程教育研究》2010 年第 2 期。
② 赵啸海：《德国远程教育综述》，《广西广播电视大学学报》2012 年第 1 期。
③ Desmond Keegan：《从远程学习到电子学习再到移动学习》，《开放教育研究》2000 年第 5 期。

束，使学习者的学习体验和经历更加个性化和丰富性。除了在线教育系统的平台建设外，德国远程大学也支持免费的大众化的社交工具和信息的推送，如德国远程大学与 Facebook 共同建设了学习空间，学生可以高效地选择大学提供的相关资讯，同时通过平台网站能够过滤出适合自己的信息，这大大提高了学习者的学习兴趣和专项选择，促进了教育信息化的发展。

第四节 德国在线教育体系的主要特征

为了保证德国工业"4.0"国家战略的顺利实施，必须提升教育尤其是在线教育体系的整体水平和标准，没有教育4.0就没有工业4.0。为了更好地应对未来的社会发展并抢占世界经济和技术的发展先机，就必然需要以教育为依托，形成全民终身学习的思潮，大力发展德国的在线教育。为此，回顾德国近些年的在线教育发展，不难得出德国在线教育体系的特征。

一 建立完善的政策保障和有效的法律支持

长久以来，德国的教育政策和法律规定都由联邦政府参与决定，并且各州享有高度的教育自治权，这不仅有利于发挥联邦政府制定政策的独特性和相对性，更有利于激发各级州政府的主动性和自觉性。

自20世纪八九十年代开始，德国的经济一直处于世界先列，其中教育特别是远程教育的发展是其科技创新和人才发展的重要支撑。由于上层政府的高度重视，因此德国出台了一系列全世界闻名的政策法案，包括《远程教育法》《远程教育参与者保护法》《远程教育课程认证指南》等等。前两种法案主要对学习者在线学习应履行的义务与权利作出了明确的规定，通过国家远程学习中心对于在线教育的参与者和课程设计的监督与管控，以确保学习者的学习需要得到满足，学习动机得到激发以及在线课程的内容和形式能够顺应时代的趋势，其质量和规格得以保障。后一种主要是对在线教育的课程评价体系作出合理的规定，要求课程的内部评价和外部评价都能得到有法可依的程度，这样能够更好地衡量在线教育课程内容的丰富性和形式的多样性以及信息的可传播性。

面对大众所熟知的终身教育和终身学习观念的深入人心、生活节奏的加快以及碎片化时代的到来，原先依靠固定场所和固定时间学习的正规教育已无法再满足当今人们的学习需要，因此人们要求更加便利、灵活的教育形式。为此，德国颁布的一系列法案从根本上规定了远程教育的性质是学生和教师、学生和教育机构之间主要采用多种媒体手段进行教学和通信联系的教育，这种教育形式既能够满足学习者的功利性的学习需求，又能适应现代化时代的节奏化，往往处于在线教育体系中学生能根据自己的需要选择自己的学习内容，方式更加灵活和个性化。在政府利用政策法律大力支持的情况下，政府同时还通过制定了一些特殊的财政税收政策作为对远程教育的拨款与补助，给各级州的继续教育机构、继续教育示范项目、成人教育研究机构提供经费资助。可以看出，在线教育越来越成为人们提升学历和发展自己才能的有效手段和工具。

二　提供合理的教学设计和过硬的教师队伍

因为远程教育是将教育知识传播到世界各地，再利用各种网络资源和多媒体技术将教育信息向外扩散，实际上就是将教育的形式和功能向整个社会生活延伸，这种延伸性符合现代远程教育的终身学习的理念。迈克尔·克雷奇默尔（Michael Kretschmer）声称：国家的发展、教育的改善、人才的培养都离不开教师的教育与教学，而高质量的教师只有进行高质量的培训和合理的组织管理后方能对学生、教学乃至国家产生深远的影响。值得一提的是，在在线教育的整个教学过程中，学生所获取的学习资料和资源都是经过教师和机构的精挑细选、层层把关。这些教材都是以远程学习的方式进行编写，同时为不同层次和级别的学生选择了个性化的学习资料。学生根据自己的需求选择学习途径和次数，并利用多种多媒体材料增加教材的可阅读性和可接受性，刺激学生的学习动机和学习兴趣。

由于现代远程教育主张"有教无类"和"因材施教"，德国的教师队伍显示出卓越的专业水平和技能。作为数字化时代的教师来说，具备数字化的信息素养和能力、贯彻终身教育理念、追求至善至美的人生境界，不仅是现代化教师的道德指南，更是未来教育体系的帅资标准[1]，这对十

---

[1] 卢军江、赵江波：《论现代远程教育对教师的新要求》，《承德民族师专学报》2010年第1期。

德国在线教育体系的师资培训来说非常重要。从世界全局出发，德国教师不仅掌握相关的专业理论知识和技能，而且还能灵活运用教育学、心理学、艺术学等知识为学生提供全面而深刻的学习感悟和经历。同时，德国教师注重"以实体的眼光看待一切"，将复杂思维和批判性思维运用于在线教育课程中，并作为课程设计的教学目标之一。

随着科学技术迅猛发展，提升自我水平、促进自我发展成为越来越多人的关注和迫切需求，"继续教育"（Weiterbildung）思潮开始逐渐得到普及与发展，而德国政府也不例外。因为教育在当今科技发展的世界发挥着不可估量的作用，教师不仅承担着"传道授业解惑"的伟大使命，而且是培养高素质人才的主要途径，由此"继续教育"成为教师技能培训和素质发展的战略要地，借助德国高度完善的师资教育体系和基础建设，教师的专业水平和能力得到了有效提高。同时，为了迎接全球终身教育思潮的到来，德国教师身先士卒，不仅提高了自身对教学、管理、教育理念的认知，而且扩充了全球视野，使其能够依据国际形势和前沿知识选择适合自己的教育技术工具。另外，教师接受培训时必须经过一段时间的培训与考核，待获得相关的"任教资格"才能对相关课程进行教学，这体现出德国师资培训的人文关怀和科学素养。

德国教师的专业素养和水平历来处于国际前列，主要表现为初等学校教师大学化以及职业教师双元制。德国高等教育机构有研究型大学、应用型大学、高等专科院校，然而无论是教学研究还是技术研发又或者是技能培训都严格遵守德国教育部的教育标准，教学严谨、管理严格，以此高素质、高水平的实用型人才大量涌现。特别是德国远程大学具有独特的远程教学体系，从整体上提高了未来教师的能力水平。另外，德国最出名的就是双元型教师的建立与发展，经济的高速发展和教育的时代要求刺激了职业教育的多元化发展和进步。无论是从纵向发展还是横向发展，德国的在线教育体系建设可以说是已初具规模。中等职业教育体系有职业学校，高等教育体系有职业教育专科学校和应用科技大学，这些学校注重应用型人才的培养，形成立交型的培养体系。此外，社会上有各式各样的培训机构、远程教育机构，还有政府相关部门的高素质人才培养计划等等，由此德国高素质、高水平人才体系的建设和培养计划得以充分形成①。

三 提升先进的技术手段和主流的科技含量

德国历来高度重视信息化产业的研发与设计，作为信息技术产业最为发达的国家之一，如何利用信息技术促进教育发展成为促进德国教育数字化和信息化的首要问题。目前，德国花费了大量精力和财力来促进远程教育的实施与推进。首先，德国学校已全面进入网络化时代；其次，借助信息技术的发展和在线平台的优势，德国远程教育迈入新时期——在线教育、继续教育、移动学习成为新趋势；最后，德国不少大学研发相关的在线教育平台、设计相关的体系建设、制定相关的规章制度，使得德国在线教育发展一直处于世界前列②。德国《数字化教育战略2030》指出，未来的人才不仅应该具备专业理论知识，更应该掌握必备的现代化学习技能，因为未来的学生必将踏入数字化世界，所以在学校教学活动中教学工作者必须引导学生掌握数字化技能，鼓励贴近现实的在线学习环境和互动性强的体验式学习。要想提升在线教育的质量，除了设计价美优质的教育产品吸引国际教育市场，还应放眼于整个教育市场，紧跟现代教育技术的动态发展，提供具有针对性和专业性的教育产品，要让教育也享有"德国制造"的优秀品质和品牌效应③。

由于网络远程教育可以不受时间、空间和地域的限制，且学习形式多样并具有灵活性，学习者通过多媒体技术和现代化手段可以将学校教育延伸至办公室、企业、家庭甚至社会的每一个角落。因为数字化时代的到来，在线教育的平台和资源也更加丰富，学习者不仅可以获得更多的学习机会，还能随时随地享受到优质的教学资源，这大大促进了德国整体教育水平的改善，并对贯彻终身学习的教育理念、实现自我发展的学习目标起到积极的作用。而且科技的发展和技术的进步使得在线学习者的质量和规格得到大大的提升，同时也对教师的专业水平和教学质量

---

① 江海鼎：《德国教育现代化的历程和特点》，《广东社会科学》2018年第2期。
② 冀鼎全：《欧洲的现代远程教育》，《陕西广播电视大学学报》2013年第4期。
③ Bundesministerium für Bildung und Forschung, "Bildungsoffensive für die digitale Wissensgesellschaf", Autumn 2010, https://www.bmbf.de/files/Bildungsoffensive_fuer_die_digitale_Wissensgesellschaft.pdf.

提出了更高的要求,不仅可以扩大教学规模,同时也降低了教学成本。由于德国的科学技术水平相当高超,因此几乎所有的课程都能在在线教育平台找到对应的资源和课程,整个社会都弥漫着终身学习的良好风气。

由于网络远程教学平台提供的学习内容是可以供学员反复观看和学习的,且基本上所有的课程都能够自由、免费地共享,因此极大地激发了学习者的学习激情和动力,增强学习者的学习韧劲和创造性。学生不仅可以学到更多的理论知识,还能通过网上操练提升自己的实践水平和技能,以便充分地认识到自己掌握的程度,同时也有利于大数据的收集和平台技术水平的提升。比如,教师可以利用 Moodle 平台有针对性地添加学习资源和学习任务,拓展学习者的学习渠道。同时,教师通过学习资源模块将学习材料以文件、PPT、电影、动画、网页等形式添加到模块中,这些资源可以直接点击或以链接的形式呈现于首页上。或者,教师也可以通过学习任务模块添加作业、活动、测试、留言板、问卷调查、交互平台、互动评价、程序教学、wiki 等各种学习活动。随着科学技术的进步和提升,基于 Moodle 的异步交流平台等在线教育平台对于在线教育的课程设计会越来越重要。

四 营造人性的教学环境和严谨的研究机构

终身学习的背景下,德国越来越注重电子学习等非正式学习的重要性,并营造出极其人性化的教学环境,赋予每个学习者学习的机会。德国博尔兹堡大学主张建设虚拟课堂,解决远距离教学的问题,利用互联网设备和在线资源,基于多媒体设计、流媒体播放和实时数据更新相结合的在线服务方案让教师和学生都能随时随地地加入到实时课堂中来。同时,虚拟课堂采用直播和录屏相结合的方式,使教师上课的过程中,其讲授的内容能够同步录制,待课程结束后就能通过特定的平台设计立刻进行点播,方便学习者进行重复观看与学习。另外,虚拟课堂提供易用真实的课件制作功能,能让教师在任意时间、地点制作课件并进行上传、修改与管理;课件的内容完全采用在线形式,包括视频音频、静动态文档、在线问答等,以还原最真实的课堂环境,确保安全有效地传播优质的教学内容,扩大和提高教育影响的范围和水平。

除了选择合适的视频会议工具和资源管理外,技术的提升和改进是其最艰巨的任务，同时这也是在线教育系统最人性化的方面。因此，资源设计者需要考虑学习媒体数字化、学员对技术问题的支持，以及无法通过手势、表情、声调和体态来反映听众反应的能力的问题。为此，国家和州有关的教育机构也采取了相应的应对措施来有效保证在线教育体系的实施。其中，最为突出的仍属德国远程大学，它一直是远程教育的身先士卒者。德国远程大学之所以能够成为多国远程教育学习的典范，主要在于它满足了三点关键因素：（1）学习者的层次没有限制；（2）跨越时空的界限；（3）课程优质且多元，供不同层次的学习者选择和学习[1]。正因为德国远程大学影响深远，德国联邦教育和研究部非常看重远程教育的未来势头，他们认为远程教育未来具有广阔的发展前景，其突破时空的界限和为师生提供方便快捷的交互与通信的特点使得在线教育在整个教育体系中发挥着不可替代的作用。借助于现代化信息技术的发展，远程教育不仅使优质的教育资源得到全民共享，而且将整个教育组织管理体系也纳入现代化进程中来，进而又有力地推动了在线教育体系的现代化步伐和学习型社会的构建。因此，德国在线教育体系的征程只会越来越快，其组织机构也会越来越完备与现代化。

第五节 德国在线教育体系的总结启示

世界格局千变万化，如今的时代不再仅仅追求经济的速度和国内物质的满足，各国纷纷放眼全球，实现全球经济的可持续发展。德国当然也不例外，尤其是数字化时代和全民终身学习热潮的到来，若想要实现科技强国、人才强国，就必然需要将教育摆在优先发展的地位，特别是在线教育体系的发展。

一 研究总结

根据上文对于德国在线教育体系历史考察、基本框架以及主要特征的研究，不难发现，德国在线教育体系的发展已经相当完善和先进了，

---

[1] Ulrich Bernath、齐宏、刘莉：《在线远程教育：从试验到日常实践》，《中国远程教育》2001年第2期。

但不容置疑的是，随着互联网时代的迅速到来，在线教育体系的发展不仅需要国家政府政策的出台和资金的补助，同时还需要技术、资源、人员配置的合理安排与提升。综上所述，德国的在线教育体系仍然还有所欠缺。

(一) 国家政策扶持，地方政府重视力度不够

德国政府从战略角度出发制定规章制度并以法律形式确保德国远程教育的贯彻实行，同时远程教育打破了时空的限制，使学习者能够更自由、更便利、更高效地进行学习，且学习资源丰富、学习路径多元、学习管理自主。无论是学习者还是教学者都更具灵活性和创造性，根据学习目标和在线教育资源，这种学习既可以是实时的也可以是非实时的①。这既是在线教育区别于其他教育的优势所在，也是德国政府制定政策法案的主要依据。同时，德国政府还注重教师对于现代教育技术的学习与使用，参考2019年的《教师教育标准（修订版）》，教师不仅需要考量信息技术的相关标准，还需要深刻理解信息技术对于在线学习和自主学习的重要性和价值标准以及恰当合理地选择多媒体进行教学②。这些政策的制定从根本上决定了德国在线教育发展的全面性和深刻性，体现了德国改革在线教育的决心和毅力。

德国政府认为，传统的课堂只是偏重于专业知识技能的书面化讲解，却无法做到与时代的结合。因此，在线教育模式的开展与推进极大地调整了学生的认知结构和知识体系，除了学习必备的基础性、关键性的理论课程，还额外增添了许多在线实践课程，学生不仅具备理论通识知识，还灵活掌握了现代化技能和工具，更能很好地适应社会和未来置业的需求。但是，从各项政策的颁布、实施以及教育机构对于在线教育体系的重视程度来看，德国地方政府对于在线教育体系的重视程度比不上国家层面的关注和支持，呈现出这种局面的原因在于分裂而又统一的德国未能做到真实放权和妥善分配，因此各州难以真正达到在线教育的平衡。

---

① 阿德南·卡尤姆、奥拉夫·扎瓦克奇—里克特、肖俊洪：《世界远程开放教育概况》，《中国远程教育》2019年第4期。

② 吴梦徽、张民选：《21世纪德国教师教育政策发展与走向——对三份政策文本分析》，《上海师范大学学报》（哲学社会科学版）2020年第4期。

与此同时，国家政策的颁布应确保在线教育体系的相关内容具有法律效力，同时相关工作人员在设计、评估课程和资源时能有法可依，从而达到有法必依的程度，从根本上杜绝了私立机构泛滥、课程质量不达标、学生态度不积极的局面。

（二）课程质量过关，评价体系不够完善

德国远程教育的课程选择和设计是经过国家相关专业部门的认定与评估才能放到平台上供学习者学习，这不仅很大程度上避免了课程鱼龙混杂、良莠不齐的局面，也从侧面反映了德国对于远程教育培养人才的展望和期许。在线教育课程的好坏与否主要通过几个方面来判定，包括技术支持、信息获取、平台使用、师资整合以及内容设计。学习者进行在线学习时必须首先确认技术的配置和安排是否完备，以便后台通过数据监测和实时反馈确保学习者的学习动态和进度。其次，在线学习者进行课程学习时能否轻易而有效地识别和获取课程内容和在线数据是课程设计最重要的一环，这是学生能否继续学习和设计者是否改进平台的重要依据。接着，师资整合和优化是提升课程设计的关键因素之一，这不仅考察教师队伍是否能够继续胜任在线教育的工作，而且也是对教师教学技能和专业水平的重要考核依据。最后，课程内容的设计与选择关乎整个在线教育质量和规格，课程内容必须从大局出发，考虑时代的创新与需求，做到理论与实践的高度契合，以符合未来学习者的职业需求。课程的设计既要满足学习者多元化和个性化的要求，也要注重自我理想与社会发展的统一，统筹管理教学目标和现实需要，既考虑到学生认知能力和水平的提高，也确保学生实践技能和创新思维能力的培养。

然而由于在线教育课程以及资源建设已经达到成熟，所以加强德国在线教育体系的评价体系显得异常重要。在评估过程中，必须关注以下几个方面：第一，课程的获取即课程访问是否顺畅；第二，课程资源是否可被理解与吸收，如何确保课程的定位或整体情况、实践性以及课程内容和教学质量；第三，学习效果的控制和作业的颁布是否考虑到数量、可理解性、可解性、难度以及实践性这五个要素，第四，学习软件是否技术质量过关，每一功能的应用、结构是否体现出用户友好的理念；第五，学习平台是否也和学习软件一样考虑到技术质量、用户友好、每一功能的应用、结构以及使用行为和合作；第六，面授阶段是否注意到师资、学习资料、时间安排、方法整合、学习氛围以及食宿情况；第七，是否还存在一些支持服务，如整体的满意度或认可度的调查①。

（三）教师配置严谨，教学理念不够先进

为了提高教师整体水平和质量，德国先后出台了一系列有关教师专业化标准的政策要求，以促进德国的教育现代化。为了促进德国远程教育的高效发展，德国对于教师的选拔和培训是相当严谨与严格的，主要对教师的三方面进行专业化认定。

首先，德国教育部强调教师教学能力的专业化，主要包含两点内容。第一，教师必须精通自己学科所学的专业知识和理论通识知识，正如马可连柯所说："学生可原谅老师的严厉、刻板甚至吹毛求疵，但不能原谅他的不学无术。"教师不仅了解所教学的内容知识，而且需要实时更新知识体系，站在教育最前沿，掌握教育新动态。第二，教师必须掌握一系列教学方法和技巧，除了在教学过程中进行课程设计，还能熟练运用教育技术学的理论与实践知识进行一系列知识性与非知识性能力学习与自我训练。

其次，教师教化能力的专业性也是需要关注的一个因素。第一，教师是教学过程的主导者，必须教会学生如何进行知识的迁移与应用，同时在传授科学文化知识和技能的过程中，促进学生情感的陶冶与升华，提高学生的艺术气息和创新思维。第二，教师要善于运用各种在线资源提高学生学习的主动性和自觉性，既满足学生的学习需求，又使学生形成个体自我意识与价值判断。

最后也是极其重要的一点，教师的专业化也表现为教师具备创新能力以及先进的教学理念。德国教育部发表的《教师教学标准：教育科学》认为创新能力是教师达到专业成长的必要条件。教师是学生的带领者，教师创新能力的发展不仅有利于自我价值的提升，还保证了学生的高水平素质的发展，这无疑对教师的创新能力提出了更高的要求②。"创新是

---

① BIBB, "Empfehlungen zur Evaluation von Fernlehrg? ngen", Spring 2011, http：www.bibb. de/dokumente/ pdf/a32_org_empfehlungen_evaluation_fernlehrgang. pdf.
② 彭学琴、张盼盼：《德国教师专业伦理建设探析——基于〈德国教师教育标准：教育科学〉的分析》，《中国成人教育》2019 年第 22 期。

一个民族的灵魂,是一个国家兴旺发达的不竭动力。"简言之,教师的创新能力包括:独到的见解、新颖的教法、创新的思维、凸显的个性、探索的精神、民主的意识等。

二 研究启示

结合德国的发展历史和现状,针对德国在线教育体系建设的优缺点,我国应该根据国情作出有针对性的措施,以促进我国在线教育体系的发展。

(一)加强顶层设计,联动各方推进

党的"十四五"规划中强调探索"互联网+"教育发展新模式,大力发展智慧教育,全面提升师生信息素养,为建设教育强国、促进教育现代化创设良好的技术环境。第一,加快创新基于"互联网+"背景下的人才培养新模式、提升基于数字技术的教育管理新模式、打造基于现代化的教育资源新模式,实现教育模式的信息化。第二,构建智能学习管理环境,增强物联网、人工智能、区块链等新兴技术与教育的高度融合,推动技术层面的创新,从而带动教育领域的创新。第三,完善国家、社会、学校三者的统筹合作与协调,加强学生信息素养培养,顺应新时代教育信息化发展的需要[①]。而在线教育体系的构建与实施有力地推动了我国教育现代化的发展步伐,体现我国"终身学习、以人为本"的教育理念。

因此,我国应当根据实际情况,利用现代化技术手段和数字化教学资源等确保在线教育体系的顺畅运行,并制定相应的国家政策保障互联网用户的信息与网络安全以及合法权益,同时加快推进新技术的创新与应用,重点落实在线教育体系基础设施建设和立法工作的制定,厘清各部门的职责边界,形成完备的互联网法律监管体系。这一点可以参照德国制定的对于互联网教育的权利与义务的政策。德国作为欧洲远程教育发展比较完备的国家之一,在1997年颁布了世界上最早的全面规制互联网的成文法——《多媒体法》,随后对于在线教育体系的机构混乱以及网

[①] 中国经济形势报告网:《教育行业"十四五"规划要点》,2020年6月19日,http://www.china-cer.com.cn/shisiwuguihua/202006195956.html,2020年12月18日。

络资源良莠不齐的现象作出明文规定，并陆续出台了与之相关的法律规定，使得在线教育体系的乱象得以收敛，并大大促进了德国在线教育的发展。

由于在线教育行业的独特性决定了相对于传统的线下教学模式来讲，其组织、管理以及开发的难度极大，这绝非单凭国家的支持就能完全应对。因此，在线教育是否能够成熟稳定地向着利好的趋势发展，还需要发挥各方联动的力量，充分调动各方力量积极参与互联网的治理与监督，实现在线教育良好稳定的发展。当然，除了政策的支持外，国家和一些大型企业也应通过财政税收减免政策或者项目扶持计划对在线教育行业予以扶持和鼓励，并通过良性竞争和技术提升促进在线教育水平的专业化、数字化和智能化发展。

(二) 打造在线平台，提高课程质量

如今，无论是学校中的学生还是想要继续教育的社会成员都极其注重自己的知识素养和技能提高，加之碎片化和快节奏时代的刺激，使得学习者对学习的效率和效果的预期越来越高。传统的线下教学模式已经不能满足学习型社会的要求，快速吸收和领悟教学内容、实现异地异步交流与互动、共享教育资源与成果成为当今学习者倾向于选择在线教育的主要依据。然而，尽管我国的课程资源非常丰富，但是缺乏系统的整合与有机的联系，并且内容呈现形式也基本上以静态方式为主，这不利于我国学习者科学合理地使用这些资源。

倘若我国课程设计者能够很好地将学习过程系统化、学习资源整合化，那么将极大地提高在线教育资源的利用率和完成度。比如，课程设计者进行资源建设时能够设置课堂提问或者资源拓展等环节，适时加入互助讨论的交流与互动，接受社会以及行业实践的指导，建立跨学科的专业设置，突出行业企业的需求[①]。通过定期的引导、讨论和答疑，并充分考虑到不同科目之间的横向与纵向联系，打破原先孤立、单纯讲授学科内容的局面，不仅解决了学生学习时存在的困惑与问题，也能提高整个在线教育体系的均衡发展。

---

① 贺艳芳、徐国庆：《德国应用科技大学的兴起、特征及其启示》，《外国教育研究》2016年第2期。

另外，在线教育平台能够运用大数据管理和智能化评价选择最适宜学习者的学习路径，实现学习者学习的专业化和多元化。一旦学习者进行课程选择和学习，系统平台将对学习者的学习情况进行系统跟踪并形成及时反馈，以便学习者能实时了解自己的学习动态和进程；且系统平台会根据学习者的学习进度制定合理的监督机制，以便学习者能够准时、高效地完成学习。同时，平台开发者需要建立科学合理的监督管理评价系统，通过多元化的评价方式和评价内容等方面全面系统地评估课程的整个设计过程和组织管理，确保评价的科学、公平、公正、客观，使评价真正起到促进教学完善和提升学生学习能力的作用。

考虑到在线教育平台的课程都是经过精细筛选后纳入课程体系，其课程质量毋庸置疑。因此，为了确保课程质量，在线教育平台一方面需要继续与相关的院校合作，打造精美课程以供学习者学习；另一方面，在线教育平台必须制定严格的评选机制和管理体制，确保课程内容的前沿性和深刻性，使学习者能够足不出户尽揽世间种种万千，提高自己的认知水平和能力[①]。

（三）定位教育性质，提升教师技能

在线教育深刻改变了传统的教学形式和教师教学状态，新的教学模式正在悄然改变着教师的专业素养和能力。因此，面对在线教育日渐进入人们的视野，教师必须具备线上教学的能力和水平，除了熟练掌握技术的使用，还要改变自己的教学组织形式、教育手段、方法以及与之相适应的教学观念和思想，逐步在实践中内化为自己的专业素养和教学技能。对于在线教师的专业培养，可以采纳来自北京理工大学的李文玉教授提出的三点建议：第一，在线教师应注重信息素养的提升，但在现阶段条件下不必严苛，可以多方面合作帮助在线教师教学任务的完成。第二，教师不仅负责传道授业解惑，更应该把自己当成永远学无止境的学习者，不断提高自己的专业素养和技能，以适应未来的教学职责。第三，未来的教育发展不仅需要国家政策的支持，更需要社会的理解和帮助，既要考虑校外教育机构的优势和存在的必要，也要制定相关政策标准保

---

① 牛玶：《我国在线教育平台发展模式及其问题对策探析——以网易公开课为例》，《新媒体研究》2018年第10期。

证编制教师的信息化水平和道德标准,使其达到理想的均衡①。

如今,信息化2.0时代、"互联网+教育"、"人工智能+教育"成为新的教育背景,社会对于教师的标准不仅需要个人能力的展现,更应具备全面的基础信息素养。吴佳峻认为,新的教育形式下,在线教师是否优秀必须以多方面的考量为前提,并且在线教师正日益成为新的教育形式下的领头军,如何发挥优秀在线教师的号召力和专业度成为在线教育师资得以发展的关键要素。他指出,优秀在线教师不仅能够熟练掌握并运用多媒体技术和现代化教育工具,更能以自身的专业性和良好的组织力在新教学形态下进行教学。只有这样,无论是新时代的教师还是学习者才能更好地适应时代发展的要求,从而进一步提升教育教学质量,推动国家实现科技强国、人才强国的国家战略。

第六节 本章小结

随着互联网技术的发展和数字化时代的到来,世界各国纷纷开始思考教育的新形势和课程改革,以此提高科学技术的进步和人才培养的质量。德国一直以来都极其注重在线教育的发展,为德国乃至整个欧洲在线教育的发展做出了卓越的贡献。本章主要从德国在线教育体系的背景分析、历史考察、基本架构、主要特征以及研究与启示着手,突出了德国在线教育历史发展的悠久、课程制作的精良、平台应用的先进以及国家政策的完备。首先对德国的在线教育进行背景分析,指出在线教育是历史的产物也是现代社会发展的必然。接着从萌芽期、发展期、成熟期以及现状分析了德国在线教育虽然经历过起起落落,但其发展趋势仍然处于利好的方向。然后主要分析了德国在线教育体系的基本架构,主要从政策制定、师资配备、资源开发以及组织管理具体展示了德国在线教育体系的完备和全面,尽管德国曾经因为第二次世界大战一度处于分崩离析的状态,但国家仍然对远程教育高度重视和关心,并不断完善在线

---

① 新京报:《十余教育大咖探讨"中小学在线教育教师标准开发与素养提升"》,2016年1月9日,https://baijiahao.baidu.com/s?id=1675996955770164363&wfr=spider&for=pc,2020年11月27日。

教育体系的相关内容和形式。由此，通过对德国在线教育的历史展望，总结出其发展的四大特征，分别是：建立完善的政策保障和有效的法律支持、提供合理的教学设计和过硬的教师队伍、提升先进的技术手段和主流的科技含量以及营造人性的教学环境和严谨的研究机构。最后进行经验总结，并对我国在线教育体系的发展提出了对策建议。

第十六章

意大利在线教育体系的发展研究

"构建服务全民终身学习的教育体系"是完善教育制度的总体目标。党的二十大报告提出的"推进教育数字化，建设全民终身学习的学习型社会、学习型大国"是新时代教育发展的重要使命。在建设学习型社会的过程中，信息化、网络化的潮流不可忽视。尤其是线下教学无法正常进行或是部分学生拥有特殊情况，以互联网技术为基础逐步完善的在线教育将起到极为关键的作用，其地位也从可有可无的便利工具跃至当今时代接受知识的重要途径之一。在此情况下，对在线教育体系的建设正是考验各国教育治理现代化水平的试金石，同时也是之后教育发展的重中之重。

第一节 背景分析

1994年联合国教科文组织在意大利的首都罗马举行了"首届世界终身学习会议"，将终身学习定义为"21世纪人的通行证"，强调一个人若想在21世纪更好地生活，就必须有终身学习的思想准备与条件。自现代终身教育理论确立以来，被世界各国政府当作政策的目标之一，以终身教育为原则开始调整和改善并实施本国的教育方针和教育方向，试图建立一个从幼儿园到老年大学、从家庭教育到企业教育的终身教育大系统。互联网的出现催生了在线教育。在线教育能够极大地提高学习效率，帮助人们合理运用碎片化时间充实自己，能够促进全民终身学习更方便、快捷地完成。换言之，在线教育为实现终身学习提供了新的路径。作为传统教育体系的重要补充和数字化形式，在线教育体系能够在复杂环境下满足人民群众日益增长的教育需求。因此，面向全民终身学习，发展完备的国家在线教育体系迫在眉睫。

意大利举办了首届"世界终身学习会议"，继而出台了一系列的终身学习政策，并建设终身学习系统。意大利的终身学习体系做得相当出色，全国文盲率不到3%，国家用于公共教育经费占政府公共开支的10%左右[1]。作为欧盟成员国，意大利电脑等互联网产品普及率高于我国，有着发展在线教育体系的重要物质基础。同时，意大利在线学习计划（Them@t.abel plan）从2006年就已经开始，由意大利教育部、大学和教育研究所、自治处和国家联合会共同发起[2]。在中国，党的十九届四中全会《中共中央关于坚持和完善中国特色社会主义制度、推进国家治理体系和治理能力现代化若干重大问题的决定》提出，"构建服务全民终身学习的教育体系，加快发展面向每个人、适合每个人、更加开放灵活的教育体系，建设学习型社会"[3]。党的二十大报告进一步提出"助力建设高质量教育体系，推进教育数字化，建设全民终身学习的学习型社会、学习型大国"[4]。在教育数字化转型的关键时期，我国可以学习借鉴国外发达国家在线教育体系的先进经验，关注它给我国教育带来的机遇和挑战。意大利的计算机技术起步比我国早，相应的在线教育体系也较为完善，对意大利在线教育体系的研究能为我国在线教育体系的建设提供参考。

---

[1] Fabio Murgia, "Italy's education must go online", Spring 2020, https：//www.newamerica.org/weekly/italys-education-must-go-online/.

[2] 周士民、王君、聂立川：《意大利数学在线学习计划与启示》，《数学教育学报》2015年第1期。

[3] 纪河、郭海燕、殷雄飞：《终身教育体系构建的国际比较与借鉴》，《终身教育研究》2017年第5期。

[4] 习近平：《高举中国特色社会主义伟大旗帜 为全面建设社会主义现代化国家而团结奋斗——在中国共产党第二十次全国代表大会上的报告》，《人民日报》2022年10月26日第1版。

第二节 意大利在线教育体系的历史考察

意大利的在线教育体系发展历史较早,相关政策也较为完善。考察意大利在线教育体系的历史和现状可帮助我们更好地把握其发展脉络与趋势。

一 意大利在线教育体系的发展历史

20世纪后期,意大利在短短的半个世纪内从一个半农业社会跻身为发达国家,与意大利政府重视教育的政策密不可分。第二次世界大战以后,意大利政府开始了民主化的进程,政府的频繁更换对教育的稳定性不利,但不可否认的是通过各种改革,教育领域不断有新的理念引入,与旧理念不断碰撞,因此意大利的教育有很大的自主权[1]。同时,意大利在加入欧盟后与各国之间技术互通有无,其在线教育发展也离不开其他欧洲国家的影响、进步。意大利的在线教育体系主要经历了萌芽期、发展期和成熟期三个阶段。

(一)起步期:建立远程教育平台

意大利在线教育最初起源于函授教育。19世纪初,欧洲各国受社会舆论影响开始改革大学结构,更新专业教学内容。伦敦大学首创了校外学位制度,为世界树立了一个采用函授发展校外高等教育的范例,后来欧洲各地的大学开始仿效这种"采用学分制、不住宿、业余教学"的大学[2]。意大利和法国、德国等国相继开展了大学层次的函授和校外教育。而意大利的都灵艾莱特拉广播学校(Scuola Radio Elettra di Torino)自1951年以来就在远程教育领域开展活动,是经过认可的专业培训中心,

---

[1] Statista Research Department, "Online school classes due to coronavirus in Italy", Summer 2020, https://www.statista.com/statistics/1106536/online-school-classes-due-to-coronavirus-in-italy/.

[2] Fabio Murgia, "Italy's education must go online", Spring 2020, https://www.newamerica.org/weekly/italys-education-must-go-online/.

提供针对求职就业的理论与实践课程[1]。该学校的课程最初是函授课程，之后开始使用新的通信技术并取得了较大的进展，至1998年已经有50万人接受过培训[2]。该学校的课程分为两种：一为通过考试让学生达到11—14岁和14—18岁的学校文凭；二为学生准备专业活动的人员，特别是在电子学和技术电子学领域的学生。这些课程主要基于以下内容：邮寄教学纸质材料和组装套件；学生练习的完成程度和表现的证明；教师的细心纠正和与学生交流学习进度的能力。随着计算机技术的出现和发展，该学校的教学方式也随之发生改变，学校变为提供在线文凭。都灵艾莱特拉广播学校虽然是私人团体，但作为远程教育领域的教学平台，对之后的在线教育发展是一个很好的开端，这个教学平台传播了远程教学的理念，在线教育开始逐步发展。

（二）发展期：扩大在线教育范围

与英国相比，意大利在之后的几十年中，还没有形成旨在开发开放和远距离学习（Open and Distance Learning，ODL）系统的教育政策。此时意大利的在线教育虽然得到了项目的推行，但在线教育发展仍比较缓慢。20世纪60年代末，意大利出现了支持ODL的积极政策，但没有一所大学可以完全按距离进行授课。所有课程都专注于教师培训领域，在公司和职业培训方面几乎没有任何有意义的课程。在地方一级也反映出缺乏有关ODL的国家政策。任何意义上的课程都很稀缺，几乎所有课程都专门针对教师培训领域。在地方一级也反映出缺乏有关ODL的国家政策。

直到电子学习诞生的世纪之交的关键十年，意大利的教育有更多向ODL方向发展的趋势，教学和教育过程开始从技术、方法和方法以及结构的角度完全改变。例如，罗马的3所大学在这一领域非常活跃，24所

---

[1] Antonio R. Bartolomé and Joan D. M. Underwood, *The TEEODE Project-Technology Enhanced Evaluation in Open and Distance Learning*, Barcelona: University of Barcelona, 1998, pp. 14-20.

[2] Monica Banzato, "Barriers to teacher educators seeking, creating and sharing open educational resources: An empirical study of the use of OER in education in Italy", paper delivered to 2012 15th international conference on Interactive Collaborative Learning, Sponsored by IEEE, Villach, September 26-28, 2012.

大学和5家公司组成的财团Net也是如此①。同时，意大利的地区负责国家职业培训课程，开始注意以ODL为主题的系统，并制定发展策略和该领域的标准。意大利的在线教育进入高速发展期。

（三）成熟期：丰富开放教育资源

随着计算机技术的不断发展壮大，依托于互联网的在线教育的发展空间也得到了壮大，其中的教育资源得到了平等、高效的互换。一方面，2007年开始推行的意大利"国家数字学校计划"，促进了信息通信技术在中小学校中的推广，使意大利初、中等在线教育在课堂教学、教育技术产品生产和更新等层面发生了重大变革②。另一方面，"国家数字学校计划"的出现使得意大利的各大学校开始了信息化管理，其中大量管理工作通过信息技术大大增加了效率，同时对教师而言，他们的教学也更侧重个性化教导，极大地增加了课堂学习氛围的活力，也提高了学生的成绩，从而建立了一个更为高效的在线教育体系。同时，在各种在线教育项目开展以来，可以看到学生改变了传统的学习方式，他们的成绩也得到了系统性的提高。学生对于在线教育学习的反馈与影响是令人鼓舞的，以此为基础，在线教育网站的注册人数也得到了飞速增长。2020年，意大利政府统计通过数字身份SPID在线注册的用户数量增加了3倍（+270%），总数为512093，占总数的37%，而一年前仅为10%。同时，意大利通过互联网之间的互通有无，极大地丰富了数字资源。2013年，欧盟委员会推出了"欧洲开放教育"门户网站，以收集和推广现有的国家举措，旨在通过将数字技术纳入当前大学实践和持续专业发展举措，挖掘开放教育资源（Open Educational Resources，OER）的潜力。通信开放教育通过这些方法消除了使用信息通信技术参与各级教育的障碍，从而推动了这一方向的发展。"开放"的方法为欧盟成员国的开放教育政策

---

① Antonio R. Bartolomé and Jean Underwood, *The TEEODE Project-Technology Enhanced Evaluation in Open and Distance Learning*, Barcelona: University of Barcelona, 1998, pp. 14-20.

② Statista Research Department, "Online school classes due to coronavirus in Italy", Summer 2020, https://www.statista.com/statistics/1106536/online-school-classes-due-to-coronavirus-in-italy/.

提供了范例①。2016 年初，意大利大学校长会议推出了一套由意大利大学编写高质量 MOOC 的共同准则。此外，校长会议还制定了大学相互承认学分的体制框架，并最终建立了评估 MOOC 质量的基准体系。这一项目的优点一方面是将注意力集中在意大利大学的 OER 上，另一方面则在启动阶段采取相互监管的做法。意大利已经建立了一些大学之间的内部网络，为大学生和专业培训提供 MOOC 等相关课程。此外，意大利各机构还积极参与一些欧洲开放教育项目，如 EMMA。

二　意大利在线教育体系的现状分析

对于首次举办终身学习会议的意大利来说，其对终身学习有着足够的重视。意大利教育部官网上显示该国几乎实现全国范围的脱盲工作，并且每年都投入大量资金支持教育工作发展②。而作为现代终身教育内必不可少的在线教育体系，意大利同样也有着政令与规划支持。对于意大利当前的在线教育体系的现状进行分析，具体可分为以下几点。

（一）教学环境准备充分

意大利建设在线教育体系的国家项目中规划了相应的教学设备，建设了良好的教学环境。意大利的学习方式随着技术发展，以电视和卫星为基础的远程教育让位于以互联网多媒体为主的新模式。以交互式白板（Interactive Whiteboards，IWBs）项目为例，新增设备的数量出现了明显增多。从 2007 年起到 2012 年项目结束时，全意大利中小学配置的 IWBs 设备新增 35114 套。同时，全国中小学也有用私人基金或其他的政府基金购买，设备总共达到了 69813 套。完善、先进的教学设施极大地帮助了教师提高教学效率，为之后建设公平、公开的教学环境做铺垫。但项目铺展较大也暴露出一些问题，意大利多所学校提交了在线学习项目的申请，据统计，申请学校占比接近当时全国公立学校总数的七分之一，但获批

---

① Anna Maria Tammaro, Laura Ciancio, Rosanna De Rosa, eds., *Digital libraries in open education: The Italy case*, Communications in Computer and Information Science, Cham: Springer, 2017, pp. 32–41.

② Chiara Schettini, *A blended learning approach for general chemistry modules using a Moodle platform for first year academic students*, University of Camerino, 2020, pp. 134–156.

的学校仅有400多所。这极大地打击了中小学校参与此项教学改革的积极性[1]。同时，在线学习模式对于已有教育技术经验的学校而言，他们对在线教育教学模式的调试更有经验，反应速度也较快，而对于没有或缺少经验的地区而言，将需要更大的努力来跨越数字鸿沟，这将极大影响在线学习模式的整体推进[2]。

（二）各地区之间相互合作

在国家颁布在线教育相关的条例并鼓励建设在线教育后，意大利各地区之前相互开展合作，充分实现资源的共享。意大利各地区也有贫困与富有、落后与发达的区分，但各地区之间会相互沟通合作。托斯卡纳（Toscana）地区就启动了用于开发区域远程培训系统（Progetto T-Tele-form）的项目，该项目的基础是计算机网络的使用和建立教学式地区办事处。之后，托斯卡纳、翁布里亚和巴西利卡塔等地区之间进行了合作，开设了相关实验项目以开发远程培训区域系统。伦巴第数字学校（Scuola Lombardia Digital）是意大利北部伦巴第大区的一项区域性政策，伦巴第大区是意大利参与在线教育最积极的地区之一。伦巴第数字学校倡议的目的是为教师提供有关ICT教学技能的支持，然后开发一种可导出的"就学"模式，该模式适应性强，其有效性已通过适当的监测和评估工具加以证明。它还侧重于在教学法和课堂翻转中使用Web 2.0工具的概念。伦巴第地区对于其他参与不积极的地区来说，将会是一个风向标，引导他们更加积极探索、创新[3]。

（三）实时注意学生反馈

在在线教育步入正轨之后，意大利的学者会注意学生的反馈，并积极收集数据，进行相关实验调查，从而改善教学过程[4]。学者研究了在戈里齐亚（Gorizia）镇阿里吉耶里古典高中（Liceo Classico Alighieri）面向

---

[1] Delio DE MARTINO and Ezio DEL GOTTARDO, "The First Steps of Distance Learning in Italy: From Radio to Television and E-Learning", *TOJET: The Turkish Online Journal of Educational Technology*, 2021 (20).

[2] Chiara Schettini, *A blended learning approach for general chemistry modules using a Moodle platform for first year academic students*, University of Camerino, 2020, pp. 165–168.

[3] Italy, "Lombardia", Spring 2012, http://www.istruzione.lombardia.it/sl-digitale/.

[4] Enrique Canessa and Armando Pisani, "High School Open On-Line Courses (HOOC): A Case Study from Italy", *European Journal of Open, Distance and E-learning*, 2013 (16).

高中生的但丁开放（ODP）项目中，主要是跟踪（即在他们自己的位置和速度）学生在物理和数学的在线课程中的表现以及之后感受，作为案例不仅供世界各地的其他学校效仿，还可以从中看到当前在线教育的不足。研究者使用自动记录开放系统（Automated open EyA Recording System），一个创新的、免费的开放资源系统，能够通过存档和分享使用数字进行的物理和数学讲座，而不是用粉笔演示或传统的黑板。它是一个完全自动化和低成本的录制系统，帮助录制科学教学讲座，不需要进行后处理或视频采集。之后学者通过授课后收集调查问卷的形式发现几乎所有的学生都表示，通过使用开放数据（OpenDate）讲座，他们的家庭作业变得更加高效，对于不清楚的知识能够进行直接回顾，节省了大量的时间[1]。这不仅证明了在线教育对于学生学习的帮助，更能体现出意大利的在线教育体系的完善。

综上所述，意大利在线教育体系相较于过去还未成熟的理念来说已经较为完善，该国在前期准备、合作互助以及课后调查方面都加以注意、改善。但意大利地区与地区间政策偏向的不同和发展条件的限制所出现的问题也是我国在发展在线教育时所必须注意的问题，因此需要对意大利在线教育体系的架构进行详细分析。

第三节 意大利在线教育体系的基本架构

教育作为培养国家人才必不可少的决定性因素，需要着重创新发展。而当代在线教育就是终身学习创新的方向。要想将在线教育体系做好做大，就需要搭建完整的框架并以此为基底逐步发展完善。同时，不同的国家与地方的教育政策都需要按照各自的实际情况调整实施。因此，扩大在线教育的发展就需要全面了解意大利在线教育体系的基本架构。下文将从政策制定、师资配备、资源开发、组织管理四个方面对意大利在

---

[1] Monica Banzato, "Barriers to teacher educators seeking, creating and sharing open educational resources: An empirical study of the use of OER in education in Italy", paper delivered to 2012 15th international conference, sponsored by IEEE, Villach, September 26 – 28, 2012.

线教育体系的基本框架进行介绍。

一 意大利在线教育体系的政策制定

意大利的教育管理实行中央集权制，教育部制定教育政策和标准，小学由市区、村镇管理并提供经费，中学由教育部直接管辖，大学享有一定的自治权[1]。同样，该国的在线教育政策基本以国家为主导规划，但因政府对频繁更换教育拥有较大的自主权，所以在各地区和机构在实行政策时充分调动当地的资源加以调整，同时也能确保活力。

（一）联合实施一体化项目

为了更好地发展在线教育体系，意大利选择由教育部带头联合各大机构实行一体化项目，确定在线教育发展的总基调。意大利在线学习计划于2006年发起，是由意大利教育部、大学和教育研究所、中学发展和自治处等共同发起，开放教育主席负责实施。该计划旨在通过实施80个教学在线活动，实现教师和学生素养的共同提高。之后，意大利又在2007年实行"国家数字学校计划"，该计划分为以下四个子项目：（1）交互白板项目[2]。交互白板项目主要是分配通过了在线教育职业技能培训的教师群体给所有申请了项目的中小学，并安装相应的配套设施，如计算机和电子交互白板。（2）班级2.0项目。该项目的具体目标是：让教师在传统的教学课堂中融入信息技术知识，并通过ICT技术实现课堂活动的有效创新，探索信息技术新课堂。（3）学校2.0项目[3]。"学校2.0项目"目标是：探索总结新型教学法和个性化教学，并对学校各层上下通过信息化管理做出合理安排以及搭建学校、家庭与社区间紧密关系网

---

[1] Chiara Schettini, *A blended learning approach for general chemistry modules using a Moodle platform for first year academic students*, University of Camerino, 2020, pp. 34 – 67.

[2] Stefania Capogna, "University and E-learning Classes in Italy", Autumn 2020, https：//www.researchgate.net/publication/275684751_University_and_E-learning_Classes_in_Italy. University and E-learning Classes in Italy.

[3] Maja Seric, "Have social media made their way in classrooms? a study at three European universities", *Journal of International Communication*, 2019（25）.

络①。（4）数字教材项目②。该项目是为了促进在线教育层面上开发信息技术新功能，同时加强学校与相关技术企业之间的合作。综上，该计划从教学设施、课堂教学、教学环境和教材资料四个方面入手实现对中小学在线教育的一体化改革，旨在确保在线教育能够成功推广到国家的每个地区、学校，并通过提供充足的资源保障学生的学习，调动他们的学习热情。

（二）勇于创新课程大纲改革

意大利教育部和相关机构出台了与在线学习相关的各类课程大纲，除了将信息科学知识融入中小学课程大纲外，在大学中还将在线教育用于三个不同的领域。中小学的课程大纲中对中小学生必须掌握的信息技术知识和所需实践动手能力做出规定。例如，对于意大利八年级的学生来说，学习完信息技术课后学会开发新的具有一定功能的应用软件③。在大学里，意大利大学立法开设了三个远程课程：完全远程举办的学位课程、远程专业研究生课程以及具有远程课程元素的课程。课程中的"Educazione interculturee"（远程研究生课程），旨在满足意大利对文化研究日益增长的需求，支持不断增长的移民人口的需求，课程包括使用互联网提供文本和对现有课程的课程练习进行在线反馈④。新的课程大纲改革表明，意大利在线教育体系会根据当前教育现状及时调整信息化建设，确保在面对当前时代变化下在线教育的开展紧跟时代潮流步伐，同时表现出在线教育并不只是单纯的教育技术改变，而是确保教师在使用多媒体技术时能够给学生培养出对在线教育的兴趣和自主学习的能力。

---

① Chiara Schettini, *A blended learning approach for general chemistry modules using a Moodle platform for first year academic students*, University of Camerino, 2020, pp. 37 – 87.

② Fabio Murgia, "A blended learning approach for general chemistry modules using a Moodle platform for first year academic students", pring 2017, https://www.researchgate.net/publication/341649938_A_blended_learning_approach_for_general_chemistry_modules_using_a_Moodle_platform_for_first_year_academic_students.

③ Anna Maria Tammaro, Laura Ciancio, Rosanna De Rosa, "Digital libraries in open education: The Italy case", *In Italian Research Conference on Digital Libraries Springer*, 2017（1）.

④ Luciano Cecconi and Luca Piria, "Open and Distance Learning in Italy", Spring 2010, http://www.lmi.ub.es/teeode/thebook/files/english/html/4ital.htm#1.

(三) 积极推行新型教学方法

实际应用确定教学效果后，意大利教育部会积极推广新型教学方法，确保教学效率。在意大利大学教育部的官网上专门发布文件介绍了多种新的教学方法，其中一个为功课交替。功课交替是一种创新的教学方法，它通过实践经验有助于巩固在学校获得的知识，并借助网络平台测试该领域女学生的能力，丰富其培训并确定其学习道路，并且未来的工作要归功于符合他们学习计划的项目。大学教育部规定，对所有女学生和高中后三年（包括高中）在内的所有学生强制实行的功课交替，这是符合开放学校原则的2015年第107号法律（La Buona Scuola）最重要的创新之一①。这文化的变革旨在构建意大利采用双重制的方式，其中融合了欧洲其他国家的良好做法，并将其与生产结构的特殊性和意大利的社会文化背景相结合。意大利政府颁布了较多法令帮助在线教育体系更好地构建，从中小学一直到大学都予以关注，确保学生能通过互联网技术快速、直接地获取资源，进入知识的世界。正如2015年第107号法律La Buona Scuola所代表的含义，意大利政府出台政策帮助好学校的建设，合适的教育环境不仅能帮助学生更轻易、更高速地理解与吸收知识，对于学生的学习热情也有极大的促进作用，而学生自主学习的热情也是保证全民终身学习的关键。相信意大利的国家在线教育体系不仅能够帮助学生更好地适应新时代的挑战，还能培养他们自主学习的意识，培养终身学习的习惯。

二 意大利在线教育体系的师资配备

意大利每年投入大量的资金用于教育。意大利和中国都是比较重视教育的国家，但相比较中国，意大利的政府每生开支多了近一倍，师资更是充沛，投入教育资金近10%用于师资培训。因此，中国在这方面仍需更大的投入与发展。

(一) 培训在线教育教师

意大利在在线教育方面投入了大量的金钱等资源确保教师的培训。

---

① Fabio Murgia, "Italy's education must go online", Spring 2020, https://www.newamerica.org/weekly/italys-education-must-go-online/.

"种子教师"的项目要求在线教育的教师都要进行相关的培训,该项目为之后在线教育的普及提供了相应的人力资源储备。就如将由全国教育研究和教师发展的最高管理机构——"国家文献与教育研究创新研究所"(Istituto Nazionale di Documentazione, Innovazionee Ricerca Educativa, INDIRE)专门组织培训出2—3名合格的在职教师分配给获批参与电子交互白板项目的中小学,确保每个参加项目的中小学都有专业的在线教师。每位资深导师将会对20个受训教师进行指导并且安排20课时的课堂面授和长一倍的网络教学实践[1]。对在线教育有经验的大量中小学教师为之后学校开展相关的工作如班级2.0项目提供了充足的师资保障。除此之外,意大利的技术执行委员会认为要想成功地激励新的青年教师和已经在职的教师在在线教育方面有所进步,他们除教学之外,自己的学习也必须具有创新。从技术执行委员会调查的结果中教育工作者发现,与同一专业的其他人比较,经验是灵感、创造力和新知识的来源。与过去相比,数字资源的检索和再利用在他们的专业实践中具有相当重要的意义。研究还发现,web2.0环境下教师教育者在业余时间的参与激发了他们的好奇心和兴趣。

(二)给教师的多样化提供支持

除了对中小学教师的培训,意大利还对其他职业在线教育的教师进行相应的调查与研究。对于意大利职业教育和培训的教师来说,终身学习和相关的在线教育培训对于满足教学行业不断增长的需求非常重要。这项研究的目的是展示在线学习在教师培训中的相关性,并衡量职业教育与培训教师对这种形式的进一步培训的理解和接受程度。方法是关注通过使用标准化问卷的定量交叉研究。文献综述表明,到目前为止,职业教育和培训研究仅采用了少数方法来探索职业学校教师如何利用数字媒体和在线学习作为自己的学习工具。这些包括从教师的角度进行的研究,涉及在线学习对他们的影响以及他们对在线学习的态度[2]。由于教师

---

[1] Christina Hofmeister and Matthias Pilz, "Using E-Learning to Deliver In-Service Teacher Training in the Vocational Education Sector: Perception and Acceptance in Poland, Italy and Germany", *Education Sciences*, 2020 (10).

[2] Gabriella Agrusti, "E-Learning Resources for Migrants and Refugees: Experience from Field Trials in Italy", *EDULEARN19 Proceedings*, 2019 (9).

现在不仅能够参加面对面的在职培训，而且还能够利用在线学习的机会来反思自己的专业知识并发展自己的技能，因此这项研究差距令人惊讶，鉴于他们的时间限制，在线学习对许多人都是有利的。

在接受调查的教师中，不到三分之一曾使用在线学习作为自己的在职培训工具，他们虽倾向于正式的培训形式和自学，但对计算机技术和电子学习都持积极态度①。这项研究的附加价值不仅在于其对职业学校教师在线学习的评估，而且还在于让学者认识到在线学习可以用作专门为教师设计的在职培训工具。

由此可以看出，教师对在线学习作为教师培训的一种方式非常感兴趣，并且从这种培训选择中获得的个人收益是积极的。教师通过在线学习掌握知识后再传授给其他学生，不仅壮大了教师的队伍，教师自身的能力也变得多样化，教师积极的态度同样也表明这对意大利在线教育的推广是极其有利的。

三　意大利在线教育体系的资源开发

就算有了优良的师资援助，对于发展在线教育体系来说，充足并且优质的教育资源也必不可少。当前，我国的教育资源还较少，相关数字资源还主要集中在发达地区，教育欠发达地区还没能有充足的资源。除了广度，教育数字资源的深度也都待发掘。

（一）大学与公共机构之间资源互通

意大利大学和公共研究机构的负责人意识到了开放获取国家的研究成果有利于出版物的可见度、推广和传播。为了意大利的开放获取能够取得成功，他们承诺协调行动：鼓励 OA 电子知识库和技术基础设施的创建，从国家和世界层面实现数据和出版物的获取、保存和传播②。应该根据国际互操作标准创建这些基础设施，并应用在 OpenAIRE 门户和欧洲研究区开发的其他项目中，以便最大化欧洲研究的可见度；鼓励研究人员

---

① Christian Hofmeister and Matthias Pilz, "Using E-Learning to Deliver In-Service Teacher Training in the Vocational Education Sector: Perception and Acceptance in Poland, Italy and Germany", *Education Sciences*, 2020 (10).

② OA Italia, "Position statement on Open Access to research outputs in Italy", Spring 2013, http: //wiki. openarchives. it/images/f/f4. Position-paper_en. pdf.

在开放技术期刊、机构知识库或者学科知识库上发布其研究成果。开放获取知识库中存储的研究成果应该在出版后 12 个月内提供出版物的印后版本或出版商出版的版本的开放获取,而且要在出版后 12 个月内开放;通过采用机构的政策和规程,要求研究人员在机构 OA 电子知识库中存储其出版物,将有助于有效地实现开放获取原则。自此,研究人员可以使用其他的机构知识库或者学科知识库来存储出版物和数据。

(二)政府部门扩展数字资源

意大利政府采用并支持基于特定政策和规程的开放获取国家战略。意大利政府每年都对在线教学大纲进行适当调整,之后扩展在线资源库,在鼓励各行各业积极开发在线教学资源的同时,对现有的国际各国优质资源也大力挖掘[①]。首先,意大利政府根据中小学课程所制定的具体需要,一方面将本国中小学的精品课程制作成数字资源,另一方面筛选其他国家的高质量数字资源,将其翻译并合理运用。其次,建立中央信息资源数据库,对意大利现有开放教育资源根据质量与学科进行整合和分类,对其他各国的优质在线教学资源进行引入,鼓励本国教师积极分享教学经验。同时,对教师提供基础且必要的在线资源,分享骨干教师的教学心得,为新手教师提供在线的解决方案和实践教材。最后,网络教学资源需要源源不断的新鲜源泉,无论是中小学的一线教师还是职业培训的资深教师,都通过一定的物质奖励和声誉机制鼓励分享经验。

四 意大利在线教育体系的组织管理

除了政府出台的政策扶持、优秀骨干教师的培养、充足数字资源的开发利用之外,合理的教育组织也需要及时组建。在面对可能出现的互相推脱、找不到负责人的问题,运行方式公开透明、运作方式高效的管理组织必不可少。意大利政府选择下放管理权限,提高培训效率[②]。

[①] Gabriella Agrusti, "E-Learning Resources for Migrants and Refugees: Experience from Field Trials in Italy", *EDULEARN19 Proceedings*, 2019 (9).

[②] Christian Hofmeister and Matthias Pilz, "Using E-Learning to Deliver In-Service Teacher Training in the Vocational Education Sector: Perception and Acceptance in Poland, Italy and Germany", *Education Sciences*, 2020 (10).

（一）教育与技能理事会权限下放

OECD 教育与技能理事会将管理权限下放至各学区与学校，作为管理层进行监管并对在线教学提供服务支持[①]。在资金管理方面，在优先保证通过国有机构平台采买的前提下，赋予学校一定的自由裁量权。在教师培训方面，鼓励学校自身加强对教师在线教学能力的培养，在强化教师在线教学技能、减轻教师培训资金压力的同时所培训出的教师也更适应该校的在线教学模式。意大利政府宏观调控整体方向，要求作为民主机构的学校将教育技术和多媒体教育纳入培训系统的一个组成部分中，之后各个学区和学校都开始重新思考教学设计，教师的角色也在改变，思考能在现当代教育专业人员环境中运作的解决方案。教师通过交流和学习的平台，将沟通扩展到有利于在线教学的方方面面，比如对教学经验的不足等，进行校内培训的"骨干教师"在与其他教师的交流学习中也能获得认同感。经过认证的"骨干教师"将成为在线教育平台的持证培训师，将与其他教师分享教学经验，提高教学水平，这将极大地缩短对在线教学陌生的教师对相关设备、方法的探索时间。如此，不但减少了在线教育平台对教师集中培训的花费，而且能为各学校在职专业教师提供在线教学实际指导。

（二）意大利大学校长会议保障学术共享

意大利大学拥有较大自主权和培训权，由意大利大学组成了意大利大学校长会议（the Conference of Italian University Rectors，CRUI）。意大利的 MOOC 主要是学院模式。在学院模式下，意大利各大学与学院通过录制教学视频上传到 MOOC 平台上分享给更多人观看。而学院模式下 MOOC 平台提供了更多的知识和机会给无缘上大学的学习者，如只能上职业学校的中专生。一方面通过在线教育，时间和空间等因素已不再是获得和分享知识的阻碍，更多的人尤其是职场人员参与进来，获得更专业的培训或是更高深的研究导向。但学院模式的一大问题在于不同学校对于相同知识点总会不可避免地同时提及，这往往出现重复的学习，导致学习效率的降低，所以有了 EduOpen 联合平台的诞生。意大利

[①] OA Italia, "Position statement on Open Access to research outputs in Italy", Spring 2013, http://wiki.open archives.it/images/f/f4.Position-paper_en.pdf.

EduOpen 平台是十几所大学和学院携手打造而成的，旨在分类出高质量的 MOOC 课程，提高教学效率，促进教学创新。另一方面，意大利试图走出国门，与国际接轨，开始以意大利语和英语双语并进的 MOOC 课程，同时与使用 MOOC 的欧洲其他大学签订具体协议，实现 ECTS 学分互认，实现在线教育资源共享的双赢。最后，意大利实施行动研究战略计划，这是一个推广在线开放教育资源的"国家'实证研究'项目"，还为相关高校的教师和技术/行政人员提供培训机会，促进技术手段在教学过程中的运用[1]。

(三) 地方公共教育机构提供优质服务

意大利地区的教育部门有较大的教育自主权，积极主动地提供在线教育优质服务。学区在管理时会根据大学、研究中心和公司等的反馈和数据分析，加强对信息的收集和整理，之后对在线教育有关项目的实施进程和实际效果进行对比，进而实现对该项目更好地修正与运行。同时公共教育机构负责人鼓励 OA 知识库和技术基础设施的创建，从国家和世界层面实现数据和出版物的获取、保存和传播。根据国际互操作标准创建这些基础设施，并应用在 OpenAIRE 开放门户和欧洲研究区开发的其他项目中，以便欧洲研究的最大化可利用效率[2]。除此之外，地区还联合设立了意大利数字图书馆。来自各级中小学的学生和教师都参与了都灵和意大利其他地区的活动。该活动建立了一个网络平台管理在非正式图书馆中发生的数据流和交互。之后在学校图书馆阅读活动中，与书籍版权商合作提供纸质书籍或在线版本。在客户端方面，向用户提供了两个移动应用程序（Librere 和 Librando）、一个地理映射系统和一个用于在线协作阅读的 Web 应用程序。此次活动受到了教师和学生的高度赞赏，虽部分数字资源的稀缺限制了人们的学习，但同样也提高了人们对知识产权的认识。

通过分析意大利在线教育体系的基本架构，可以看出意大利拥有高

---

[1] 丁姿姿：《〈欧洲慕课的发展状况〉论文集翻译实践报告》，硕士学位论文，北京林业大学，2019 年。

[2] OA Italy, "Position statement on Open Access to research outputs in Italy", Spring 2013, http://wiki.openarchives.it/images/f/f4.Position-paper_en.pdf.

效的教育管理部门，该组织所制定的政策较为完善，具有很强的可行性，并且成功培养出大量优秀的在线教育骨干教师，能够为在线教育的学生或是职业人员提供丰富的教育资源。

第四节　意大利在线教育体系的主要特征

意大利在欧洲国家里属于政党活动较为积极的国家，为了更好地推进该国本身的在线教育平台 Webschool，意大利颁布法令推行远程在线教学和数字网络资源的共享，意大利的都灵理工大学、帕多瓦大学等都陆续开启网络教学模式。通过研究各所高校的教育平台，能快速全面地看到意大利在线教育体系的特征。

一　推进国家在线教育计划

（一）目标层级清晰

计划既与该项目的总目标一致，又突出了各个分项目的重点，各项目推进也适度有序。"交互白板项目"的实施，是运行在线教育项目必不可少的硬件基础。作为远程学习必不可少的教学人员，教师的培训以及经验是引导学生接受在线教育的基础，充足的教师更是实现成果的必备条件。"班级 2.0"在强调改善硬件设施的同时，将在线教育的关键引出即把信息技术与传统教学法融合出的新型教学方式[1]。在线教学并不能只是教学硬件的更新，其教学方法的构建将与现代技术相适应。之后从班级到学校，不仅达到了从点到面的目标，还将会把信息化教学扩展到学校的信息化管理甚至与社会的合作上，基于建构主义范式的电子学习已经不再是以教师为中心，学生将被视为一个互动的主体，能够在不同的环境中管理和建立能力。整体而言，一方面，中央财政资金在确保发达地区充足的情况下，以各学区划分优先顺序，为宽带速度不足和在线教学设备匮缺的地区加大投资力度，努力确保全国各校的进度并行。另一方面，四个子项目里在线教学环境的优化，优质、骨干教师的调配，从

---

[1] Fabio Murgia, "Italy's education must go online", Spring 2020, https://www.newamerica.org/weekly/italys-education-must-go-online/.

班到校的实验项目，对社会合作公司的严格把关都对在线教育项目的顺利完成起到不可或缺的作用。

（二）政府监督鼓励创新

为了方便在线教学的顺利推进，意大利政府起引领的带头作用，高速高效地推进在线教育项目的实施。这一方面体现为教育部颁布相关法令鼓励创新在线学习，另一方面，意大利会对各学区政府在线项目的进程进行相应监督，确保事务按计划顺利推进。政治技术项目"Laurea 在线"颁布后，意大利经济之都米兰首先作为在线教学的领袖尝试了电子学习，并收集了许多记录，国立大学推出了一个由校委会管理的虚拟校园[1]。之后米兰理工学院推出了在线电子学习学位课程，这得益于创新学院的合作以及尔斯布赖斯（Espresso）公司的技术和多媒体支持。之后帕多瓦大学、维罗纳大学和法拉拉大学等多地大学都开始尝试电子学习[2]。各大学所在学区根据项目申请以及相关反馈，对各校数字设备的使用状况和教师教学专业技能的提高进行跟踪和指导，并牵线各大公司组成联盟，实现资源共通。教育部也对相关情况进行监控、调整，更会对落后地区予以补贴。

二　快速积极推进在线教育

意大利虽自身条件有所限制，部分地区有贫困、设备不完善等问题，仍能极快地完善了在线教育体系。2020 年以来，意大利有 840 万学生被迫无限期地转向在线学习，这一转变对于一个在数字性能方面在欧盟成员国中排在倒数第五的国家被证明是具有挑战性的。根据国家统计局 2018 年的一份报告，四分之一的意大利家庭缺乏稳定、有效的互联网访问。尽管许多人可能拥有某种设备，但他们通常缺乏有效使用该设备的知识。此外，欧洲的教师队伍总体而言年龄较大，这意味着学生和教师

---

[1] Maja Seric, "Have social media made their way in classrooms? a study at three European universities", *Journal of International Communication*, 2019（25）.

[2] Anna Maria Tammaro, Laura Ciancio, Rosanna De Rosa, "Digital libraries in open education. The Italy case", *Italian Research Conference on Digital Libraries*, 2017（1）.

之间始终存在数字化鸿沟[1]。

　　幸运的是，学校已经能够利用视频会议功能和免费的数字学习服务，其中许多功能已收集于在线平台 Skype 中。意大利教育部也激活了网络上的网页与多个云工具和平台，以支持远程学习。82% 的意大利学校已过渡到在线学习——之前只有 18% 的学校曾经使用过此类服务。有了持续可用的技术工具和互联网访问，教育工作者也在努力协调各种学校活动。"政府鼓励我们使用所有这些强大的资源。"撒丁岛中部一名中学教师兼副校长玛丽亚·弗朗西奥尼说："每所学校都必须想出自己的方式来使在线课程发挥作用，老师和教室之间是不同的。我们必须在使用平台、如何共享文档、如何进行测试、如何与学生沟通方面进行协调……有些学生没有自己的个人计算机或设备，我们与当地警察合作，将学校的孩子带回家。"

　　为了为意大利的学生和教育者创造更多的资源和支持，政府批准了一项法案，拨款 8500 万欧元用于改善在线学习，包括向低收入学生提供技术设备以及向教师提供与云教育有关的资源。在最近批准的行为包括：在线评估学生的表现，并为他们准备在线毕业考试的指导。这样从幼儿园到大学，意大利政府都提供了资金设备去确保学生的学习。从另一层度上，可以说弥补了该国终身教育体系在互联网上的缺漏。

三　提供多样化的学习方式

（一）远程在线教育平台

　　意大利大学通常采用的远程在线教学平台是 Zoom 和 Skype，另外还有一些高校采用远程电子教学平台 E-learning 等方式通过 Moodle 平台建设微课程，不断丰富智慧大学体系。Zoom 和 Skype 特点是利用 Moodle 平台课程学习并通过师生、生生间的交互式活动实现交互实践。在教学前，教师通常会先对学生通知远程教学，安排相应的课前预习。在课堂中，教师先给学生发放相应的电子文本资料，接着可以通过邮件或 Skype 与学生完成教学互动。课堂教学分为两种，一种是录播课，另一种是直播教

---

[1]　Judith J. Smith and H. Carol Greene, "Pre-service teachers use e-learning technologies to enhance their learning", *Journal of Information Technology Education：Research*, 2013 (12).

学。录播课即教师将在线教学所需的课件和录制的网课视频上传到 Moodle 平台，有 45 分钟或 90 分钟的不同录播课程视频，供学生提前学习。直播课以 Zoom 或 Skype 软件为平台，教师将课程文本资料上传至 Moodle 平台并提供链接，学生则通过平台软件与教师进行在线研讨。除此之外，意大利的大学还利用人工智能平台 Flexa 向学生提供电子课程教材。由于 Flexa 软件具有专业区块链技术支持，使得学生能够深度挖掘电子课程教材的相关链接，便于多学科信息的相互融合。意大利在线教育平台做得最出色的是，对各大学的在线教学资源进行充分整合与协调，避免出现在线课程资源重复的情况，尽力打造精品在线课堂。

（二）开发在线教育技术

不仅是平台，意大利也提供了其他方便的远程教育工具。2010 年，意大利的马可尼大学就在全球在线教育的大学研讨会上展示"移动虚拟校园"的相关技术，通过将课程教材下载到申请账号的手机上，实现无视空间和时间的碎片化学习。学生在注册后可以通过手机选择下载所需的视听教材或是相关数字资源。除此之外，学生不仅能从手机上收到平台自动发送的教学相关最新动态和通知，还能通过电脑、电视等与平台联系。而这一技术在过去的十年里已经急速发展，也迅速地普及传播开，为广大学子提供了更方便的选择。

意大利为该国的学生提供了不同的平台选择，在学习方式上也有手机、掌上电脑等多样化的工具选择，在这样的环境中，该国的在线教育体系得到了发展、完善。相信意大利的在线教育之后的发展也必将与该国的终身教育体系相结合，达成不仅是正在上学的学生，中老年人也能够通过手机、电脑等更轻松地学到知识。

四 建设完善在线教育机构

意大利政府还对于大学的电子学习平台进行相关研究，努力改进相应技术，同时出台政策规范成人的在线教育机构。在意大利，大学在线学习的起步是从缺乏重大监管行动和财政支助不足的情况下发展起来的。部分已经开始进行这类实验的大学独立进行相关实验研究，只将小部分预算用于此类活动。此外，由于他们对电子学习的使用有限，大学严重缺乏对在线教育研究的工具。

(一) 调查电子学习平台

在线教育平台的建设不能单单只依靠国家的统筹兼备，各大学习机构也需出力，但当前市面上的电子学习平台暴露出一些问题。Elu 项目对意大利、法国和芬兰的电子学习平台进行了比较，发现了一些共同的影响因素。电子学习不被认为是降低成本的工具，因为评估大学内这些教学系统的效率的标准与商业环境中采用的标准大相径庭。就此可以得出大多数教师不愿意采用电子学习的原因如下：（1）不接受与这种教学模式相对应的工作量；（2）准备和提供在线学习所需更大的努力；（3）互联网分发的学习材料知识产权著作权未解决的问题[1]。除此之外，对于在线学习者来说，学习代表着一个坚持和融入已经定义的东西的过程。他们喜欢学习，但他们需要稳定的学习参与平台。但电子学习平台处于私立企业对在线教育的独自探索之中，缺少金钱资源和国家政策方面相应的支持，也对平台的服务器等设备缺乏信心，即使学生的学习需求增加，平台也可能无法长久支持。这造成了在线教育不确定性和学生无法融入的恐惧。对于部分的学习者来说，在这样的环境中学习更是意味着知识的被动重复，相应地学习热情会极大降低，学习效率也变得低下。目前，各大学似乎正朝着将新技术纳入现有程序和组织学习的方向发展，其目的是促进与用户的更好关系、更有利可图和更及时的内部交流。

(二) 规范在线教育机构

对于影响在线教育机构建设的因素，意大利政府出台政策进行规范与扶持。在意大利教育部网站上可以看到成人在线教育机构的相关法令公告。公告表现出国家、地区促进和支持职业教育体系与 VET 体系之间的联系。成人在线教育和职业教育和培训制度，旨在通过专门针对他们的在线职业教育和培训课程，促进公民的终身学习。同时根据法规第 76/2005 号法令的规定，信息技术作为扩大培训范围的一部分，可以在基础课程与学徒课程或教育培训课程之间建立联系，并遵守统一会议上确立

---

[1] Italy Education, "Italy's education must go online", Spring 2020, https://www.newamerica.org/weekly/italys-education-must-go-online/.

的标准和指导原则，但不损害各区域在此问题上的权限①。对于在线学习者来说，学习是一个个体的构建过程，一种有标记的主体性的表达，随着他们的学习过程的演变，即使在不稳定环境中如部分远程学习教育平台，也会越来越被接受认知。研究数据发现，如果教学组织给予充分支持，学生在在线学习中发挥的作用可能会随着时间的推移而改变。从这个案例研究的结果来看，网络学习需要一种"沉浸式"的社会化类型，并不是所有学生都能快速获得的。在线教育机构在自觉的主观解放过程中发挥作用，有助于学生建立一个能够谈判网络所创造的讨论空间的自我。在这个意义上，相关在线学习平台能在内部发挥组织和管理作用以及外部的沟通角色。

由此可以看出，意大利关注发展在线教育体系的同时，完善全民终身学习系统。意大利对在线教育的重视，值得我们学习。

第五节 意大利在线教育体系的总结启示

对比中国与意大利在线教育体系的异同点，总结意大利在线教育的优缺点，对我国今后在线教育体系的政策规划和完善发展具有重要的参考价值。因此，本章将从对意大利在线教育体系进行总结，并阐述对中国在线教育体系的启示。

一 研究总结

意大利从国家实力来讲，在世界上 GDP 的总量排名第八。它有发达的制造业，制造业仅次于德国，出口在欧盟国家里也排第二位。而支持这个国家技术实力的背后，意味着意大利有发达的教育体系。同时，意大利很多学校走向国际化，开设英文授课和远程授课的课程，博洛尼亚大学等都是有比较鲜明特色的大学。部分大学甚至基本上是全英文授课，如都灵理工大学的工程类、经济管理，基本上本科的课程全英文化。总

---

① Stefania Capogna, "University and E-learning Classes in Italy", Autumn 2020, https://www.researchgate.net/publication/275684751_University_and_E-learning_Classes_in_Italy. University and E-learning Classes in Italy.

体来讲，意大利的教育体系发达，学科门类齐全，并且课程能很好地与国际接轨，构成了和中国教育非常好的一种优势上的互补。

（一）提供充足的资金支持

意大利重视教育，对在线教育的发展也提供了宽裕的资金支持。如经欧盟项目地中海大学网络的协调，基耶蒂的加布里埃尔·达安农齐奥大学基金会由34所意大利和外国大学以及创始成员玛丽亚·阿玛塔·加里托组成。基金会充足的资金让一些新的远程通信大学出现了爆炸式增长，圣拉斐尔罗马远程大学甚至在罗马中央总部创建了一个大校园，专门负责资金协调工作[1]。一方面，意大利各学区与教育部签订协议，每年会拨款至少2000万欧元去向各地中小学生推行国家在线教育计划。中央财政还为山区学校设立了专项资金，调动山区学校开设在线教学课程的积极性。另一方面，政府鼓励各大高校通过信息化技术扩宽在线学习资源的使用渠道，借助校企结合等方式既能减轻资金压力又能收集更多数据，形成积极收益。

（二）合理调配资源

根据相关项目的实施情况，意大利统筹规划在线教育计划，优化资源配置。因班级与学校项目的重叠与冲突，教育与技能理事会通过减少功能重叠、实践意义不大的在线教育项目以减轻压力，避免资源浪费。同时，鼓励学校试点在线教学生态系统，以进一步推进全国的线上课堂网络建设。之后更是鼓励各学校积极构建在线学校网格，如远程通信大学TELMA联盟的大股东就是罗马大学[2]。教育部专设的在线教学工作组，努力推广在线教学，共享教学云资源，普及电子书籍的阅读等在线教学功能。

2020年，各国交流相关在线教育经验，意大利是实时发布与教育领

---

[1] Stefania Capogna, "University and E-learning Classes in Italy", Autumn 2020, https://www.researchgate.net/publication/275684751_University_and_E-learning_Classes_in_Italy. University and E-learning Classes in Italy.

[2] Chiara Schettini, "A blended learning approach for general chemistry modules using a Moodle platform for first year academic students", Spring 2017, https://www.researchgate.net/publication/341649938_A_blended_learning_approach_for_general_chemistry_modules_using_a_Moodle_platform_for_first_year_academic_students.

域相关对策的国家之一。意大利的地理位置让其更方便进行国际化交流沟通，努力发挥出自身国家特长。从这些方面，可以看出意大利受自身政体影响，政府的相应法规较为易变，但不同政策碰撞出的火花和交融会让相关教育部门甚至群众自发向更好的教育方向努力发展。通过各种方式发展，为了国家更好，这种精神值得中国从中学习，学会通过不同角度看待问题，这也是一种创新。

二 研究启示

意大利所构建的在线教育体系向我们展示了它能够从小学到之后成人的全民终身覆盖，其优秀的地理条件和充分的硬件设施普及为全民终身学习的在线教育体系提供了坚实的基础。我国的现实情况与意大利并不完全相同，但我们能从意大利在线教育体系的发展与困境中获得相应的经验教训。

（一）强化在线教育师资配备

从意大利进行在线教育时，教师所面临的问题就可以看出，在线教育的教师培训不可或缺。面对大量急需在线教育的学生，充足的教师团体必不可少。因此，我国在发展在线教育体系时，应该做好师资方面的相应准备。同时，教师也应具有能够应对在线教育问题的能力。可以看出，线上教育中直播互动从体验上更加接近于线下培训"老师—场景—学生"的服务模式，需要教师思考如何更好地改善线上教学的课堂学习氛围，提高在线教学效率。另外在线上教学过程中，教师需要付出更多精力观察和记录学生的学习效果，并督促学生进行相应思考。对于学生的专注度和接受程度，教师也需要通过不同途径去确保教学效果。因此除了可以方便职场成人的录播之外，在线教育可以通过增加直播方式加强师生互动。

（二）合理优化资源配置

我国的教育发展不平衡不充分，需要我国教育部门和各地政府统筹协调，合理安排资源。部分地区教育水平落后，急缺教育设施等资源，发达地区的教育发展水平又比较高，各地发展参差不齐。从意大利的发展政策规划上看，该国对贫困地区和人口密集地区，因个人平均教育资源不充分，予以相应的资金倾斜，确保各地的在线教育发展同时展开。

对此,我国可以从此借鉴,在线教育政策在正式实施推广前,需加以试点实验,不同省份与地区间在实验时必定会出现不同问题,通过实际案例发现在线教育计划缺陷与问题,并予以重点关注并完善。保证教育发达地区有资源的同时,对于贫困地区和教育盆地提供资金设备和政策支持,鼓励发达地区的学校对资源匮乏地区提供资源予以帮助,实现同时进步、同步发展。

(三)大数据精准教学

在线教育的发展与科技的进步息息相关,大数据的出现更能加快在线教育体系的建设。当前在线教育与人工智能以及大数据都是教育研究热点,三者之间也互有联系并影响到在线学习的方方面面。随着时代要求下对学生个人的个性化发展要求,学生和家长一方面希望能够从在线教育网站上更精确地获得自身所需的在线课程,另一方面希望在线学习过程中有更方便、更智能的工具,比如伴读机器人、智能语音识别、作业批改等,以上两类要求对 AI 大数据在线精准教学有了更多需求。如果能实现 AI 大数据的语音识别、精准搜索等功能,既能节约学生的时间,也能减轻教师的压力。

除此之外,意大利的各大在线教育机构都各有偏重,如何更好地完善在线教育体系仍有较大的发展空间。意大利的 EduOpen 平台将结合员工反馈研究在线职业培训的新途径,还将研发课程的欧盟版本,建立以欧盟各国为中心的在线职业培训课程体系。随着时代变化,意大利的在线学习已经从一个专门面向特殊类别学生(如在职或残疾学生)的选项,转变为一个主要有待发现的新领域,同时许多学校试验新的学习方法和信息技术,为教学创新做出了贡献[1]。在意大利在线教育体系完善的过程中,值得我们深入地思考如何更充分地发挥各主体的主动性与创造力,协调各主体间的分配。

第六节　本章小结

"互联网+"新时代下,在线教育发展的趋势不可逆转,联合国教科

---

[1] 唐轶:《欧洲高等教育一体化研究》,硕士学位论文,南京理工大学,2004 年。

文组织发布了一份可免费获取的学习应用程序和平台清单，供家长、教师、学生以及学校系统使用。对在线教育体系建设以及对加速全球合作提出了新的要求。各国增加了对在线教育平台建设的资金投入，普及在线教育基础设施，同时强调加强国际合作，实现各国间优质资源的共享，以建立更强大和灵活的全球教育体系。

本章主要从历史考察、基本架构、主要特征和总结启示几个方面对意大利的在线教育体系进行了研究。首先，意大利在线教育体系的发展经历了萌芽期、发展期和成熟期三个阶段，当前其现状表现为教学环境准备充分、各地区之间相互合作、实时注意学生反馈。其次，从政策制定、师资配备、资源开发、组织管理四个方面对意大利在线教育体系的基本框架进行分析。再次，对意大利在线教育体系的主要特征进行了总结，包括推进国家在线教育计划、快速积极推进在线教育、提供多样化的学习方式、建设完善在线教育机构。最后，从资金支持和资源调配两方面对意大利的在线教育体系进行了总结，从强化在线教育师资配备、合理优化资源配置、大数据精准教学等方面为我国在线教育体系的构建提供了启示和建议。

第 十 七 章

国家在线教育体系的发展透视

随着工业社会向知识型社会的转变，为保证国家国际竞争力的优势，终身教育成为各国发展的新战略方向。各国为了应对国际激烈的竞争和社会的深刻变化，致力于发展在线教育，推动实现全民终身学习。伴随着新知识、新技术、新理念的产生和科学技术发展速度的加快，面向全民终身学习，构建完备的在线教育体系是必然趋势。

第一节 背景分析

21世纪，随着教育国际化、信息化的发展，当前，人工智能、虚拟现实、数字孪生等新兴技术快速发展，已经遍布到社会的各行各业。随着经济体系从工业社会向知识型社会的转变，国家竞争焦点也发生了根本性的变化。与资本和劳动力等传统资产相比，知识、技术以及创造性思想等无形资产重要性大大提高，对于"知识工作者"所产生的独特价值成为一个国家竞争力的关键因素[1]。在这样的一个背景之下，各国加大了对终身学习的研究投入。并且在联合国教科文组织（United Nations Educational, Scientific and Cultural Organization, UNESCO）、欧盟（European Union, EU）、经济合作与发展组织（Organization for Economic Cooperation and Development, OECD）等国际组织的相继推动下，终身学习已经成为各国发展的重要目标。为了促进终身学习的发展，许多国家制定相应的

---

[1] Juseuk Kim, "Development of a global lifelong learning index for future education", *Asia Pacific Education Review*, 2016（3）.

法律制度和政策，例如韩国，根据《宪法》"政府有责任促进终身教育"，根据《社会教育促进法》于1999年8月制定了《终身教育法》①。美国在1976年颁布了《终身学习法》，除此之外，我国从1999年教育部在《面向21世纪教育振兴行动计划》中首次提出的"2010年基本建立终身学习体系"的改革目标，到党的十六大再次提出的"形成全民学习、终身学习的学习型社会"的目标，再到党的十七大又一次强调了"建设全民学习、终身学习型社会"②。2022年，党的二十大报告强调"助力建设高质量教育体系，推进教育数字化，建设全民终身学习的学习型社会、学习型大国"③。

终身学习简单来说就是贯穿人的一生的学习。1965年，保罗·朗格朗首次提出终身教育的概念：教育不再是某些人的权利，也不再是某一特定阶段的活动，而应该针对社会的每一个阶层和群体，贯穿人生从出生到死亡的各个阶段④。终身学习要求学习者的学习活动贯穿一生，但由于学习场所的缺失、学习资源的断层以及学习门槛的限制等问题，传统的线下教育已无法满足学习者终身学习的需求，在线教育正逐渐成为终身学习的一种常态学习模式⑤，在线教育成为推进终身学习的一支强大力量⑥。

面向全民终身学习的目标和要求，各国积极构建国家在线教育体系。其中美国、英国、韩国、加拿大等发达国家在线教育体系较完善。从政策制定、师资配备，到资源开发，再到组织管理都领先于发展中国家，且终身学习程度较高。大规模在线教育实践对各国已形成的在线教育体

---

① Korea, "Ministry of Education&Human Resources Development", Winter 2018, http://english.moe.go.kr.

② 杨宗凯：《从信息化视角展望未来教育》，《电化教育研究》2017年第6期。

③ 习近平：《高举中国特色社会主义伟大旗帜 为全面建设社会主义现代化国家而团结奋斗——在中国共产党第二十次全国代表大会上的报告》，《人民日报》2022年10月26日第1版。

④ 吴遵民：《服务全民终身学习教育体系构建的若干思考——基于服务与融合的视角》，《中国远程教育》2020年第7期。

⑤ UNESCO Institute for Information Technologies in Education, "How to Protect your Personal Data and Privacy in Online Learning", Summer 2020, https://iite.unesco.org/.

⑥ Yukiko Inoue, *Online Education for Lifelong Learning*, Hershey: Information Science Publishing, 2007, pp.1–20.

系进行了一次考验，也使得各国意识到了完善在线教育体系的重要性。在此期间，各国的在线教育普遍暴露出一些问题，例如网络稳定性差、资源配备不均匀、学习管理不到位等等。伴随智能信息技术的涌现、劳动力市场结构的变化、不确定性挑战增多、数字化转型加快，终身学习的价值愈发凸显。尤其是在教育数字化转型的背景下，充分释放数字化的效能，面向全民终身学习，发展完备的在线教育体系迫在眉睫。

第二节　国家在线教育体系的发展导向

随着终身学习理念的深入，为了满足全民的终身学习需求，各国都十分重视在线教育体系的构建和完善，为终身学习提供有力的支撑。各国政府对于在线教育体系的构建给予了大力的支持，虽仍然存在一些问题，但已取得了非常不错的效果，甚至部分发达国家在线教育体系已趋于完善，总体正朝着面向未来发展。

一　致力于服务全民大众

在全民终身学习的理念还未提出来之前，在线教育主要服务于在校的学生和部分信息素养较高的公民，对于大部分的普通公民并没有享有这方面的服务或者说不知道该怎么进行此方面的教育，甚至对于部分年龄较高的人群都没听说过这种教育方式。随着信息化程度的加深，对于建设学习型社会的提出，好在部分国家对全民进行了信息素养的培训，并且开设了适合不同人群的在线课程，特别是对特殊人群如残障人士、贫困成员也提供了相应的在线教育服务，满足全民的终身学习需求，以服务普通大众发展为导向推动着在线教育体系不断完善和发展。

第一，基础设施方面，建设针对不同人群（包括特殊人群）的基础设施以满足他们进行在线教育的基本需求。例如韩国，韩国是一个信息化程度很高的国家，不同人群中能够参加在线教育的占比是比较高的，基本可以实现全民终身学习。而这主要得益于韩国完善的在线教育体系。韩国始终以服务大众为基本导向，除了提供满足普通大众的在线教育之外，对于家庭困难学生政府还提供相应支持，如帮助学生利用计算机、网络进行学习，而且在全国100多个邮局开设了"网络广场"，免费为大众提供服务，其中主要是为特殊人群提供免费学习场所和学习设备，供人民进行信息检索、学习等。

第二，政策文件方面，出台相应的政策文件对弱势群体、特殊人群的终身学习提供保障。例如韩国通过了相关的法律文件来保障特殊人群的教育，在2008年颁布了《残疾人特殊教育法》，该法律文件旨在根据生活水平、残疾类型和残疾程度为有特殊需要的人提供相应的在线教育以帮助他们实现梦想，从而促进社会各群体融洽。该法律规定了中央政府和地方政府的职责，例如对于特殊教育和学校建筑的接收者的选择和安排，以及学前教育、初等教育、中等教育和高等教育的支持系统[1]。

第三，在线教育资源方面。同时基于残障人士的不同类型，美国、韩国、法国开发了残疾人专用在线学习系统。其基本学习内容采用文本、图片、视频等等。该学习内容以在残疾学生计算机上添加考虑残疾学生的适当服务的形式提供，视频和声音在残疾学生计算机上显示。讲师们的讲课内容可以被转换成文本格式，显示在电脑屏幕上。所有这些多媒体相关内容都会通过网络根据用户要求存储在所需信息方式中；聋哑学生学习内容可以在视觉上表现出来，通过将储存的讲义资料用电脑画面观看录像和文本。而盲人学生可以通过电脑耳机听到教师的声音，并且可以通过在网络上使用声音呼叫系统来与教师进行交谈。聋哑学生不仅可以通过聊天系统进行通信，还可以申请与教师进行一对一的双向通信[2]。

除此之外，由于美国在线教育的灵活性，在线课程除了对学生有特别吸引力以外，还对承担工作和家庭责任的人有较大影响力。2019在线教育趋势报告（2019 Online Education Trend Report）中提到，美国在线教育有三种主要的学生类型：高中毕业生、有事业心的学生和终身学习者，报告中还提到"在线学生人口统计数据中最重要的趋势"结果表明，在线学习者越来越多样化，学生年龄和其他领域的广泛多样性持续增长，从美国境外、州外或学生群体以外比以前有更多的机会参与在线教育，

---

[1] Korea, "Ministry of Education&Human Resources Development", Winter 2018, http://english.moe.go.kr.

[2] Son Yeob Myeong and Jung Byeong Soo, "Convergence Development of Video and E-learning System for Education Disabled Students", *Journal of the Korea Convergence Society*, 2015 (4).

不同种族、语言和残障人士也加入进来①。在线课程尝试者往往年龄更大，甚至全职、兼职上学。例如，加州社区学院系统的数据显示，汉斯·约翰逊（Hans Johnson）和马里索尔·奎拉尔·梅加（Marisol Cuellar Mejia）发现25岁或以上的学生更有可能比年轻学生参加在线课程的人数更多。美国对此根据学习者的不同类型设置了相应的在线教育课程，以满足各类人群的学习需求，促进全民终身学习的发展。

综上所述，以服务全民大众为导向的在线教育体系必定是大势所趋。在线教育的对象不再仅仅局限于少部分人，而是普通大众，人人都可以进行在线教育，在线教育体系也向着更加公平、公正、全民的方向发展。

二 推进在线教育体系的未来数字化建设

随着信息技术的发展以及在教育中的整合与应用，各国教育信息化程度越来越高，而在线教育体系也在逐步地完善。其中在线教育是基于互联网技术和信息通信技术采取的网络教学的一种形式。近年来，在信息技术和互联网技术的影响下，在线教育的形式更加多样，例如直播教学、录播教学、直播面授等等。多种多样的形式，丰富了在线教育体系，有利于学习者根据自身的条件来选择合适的形式进行在线教育。但是，目前来说信息技术和互联网技术在教育中的应用大多数仍然处于浅层的结合状态，主要功能表现在教学内容的呈现、简便的教学评价和基本的教学管理等方面。

在未来，信息技术和互联网技术不断成熟，大量的新兴技术应用到教育行业，与教育进行深层次的结合，优化了在线教育的过程、环境、交互等方面，使得在线教育达到最大的教学效果。伴随云计算、人工智能、AR、大数据等技术在教育中的应用，学习者的学习过程更加智能高效，学习者可以根据自身的学习风格和学习需求学习相关课程，同时在学习者的学习过程中，技术的应用可以实时监控管理学习者的学习进程，进行数据分析，并给出反馈，方便学习者掌握自己的学习情况，大大节省了时间和提高了学习效率。除此之外，利用虚拟现实技术、仿真技术

---

① Best College, "2019 Online Education Trends Report", Spring 2020, https：//www.bestcolleges.com/researc-h/annual-trends-in-online-education/.

等可以优化教学环境和教学过程。利用仿真软件、工具和教学游戏来丰富教学过程。使用模拟软件、工具和游戏有助于对复杂系统的实际理解，学生也能通过由导师适当设计的动手活动来丰富他们的学习经验[1]。

因此，云计算、人工智能、AR、大数据等技术的应用，使在线教育更加智能、个性、准确、高效，大大提高了学习者的学习效率，而且提高了学生对整体课程的满意度。

三　促进在线教育体系的国际化、全球化发展

随着信息技术的发展和移动互联网技术的成熟，教育无处不在、每时每刻都在进行，不再受时空的限制，特别是在国际化、全球化的影响下，各国对于教育的交流学习变得更加方便、紧密。学习者也可以通过在线的形式享受到国外的学习资源，对于全民进行终身学习起着重大的作用。在构建全民终身学习的在线教育体系过程中，各国也充分认识到国际化和全球化的重要意义。一方面，制定促进教育国际化和全球化的政策或者国家之间达成相关的协定，加强国家之间教育的合作交流。例如美国和新加坡签署教育合作协议，在师资培训和学校领导的培养、教育研究与国际基准（international bench marking）、数理教学等方面加强合作。国立教育学院与哥伦比亚大学教师学院联办领导与教育改革文学硕士课程（Master of Arts in Leadership and Educational Change，MA–LEC）。一方面，在国家在线教育体系的资源设置上，有源自国外的网络教学资源，有专门用于国际学生学习的教学资源，有国际化的数字化资源网站或资源库，有多种语言教学资源目录、介绍和内容等等[2]。例如美国OCW、韩国KMOOC等等，大量共享的网络教学资源为世界各地的学生提供免费学习在线教育课程的机会[3]。学生可以通过网站学习相关的课程，完善知识结构，培养自身的综合能力。另一方面，国家还需和世界各国、

---

[1] Neila Campos, Maria Nogal, Cristina Caliz, et al., "Juan. Simulation-based education involving online and on-campus models in different European universities", *International Journal of Educational Technology in Higher Education*, 2020 (1).

[2] 王永锋、张少刚：《远程高等教育国际化指标体系构建》，《中国电化教育》2012年第12期。

[3] MIT Open Course Ware, "About OCW", Winter 2020, https：//ocw.mit.edu/index.htm.

各地区的高校或者是研究所进行广泛的交流与合作，相互学习共同进步，分享在线教育成功经验，吸引更多的全球优秀科学工作者和高素质人才来校参观、考察、交流与学习，从而实现全球优质教育资源的共享，推动着在线教育体系向着国际化、全球化发展[①]。

第三节　国家在线教育体系的发展特征

在国家在线教育体系完善和发展的过程中，需要不断地对已经形成的在线教育体系进行系统性的分析，了解其主要特征，从而为后续的发展提供指导。

一　以构建完善的基础设施为保障

完善的基础设施是进行在线教育和构建在线教育体系的基础，其中包括网络条件、计算机硬件和软件等设施。而在国际电信联盟（International Telecommunication Union，ITU）截至2019年的数据中：有约46.4%的世界人口（36亿人）仍然没有互联网连接，其中90%居住在发展中国家；互联网用户占比方面，全球平均水平为51.4%，由高到低依次为：欧洲82.5%、美洲76.7%、独联体国家72.8%、阿拉伯国家54.6%、亚太地区44.5%、非洲28.6%，其中发达国家平均高达86.7%，发展中国家却只有不到平均水平的44.4%[②]。而在网络条件方面，截至2010年，发达国家的学校都接入了互联网，而且通常是通过高速宽带网络。部分发展中国家也采取了相应的措施，如提供网络条件、配备计算机等等，但整体水平还是远远落后于发达国家，许多学校仍然没有任何形式的互联网接入[③]。在家庭的计算机配备方面。截至2019年，每100个家庭中，全球平均有47.1%的家庭配有计算机；在发达国家中，平均比例高达

---

① MIT Open Course Ware, "Why Give" Winter 2020, https://ocw.mit.edu/give/why-give/.

② International Telecommunication Union, "ITU Statistics", Winter 2020, https://www.itu.int/en/ITU-D/Statistics/Pages/stat/default.aspx.

③ International Telecommunication Union, "World Telecommunication/ICT Development Report 2010 – MONITORING THE WSIS TARGETS A mid-term review", Spring 2010, http://www.itu.int/ITU–D/ict/publications/wtdr_10/index.html.

79.0%，而发展中国家平均占比 36.1%[1]。总的来说，发达国家的网络水平条件、教育信息化的程度是远远领先于发展中国家的。并且综观全球来看，在线教育发展速度较快的、在线教育体系相对较完善的都是基础设施较完善的国家。

例如英国、韩国、法国等国家。英国在信息资源建设中注重网络资源服务的统一管理与共享，而高速互联网连接为教育者提供了基于云的服务和存储的机会，并且政府于 2018 年 7 月发布了《未来电信基础设施评论》[2]；韩国也是从国家层面颁布了相关的政策以支持教育信息化基础设施的建设，并且早在 21 世纪初就已经形成了以因特网信息高速公路为骨干、覆盖了全国各地的各级各类学校，各级部门包括教室、教师办公室、电子图书室、电脑机房的教育信息化网络系统；法国通过"力台微型计算机"和"全民信息技术"等一系列的计划为在线教育提供配套的基础设施[3]。因此在线教育的发展和在线教育体系的构建离不开完善的基础设施。

二 以开发面向用户需求的教育资源为战略

在完善的基础设施下，以及在政府的主导和支持，企业、学校等各个社会机构积极的参与下，各国对在线教育体系的资源进行了大力开发与整合。一方面开发出了不同类型的学习平台，其中包括网络图书馆、在线教育网站、网络大学、电子学习中心、在线教育软件等等，如部分国家的 MOOC、美国的 OCW、英国的 Open Learn、法国的 CNED 等。多种类型的学习平台可供学习者进行学习。另一方面，各国也积极投入到课程内容的设计和开发中。从政府、企业到学校都推出了不同种类的课程，学习者可以自由选择来进行学习。总体来说，不管是在线教育平台，还是教育内容，都是丰富多样的，甚至有些过剩。目前来看，在教育资

---

[1] International Telecommunication Union, "ITU Statistics", Winter 2020, https://www.itu.int/en/ITU-D/Statistics/Pages/stat/default.aspx.

[2] Department for Digital, "Culture, Media & Sport, UK. Building Digital UK", Winter 2013, https://www.gov.uk/guidance/building-digital-uk.

[3] 任一菲：《法国"数字化校园"教育战略规划概览及启示》，《世界教育信息》2018 年第 18 期。

源方面仍然处于"卖方"市场的局面,推出什么课程,学习者只能从中选择合适自己或者自己想要学习的课程来进行学习,而往往这样就造成了大量的资源浪费,并且在不了解用户的需求下进行教育资源的开发是具有盲目性的,不管什么类型,质量的好坏都能成为学习者学习的资源,这就造成了缺乏优质的教学资源的局面,而这样的远程教学往往达不到预期的效果。

此外,除了更加关注用户在资源建设和开发中的需求外,用户应用开放教育资源的需求也成为关注的焦点。学习并获得公共教育资源学位是许多用户的首要需求。为此,一些学者首先建立了一个全球性的组织,对上过 OCW 课程的学生给予学分,其次,允许第三方参加考试,即第三方学习。组织必须为学习者进行标准化考试建议,进行第三方评估学分,评估学习开放学科的学习者的学习经历和成绩是否满足相同学分的要求,并通过转换为学分的方式予以认可。它是提供允许个人将他们的经验与信用联系起来的服务和工具。也就是说,可以收集所有信用记录并创建个人资料或信用银行。例如韩国教育部建立的信用银行系统,供未受过大学教育的人员通过在线公民教育培训机构完成课程和课程工作,在大学进行兼职注册,获取各种职业许可证或通过自学考试。根据授予信贷法(1997 年 1 月),截至 2004 年 4 月,包括大学的终身教育中心、学习中心和职业培训中心在内的大约 502 个教育服务提供者提供了 22969 门课程[①]。

三 以建设学习型社会为首要任务

随着经济体系从工业社会向知识型社会的转变,国家竞争焦点也发生了根本性变化。与资本和劳动力等传统资产相比,像知识、技术以及创造性思想等无形资产重要性大大提高,对于"知识工作者"所产生的独特价值成为一个国家竞争力的关键因素[②]。在这样一个背景下,各国扩

[①] Korea, "Ministry of Education&Human Resources Development", Winter 2018, http://english.moe.go.kr.

[②] Kim J. S., "Development of a global lifelong learning index for future education", *Asia Pacific Education Review*, 2016 (3).

大了对终身教育的研究规模，提出全民终身学习，建设学习型社会的口号。在传统的教育方式下，终身教育实行起来极其不方便，但是随着互联网技术、信息通信技术的发展，在线教育的出现和发展，打破了时空的限制，给终身教育的发展带来了新的机遇。第一，在线教育的发展，对国家的教育系统和教育制度注入了新的活力。第二，在国家在线教育体系的不断完善和发展过程中，促进了职业教育和继续教育的发展，使正规教育和非正规教育以及非正式教育进行相互补充，大大增加了学习机会[①]。第三，学习型社会的建设，需要大量的教育资源，用于教育的普及和推广。完善的在线教育体系可以满足这一点要求。国家在线教育体系，以政府为主导，在企业、学校等社会各界的支持下，开发整合各类学习资源，满足不同人群的学习需求，使公民可以有的学、时时学、处处学。总之，以信息技术为先导的在线教育体系，给全民终身学习提供了机会，推动着学习型社会的建设和发展。

第四节　国家在线教育体系的发展挑战

随着信息技术的发展，数字化程度的加深，以及国际化、全球化进程的加快，国家在线教育迎来了新的机遇，同时也带来了众多的挑战。

一　信息通信技术设备的普及

由于 COVID-19 的危机，全球学校教育面临着前所未有的挑战。在几个月的时间里，有 191 个国家关闭了学校。在这一背景下，各国加大了对在线教育投资规模，以保证学生的正常学习。但是，在发展较落后、贫困的地区，基础设施落后，信息通信技术设备尚未普及，学生不能进行正常的在线教育。同时，根据联合国教科文组织统计，有 8.26 亿学生没有家用计算机，7.06 亿学生在家中没有互联网访问，另有 5600 万人缺

---

① 袁贵仁：《构建终身教育体系 加快建设学习型社会》，《中国高等教育》2003 年第 22 期。

乏移动 3G/4G 网络的覆盖范围①。如果没有足够的信息和通信技术（ICT）设备，不能进行互联网和移动网络访问，学生就无法参加在线教育以继续他们的学习轨迹。那么这不仅不能保证全民的终身学习，还会加大学生之间的学习差距。

为了缩小贫富地区学生之间的教学差距，保证贫困、落后地区学生在线教育的正常进行，需要加大基础设施的建设，普及信息通信技术的相关设备。同时需要在政府的支持下通过相关指标的监测来保证 ICT 的发展和完善。例如，数字基础设施的可用性；互联网连接速度；教师使用信息通信技术的学校活动；教师接受的培训，以使他们有能力将信息通信技术纳入其实践；学校实施的发展数字技能的策略等等。因此，鉴于在线教育在当前情况下以及对未来危机的预期中的重要性，各国需要承担起监测职责，方便使用和确保学校以及所有学习者获得 ICT 的责任。

二 网络信息安全的保障

随着终身学习理念的提出，在线教育的发展和推进，越来越多的人选择了在线教育。由于信息网络的实效性、复杂性、广泛性、多变性等特点，对于部分网络学习者很难辨别信息的准确，从而会出现一些额外的问题。第一，电脑病毒。计算机病毒是目前网络安全威胁的主要原因。在严重的情况下，计算机病毒的入侵会使网络系统瘫痪，导致关键数据无法访问或丢失。目前，互联网已成为计算机病毒传播的重要载体，从互联网上下载软件导致感染病毒可能性很大，增强教育系统的防御是不可避免的②。而将互联网在线教育系统打造成一个多层次的"病毒"防护系统，需要升级杀毒软件、定期运行杀毒软件、备份重要信息等措施，重点发现"病毒"，预防很重要。二是网络攻击。有两种类型的网络攻击。一种是主动攻击，它以多种方式选择性地破坏信息的有效性和完整性。他们发现并攻击网络操作系统的漏洞和缺陷，并利用网络漏洞进行

---

① Silvia Montoya, "The Importance of Monitoring and Improving ICT Use in Education Post-Confinement", Spring 2020, http：//uis. unesco. org/en/blog/.

② 蔡凤娟：《信息网络安全管理》，《信息化建设》2004 年第 22 期。

非法活动，例如更改网页、侵入主机干扰器、窃取在线信息、骚扰电子邮件和封锁网络。等待网络用户的密码被盗。当前互联网环境下的在线教育往往通过电子邮件、BBS、聊天室等工具实现师生之间的信息交流。因此，在构建系统时，应针对信息交换过程中出现的安全因素以外的因素采取一些预防措施。另一种是被动攻击。这是在不影响网络正常运行的情况下，通过窃听、窃取和解密来获取敏感和机密信息。随着网络技术在远程教育领域的进一步应用，基于互联网的在线教育系统与外界交互的信息种类不断增加，其中"有需要高度保密的信息。如果此类信息在被截获时被窃取或删除，将严重影响远程教育系统的运行，危及远程教育系统的安全，包括账户和密码管理、考试信息管理等"[1]。三是设备故障。正常上课时由于计算机设备或网络设备故障或操作人员操作失误而造成设备故障。

此外，在这个数字化时代，数据也是非常重要的。在线教育所产生的数据，涉及教学生活的方方面面，包括学习记录等过程数据、学习效果等结果数据和个人信息等隐私数据等。同时，运用超算、大数据和人工智能等技术可以很好地对数据进行分析和挖掘，让多方受益。如果这些数据泄露，必将产生不可设想的后果。所以在构建在线教育体系时候需要时刻关注网络信息安全的问题，为学习者的在线教育提供安全保障。首先，从硬件设备入手。加强防火墙的设计，严格执行访问控制，完善网络设备的安全机制。其次，学习者方面。需要培养和提高学习者的网络安全意识，学会辨别网络信息。最后，需要出台相关的法律政策，以打击此类违法行为，保证人民的利益。如法国教育部于 2018 年成立了"数据保护工作组"和"数据伦理及专业委员会"进一步规范了地方教育机构及学校与第三方服务商签署合作协议的流程和内容；还有美国的数据治理委员会（Data Governance Committee）和英国的数据保护法庭（Data Protection Tribunal，DPT）等。

---

[1] 林盾、张伟平：《远程教学网络的信息安全策略研究》，《现代教育技术》2008 年第 1 期。

三 媒体和信息素养的提高

媒体和信息素养（Media and Information Literacy，MIL）已成为全球的一个重要领域，它是在媒体素养（Media Literacy）和信息素养（Information Literacy）领域几十年的基础上发展起来的。并且，随着在线教育的开展和普及，媒体信息素养越来越重要，已经成为21世纪人才培养的核心素养之一。但是，综观全球来看，人民的媒体信息素养普遍不是很高。特别在一些发展中国家和发展较落后的国家，人民的媒体信息素养非常低，甚至还存在文盲的情况。尽管在过去50年中识字率一直在稳步上升，但全世界仍然有7.73亿文盲成年人，其中大多数是妇女[①]。此外，联合国教科文组织于2018年发布了第3版《教师信息和通信技术能力框架》（ICT Competency Framework for Teachers）[②]，以开展关于ICT应用于教育领域的师资培训。然而据经济合作与发展组织（OCED）2018年发布的《教与学国际调查》（Teaching and Learning International Survey，TALIS）报告[③]，在48个国家近1.5万所学校超过26万名教师和学校领导的数据中，平均有17.7%的教师表明在ICT教学技能方面的专业发展需求很高，有24.6%的校长报告教师数字技术教学不足，有52.7%的教师经常或总是让学生在项目或课堂中使用ICT，有56.0%的教师将"ICT用于教学"纳入正规教育或培训，有42.8%的教师对使用ICT进行教学感到准备充分。显然，教师的信息化教学能力有待提高，教师的媒体和信息素养不足以满足在线教育的要求。这对于开展全民终身学习、完善在线教育体系、建设学习型社会带来了重大挑战。然而，人民的媒体和信息素养普遍不高的主要原因是没有对人民进行相关的媒体和信息素养培训，更深一层次的原因是，教师的媒体和信息素养也不高，或者说没有相关的培训人员。

---

① UIS，"Literacy"，Autumn 2019，http：//uis.unesco.org/en/topic/literacy.
② UNESCO，"UNESCO ICT Competency Framework for Teachers"，Autumn 2018，https：//unesdoc.unesco.org/ark:/48223/pf0000265721?posInSet=4&queryId=37d7f5d8-5c02-4f3c-9387-56a023f07f5d.
③ OCED，"TALIS Teaching and learning international survey-indicators" Summer 2018，https：//data.oecd.org/searchresults/?hf=20&b=0&q=TALIS&l=en&s=score.

因此，人民的媒体和信息素养的培养与提高是构建在线教育体系的重中之重。一方面，需要率先提高教师的媒体和信息素养，通过专业的人员对教师进行相关的培训。在职教师培训可分为"职称培训"和"岗位培训"两种。职称培训主要面向应聘校长、副校长职位的教师，以及中学计算机类教学教师。"岗位培训"率先启动，更多教师参与培训。从1998—2000年，超过60万名教师接受了这种培训。自2001年以来，每年有三分之一的教师接受相关培训。培训内容侧重于培养使用ICT开展教育活动所需的实践技能。另一方面，需要对学习者进行相关的培训。首先，需要帮助他们树立媒体和信息素养的概念。其次，开设相关的先导课程以便于他们进行在线学习和终身学习。最后，教学生学会应用相关的技能。

第五节　国家在线教育体系的发展愿景

新技术、新理念、新方法的到来，给全民终身学习带来了机遇也带来了挑战。面对机遇，我们需要及时抓住；面对挑战，我们也需要科学面对，从而构建完备的国家在线教育体系。基于以上所有的分析和阐述，对在线教育体系的发展提出几点愿景。

一　建立全纳、公平、优质的教育

目前来看，在全球和国家层面，许多边缘化群体仍在教育数据中不可见。其中包括残疾儿童和成人，因冲突而流离失所的儿童，儿童兵和劳工以及游牧人口。他们还没有享受到教育，教育机会很少甚至没有，教育资源也是少之又少。通常来讲发达国家、发达地区的教育机会分布更加公平，发展中、欠发展国家和地区的教育机会存在着较不公平的情况，从而导致了同一年龄段的学习者存在着不同的平均受教育年限的局面，且差距相差较大。平均受教育年限是指完成小学或更高级别正规教育的年数，不包括重复个别年级的年数。在对全球49个国家进行统计的过程中发现，这些国家，残疾人接受正规教育的平均年限低于非残疾人。在有数据的22个国家和地区，25岁及以上的无残疾者平均受教育年限为7年，残疾人为4.8年。以下三个国家的差距最大：在墨西哥和巴拿马，非残疾人和残疾人的受教育年限分别为 4.1 年和 4.0 年；在厄瓜多尔，为 3.4 年①。

为此，基于可持续发展目标 4（SDG4），希望在完善国家在线教育体系的过程中，关注一下此类人群，考虑他们的教育机会和教育资源，建立全纳、公平、优质的教育。第一，加大对落后地区基础设施的建设。基础设施的建设是进行一切在线教育的基础，联合国教科文组织提出各国政府需要加大基础设施资金的投入，以保证基础设施的构建和完善②。第二，扩大在线教育的普及。在各级提供包容和公平的优质教育包括幼儿园、小学、中学、大专、技术和职业培训。所有人，不论性别、年龄、种族、族裔，也不论是否残疾人或移民、土著人民、儿童和青年，特别是处境脆弱的人，都应获得终身学习的机会，以帮助他们获得知识和技能并充分参与社会③。第三，提供优质的在线教育。增加教育投入、完善教育评估、建立衡量进展的机制，确保教育者在资金充足、有效和高效管理的系统内增强能力、足额招聘、享有良好的培训和职业资格、积极进取并获得支持。优质教育最终以培养个体识字计算的基本技能、分析和解决问题能力以及应对当地和全球挑战的技能、价值观和态度等为目标④。

二 开发全球互通的优质在线教育资源

随着国际化、全球化的推动和发展，各国教育也在世界这个大舞台上碰撞、交流、发展，并且通信技术的完善、互联网的发展更是推动了教育的国际交流和发展，特别是在在线教育方面，互联网技术和通信技术的发展给各国在线教育带来诸多便利。例如，推动了国家的在线教育

---

① UNESCO, "Education and Disability: Analysis of Data from 49 Countries", Spring 2018, http://uis.unesco.org/en/topic/equity-education.

② UNESCO, "UIS Releases More Timely Country-Level Data for SDG 4 on Education", Winter 2020, http://uis.unesco.org/en/news/uis-releases-more-timely-country-level-data-sdg-4-education.

③ UNESCOm "Transforming our world: the 2030 Agenda for Sustainable Development", Autumn 2015, https://sdgs.un.org/2030agenda.

④ UNESCO, "Education 2030: Incheon Declaration and Framework for Action for the implement-at-ion of Sustainable Development Goal 4: Ensure inclusive and equitable quality education and promote lifelo-ng learning", Spring 2016, https://unesdoc.unesco.org/ark:/48223/pf0000245656.

体系的完善发展；推动了在线教育资源的开发和整合，产生了多种多样的在线教育资源，并且实现了教育资源的共享；加深了各国在线教育的交流和发展。但是，在带来诸多便利的同时，也出现了部分问题。例如，一方面虽然产生了形式多样的教育资源，但是在线教育资源的质量普遍不高。第一，现时的粗口旧式课程开发策划这项学习服务未能匹配到学员的需要。第二，几乎所有的这些学习企业和服务都以 Web 方式和视频型教学的方式进行服务，内容也几乎类似，无法激发学习者的兴趣。第三，由于海量数据的收集以及数据微商（Data Wechat，DW）和学习者方案的缺失[1]，在线学习资源无法有效满足学习者的需求。另一方面，虽然互联网的发展使教育资源共享更加便捷，但是由于一些原因资源的共享没有产生显著的效果。第一，缺乏优质的在线教育资源。第二，由于开发的在线教育资源大多数都是采用本土的语言，这给学习者的学习带来了极大的挑战。第三，数字鸿沟的存在，对于互联网接入率较低或者没有的国家，在线教育资源的共享依然是个大问题。

因此，在未来在线教育中，首先需要加大互联网、信息通信技术的普及，为实现资源的共享提供保障。其次，开发更多优质的开放教育资源，开放教育资源（Open Educational Resources，OER）是免费提供的教育资源，向任何人开放，在某些许可下还允许其他人在很少或没有限制的情况下重用、修改和重新分发资源[2]。最后，开发应用更多的技术，如信息交互技术，促进各国之间的教育交流和教育资源共享，建立全球互通互联的在线教育资源体系。

三 构建现代化的国家在线教育体系

新冠疫情的暴发让全世界大多数国家意识到国家在线教育体系的不足，在具体实施过程中出现了困难。但是在新冠疫情暴发之前，各国的

---

[1] K. Min, Myoung-Hee Shin, Sungtee Kwak, "Strategies for Revitalizing E-Learning Through Inv-estigating the Characteristics of E-Learning and the Needs of Distance Learners in the Domestic Universi-ties in Korea", *Journal of the Korea Contents Association*, 2014 (1).

[2] UNESCO IITE, "Understanding the impact of OER: achievements and challenges", Spring 2019, https://unesdoc.unesco.org/ark:/48223/pf0000367767?posInSet=8&queryId=73a87122-ca85-4f37-94f3-e59fc17cb33b.

在线教育体系已经出现了或多或少的问题。第一，在政策制定方面。相关的政策都比较落后，与时代相背离，且没有实质性的指导文件。第二，在线教育平台方面。如今在线教育平台多样，主要可以分为内容型、工具型、平台型、综合型四种类型。但是，还是内容型平台占主导地位，功能较单一，缺乏创新性[1]。第三，师资配备方面。师资队伍缺乏，且教师的媒体信息素养普遍不高，对于新兴的信息化教学手段还不能熟练地掌握，信息通信技术能力较低。第四，在线教育资源方面。在线资源丰富多样，但是重复较多，形式单一，质量也参差不齐。第五，在线教育交互方式方面。交互在在线教育中起着十分重要的作用，对于学习者来说，可以增强学习者的归属感，更加有利于学习者进行学习。目前，在线教育平台都支持在线交互，但是形式单一。师生之间主要通过讨论区、直播互动、留言板等几个固定方式来进行互动，而生生之间主要是通过即时通信软件、学习群、电子邮件等来进行互动交流。总体来说，虽然国家在线教育体系看似较完善，但是可以发现没有体现出时代的特色，形式内容还是较单一、传统，还达不到现代化、数字化的程度。所以，面向未来，国家在线教育体系需要抓住时代的机遇，与时俱进，构建数字化、现代化的国家在线教育体系。

好在随着疫情的暴发，各国也渐渐发现了其中存在的问题，并采取了有效的措施。各国在全球、区域和国家论坛上进行了促进关于教育领域信通技术的政策对话；参与为 ICT 在教育中的转型作用制定明确的战略设想，通过系统的方法在内容和课程、评估、教师专业发展、管理和基础设施等领域实施并逐步将信通技术支持的学习创新纳入主流[2]。首先，在政策制定方面，政策具有指导和约束作用，各国在构建面向未来的国家在线教育体系时，需要根据当前局势出台相关的政策文件，并且需要实时更新，更需要切切实实地落实。其次，在师资配备方面。重点通过提高应用创新教学实践所需的关键能力来增强教师和学校的能力；

---

[1] 杨晓宏、周效章：《我国在线教育现状考察与发展趋向研究——基于网易公开课等16个在线教育平台的分析》，《电化教育研究》2017年第8期。

[2] UNESCO IITE, "UNESCO IITE's Medium-Term Strategy for 2018—2021", Spring 2018, https://iite.unesco.org/highlights/unesco-iite-medium-term-strategy-for-2018-2021/.

使用教科文组织教师信息通信技术能力框架和教科文组织教师媒体和信息素养课程；通过信息和通信技术提供可持续的终身专业发展①。再次，在线教育资源方面。以用户需求为导向，根据不同学习者的特点，通过促进面向学习者的数字化课程内容和开放教育资源，加强知识和信息共享；加强与包括私营部门在内的所有利益攸关方合作的区域和全球网络资源共享；根据协同和互补原则，与不同的机构合作②。最后，技术层面。目前，云计算、大数据、人工智能在教育中应用还不是很多。在未来，要充分加大技术在教育中深入的应用，特别是在线教育中，创造多样的交互环境，充分利用在线教育过程中产生的数据，通过云计算、大数据分析等技术把握学习者的学习动态，为学习者提供个性化的学习服务。例如，通过大数据分析了解学习者的课程的学习偏向、最佳学习时段、学习薄弱部分等等。

总之，面向未来，国家在线教育体系的建设要在完善政策制定、师资配备、资源开发等方面的基础上，推进国家在线教育治理体系和治理能力现代化。

第六节　本章小结

随着信息技术的发展，网络通信技术的不断成熟，在线教育成为各国研究的重点。目前，像美国、英国、法国、韩国等发达国家在线教育发展较快，在线教育体系较完整。然而，发展中国家或者欠发展国家在线教育发展较慢，甚至还没有起步。总体来讲，在线教育发展是有所成效的，并且在线教育体系也慢慢趋向成熟，始终致力于服务全民大众、促进在线教育体系的国际化和全球化发展，以及推进在线教育体系的未来数字化建设。在线教育有着以构建完善的基础设施为保障、以开发面向用户需求的教育资源为战略，以及以建设学习型社会为首要任务的主

---

① UNESCO IITE, "UNESCO IITE's Medium-Term Strategy for 2018–2021", Spring 2018, https://iite.unesco.org/highlights/unesco-iite-medium-term-strategy-for-2018-2021/.

② UNESCO IITE, "UNESCO IITE's Medium-Term Strategy for 2018–2021", Spring 2018, https://iite.unesco.org/highlights/unesco-iite-medium-term-strategy-for-2018-2021/.

要特征。然而，随着新技术、新理念、新方法的提出，时代给在线教育带来了新的机遇的同时，在线教育也迎来了新的挑战，如信息通信技术设备的普及、网络信息安全问题以及全民的媒体信息素养问题。基于以上的问题，对未来国家在线教育体系发展提出了几点发展愿景，主要包括建立全纳、公平、优质的教育，开发全球互通的优质在线教育资源、构建现代化的国家在线教育体系。总之，在这个瞬息万变的时代，我们需要与时俱进，且眼光也不能仅仅局限于当下，我们需要面向未来，构建满足全球公民终身学习的、数字化和智能化的在线教育体系。

参考文献

一 中文文献

Andrew Kim：《韩国网络教育的介绍》，《中国远程教育》2011 年第 11 期。

安妮·盖斯凯尔、罗杰·米尔斯、肖俊洪：《远程教育和 e-learning 的挑战：质量、认可度和成效》，《中国远程教育》2015 年第 1 期。

常思敏、王润梅、刘春江：《基于教育培训行业优化的研究》，《教育探索》2019 年第 11 期。

陈红平：《终身教育与终身学习的概念解读与关系辨析》，《成人教育》2012 年第 3 期。

陈丽、任萍萍、张文梅：《后疫情时代教育创新发展的新视域与中国卓越探索——出席"2020 全球人工智能与教育大数据大会"的思考》，《中国电化教育》2021 年第 5 期。

陈丽、沈欣忆、万芳怡等：《"互联网+"时代的远程教育质量观定位》，《中国电化教育》2018 年第 1 期。

陈琪琳、鲍浩波：《中国在线教育发展的历程与现状》，《学园》2014 年第 26 期。

陈向明：《扎根理论在中国教育研究中的运用探索》，《北京大学教育评论》2015 年第 1 期。

程慧平、肖爱森：《在线教育网站用户满意度评价指标体系的构建与应用》，《重庆高教研究》2019 年第 2 期。

崔铭香、张德彭：《论人工智能时代的终身学习意蕴》，《现代远距离教育》2019 年第 5 期。

丁晨明：《法国终身教育政策的特点与发展趋势探析》，《河北大学成人教育学院学报》2010年第4期。

丁红玲、杨尚林：《服务全民终身学习教育体系的系统思考与策略建构》，《当代继续教育》2020年第5期。

丁辉、司首婧：《美国高职教育与社区教育合作模式及启示》，《广东广播电视大学学报》2014年第6期。

都慧慧：《学校在线教育质量提升的路径研究》，《教学与管理（理论版）》2021年第2期。

杜婧、段江飞、李绯等：《侧重用户感知的在线教育服务质量模型研究》，《现代教育技术》2019年第10期。

段静琰、陆丹：《中国终身学习发展刍议》，《教育教学论坛》2017年第17期。

段文婷、江光荣：《计划行为理论述评》，《心理科学进展》2008年第2期。

鄂丽君、张雪红、张丽舸：《高校学生慕课认知及学习现状调查与分析》，《图书馆建设》2016年第11期。

[法]保罗·朗格朗：《终身教育导论》，滕星等译，华夏出版社1988年版。

方佳明、史志慧、刘璐：《基于5G技术的在线教育平台学习者迁移行为影响机制》，《现代远程教育研究》2019年第6期。

方旭、杨改学：《高校教师慕课教学行为意向影响因素研究》，《开放教育研究》2016年第2期。

方宇波、张炳华：《加澳"一体化双重院校模式"个案分析研究》，《河北广播电视大学学报》2011年第3期。

高勇：《远程教育在终身教育体系构建中的时代使命》，《河北学刊》2012年第1期。

高志敏：《关于终身教育、终身学习与学习化社会理念的思考》，《教育研究》2003年第1期。

宫华萍、尤建新：《基于TQM的高校在线教学质量因素与短板改进研究》，《中国电化教育》2021年第10期。

韩晶晶、欧阳忠明：《国际视野下成人学习与教育参与：现状、问题与思考》,《中国职业技术教育》2018年第30期。

何春、王志军、吕啸:《我国大学生MOOCs学习体验调查研究》,《中国远程教育》2014年第21期。

何克抗:《教育信息化发展新阶段的观念更新与理论思考》,《课程·教材·教法》2016年第2期。

何克抗:《论信息技术与课程整合》,《浙江现代教育技术》2002年第6期。

胡坚达:《不同类别网络课程在线学习环境比较研究》,《中国远程教育》2015年第8期。

胡钦太:《回顾与展望:中国教育信息化发展的历程与未来》,《电化教育研究》2019年第12期。

胡钦太、刘丽清、丁娜:《教育公平视域中在线教育的困境与出路》,《中国电化教育》2020年第8期。

胡天慧、刘三女牙、粟柱等:《学习者同步和异步交互模式的比较与整合研究——基于社会网络和多层网络分析的方法》,《电化教育研究》2022年第5期。

胡威、蓝志勇、杨永平:《西部地区基层公务员学习意愿及其影响因素研究》,《公共管理学报》2013年第4期。

胡新岗、刘俊栋、陈则东等:《高职在线开放课程教学质量影响因素调研分析与对策》,《中国职业技术教育》2021年第17期。

胡永斌、张定文、黄荣怀、李馨、赵云建:《国际教育信息化的现状与趋势——访新媒体联盟CEO拉里·约翰逊博士》,《中国电化教育》2015年第1期。

黄德群:《云服务架构下的Canvas开源学习管理系统研究》,《中国远程教育》2013年第7期。

黄立冬:《中国K—12在线教育的发展机遇与对策分析》,《中国信息技术教育》2015年第19期。

黄璐、裴新宁、朱莹希:《在线课程内容质量评价指标体系新探——基于学习者体验和知识付费的视角》,《远程教育杂志》2020年第1期。

黄荣怀、张振虹、陈庚等:《网上学习:学习真的发生了吗?——跨文化背景下中英网上学习的比较研究》,《开放教育研究》2007年第6期。

黄艳敏、赵娟霞、张岩贵：《社会差序格局提振抑或消解了民众学习意愿——来自CGSS2010的证据》，《中国经济问题》2018年第4期。

嵇会祥、吴绍兵：《英国高校远程网络开放学习新模式的经验借鉴与启示》，《中国成人教育》2016年第12期。

冀鼎全：《日本的现代远程教育》，《陕西广播电视大学学报》2014年第1期。

江凤娟、吴红斌、吴峰：《美国、韩国、中国台湾地区企业e-learning的发展分析及启示》，《中国远程教育》2012年第17期。

焦美玲、程子千、桑育黎：《我国在线教育的发展现状及分析》，《教育教学论坛》2020年第32期。

柯清超、王朋利、张洁琪：《数字教育资源的供给模式、分类框架及发展对策》，《电化教育研究》2018年第3期。

柯文涛：《迈向2050年的终身学习型社会——基于对〈拥抱终身学习的文化〉报告的解读》，《成人教育》2021年第6期。

李宝敏、祝智庭：《从关注结果的"学会"，走向关注过程的"会学"——网络学习者在线学习力测评与发展对策研究》，《开放教育研究》2017年第4期。

李逢庆、史洁、尹苗：《学校在线教育的理性之维》，《电化教育研究》2020年第8期。

李国斌：《法国的国家远程教育中心》，《中国远程教育》2001年第10期。

李金波：《成人参与学习的动机研究》，《心理科学》2004年第4期。

李芒、葛楠：《中小学在线教育病灶与治理》，《开放教育研究》2021年第4期。

李倩舒：《供给侧改革视角下在线教育供给新模式探析》，《山东广播电视大学学报》2019年第3期。

李世宏：《试析韩国教育信息化的发展特点》，《外国教育研究》2003年第12期。

李爽、李梦蕾、赵宏：《在线课程质量观和质量要素的质性研究——基于专家、实践者和学习者的视角》，《中国远程教育》2020年第3期。

李爽、郑勤华：《共同关注质量课题——"2006网络教育国际论坛"境外专家随访》，《中国远程教育》2006年第11期。

李文英、吴松山：《世界教育信息化发展及其经验》，《河北大学学报（哲学社会科学版）》2007年第5期。

李兴洲、耿悦：《从生存到可持续发展：终身学习理念嬗变研究——基于联合国教科文组织的报告》，《清华大学教育研究》2017年第1期。

李学书、孙传远：《在线教育治理：从野蛮生长到规范发展》，《河北师范大学学报（教育科学版）》2021年第5期。

李雅君、吕文华、于晓霞：《俄罗斯基础教育信息化最新进展述评》，《中国电化教育》2006年第12期。

厉以贤：《终身教育的理念及在我国实施的政策措施》，《北京大学教育评论》2004年第2期。

联合国教科文组织总部中文科：《教育：财富蕴藏其中》，教育科学出版社1996年版。

梁林梅、夏颖越：《美国高校在线教育：现状、阻碍、动因与启示——基于斯隆联盟十二年调查报告的分析》，《开放教育研究》2016年第1期。

梁宇靖、梁斌、罗紫芊：《我国K—12课外辅导机构在线教育发展现状及趋势研究》，《中国教育信息化》2018年第11期。

林世员：《从教学创新到组织模式、服务模式创新——论两类MOOCs创新及其对终身教育体系建设的意义》，《北京广播电视大学学报》2018年第2期。

刘宝存、黄秦辉：《基于CIPP模型的在线教学评价指标体系研究》，《西北工业大学学报（社会科学版）》2022年第2期。

刘斌、张文兰、江毓君：《在线课程学习体验：内涵、发展及影响因素》，《中国电化教育》2016年第10期。

刘斌、张文兰：《在线课程学习体验的影响因素及其结构研究》，《现代教育技术》2017年第9期。

刘春丽、刘丽萍、盛南洪：《医学生信息素养自我效能对终身学习意愿的影响研究》，《卫生职业育》2021年第14期。

刘倩倩、李同归、王泰等，《网络学习环境对学习持续性的影响——基于游戏设计的视角》，《中国远程教育》2018年第3期。

刘韬、郑海昊：《互联网时代高等在线教育传播体系重构：基于间接网络效应理论》，《现代远程教育研究》2016年第4期。

刘彦尊、于杨、董玉琦：《印度基础教育信息化最新进展述评》，《中国电化教育》2007年第1期。

刘志芳：《开放教育资源（OER）在英国的应用研究及对中国的启示》，《现代远距离教育》2014年第3期。

卢海弘：《构建面向现代化2035的终身学习体系：国家战略视角》，《高等继续教育学报》2019年第6期。

卢清华：《基于互联网平台的终身教育体系构建策略研究》，《成人教育》2015年第11期。

陆江峰：《大学生在线继续教育可行性研究》，《继续教育研究》2017年第6期。

陆瑜：《韩国ICT教育计划》，《中国远程教育》2007年第7期。

吕森林：《中国在线教育产业蓝皮书（2014—2015）》，北京大学出版社2015年版。

马宁、谢敏漪：《英国高校技术增强学习的现状与分析》，《中国电化教育》2016年第5期。

马小健、谢怡：《影响成人学习的动机因素分析》，《成人教育》2003年第11期。

欧阳忠明、李林溶：《北欧国家终身学习迈向系统治理：路径、问题与思考》，《现代远距离教育》2022年第4期。

蒲勇健、赵国强：《内在动机与外在激励》，《中国管理科学》2003年第5期。

钱玲、徐辉富、郭伟：《美国在线教育：实践、影响与趋势——CHLOE3报告的要点与思考》，《开放教育研究》2019年第3期。

乔鹤、徐晓丽：《国际组织全球教育治理的路径比较研究——基于核心素养框架的分析》，《比较教育研究》2019年第8期。

秦蕾、胡荣林：《技术趋向与社会需要：中美高校在线教育的比较研究》，《黑龙江高教研究》2021年第2期。

任一菲：《法国"数字化校园"教育战略规划概览及启示》，《世界教育信息》2018年第18期。

任友群：《"慕课"下的高校人才培养改革》，《中国高等教育》2014 年第 7 期。

尚俊杰、张优良：《"互联网＋"与高校课程教学变革》，《高等教育研究》2018 年第 5 期。

沈光辉：《远程教育在终身教育体系中所扮演的角色》，《成人教育》2009 年第 3 期。

沈军、杨鸿、朱德全：《论职业院校专业建设"两效四核"评价模型的构建——基于 CIPP 评价视角》，《职业技术教育》2016 年第 34 期。

沈霞娟、张宝辉、李楠等：《我国西部地区公民终身学习的现状、需求与对策研究——以陕西省调查数据为例》，《中国远程教育》2018 年第 7 期。

沈欣忆、李梦如、徐亚楠等：《我国终身学习研究脉络与关键节点——基于 1978—2019 年国内学术期刊文献分析》，《职教论坛》2020 年第 11 期。

时广军：《线上课堂互动的情感能量研究》，《教育科学研究》2022 年第 7 期。

史颖：《基于"互联网＋"的乡村教师信息素养培养研究》，《西部素质教育》2018 年第 5 期。

宋吉述：《疫情期间的在线教育热潮及其对教育出版数字化的启发》，《编辑之友》2020 年第 6 期。

宋亦芳：《终身教育信息化发展的特征图谱分析》，《职教论坛》2020 年第 9 期。

孙平：《"学习型社会"的挑战与高等教育的应答》，《高校教育管理》2007 年第 4 期。

孙维祎：《基于学习者动机的成人自主学习能力研究——以 Future Learn 学习过程的因素分析为例》，《成人教育》2019 年第 2 期。

孙维祎、赵红梅：《MOOCs 国际开放教育资源质量保障标准探索及启示——以英国开放大学升放教育资源为典型案例的研究》，《成人教育》2021 年第 10 期。

唐志伟、张雅静：《国外知名开放大学办学特色及对我国建设开放大学的启示》，《继续教育研究》2012 年第 9 期。

田凤秋、王永锋、王以宁：《中英高等网络教育政策比较及启示》，《远程教育杂志》2007年第4期。

田晓伟、彭小桂：《在线教育服务行业资本化进程审思》，《教育发展研究》2020年第9期。

王辞晓、杨钋、尚俊杰：《高校在线教育的发展脉络、应用现状及转型机遇》，《现代教育技术》2020年第8期。

王芳：《网络教育评价的现状及分析——以英国开放大学为个例》，《考试周刊》2009年第42期。

王欢：《浅评法国远程高等教育体系》，《中国远程教育》2009年第6期。

王晖：《英国开放大学：世界远程教育的里程碑》，《教育与现代化》2010年第1期。

王敏：《英国〈教育技术战略：释放技术在教育中的潜力〉探析》，《世界教育信息》2019年第17期。

王琴、张建友：《逻辑·价值·实践：终身教育赋能教育强国研究》，《现代远距离教育》2022年第1期。

王世斌、顾雨竹、郏海霞：《面向2035的新工科人才核心素养结构研究》，《高等工程教育研究》2020年第4期。

王树元：《成人教育资源的城乡不均衡分析》，《中国成人教育》2017年第8期。

王嵩、王泽、张瀚丹：《浅谈"互联网+教育"模式下在线教育质量管理策略》，《中国管理信息化》2020年第4期。

王晓辉：《法国教育信息化的基本战略与特点》，《外国教育研究》2004年第5期。

王晓玉、顾娅娣、解玉光等：《大学生对于在线MOOC平台心理健康课程持续学习意愿研究》，《情报科学》2022年第7期。

王佑镁、赵文竹、宛平等：《应对数字社会挑战：数字智商及其在线教育体系》，《现代远程教育研究》2020年第1期。

王运武、王宇茹、洪俐等：《5G时代直播教育：创新在线教育形态》，《现代远程教育研究》2021年第1期。

王志军、陈丽、韩世梅：《远程学习中学习环境的交互性分析框架研究》，《中国远程教育》2016年第12期。

王志军、刘璐:《自下而上:"互联网+"时代终身学习的新形态》,《终身教育研究》2020年第1期。

吴砥、余丽芹、李枞枞等:《发达国家教育信息化政策的推进路径及启示》,《电化教育研究》2017年第9期。

吴砥、余丽芹、饶景阳等:《大规模长周期在线教学对师生信息素养的挑战与提升策略》,《电化教育研究》2020年第5期。

吴洪伟、应方淦:《法国的现代远程教育》,《现代远距离教育》2002年第3期。

吴吉义、李文娟、黄剑平等:《移动互联网研究综述》,《中国科学:信息科学》2015年第1期。

吴筱萌、雒文静、代良等:《基于Coursera课程模式的在线课程学生体验研究》,《中国电化教育》2014年第6期。

吴芯茹、张学波:《科普慕课的教育创新及推广策略》,《科技传播》2020年第2期。

吴遵民、谢海燕:《当代终身学习概念的本质特征及其理论发展的国际动向》,《继续教育研究》2004年第3期。

吴遵民:《新版现代国际终身教育论》,中国人民大学出版社2007年版。

吴遵民:《中国终身教育体系为何难以构建》,《现代远程教育研究》2014年第3期。

吴遵民:《终身学习概念产生的历史条件及其发展过程》,《教育评论》2004年第1期。

武法提:《论网络课程及其开发》,《开放教育研究》2006年第1期。

武芳、刘善槐:《信息化消弭城乡教育发展鸿沟的空间、障碍与路径》,《中国电化教育》2020年第2期。

武丽志、吴甜甜:《教师远程培训效果评估指标体系构建——基于德尔菲法的研究》,《开放教育研究》2014年第5期。

武丽志、曾素娥:《"研训用"一体的教师远程培训内涵及实践观照》,《现代远程教育研究》2015年第4期。

熊华军、闵璐:《解读美国网络教育质量国家标准》,《中国电化教育》2012年第12期。

熊强、李文元、陈晓燕等:《在线教学平台交互性、体验价值和持续使用意愿的关系研究——一个有调节的中介效应》，《管理评论》2022 年第 6 期。

熊泉：《ICT 在新加坡数字教育中的运用》，《出版参考》2015 年第 7 期。

熊太和：《中小企业员工接受继续教育意愿实证分析——以义乌小商品制造业为例》，《科技进步与对策》2009 年第 24 期。

徐汉斯：《英国继续教育和高等教育电子教科书的发展战略与前景（三）》，《出版科学》2007 年第 6 期。

徐辉富：《国内外远程开放教育质量保证研究概述》，《中国电化教育》2004 年第 10 期。

徐瑾劼：《新冠肺炎疫情下全球教育体系的应对与在线教育的挑战——基于 OECD 全球调研结果的发现与反思》，《比较教育研究》2020 年第 6 期。

徐魁鸿：《MOOC 内涵、特征及其对我国终身教育的启示》，《职业技术教育》2014 年第 35 期。

许丽丽、朱德全：《职业院校学生网络学习空间接受度的实证研究》，《清华大学教育研究》2019 年第 6 期。

薛二勇、傅王倩、李健：《论在线教育发展的公平问题》，《中国电化教育》2021 年第 3 期。

颜端试、刘国晓：《近年来国外技术接受模型研究综述》，《现代情报》2012 年第 2 期。

杨晨、李娟、顾凤佳：《我国"学习社会"研究述评（2008—2011 年）》，《教育发展研究》2011 年第 23 期。

杨帆、朱蓥彬、夏之晨：《生态理论视角下的高校学生网络学习环境特征与影响研究——兼析优质网络学习环境的创设路径》，《中国电化教育》2021 年第 11 期。

杨晓宏、周海军、李静：《移动化、社交化趋势下网络教学平台设计改进对策》，《中国教育信息化》，2018 年第 22 期。

杨晓宏、周效章：《我国在线教育现状考察与发展趋向研究——基于网易公开课等 16 个在线教育平台的分析》，《电化教育研究》2017 年第 8 期。

杨晓宏、周效章、周海军等：《国内在线课程质量认定研究述评》，《电化教育研究》2019 年第 6 期。

杨永博：《英国远程教育印象》，《中国电化教育》2001 年第 6 期。

姚少霞、王广：《SPOC 评教体系的构建》，《黑龙江教育（高教研究与评估）》2016 年第 11 期。

易小娟：《学习型社会中 90 后学习意愿影响因素研究——基于 CGSS2015 数据的实证分析》，《高等教育研究学报》2021 年第 3 期。

尹弘飚、杨柳、林闻凯：《大学生对网络教学的认同感及其影响因素分析》，《西北师大学报（社会科学版）》2021 年第 5 期。

于蕾：《我国终身教育体系构建研究述评与展望》，《继续教育研究》2016 年第 8 期。

袁磊、雷敏、张淑鑫等：《把脉"双减"政策构建在线教育信息安全体系》，《现代远程教育研究》2021 年第 5 期。

袁莉、[英] Stephen Powell、马红亮等：《MOOC 对高等教育的影响：破坏性创新理论视角》，《现代远程教育研究》2014 年第 2 期。

袁松鹤、齐坤、孙鸿飞：《终身教育体系下的远程教育质量观》，《中国电化教育》2012 年第 4 期。

曾晓洁、张惠：《法国 MOOC 发展的国家战略："法国数字大学"探析》，《比较教育研究》2018 年第 1 期。

张红涛、王二平：《态度与行为关系研究现状及发展趋势》，《心理科学进展》2007 年第 1 期。

张焕国、杜瑞颖等：《信息安全：一门独立的学科，一门新兴的学科》，《信息安全与通信保密》2014 年第 5 期。

张家年、谢阳群：《刍议信息技术作用效应及其应对策略》，《情报理论与实践》2013 年第 6 期。

张建国：《数字化场域下开放大学综合改革与终身教育创新发展》，《远程教育杂志》2021 年第 6 期。

张静、韩映雄：《中国大学 MOOC 课程学习交互状况调查》，《开放教育研究》2021 年第 5 期。

张军翔、张涵、朱宇等：《基于 UTAUT 模型的大学生在线学习行为及其影响因素研究》，《湖北师范大学学报（自然科学版）》2022 年第 2 期。

张力玮：《法国教育信息化概览》，《世界教育信息》2012 年第 11 期。

张娜:《联合国教科文组织的核心素养研究及其启示》,《教育导刊》2015年第7期。

张倩苇:《韩国网络教育的发展及其对我们的启示》,《教育发展研究》2001年第8期。

张庆堂、曹伟:《学习者和管理者视角下现代远程教育服务质量评价体系研究》,《中国远程教育》2016年第10期。

张舒予、章春梅:《英国远程教育:灵活高效的课程体系》,《远程教育杂志》2004年第5期。

张伟远:《继续教育应是一种全民化教育——论继续教育与成人教育、职业教育、远程教育的关系》,《中国远程教育》2007年第1期。

张文兰、李莎莎:《在线课程学习体验量表的开发与检验》,《现代教育技术》2021年第2期。

张哲、陈晓慧、王以宁:《基于TPACK模型的教师信息化教学能力评价研究》,《现代远距离教育》2017年第6期。

章玳、胡梅:《在线课程的文化选择》,《江苏高教》2013年第4期。

赵长兴:《法国终身教育改革发展综述及对我国的启示》,《中国职业技术教育》2020年第21期。

赵宏、张亨国、郑勤华等:《中国MOOCs学习评价调查研究》,《中国电化教育》2017年第9期。

赵慧军、李岩、刘西真:《成人在线学习动机对学习迁移的影响:知识惯性的调节作用》,《电化教育研究》2019年第8期。

赵磊、冯佳玉、高树仁:《在线教育环境下大学生持续学习行为影响因素研究》,《黑龙江高教研究》2021年第2期。

赵立莹、赵忆桐:《在线教学效果评价及质量保障体系建设》,《高等工程教育研究》2021年第2期。

赵凌云、胡中波:《数字化:为智能时代教师队伍建设赋能》,《教育研究》2022年第4期。

赵文君、赵呈领、杨海茹等:《学分制度推进下在线开放课程学生持续学习影响因素研究》,《现代远距离教育》2018年第2期。

钟志贤:《论学习环境设计》,《电化教育研究》2005年第7期。

钟志贤:《面向终身学习:信息素养的内涵、演进与标准》,《中国远程教育》2013 年第 8 期。

周航、李波:《构建在线教育监管服务体系提升教育治理能力》,《中小学信息技术教育》2019 年第 5 期。

周薇:《教育信息化进程中的基础设施发展战略》,《文化创新比较研究》2019 年第 2 期。

庄芳、李思志:《基于国际借鉴的中国在线课程学分管理机制研究》,《复旦教育论坛》2019 年第 5 期。

二 英文文献

Abbott, Lynda, "The Nature of Authentic Professional Development during Cur-riculum-Based Telecomputing", *Journal of Research on Technology in Education*, 2005 (4).

Ajzen, Icek, "The theory of planned behavior", *Organizational behavior and human decision pr-ocesses*, 1991 (2).

Ajzen, Icek, *From Intentions to Actions: A Theory of Planned Behavior*, Heidelberg: Springer, 1985, pp. 11 – 39.

Almanie, Abdullah M., "Predictors of quality of distance education during the COVID – 19 pandemic", *Cypriot Journal of Educational Sciences*, 2022 (1).

Amirault, Ray, "The State of Distance Learning in France The Quarterly Review of Distance Education", *Distance Education*, 2019 (4).

Ashton, Sarah, and Philippa Levy, "Networked Learner Support in Higher Education: Initiatives in Professional Development and Research for a New Role", *Journal of the American Society for Information Science*, 1998 (9).

Astin, Alexander W., and Anthony Lising Antonio, eds., *Assessment for Excellence: the philosophy and Practical of Assessment and Evaluation in Higher Education*, New York, American Council on Education and Macmillan Publishing Company, 1991, p. 18.

Babenko, Oksana, Sudha Koppula, Lia Daniels, et al., "Lifelong learning along the education a-nd career continuum: meta-analysis of studies in health professions", *Journal of Advances in Medical Education & Professional-ism*,

2017(4).

Baird, Leonard L., "College Environments and Climates: Assessments and Their Theoretical Assumptions", *Higher Education: Handbook of Theory and Research*, 2005(6).

Baldwin, Sally, Yu-Hui Ching, "Online Course Design: A Review of the Canvas Course Evaluation Checklist", *International Review of Research in Open and Distributed Learning*, 2019(3).

Bashar, Mohammad Iqbal, and Habibullah Khan, "E-Learning in Singapore: A Brief Assessment", *U21Global Working Paper*, 2007(3).

Bates, A. W. (Tony), *Technology, e-learning and Distance Education*, London: Routledge, 2005, pp. 1-260.

Boeren, Ellen, "Understanding adult lifelong learning participation as a layered problem", *Studies in Continuing Education*, 2017(2).

Bradford, George, and Shelly Wyatt, "Online learning and student satisfaction: Academic standing, ethnicity and their influence on facilitated learning, engagement, and information fluency", *The Internet and Higher Education*, 2010(13).

Brine, Jacky, "Lifelong learning and the knowledge economy: those that know and those that do not—the discourse of the European Union", *British Educational Research Journal*, 2006(5).

Chaudhry, Abdus S., "Role of Libraries in Promoting E-Learning: A Review of Singapore Initiatives", *Pakistan Journal of Library & Information Science*, 2006(7).

Cheon, Jongpil, Sangno Lee, Jaeki Song, "An Investigation of Mobile Learning Readiness in Hi-gher Education Based on the Theory of Planned Behavior", *Computers&Education*, 2012(3).

Christensen, Clayton M., H. Baumann, R. Ruggles, et al., "Disruptive Innovation for Social Change", *Harvard Business Review*, 2007(12).

Corbin, Julietn, and Anselm Strauss, eds., *Basics of Qualitative Research: Techniques and Procedures for Developing Grounded Theory*, London: Sage Publications, 1998, pp. 101-121.

Coskun, Yelkin Diker, Melek Demirel, "Lifelong learning tendency scale: the study of validity a-nd reliability", *Procedia-Social and Behavioral Sciences*, 2010 (5).

Cunningham, Stuart E., "New media and borderless education: A review of the convergence between global media networks and higher education provision", *Department of Employment, Education, Training and Youth Affairs*, 1998 (1).

Daniel, Tiong Hok Tan, "The Next Generation of ELearning: Strategies for Media Rich Online Teaching and Engaged Learning", *International Journal of Distance Education Technologies*, 2004 (4).

Davis, Fred D., "Perceived Usefulness, Perceived Ease of Use, and User Acceptance of Informati-on Technology", *Mis Quarterly*, 1989 (3).

Dewey, John, *Democracy and Education*, New York: Free Press, 1966, pp. 49 – 62.

Douglas, David E., and Glen Van Der Vyver, "Effectiveness of e-learning course materials for learning database management systems: An experimental investigation", *Journal of Computer Information Systems*, 2004 (44).

Dykman, Charlene A., Charles K. Davis, "DavisOnline Education Forum Part One – The Shift Toward Online Education", *Journal of Information Systems Education*, 2008 (1).

Eekelen, I. M. Van, J. D. Vermunt, H. P. A. Boshuizen, "Exploring teachers' will to learn", *Teaching & Teacher E*

Emanuel, Ezekiel J., "Online education: MOOCs taken by educated few", *Nature*, 2013 (7476).

Eom, Sean B., H. Joseph Wen, Nicholas Ashill, "The determinants of students' perceived learni-ng outcomes and satisfaction in university online education: An empirical investigation", *Decision Scien-ces Journal of Innovative Education*, 2006 (2).

Farahat, Taher, "Applying the Technology Acceptance Model to Online Learning in the Egyptian Universities", *Procedia-Social and Behavioral Sciences*, 2012 (6).

Feng, Xia, Xu Yuzhen, "Research on the Construction of Regional Lifelong Special Education S-ervice System of Changning District, Shanghai", *International Journal of Elementary Education*, 2018 (2).

Funamori, Miho, "The Issues Japanese Higher Education Face in the Digital Age – Are Japanese Universities to Blame for the Slow Progress towards an Information-based Society?" *International Journal of Institutional Research and Management International Institute of Applied Informatics*, 2017 (1).

Gourley, Brenda, and Andrew Lane, "Re-invigorating Openness at the Open University: the Role of Open Educational Resources", *Open Learning*, 2009 (1).

Green, Andy, "Lifelong Learning, Equality and Social Cohesion", *European Journal of Education*, 2011 (2).

Guenther, John C., and Ian Falk, eds., *Literacy and numeracy for the new world of un/employment: Implications of a fully literate Australia*, Hamilton: Language Australia Limited, 2002, p. 30.

Guiton, Bullio P., ed., *Progress in partnership: External studies in Western Australia*, Toowoomba: Darling Down Institute Press, 1984, pp. 83 – 87.

Han, Heesup, Li-Tzang (Jane) Hsu, Chwen Sheu, "Application of the theory of planned behaviorto green hotel choice: Testing the effect of environmental friendly activities", *Tourism management*, 2010 (3).

Han, In-Soo, Keun-Yeob Oh, Sang-Bin Lee, "Promoting E-learning in University Education in Korea", *International Journal of Contents*, 2013 (3).

Hart, Carolyn, "Factors Associated With Student Persistence in an Online Program of Study: A Review of the Literature", *Journal of Interactive Online Learning*, 2012 (1).

Hew, Khe Foon, and Wing Sum Cheung, "Students' and instructors' use of massive open online courses (MOOCs): Motivations and challenges", *Educational research review*, 2014 (12).

Hillman, Daniel C. A., Deborah J. Willis, Charlotte N. Gunawardena, "Learner-interface interaction in distance education: An extension of contemporary models and strategies for practitioners", *The American Journal of Dis-*

tance Education, 1994 (2).

Inoue, Yukiko, *Online Education for Lifelong Learning*, Hershey: Information Science Publishing, 2007, pp. 1 – 20.

Irma, Pozón-López, Elena Higueras-Castillo, Francisco Muñoz-Leiva, et al., "Perceived user satisf-action and intention to use massive open online courses", *Journal of Computing in Higher Education*, 2021 (1).

Johnson, Henry, "Dialogue and the construction of knowledge in e-learning: Exploring students' per ceptions of their learning while using Blackboard's asynchronous discussion board", *European Journal of Open, Distance and E-Learning*, 2007 (1).

Junghoon, Leem, and Lim Byungro, "The Current Status of E learning and Strategies to Enhance Educational Competitiveness in Korean Higher Education", *International Review of Research in Open & Distance Learning*, 2007 (1).

Kariya, Scott, " Online education expands and evolves", IEEE Spectrum, 2003 (5).

Keengwe, Jared, and Terry. Kidd, "Towards best practices in online learning and teaching in higher education", *MERLOT Journal of Online Learning and Teaching*, 2010 (6).

Keol, Lim, and Kim Mi Hwa, "A SWOT Analysis of Design Elements of Korean MOOCs", *Journal of Digital Convergence*, 2014 (6).

Kim, Chayoung, Taejung Park, "Predicting Determinants of Lifelong Learning Intention Using Gra-dient Boosting Machine (GBM) with Grid Search", *Sustainability*, 2022 (9).

Kim, Juseuk, "Development of a global lifelong learning index for future education", *Asia Pacific Education Review*, 2016 (3).

Kim, Yong Jin, Jae Uk Chun, Jaeki Song, "Investigating the role of attitude in technology acceptance from an attitude strength perspective", *International Journal of Information Management*, 2009 (1).

Kim, Yong, "An Analysis of LMS Functions for Improving the Quality of Distance Education Training", *Journal of Digital Convergence*, 2014 (6).

Klasen, Stephan, "Does Gender Inequality Reduce Growth and Development? Evidence from Cross-Country Regressions", *World Bank Economic Review*, 2002 (7).

Koper, Rob, and Colin Tattersall, "New directions for lifelong learning using network technologies", *British Journal of Educational Technology*, 2004 (6).

Lee, Jung-Wan, "The roles of online instructional facilitators and student performance of online class activity", *Journal of Asian Finance Economics and Business*, 2020 (8).

Lee, Jung-Wan, "Online support service quality, online learning acceptance, and student satisfaction", *The internet and higher education*, 2010 (4).

Lee, Sing Kong, ed., *Toward a Better Future: Education and Training for Economic Development in Singapore Since 1965*, Washington DC: The Word Bank, 2008.

Lee, So Young, Jwa-Seop Shin, Seung-Hee Lee, "How to execute Context, Input, Process, and P-roduct evaluation model in medical health education", *Journal of educational evaluation for health prof-essions*, 2019 (16).

Lee, Younghwa, "Investigating factors affecting the adoption of anti-spyware systems", *Commun-ications of the ACM*, 2005 (8).

Li, Ching-Lung, "Using Learning Motivation and Self-Efficacy to Explore Secondary Teachers' In-tentionof Continuing Education", *Advances in Education*, 2014 (4).

Liaw, Shu-Sheng, and Hsiu Mei Huang, "An activity-theoretical approach to investigate learners factors toward e-learning systems", *Computers in Human Behavior*, 2007 (23).

Markova, Tatiana, Irina Glazkova, Elena Zaborova, "Quality issues of online distance learning", *Procedia-Social and Behavioral Sciences*, 2017 (237).

Marty, Olivier, "Monetizing French Distance Education: A Field Enquiry on Higher Education Value (s)", *International Review of Research in Open and Distance Learning*, 2014 (2).

Mbagwu, Felicia O., Samson Onyeluka Chukwuedo, Theresa Chinyere Ogbuanya, "Promoting lif-elong learning propensity and intentions for vocational training among adult and vocational educational u-ndergraduates", *Vocations and Learning*, 2020 (3).

McLaren, Constance H., "A Comparison of Student Persistence and Performance in Online and Classroom Business Statistics Experiences", *Decision Sciences Journal of Innovative Education*, 2004 (1).

Merrill, M. David, Zhongmin Li, Mark K. Jones, "Second generation instructional design (ID2)", *Educational Technology*, 1990 (2).

Min, Kyung-Bae, Shin Myoung-Hee, Tae-Ho Yu, et al., "Strategies for Revitalizing E-Learning Through Investigating the Characteristics of E-Learning and the Needs of Distance Learners in the Domestic Universities in Korea", *Journal of the Korea Contents Association*, 2014 (1).

Misko, Josie, Jihee Choi, Sun Yee Hong, eds., *E-learning in Australia and Korea: Learning from practice*, Adelaide: National Centre for Vocational Education Research, 2004, pp. 10 – 13.

Mocker, Donald W., and George E. Spear, "Lifelong Learning: Formal, Nonformal, Informal, and Self-Directed", *Eric/acve & Ncrve*, 1983 (4).

Mohammad, Iqbal Bashar and Habibullah Khan, "E-Learning in Singapore: A Brief Assessment", *U21 Global Working Paper*, 2007 (3).

Moore, Michael G., "Is teaching like flying? A total systems view of distance education", *American Journal of Distance Education*, 1993 (1).

Moore, Michael G., "Three types of interaction", *The American Journal of Distance Education*, 1989 (2).

Moore, Michael G., "What does research say about learners using computer-mediated communication in distance learning", *The American Journal of Distance Education*, 2002 (16).

Myeong, Son Yeob, and Jung Byeong Soo, "Convergence Development of Video and E-learning System for Education Disabled Students", *Journal of the Korea Convergence Society*, 2015 (4).

Nacaroǧlu, Oguzhan, Oktay Kızkapan, Tahsin Bozdaǧ, "Investigation of lifelong learning tendenc-ies and self-regulatory learning perceptions of gifted students", *Egitim ve Bilim*, 2021 (205).

Nacarolu, Oguzhan, Oktay Kzkapan, Tahsin Bozda, "Investigation of Lifelong Learning Tendenci-es and Self-Regulatory Learning Perceptions of Gifted Students", *Egitim ve Bilim*, 2020 (205).

Nguyen, Tham T. H., Melanie Walker, "Sustainable assessment for lifelong learning", *Assessme-nt & Evaluation in Higher Education*, 2016 (1).

Oguzhan, Nacarolu, Kzkapan Oktay, Bozda Tahsin, "Investigation of Lifelong Learning Tendenci-es and Self-Regulatory Learning Perceptions of Gifted Students", *Egitim ve Bilim*, 2020 (205).

Oh, Jong-Woo, Gyu-Seong No, Sin-Pyo Kim, "A Study on Innovative Scheme of the Public IT Project Ordering and Receiving Systems", *The Journal of Digital Policy & Management*, 2006 (2).

Osguthorpe, Russell T., and Charles R. Graham, "Blended learning environments: Definitions and directions", *Quarterly Review of Distance Education*, 2003 (3).

Ouane, Adama, *The Routledge International Handbook of Lifelong Learning*, New York: Routledge, 2009, pp. 302–311.

Paechter, Manuela, Brigitte Maier, Daniel Macher, "Students' expectations of, and experiences in e-learning: Their relation to learning achievements and course satisfaction", *Computers Education*, 2010 (1).

Palmer, Stuart, Dale M. Holt, "Examining student satisfaction with wholly online learning", *Journal of computer assisted learning*, 2009 (2).

Palvia, Shailendra, Prageet Aeron, Parul Gupta, et al., "Online education: Worldwide status, chal-lenges, trends, and implications", *Journal of Global Information Technology Management*, 2018 (4).

Perreault, Heidi, Lila Waldman, Melody Alexander, et al., "Overcoming Barriers to Successful Delivery of Distance-Learning Courses", *Journal of Education for Business*, 2002 (6).

Petrakou, Alexandra, "Interacting through avatars: Virtual worlds as a context for online education", *Computers & Education*, 2010 (4).

Power, Colin, "Addressing the UN Millennium Development Goals", *Comparative Perspectives, 2011 (1).

Ribble, Mike, *Digital Citizenship in Schools (Second Edition)*, Washington. DC: International Society for Technology in Education, 2011, pp. 10 – 11.

Richardson, Jennifer C., and Karen Swan, "Examining social presence in online courses in relation to students' perceived learning and satisfaction", *Journal of Asynchronous Learning Network*, 2003 (7).

Robertson, John, "The ambiguous embrace: twenty years of IT (ICT) in UK primary schools", *British Journal of Educational Technology*, 2002 (4).

Saba, Farhad, Rick L. Shearer, "Verifying key theoretical concepts in a dynamic model of distance education", *American Journal of Distance Education*, 1994 (1).

Sandars, John E., and M. Langlois, "E-learning and the educator in primary care: Responding to the challenge", *Education for Primary Care*, 2005 (16).

Sarwar, Abdullah, Gun-File D. Yong, Nasreen Khan, et al., "Factors influencing the intention of Malaysian working adults towards lifelong learning", *Knowledge Management & E-Learning: An Intern-ational Journal*, 2016 (2).

Schemmann Michael, "CONFINTEA V from the World Polity Perspective", *View From Latin America*, 2007 (3 – 4).

Schiffman, Leon G., Leslie Lazar Kanuk, *Consumer Behavior*, London: Pearson College Div, 2000. Ragheb Mounir G, Beard Jacob G, "Measuring Leisure attitude", *Journal of Leisure Researc-h*, 1982 (3).

Semra, Demir-Basaran, Cigdem Sesli, "Examination of Primary School and Middle School Teach-ers' Lifelong Learning Tendencies Based on Various Variables", *Eurasian Society of Educational Research Association*, 2019 (3).

Shale, Doug, ed., *Toward a reconceptualization of distance education*, Oxford: Pergamon Press, 1990, pp. 333 – 343.

Shi, Yang, "Construction research on index system of teaching quality of distance education", *Jo-urnal of Discrete Mathematical Sciences and Cryptography*, 2018 (6).

Stufflebeam, Daniel L., *The CIPP model for evaluation*, Dordrecht: Springer, 2000, pp. 279 – 317.

Sun, Pei-Chen, Ray J. Tsai, Glenn Finger, et al., "What drives a successful e-Learning? An e-mpirical investigation of the critical factors influencing learner satisfaction", *Computers Education*, 2008 (4).

Susan, Loucks-Horsley, "Professional development and the learner centered school", *Theory Into Practice*, 1995 (4).

Tan, Charlene, Kim Koh, William Choy, "The Education System in Singapore", *Asian Education Systems*, 2016 (12).

Taylor, Shirley, Peter A. Todd, "Understanding Information Technology Usage: A Test of Compe-ting Models", *Information Systems Research*, 1995 (2).

Teng, Daniel Chia-En, Nian-Shing Chen, Kinshuk, et al., "Exploring students' learning experience in an international online research seminar in the Synchronous Cyber Classroom", *Computers Education*, 2012 (3).

Teo, Timothy, Mingming Zhou, "The influence of teachers' conceptions of teaching and learning on their technology acceptance", *Interactive Learning Environments*, 2017 (4).

Teo, Timothy, Mingming Zhou, Jan Noyes, "Teachers and technology: Development of an extended theory of planned behavior", *Educational Technology Research and Development*, 2016 (6).

Thongmak, Mathupayas, "A model for enhancing employees' lifelong learning intention online", *Learning and Motivation*, 2021 (75).

Udo, Godwin J., Kallol K. Bagchi, Peeter J. Kirs, "Using SERVQUAL to assess the quality of e-learning experience", *Computers in Human Behavior*, 2011 (3).

Venkatesh, Viswanath, "User Acceptance of Information Technology: Toward a Unified View", MIS Quarterly, 2003 (3).

White, Michael, "Distance education in Australian higher education – a history", *Distance Education*, 1982 (2).

White, Patrick, and Neill Selwyn, "Moving Online? An Analysis of Patterns of Adult Internet Use in the UK, 2002 - 2010", *Information Communication & Society*, 2013 (1).

Wielkiewicz, Richard M., Alyssa S. Meuwissen, "A lifelong learning scale for research and eva-luation of teaching and curricular effectivenes", *Teaching of Psychology*, 2014 (3).

Williams, Stefanie L., Susan Michie, Jeremy Dale, et al., "The effects of a brief intervention to promote walking on Theory of Planned Behavior constructs: A cluster randomized controlled trial in gen-eral practice", *Patient Education and Counseling*, 2015 (5).

Wu, Yu-Chuan, Lung-Far Hsieh, Jung-Jei Lu, "What's the relationship between learning satisfacti-on and continuing learning intention", *Procedia-Social and Behavioral Sciences*, 2015 (191).

Xu, Di, and Ying Xu, "The Promises and Limits of Online Higher Education: Understanding How Distance Education Affects Access, Cost, and Quality", *AEI Paper & Studies*, 2019 (1).

Yaliz, Dilek, Gülsün Aydin, "Evaluation of Lifelong Learning Tendencies of Preservice Teacher-s", *The Anthropologist*, 2016 (1).

Yang, Yi, Linda F Cornelious, "Preparing instructors for quality online instruction", *Online Journal of distance learning administration*, 2005 (1).

后　记

自2020年初新冠疫情暴发以来，我国现有的教育体系面临巨大的冲击和破坏，而在线教育体系的"临危受命"取得显著的成效，但也存在一些关键性问题需要解决。同时，党的二十大报告明确提出了推进教育数字化和建设学习型社会、学习型大国的要求，全民终身学习已经成为一种常态，而在线教育体系可以为其提供强大的动力和智力支持。作为传统教育体系的重要补充，在线教育体系具有顽强的生命力，能够在复杂环境下满足人民群众日益增长的教育需求，因而发展完备的国家在线教育体系迫在眉睫。国家在线教育体系反映了"数字中国"的重要特征和关键指数，是教育教学活动与互联网技术深度融合发展的产物，能够为广大人民群众提供"更高质量、更加公平、更多选择、更加便捷、更加开放、更加灵活"的现代化教育服务。

本书作为南通大学钱小龙教授主持的2020年国家社科基金一般项目"全民终身学习视野下的国家在线教育体系发展研究"（20BSH053）的结项成果（鉴定等级：良好），对国家在线教育体系进行了全面深入的研究，为构建高质量国家在线教育体系提供理论指引和实践支持。第一，从理论层面明确终身学习与在线教育体系的相关性，包括两者的逻辑关系、实施路径，以及当前主要关注的研究主题。第二，从本土层面通过对我国在线教育体系的现状分析，掌握其主要进展、关键特征和重要使命。第三，从系统层面解构在线教育体系的元素组成，实现对国家在线教育体系的资源建设、模型建构、运作机制、环境设计、质量保障进行整体把握。第四，从实践层面通过开展调查研究，用科学的数据分析来评价国家在线教育体系构建的实际情况，涉及在线教育质量、在线教育环境和在线课程学习体验。第五，从国际层面开展西方发达国家，尤其是美国、英国、法国、德国、意大利、澳大利亚、韩国和新加坡等国在线教育体系的比较研究，深刻把握其成功经验和失败教训。第六，作为研究的收尾，通过全面审视国家在线教育体系的历史和现状，以便于更好地把握未来的发展愿景。

本书在写作过程中得到了南通大学教育科学学院领导的大力支持和帮助，为本书的顺利完成奠定了坚实的基础。钱小龙教授作为项目的主持人，负责项目研究的推进和主要写作任务，协调安排相关研究人员参与该书的部分章节写作，统一写作风格和格式规范，最后统审全稿。黄蓓蓓博士在写作思路、研究方法运用等方面提出了建设性意见，并承担相关章节的撰写任务。刘敏博士参与了整体框架设计、文献收集与整理等方面的工作。具体而言，本书的主要执笔人包括钱小龙、黄蓓蓓、刘敏、张奕潇、宋子昀、范佳敏、朱潇婷、梁明珠、仇江燕、吴小敏、时佳欣、王雨洋、成彦萱、高玉、吴如梦等。参与研究的人员还包括黄新辉、王周秀、蔡琦等。钱小龙初审了全稿，张奕潇、宋子昀负责全书的校对、修改和编辑工作。在本书的写作过程中，我们参阅了国内外不少学者的研究成果，尤其是在案例研究中引用了相关大学的网站信息，对所有使用的文献资料我们都一一做了标注，但也可能有所疏漏，内容上如有任何不当之处，敬请读者批评指正，在此一并表示诚挚的感谢。

在本书的编写和出版过程中，得到了中国社会科学出版社领导的大力支持和帮助，在此表示深切的谢意。还要特别感谢责任编辑孔继萍，她在本书的编辑和出版过程中付出了辛勤的劳动，提供了非常细致和周到的服务，为本书的按期出版贡献自己的智慧。

著者

2023 年 5 月